黎虎文集—第三卷

汉代外交体制研究

上册

黎虎◎著

中国社会科学出版社

目　录

（上册）

绪　论

自从国家产生之后，即有了国与国之间的关系和交往，从而有了外交。正如自古以来国家是在不断发展变化中的，外交也是在不断发展变化中的。古代国家与近现代国家有所不同，古代外交与近现代外交也是有所不同的。因此我们将古代外交称为古典外交[①]，以示与近现代外交的区别。正如不能因为古代国家与近现代国家有所不同而认为古代不存在国家一样，也不能因为古代外交与近现代外交有所不同而否认古代外交的存在。近现代国家是古代国家发展变化的结果，近现代外交也是古代外交发展变化的结果。

中国古代外交是不同国家之间关系的和平交往方式和手段，与战争方式和手段共同构成国家对于外部关系的两手。历史上相互和平交往的时间一般都要超过相互战争的时间，不仅国家统一时期是这样，分裂时期一般来说也是这样，故外交在古代国家发展史上占有重要的地位和作用。本书之所以确定以汉代的外交体制为研究对象，是因为这个时期是中国古代外交发展史上的重要时期，在先秦[②]外交萌芽和初步发展的基础上将中国古代外交推进到了一个崭新的阶段和高度；与此同时在其外交实践和创新过程中适应时代和历史发展的需要而形成并构建了一整套规模空前的外交体制，成为国家政治制度的重要组成部分并为日后诸王朝所取法，直至近代欧美政治制度传入之前。汉代是中国历史上最为强盛的国家统一时期，外交为这一时期多民族国家的形成发展，为东亚和世

---

① 详参拙著《汉唐外交制度史·前言》，兰州大学出版社 1998 年版，第 1—18 页。

② 本书所谓“先秦”并非特指秦统一之前的春秋战国时期，而是涵盖原始社会末迄秦统一之前。

界诸国、族政治、经济、文化交流，乃至为东亚和世界诸国、族的社会发展与国际体系形成起了积极作用。如果只有战争，而没有和平交往；或者只有闭关自守，而没有广泛的对外交往，则上述历史发展成果的出现是不可想象的。汉代外交体制丰富深刻的历史内涵，对于今天仍有一定的影响和借鉴意义。而迄今为止尚无一部全面、系统论述汉代外交体制的著作，本书试图弥补这一不足。

虽然汉代的外交是在先秦基础上的延续和发展，但是，汉代的外交与先秦时期相比有了很大的不同，随着时代的发展变化而有了巨大的发展乃至突破。

首先是外交空间的发展和突破。空间上突破了中原地区及其与四裔关系之阃阈而迈向整个东亚外交圈乃至西域外交圈（西方外交圈）[①]。先秦时期的外交空间，基本上是在以华夏族为中心的江、河流域地区，以这个地理空间范围内的诸侯、列国，或延及周边族群之间的交往。上古时期虽然号称“东渐于海，西被于流沙，朔南暨声教，讫于四海”[②]。但是实际上即使到了秦统一帝国建立，“及秦始皇攘却戎狄，筑长城，界中国，然西不过临洮”[③]。而汉代统一帝国再建之后，吸取秦亡的经验教训，积数十年之功，建成了东亚地区乃至世界上最为强大和昌盛的国家，其国土面积亦随之空前扩大，“至武帝攘却胡、越，开地斥境，南置交阯，北置朔方之州。”[④] 以西向而言，则大大突破了秦帝国的局限，史称“西域以孝武时始通”[⑤]，从而使汉皇朝之外交空间向西越流沙，“临西海而望大秦”[⑥]，向北逾越长城而聘问漠北，东渡沧海而通倭人，不仅突破了汉文化圈，而且突破了“东亚外交圈”的局限而将外交触角伸向广阔的

---

① 关于“东亚外交圈”与“西域外交圈”（西方外交圈），详参《汉唐外交制度史·前言》，第6—7页。

② （汉）孔安国传，（唐）孔颖达疏，廖名春、陈明整理，吕绍纲审定：《尚书正义》卷六《禹贡》，北京大学出版社2000年版，第204页。

③ （汉）班固撰，（唐）颜师古注：《汉书》卷九六上《西域传上·序》，中华书局1962年版，第3872页。

④ 《汉书》卷二八上《地理志上》，第1543页。

⑤ 《汉书》卷九六上《西域传上·序》，第3871页。

⑥ （南朝·宋）范晔撰，（唐）李贤等注：《后汉书》卷八八《西域传》“论曰”，中华书局1965年版，第2931页。

“西方外交圈”之中。

其次则是外交中心的变化。所谓外交中心是指在区域性外交圈[1]中处于主导和中心地位者。东亚外交圈在先秦时期的外交中心经历了从周天子而春秋霸主而战国强雄的递嬗。周天子的外交中心地位是建立在封邦建国体制下的宗法、姻亲基础上的，其中心地位所赖主要为血缘亲族关系和道德义务，而非经济的、军事的实力，因而其中心地位是虚弱的、不能持久的；春秋霸主和战国强雄虽然是建立在经济、军事力量基础之上，但是它们基本上属于地区性强力中心，故其中心地位具有很大的地域局限性。到了汉代，外交中心已经转移到统一帝国的汉皇朝那里，在东亚外交圈中不论幅员之广大、人口之众多、国力之强盛均无出其右者。汉代中央集权体制使统一帝国的最高首脑——皇帝可以将在广土众民基础上发展起来的空前强大的经济、军事力量加以有效运用，从而有可能和有条件将外交关系推进到一个新的发展阶段。上述外交空间之空前扩大，就是这个时期强有力的外交中心能量发挥的表征。

最后是外交对象的变化和突破。所谓外交对象是指外交中心以及与之发生外交关系之其他诸方。从先秦至汉代，这方面发展变化的基本表现在于外交对象从比较单一而逐渐多元。西周时期主要是周天子与当时封邦建国体制下形成的宗法性、姻亲性诸侯，以及这些诸侯之间的朝觐聘问；春秋时期基本上是在西周诸侯基础上发展起来的地区性政治实体、西周诸侯余孽之间的交相聘问；战国时期的外交诸方则基本上是在西周、春秋诸侯相互竞逐、争雄而形成的地区性竞争对手。一言以蔽之，先秦时期的外交对象基本上是沿着西周诸侯及其流变而发展起来的地区性政治实体，尽管其内涵有所变化，但其外延、范围基本上没有突破。

先秦时期的外交对象除了上述主要者之外，也存在于与边族之间。据《周礼》记载，周王室设“象胥”一职，“掌蛮、夷、闽、貉、戎、狄之国使，掌传王之言而谕说焉，以和亲之。”郑玄注曰：“谓蕃国之臣来頫聘者。”[2]“象胥”所掌为周天子与边族来使之间的翻译事宜。中原诸

① 关于区域性外交与世界性外交问题，参见《汉唐外交制度史·前言》，第6—8页。

② （汉）郑玄注，（唐）贾公彦疏，赵伯雄整理，王文锦审定：《周礼注疏》卷三八《秋官司寇·象胥》，北京大学出版社2000年版，第1212页。

侯亦各自与边族有通聘者，鲁庄公二十三年（前671）“荆人来聘”，注曰：“盖楚之始通，未成其礼。”[①]《公羊传》对此的解释是：“荆何以称人？始能聘也。”何休注曰：“《春秋》王鲁，因其始来聘，明夷狄能慕王化，修聘礼，受正朔者，当进之，故使称人也。称人当系国，而系荆者，许夷狄者不一而足。”[②] 楚国于“武王熊达始居江汉之间，然犹未能自同列国。”[③]故中原诸侯以夷狄遇之，谓之“荆蛮”[④]。熊渠亦自谓：“我蛮夷也。”[⑤]

外交对象到了汉代发生了巨大的变化。一是“诸侯”方面的变化。虽然汉代政治体制中仍然存在“诸侯”，但是这个时期的“诸侯”已经不同于先秦，其性质完全发生改变，属于汉皇朝内部的中央与地方关系，当时在首都所施行的“郡国邸”制度就反映了这方面的情况，其中的“郡邸”是地方政府的“驻京办事处”，“国邸”则为诸侯王的“驻京办事处”，郡国邸舍并列的这种制度反映了诸侯王的地方性。因此，汉皇朝与诸侯关系方面的问题已经排除在我们讨论外交问题的范围之外了。二是与割据政权之间的外交。虽然汉皇朝是一个统一帝国，但是仍然在某些时段存在局部割据政权，如割据岭南的南越国长期在独立与臣属于汉皇朝之间摇摆，形同半独立之国。东汉时期的南匈奴也大体可以划入这一类型之中。三是与边族外交的发展。随着统一帝国的扩大，与边族的外交关系较先秦时期大为增加和发展，这方面可以西汉时期的匈奴和东汉时期的北匈奴为代表和典型。四是大大增加了与现代仍为外国的交往关系，从而突破了先秦时期外交对象的窠臼。这是汉代外交对象的重大发展和突破的标志。

将许多现代仍为外国的国家纳入外交对象之中，是汉代外交发展中最具历史意义的突破。这种外交对象在先秦时期尚无明显的发展，到了

---

① （周）左丘明传，（晋）杜预注，（唐）孔颖达正义，浦卫忠、龚抗云、胡遂、于振波、陈咏明整理，杨向奎审定：《春秋左传正义》卷一〇，庄公二十三年，北京大学出版社2000年版，第314页。

② （汉）公羊寿传，（汉）何休解诂，（唐）徐彦疏，浦卫忠整理，杨向奎审定：《春秋公羊传注疏》卷八，庄公二十三年，北京大学出版社2000年版，第192页。

③ 《春秋左传正义》卷一〇，庄公二十三年，孔颖达疏，第314页。

④ 《春秋左传正义》卷五二，昭公二十六年，第1699页。

⑤ （汉）司马迁撰，（南朝·宋）裴骃集解，（唐）司马贞索隐，（唐）张守节正义：《史记》卷四〇《楚世家》，中华书局1959年版，第1692页。

汉代随着大一统皇朝的出现以及国力的强大，这种外交对象遂日益得到发展，从而成为这个时期外交重要的对象。一方面汉皇朝频繁遣使外国，“于是自敦煌西至盐泽，往往起亭，而轮台、渠犁皆有田卒数百人，置使者校尉领护，以给使外国者。”[①] 张骞出使乌孙时“因分遣副使使大宛、康居、大月氏、大夏、安息、身毒、于阗、扜罙及诸旁国。”[②] 其后更“因益发使抵安息、奄蔡、黎轩、条枝、身毒国。”[③] 另一方面则外国使节亦纷纷入汉，“西北外国使，更来更去。”于是“外国使来众”[④]，以至汉武帝巡狩时“乃悉从外国客”[⑤]，可谓盛况空前。于是在中央政府部门设官分掌外国事务，“客曹尚书，主外国四夷事。”[⑥] 在地方，如西域地区设置西域都护“督察乌孙、康居诸外国动静，有变以闻。可安辑，安辑之；可击，击之。”[⑦] 汉代发展起来的与现代仍为外国的外交关系，是汉代外交所实现的最为重大的进展和突破，也是中国古代外交史上具有划时代历史意义的发展。

于是在汉代就形成了外交对象包括外国、边族和割据政权在内的多元性特点。这一特点成为中国古典外交之重要特征，并为历代皇朝所继承与发展。虽然古典外交与现代狭义的“纯外交”不同，是一种广义的外交，但它也主要是指独立的国家或政治实体之间的交往。不过我们应当看到的是，中国古代对于四方国、族及其他政治实体之间的交往在制度上并没有十分严格的区分和界线，汉代的大鸿胪、尚书主客曹等机构职掌集外国事务以及独立与非独立民族和其他政治实体交往事务于一身，就是这种客观现实的反映，因此不少历史资料中两者往往纠缠一起而不易区分，我们间或使用非独立建国民族之资料，是为阐述相关制度所需。虽然以中国古典外交为中心的东亚外交圈与西方外交圈也存在着各具特色的两种古代外交形态，但是它们之间也有着基本的共性。古代罗马外

---

① 《汉书》卷九六上《西域传上·序》，第3873页。

② 《史记》卷一二三《大宛列传》，第3169页。

③ 《史记》卷一二三《大宛列传》，第3170页。

④ 《史记》卷一二三《大宛列传》，第3173—3174页。

⑤ 《史记》卷一二三《大宛列传》，第3173页。

⑥ （汉）卫宏撰，（清）纪昀等辑：《汉官旧仪》卷上，周天游点校：《汉官六种》，中华书局1990年版，第32页。

⑦ 《汉书》卷九六上《西域传上·序》，第3874页。

交对象也是由三个部分组成的，一是与敌国或友邦的外交；二是内部外交，这“是古代外交一个独立的类别。在罗马帝国时代，内部外交发展到最高点。”公元1世纪的Principate是“一个或多或少独立的城市（Municipii）的联邦”。而“从罗马国际法的观点上看来，每一个市甚者更小的单位，都可视为一个独立的政治体，好像国家中的国家”；三是与野蛮人的外交①。这与我们所述中国古代外交三个对象有着基本的相似之处。

最后是外交体制的形成和发展。汉代之迈入中国古代外交发展史上的一个崭新阶段，其重要标志是外交已经成为国家政治体制重要组成部分之一，在外交实践和创新过程中适应时代和历史发展的需要而形成并构建了一整套规模空前的外交体制，外交作为一个有机的整体，成为国家政务中具有相对独立性的一项系统工程，并为日后诸皇朝所取法，直至近代欧美政治制度传入之前。汉代的外交体制包含如下几个方面。

第一，外交决策与外交管理机构。外交作为国家政治组成和重要的政务，首先需要进行决策，以确定和制订外交的方针政策；有了外交的方针政策，还需要有关政府机构和官员加以管理和贯彻执行，因而外交管理机构及其官员是不可或缺的组成部分。拙著《汉唐外交制度史》就是专门论述这两个方面问题的，因此关于这两方面的问题在本书中就不再重复了。

第二，外交媒介——使节。外交方针政策确立、制订之后，具体的外交任务就需要使节去执行和完成。使节是外交双方进行联系的媒介及担当者，因而是外交体制中必不可少的重要环节和组成部分。外交的实现，首先须通过使节才能达到。使节是外交的触角、开路先锋和积极的、活跃的因素，肩负开辟外交新对象、新关系的使命，在沟通和密切双方关系，增进相互了解和友谊，促进政治、经济和文化交流，解决双边问题与矛盾等方面，发挥了重要的作用。在这个子课题下，将阐述使节的选派，使节的条件、身份、职衔，使团组成，使节的类别与使命，使节的作用等。使节的活动不是无序的、随意的行为，而是在外交诸方的政治制度和相互的权利与义务制约下的行为，是代表国家的政治行为。使

---

① 参见［苏］弗·鲍爵姆金主编，叶文雄译《世界外交史》第一分册，五十年代出版社1950年版，第49、71、76页。

节制度虽然是由各自的政治制度所决定，但是也受到其他国、族或政治实体的影响和制约，而在使节往还实践中所积累的惯例、经验、规则、原则等所形成的使节制度，又影响了各国的使节制度，从而推动外交活动之开展和不断规范化。

第三，外交方式。为了达到国家的外交目的和利益，需要运用诸多不同的方式，相互配合方能实现，并非单一的方式所能奏效，于是而有一系列具体的外交方式，它们共同构成外交体制不可分割的组成部分。汉代的外交方式主要有：朝、贡、赐、封、质侍、和亲、互市等，这些就是为了实现国家外交目的和利益而从不同角度和层面采取的外交方式，从而构成外交体制中的主体性内容。这些外交方式是一个有机的整体，各有其特定功能，从而发挥各自的作用，从不同角度共同为发展外交关系、实现外交目的作出积极的贡献。这些方式对于外交双方来说，其侧重和指向有所不同，其中朝、贡、质侍等为“来”，赐、封、和亲等为“往”，一“来”一“往”，构成和体现了外交关系中的礼尚往来、互动关系及其动态平衡。这些方式的重要性并不相等，对于处于东亚外交圈中心方的汉皇朝来说，其中以“朝”最为重要，是其孜孜以求的最高外交成就和境界，因为这是四方国、族臣服归顺于己的重要标志，其国际、族际影响亦最为强烈。反之，对于来朝一方，尤其是与汉皇朝处于敌对状态的国、族来说，前往汉皇朝朝拜也是最为困难的决定，因而也将其视作最为重要的一种外交方式。因此，我们可以将“朝”视为上述各种外交方式之核心，其他外交方式多围绕这一核心，或为这一核心之实现而展开。

第四，外交手段和工具。外交诸方式之进行和发展，还需要借助于一定的、必要的工具和手段。其中语言和文字是最为基本的外交通意工具和手段。外交是不同国、族之间的来往，由于四方国、族语言和文化的差异，因而需要通过语言和文字的传译，方才得以进行联系和沟通。其中语言方面的沟通是最为基本和必需的，因此语言的翻译就成为外交中最为必要和经常的通意工具。不论在外交管理中，使节往还中，以及上述诸多外交方式运行中，无不需要借助于翻译这一手段，以进行口语的沟通。文书也是外交得以进行和实现之必要手段，外交双方除了口头的沟通之外，还需借助文书以进行沟通。文书在外交通意中的运用也是相当广泛的，举凡双方之致意、协商、谈判、订约、责让、求请等，多需要利用文书来进行，以保障外交目的任务之达成。

第五，外交设施。外交作为国家政务之一，故亦有一定的硬件设施以满足其运行之所需。接待设施即为其中必需的重要的硬件设施。馆、驿为外交接待得以进行和实施的必不可少的设施。外交的一个突出特点是四方国、族之间的相互联系和沟通，伴随众多人员和物资的流通，因此道路交通就成为其必不可少的条件。为此，汉皇朝在国内交通的基础上，根据外交发展之实际需要，大力发展对外交通，并于相应的交通要道设置驿站以接待四方国、族来往人员以及己方出使人员。又由于四方国、族之来使一般来说是作为汉方之宾客，辐辏京师，需要以礼相待，故特设置符合这一接待需求之馆舍。

第六，外交礼仪与法纪。外交实际上就是一个礼仪互动的过程。中国古代以礼仪之邦著称，外交礼仪文化之丰富、完备更是无与伦比。不仅后世称为“五礼”中的宾礼与外交密切相关，其他诸礼也在不同程度上与外交礼仪有关。汉代外交活动的频繁和方式、方法之丰富多彩，使外交礼仪在继承先秦礼仪的基础上，不断丰富和完善，形成一整套与外交相关的礼仪制度。外交中的礼尚往来原则、对等性原则和厚往薄来原则，是汉代外交礼仪的三项基本原则。这三项基本原则贯穿于外交的全过程和不同外交方式之中。外交是国与国之间的交往，故需要有调整、规范国家之间关系的原则和规章，是为国际惯例或国际法。中国古代传统礼仪之中蕴涵着丰富的古典国际法的原则和规章，一定意义上中国古代的“礼”就是国际惯例和国际法的胚胎，“礼”与“法”有着相生相成的内在关系。外交是汉代国家重要政务之一，故同其他国家职能和政府职责一样，外交工作和外事官员需接受国家和政府的法纪和相关规章制度的管束，以分别是非功过，赏功罚罪，保证外事工作的顺利开展并最大限度维护国家利益。

上述六个方面构成了汉代的“外交体制”，体现了外交作为国家政务之一的系统性、整体性的特征。这六个方面无论主次，缺一不可，密切配合，协同运作，使外交得以顺畅运行，并将汉代的外交推进到一个超越前代的新阶段，从而为维护和发展汉朝国家利益作出了积极的贡献。

本书所述主要为上述第二至第六方面的五个问题，与《汉唐外交制度史》所述第一方面问题相互配合，从而基本上将中国古典外交体制作了比较完整的叙述，因此《汉唐外交制度史》与本书为不可分割之姊妹篇。令人欣慰的是，近十余年来学术界对于中国古代外交的研究已经有了长足的进展。十五年前我在《汉唐外交制度史》中还不得不用相当篇幅来阐述中国古代国家之间的和平交往是否可以用“外交”来称呼，中国自古以来是否存在外交以及古今外交之别等问题，今天这个问题可以说已经成为学术界大多数人的共识了，不仅关于中国古代外交的论文已经频繁出现于各种学术刊物，相关著作也相继出版问世，特别令人可喜的是不少硕士生、博士生也以之作为选题和研究对象，整体性的或不同断代的中国古代外交制度研究的学位论文纷纷涌现，有如雨后春笋之势。其中不少研究者肯定《汉唐外交制度史》对于中国古代外交制度研究及其研究体系和架构的开创、奠基意义，认为此书对于他们选择中国古代外交制度进行研究所具有的启迪作用，这对于我完成十五年前的既定计划——阐述后续五个方面问题的《汉代外交体制研究》一书是莫大的鞭策和鼓励。

第一章　汉代外交前驱——周代交聘

第一节　“交聘”略释

中国古代国家产生之后即有了相应的外交，这是作为国家必要的、不可缺少的组成部分。如果说夏商时期的外交主要是与周边方国的交往，那么到了周代则主要表现为周天子与诸侯以及诸侯之间的“交聘”了。“交聘”是具有周代特色的早期外交形态，从中国古代外交史观之，这是汉代外交的前驱，也是汉代以后中国古代外交制度渊源所在。因此我们在论述汉代外交之前，有必要简要回顾周代的“交聘”。

“交聘”一词在中国古代载籍中出现不算太早。东晋太和四年（369），前燕与前秦联盟击退东晋桓温的北进后，前燕派遣给事黄门侍郎梁琛出使前秦，梁琛对前秦负责接待前燕来使的尚书郎辛劲说：“今强寇既退，交聘方始，谓宜崇礼笃义以固二国之欢；若忽慢使臣，是卑燕也，岂修好之义乎！”[①] 如果《通鉴》所载梁琛之言为当时实录，则“交聘”一词在十六国时期已经行用了。刘宋文帝元嘉二十七年（450）北魏与刘宋对峙于长江北岸之瓜步（今江苏六合），后双方议和。次年北魏要求与宋互市，宋文帝第三子刘骏北中郎府主簿颜竣反对，说“昔年江上之役，乃是和亲之所招。历稔交聘，遂求国婚，朝廷羁縻之义，依违不绝，既积岁月，渐不可诬”云云。[②] 他将此前宋、魏之间曾经有过的和平交往概括为“交聘”。是为正史所见使用“交聘”一词之最早者。此后“交聘”一词使用逐渐增多。

---

① （宋）司马光编著，（元）胡三省音注：《资治通鉴》卷一〇二，晋海西公太和四年（369），中华书局 1956 年版，第 3219 页。

② （梁）沈约撰：《宋书》卷七五《颜竣传》，中华书局 1974 年版，第 1959 页。

“交聘”之名虽然出现于东晋南北朝时期，但是“交聘”之实则早已有之。“交聘”在中国古代可谓源远流长，早在先秦时期已经有了相当程度的发展。欲明其所以然，还需从“交聘”一词的核心词素“聘”谈起。

周代将诸侯与天子之间以及诸侯之间的交往、访问称为“聘”。许慎说：“聘，访也。”[①]《尔雅·释言》：“聘，问也。”邢昺释曰：“问，谓存省之。”[②] 可见“聘”就是相互访问、存省的意思。那么当时具体的制度如何呢?《礼记·王制》说：“诸侯之于天子也，比年一小聘，三年一大聘，五年一朝。”[③] 而《周礼·秋官司寇·大行人》则谓：“凡诸侯之邦交，岁相问也，殷相聘也，世相朝也。”[④] 由此可见“聘”有两个层级，一是指诸侯对天子之“聘”，二是指诸侯之间相“聘”。

《礼记·王制》所说的是诸侯对天子之“聘”，每年一“聘”为“小聘”，三年一“聘”为“大聘”，五年则一“朝”。此三者之间的区别在哪里呢？郑玄说：“小聘使大夫，大聘使卿，朝则君自行。”[⑤] 诸侯使大夫出使于天子为“小聘”，使卿出使于天子为“大聘”，诸侯亲自拜见天子为“朝”。可知“小聘”“大聘”与“朝”不仅有时间间隔长短的区别，还有“聘”使等级和礼仪隆杀的区分。

《周礼·秋官司寇·大行人》所说的是诸侯之间的“聘”，有“问”“聘”“朝”三个层级。何谓“问”？郑玄说：“小聘曰问。”亦即每年一“聘”谓之“问”。故“聘”又常与“问”连称而曰“聘问”。何谓“殷相聘”？郑玄说：“殷，中也。久无事，又于殷朝者及而相聘也。”[⑥] 郑玄是从时间方面来解释，但是并没有给出明确的时间。《仪礼·聘礼》“记”曰：“久无事，则聘焉。”[⑦]

---

① （汉）许慎撰，（清）段玉裁注：《说文解字注》十二上《耳部》，上海古籍出版社1988年版，第592页。

② （晋）郭璞注，（宋）邢昺疏，李传书整理，徐朝华审定：《尔雅注疏》卷三《释言》，北京大学出版社2000年版，第91页。

③ （汉）郑玄注，（唐）孔颖达疏，龚抗云整理，王文锦审定：《礼记正义》卷一一《王制》，北京大学出版社2000年版，第422页。

④ 《周礼注疏》卷三七《秋官司寇·大行人》，第1181页。

⑤ 《礼记正义》卷一一《王制》，第422页。

⑥ 《周礼注疏》卷三七《秋官司寇·大行人》，第1181—1182页。

⑦ （汉）郑玄注，（唐）贾公彦疏，彭林整理，王文锦审定：《仪礼注疏》卷二四《聘礼》，北京大学出版社2000年版，第521页。

也以时间长久释之但无确定的时间。鲁昭公九年（前533）“孟僖子如齐殷聘，礼也。”这是春秋时期诸侯“殷聘”之事实。正义曰：“襄二十年，叔老聘齐，至今二十年，更不遣聘，是邦交礼意久旷绝也。”① 则“殷聘”有久至二十年者。但这并非西周制度，而是春秋后期之事。《礼记·聘义》曰：“故天子制诸侯，比年小聘，三年大聘，相厉以礼。”郑玄注曰：“‘比年小聘’，所谓‘岁相问’也。‘三年大聘’，所谓‘殷相聘’也。”② 将“殷聘”等同于“大聘”。另外还有从“聘”礼的隆杀程度进行解释者，上述孟僖子聘齐事，注又云：“今修盛聘，以无忘旧好，故曰礼。”这里则将“殷”训为“盛”。其实这两种解释并不矛盾。《说文》：“殷，作乐之盛称殷。”是为“殷”之本义。段玉裁注曰：“引伸之为凡盛之称；又引伸之为大也；又引伸之为众也；又引伸之为正也，中也。”③ 由于“殷聘”间隔时间较久，故其规格相应提高而隆重。总之，“殷聘”即“大聘”，是一种比较隆重的、正式的、具有典型性的交聘形式。“世相朝”比较明确，郑玄说：“父死子立曰世，凡君即位，大国朝焉，小国聘焉。”④ 周代所实行的这些聘问制度，实际上就是“交聘”。《礼记·聘义》之主旨，据郑《目录》谓：“名曰《聘义》者，以其记诸侯之国交相聘问之礼，重礼轻财之义也。”径称其为“交相聘问之礼”，简言之即“交聘”。通过“交聘”可使诸侯“相厉以礼，则内崇敬止，外不相侵陵。”⑤

与“聘问”相关者尚有“朝觐”等方面的制度。上述《礼记·王制》《周礼·大行人》都提到了“朝”。何谓“朝”？《周礼·春官》记大宗伯之职曰：“以宾礼亲邦国。春见曰朝，夏见曰宗，秋见曰觐，冬见曰遇，时见曰会，殷见曰同，时聘曰问，殷頫曰视。”郑玄说：“朝”“宗”“觐”“遇”“会”“同”这六种礼是“诸侯见王”之礼⑥。其具体功能是：“春朝诸侯而图天下之事，秋觐以比邦国之功，夏宗以陈天下之谟，

---

① 《春秋左传正义》卷四五，昭公九年，第1467—1468页。

② 《礼记正义》卷六三《聘义》，第1943页。

③ 《说文解字注》八上《㐆部》，第388页。

④ 《周礼注疏》卷三七《秋官司寇·大行人》，第1182页。

⑤ 《礼记正义》卷六三《聘义》，第1938、1943页。

⑥ 《周礼注疏》卷一八《春官宗伯·大宗伯》，第546—548页。

冬遇以协诸侯之虑，时会以发四方之禁，殷同以施天下之政。”① 其中的“朝”“宗”“觐”“遇”是按照季节进行的访问，现存《仪礼》尚有《觐礼》一篇，郑《目录》云：“觐，见也，诸侯秋见天子之礼……‘朝’、‘宗’礼备，‘觐’、‘遇’礼省，是以享献不见焉。三时礼亡，唯此存尔。”② 可知原来是有《朝礼》《宗礼》《遇礼》等不同篇什的。上述六“礼”之后的“问”“视”二礼则属于“王见诸侯之臣使来者”礼，其功能是“时聘以结诸侯之好，殷頫以除邦国之慝。”③ 而由王遣使于诸侯，则有“存”“頫”“省”等礼，“王之所以抚邦国诸侯者：岁遍存；三岁遍頫；五岁遍省。”郑玄曰：“存、頫、省者，王使臣于诸侯之礼”④。综上而言，则“朝、觐、宗、遇、会、同，君之礼也。存、頫、省、聘、问，臣之礼也。”⑤ 前面的六礼是诸侯本人朝拜周王的礼仪，可统称为“朝觐”之礼；后面的五礼则是诸侯遣使朝拜周王以及诸侯之间互相遣使的礼仪，可统称为“聘问”之礼。它们有着不同的政治功能，故曰“朝觐之礼，所以明君臣之义也；聘问之礼，所以使诸侯相尊敬也。”⑥ 其实它们之间也并非那么整齐划一、截然区分，而是存在着相互交叉的情况，尤以春秋时期为甚，例如“朝”“聘”“问”等礼，就既有诸侯与天子的关系，也有诸侯之间的关系。孔颖达解释“知‘凡君即位，大国朝焉，小国聘焉’者”时说：“以襄元年‘邾子来朝’‘卫子叔晋知武子来聘’，《左传》云‘凡诸侯即位，小国朝之，大国聘焉’。邾是小国，故称朝。卫晋是大国，故称聘。若俱是敌国，亦得来聘朝，故《司仪》云‘诸侯相为宾’是也。”⑦ 对等国家之间的交往亦可称“朝”或“聘”。

朝觐、聘问制度是周代封邦建国体制下形成的交往制度。西周实行分封制度，从而形成了以周天子为共主的封国体制。在这种国家体制下，

---

① 《周礼注疏》卷三七《秋官司寇·大行人》，第1162页。

② 《仪礼注疏》卷二六下《觐礼》，第585页。按，整理本句读标点不甚准确，今径改。

③ 《周礼注疏》卷三七《秋官司寇·大行人》，第1164页。

④ 《周礼注疏》卷三七《秋官司寇·大行人》，第1177—1178页。

⑤ 《周礼注疏》卷三七《秋官司寇·小行人》，第1184页。

⑥ 《礼记正义》卷五〇《经解》，第1601页。

⑦ 《礼记正义》卷一一《王制》，第424页。

存在着错综复杂的关系，既有周王与诸侯的关系，又有诸侯之间的关系，以及天子、诸侯与各级贵族之间的关系。于是形成了反映这种错综复杂关系的朝觐、聘问制度。这种交往制度是以尊王为主轴的等级性交往体制，亦即以朝觐为主、聘问为辅的交往体制。随着周王朝与诸侯政治、经济地位的消长变化，周王丧失了天下共主的地位，诸侯势力日益朝独立性方向发展并重新组合，到了春秋时期，逐步突破了原有的封国体制，交往关系也突破了西周模式而逐步转变为以尊霸为主轴的列国交往模式，交往制度遂逐步转变为以聘问为主、朝觐为辅的体制。

春秋时期以聘问为主、朝觐为辅的交往体制，到了战国时期发生了根本性的变化，以尊王为主轴的朝觐制度在实质上退居历史舞台的边缘，以诸侯“交聘”为主轴的聘问制度为蓝本，吸收朝觐制度的某些因素而形成的交往制度日益成长，演变成为列国交往关系的主体。战国时期出现了“七国之时，皆据万乘，南面称王，提珩为敌国累世”[①] 的局面，其时列国之间的交往虽然也往往沿用“朝”“聘”等称谓，但其实质已经发生了根本变化，交往的主体并非尊王体制下面的天子或诸侯，而是突破了周代封建体制的各自独立的国家；交往的目的已不再是简单的“明君臣之义”“相厉以礼”而“尊天子”“亲诸侯”，而是为各自现实的政治、军事利益服务了。齐威王接受邹忌讽劝而大力纳谏，使国家得治，于是“燕、赵、韩、魏闻之，皆朝于齐。”[②] 马陵之战中魏国大败于齐，魏王拟发兵攻齐以报仇，惠施献计曰：“王若欲报齐乎？则不如因变服折节而朝齐。”这样楚王必怒而伐齐，从而达到“以楚毁齐”的目的。魏王接受了他的计策，“乃使人报于齐，愿臣畜而朝。”果然，“楚王怒，自将而伐齐……大败齐于徐州。”[③] 秦孝公“十八年，齐遣（?）大夫众来聘”[④]。这些所谓“朝”“聘”实际上是两个独立、对等国家之间为了各自政治、

① 王利器校注：《盐铁论校注》卷九《论功》，中华书局1992年版，第544页。“提珩”即“提衡”，《汉书》卷六〇《杜周传》注“提衡”引臣瓒曰：“衡，平也，言二人齐也”（第2683页）。

② 缪文远校注：《战国策新校注》卷八《齐一》，巴蜀书社1987年版，第278页。

③ 《战国策新校注》卷二三《魏二》，第728页。

④ 《商鞅铜方升铭》（上海博物馆藏），参见国家计量总局、中国历史博物馆、故宫博物院主编《中国古代度量衡图集》，文物出版社1984年版，第44、45页。释文参见陈世辉、汤余惠《古文字学概要》，吉林大学出版社1998年版，第234页。

军事目的而采取的交聘活动，亦即如后世的外交行动[①]，无论“朝”或“聘”均与西周时期原生态的“朝”“聘”概念不同，而被赋予了新的意涵。

其后及至汉代以降，史籍所谓朝贡、聘问者也，其实基本上就是双方遣使往还的同义语。杜佑在总结中国古代宾礼发展历史时说：“自古至周，天下封建，故盛朝聘之礼，重宾主之仪，天子诸侯，卿大夫士，礼数服章，皆降杀以两。秦皇帝荡平九国，宇内一家，以田氏篡齐，六卿分晋，由是臣强君弱，终成上替下凌，所以尊君抑臣，列置郡县，易于临统，便俗适时。滞儒常情，非今是古。礼经章句，名数尤繁，诸家解释，注疏庞杂。方今不行之典，于时无用之仪，空事钻研，竞为封执，与夫从宜之旨，不亦异乎！”[②] 指出周代朝聘之礼至战国时期遭到破坏，秦汉以后已成为“不行之典”“无用之仪”。故“天子受诸侯遣使来聘”，及至“秦汉以降，并无其礼”[③] 了。

汉代以降，所谓“交聘”已经突破西周原生态的涵义，逐渐包括各个国家、民族和地区政权之间的交往三个层次，亦即对立政权或政治实体之间以及统一王朝与周边民族和外国的交往，所谓交聘实际上已经是外交的同义语。中国古代于上述三个层次均属“交聘”其名，外交其实。

第一，对立政权或政治实体之间的交往。周代敌体诸侯之间的交聘是当时交聘的主要方式，故这种交聘方式为汉代及其后对立政权或政治实体之间的交往所传承乃顺理成章之事，因为这个层次的相互交往与周代敌体诸侯之间的交聘，其相似性最大。故诸如三国时期、十六国时期及南北朝等分裂时期，各个对立政权或政治实体之间的交往曰“聘”，如孙吴遣使曹魏，谓之“聘魏”[④]，蜀汉遣使孙吴，谓之“聘吴”[⑤]，孙吴遣

---

① 李无未指出，战国时期朝聘制度的破坏导致遣使外交制度的形成，参见李无未《周代朝聘制度研究》，吉林人民出版社 2005 年版，第 233—240 页。

② （唐）杜佑撰，王文锦、王永兴、刘俊文、徐庭云、谢方点校：《通典》卷七四《礼典三十四・沿革三十四・宾礼一》，中华书局 1988 年版，第 2015 页。

③ 《通典》卷七四《礼典三十四・沿革三十四・宾礼一》，第 2022 页。

④ （晋）陈寿撰，（南朝・宋）裴松之注，陈乃乾校点：《三国志》卷四七《吴书・吴主传》注引《吴历》，中华书局 1959 年版，第 1125 页。

⑤ 《三国志》卷四五《蜀书・宗预传》，第 1076 页。

使蜀汉谓之“聘于蜀”[①]，或称对方来使曰“来聘”。南北朝之间则互以对方来使谓之“朝贡”，亦将对方来使谓之“来聘”。其实都是相互使命往还的外交活动。

第二，与边族的交往或边族相互交往。在汉代及其后不论统一的中央皇朝或分裂的诸皇朝均在不同程度上与边族有密切交往，边族之间的交往也是经常发生的事情。汉代及其后仍然将这种交往谓之“聘”，盐铁会议上大夫论及汉皇朝与匈奴的关系时说：“汉兴以来，修好结和亲，所聘遗单于者甚厚”[②]，史称汉皇朝“享单于聘贡之质”[③]。十六国时期鲜卑与西凉“通和好”，西凉主李暠“遣使报聘，赠以方物。”[④] 南北朝时期突厥他钵可汗“遣使聘齐，求《净名》《涅槃》《华严》等经。”[⑤] 诸如此类，不烦枚举。故这些所谓“聘”也是这一时期重要的外交方式之一。

第三，与至今仍为外国的交往。这个方式在先秦时期尚属鲜见，到了汉代及其后随着大一统皇朝的出现以及国力的强大，这种交往遂日益得到发展，从而成为这个时期外交的重要方式之一。汉代及其后将与外国的交往，在称之为“朝贡”的同时亦称之为“聘”。东汉初“辽东太守祭肜威詟北方，声行海表，于是濊、貊、倭、韩万里朝献，故章、和已后，使聘流通。”[⑥] 这里并不将边族与外国加以区别，一概将与他们的交往冠以“朝”的同时亦称为“聘”。曹魏时司马懿平定辽东公孙渊之后，倭人“女王遣使至带方朝见，其后贡聘不绝。”[⑦] 也是将与外国的交往既称之为“朝”，亦谓之“聘”。

及至《清史稿》立《交聘年表》，分别记载“中国遣驻使”及“各国遣驻使”，将外国使者来驻以及己方遣使外国谓为“交聘”，也就是说将近代中国与欧美的外交亦谓之“交聘”。其序曰：“交聘之典，春秋为盛。南北史本纪书交聘颇详。其时中土分裂，与列国之敌体相交，无以

① 《三国志》卷四七《吴书·吴主传》注引《吴书》，第1130页。

② 《盐铁论校注》卷八《结和》，第479页。

③ 《汉书》卷九四下《匈奴传下》，第3808页。

④ （唐）房玄龄等撰：《晋书》卷八七《凉武昭王李玄盛传》，中华书局1974年版，第2263页。

⑤ （唐）李延寿撰：《北史》卷九九《突厥传》，中华书局1974年版，第3290页。

⑥ 《后汉书》卷八五《东夷列传·序》，第2809—2810页。

⑦ 《晋书》卷九七《四夷·倭人传》，第2536页。

异也。宋与辽、金，岁贺正旦、贺生辰外，有泛使，今谓之专使。然皆事毕即行，不常驻。金史始有盟聘表。清有中夏，沿元、明制，视海内外莫与为对。凡俄、英之来聘者，国史皆书曰‘来贡’。洎道光庚子订约，始与敌体相等。”① 这里指出清代沿袭元、明以来传统，将外国“来聘”均谓为“来贡”，及至鸦片战争之后方才承认其属于“来聘”而非“来贡”，亦即承认与对方是外交关系而不是臣属关系。实际上，这种情况并非仅元、明、清为然，自古以来的中央王朝基本上是承袭这种思维定式的，直至近代才得以改弦易辙。

因此，汉代及其后的所谓“交聘”，并非按照周代礼仪所规范的狭义的“聘”，而是具有广义上的意涵，泛指不同国、族或其他政治实体之间的遣使交往，所谓“交聘”是包含中国国内诸政治实体之间、民族之间的交往以及中国王朝与外国的交往三个层面在内的，其所涵盖与上文所述外交之三个层次的对象基本一致，两者的内涵是一致的。

汉代以后的外交是在先秦基础上的延续和发展。这个时期不仅吸取先秦时期交聘实践中所蕴涵、确立起来的一些原则和方式，而且在这个基础上随着时代的发展而有了进一步的创新和发展，从而把这个时期的外交活动推向一个更高的新阶段。先秦时期交聘实践中所蕴涵、确立起来的主要原则和方式，是指交聘中的对等性原则、礼尚往来原则，以及以使者为双方交聘之媒介，并在政府机构中设置相关的交聘管理机构与官员等。由于社会历史和时代条件的发展变化，政治、经济、文化诸方面的演进，先秦交聘中的诸多具体礼仪和方式已不适应后世的需要，相继成为历史的陈迹，这是必然的。但是先秦时期确立起来的上述诸方面的基本原则和方式，却具有很强的生命力，一直为后代所延续和继承，有的甚至与近代从欧洲发展起来的外交制度中的一些原则和方式亦有相似、相通之处。同样的，由于社会历史和时代条件的发展变化，政治、经济、文化诸方面的演进，先秦时期确立起来的上述诸方面的原则和方式也在不断变化和发展之中，并非一成不变。例如由于汉代以后的外交关系较先秦时期更为复杂，以及国家政治制度和政府机构的发展变化，

① 赵尔巽等撰：《清史稿》卷二一二《交聘年表一·中国遣驻使》，中华书局 1977 年版，第 8781 页。

故外交管理机构较之先秦更为完备和复杂，相关官员队伍亦更为庞大和多种多样。又由于汉代以后外交范围之日益扩大，外交所面对的国家、民族和政治实体更为复杂，各个政治实体和国家发展程度、力量对比和文化的差异，以及双边或多边关系的变化等错综复杂因素，对等性原则和礼尚往来原则也在根据不同外交对象和国内政治需要而不断调整和变化。再由于上述两个方面的发展变化，使节的派遣制度亦不断有所调整和变化，使节的人选、职衔和遣使礼仪均有了很大发展变化，也是很自然的事情。因此，我们今天用外交来概括汉代及其后的各种交往关系和制度，不是也不必照搬先秦时期的交聘制度和方式，不以先秦时期的交聘概念来进行刻板的比照和局限，而是根据发展变化了的时代和条件来考察这个时期的外交实践和制度。犹如当代世界虽然依旧沿用欧洲近代早期产生的“外交”一词及其基本原则和方式，但是其中不少原则和方式也随着时代的发展变化而有了不同程度的发展变化。还需要特别指出的是，虽然在汉代及其后的有些政权或政治实体总是企图将对方来使比附周代诸侯与天子关系，称之为“朝贡”“称藩”之类，但这种称谓并不能改变它们之间外交关系的实质，一般来说是并无实际意义，名不副实并难遂所愿的。

汉代外交在国际关系方面，对于建构和发展以中国为中心的东亚外交圈，以及东亚外交圈与西域外交圈的接触、交融发挥了重要作用，从而促进了旧大陆世界性外交体系的形成和发展；在民族关系方面，对于促进多民族国家的形成发展起了重要作用，促进了中原王朝与周边民族和民族政权，以及汉族与周边少数民族的接触、联系，从而促进了民族融合，成为民族融合的催化剂，为周边民族纳入以汉族为主体的多民族国家发挥了重要作用；在分裂政权之间的关系方面，促进了对立政权之间的接触、联系，对于消弭分歧，实现国家统一起了积极的作用，为最终导致由分裂走向统一起了重要的作用。

第二节　先秦时期的交聘

一　周代交聘管理机构与官员

西周春秋时期，由于交聘已经成为诸侯政治生活中的重要组成部分之一，故有相应之机构与官员管理其事。大略可分为主管机构与官员以及关涉机构与官员[①]，前者指在交聘活动中负有主要或重要职责之机构与官员，后者指在交聘活动某些环节中涉及其职责之机构与官员。这些官员分为交聘领导、交聘事务、交聘服务三个层级。周代交聘所涉及机构与官员已相当繁复，"百官"均动员起来、程度不同地参与，分工合作以完成交聘任务。周代交聘管理机构与官员设置开日后汉唐时期交聘——外交管理机构与官员设置之先河。

《仪礼》[②] 一书现存有《聘礼》一篇，此即周代交聘实践的总结和集大成。那么，周代的"聘"礼具有哪些基本特征？其中有哪些因素为后代的交聘制度提供了蓝本或参照依据和经验呢？交聘管理机构与相关官员之设置即其一。

西周尤其到了春秋时期，由于交聘日益成为诸侯政治生活中的重要组成部分之一，故需有相应之机构与官员管理其事。春秋中叶周定王派遣其卿士单襄公"聘于宋。遂假道于陈，以聘于楚。"单襄公入陈见"道茀不可行，候不在疆，司空不视涂……膳宰不致饩，司里不授馆，国无寄寓，县无施舍……"[③] 单襄公回国后向定王报告其被陈国冷遇的情况，其中有云："周之秩官有之曰：'敌国宾至，关尹以告，行理以节逆之，候人为导，卿出郊劳，门尹除门，宗祝执礼[④]，司里授馆，司徒具徒，司空视涂，司寇诘奸，虞人入材，甸人积薪，火师监燎，水师监濯，膳宰致饔，廪人献饩，司马陈刍，工人展车，百官以物至，宾入如归。是故小大莫不怀爱。其贵国之宾至，则以班加一等，益虔。至于王吏，则皆官正莅事，上卿监之。若王巡守，则君亲监之。'今虽朝也不才，有分族

---

① 关于将交聘管理机构与官员区分为主管机构与官员及关涉机构与官员问题，参见《汉唐外交制度史》。

② 《仪礼》与《周礼》《礼记》并称为"三礼"，均程度不同地保存了周代"聘礼"内容，其中以《仪礼》成书最早。但对于《仪礼》成书年代学术界有争议，当以春秋、战国之际为是。参见沈文倬《略论礼典的实行和〈仪礼〉书本的撰作》，《文史》第15、16辑，中华书局1982年版；彭林《仪礼译注·前言》，贵州人民出版社1997年版，第4—5页。

③ 徐元诰撰，王树民、沈长云点校：《国语集解》卷二《周语中》，中华书局2002年版，第61—62页。

④ "礼"，各本多作"祀"，徐本订正为"礼"。参见《国语集解》卷二《周语中》"宗祝执礼"注，第67页。

于周，承王命以为过宾于陈，而司事莫至，是蔑先王之官也。”[①] 韦昭注“秩官”曰：“周常官，篇名。”单襄公说这是“先王之官”，因此周之《秩官》当为关于西周职官制度的文献；而单襄公征引这个文献以抨击陈国未能遵循之，表明在春秋时期这个制度仍然是有效的，韦昭注曰：“是时，天子微弱，故以诸侯相聘之礼假道也。”它仍然是春秋时期诸侯交聘所行用之礼。因此《秩官》所载交聘制度，可以视为整个周代的制度。这里所述聘问有四个层次，即与“敌国”之间、与“贵国”之间、与“王吏”之间、与“王”之间的交聘。而《仪礼·聘礼》所载即为其中“敌国”之间的交聘。单襄公所引《秩官》这段记载不仅展现了当时交聘程序与礼仪方面生动而丰富的画面，还可以看到与交聘有关的机构和官员设置之纷繁。《秩官》所述聘问机构与官员，在《仪礼·聘礼》《国语》《春秋左传》以及《周礼》《礼记》等古籍中多所涉及，对于了解当时诸侯交聘管理机构与官员的具体情况是珍贵的史料。

鲁襄公三十一年（前542）郑相子产朝晋，晋侯迟迟未接见，于是“子产使尽坏其馆之垣，而纳车马焉。”晋士文伯让之，子产答曰：“侨（子产）闻文公之为盟主也，宫室卑庳，无观台榭，以崇大诸侯之馆，馆如公寝。库厩缮修，司空以时平易道路，圬人以时塓馆宫室。诸侯宾至，甸设庭燎，仆人巡宫。车马有所，宾从有代。巾车脂辖，隶人、牧、圉，各瞻其事。百官之属，各展其物。公不留宾，而亦无废事，忧乐同之，事则巡之，教其不知，而恤其不足，宾至如归，无宁菑患……”[②] 这个记载可与上述资料相互印证补充，以见当时交聘管理机构与官员之设置情况。他们即前引单襄公所谓“司事”，其意与“有司”相近。

兹以上述两则资料及《仪礼·聘礼》为纲，参以《春秋左传》《国语》，辅以《周礼》《礼记》等资料，试勾勒周代交聘管理机构与官员情况于后。

西周、春秋时期的职官，一方面有“卿”“下大夫”“士”等比较宽泛之概念，所谓“宽泛”有两层含义，一是他们是周代职官爵秩等级的称谓，并非具体的职官；二是这类爵秩等级的人员在负责某一事务时，

---

① 《国语集解》卷二《周语中》，第66—68页。

② 《春秋左传正义》卷四〇，襄公三十一年，第1295—1298页。

可能以不同的具体职官身份而担任之，未必固定，变动性较大。另一方面也有比较具体的、固定的、专门的职官称谓，以交聘管理机构和官员而言，如上至“宰”，中至“行人”“宰夫”，下至“候人”“关人”等即属此类。

（一）主管机构与官员

所谓主管机构与官员，一是指其在交聘中负有主要或重要职责者；二是指其职掌中明确负有交聘职责者。

主管机构与官员分为交聘领导、交聘事务、交聘服务等若干层级。

1. 交聘领导

首先，“宰”是诸侯中负责交聘管理之最高、最重要官员，上则对国君负责，下则指挥诸“有司”分工合作，完成交聘任务，总揽交聘活动全面的、最大的权力。郑玄曰：“宰，上卿，贰君事者也。诸侯谓司徒为宰。”[①] 诸侯三卿之一为“宰”，“依周制而言，谓立司徒兼冢宰之事”[②]。“宰”为诸侯上卿之执政大臣，即以司徒而兼冢宰之事。交聘为“宰”之重要职掌之一，《周礼》大宰职曰：“掌建邦之六典，以佐王治邦国”，其“三曰礼典，以和邦国。”[③] 其“八统”之一“曰礼宾”，郑玄注曰：“礼宾，宾客诸侯，所以示民亲仁善邻。”[④] 亦即“以礼待宾客之治”。贾公彦疏：“唯礼宾特别有礼，若聘礼之类也。”[⑤] 其“九式”之一为“宾客之式”。其“以九贡致邦国之用”[⑥] 亦与礼宾有关。由此可见，朝觐、聘问为大宰之重要职掌之一。他不仅掌握礼宾之大政方针，还具体参与礼宾之活动，如“大朝觐会同，赞玉币、玉献、玉几、玉爵。”郑玄注：“助王受此四者”，其“玉币，诸侯享币也”“玉献，献国珍异，亦执玉以致之”“玉几，王所依也”“玉爵，王礼诸侯之酢爵”[⑦]。亦即在朝觐、聘问中赞助天子行礼。

---

① 《仪礼注疏》卷一九《聘礼》，第414页。
② 《礼记正义》卷一一《王制》，孔颖达疏引崔氏曰，第410页。
③ 《周礼注疏》卷二《天官冢宰·大宰》，第28页。
④ 《周礼注疏》卷二《天官冢宰·大宰》，第36—37页。
⑤ 《周礼注疏》卷二《天官冢宰·大宰》，第54—55页。
⑥ 《周礼注疏》卷二《天官冢宰·大宰》，第45页。
⑦ 《周礼注疏》卷二《天官冢宰·大宰》，第58页。

“宰”在诸侯交聘中的作用与此相似。其职责主要表现为以下几个方面：第一，参与交聘决策并主管交聘使节之选派。他与国君、诸卿共同进行交聘决策及正、副使者的任命，而“众介”则由他直接主管加以任命，《聘礼》谓“宰命司马”①，通过司马以物色具体人选。第二，主管交聘物资之准备与授与。使团组成之后，“宰书币，命宰夫官具。”② 负责提出交聘所需礼币及使团所需物资之计划，命令其下属官员“宰夫”备办，并将这些礼币一一造册登记。出使之具体安排亦由其主管，使团组成之后，使者“遂见宰，问几月之资。”③ 向宰请示出使的资用几何、道路远近、时间长短等。出使前夕由他负责主持“授币”仪式。将礼币展示于正朝，由宰入路门向国君报告，国君出门检视礼币后，“宰执书，告备具于君，授使者。”④ 宰向国君报告礼币核对无误，遂将登记礼币之文书授予使者，从而完成了授币之仪式。第三，主持使者受命仪式。使者正式出使当天在治朝举行受命仪式，亦由宰负责主持。宰从“贾人”那里接过聘圭等玉器之后，“自公左授使者”⑤，在国君的东侧将礼玉授予使者，从而标志使者得到了国君之命而得以向对方国家行使聘享之礼。第四，主持来使聘享、私觌礼并负责聘币之收藏。若别国遣使来己国聘问时，宰负责赞助国君举行聘享礼仪，当国君接受来使的聘玉、享币之后，“公侧授宰玉”“公侧授宰币”，国君从东侧将聘玉、享币授予宰，“使藏之”⑥。《周礼》大宰之职“以九贡致邦国之用”，“贡”谓“诸侯邦国岁之常贡”。其职掌“九式”之一曰“币帛之式”，“币帛，所以赠劳宾客者。”⑦ 故诸侯遣使时由“宰”负责具币以授使者，接待来使时则负责将别国所献聘币加以收藏。使者向国君行“私觌”礼时亦然，国君接受使者的礼“币”后，“公侧授宰币”；接受“上介”之礼“币”后，同样由“宰自公左受币”⑧。也是“宰”从国君手中接过礼“币”并负责加以收藏。第五，使者

① 《仪礼注疏》卷一九《聘礼》，第 413 页。
② 《仪礼注疏》卷一九《聘礼》，第 414 页。
③ 《仪礼注疏》卷二四《聘礼》，第 513 页。
④ 《仪礼注疏》卷一九《聘礼》，第 416 页。
⑤ 《仪礼注疏》卷一九《聘礼》，第 421 页。
⑥ 《仪礼注疏》卷二〇《聘礼》，第 454 页；《仪礼注疏》卷二一《聘礼》，第 457 页。
⑦ 《周礼注疏》卷二《天官家宰・大宰》，第 45—46、44 页。
⑧ 《仪礼注疏》卷二一《聘礼》，第 457、468 页。

返国之后，负责主持“反命”仪式并负责收藏聘币。使者返国之后需入朝向国君反命，“宰”负责主持其仪式。使者执圭、上介执璋北面反命后，“宰自公左受玉”，“宰”仍从国君之东侧接受使者交回之聘圭聘璋，如同出使之时授之一样。交聘国所赠送之“贿币”以及彼国国君所报享之礼玉，亦由使者上交于“宰”，由“宰”收藏之[①]。反命完毕，国君慰劳使者，“君使宰赐使者币，使者再拜稽首。赐介，介皆再拜稽首。”[②]“宰”代表国君将使团携带回来的币帛赐给使者以及上介、士介。至此，交聘使命画上圆满句号。

其次，诸卿。诸侯三卿除执政大臣“宰”之外，尚有二卿。交聘前任命使者的决策会议上，“君与卿图事”，他们与“宰”一同参与御前决策，决定是否进行交聘以及任命正、副使人选；而且他们之中的一人将被任命为使者，具体承担本次交聘之使命[③]。出使当天的“受命”仪式上，“君使卿进使者”[④]，由另一卿负责赞相此仪式。使者入境后，主国之君“使卿朝服，用束帛劳”[⑤]，执行“郊劳”使命，此即上引周之《秩官》“卿出郊劳”[⑥]之谓。使者入住馆舍之后，又由“卿致馆”“致命”[⑦]，代表国君欢迎来使。为了赞相来使在本国所进行之各种礼仪，主国组成了一个傧相小组，以“卿为上摈”，郑玄注曰：“摈，谓主国之君所使出接宾者也。”[⑧]以卿为这个小组的最高成员，负责赞相聘享等礼仪。聘享礼之后卿又以“摈者”身份赞相国君“礼宾”及“私觌”等礼仪[⑨]。与此同时国君又使卿负责馈赠饔饩于宾介[⑩]。来使返国前，国君又“使卿

---

① 详见《仪礼注疏》卷二三《聘礼》，第503—508页。

② 《仪礼注疏》卷二三《聘礼》，第508页。

③ 《仪礼注疏》卷一九《聘礼》，第412—413页。郑注：“谋聘故及可使者。”贾疏：“谓于三卿之中选可使者。”

④ 《仪礼注疏》卷一九《聘礼》，第420页。

⑤ 《仪礼注疏》卷一九《聘礼》，第432页。

⑥ 《国语集解》卷二《周语中》，第67页。

⑦ 《仪礼注疏》卷二〇《聘礼》，第437、438页。

⑧ 《仪礼注疏》卷二〇《聘礼》，第442—443页。

⑨ 《仪礼注疏》卷二一《聘礼》，第437—454页；《仪礼注疏》卷二一《聘礼》，第456—470页。

⑩ 《仪礼注疏》卷二一《聘礼》，第472—477页；《仪礼注疏》卷二二《聘礼》，第478—496页。

皮弁，还玉于馆”[①]。使者离开国都“舍于郊”之后，国君又使卿负责到馆舍赠送礼币[②]。使者返国后入朝反命，又由“卿进使者”[③]，赞相“反命”仪式。由此可见，卿参与了交聘之全过程。

那么，这些“卿”具体是些什么职务的官员呢？他们为诸侯三卿之中除“宰”之外的其余二卿，亦即“立司马兼宗伯之事，立司空兼司寇之事”[④]之二卿，比照周官，前者为大司马、大宗伯，后者为大司空、大司寇。从遣使一方而言，参加朝议二卿之一被任命为使者，则另一位卿就是赞相“受命”仪式以及使者返国后赞相“反命”仪式之卿。从受使一方而言，则二卿均有可能被国君命以接待来使之任务，如“郊劳”“致馆”“致饔饩”“还玉”“郊送”，以及以“上摈”赞相“聘享”“私觌”等礼仪。从他们的职掌分工来看，大宗伯为主管礼仪之官，“以宾礼亲邦国”[⑤]是其主要职掌之一。故一般来说以“司马兼宗伯之事”之卿奉命出使或负责接待来使的各种礼仪的可能性当较大、较多。而“朝觐会同，则为上相”亦为大司马职责之一，郑玄注曰：“相，诏王礼也。出接宾曰摈，入诏礼曰相。”[⑥]在接待来使时其以“上摈”佐国君礼仪亦属名正言顺。《仪礼·觐礼》郑玄注曰：“天子见公，摈者五人；见侯伯，摈者四人；见子男，摈者三人。皆宗伯为上摈。”[⑦]故诸侯当亦以“司马兼宗伯之事”之卿为“上摈”。此外，任命“众介”亦为其职掌，正、副使任命之后，“宰命司马戒众介”[⑧]，此“司马”亦当为上述以“司马兼宗伯之事”之卿。当然也不排除在特定情况下由另一卿充任之可能。

2. 交聘事务

交聘事务包括：出使、礼宾、赞礼、后勤等方面具体事务。

（1）下大夫

西周、春秋时期诸侯之臣的爵秩分为五个等级，即“诸侯之上大夫

① 《仪礼注疏》卷二三《聘礼》，第497页。
② 《仪礼注疏》卷二三《聘礼》，第502页。
③ 《仪礼注疏》卷二三《聘礼》，第503页。
④ 《礼记正义》卷一一《王制》，孔颖达疏引崔氏曰，第410页。
⑤ 《周礼注疏》卷一八《春官宗伯·大宗伯》，第546页。
⑥ 《周礼注疏》卷一八《春官宗伯·大宗伯》，第568—569页。
⑦ 《仪礼注疏》卷二六下《觐礼》，第596页。
⑧ 《仪礼注疏》卷一九《聘礼》，第413页。

卿、下大夫、上士、中士、下士，凡五等。”他们均为诸侯“北面之臣”①。“下大夫”为“上大夫卿”之下一层级的官员群体。《周礼》太宰职曰：“乃施典于邦国，而建其牧，立其监，设其参，傅其伍，陈其殷，置其辅。”其中“设其参，傅其伍。”郑玄注曰：“参谓卿三人，伍谓大夫五人。”②《王制》亦谓诸侯有“下大夫”五人③。“下大夫”在交聘中的主要职责有四。

出纳迎导。如有他国交聘使团遣使携礼币至朝门请求假道本国时，一般以下大夫至朝门外应对，“下大夫取以入告，出许，遂受币。”④ 下大夫入告国君，得到国君允许，再出门转告并收下礼币，从而得以假道。如果是来本国交聘的，则当使团进入本国近郊后，本国之君“使下大夫请行，反。君使卿朝服，用束帛劳。”先以下大夫为使至郊，进一步确认使团之来意。郑玄注曰：“请行，问所之也。虽知之，谦不必也。”⑤ 确认使团来本国交聘后，下大夫再返回朝廷向国君报告，国君方才派遣卿前往郊劳。郊劳礼毕，下大夫负责引导来使“至于朝”，“宾至外门，下大夫入告”，下大夫向国君报告使者的到来，再出门转达国君表示已经做好聘享礼准备之意，使者谦答“俟间”，意即待后再行聘礼。于是“大夫帅至于馆”⑥，此“大夫”即“下大夫”。由“下大夫”引导至馆舍后，才由卿前往“致馆”。举行聘享礼当天早晨，“讶宾于馆”，郑玄注曰：“此讶下大夫也。以君命迎宾谓之讶。”⑦ 由“下大夫”负责至馆舍迎接来使。周制，迎宾使者一般均相应低于被迎者一级。故由“下大夫”专门负责迎接使者——卿，此即《聘礼》“记”云：“卿，大夫讶。”⑧ 此“大夫”亦即“下大夫”。

赞相礼仪。“下大夫”在交聘中还承担傧相的职责，在侯伯之国相交聘而举行聘享礼时，以“卿为上摈，大夫为承摈”⑨，此“大夫”亦为

---

① 《礼记正义》卷一一《王制》，第386页。
② 《周礼注疏》卷二《天官冢宰·大宰》，第51页。
③ 《礼记正义》卷一一《王制》，第410页。
④ 《仪礼注疏》卷一九《聘礼》，第423—424页。
⑤ 《仪礼注疏》卷一九《聘礼》，第432页。
⑥ 《仪礼注疏》卷二〇《聘礼》，第436—437页。
⑦ 《仪礼注疏》卷二〇《聘礼》，第441页。
⑧ 《仪礼注疏》卷二四《聘礼》，第530页。
⑨ 《仪礼注疏》卷二〇《聘礼》，第442页。

“下大夫”，他担任“承摈”而协助卿赞相礼仪。聘享礼之后的“礼宾”“私觌”等礼仪中亦然。行聘享礼后次日，使者代表本国国君向主国之卿大夫行“问”礼，“宾朝服问卿，卿受于祖庙。下大夫摈。”[①] 这时卿为主人，故以下大夫为摈者，负责赞相礼仪。或谓“下大夫摈，公使为之也。必使下大夫者，欲与上介之爵相当也。此公事也，故重之。”[②] 因使者之副“上介”为下大夫，故国君亦以下大夫为摈者助卿以赞礼。使者“问”卿、“面”卿之后，上介、众介亦相继“面”卿，仍以下大夫为摈者，负责赞礼。

馈赠致礼。这方面的职责可分为两个方面，一方面国君夫人向来使致礼，均由下大夫代表进行，另外曾经出使该国的下大夫在卿的率领下参与向来使致礼。使团入境之后举行郊劳礼时，主国使卿代表国君向使者进行慰劳，与此同时“夫人使下大夫劳”[③]，以下大夫代表国君夫人向使者进行慰劳，双方互赠礼物。使者向主国卿大夫行“问”礼的当天傍晚，“夫人使下大夫韦弁归礼”[④]，下大夫代表国君夫人向使者和上介馈礼。可见“凡夫人之礼，皆使下大夫致之。”[⑤] 不过，下大夫也有代表国君馈赠致礼的情况，在使团返国举行“郊送”礼仪时，则由国君“使下大夫赠上介”[⑥]，因上介亦为下大夫，取相互对等之义。另外曾经出使该国的下大夫在卿的率领下参与向来使致礼。聘享礼举行之后，主国国君又派遣卿以及曾经出使该国的下大夫至馆舍“劳宾”[⑦]，代表国君向使者和上介赠送礼品。接着，国君又派遣卿与曾经出使该国的下大夫代表其向来使“归饔饩”，在卿向使者馈饔饩之后，则由下大夫向上介馈饔饩，“下大夫韦弁，用束帛致之。上介韦弁以受，如宾礼。”[⑧] 其礼节与卿向使者馈赠时相同。在完成代表国君向

---

① 《仪礼注疏》卷二二《聘礼》，第486页。

② （元）敖继公撰：《钦定四库全书荟要·仪礼集说》卷八下《聘礼第八》，吉林出版集团有限责任公司2005年版，第284页。

③ 《仪礼注疏》卷二〇《聘礼》，第435页。

④ 《仪礼注疏》卷二二《聘礼》，第491页。

⑤ 《周礼注疏》卷三八《秋官司寇·掌客》郑注，第1219页。

⑥ 《仪礼注疏》卷二三《聘礼》，第502页。

⑦ 《仪礼注疏》卷二一《聘礼》，第471页。

⑧ 《仪礼注疏》卷二二《聘礼》，第484页。

来使的馈赠礼仪后，曾经出使该国的下大夫又在卿的率领下一起向来使致“饩”[①]。

出使交聘。下大夫还经常奉命出使，执行交聘使命。侯伯之国相交聘时，如果是大聘，则以卿为正使，下大夫为副使——上介，此即“礼，卿出聘，以大夫为上介”[②] 之谓，这里的“大夫”即“下大夫”。如果是小聘，则以下大夫为正使，以士为副使——上介。以下大夫为交聘使节，在被聘国的礼仪活动中也有诸多的反映。使团在交聘国除了“问卿”“面卿”等礼仪之外，还有专门的“问下大夫”礼，“下大夫尝使至者，币及之。”郑玄注曰：“尝使至已国，则以币问之也。君子不忘旧。”[③] 使者代表本国国君向曾经出使本国的下大夫致礼，以巩固邦谊。可见下大夫出使乃经常之事，故“问下大夫”成为交聘中不可缺少的环节之一。此外，向来使的馈赠致礼活动中，曾经出使该国的下大夫亦经常随卿前往执行。

那么，这些“下大夫”具体是些什么职务人员呢？在“下大夫”级别内、参与聘礼之具体官员约略可见者有如下几种。

一是“行人”。“行人”或称为“行李”“行理”。《左传》杜预注“一介行李”曰：“行李，行人也。”[④]“行李”又作“行理”，《左传》杜预注“行理之命，无月不至”曰：“行理，使人，通聘问者。”[⑤]《左传》僖公三十年孔颖达疏曰：“李、理字异，为注则同，都不解‘理’字。《周语》‘行理以节逆之’，贾逵云：‘理，吏也，小行人也’。孔晁注《国语》，其本亦作‘李’字，注云‘行李，行人之官也’。然则两字通用。本多作‘理’，训之为吏，故为行人、使人也。”[⑥] 由此可知，“行人”或作“行理”，或作“行李”，其义相同，均指诸侯交聘之专职官员。而诸侯之“行人”当与《周礼》之大、小行人有关，两者的性质是一致的。上述单襄公所述周之《秩官》所记有云“敌国宾至……行理以节逆之”。来使入境之后，国君派遣“行理”持节迎宾。韦昭注曰：“理，

---

① 《仪礼注疏》卷二二《聘礼》，第 485 页。

② 《春秋公羊传注疏》卷一六，宣公十八年何休注，第 424 页。

③ 《仪礼注疏》卷二二《聘礼》，第 490 页。

④ 《春秋左传正义》卷三〇，襄公八年杜预注，第 985 页。

⑤ 《春秋左传正义》卷四六，昭公十三年，第 1531 页。

⑥ 《春秋左传正义》卷一七，僖公三十年，第 533 页。

吏也……行理，小行人也。”他和贾逵均认为“行理”即周官“小行人”。《周礼》有“大行人，中大夫二人。小行人，下大夫四人。”① 他们均为负责交聘之礼官，“大行人掌大宾之礼及大客之仪，以亲诸侯。”“小行人掌邦国宾客之礼籍，以待四方之使者。”② 其中“小行人”之职责还有：“凡诸侯入王，则逆劳于畿。及郊劳、眡馆、将币，为承而摈。”以及“使适四方”③ 等。这里的“逆劳于畿”与上述单襄公所述“以节逆之”以及前引《聘礼》中所述来使入境后“使下大夫请行”均为相同之职责。这里的“郊劳、眡馆、将币”，与《聘礼》所述下大夫陪同卿前往并代表夫人郊劳，以及郊劳之后由其负责引导来使“至于朝”并“帅至于馆”“致馆”等职责也是一致的。这里的“为承而摈”与《聘礼》中以下大夫为“承摈”的记载也是一致的。这里的“使适四方”则为上述下大夫职责之四“出使交聘”之谓。故春秋时期以“行人”为使，交聘于诸侯之间的记载不胜枚举。如鲁襄公二十四年（前549）“郑行人公孙挥如晋聘”。杜预注曰：“挥，子羽也。”④ 孔子论郑国四贤时，其中提到“行人子羽修饰之”，何晏注曰：“行人，掌使之官。子羽，公孙挥。”邢昺疏曰：“子羽，公孙挥，亦郑大夫也……《周礼·秋官》有大行人、小行人，皆大夫也，掌诸侯朝觐、宗庙会同之礼仪及时聘间问之事，则诸侯之行人亦然，故云掌使之官，谓掌其为使之官也。”⑤

二是“宰夫”。《周礼》大宰之属有“宰夫，下大夫四人。”⑥ 其在交聘中的职责有四。

交聘物资之备办。当交聘使团组成之后，“宰书币，命宰夫官具。”郑玄注曰：“命之使众官具币及所宜赍。”⑦ 宰夫按照执政大臣“宰”开列的清单，再命有关部门和人员进行交聘物资——聘币与使团成员所需物资之备

---

① 《周礼注疏》卷三四《秋官司寇》，第1057页。

② 《周礼注疏》卷三七《秋官司寇·大行人》，第1161页；《周礼注疏》卷三七《秋官司寇·小行人》，第1182页。

③ 《周礼注疏》卷三七《秋官司寇·小行人》，第1183—1184页。郑注：“眡馆，致馆也。”

④ 《春秋左传正义》卷三五，襄公二十四年，第1158页。

⑤ （魏）何晏注，（宋）邢昺疏，朱汉民整理，张岂之审定：《论语注疏》卷一四《宪问》，北京大学出版社2000年版，第210—211页。

⑥ 《周礼注疏》卷一《天官冢宰》，第7页。

⑦ 《仪礼注疏》卷一九《聘礼》，第414页。

办。除了上述物资之外，尚有赠送对方卿大夫之礼币，这种礼币则在使者受命之后在郊交割，“问大夫之币，俟于郊，为肆，又赍皮马。”郑玄注曰：“使者既受命，宰夫载问大夫之礼待于郊，陈之为行列，至则以付之也。”[①]聘享国君之币陈于朝，问大夫之币则由宰夫负责载至郊直接交付使者。

设宴礼宾。使者入住馆舍之后，“宰夫朝服设飧”[②]，负责陈设便宴以招待之。聘享礼后国君举行醴礼时，宰夫负责宴饮过程中的陈设与服务，“宰夫彻几改筵”，将聘享礼中所设之神几撤下，改布筵席以便国君醴宾。此外，如“拂几”“实觯以醴，加柶于觯”“荐笾豆脯醢”等均为其职责。郑玄注曰：“宰夫，又主酒食者也。”[③]故宴饮之陈设、服务事宜由其掌管。主国国君宴请来使有三种方式，其隆重程度依次为飧、食、燕。前两者国君亲临，最后一种“燕”礼相对为轻，则由“宰夫献”，即以宰夫“为主人，代公献”[④]。以宰夫代表国君向来使献酒。

襄助礼仪。来使向国君行“私觌”礼时，“宰夫受币于中庭，以东。执币者序从之。”[⑤]宰夫从摈者手中接过士介所致之币，执之东行，其余执币之三士跟随之，加以收藏。私觌礼后，如果来使还要行“私献”礼，“摈者授宰夫于中庭”，使者所献礼物均由摈者交宰夫收藏，郑玄注曰：“东藏之”[⑥]，即藏之内府。

馈宾饔饩。来使之食物由宰夫负责备办，馈赠时亦参与其事。国君命卿向来使馈饔饩时，“宰夫朝服，牵牛以致之。”[⑦]由宰夫负责向士介馈赠。“旬而稍，宰夫始归乘禽。”郑玄注曰：“稍，禀食也。乘禽，乘行之禽也，谓雁鹜之属。”[⑧]如果使团停留时间超过十天，则由宰夫负责供应使团日常之廪食，并按照规定每天致送成双的禽类不等。

由上所述可知宰夫之职责主要为两个方面，一为出使物资之备办与来使礼币之收藏，二为来使饮食物资之供应与款待。前者即周官宰夫职

---

① 《仪礼注疏》卷二四《聘礼》，第527页。
② 《仪礼注疏》卷二〇《聘礼》，第439页。
③ 以上均见《仪礼注疏》卷二一《聘礼》，第459—461页。
④ 《仪礼注疏》卷二四《聘礼》，第545页。
⑤ 《仪礼注疏》卷二一《聘礼》，第469页。
⑥ 《仪礼注疏》卷二四《聘礼》，第538页。
⑦ 《仪礼注疏》卷二二《聘礼》，第485页。
⑧ 《仪礼注疏》卷二四《聘礼》，第541页。

“掌百官府之征令”之一，贾公彦疏曰：“以备王之所征召及施令”。后者即“凡朝覲、会同、宾客，以牢礼之法掌其牢礼、委积、膳献、饮食、宾赐之飧牵，与其陈数”之一，郑玄注曰：“牢礼之法，多少之差及其时也。三牲牛羊豕具为一牢。委积，谓牢米薪刍给宾客道用也。膳献，禽羞俶献也。饮食，燕飨也。”[①] 上引单襄公指责陈国在接待来使时“膳宰不致饩”，注曰：“膳宰，膳夫也，掌宾客之牢。”[②] 而按照规定接待来使应当有“膳宰致饔，廪人献饩”云云，均属于宰夫职掌之第二方面。这里提到的“膳夫”“膳宰”“廪人”等当在宰夫主管下备办不同物资之相关部门和人员。此外，周礼秋官又有“掌客”职曰：“掌客掌四方宾客之牢礼、饩献、饮食之等数与其政治。”郑玄注曰：“政治，邦新杀礼之属。”[③] 似乎“宰夫”与“掌客”职责有相互重叠之处，实际上应属两者分工之不同，交聘饮食物资供应与款待之政策规定由掌客负责，而宰夫则按照相关规定具体执行供应饮食物资与款待事宜。

三是“宗人”。《聘礼》“记”云：“宗人授次。次以帷。”次，于主国朝廷大门外搭建之帐幄，以供聘礼之前使者暂息之用。郑玄注曰：“主国之门外，诸侯及卿大夫之所使者，次位皆有常处。”[④] 宗人根据来使不同等级安排帐幄之班位。“次”由“馆人与宗人共掌之，若宾客则宗人掌之也。”[⑤] 一般情况下由两者共同负责，但如果是接待交聘使者，则由“宗人”负责，因为他主管并熟悉这方面的礼仪。宗人在《聘礼》中虽然仅出现一次，但实际上其在交聘中却是一个重要角色。宗人是什么人呢？郑玄曰：“宗人，掌礼及宗庙也。”孔颖达称：“宗人，掌礼之官。”[⑥] 杜预谓：“宗人，礼官也。”[⑦] 韦昭说：“宗人，主礼乐者也。”[⑧] 由此可见，古代学者众口一词认为宗人是职掌礼仪之官。具体来说是什么职官呢？《仪礼·士冠礼》：“宗人告事毕”，郑玄注曰：“宗人，有司主礼者。”贾

---

① 《周礼注疏》卷三《天官冢宰·宰夫》，第78—79、81页。

② 《国语集解》卷二《周语中》，第62页。

③ 《周礼注疏》卷三八《秋官司寇·掌客》，第1213页。

④ 《仪礼注疏》卷二四《聘礼》，第532页。

⑤ 《仪礼注疏》卷一九《聘礼》贾疏，第415页。

⑥ 《礼记正义》卷二〇《文王世子》，第745、747页。

⑦ 《春秋左传正义》卷六〇，哀公二十四年，第1966页。

⑧ 《国语集解》卷五《鲁语下》“韦昭曰”，第199页。

公彦疏曰：“士虽无臣，亦有宗人掌礼，比于宗伯，故云‘有司掌礼者’。”① 这样看来“宗人”当属上引崔灵恩所称诸侯诸卿之一“立司马兼宗伯之事”所属之礼官，其在交聘礼仪中负有重要职责，是为上引周之《秩官》所谓“宗祝执礼”之中的“宗”。

四是“史”。《聘礼》中多处涉及“史”的职责，出发前举行的授币仪式中由“史读书展币”，假道他国之前宣誓纪律的仪式上也由“史读书”② 誓众，进入交聘国之后的“展币”“陈币”等仪式及其他需文书之礼仪，均由“史”负责，可见“史”在交聘中的职责与文书事宜有关，为协助使者交聘的“有司”成员之一。如有急切事故行“卒聘”，则“束帛加书将命，百名以上书于策，不及百名书于方。主人使人与客读诸门外。”③ 即在“卒聘”时以文书致意，其百字以上书于简，百字以下书于板；此使“人”即“内史”，在行聘享礼后，主国国君使内史与来使于门外读之。《周礼》春官宗伯之属有“大史”“小史”“内史”“外史”“御史”等，大史为“史官之长”④。《周礼》内史职曰：“凡四方之事书，内史读之。”交聘文书之书写亦当由“史”负责，《周礼》外史职曰：“若以书使于四方，则书其令。”郑玄注曰：“书王令以授使者。”⑤ 可知“史”为交聘中负责文书事宜的官员。

（2）士

“士”为下大夫之下的官员群体。从上述《王制》可知周代诸侯职官于卿大夫之下为“士”，属最低一等，序次于“下大夫”之下。“士”又分为上、中、下三等。上引《周礼》太宰职有“陈其殷”之语，郑玄注曰：“殷，众也，谓众士也。”又引《王制》述其具体员额曰：“诸侯上士二十七人，其中士、下士，各居其上之三分。”⑥ 其数量远大于卿大夫，故其在交聘之各种场合广泛出现就不足为奇了。

“士”在交聘中主要承担如下一些任务。

---

① 《仪礼注疏》卷一《士冠礼》，第 15 页。
② 《仪礼注疏》卷一九《聘礼》，第 416、425 页。
③ 《仪礼注疏》卷二四《聘礼》，第 521—522 页。
④ 《周礼注疏》卷一七《春官宗伯》，第 526—527 页。
⑤ 《周礼注疏》卷二六《春官宗伯·内史·外史》，第 836 页。
⑥ 《周礼注疏》卷二《天官冢宰·大宰》，第 51 页。

奉命出使。决策集团决定遣使交聘并确定正、副使者之后，则由“宰命司马戒众介”，郑玄注曰：“众介者，士也。”[①] 故“众介”又称为“士介”，为交聘使者之最低一级，正、副使之助手。

迎送引导。如有诸侯遣使来本国交聘，在得到“关人”报告之后，主国国君即“使士请事，遂以入境。”派遣“士”前往接洽，郑玄注曰：“请犹问也，问所为来之故也。遂以入，因道之。”[②] “士”确认其来本国交聘之后，方才引导其通关入境。此即《聘义》“君使士迎于竟”[③] 之谓。使者入住馆舍之后，又“使己迎待之命”[④]，为其提供服务。交聘结束，使团返国时又由“士送至于竟”[⑤]，护送使团至于边境。与此相类，如有诸侯交聘使团假道于本国时，由“士帅没其竟”[⑥]，负责将使团引导通过本国直至出境。聘享之日国君派人“讶宾于馆”[⑦]，“士”亦随同前往。按照当时迎宾者身份低于来宾身份一等的制度，“大夫，士讶。士皆有讶。”[⑧] 此“大夫”即“上介”，由“士”负责迎接、陪同其至朝庙参加聘享礼仪。“士皆有讶”之“士”为“众介”，也可能有由“士”负责陪同者，或谓“若上士则使中士讶之，中士则使下士讶之也。”[⑨] 如果是“小聘”，对方以下大夫为正使，则当以“士”为首负责迎讶。

赞相礼仪。为了迎接来使在本国所进行之各种礼仪活动，主国组成一个以卿为首的傧相小组，“士”亦为其中的成员，担任“绍摈”，与“承摈”一起协助“上摈”赞相礼仪。郑玄注曰：“绍，继也，其位相承继而出也。”[⑩] 侯伯之国来聘，“绍摈”为二人。如果是“小聘”，对方以下大夫为正使，则当以“士”为“承摈”。除此之外，还有一些“士”亦参与礼仪场合之协助事宜，如在举行聘享礼时，“公再拜受币。士受皮

---

① 《仪礼注疏》卷一九《聘礼》，第 413—414 页。
② 《仪礼注疏》卷一九《聘礼》，第 428—429 页。
③ 《礼记正义》卷六三《聘义》，第 1940 页。
④ 《仪礼注疏》卷二四《聘礼》郑注，第 530 页。
⑤ 《仪礼注疏》卷二三《聘礼》，第 502 页。
⑥ 《仪礼注疏》卷一九《聘礼》，第 425 页。
⑦ 《仪礼注疏》卷二〇《聘礼》，第 441 页。
⑧ 《仪礼注疏》卷二四《聘礼》，第 530 页。
⑨ 《钦定四库全书荟要·仪礼集说》卷八下《聘礼》，第 310 页。
⑩ 《仪礼注疏》卷二〇《聘礼》，第 442—443 页。

者自后右客。"[①] 意即"当公于堂上受币，士亦于堂下受皮。"[②] 负责接受对方所献皮张及皮之张设仪节。来使向国君行"私觌"礼时亦然，主国国君于堂上受币之时，士则在堂下受庭实之马[③]。上介向国君行"私觌"礼时，奉币入门而奠，于是"摈者执上币，士执众币"以辞让，直至士介奠币、"公答再拜"之后，"士三人，东上，坐取币，立。"宰夫从摈者那里接过上币东行收藏于内府，士三人"执币者序从之"[④]，跟随宰夫而出。上介、众介行"面卿"之礼时，"老受摈者币于中庭，士三人坐取群币以从之。"[⑤] 卿之室老从摈者那里接过上币以后，士三人则于门东坐取其余三介之币，随室老而东出。

馈赠致礼。来使在行聘享、私觌等礼仪之后，要接受主国之馈饩礼，主国国君派遣卿大夫至馆馈赠，士亦随同前往。使者和上介之饩由"老牵牛以致之"，士介之饩"皆士牵羊以致之"[⑥]。前者由室老致礼，后者由士致礼。使团返国时举行郊送礼时，国君派遣卿负责赠送使者的同时，又"使士赠众介，如其觌币。"[⑦] "士"负责向"众介"赠送，其礼数与卿赠使者相同。

那么，这些"士"具体有些什么职务人员呢？其约略可见者有下列几种。

一是，"掌讶"。周官有"掌讶"，序官云："掌讶，中士八人。"[⑧] 其职掌之一"若将有国宾客至，则戒官修委积，与士逆宾于疆，为前驱而入。"[⑨] 在准备迎宾之物资供应同时，则与"士"一起前往边境迎宾。此"士"，郑玄注曰"讶士"。周官有"讶士"，序官谓亦"中士八人"[⑩]。其

---

① 《仪礼注疏》卷二一《聘礼》，第457页。

② （汉）郑玄注，（清）张尔岐句读，郎文行校点，方向东审订：《仪礼》卷八《聘礼》，上海古籍出版社2016年版，第201页。

③ 见《仪礼注疏》卷二一《聘礼》，第465页。

④ 《仪礼注疏》卷二一《聘礼》，第466、469、470页。

⑤ 《仪礼注疏》卷二二《聘礼》，第490页。

⑥ 《仪礼注疏》卷二二《聘礼》，第493页。

⑦ 《仪礼注疏》卷二三《聘礼》，第502页。

⑧ 《周礼注疏》卷三四《秋官司寇》，第1058页。

⑨ 《周礼注疏》卷三八《秋官司寇·掌讶》，第1230页。

⑩ 《周礼注疏》卷三四《秋官司寇》，第1044页。

职掌之一“邦有宾客，则与行人送逆之。”[①] 此“行人”当为泛称，故“掌讶”执行使命亦可称“行人”。准此，则“掌讶”与“讶士”共同前往迎接。根据周官记载，两者是有区别的，“掌讶”完全以接待朝聘宾客为务，“讶士”则以“掌四方之狱讼”[②] 为主，迎宾次之。因此，掌讶则“宾客来，主迎之。”[③] 而讶士则“非直迎宾客，以狱讼为主。”[④] 附带负责迎宾事宜。故上引周官“掌讶”职曰“若将有国宾客至，则……与士逆宾于疆”，从语意观之亦以“掌讶”为主、“讶士”为辅。可见“掌讶”为交聘专职官员，“讶士”为交聘关涉官员。不过，诸侯未必两者同时设置，或以类似“掌讶”之讶官司之。此即上述《聘礼》“君使士请事，遂以入”、《聘义》“君使士迎于竟”之谓。护送使团出境亦为其职责，《周礼》“掌讶”职曰：“及归，送亦如之。”[⑤] 此即上引《仪礼》卷二十三《聘礼》“士送至于竟”之谓。据《周礼》，“掌讶”又一职责是：“至于国，宾入馆，次于舍门外，待事于客。”郑玄注曰：“次，如今官府门外更衣处。待事于客，通其所求索。”[⑥] 此即《聘礼》“记”云：“宾即馆，讶将公命”[⑦] 之谓。“掌讶”之职责还有：“及将币，为前驱。”郑玄注曰：“道之以如朝”。贾公彦疏曰：“‘将币’，谓至行朝聘之日。‘道之以如朝’，谓至大门外之朝也。”[⑧] 此当为上述聘享之日“士”随“下大夫”一起“讶宾于馆”之谓。不过，这里的“士”未必就是上述“次于舍门外”者，或从“掌讶”诸“士”中另外指派者。“掌讶”引导宾客“至于朝，诏其位，入复。及退亦如之。”郑司农谓：“诏其位，告客以其位次也。”郑玄谓：“入复者，入告王以客至也。退亦如之，如其为前驱。”[⑨] 可知“讶宾于馆”不仅是引导宾客由馆舍入朝，还包括礼仪中的赞相和礼毕护送还馆。《周礼》“掌讶”职又云：“凡宾客，诸侯有卿讶，卿有大夫讶，大

---

① 《周礼注疏》卷三五《秋官司寇·讶士》，第 1097 页。
② 《周礼注疏》卷三五《秋官司寇·讶士》，第 1096 页。
③ 《周礼注疏》卷三四《秋官司寇》郑玄注，第 1058 页。
④ 《周礼注疏》卷三四《秋官司寇》贾公彦疏，第 1044 页。
⑤ 《周礼注疏》卷三八《秋官司寇·掌讶》，第 1231 页。
⑥ 《周礼注疏》卷三八《秋官司寇·掌讶》，第 1230 页。
⑦ 《仪礼注疏》卷二四《聘礼》，第 530 页。郑注：“使已迎待之命。”
⑧ 《周礼注疏》卷三八《秋官司寇·掌讶》，第 1230 页。
⑨ 《周礼注疏》卷三八《秋官司寇·掌讶》，第 1230 页。

夫有士讶，士皆有讶。”郑玄注曰：“此谓朝覲聘问之日，王所使迎宾客于馆之讶。”① 此即前引《聘礼》“卿，大夫讶。大夫，士讶。士皆有讶”之谓。此讶“上介”之“士”或亦从“掌讶”诸“士”中另外指派者。

二是，“关人”。关人是使团入境时首先接触的人员。“及竟……乃谒关人。关人问从者几人。”郑玄注曰：“古者竟上为关，以讥异服，识异言。”②《周礼》地官序官曰：“司关，上士二人，中士四人……每关下士二人。”③ 其职掌之一：“凡四方之宾客敂（叩）关，则为之告。”郑玄注曰：“谓朝聘者也。”④ 贾公彦《仪礼》疏曰：“司关为都总，主十二关，居在国都，每关下士二人者，各主一关，今所谓关人者，谓告每关，关人来告司关，司关为之告王。”⑤ 此即上引周之秩官“敌国宾至，关尹以告”之谓，韦昭注曰：“关尹，司关，掌四方之宾客，叩关则为之告。”⑥

3. 交聘服务

交聘服务是指其为使者、来宾提供生活、安全等方面的服务性保障。

（1）“候人”

单襄公聘宋假道于陈国时指责陈国“候不在疆”，韦昭注曰：“候，候人，掌送迎宾客者。疆，境也。”而周之《秩官》规定“候人为导”以迎送交聘使团，韦昭注曰：“导宾至于朝，出送之于境也。”此与上述“士”所承担“迎送引导”职责完全一致。《周礼·夏官司马》序官：“候人，上士六人，下士十有二人。”郑玄注曰：“候，候迎宾客之来者。”⑦ 又谓“候人者，选士卒以为之。”贾公彦疏：“皆是甲士与步卒之内为之也”⑧，故其为司马所属。《诗经》有《候人》篇，云：“彼候人兮，何戈与祋。”郑笺：“候人，道路送宾客者。”孔颖达疏曰：“荷揭戈

① 《周礼注疏》卷三八《秋官司寇·掌讶》，第1231页。

② 《仪礼注疏》卷一九《聘礼》，第427页。

③ 《周礼注疏》卷九《地官司徒》，第274页。

④ 《周礼注疏》卷一五《地官司徒·司关》，第455页。按，据校勘记引阮校：“按，‘叩’乃俗字，古衹作‘敂’，不当云经‘敂’注‘叩’也。”

⑤ 《仪礼注疏》卷一九《聘礼》，第428页。

⑥ 《国语集解》卷二《周语中》，第66—67页。

⑦ 《周礼注疏》卷二八《夏官司马》，第878页。

⑧ 《周礼注疏》卷三〇《夏官司马·候人》，第940—941页。

与祋在于道路之上。”① 一副荷持兵器护送、引导使者的武士形象。“候人”为“士”这一群体中承担上述“迎送引导”职责成员之一。

（2）“管人”

管人为服务于来使馆舍之人员。交聘使团入国后之馆舍，“卿馆于大夫，大夫馆于士，士馆于工商。”② 亦即入住于相应低一级别人员之处，使者馆于大夫之庙，上介馆于士之庙，士介馆于工商之寝。郑玄注曰：“馆者必于庙，不馆于敌者之庙，为大尊也。”自士以上，“有庙有寝，工商则寝而已。”但是馆舍之服务人员则由公家提供。交聘使团入住客馆之后，主国派“管人”为之提供服务，“管人为客，三日具沐，五日具浴。”郑玄注曰：“管人，掌客馆者也。客，谓使者下及士介也。”③ 此“管人”与出使前陈币时“管人布幕于寝门夕卜”之“管人”为同一部门人员。郑玄注曰：“管犹馆也。馆人，谓掌次舍帷幕者也。布幕以承币。”④ 可知“管人”即“馆人”。《周礼·天官》有《掌舍》《掌次》《幕人》等篇，前二者下士四人，后者下士一人。《掌次》云：“有邦事，则张幕设案。”《掌舍》云：“为帷宫，设旌门。”《幕人》云：“掌帷幕幄帟绶之事。”⑤ 他们均与“管人”一职有关。《仪礼·聘礼》贾公彦疏曰：“馆人即彼掌舍，以诸侯兼官，故郑总言之也。”⑥

不过，到了春秋时期交聘馆舍已由“庙寝”转变为特设之“诸侯之馆”。由于交聘日益频繁，于是有了专为交聘使团所筑之客馆，谓之“诸侯之馆”，专门用来“以待宾客”“以无忧客使”，俾令“宾至如归”⑦。晋文公通过城濮之战取得霸主地位，于晋文公五年（前 632）被周襄王策命为“侯伯”，朝聘会盟频繁，从而有了筑“诸侯之馆”待宾之需求。鲁昭公元年（前 541），“楚公子围聘于郑……将入馆，郑人恶之，使行人

① （汉）毛亨传，（汉）郑玄笺，（唐）孔颖达疏，龚抗云、李传书、胡渐逵、肖永明、夏先培整理，刘家和审定：《毛诗正义》卷七之三《曹风·候人》，北京大学出版社 2000 年版，第 553 页。

② 《仪礼注疏》卷二四《聘礼》，第 529 页。

③ 《仪礼注疏》卷二四《聘礼》，第 529 页。

④ 《仪礼注疏》卷一九《聘礼》，第 415 页。

⑤ 《周礼注疏》卷六《天官冢宰》，第 173、179、174 页。

⑥ 《仪礼注疏》卷一九《聘礼》，第 415 页。

⑦ 《春秋左传正义》卷四〇，襄公三十一年，第 1299、1296、1295、1298 页。

子羽与之言，乃馆于外。”杜预注“入馆”曰“就客舍”；“馆于外”曰“舍城外”。子羽与楚国使团交涉时还提及“馆人之属”，杜预注曰“守舍人”①。此“馆人”当即周官之“管人”。可见为交聘而设置待使之客馆不独晋国所有，郑国亦已有之，渐呈普及之势。

（二）关涉机构与官员

所谓关涉机构与官员，一是指其在交聘工作中所负职责之重要性次于主管机构和官员，只在某些环节中有所涉及；二是指有些机构与官员之职掌规定中并无明确的有关交聘方面职责，但在交聘过程中亦有时涉及之。

关涉机构与官员亦可分为若干层级。

1. 交聘领导

诸卿。在论述交聘主管机构与官员时，我们知道诸卿中除“宰”之外的二卿，“司马兼宗伯之事”者负责交聘事务较“司空兼司寇之事”者为多，故我们将前者视为交聘主管官员，后者视为关涉官员。为了行文方便，我们将前者称为“主管卿”，后者称为“关涉卿”。“关涉卿”亦参与交聘决策会议，与国君和“主管卿”共同决定交聘及任命正副使者。如果“主管卿”被任命为使者，则“关涉卿”负责使者“受命”仪式，以及使者返国之后的“反命”仪式等。如果别国使者来本国交聘，则在“主管卿”负责更多接待工作的同时，“关涉卿”承担一定的接待工作也是可能的。上引单襄公所谓“司空视涂，司寇诘奸”当属其职掌所关涉之具体职责之一，韦昭注曰：“司空，掌道路者”，故负责“视涂险易”，以便使团通行。上引子产论诸侯接待来使亦有“司空以时平易道路”之言，即负责“视涂险易”之谓；“诘奸”即“禁诘奸盗”，以保障使团安全。

2. 交聘事务与服务

除了上述交聘主管机构与官员之外，还有许多其他人员则在交聘过程中或多或少在相关环节中承担一定的事务性或服务性工作，略举如下。

（1）“门尹”

上引单襄公所述周之《秩官》有“门尹除门”，韦昭注曰：“门尹，

① 《春秋左传正义》卷四一，昭公元年，第1310—1311页。

司门也。除门，扫除门庭也。”[①]《仪礼·聘礼》载，使者“至于朝，主人曰：‘不腆先君之祧，既拚以俟矣。’”贾公彦疏曰：“拚者，埽除之名。”[②] 可见使者来到之前主国已经将庙廷扫除干净，做好了举行聘享礼的准备工作。此即“门尹”之职责。据《周礼》序官，“司门”为下大夫[③]。

（2）“太祝”

上引单襄公所述周之《秩官》有“宗祝执礼”，韦昭注曰：“宗，宗伯；祝，太祝也。”[④] 其中的“宗伯”即“宗人”，为交聘主管官员，前已述及，太祝则协助宗人负责与聘享相关之礼仪，故当为关涉官员。《仪礼·聘礼》记载使者出使前行“告祢”礼时由“祝”负责。古人“出必告，反必面。”[⑤] 告庙之事由“太祝”主之。在主国行交聘礼仪多在庙内，故亦需“太祝”协助有关事宜。据《周礼》序官，“太祝”亦为下大夫[⑥]。

（3）“巾车”

上引子产论晋国接待来使曰：“巾车脂辖”，杜预注曰：“巾车，主车之官。”[⑦]《周礼》有“巾车，下大夫二人。”郑玄注曰：“巾车，车官之长。”[⑧] 其职“掌公车之政令”，郑玄注曰：“公犹官也。”[⑨] 其在交聘中一方面负责出使车辆，如前述交聘使团有“巾车”随从，此当为“巾车”之属员；另一方面则负责来使车辆的维护与修理，此即“巾车脂辖”之谓，此亦当为其属员。

（4）“廪人”

上引单襄公所述周之《秩官》曰：“廪人献饩”，韦昭注曰：“生曰饩，禾米也。”负责向交聘使团提供粮食即为其职责之一。《周礼》地官

---

① 《国语集解》卷二《周语中》，第 67 页。
② 《仪礼注疏》卷二〇《聘礼》，第 436—437 页。
③ 《周礼注疏》卷九《地官司徒》，第 273 页。
④ 《国语集解》卷二《周语中》，第 67 页。
⑤ 《礼记正义》卷一《曲礼上》，第 32 页。
⑥ 《周礼注疏》卷一七《春官宗伯》，第 525 页。
⑦ 《春秋左传正义》卷四〇，襄公三十一年，第 1297 页。
⑧ 《周礼注疏》卷一七《春官宗伯》，第 527 页。
⑨ 《周礼注疏》卷二七《春官宗伯·巾车》，第 837 页。

司徒序官载“廪人，下大夫二人”①。其职“掌九谷之数”，负责粮食的供应颁发。

（5）舍人

不过，“廪人”如何“献饩”以及“献饩”的具体操作过程，上引《秩官》《周礼·地官司徒》序官中都没有进一步的说明。史实表明，“廪人献饩”应该是在“舍人”的配合或协助下完成的。《周礼·地官司徒》序官中有“舍人”一职，曰舍人“上士二人”，郑玄注云“主平宫中用谷者也”②，舍人当是在廪人的指导下或与廪人相互配合，共同履行为交聘使团供应粮食的职责，故《周礼》述其职责之一曰：“宾客，亦如之，共其礼，车米、莒米、刍禾。”郑玄注曰：“礼，致饔饩之礼。”③ 此即《仪礼·聘礼》所载致饔饩之礼，其中有“米百莒，莒半斛，设于中庭，十以为列，北上。黍、粱、稻皆二行，稷四行。门外，米三十车”，以及“禾三十车”④ 等。

（6）“虞人”

《秩官》曰：“虞人入材”，韦昭注曰：“虞人，掌山泽之官。祭祀宾客，供其材也。”《孟子》赵岐注曰：“虞人，守苑囿之吏也。”⑤ 山泽苑囿所出果蔬、禽兽、鱼鳖之属均为其主管，故交聘所需这类物资亦由其负责供应。主国向来使提供的食物，除了家畜、家禽、鱼类之外还有不少野禽，如使团停留超过十天之后，则主国需提供廪食，其中由宰夫负责向来使提供雁鹜之类的野禽数量就十分惊人，“日如其饔饩之数”⑥，即使者饔饩五牢，则每日五双，上介饔饩三牢，则每日三双，众介饔饩一牢，则每日一双。这些应是由虞人负责提供的。

（7）“甸人”

《秩官》曰：“甸人积薪”，韦昭注曰：“甸人，掌薪蒸之事也。”来

① 《周礼注疏》卷九《地官司徒》，第 281 页。

② 《周礼注疏》卷九《地官司徒》，第 282 页。

③ 《周礼注疏》卷一六《地官司徒·舍人》，第 503 页。

④ 《仪礼注疏》卷二二《聘礼》，第 479—480 页。

⑤ （汉）赵岐注，（宋）孙奭疏，廖名春、刘佑平整理，钱逊审定：《孟子注疏》卷六上《滕文公章句下》，北京大学出版社 2000 年版，第 189 页。

⑥ 《仪礼注疏》卷二四《聘礼》，第 541 页。

使所用之柴薪亦由其负责提供。使者入住馆舍之后，主国所馈送物资，其中有“门外米、禾皆二十车。薪刍倍禾。”馈送上介“门外米禾皆十车，薪刍倍禾。”① 除了粮食分别为二十车、十车之外，还有柴薪、草料分别为四十车、二十车。其中的柴薪当由“甸人”负责提供。

（8）“圉人”

《秩官》曰：“司马陈刍”，韦昭注曰：“司马，掌帅圉人养马，故陈刍。圉人职属司马也。”司马之属吏“圉人”负责马料之供应，则上述“薪刍倍禾”中的“刍”乃由“圉人”负责提供。上述子产所述晋文公接待来使时“隶人、牧、圉，各瞻其事。”② 其中即包括圉人在内。

（9）“工人”

《秩官》曰：“工人展车”，韦昭注曰：“展省客车，补伤败也。”负责来使车辆的修理。此当为上述“巾车”之属员，据《周礼春官》序官，“巾车”所属有“工百人”③，此“工人”当包括其中。上述“巾车脂辖”之来使车辆维护，当亦由这些“工人”具体负责。

此外，相关之服务人员还有不少，如“火师监燎，水师监濯”④，“仆人巡宫”，“圬人以时塓馆宫室”⑤，以及“隶人、牧、圉，各瞻其事”等。

综上所述可见，在交聘过程中“百官之属，各展其物”⑥，“百官以物至，宾入如归”⑦ 并非虚语。可以说“百官”均动员起来，以保证交聘礼仪之圆满进行和完成，俾来使接待之周悉，期达到宾至如归的要求。前引周之《秩官》将他们概括称为“司事”。1988 年河南平顶山市应国墓地出土一西周穆王时期铜盉，铭文记载应国卿大夫匍出使邢国，受到邢公的馈赠，铭中有云：“青（邢）公事（使）嗣（司）史侃”，曾（赠）

① 《仪礼注疏》卷二〇《聘礼》，第 440—441 页。

② 杜预注：“瞻视客所当得。”《春秋左传正义》卷四〇，襄公三十一年，第 1298 页。

③ 《周礼注疏》卷一七《春官宗伯》，第 527 页。

④ 《国语集解》卷二《周语中》，第 67 页。

⑤ 孔颖达疏：“以时泥涂客馆之宫室也。”《春秋左传正义》卷四〇，襄公三十一年，第 1297 页。

⑥ 杜预注：“展，陈也。谓群官各陈其物以待宾。”《春秋左传正义》卷四〇，襄公三十一年，第 1298 页。

⑦ 《国语集解》卷二《周语中》，第 68 页。

匍于柬麀苯（赍）、韦两、赤金一匀（钧）。"[①] 这里的"司史"当即"司事"[②]。意谓邢公派遣"司事"名"倪"者向匍赠送麀苯、韦、赤金等礼币。铭文所记当为匍在聘享邢公之后、返国之前行"郊赠"礼时所获赠贿[③]。

周代职官制度尚处于新生阶段，机构与官员之职责和分工并不十分明确，交错、模糊的情况比较普遍，因此我们所区分的主管机构与官员和关涉机构与官员，以及其中的领导、事务、服务等层级分类，均属相对的、粗略的安排，其中当有不确切之处，例如，"宰夫"既掌管交聘物资之供应，又负责礼宾事宜，既负责交聘后勤事务管理，也承担一些具体的服务事项，如宴饮服务等。诸如此类，不烦枚举。从机构与职官之设置而言，由于诸侯之大小、强弱参差不一，加以西周与春秋时代的变迁，故交聘管理机构与官员未必均如此完备和整齐划一，周之《秩官》与《仪礼·聘礼》所载机构与职官均属完备程度之最大化者。不过，周代已经建构比较完备之交聘管理机构与官员体制应无疑义，从而开日后汉唐时期交聘——外交管理机构与官员设置之先河。

二　周代交聘使者及使团

以使者为交聘媒介是周代交聘制度的重要特征之一[④]，这时已经形成

---

① 王龙正、姜涛、娄金山：《匍鸭铜盉与頫聘礼》，《文物》1998 年第 4 期。

② 上引王龙正文将"嗣史"解释为官名，认为是"专门管理出使他国或接待他国来使的官吏"，似可商榷。李学勤：《论应国墓地出土的匍盉》（《平顶山师专学报》1999 年第 2 期）亦谓为"职官名"。窃意"司史"似非具体职官名称，即上述周之《秩官》中的"司事"，乃泛指某一政务类项之有关负责人员。此"司事"倪当为邢公责成其负责交聘事务之卿大夫。

③ 《仪礼注疏》卷二三《聘礼》："遂行，舍于郊。公使卿赠，如觌币……"（第 502 页）使者反命后，己国之君又"使宰赐使者币"（第 508 页）将所得郊赠币赐使者。匍所获邢公郊赠，返国复命后被应君再赐，即以此铸器纪念。发掘者将此铜盖称为"鸭盉"似亦有可商，愚意此器形殆为"乘禽……谓雁鹜之属。"（《仪礼注疏》卷二四《聘礼》郑注，第 541 页）使者在主国曾受主君"乘禽"之馈，故临行"三拜乘禽于朝"，郑注"发去乃拜乘禽，明已受赐，大小无不识（《仪礼注疏》卷二三《聘礼》郑注，第 501 页）故匍铸此器以表示感激邢"君之加惠也"（《周礼注疏》卷三八《秋官司寇·司仪》郑注，第 1209 页），寓"对扬公休"之意于其中。

④ 交聘使者并非始于周代，殷代甲骨文中的"史""史人"即其前身，详见拙文《殷代外交制度初探》，《历史研究》1988 年第 5 期。

了一套比较完备的遣使制度，从使者的任命、使者职责、行为规范、使团组成，直至返国复命等，均有相应的规章和制度。使者及使团其他成员是根据其层级的高低由上而下分别由国君、“宰”及“有司”等三个层级进行任命和选拔。交聘使团由交聘使者、事务人员、武装警卫人员三位一体构成，三者分工明确，各司其职而又相互密切配合，协同完成交聘使命。其不仅在周代的交聘关系中发挥了重要作用，而且为日后汉唐时期乃至整个中国古代的交聘——外交使节制度提供了蓝本。

周代交聘的主体是双方的君主，他们在亲自出访之外，更多的是派遣使者代表自己出使。使者在周代交聘关系中起着重要作用，成为双方沟通、联系的主要媒介。《仪礼·聘礼》记载了侯伯之国以卿为使者进行“大聘”的全过程，从中可以窥知当时遣使制度之详情。

（一）使者的任命与受命

交聘首先需要任命使者。据《仪礼·聘礼》记载，诸侯若需遣使进行聘问时，首先是“君与卿图事，遂命使者。”何谓“图事”？郑玄注曰：“图，谋也。谋聘故及可使者。”即商议是否行聘之事；如果决定行聘，则需要任命使者。这是国君与其辅佐大臣——三卿在朝中进行决策。由此可见，任命使者的权力归于国君，但是其通过与辅政大臣的廷议以决策。《聘礼》所记为“大聘”，大聘之使者为卿，故参与谋议的三卿之一将被任命为使者，于是当场“使者再拜稽首，辞。”被任命者“辞以不敏”，表示谦虚。“君不许，乃退。”经过一番辞让之后确定下来。正使确定之后接着就是“戒上介”，即任命副使——“上介”，其程序“亦如之”，即与任命正使相同。上介一人，以大夫担任。正、副使确定之后再任命正、副使之下的助理——“众介”。国君不直接参与“众介”的任命，而是交由“宰命司马戒众介”，即由辅佐国君的上卿——“宰”再交由其下之“司马”去任命。郑玄注曰：“宰，上卿，贰君事者也。诸侯谓司徒为宰。众介者，士也，士属司马。《周礼》司马之属司士，掌作士，适四方，使为介。”由司马在其所辖人员中物色“众介”。其“众介”为四人，由士担任。“众介”接到任命后，“皆逆命，不辞。”① 即没有正、副使被任命时的辞让过程，而是立即接受任命。以上六人组成交聘使者

① 以上见《仪礼注疏》卷一九《聘礼》，第413—414页。

组合。

除此之外，使团中各种事务、警卫人员，则从诸“有司”中加以选拔，如“贾人”来自于“玉府”，“史”来自于“大史”等（详见下文）。

由此可知，使者及使团其他成员的任命是根据其层级的高低由上而下分别由国君、“宰”及“有司”等三个层级进行任命和挑选。使团领导成员正、副使由国君及其主持的御前会议决定和任命，使者助理“众介”由执政大臣负责选拔，使团其他成员则从各具体部门加以选拔。当时使者的任命已经有了一套比较严整的程序，从中反映交聘权力是集中于国君手中的，交聘的主体是国君，而其正使是本国决策核心成员之一，他是衔国君之命并作为本国的代表而出使的。

使团成员确定之后，就开始进行一系列出使的准备工作。具体来说有：第一，“具币”。即由“宰”命令其下属“宰夫”准备交聘礼物和使团成员所需物资，并开列清单。第二，“夕币”。即出发前夕国君主持、卿大夫参与的展示“聘享”礼仪用品的仪式，将这些礼品进行检查、清点并交付使者，同时也应含有让使者了解礼物情况的用意。第三，“告祢”。即正、副使分别向自己的父庙——“祢”告辞。郑玄注曰：“告为君使也。”① 何以需“告祢”？因为古代礼俗“为人子者，出必告，反必面”②。第四，“建旜受命”。何为“旜”？郑玄注曰：“旜，旌旗属也。载之者，所以表识其事也”③，为其身份、权力之象征。《周礼・春官・司常》曰：“孤卿建旜”④。建旜，是卿的标志。行告祢礼后，使者“建旜”，将代表卿的身份的旗帜——“旜”树于车上，率上介、众介入朝面君。使者、上介、众介在朝中“闻命”，接受国君之命。“宰”代表国君将“聘”礼所用玉器——“圭”授予使者。“圭”是使命的象征，具有致君命、通诚信的意义，故曰“既授之，而君出命矣。”⑤ 使者接受聘圭即意味着已经接受君命。使者则在聆听君命的同时复述之——“述命”。

---

① 《仪礼注疏》卷一九《聘礼》，第417页。贾公彦疏引《礼记・曾子问》注云：“父在则祭祖，父卒则祭祢。”

② 《礼记正义》卷一《曲礼上》，第32页。

③ 《仪礼注疏》卷一九《聘礼》，第420页。

④ 《周礼注疏》卷二七《春官宗伯・司常》，第860页。

⑤ 《仪礼注疏》卷一九《聘礼》郑注，第421页。

在接受聘圭之后，又接受“享”璧以及对国君夫人的“聘”璋、“享”琮等礼玉。圭、璋、璧、琮这四种不同形制的玉器是国之宝器，故曰：“凡四器者，唯其所宝，以聘可也。”郑玄注曰：“言国独以此为宝也。”① 此四器为公、侯、伯之国聘享所用，子、男之国则聘用璧、琮，享用琥、璜②。受命之后，使团“遂行”③，踏上出使之路。

由上所述可知，使者是由君主直接派遣，他是衔君主之命而出使。交聘主体是两个对等的诸侯国的国君，而使者则是国君的代表，承担着两个交聘主体之间的媒介作用。

（二）使团的组成

周代交聘使团的组织结构和规模究竟如何呢？

使团之组织结构，主要由交聘使者、事务人员、武装警卫人员三者组成。

1. 交聘使者

交聘使者是代表诸侯执行交聘使命的官员，从以上的叙述中我们已经知道交聘使者由领导成员正、副使及其助理“士介”四人，一共六人组成，他们属于使团中的交聘官员，共同构成以正使为核心的交聘使者组合。“使者既受行日，朝同位。”④ 交聘使者组成并确定行日之后，于是他们六人在朝廷举行的各种仪式上均同朝位——北面朝君，而与他们平日的朝位有所不同，“卿大夫士尊卑有间矣，至是乃同其位者，示奉命而往，荣辱苦乐无不共之，所以一众志也。”⑤ 虽然交聘使者由卿、大夫、士这些尊卑差距颇大的三个层级人员组成，但是一旦成为交聘使者的组成人员，则“同其位”，以示同舟共济、同甘共苦、同心合力完成使命之意。“朝同位”的具体表现，如，出使前“使者朝服，帅众介”共同受“币”⑥。这里的“众介”指“上介”与“士介”。在此仪式上，“使者北

---

① 《仪礼注疏》卷二四《聘礼》，第531页。

② 参见《仪礼注疏》卷二四《聘礼》贾公彦疏，第531—532页。

③ 《仪礼注疏》卷一九《聘礼》，第423页。

④ 《仪礼注疏》卷二四《聘礼》，第523页。

⑤ （清）盛世佐撰，袁茵点校：《仪礼集编》卷八《聘礼第八》，浙江大学出版社2021年版，第559页。

⑥ 《仪礼注疏》卷一九《聘礼》，第415页。

面，众介立于其左”，在相同的朝位上北面向君，郑玄谓：“既受行，同位也。”① 出发那天受命时，使者帅众介“受命于朝”，一起面君“闻命”②。返国复命时也是使者与众介一起入朝面君，国君分别向他们慰劳道路勤苦，他们则分别向君主“再拜稽首”，国君亦分别一一“答拜”③。这些表明他们是共同受君命而出使的，他们共同对这次出使负责。与此相同，他们到达主国之后，也是一并得到主国的礼遇，共同被视为国宾。入境之后，主国之君派卿至宾馆致馆设飧，使者与上介、士介均得到相应的食品赐予，只是根据他们三者不同的级别而有数量、质量的区分④。行聘享礼的早晨，国君派人到宾馆迎宾，“卿，大夫讶。大夫，士讶。士皆有讶。”郑玄注：“卿，使者。大夫，上介也。士，众介也。讶，主国君所使迎待宾者。”⑤ 从正使至士介均有低于本人级别的相应等级的陪护者。聘享礼毕，主国国君亲自“劳宾”“劳介”⑥，分别慰问他们旅途之辛劳。然后主国国君又派卿、大夫、士分别向正使、上介、士介馈赠数量不等的“饔饩”⑦。返国时，主国在郊举行馈赠礼，主国国君派遣卿馈

---

① 《仪礼注疏》卷一九《聘礼》，第416页。

② 《仪礼注疏》卷一九《聘礼》，第420页。

③ 《仪礼注疏》卷二三《聘礼》，第506—507页。

④ 如：宾（即使者）“饪一牢”，煮熟的牛、羊、豕、鱼、腊、肠胃、肤、鲜鱼、鲜腊各一，列于九鼎之中；上介“饪一牢”，七鼎，比九鼎少了鲜鱼、鲜腊两样；士介“皆少牢”，羊、豕、肠胃、鱼、腊各一，五鼎。参见《仪礼注疏》卷二〇《聘礼》，第440—441页。

⑤ 《仪礼注疏》卷二四《聘礼》，第530页。黎案：《仪礼》此处郑注有“如今使者护客”一句，则所谓“今”即指汉代。但是汉代并不见，“使者护客”职称，唯宋代有之，曹彦约有《陪使者护客晚发京口》诗（北京大学古文献研究所编，傅璇琮等主编《全宋诗》第51册，北京大学出版社1998年版，第32137页）；刘宰所撰《故吉州王使君夫人蔡氏行状》中亦提及“使者护客”（见《漫塘集》卷三四，《影印文渊阁四库全书·集部一〇九·别集类》，总第1170册，第766页，台湾商务印书馆1986年版）。疑“如今使者护客”一句并非郑注，而是宋人批语之羼入者？故不取。今本《十三经注疏》所据即宋人校订本，其中的《仪礼》为邢昺等人校订，宋真宗咸平二年（999），“始置翰林侍讲学士，以（邢）昺为之。受诏与杜镐、舒雅、孙奭、李慕清、崔偓佺等校定《周礼》《仪礼》《公羊谷梁春秋传》《孝经论语尔雅义疏》，及成，并加阶勋。”（《宋史》卷一九〇《儒林一·邢昺传》，中华书局1976年版，第12798页）

⑥ 《仪礼注疏》卷二一《聘礼》，第470页。

⑦ 郑玄注曰：“牲，杀曰饔，生曰饩。”宾“饔饩五牢”，上介“饔饩三牢”，士介“皆饩大牢”。参见《仪礼注疏》卷二一《聘礼》，第472页；《仪礼注疏》卷二二《聘礼》，第484—485页。

赠正使，下大夫馈赠上介，士馈赠士介①。这些表明他们均在主国受到交聘使者的礼遇，他们均被主国视为聘国之代表。聘享礼在太庙举行，正使与众介六人均被请进庙门，协同向主国之君及夫人完成聘享之礼，而其他随行人员则在庙门之外陈币②。聘享礼之后，正使、上介、士介分别向主国国君行“私觌”礼，以个人名义向主国国君献礼③。次日，正使向主国之卿大夫行“问”礼和“面”礼，前者以本国国君名义行礼，后者以个人名义行礼；上介和士介则向上述人员行“面”礼④。这些表明他们均代表本国在履行交聘使者之职责。

虽然上述人员均为代表本国的交聘使者，但是他们在交聘中的作用与地位是不同的。

（1）“使者”

即正使，为使团之最高负责人，大聘以卿为使，小聘则以下大夫为使。其在本国时称为“使者”，进入他国之后则被称为“宾”。正使全面负责出使任务，并在出使国享受最高礼遇，此无庸赘述。

（2）“上介”

即副使，是使团中仅次于“使者”的第二号人物。大聘由大夫担任，如果小聘以大夫为正使，则以士为上介⑤。“上介”作为使者的副手，其地位和作用相当重要。不仅他的任命与正使一样是由国君直接参与，而且在各方面享受仅次于正使的待遇。如，正使行前需举行告祢释币仪式，“上介释币亦如之”⑥，同样举行告庙仪式；使命完成之后的奠告仪式亦与正使相同⑦。而“众介”则没有这两种仪式。主国宴请来使的礼仪规定：“公于宾，壹食、再飨。”于“上介，壹食、壹飨。”⑧ 正、副使均能得到

① 《仪礼注疏》卷二三《聘礼》，第440—458页。

② 《仪礼注疏》卷二〇《聘礼》，第441—454页；《仪礼注疏》卷二一《聘礼》，第456—470页。

③ 《仪礼注疏》卷二一《聘礼》，第458—470页。

④ 《仪礼注疏》卷二二《聘礼》，第488—491页。

⑤ 《仪礼注疏》卷二四《聘礼》郑玄注：“小聘，上介，士也。”贾公彦疏：“若小聘，上介、末介皆士。”第519页。

⑥ 《仪礼注疏》卷一九《聘礼》，第419—420页。

⑦ 《仪礼注疏》卷二三《聘礼》，第509—511页。

⑧ 《仪礼注疏》卷二二《聘礼》，第493—494页。

国君的宴请，只是礼数有所差别，正使食礼一次、飧礼两次；副使则两种宴请方式各一次。向主国国君行聘享礼后的第二天晚上，国君夫人派下大夫向宾介馈礼，馈使者为六豆、六笾、六壶，上介为四豆、四笾、四壶，唯正使与上介有之，士介则无之①。

“上介”的主要职责和作用有二，一是全面协助正使完成使命。二是在正使不能履行使命时由其代理完成。

第一项职责和作用，主要体现于“上介，所以佐仪也。”② 这又主要有两个方面，一方面是全程协助正使行礼，如，出使之前授币时，由执政大臣“宰”将登记礼品的文书授予使者，使者则将其交“上介”；授币后，“上介”监督币物之存放，并负责保管、携带相关文书以出使③。入朝受命时，使者从“宰”那里接过聘圭后，“同面授上介”，交给上介收下。接受享璧和国君夫人的聘璋、享琮亦如之④。入境之后展币时，由上介一一检查聘享所用圭、璧，并听取保管人员关于向国君夫人聘享所用璋、琮情况的报告，然后一起由上介向使者报告⑤。行聘享礼时，也是由保管人员将礼玉交上介，上介再交正使以行礼⑥。使团返国前，主国要将聘玉归还使者带回国，国君派卿到宾馆还玉，正使接受对方还回的聘玉后，即交给上介，由上介交保管人员收藏⑦。返国后入朝复命时，也是由上介将圭、璋等聘玉交给使者，由使者再上交⑧，从而标志使命之完成。可见上介全程负责交聘贽币，尤其肩负最为重要的聘享礼玉之安全并协助正使以之完成聘享礼仪。另一方面是，有些礼仪正使不宜出面者，则由上介代表正使行礼，如，在主国行“私觌”礼后，使者在宾馆稍事休息时，国君派卿大夫来劳宾，使者以尚有“问”卿大夫之公事未办，故辞不见，而由“上介以宾辞辞之”，即上介代表使者而婉辞。于是卿大夫

① 《仪礼注疏》卷二二《聘礼》，第 491—492 页。
② 《国语集解》卷二《周语中》韦昭注，第 72 页。
③ 《仪礼注疏》卷一九《聘礼》，第 416—417 页。
④ 《仪礼注疏》卷一九《聘礼》，第 421—422 页。
⑤ 《仪礼注疏》卷一九《聘礼》，第 429—430 页。
⑥ 《仪礼注疏》卷二〇《聘礼》，第 450—451 页。
⑦ 《仪礼注疏》卷二三《聘礼》，第 497—498 页。
⑧ 《仪礼注疏》卷二三《聘礼》，第 504—505 页。

“奠雁再拜，上介受。”① 上介代表使者收下他们送来的见面礼品——雁。使团返国前日，国君亲到宾馆拜谢，“宾辟，上介听命。”② 使者为表示尊重主国国君不敢接受此礼而回避，于是由上介出门接受国君的谢词。凡主国国君派人来向使者致礼时，均由上介“出请”“入告”③。对于曾经出使本国的下大夫，则使者不亲“问”亲“面”，而由上介率领三介去执行。因上介与下大夫是对等的，而下大夫出使本国时也是以三介随行的④。

第二项职责和作用，是当正使不能履行使命时由上介代理完成。这主要指正使在出使期间死亡的情况下，则由上介代理正使的职责而完成使命。聘礼规定：如果使团未入聘国境，则可以返回而中止使命，但是“宾入竟而死，遂也。”使团进入交聘国境之后，如果正使死亡，则交聘使命应该继续进行，这时便由“介摄其命。”⑤ 由上介代行正使的职责。上介是与正使一起由国君亲自任命的，而且在出使前受命时同在国君面前“闻命”，故上介有资格、有条件完成这个使命。这样的安排，实际上是事先已经作好了不测之准备。上介接任后，首先需料理正使的丧事，在主国备办丧葬用品和殡殓之后，“君吊，介为主人。”主国之君前来吊唁，上介为丧主而受礼。虽有使者的亲人在使团中也不能为主人，必须以上介为主人，“以介与宾并命于君，尊也。”这是因为上介与正使同样受命于国君，故上介是代表本国接受主国之吊唁。返国之后上介要将使者的灵柩护送至朝门之外，“必以柩造朝，达其忠心。”再护送至其家，直至国君吊唁、殓殡完毕为止。其次则是完成正使未完成的交聘使命。上介代理正使的使命之后，则主国也以宾礼接待上介，这时上介“受宾礼，无辞也。”郑玄注曰：“介受主国宾己之礼，无所辞也。以其当陈之以反命也。有宾丧，嫌其辞之。”一般来说在交聘过程中，凡主国有所赠送，使者均礼辞然后受之，而由上介代理后则不必行此礼，直接接受就是了。但是在聘礼过程中上介“不飨食”，不出席国君的宴请。返国之

① 《仪礼注疏》卷二一《聘礼》，第471页。

② 《仪礼注疏》卷二三《聘礼》，第500页。

③ 《仪礼注疏》卷一九《聘礼》，第432页；卷二一《聘礼》，第472页；卷二三《聘礼》，第498页。

④ 《仪礼注疏》卷二二《聘礼》，第490—491页。

⑤ 《仪礼注疏》卷二四《聘礼》，第518页。

后，由上介向国君复命。如果正使是在主国入朝后、行正式聘享礼之前死亡，则上介在代行聘享礼时需护送正使灵柩至外朝，自己入庙而行聘享之礼。郑玄注曰："以柩造朝，以己至朝，志在达君命。"[①]

（3）"士介"

虽然亦属于交聘使者成员，但他们是交聘使者之最低层级。根据使者的不同等级，所配备士介的多少亦不等，如以卿为使者需设置四介，以大夫为使者则设置三介，由于其人数较多，故曰"众介"。又因其由"士"担任，故曰"士介"。他们是使者中的最低者，故又称为"末介"[②]。

"士介"作为使者和上介的助理，享受次于正使和上介的使者待遇，其主要职责和作用是协助使者、上介完成必要的与其身份相应的任务。如，"若过邦，至于竟，使次介假道，束帛将命于朝，曰：'请帅'奠币。"[③] 如果需假道他国时，则由士介出面交涉，因"假道礼轻，故使次介。"[④] 士介奉命以"束帛"为礼物至该国外朝，请求护送过境。该国则派下大夫与士介接洽，得到该国国君允许后即接受士介所放置的礼品，从而得以顺利过境。在向主国行享礼时，由"士执庭实"，由士介负责执"庭实"，即展示于庭中的礼品——兽皮或马匹。"庭实必执之者，皮则有摄张之节。"[⑤] 如果是以兽皮享，则有较为复杂的"摄张"礼节，入门时执之而皮毛在内，使者向主君致命时则将皮毛张开。与行聘礼时的庄重不同，享礼时则需要制造和谐融洽的气氛，所以还要求士介在致庭实时需有相应的表情："众介北面，跄焉。"即"容貌舒扬。"[⑥] 由于这项礼仪有其特定要求，故入境前的预演中士介需持实物演习。聘享后主国国君礼宾时，士介负责接受国君所致庭实中的马匹[⑦]。返国复命时，士介随使者、上介入朝，亦负责所得皮币之取授；国君在慰劳使者和上介之后，

---

① 以上见《仪礼注疏》卷二四《聘礼》，第519—520页。

② 《诗·小雅·绵蛮》，毛传："微臣刺乱也"，郑笺："微臣，谓士也。古者卿大夫出行，士为末介。"（《毛诗正义》卷一五之三，第1093页）

③ 《仪礼注疏》卷一九《聘礼》，第423页。

④ 《钦定四库全书荟要·仪礼集说》卷八上《聘礼》，第250页。

⑤ 《仪礼注疏》卷一九《聘礼》，第426页。又参见《仪礼注疏》卷二一《聘礼》，第456—457页。

⑥ 《仪礼注疏》卷二四《聘礼》，第534页。

⑦ 《仪礼注疏》卷二一《聘礼》，第463—464页；《仪礼注疏》卷二四《聘礼》，第535页。

“劳士介，亦如之。”如同上介“君劳之，再拜稽首。君答再拜”那样得到国君的答拜，贾公彦疏曰：“案《曲礼》云‘君于士不答拜’，此君答拜士者，以其新行反命，君劳苦之，故答拜异于常也。”[①] 按照日常礼仪，国君不答士之拜，但是当士作为交聘使者时，则可以得到国君的答拜，可见作为交聘使者成员的“士介”可以得到国君特殊的礼遇。如果出使期间使者的父母去世，在上介代理使者继续完成使命之后，“归，使众介先，衰而从之。”返国途中使“众介”先行入朝报告，上介穿着丧服在后慢慢跟随。待众介报告国君，得到国君允许后，上介再朝服而反命[②]。

以上表明“上介”“士介”虽然为使者之副或助理，但他们与使者一样均代表本国国君出使聘问，故曰：“以其代君交于列国，是以贵之。”[③] 他们均属于交聘官员，享受交聘使者的待遇。

除了交聘使者之外，使团中还有大量事务、警卫人员，如此方能顺利完成出使任务。

2. 事务人员

使团中的事务人员主要是在交聘过程中的各种服务性辅助人员以及为使团运送、保管交聘礼品、物资等人员，他们主要由政府各部门抽调的工作人员和使者的家臣两类人员所构成。

（1）“贾人”

是使团中必不可少的成员之一。从使者入朝受命时开始，贾人就参与其事，“贾人西面坐，启椟取圭”，将藏于匣中的聘玉——“圭”取出，而授予执政大臣“宰”，“宰”接过圭再授使者，使者将圭授上介，上介再“出授贾人”[④]，从而完成受命程序。窃意受命仪式中“启椟取圭”之贾人与接受上介所授而收藏之贾人并非一人，前者不从行，后者从行而为使团成员。“贾人”是什么人？他何以为使团中必不可少之成员？《周礼》天官冢宰之属有“玉府”，“掌王之金玉、玩好、兵器。凡良货贿之藏。”[⑤] 为专门收藏保管金玉等宝器之部门，聘圭这种贵重的玉器就归玉

① 《仪礼注疏》卷二三《聘礼》经文及郑注，贾疏，第508页。

② 《仪礼注疏》卷二三《聘礼》，第514—516页。

③ 《仪礼注疏》卷一九《聘礼》郑玄注，第428页。

④ 《仪礼注疏》卷一九《聘礼》，第420—421页。

⑤ 《周礼注疏》卷六《天官冢宰·玉府》，第184页。

府收藏。而玉府的诸多成员中有“贾八人”①，其职责为“使辨玉之善恶贵贱”②。由此可见，贾人为玉府中负责辨别玉器善恶及其价值之人员，诸侯亦应有此部门和人员，故其参与使团，亦主要负责聘玉之保管，因其具有辨别玉器善恶贵贱之能力，故能保证礼玉在各种展示、聘享、返玉等礼仪中不至于出现以假充真等类疏漏。使者受圭之后，再受其余三宝：璋、璧、琮，其仪式皆如受圭，均由贾人出示并最后收藏，以备出使过程中使用。进入主国之后的“展币”“聘享”等仪式中，凡是需要礼玉的场合，均有贾人的参与，直至“完璧”而归，返国复命为止。故进入主国之后，使团下榻宾馆之外另有“贾人之馆”③，以专门保管所携带之玉器等珍宝。可见此事之珍重。因为礼玉不仅是国之宝，而且是交聘中致君命、通诚信之标志，故需此专人负责收藏保管，俾使命之安全完成。

（2）“史”

也是使团中的必要成员之一。出发前举行的“夕币”仪式中由“史读书展币”④，即根据“宰”所书写的聘礼品种清单而宣读，一一清点交接；假道他国之前宣誓纪律的仪式上也由“史读书”⑤，即宣读入境后的纪律约束誓词。可知“史”为使团中管理文书之成员。《周礼·春官宗伯》有“大史”，“史”为其属官。进入交聘国之后的“展币”“陈币”等仪式及其他需文书之礼仪，均由“史”负责，亦即为协助使者交聘的“有司”成员之一。

（3）“管人”

出使前举行的授币仪式上，有“管人布幕于寝门外”，在国君治朝的地上铺好幕布，以供展示交聘礼品之用。郑玄注曰：“管犹馆也。馆人，谓掌次舍帷幕者也。”⑥此后，在出使期间凡需展示礼品场合，均需“管人”为之布幕，直至完成使命返国之后“陈币于朝”⑦，均有其职责。

---

① 《周礼注疏》卷一《天官冢宰》，第19页。

② 《周礼注疏》卷一《天官冢宰》玉府条贾公彦疏，第19—20页。按，《仪礼·聘礼》郑玄注：“贾人，在官知物价者”（《仪礼注疏》卷一九《聘礼》，第420页），不如贾疏全面准确。

③ 《仪礼注疏》卷一九《聘礼》，第431页。

④ 《仪礼注疏》卷一九《聘礼》，第418页。

⑤ 《仪礼注疏》卷一九《聘礼》，第425页。

⑥ 《仪礼注疏》卷一九《聘礼》，第415页。

⑦ 《仪礼注疏》卷二三《聘礼》，第503页。

（4）“廋人”和“巾车”

使者在主国接受所馈赠的饪、腥、饩三种饔食时，以饪牢祭祖祢礼后，即“朌肉及廋、车。”“朌”即“颁”，“朌肉”即分胙肉。意即将胙肉分配遍及“廋人”“巾车”等随行人员。郑玄注曰：“廋，廋人也。车，巾车也。二人掌视车马之官也。”[1]《周礼·夏官》有廋人职，掌马政[2]；《周礼·春官》有巾车职，“掌公车之政令”[3]。诸侯当亦有相应人员设置，交聘时从这两个部门中物色合适的人员参与，负责车马之管理。

（5）“老”

是使者在出使期间所携带之家臣，贴身跟随使者，亦为完成使命中不可缺少的成员。进入交聘国后举行的郊劳仪式上，使者在接受了对方之劳“币”，劳者出门之后，使者即“授老币”，将“币”交给“老”收下。郑玄注：“老，宾之臣。”贾公彦疏曰：“大夫家臣称老”[4]。凡是使者接受对方之“币”礼之后，一般即转交给“老”；同样的，使者回赠对方礼品时，也是由“老”将其交给使者，如主国国君派遣卿到宾馆向使者馈饔饩时，先是使者接受卿的“币”，卿出门后使者即“授老币”，将卿赠的“币”交给“老”；然后卿再被使者请入，使者则“受老束锦”[5]，从“老”的手中接过事先准备好的“束锦”以回赠卿。可知使者礼品之收藏、保管、授受均由“老”负责。

（6）“仆”

使者之家臣随从出使者尚有“仆”。主国国君赐使者饔食有饪、腥、饩三种，其中在接受饪时需要举行祭祖祢仪式，在这个仪式上以“仆为祝。祝曰：‘孝孙某，孝子某，荐嘉礼于皇祖某甫，皇考某子。’”“仆”也是使者的家臣，“祝”是祭祀时的祝祷者。因为出使不带“祝”随行，故以“仆”代行“祝”的职责。故郑玄注曰：“仆为祝者，大夫之臣摄官也。”[6]

---

① 《仪礼注疏》卷二四《聘礼》，第541页。
② 《周礼注疏》卷三三《夏官司马·廋人》，第1018页。
③ 《周礼注疏》卷二七《春官宗伯·巾车》，第837页。
④ 《仪礼注疏》卷一九《聘礼》，第433页。
⑤ 《仪礼注疏》卷二二《聘礼》，第482、483页。
⑥ 《仪礼注疏》卷二四《聘礼》，第540页。

由于使者出使时有不少家臣随从，故使者返国复命之后举行的奠告礼上，使者要亲自“献从者”，所谓“从者”，乃“家臣从行者也。主人献之，劳之也。”不过，郑玄接着又注曰：“主人举奠酬从者，下辩，室老亦与焉也。”[①]“辩”即“遍”，可知“从者”并非仅为家臣，还有家臣以外之从者，亦即所有随从者均受到使者的慰劳。“《聘礼》之文有上介、众介至所聘之国，誓于其竟，则史读书，司马执策，贾人拭玉，有司展币，其从群官多矣。”[②]这些都应该属于从者。在交聘过程各种场合之中累见各种“有司”或“赞者”等人员参与其事，可知从者是很多的。

（7）“有司”

在入境之后的展币仪式上，“有司展群币，以告。”即保管交聘礼物的有关人员报告礼品的检查情况。进入交聘国之郊外时又展示一次，其礼仪也是如此。郑玄注曰：“有司，载币者，自展自告。”[③]所谓“载币者”，即负责运载礼币的有关工作人员。出使前的授币仪式结束后，“官载其币，舍于朝。”这里的“官”，“谓官人从宾行者”[④]。这些从行的官人，均属于“有司”。

（8）“赞者”

也是在交聘过程中经常出现的辅助人员。使者在向主国国君行“私觌”礼时，“宾觌，奉束锦，总乘马，二人赞。”使者一手捧“束锦”，一手将四匹马的辔绳攥在一起，另有二人在两马之间协助牵马。郑玄注曰：“赞者，贾人之属。”意即类似“贾人”那样的从行者，故贾公彦疏曰：“赞者是贾人之属从行者”。使者行“私觌”礼后则上介亦随之行“私觌”礼，这时“上介奉币，俪皮，二人赞。”[⑤]上介捧着“束锦”，由二人协助捧着两张麋鹿皮。上介“面”主国之卿，谓之“特面”，“特面者，异于主君，士介不从而入也。”由“介奉币，皮，二人赞。”[⑥]亦上介捧“束锦”，而二人协助捧皮。

---

① 《仪礼注疏》卷二三《聘礼》，第511页。

② 《春秋左传正义》卷一九下，文公十五年传，孔颖达疏，第638页。

③ 《仪礼注疏》卷一九《聘礼》，第430页。

④ 《仪礼注疏》卷一九《聘礼》，第417页。

⑤ 《仪礼注疏》卷二一《聘礼》，第463—466页。

⑥ 《仪礼注疏》卷二二《聘礼》，第489页。

3. 武装警卫人员

除了上述交聘官员及为其协助之各种事务人员之外，尚有数量更为庞大的武装警卫人员。在假道他国时需举行宣誓仪式，“誓于其竟，宾南面，上介西面，众介北面，东上。史读书，司马执策立于其后。”郑玄注曰：“宾南面，专威信也。史于众介之前，北面读书，以敕告士众，为其犯礼暴掠也。礼，君行师从，卿行旅从。司马，主军法者，执策示罚。”① 何以需要举行如此隆重的宣誓仪式呢？主要是因为使团中有庞大的“士众”从行，故需防止他们进入别国后发生“犯礼暴掠”之事。例如，昭公六年（前536）楚公子弃疾出使晋国交聘，路过郑国，约束从人“不樵树，不采蓺，不抽屋，不强匄。”意即不伐树以为樵，不采所种之菜果，不毁裂所舍之屋，不就人强乞也。并誓众曰：“有犯命者，君子废，小人降。”杜预注曰：“君子则废黜不得居位，小人则退给下剧也。”由于公子弃疾约束从行士众有方，故“舍不为暴，主不慁宾，往来如是。”② 可见交聘使团出现“为暴”之事，以及主国侵犯使团的情况都是有可能发生的，因而需有武装人员随行并约束其纪律。那么，从行“士众”有多少呢？按照“君行师从，卿行旅从”的标准，“君行师从”为二千五百人，“卿行旅从”为五百人。③ 这里的使者为卿，故使团从行士众当为五百人。鲁昭公元年（前541）“楚公子围聘于郑，且娶于公孙段氏”，郑国担心楚人“怀诈”，于是安排他们住在城外。“既聘，将以众逆。”杜预注曰：“以兵入逆妇”。“子产患之，使子羽辞曰：‘以敝邑褊小，不足以容从者。’”④ 可知其使团亦有“众”随行，所谓“众”，主要是指士兵。

在上述宣誓仪式上，“司马执策”立于宣读誓词的“史”之后。郑玄注曰：“司马，主军法者，执策示罚。”⑤ “策”即鞭朴之类的惩罚用具。可知“司马”为使团成员之一，部众纪律的管束在其职责范围之内。《周礼》夏官之职有“司马”，主军事，“《序官》大司马之下，上士得号行司马，及在军二十五人长中士号两司马，五人长下士号公司马，皆与大

① 《仪礼注疏》卷一九《聘礼》，第425页。
② 《春秋左传正义》卷四三，昭公六年，第1418—1419页。慁，患也。
③ 《春秋左传正义》卷五四，定公四年及杜预注，第1771页。
④ 《春秋左传正义》卷四一，昭公元年，第1310页。
⑤ 《仪礼注疏》卷一九《聘礼》，第425页。

官同号者，以司马主军，军事主严，虽卑得同号也。”[1] 则从大司马至两、伍之长皆可称为“司马”。此“司马”当为“旅帅”[2] 级别之军事长官。

由上所述可见，周代交聘关系中已经形成了相当完善的使节制度，交聘使者、事务人员、武装警卫人员三位一体构成庞大的交聘使团，三者分工明确，各司其职而又相互密切配合，协同完成交聘使命。其不仅在周代的交聘关系中发挥了重要作用，而且开日后汉唐时期乃至整个中国古代交聘——外交使团制度之先河。

三　周代交聘中的对等性原则

《仪礼》一书现存有《聘礼》和《公食大夫礼》等篇，此即周代交聘实践的总结和集成。那么，周代的“聘”礼具有哪些基本特征？在“交聘”礼仪中贯穿着哪些原则和精神呢？其中有哪些因素为后代的交聘——外交制度提供了蓝本或参照依据和经验呢？窃意交聘中的对等性原则是其中最为重要和突出的表现之一。

对等性是周代交聘礼中的重要原则，其对等性原则主要体现在：一是交聘主体的对等性。《仪礼·聘礼》和周之《秩官》所载典型的交聘关系，其交聘主体是两个对等诸侯国及其国君。二是接待人员的对等性。如果聘国以卿、大夫、士组成使团，则主国亦设置与此级别一一相对应的接待官员组合以负责接待事宜。三是接待仪节的对等性。交聘礼仪中宾主双方在服饰、进退揖让和面向等具体仪节均一一对等均衡，贯穿于聘礼的全过程。对等性原则在周代产生并非偶然，一方面，周代分封制度所贯穿的等级秩序，为交往关系中等级性的敌体、对等关系提供了“法理”上、制度上和事实上的依据。另一方面，对于“礼”的辩证思维和“中”“和”“德”等理念与对称、平衡的文化意蕴则是聘礼中对等性原则产生的理论基础和文化依据。周代交聘礼中的对等性原则不仅在日后汉唐时期的交聘——外交制度中有所继承、借鉴，而且与近现代国际关系中的对等性原则亦有相似、相通之处。

---

① 《周礼注疏》卷二九《夏官司马·大司马》，贾公彦疏，第902页。

② 周代军队编制为军、师、旅、卒、两、伍，按照“卿行旅从”的制度，则此“司马”当为“旅帅”级别长官。

（一）对等性原则的三种体现

对等性是周代交聘礼中的突出特点之一，是周代交聘制度中的一个亮点，是留给后世的一笔处理政治实体之间、政权之间、民族之间乃至国家之间和平交往关系的重要准则和宝贵的政治思想财富。春秋中叶周定王派遣其卿士单襄公“聘于宋”“聘于楚”而假道于陈国，回国后向定王报告其被陈国冷遇的情况时说：“周之《秩官》有之曰：‘敌国宾至，关尹以告，行理以节逆之，候人为导，卿出郊劳，门尹除门，宗祝执礼，司里授馆，司徒具徒，司空视涂，司寇诘奸，虞人入材，甸人积薪，火师监燎，水师监濯，膳宰致饔，廪人献饩，司马陈刍，工人展车，百官以物至，宾入如归。是故小大莫不怀爱。其贵国之宾至，则以班加一等，益虔。至于王吏，则皆官正莅事，上卿监之。若王巡守，则君亲监之。’今虽朝也不才，有分族于周，承王命以为过宾于陈，而司事莫至，是蔑先王之官也。”① 这个材料向我们透露了有关周代交聘分为四个不同层次的重要信息：一为“敌国宾至”，二为“贵国之宾至”，三为“王吏”之至，四为王亲“巡守”。这四个不同层次的交聘关系，实际上是两组关系，一组是天子与诸侯的关系，其中包括王亲“巡守”和“王吏”出使两种情况；二组是诸侯之间的关系，其中包括“敌国”之间和“贵国”来使两种情况。韦昭注曰：“敌国，位敌也。”即对等之国；“贵国，大国也。”诸侯是以国之大小而区分的。由此可见，周代封建体制下的等级关系一方面是天子与诸侯为最重要的等级区别；另一方面是诸侯之间有大小国之等级区别。也就是说，作为一个诸侯国在接待聘问者时可能遇到的四种情况是：天子来“巡守”、天子派遣卿大夫来使、“敌国”遣使来聘、“贵国”遣使来聘。而在上述四个层次中以“敌国宾至”，即对等诸侯之间的交聘为具有典型性、代表性的主要的交聘方式。单襄公作为“王吏”出使被冷遇，但是他在征引周之《秩官》时并没有详述接待“王吏”之具体规定，而是详述接待“敌国”来使之具体规定。可见在这四种交聘关系中，周之《秩官》主要记载的是“敌国宾至”时的接待规定，其余三种只是在此基础上作出某些相应的调整变化，即：“贵国”来使时“则以班加一等，益虔。”接待人员级别较接待“敌国”来使时提高

① 《国语集解》卷二《周语中》，第66—68页。

一级，态度上更为虔敬一些；“王吏”来使时“则皆官正莅事，上卿监之。”需各部门之长官亲自接待，而且由“上卿”监临之；天子来“巡守”“则君亲监之”，国君要亲自监临之。可见“敌国宾至”礼仪为周代交聘的基础性礼仪。虽然周代交聘中的对等性原则，集中体现于“敌国宾至”——对等诸侯之间的“交聘”关系之中，但是，其余三种关系也基本上以“敌国宾至”之礼为基础进行接待，故也包含着对等性精神及其权变。根据来聘者级别的提高，在接待规格上亦根据接待“敌国”来使的规定而相应提高。这种调整有其合理性，一般诸侯与大国诸侯的交聘基本上是在“敌国”之礼范畴内进行微调；而“王吏”之级别本来就要高于诸侯之吏，故需由诸侯之上卿监临之；而天子作为天下共主和周室最高领导人由诸侯之最高领导人——国君亲自出面接待，亦属情理之中，即使在今天的外交场合亦属如是，外国元首来访，本国元首需出面接待。

《仪礼》所载之《聘礼》即以上述“敌国宾至”之礼为中心而展开叙述，周代诸侯交聘中的对等性原则，基本上保存于其中。其对等性原则主要体现在三个方面：交聘主体的对等性；接待人员的对等性；接待仪节的对等性。

1. 交聘主体的对等性

《仪礼·聘礼》记载的是诸侯之间的交聘礼仪，其交聘主体是两个对等的诸侯国。周代诸侯有公、侯、伯、子、男五等爵命[1]，“诸侯者，公侯伯子男五等之总号……五等之主虽爵命小异，而俱是国君，故总称诸侯也。”[2] 于是形成了一种错综复杂的交聘关系，所谓“春秋之世，小国朝大国，大国聘小国，又有敌国自相聘，是以《司仪》公侯伯子男相为宾，又相为国客。”[3] 就是这种情况的反映。这里既有大小国之间的关系，亦有对等国之间的关系；既有诸侯之间的相互聘问，亦有诸侯遣使相互聘问。此即《周礼·司仪》所谓“诸公相为宾”“诸侯、诸伯、诸

---

① 关于五等爵制在周代是否存在，现在学术界有所争议。参见赵伯雄《周代国家形态研究》第三章第三节《关于所谓五等爵制》，湖南教育出版社1990年版。

② 《春秋左传正义》卷四，隐公七年，孔颖达疏，第122页。

③ 《周礼注疏》卷三三《夏官司马·职方氏》，贾公彦疏，第1033页。

子、诸男之相为宾”，以及“诸公之臣相为国客”“诸伯子男之臣……相为客”① 等情况。在这种错综复杂的等级性的交聘关系中，实际上贯穿着一条等级性的对等关系的主线，即在相对应的等级之间，相互交聘中实行的是一种对等性原则，亦即公国与公国、侯伯之国与侯伯之国、子男之国与子男之国之间的交聘关系是对等的。他们在交聘中“各以其礼，公于上等，侯伯于中等，子男于下等。”② 大体分为三组对等关系。诸侯之卿大夫等次也是按照这种诸侯等次排列的，“次国之上卿，当大国之中，中当其下，下当其上大夫。小国之上卿，当大国之下卿，中当其上大夫，下当其下大夫。上下如是，古之制也。”次国卿大夫较大国卿大夫降一等，小国卿大夫较大国卿大夫降二等。杜预注“古之制”曰：“古制：公为大国，侯、伯为次国，子、男为小国。”③ 周代诸侯之等级实际上主要是分为大、中、小三个等级。而《聘礼》所记交聘主体即为侯伯之国与侯伯之国之间的交聘关系，是为诸侯之中的第二组——中等爵命的侯伯之国之间的遣使聘问，亦即两个敌体之间的对等的交聘关系。

其交聘主体进而言之，则是两个对等诸侯国的国君。从聘国方面来说，所遣使者是国君亲自任命和授命的，使者返国后也是直接向国君复命的；从主国方面来说，接待来使的主要官员也是国君亲自任命和授命的，对方聘享的对象就是主国的国君，来使之致礼均以主国国君为核心而展开。主国国君在接受对方聘享时，摈者的赞辞曰：“子以君命在寡君，寡君拜君命之辱。”④ 意即使者奉君命而来存问于寡君，寡君拜谢君命之辱问。这句话道出了交聘之终极主体乃两国的国君。故使者是代表本国国君而出使的，鲁襄公三年（前570）晋悼公派遣士匄出使齐国，以联合诸侯会盟，士匄对齐灵公说：“寡君使匄，以岁之不易，不虞之不戒，寡君愿与一二兄弟相见，以谋不协。请君临之，使匄乞盟。”⑤ 士匄是代表晋悼公与齐灵公对话、谈判的；齐灵公同意会盟，也是对于晋悼

① 《周礼注疏》卷三八《秋官司寇·司仪》，第1196、1204—1205、1209页。
② 《周礼注疏》卷三八《秋官司寇·司仪》，第1195页。
③ 《春秋左传正义》卷二六，成公三年，第821页。
④ 《仪礼注疏》卷二四《聘礼》，第546页。郑注：“在，存也。”
⑤ 《春秋左传正义》卷二九，襄公三年，第945页。

公的要求的回应。这类事例在《春秋左传》中俯拾皆是，就是这个时期交聘实际的反映。

具体来说《聘礼》所载为侯伯之国遣卿出使聘问侯伯之国，其礼仪属于“大聘”礼仪。何以知其为“大聘”？因为“大聘使卿”①，这里执行聘礼的使者为“卿”，故知。何以知这里的使者为“卿”？《聘礼》记载使者受命礼仪曰：“使者载旜，帅以受命于朝。”② 而进入对方国境后则“张旜”。“旜”是卿的标志。此使者“载旜”“张旜”，故知其为卿。与正使卿相配的副使——“介”也是有等级性区别和规定的，《聘礼》记使者之“介”曰：“上介奉束锦，士介四人皆奉玉锦束，请觌。”③ 据此知所遣使团有“上介”一人，“士介”四人，共为五介。《礼记·聘义》：“聘礼：上公七介，侯伯五介，子男三介，所以明贵贱也。”可知五介为侯伯之国所遣“介”数。郑玄注曰：“此皆使卿出聘之介数也。”④ 亦即以卿为使者，则其介五人。《周礼·大行人》曰：“凡诸侯之卿，其礼各下其君二等。”⑤ 意即“若上公亲行则九介，其卿降二等，故‘七介’。侯、伯、子、男以次差之，义可知也。”⑥ 也就是说，若上公亲自出使则有九介，侯、伯亲自出使则有七介，子、男亲自出使则有五介。如果遣卿出使则均相应降杀二等：上公以卿出使则七介，侯、伯以卿出使则五介，子、男以卿出使则三介。《聘礼》所叙为卿奉命率五介出使，故其为侯、伯之国遣使聘问而无疑。再如，使团进入主国之后，主国遣使郊劳时，使者“受于舍门内”，是在馆舍门内接受对方慰劳的。郑玄注曰：“不受于堂，此主于侯伯之臣也。公之臣，受劳于堂。”⑦ 如果是公国来使，则在堂上接受慰劳，如果是侯伯之国来使，则在门内接受慰劳。“受于舍门内”正是侯伯之国来使接受郊劳的礼仪。由此可知，《聘礼》所载交聘主体为对等的侯、伯之国，即敌体之间的交聘关系，亦即所谓“敌

① 《礼记正义》卷一一《王制》郑注，第 422 页。
② 《仪礼注疏》卷一九《聘礼》，第 420 页。
③ 《仪礼注疏》卷二一《聘礼》，第 466 页。
④ 《礼记正义》卷六三《聘义》，第 1938 页。
⑤ 《周礼注疏》卷三七《秋官司寇·大行人》，第 1174 页。
⑥ 《礼记正义》卷六三《聘义》，孔颖达疏，第 1938 页。
⑦ 《仪礼注疏》卷一九《聘礼》，第 432—433 页。

国自相聘”[1]“敌国相为宾”[2] 是也。

这种对等诸侯国之间的“大聘”是周代交聘礼的代表和典型，故上述周之《秩官》所载之交聘接待制度是以其为标准的，《仪礼·聘礼》所载也是以其为模式的，这种情况并非巧合，因为这种中等等级的诸侯本身就是周代诸侯中的多数和典型，而它们之间的“大聘”又是聘礼中最具代表性的礼仪，因此，这种交聘礼就自然成为这个时代交聘制度的代表和典型。

2. 接待人员的对等性

《聘礼》所主为侯伯之国对等性的交聘关系，亦即所谓“大聘”，其对等性于接待人员方面更有进一步的体现。

由于聘国以使者、上介、士介而组成出使官员组合，因此主国亦设置与此相对应的接待官员组合，以“卿为上摈，大夫为承摈，士为绍摈”。郑玄注曰：“摈，谓主国之君所使出接宾者也。绍，继也，其位相承继而出也。主君，公也，则摈者五人；侯伯也，则摈者四人；子男也，则摈者三人。”[3] 以卿为“上摈”而与使者相对应，以下大夫为“承摈”而与上介相对应，以士为“绍摈”而与士介相对应[4]。由于这是侯伯之国相互聘问，故其摈者应为四人，即上摈一人，承摈一人，绍摈二人。“凡宾主各有副，宾副曰介，主副曰摈。”[5]“摈”“介”义同，“在主人曰摈，在客曰介。”[6] 来宾之副为上介、士介，主国国君之副为上摈、承摈、绍摈，两相对应。

聘国之使者为卿，故主国之接待负责人亦为卿。如果是“小聘”，以大夫为使，则主国亦以大夫为摈，“使大夫戒，各以其爵。”所谓“必使同班，敌者易以相亲敬”[7]，即对等关系。而在“大聘”时，卿在交聘的全过程

---

① 《周礼注疏》卷三三《夏官司马·职方氏》，贾公彦疏，第 1033 页。

② 《春秋左传正义》卷一九下，文公十五年，孔颖达疏，第 640 页。

③ 《仪礼注疏》卷二〇《聘礼》，第 442—443 页。

④ 周代诸侯职官爵秩凡五等，“诸侯之上大夫卿、下大夫、上士、中士、下士，凡五等。”（《礼记·王制》）其中的第一、二等，如果分称，则第一等为“卿”，第二等为“大夫”；如果均以“大夫”为称，则“卿”为“上大夫”，“大夫”为“下大夫”。其中“卿”又有上中下三级，“大夫”又有上下两级。

⑤ 《礼记正义》卷二《曲礼上》，孔颖达疏，第 44 页。

⑥ 《仪礼注疏》卷一《士冠礼》，郑玄注，第 19 页。

⑦ 《仪礼注疏》卷二五《公食大夫礼》，第 549 页。

中，始终负责对对方使者的接待，主导交聘过程中的所有礼宾接待事宜。当使团进入主国，得知使者为聘国之卿之后，于是主国国君“使卿朝服，用束帛劳”①，即派遣与对方相同级别的卿至馆舍进行郊劳。使者入住宾馆之后，国君又使“卿致馆”、并由卿代表国君“致命”②，欢迎使者安置于宾馆。双方举行聘享礼仪之后，来宾行将返国之前，主国国君又使卿“还玉于馆”③，即将聘圭归还使者。以卿负责前往宾馆还玉，也是为了与使者身份对等的缘故。

卿作为摈者之主要负责人，在聘享、私觌等重要礼仪中，主导这些礼仪之进行，扮演礼宾司仪之重要角色，而由承摈、绍摈配合完成；犹如来宾以使者为主，上介、士介配合完成这些礼仪。根据不同的礼仪场合，亦以同样的原则组成礼宾官员组合，以担负具体的礼宾使命，如聘享、私觌礼之后，主国国君又派出这样的官员组合至宾馆向来宾馈赠——“归饔饩”，由卿负责向使者馈赠，下大夫向上介馈赠，宰夫向士介馈赠④。宰夫为士，与士介相当。由此可见，负责向来使馈赠“饔饩”之人员，与对方均属同一级别，完全是对等的。再如使团返国时“舍于郊”，主国国君又派遣相对应的人员前往馆舍代表国君行郊送礼。“使卿赠”使者，“使下大夫赠上介亦如之”，另外“使士赠众介”⑤。也是分别由卿、下大夫、士赠送使者、上介、众介，一一对等。主国国君有宴请来使的礼节，但是如果国君有疾病或其他事故而不能亲自宴请来使时，“若不亲食，使大夫各以其爵，朝服致之。”亦即“致礼于卿，使卿；致礼于大夫，使大夫。”派遣相同爵位的人员代表国君宴请来宾。何以作这样的安排，郑玄的解释是：“致之必使同班敌者，易以相亲敬也。”⑥ 这只是比较表面的理由，实际上主要是宾主双方对等性关系的体现。

除了这种一一对等的接待制度之外，还有另一种接待来宾的制度，

---

① 《仪礼注疏》卷一九《聘礼》，第 432 页。

② 《仪礼注疏》卷二〇《聘礼》，第 437—438 页。

③ 《仪礼注疏》卷二三《聘礼》，第 497 页。

④ 详见《仪礼注疏》卷二一《聘礼》，第 456—477 页；《仪礼注疏》卷二二《聘礼》，第 478—496 页。

⑤ 《仪礼注疏》卷二三《聘礼》，第 502 页。

⑥ 《仪礼注疏》卷二二《聘礼》，第 495 页。

即由与来宾相应低一级的人员负责较为简单、次要的接待事宜。交聘使团在主国期间，主国分别为使团之官员配备相应的陪护人员；如在行聘享礼之日这些陪护人员即分别至宾馆迎接他们入朝及相关陪护事宜："卿，大夫讶；大夫，士讶；士皆有讶。"郑玄注曰："卿，使者。大夫，上介也。士，众介也。讶，主国君所使迎待宾者。"① 即使者以大夫"迎待"，上介以士"迎待"，士介以相应之人员"迎待"。由于这种礼宾任务相对来说比较简单、次要，故然。以相应低一级人员负责这种迎宾工作是周代通行的制度，据《周礼》，"凡宾客，诸侯有卿讶，卿有大夫讶，大夫有士讶，士皆有讶。"② 这是诸侯朝天子时的"迎待"制度，可知"迎待"者均低于来宾一等。那么，日后主国遣使至聘国时，聘国成为主国，则其迎宾之"迎待"者亦然，这实际上仍然是一种对等性的接待制度。

3. 接待仪节的对等性

《聘礼》是按照与遣使一方对等的侯伯之国而叙述其接待仪节的，这种对等的仪节关系亦贯穿于聘礼的全过程。

从宾主之服饰而言，入境后"展币"时使者即换上"朝服"，主国之君亦"使卿朝服用束帛劳"③，卿亦着朝服而"郊劳"来使。使者向主国之卿行"问"礼时，"宾朝服问卿……大夫朝服，迎于外门外。"④ 此"大夫"为"上大夫"，即卿。双方均着朝服。朝服为常朝所着礼服。而行聘享礼时，"宾皮弁聘，至于朝。"主国国君亦"皮弁迎宾"，双方均着皮弁以从事。皮弁尊于朝服，郑玄注曰："服皮弁者，朝聘主相尊敬也。"⑤ 及至使者将返国时，"君使卿皮弁，还玉于馆。"郑玄谓"皮弁者，始以此服受之，不敢不终也。"同样，"宾皮弁"迎之⑥，亦以聘享时之礼服——皮弁从事。使者以皮弁对国君聘享及以皮弁对卿迎还玉，不仅是与对方在礼仪场合中体现对等性，亦为交聘两国间对等性的体现，

① 《仪礼注疏》卷二四《聘礼》，第530页。
② 《周礼注疏》卷三八《秋官司寇·掌讶》，第1231页。
③ 《仪礼注疏》卷一九《聘礼》，第432页。
④ 《仪礼注疏》卷二二《聘礼》，第487页。
⑤ 《仪礼注疏》卷二〇《聘礼》，第442、445页。
⑥ 《仪礼注疏》卷二三《聘礼》，第497页。

因为使者是在代表本国进行予取的。行聘享礼当天，主国国君派人到宾馆“归饔饩”时，卿则将刚才参加聘享礼时所着皮弁换为韦弁，向使者进行馈赠。韦弁又尊于皮弁，“变皮弁，服韦弁，敬也……而服之者，皮韦同类，取相近耳。”[①] 而“宾皮弁迎”之。何以使者不服韦弁？“宾不韦弁而皮弁者，嫌其加于己致君命时之服也。”[②] 意即不敢超过刚才代表己国国君向主国国君行聘享礼时的皮弁礼服，以免有对主国国君不敬之嫌，从一个侧面体现了两国国君的对等性和交聘主体地位。与此同时，“下大夫韦弁，用束帛致之。上介韦弁以受，如宾礼。”郑玄谓上介“不皮弁者，以其受大礼似宾，不敢纯如宾也。”而士介则由“宰夫朝服，牵牛以致之。”其“士介朝服，北面再拜稽首受。”[③] 下大夫、宰夫所服与上介、士介所服两相对等无异。使者则为了既保持己国与主国的对等性，亦体现与卿的对等性而采取如是之服礼。

从宾主互相拜访时迎接之位置而言，使团入境后，主国国君派遣与使者相同级别的卿前往郊劳，使者“迎于舍门之外”[④]。至举行聘享礼之日，主国国君又使卿前往宾馆向使者“致饔饩”，使者仍然是“迎大夫于外门外”[⑤]，此“大夫”即主国国君所遣致饔饩之卿。使者返国前，主国国君又使卿前往宾馆“还玉”，使者仍然“迎于外门外”[⑥]。同样的，当使者以君币前往“问”所聘国之卿时，彼国之卿亦“迎于外门外”[⑦]。这是因为“凡迎宾，主人敌者于大门外；主人尊者于大门内。”[⑧] 由于宾主体敌，故于门外迎之。不仅宾主的身份是对等的，其仪节也是对等的。

从仪节中的进退揖让和面向而言，使者向国君行聘享礼时，使者东面，主君西面，宾主相向，因为使者是奉本国君命而向主君聘问，以视

---

① 《仪礼注疏》卷二一《聘礼》，第 472 页。

② 《钦定四库全书荟要·仪礼集说》卷八下《聘礼第八》，第 280—281 页。

③ 《仪礼注疏》卷二二《聘礼》，第 484—485 页。

④ 《仪礼注疏》卷一九《聘礼》，第 432 页。

⑤ 《仪礼注疏》卷二二《聘礼》，第 481 页。

⑥ 《仪礼注疏》卷二三《聘礼》，第 497 页。

⑦ 《仪礼注疏》卷二二《聘礼》，第 487 页。

⑧ （清）凌廷堪著，彭林校点：《礼经释例》卷一《通例·上》，北京大学出版社 2012 年版，第 10 页。

敌体关系。当宾主升堂后，使者向主国国君“致其君之命”时，主国国君则北面再拜，这是主国国君向聘君答谢致敬。这时“宾三退负序”[①]，使者一再后退表示不当其礼，意即主君所拜乃聘君而非使者本人。但是聘享后主君礼宾时，使者则北面而受，因为这时是主君礼使者本人，使者本人作为低于君主的“臣”，故需北面而受[②]。来使向主国君行聘享之礼后，当天国君还要派卿到使者所住宾馆行相互馈赠之礼，使者在宾馆的庙门迎候，“大夫奉束帛，入，三揖，皆行，至于阶，让，大夫先升一等。宾从，升堂，北面听命。”此“大夫”即卿。大夫完成向使者馈赠礼仪后退出庙门，使者再请大夫进入，以便回赠，“入，揖让如初。宾升一等，大夫从，升堂。”[③] 从中可以看到，大夫来馈赠时是大夫先登上一级台阶，而使者回赠时是使者先登上一级台阶。其先后次序何以这样安排呢？因为“于时宾（指使者）为主人不先升者，卿衔主君之命尊，故先升也。”[④] 为什么后面回赠时由使者先登一级台阶呢？郑玄注曰：这次“宾先升，敌也，皆北面。”贾公彦疏曰：“前大夫奉君命归饔饩，故先升一等，今宾私傧使者，无君命，体敌，故宾先升，在馆如主人之仪故也。知皆北面者，以其体敌……”[⑤] 也就是说，不仅主君派出的大夫和来使的身份是相当的，均为本国之卿，而且在行礼仪节上也是完全对等的，故前面对方先升，则后面就该己方先升。由于他们各自代表本国之君，故“皆北面”而行礼。但是当“宾”和“大夫”在接受对方馈赠时，双方均行“再拜稽首”之礼。据“《周礼·大祝》辨九拜：一曰稽首，首至地，臣拜君法。二曰顿首，顿首平敌相拜法……”[⑥] 可知“稽首”为臣拜君之礼，顿首为敌体之礼。为什么双方不行“顿首”礼而行“稽首”礼呢？贾公彦释曰：“宾主既行敌体之礼，当行顿首，今大夫稽首于宾，为拜君之拜，尊君客故也。”[⑦] 因为大夫是代表主国之君进行馈赠的，而宾

---

① 《仪礼注疏》卷二〇《聘礼》，第 453 页。郑注“三退，三逡遁也。”

② 详见《仪礼注疏》卷二〇《聘礼》，第 436—439 页；卷二一《聘礼》，第 458—465 页。

③ 《仪礼注疏》卷二二《聘礼》，第 481—483 页。

④ 《礼记正义》卷二《曲礼上》，孔颖达疏，第 46 页。

⑤ 《仪礼注疏》卷二二《聘礼》，第 483 页。

⑥ 《仪礼注疏》卷一七《大射》，贾公彦疏，第 785 页。

⑦ 《仪礼注疏》卷二二《聘礼》，第 483 页。

是代表聘国之君接受馈赠的，因此双方各向对方国君“稽首”。这实际上含有这样的意思：大夫向使者行“稽首”礼并非拜来使本人，而是拜来使之国的国君；而先前使者向大夫行“稽首”之礼，也是向主国之君行礼，因为大夫是受君之命前来馈赠的，从而体现了交聘双方的对等性。凡此种种对等性仪节，几乎贯穿于交聘过程的各个环节，不烦枚举。

（二）对等性原则在周代产生的原因

这种对等性的观念和制度何以在周代聘礼之中得以产生呢？

1. 封建体制中敌体关系的发展

如所周知，周代的分封制度是贯穿着严格的等级秩序的，但是恰恰是在这种等级制度中孕育着等级性的敌体、对等关系；周代的聘问制度是适应以周天子为共主的封国体制、以尊王为主轴的等级性交往体制，但恰恰是在这种体制内部逐步发展并规范了这种等级性的敌体、对等的交往关系。周代的朝觐制度体现的主要是天子与诸侯、君与臣之间的非对等性关系，而聘问制度体现的则主要是诸侯之间的等级性的对等性关系。等级秩序在西周的形成和发展是历史的重大进步，没有等级制度则没有对等性，而在这种等级秩序中形成发展起来的交聘制度和对等性原则则是这个时代历史进步性在政治制度和礼学文化上的突出体现之一。

古人认为夏、商、周三代所尊不同，质文变异。《礼记·表记》引孔子之言曰：“夏道尊命”“殷人尊神”“周人尊礼”。殷人尊神，故“先鬼而后礼”。到了周代才将“礼”提升为政治制度中的首位。所谓“礼”，上至国家体制、政治制度，下至人伦、人际关系。而“礼者，君臣朝会，凡以摯交接相施予”即为其重要内容。周人尊礼的重要体现是“其赏罚用爵列”，即“以尊卑为差”“尊重礼之往来之法”[①]。以等级秩序为基础的“礼”制是在西周确立和完备起来的。而分封制度以及在此基础上形成的交聘关系和制度，则是“礼”制的重要载体和体现。夏、商时期虽然也有了分封，但那是从原始部落联盟脱胎而来的早期分封制，带有浓厚的部落联盟意味，基本上是以夏后氏或以商族为主体的夏、商王朝对于臣服氏族、部落的松散的联盟和支配关系。司马迁叙夏王朝之分封曰：“禹为姒姓，其后分封，用国为姓，故有夏后氏、有扈氏、有男氏、斟寻

① 《礼记正义》卷五四《表记》，第1734页。

氏、彤城氏、褒氏、费氏、杞氏、缯氏、辛氏、冥氏、斟戈氏。”[①] 叙商王朝之分封曰：“契为子姓，其后分封，以国为姓，有殷氏、来氏、宋氏、空桐氏、稚氏、北殷氏、目夷氏。”[②] 这些“封国”就是分别臣服于夏、商王朝的氏族、部落，所谓“用国为姓”“以国为姓”，即在原有氏族、部落的基础上及其活动地域内加以分封。这些封国既与夏王、商王“未有君臣之分”[③]，封国之间也没有严格的等级区分和密切的联系。在夏、商分封制的基础上，周代进入了我国古代封建制的新阶段。周代分封制的最大特点是“封建亲戚以蕃屏周”[④]，即将周天子的宗族、亲戚分封于全国各地，起到屏藩周王朝的政治作用，突破了氏族、部落的樊篱，从而与夏、商的分封制度有了本质的区别。这种分封体制所以能够发挥屏藩周室的作用，形成以周天子为共主的封国体制，其根本原因在于将宗法制度和姻亲关系[⑤]贯穿于封建制度之中，亦即把宗法制度和姻亲关系转变为周王朝的重要政治制度，具体来说就是将调节周姬同姓内部关系的宗法制度和维系与异姓关系的姻亲制度转变为调节封国体制关系的制度，亦即成为调节周王与诸侯以及诸侯之间关系的准则和手段，将封国诸侯网罗、笼络于宗法体系和姻亲体系之中。由于封建制度与宗法制度、姻亲关系的紧密结合，于是将同姓与异姓之国均纳入由大宗、小宗和嫡庶之分为特征的宗法等级制度所决定的天子、诸侯、卿、大夫、士等社会等级系列，以及公、侯、伯、子、男等封国等级系列。正是这种渗透于国家政治制度和社会各个方面“皆有等衰”[⑥] 的等级制度，使诸侯之间形成不同层次的等级对应关系，从而为交聘关系中的等级性的敌体、对等关系提供了“法理”上、制度上和事实上的依据。

正是在这种等级性的封建体制中孕育并发展起了敌体的、对等的交聘关系。西周封邦建国的用意是“凡邦国，大小相维。”贾公彦疏：“春

① 《史记》卷二《夏本纪》，第 89 页。

② 《史记》卷三《殷本纪》，第 109 页。

③ 王国维：《观堂集林（附别集）》卷一〇《殷周制度论》，中华书局 1959 年版，第 466—467 页。

④ 《春秋左传正义》卷一五，僖公二十四年，第 480 页。

⑤ 在论述西周封建制度时，论者往往只讲或强调与宗法制度的关系，似不全面。事实上支撑西周封建体制的是宗法和姻亲两根支柱，缺一不可。参见下文《聘礼与婚礼的渊源关系》。

⑥ 《春秋左传正义》卷五，桓公二年，第 178 页。

秋之世，小国朝大国，大国聘小国，又有敌国自相聘，是以《司仪》公侯伯子男相为宾，又相为国客。故《易·比·象》云‘先王以建万国，亲诸侯’。”① 也就是说在朝觐聘问等级性的不对等关系中，同时存在着“敌国自相聘”的交聘关系，亦即地位相敌的诸侯之间交聘的对等性关系，而后者是最具有生命力的、最有前途的交往制度，日后中国古代的交聘——外交制度中的对等性原则就是在这个因素和基础上发展并丰富起来的。不过这种情况并非如贾公彦所说始于春秋时期，实际上在西周已经出现，上述周之《秩官》所述交聘的四个层次以“敌国宾至”为首就是明证。春秋时期由于宗法分封制度的逐渐式微和诸侯力量的发展，逐渐冲破许多西周制度，诸如不仅同方岳的诸侯相互交聘，不同方岳的诸侯或邦国也相互交聘，交聘范围日益扩大，故“春秋之世有越方岳相聘者，是以秦使术来聘，吴使札来聘。”这种情况被视为“非正法”②，亦即并非西周制度，实际上这是历史发展的必然，从而使之日益成为交聘关系中的“正法”。更重要的是，到了春秋时期，随着周天子作为天下共主的地位日益式微，诸侯日益向独立国家方向发展，上述周之《秩官》所载两组交聘关系中的第一组，即天子与诸侯之间的交聘，已经逐渐向第二组的交聘关系趋同，从而使交聘关系日益摆脱宗法、姻亲封建体制的束缚，“敌国相为宾”③ 的交聘关系逐步取代其他交往关系而成为主流。交聘中的对等性原则不仅施行于诸侯之间，而且施行于天子与诸侯之间。“朝”“聘”之别日益徒有其名而无其实。对等性原则日益冲破非对等性原则而成为交聘关系的主流。此后，中国古代的交聘——外交制度就基本上在此基础上发展并丰富和完善起来的。

2. “礼”的辩证思维

交聘礼中的对等性原则在周代产生，不仅有上述社会的政治的原因，还有其文化上深层的哲学的、思想的原因。“周人尊礼”所包含的不仅是周人在政治上的“尊礼”，亦即制订并践行系统、周备的礼乐制度，而且在于其赋予“礼”以深刻的哲理内涵。“礼也者，报也。”就是其突出体

---

① 《周礼注疏》卷三三《夏官司马·职方氏》，贾公彦疏，第1033页。

② 《周礼注疏》卷三七《秋官司寇·大行人》，第1182页。

③ 《春秋左传正义》卷一九下，文公十五年，第640页。

现。何以言之？“乐也者，施也。礼也者，报也。乐，乐其所自生，而礼，反其所自始。乐章德，礼报情，反始也。”通过将“礼”“乐”两者进行比较以明“礼”之本质，从而“明礼乐之别，报、施不同。”认为两者之不同在于“乐出而不反，而礼有往来也。”① “乐”的本质特征是“施”，“礼”的本质特征是“报”。这是对于“礼”的本质特征的深刻揭示。既然“礼”的本质特征是“报”，反过来也可以说“报，谓礼也。”②“礼”即“报”，“报”即“礼”。何以然？因“礼有往来也”③，一来一往谓之“报”，一来一往亦谓之“礼”。故《礼记》开宗明义曰：“礼尚往来。往而不来，非礼也；来而不往，亦非礼也。”④“报”即相互来往，有来有往，有往有来，此即为“礼”。因此，“礼”就是通过主客双方有“来”有“往”的互动关系而产生而存在的，缺少任何一方即不成其为“礼”。而“礼尚往来”就是对等性原则在礼仪关系中的体现和运用。

周人对于“礼”的这种认识源于其世界观中的朴素辩证法思想。在“易有太极，是生两仪”⑤ 的世界观指导下，《周易》提出了阴与阳、乾与坤、否与泰、损与益、刚与柔、上与下、天与地、大与小等一系列对立而又统一的范畴，万事万物无不由相互对立的双方面所构成，而这些对立的事物又是相互转化的，所谓“无平不陂，无往不复。”⑥ “礼”就是这种“无往不复”的对立统一体，是对立统一体内不断的相互转化，故曰“礼尚往来”。也就是说，“礼”是由“主”与“客”、“来”和“往”构成的，缺一不可，是两者的对立统一体。以“聘礼”而言，它由主客双方及其相互“来往”而构成对立的统一体，否则不成其为交聘；而主客双方是相生相成，互为条件，相互转化的，这次此为主，彼为宾，下次则反之，彼为主，此为宾；故交聘过程中的相互“报聘”“报礼”

---

① 《礼记正义》卷三八《乐记》，第 1299 页。

② 《礼记正义》卷五四《表记》，郑玄注，第 1718 页。

③ 《礼记正义》卷三八《乐记》，郑玄注，第 1299 页。

④ 《礼记正义》卷一《曲礼上》，第 20 页。

⑤ （魏）王弼注，（唐）孔颖达疏，卢光明、李申整理，吕绍纲审定：《周易正义》卷七《系辞上》，北京大学出版社 2000 年版，第 340 页。

⑥ 《周易正义》卷二《泰》，第 80 页。

“报使”“报币”等就成为“聘礼”的基本构成元素和基本特征，从而寓对等性的互动关系于其中。根据对立统一体及其相互转化的原理，这种对等性的互动关系不仅不会使任何一方受到损失，反而能够生“利”，故曰“报者，天下之利也。”[①] 因为“相反报物得其利”[②]。此即《周易》所谓“往者屈也，来者信也，屈信相感而利生焉。”[③] 也就是说，交聘中的对等性原则不仅不会使任何一方受到损失，反而使双方都得“利”，亦即增进双方的关系，从而形成良性互动关系。

3. “中”“和”“德”理念与对称、平衡的文化意蕴

周代交聘礼的对等性原则的产生，还与周代哲学体系中的“中”“和”“德”等理念以及与此相关的对称、平衡的文化意蕴有关系。“中”“和”“德”等理念是在上述朴素辩证法观念基础上衍生的，而且与“礼”有着密切的关系，是一种相生相成、相互为用的关系。“天地设位，而易行乎其中矣。”[④]“乾坤成列，而易立乎其中矣。”[⑤] 虽然《周易》根据太极两仪的世界观而揭示天地、乾坤、阴阳、上下、大小等事物的相互矛盾和对立，然而在矛盾对立的统一体中“易”处于其中。“夫易者，阴阳变化之谓。”[⑥] 而“天地之间，万物变化，是易行乎天地之中也。”[⑦] 处于矛盾对立事物之中的“易”是保持统一体平衡和生生不息的关键，“乾坤毁，则无以见易。易不可见，则乾坤或几乎息矣。”[⑧] 因此，“中”是《周易》所强调的一个重要理念，“贞吉，以中也。”注曰：“居得中位，以阳居阴，履谦不亢，是以’贞吉’。”孔颖达疏曰：“以其居中履谦，行不违礼，故得正而吉也。”[⑨] 又：“纷若之吉。得中也。”孔颖达疏曰：“‘得中’者，用卑巽于神祇，是行得其中，故能致纷若之吉也。”[⑩]“中”

---

① 《礼记正义》卷五四《表记》，第1717页。
② 《礼记正义》卷五四《表记》，孔颖达疏，第1718页。
③ 《周易正义》卷八《系辞下》，第358页。
④ 《周易正义》卷七《系辞上》，第322页。
⑤ 《周易正义》卷七《系辞上》，第343页。
⑥ 《周易正义》卷七《系辞上》，孔颖达疏，第343页。
⑦ 《周易正义》卷七《系辞上》，孔颖达疏，第322页。
⑧ 《周易正义》卷七《系辞上》，第343页。
⑨ 《周易正义》卷四《大壮》，第175页。
⑩ 《周易正义》卷六《巽》，第273页。

的特征和作用在于保持对立事物的对称平衡。而“变易之道，行乎知礼之中。”[①]“礼”是“中”的理念体现，是保持人伦、社会关系对称平衡的方式和手段。

与“中”相关的另一重要理念是“和”。在《周易》的世界观中，对立事物是一个和谐的统一体，“保合大和，乃利贞。”[②] 而与“不和而刚暴”[③] 有别，因为“纯阳刚暴，若无和顺，则物不得利，又失其正。以能保安合会大利之道，乃能利贞于万物，言万物得利而贞正也。”[④] 由于对立双方是处于和谐的统一体中，故能生生不息，“生生之谓易”[⑤]，意即“阴阳转易，以成化生。”[⑥] 西周末年史伯对周桓公曰：“夫和实生物……故能丰长而物归之。”[⑦] 何谓“和”？“和”即“可否以相济”“阴阳相生，异味相和”。“和”就是对立物的统一，而对立事物之间的“相济”“相生”“相和”则产生万物，“土气和而物生之，国家和而民附之。”[⑧] 周人关于“中”“和”的理念，被孔子及其门人加以继承和发展，形成了一整套“中庸”的理论。“中也者，天下之大本也。和也者，天下之达道也。致中和，天地位焉，万物育焉。”[⑨] 万物之生长繁衍，社会国家之和谐发展，端赖于“致中和”，故“中”“和”为自然界与社会发展的根本之道。何以然？“中为大本者，以其含喜怒哀乐，礼之所由生，政教自此出也。”[⑩]“礼”就是在“中”“和”这种理念下的产物。如果根据“中”“和”的理念而制订与践行礼乐、政教，则社会得以和谐，国家得以治理，故曰“礼之用，和为贵。”[⑪]

与“中”“和”“礼”相关的另一重要理念是“德”。“德”是世界观、

---

① 《周易正义》卷七《系辞上》，孔颖达疏，第 322 页。
② 《周易正义》卷一《乾》，第 10 页。
③ 《周易正义》卷一《乾》，王弼注，第 10 页。
④ 《周易正义》卷一《乾》，孔颖达疏，第 11 页。
⑤ 《周易正义》卷七《系辞上》，第 319 页。
⑥ 《周易正义》卷七《系辞上》注，第 319 页。
⑦ 《国语集解》卷一六《郑语》，第 470 页。
⑧ 《国语集解》卷一六《郑语》注，第 470 页。
⑨ 《礼记正义》卷五二《中庸》，第 1661—1662 页。
⑩ 《礼记正义》卷五二《中庸》，郑玄注，第 1662 页。
⑪ 《论语注疏》卷一《学而》，第 11 页。

政治观、伦理观的总和。从世界观而言，“天地之大德曰生”，此“明圣人同天地之德，广生万物之意也。言天地之盛德，在乎常生，故言曰生。若不常生，则德之不大。以其常生万物，故云大德也。”① 顺应“中”“和”之天道而使万物生生不息，是为“德”，而且是“德”的最高境界——“大德”。从政治观、伦理观而言，“元者善之长也，亨者嘉之会也，利者义之和也，贞者事之干也。君子体仁足以长人，嘉会足以合礼，利物足以和义，贞固足以干事。君子行此四德者，故曰：‘乾，元、亨、利、贞。’”② 顺应“中”“和”之人道而使社会人伦和谐、国家治理亦为“德”。故曰“中庸之为德也，其至矣乎！”③ 顺应“中”“和”之道而促进自然和社会的发展是“德”的最高境界。而“德”和“礼”也是相生相成、相互为用的，“德生礼，礼生乐。”④ “德者，且莫大乎礼乐。”⑤ “礼、乐，德之则也。”⑥ “礼”是“德”的体现，“德”是“礼”的灵魂，两者互为表里。

综上所述，“中”“和”是对立统一体得以存在和发展的原因和关键，以“中”“和”理念运用于自然界和人类社会是为“德”，以“中”“和”“德”理念运用于社会人伦和国家是为“礼”。交聘作为“礼”的构成之一，即是上述理念在处理国家、民族、政权之间关系中的体现。“则德以导诸侯，诸侯必归之。”⑦ “招携以礼，怀远以德。德、礼不易，无人不怀。”⑧ 在这种理念指导下，孔门提出了治理“天下国家”的“九经”，其中之二曰“柔远人也，怀诸侯也。”因为“柔远人则四方归之，怀诸侯则天下畏之。”⑨ 此即以聘礼调节与“远人”和“诸侯”之关系，这实际上是对周代以“中”“和”“德”理念引入聘礼之中的历史经验的概括和总结。在这些理念指导下，从而聘礼所贯穿的基本精神是

---

① 《周易正义》卷八《系辞下》，第349—350页。

② 《周易正义》卷一《乾》“文言”曰，第14页。

③ 《论语注疏》卷六《雍也》，第91页。

④ 荆门市博物馆：《郭店楚墓竹简》之《语丛一·释文注释》，文物出版社1998年版，第194页。

⑤ 《郭店楚墓竹简》之《尊德义·释文注释》，第174页。

⑥ 《春秋左传正义》卷一六，僖公二十七年，第501页。

⑦ 《国语集解》卷一《周语上》，第36页。

⑧ 《春秋左传正义》卷一三，僖公七年，第401页。

⑨ 《礼记正义》卷五二《中庸》，第1685页。

交聘双方的相互“敬让”，聘国遣使至主国，是为“敬”，主国以礼相待、热情接待亦为“敬”，具体来说主国之“君使士迎于竟，大夫郊劳，君亲拜迎于大门之内而庙受，北面拜贶，拜君命之辱，所以致敬也。”这些都是主国对于聘国及其使者所表示的“敬”。而来使对于主国致敬于己，皆一一以“让”礼回报之，“三让而后传命，三让而后入庙门，三揖而后至阶，三让而后升，所以致尊让也。”这些都是来使对于主国之致敬而一一“致尊让”之具体表现。由此可见，交聘就是一个相互“敬”和“让”的过程。“敬让也者，君子之所以相接也。故诸侯相接以敬让，则不相侵陵。”郑玄注曰：“君子之相接，宾让而主人敬也。”① 来使之“让”得到的是主人之“敬”，主人之“敬”得到的是来使的“让”，“敬”和“让”就是对立统一体，是一个互动和不断转化的过程，亦即“礼尚往来”的过程。通过这个过程，交聘双方得以建立亲密友好关系，从而达到交聘之目的，“诸侯相厉以礼，则外不相侵，内不相陵。此天子之所以养诸侯，兵不用，而诸侯自为正之具也。”② 交聘双方之相“敬”相“让”，就是“相厉以礼”，亦即“礼”的对等性精神的体现。交聘双方之相“敬”相“让”，也是“德”的体现。例如，交聘中“以圭璋聘，重礼也。已聘而还圭璋，此轻财而重礼之义也。诸侯相厉以轻财重礼，则民作让矣。”聘国以圭璋来聘，聘礼之后，来使返国之前，主国将圭璋还之，这是交聘中“轻财重礼”③ 的表现，也是聘礼所贯穿的“德”的反映。何以言之？《聘义》载孔子的解释是：“夫昔者，君子比德于玉焉：温润而泽，仁也；缜密以栗，知也；廉而不刿，义也；垂之如队，礼也；叩之其声清越以长其终诎然，乐也；瑕不掩瑜，瑜不掩瑕，忠也；孚尹旁达，信也；气如白虹，天也；精神见于山川，地也；圭璋特达，德也。”④ 圭璋是仁、知、义、礼、乐、忠、信、天、地的代表和化身，也就是“德”的集中代表和化身。对等性原则就是“中”“和”“德”等理念在诸侯交聘之

① 以上见《礼记正义》卷六三《聘义》，第 1941 页。

② 《礼记正义》卷六三《聘义》，第 1943 页。

③ 《礼记正义》卷六三《聘义》，第 1943 页。

④ 《礼记正义》卷六三《聘义》，第 1948—1949 页。

“礼”中的体现。

将“中”“和”“德”等理念引入“礼”是周代突出的时代特色，从而渗透于这个时代诸文化事象之中。周初，“成王在丰，使召公复营洛邑，如武王之意。周公复卜申视，卒营筑，居九鼎焉。曰：‘此天下之中，四方入贡道里均。’作《召诰》《洛诰》。”① 营建洛邑的考量是取其“天下之中”。在“中”“和”的理念基础上从而发展起了对称、平衡的文化特征。以中国古代墓葬制度为言，考古发掘表明：“河南省安阳的商王陵墓，有‘亚字形墓’和‘中字形墓’……还有一种‘甲字形墓’。”而“西周的墓制承袭商代。……诸侯、贵族的大墓，有的是设有两个墓道的中字形墓，有的是设有一个墓道的‘甲字形墓’。河南省浚县辛村卫国墓地多系中字形墓，其形制与商代的陵墓相似。”② 这些“亚字形”“中字形”“甲字形”的墓制，就是对称、平衡观念在墓制中的体现。而墓制是社会现实生活的反映或折射。以中国古代建筑为言，在中轴线基础上的对称、平衡的建筑特征在周代已经展现，考古学表明：“周原遗址中的凤雏早周房址已是两进的四合院，并有明确的南北中轴线……中国古代建筑中使用木构架、采取封闭式有中轴线的院落布局这两个主要特点已初步形成。”“凤雏建筑基址……以门道、前堂、后室为中轴，东西配置厢房各8间，并有回廊相连接，形成一前后两进、东西对称的封闭性院落。”③ 这种中轴线左右对称、平衡的封闭性的院落建筑，是一个对立统一体，其中贯穿对称、平衡的文化意蕴，这种对称、平衡的建筑理念与文献记载的周代官室制度相符，而正是这样的建筑物为周代交聘礼中的对等性礼仪得以实行提供了物质基础和场所。周代交聘礼仪基本上是在庙堂举行，而庙堂建筑的内部正是对称、平衡的，中轴线自北而南依次为后室、前堂和前庭，堂为进行礼仪活动的中心场所，堂内自北而南为东夹与西夹、东序与西序、东堂与西堂、东楹与西楹，两两相对。上文所述对等性的交聘礼仪，就是在这种中轴线东西对称的建筑内部进

---

① 《史记》卷四《周本纪》，第133页。

② 《中国大百科全书·考古学》“中国古代墓葬制度”条，中国大百科全书出版社1986年版，第666页。

③ 《中国大百科全书·考古学》“中国古代建筑”条，第661、727页。

行的。

周代交聘礼中的对等性原则不仅在日后汉唐时期的交聘——外交制度中有所继承和借鉴，而且其与近现代国际关系中的对等性原则亦有着相似、相通之处，认为对等性原则是近代才产生的国际关系准则的说法并不符合历史的实际。善处人际关系是中国古代文化的强项，将其转化为善处国际关系乃顺理成章之事，故对等性原则毋须等待近代欧洲人的传授。

四　周代交聘中的“礼尚往来”原则

“礼尚往来”是中国古代交聘关系中的重要原则之一，是对等性原则在礼仪上的体现和运用，贯穿于交聘关系的全过程和各个环节，其具体表现主要有四，一曰报礼，即交聘过程中礼仪、仪节的相互回报。二曰报币，即交聘过程中礼品的相互往来回报。三曰报书，即交聘文书之相互回报。四曰报使，即交聘关系中的相互遣使。春秋时期的报使——报聘制度与西周时期原生态的制度相较已经发生了很大变化：时间的间隔由固定变为灵活；使命目的由礼仪性向务实性倾斜；诸侯与周王室的交聘关系日益与诸侯之间的交聘性质接近，“朝”“聘”之别亦日渐徒有其名而无其实，因而交聘的性质日益向着后世外交的性质转变。但是，“礼尚往来”的原则却一以贯之而为汉唐及其后外交制度所继承和运用。

“礼尚往来”一语虽然为古今论者所频繁引述，然而往往寥寥数语，一笔带过，鲜见深入论述其具体内涵者。“礼尚往来”是中国古礼的核心原则之一。《礼记》开宗明义曰：“礼尚往来。往而不来，非礼也；来而不往，亦非礼也。”[①] 所谓“往来”，即交礼双方之间的互动与回报，故《礼记》径曰：“礼也者，报也。”郑玄对此注曰：因“礼有往来也”。孔颖达疏曰：“受人礼事，必当报之也。”《礼记》进一步阐述道：“礼，反其所自始……礼报情，反始也。”亦即“他人有恩于己，己则报其情。”[②] 因此在一定意义上可以说“礼”也就是“报”。

先哲对于“礼尚往来”的重要性和作用有着深刻的认识，认为这个

① 《礼记正义》卷一《曲礼上》，第20页。

② 《礼记正义》卷三八《乐记》，第1299页。

原则对于调整人与人之间、群体之间、实体之间、诸侯之间乃至国家之间的关系具有重要意义。“人有礼则安，无礼则危。”[①] 孔子说：“仁者，天下之表也；义者，天下之制也；报者，天下之利也。”将“礼”及“礼尚往来”的原则与“仁”“义”并列为治理天下的最高指导原则。对此，郑玄注曰：“报，谓礼也。礼尚往来。”孔颖达疏曰：“礼尚往来，相反报物得其利，故云‘天下之利也’。”[②] “礼尚往来”的原则不仅有利于人际和谐，也有利于国家和天下之和谐，是决定个人以至国家、民族和天下安危的重要因素，是实现社会和谐的重要手段和方法。

（一）报礼

“报礼”是指交聘过程中礼仪、仪节的相互回报。这种相互回报贯穿于交聘关系中的各个方面和环节。

使者入境后，主国即于来使入住之近郊馆舍举行郊劳仪式以欢迎，主国之“君使卿朝服，用束帛劳。”使者在接受对方的劳礼之后，又将劳者请入舍门内，“用束锦傧劳者”。郑玄注曰：“言傧者，宾在公馆如家之义，亦以来者为宾。”贾公彦疏曰：“凡言傧者，谓报于宾。”[③] 所谓“傧劳者”，即以同样的礼仪回报劳者。卿代表主国国君行劳礼之后，夫人又使下大夫向来使行劳礼，礼毕，使者亦“傧之如初”[④]，如同回报国君的劳礼一样，也对下大夫“傧之”，回报以礼。总之，对于主国国君和国君夫人的“劳礼”，来使均以“傧礼”回报之。可见在举行郊劳仪式时，双方在礼仪上是一来一往，相互回报的。

来使向主国国君和夫人行聘享礼之后，国君即“请礼宾”[⑤]，以醴酒之宴以报之。然后来使则向主国国君行“私觌”礼。“私觌”礼毕，主君即遣使至馆舍向宾介“归饔饩”，这是对来使的聘享和私觌进行回报。“明日，宾拜于朝，拜饔与饩。”[⑥] 使者于次日晨至外朝拜谢主国之君的赐

① 《礼记正义》卷一《曲礼上》，第20页。

② 《礼记正义》卷五四《表记》，第1717—1718页。

③ 《仪礼注疏》卷一九《聘礼》，第433—434页。

④ 《仪礼注疏》卷二〇《聘礼》，第436页。

⑤ 《仪礼注疏》卷二一《聘礼》，第459页。此“礼”字多数学者认为当为“醴”字，参见谢德莹《仪礼聘礼仪节研究》，台湾文史出版社1983年版，第178—179页。

⑥ 《仪礼注疏》卷二二《聘礼》，第483页。

予。这是对于国君“归饔饩”礼的报谢。当天晚上，国君夫人“使下大夫韦弁归礼”，也是对于来使聘享于己的一种回报。“明日，宾拜礼于朝。”[①] 使者亦于次日前往外朝报谢。总之，来使对于主国之一切馈赠、赐予均于次日拜谢于朝，这是交聘礼仪中的惯例。如，交聘期间主国“以飨燕之礼，亲四方之宾客。”[②] 其隆重程度依次为飨、食、燕三种方式，而来使在受到这些款待之后，“宾介皆明日拜于朝”[③]。唯主国每日的“乘禽”之馈则在离境返国前一次性报谢。如果来使停留时间超过十天，主国则提供廪食并每日致送“乘禽”，从使者至众介分别为五双、三双、一双不等的禽类。离开当天“宾三拜乘禽于朝，讶听之。”郑玄注曰：“发去乃拜乘禽，明己受赐，大小无不识。”[④] 由于“乘禽”礼较轻，而且为每日馈赠，所以不烦每日拜谢，而是最后一次性拜谢。这表明不论所赐轻重大小无不一一拜谢。不过，“凡宾拜于朝，讶听之。”[⑤] 由于这类拜谢礼较轻而频繁，故国君并不亲自接受，而是由讶官代表接受。这种拜谢礼也是相互的，主国亦以拜谢礼回报聘国及来使，如使团行将返国前，“公馆宾”，国君亲往宾馆拜谢，“为宾将去，亲存送之，厚殷勤，且谢聘君之意也。”一方面拜谢使者，另一方面“拜谢聘君使臣来礼己国之事”。具体来说是“聘享，夫人之聘享，问大夫，送宾，公皆再拜。”意即来使对于主君之聘享、夫人之聘享、问大夫之礼以及来使返国前之“送宾”，此“四事皆再拜”，一一进行拜谢。不过，在这种场合使者回避而由上介代表受礼，表示使者“不敢受主国君见己于此馆也”。主君拜谢礼毕而退，“宾从，请命于朝。”使者跟随国君至朝廷请求回国之事。郑玄注曰：“宾从者，实为拜主君之馆己也。”[⑥] 实际上也是使者对于国君亲临馆舍行拜谢之礼的一种回报。

来使与主国卿大夫之礼亦然。来使向主国国君行聘享、私觌礼毕，

---

① 《仪礼注疏》卷二二《聘礼》，第491—492页。
② 《周礼注疏》卷一八《春官宗伯·大宗伯》，第551页。
③ 《仪礼注疏》卷二二《聘礼》，第494页。
④ 《仪礼注疏》卷二三《聘礼》，第501页。
⑤ 《仪礼注疏》卷二四《聘礼》，第545页。
⑥ 《仪礼注疏》卷二三《聘礼》，第501页。

“宾请有事于大夫”①，提出希望向主国之卿以及曾经出使本国的下大夫行“问”礼。《仪礼正义》引高愈曰：“聘本为君也。而因以及其夫人，而并以问其卿大夫，则凡内外尊卑之间无不致其殷勤敬礼之意，而所以睦于邻者大矣。”② 这时卿及下大夫则速往宾馆向使者先行“劳宾”礼，记曰：“币之所及皆劳，不释服。”聘国将以“币”存问之卿及曾经出使彼国之下大夫均前往宾馆劳宾，而且不脱朝服而速往。贾公彦疏曰：“彼国币及己，是以礼加于己，今劳宾者，是以礼报之。”③ 卿和曾出使彼国之下大夫先以劳礼以报来使。然后使者再向主国之卿行“问”礼、“面”礼。与此同时“下大夫尝使至者，币及之。”由上介出面向曾经出使本国之下大夫行“问”礼、“面”礼。郑玄注曰：“尝使至己国，则以币问之也。君子不忘旧。”④ 通过报礼以表示对于曾经出使本国者“不忘旧”之意，以巩固双方的友谊。卿大夫在接受来使之“问”礼、“面”礼之后，即“饩”宾介以报之。此诚如蔡德晋《礼经本义》引高紫超曰：“聘君于大夫有乘皮束帛之问，故大夫于宾亦有太牢八筐之饩。盖聘君所以致礼于其臣者厚，而其臣之所以致礼于宾者亦隆也。”⑤ 彼隆遇于己，己亦厚报于彼。

此外，对于主国之下层接待人员亦以礼相报。如，“宾即馆，讶将公命。又见之以其挚。”来使入住馆舍之后，主国之讶者受君命而待事于馆舍外，听候使者的吩咐，为其服务，并以私礼拜见使者。“宾既将公事，复见之以其挚。”郑玄注曰：“公事，聘享问大夫。复，报也。”⑥ 使者在完成上述聘享国君和问大夫礼等公事之后，亦以私礼拜见讶者，以同样的礼仪报之。

---

① 《仪礼注疏》卷二一《聘礼》，第 471 页。

② （清）胡培翚撰：《仪礼正义》（第八册）卷一七《聘二》，上海商务印书馆 1934 年版，第 29 页。按，此书版本为商务印书馆 1934 年印行之“国学基本丛书”，据说明，商务本又系用万有文库本印行，原万有文库本为十六册，每册页数各自起迄，商务本合订为上、中、下三册，页数仍其旧。商务合订本上册包含原第 1—6 册，中册包含原第 7—11 册，下册包含原第 12—16 册。特此说明。

③ 《仪礼注疏》卷二四《聘礼》，第 539 页。

④ 《仪礼注疏》卷二二《聘礼》，第 490 页。

⑤ （清）蔡德晋撰：《礼经本义》卷九，《四库全书珍本初集》，上海商务印书馆 1934—1935 年版，第 36 页。

⑥ 《仪礼注疏》卷二四《聘礼》，第 530—531 页。

（二）报币

"报币"是指交聘过程中礼品的相互往来回报。胡培翚释"币"曰："散文则玉亦称币，小行人合六币是也；对文则币为束帛、束锦、皮马及禽贽之属是也。"[①] 本书所称"币"泛指交聘中所有公私礼品。交聘是通过玉帛等礼品之往来回报而实现的，所谓执玉致命，执帛致享，故曰"玉帛之使谓聘"[②]。故交聘又曰"交贽往来"[③]。"报币"其实就是"报礼"之物质表现形式。因而这种相互回报亦贯穿于交聘关系中的各个方面和环节。

1. 聘享礼玉、礼币之回报

聘国以圭聘主国国君，以璋聘国君夫人；又以璧享主国国君，以琮享国君夫人。这是交聘礼仪中的重头戏。圭、璋、璧、琮为国之四宝，"非所宝，则不足以通诚好矣。"[④] 聘国以之进行聘享，是尊重对方、互通诚好的体现。主国在接受聘国之四宝之后，于使者返国前均一一归还或回报，"君使卿皮弁，还玉于馆。"郑玄注曰："玉，圭也。君子于玉比德焉。以之聘，重礼也。还之者，德不可取于人，相切厉之义也。"[⑤]《聘义》谓："以圭璋聘，重礼也。已聘而还圭璋，此轻财而重礼之义也。诸侯相厉以轻财重礼，则民作让矣。"[⑥] 圭璋为国之"大器"[⑦]，是德的化身，双方友谊诚信的表征，重德轻财，故原物归还之。西周《颂鼎》载共王时人颂受周王册命时礼仪："受命册佩，以出，反入堇章。"郭沫若谓"反入堇章"当读为"返纳瑾璋"，"盖周世王臣受王册命之后，于天子之有司有纳瑾报璧之礼。"[⑧] 此与交聘"还玉"亦有某些相似之处。

---

① 《仪礼正义》（第二册）卷四《相见》，第76页。《周礼注疏》卷三七《秋官司寇·小行人》："合六币：圭以马，璋以皮，璧以帛，琮以锦，琥以绣，璜以黼。此六物者，以和诸侯之好故。"第1186页。

② 《春秋左传正义》卷二二，宣公十年杜注，第719页。

③ 《春秋左传正义》卷二七，成公十二年，第860页。

④ 张尔岐句读，郎文行校点：《仪礼》卷八《聘礼》，第230—231页。

⑤ 《仪礼注疏》卷二三《聘礼》，第497页。

⑥ 《礼记正义》卷六三《聘义》，第1943—1944页。

⑦ 《春秋左传正义》卷一九下，文公十二年，第620页。

⑧ 郭沫若：《两周金文辞大系图录考释》，《郭沫若全集·考古编》第八卷，科学出版社2002年版，第163页。

报聘之后又行报享，“礼玉、束帛、乘皮”，郑玄注曰：“礼，礼聘君也，所以报享也。”贾公彦疏曰：“此谓报享之物，以其彼持享物来礼此主君，此主君亦以物礼彼君……彼以物享此君，此君亦以物享彼君……聘宾行享之时，束帛加璧，束锦加琮，今报享物，亦有璧琮致之。”[①] 这是主国以己国之璧、琮回赠聘国，同样将其加以束帛、束锦之上，并报以庭实乘皮。孟献子对鲁宣公说：“聘而献物，于是有庭实旅百。”杜预注曰：“物，玉帛皮币也。主人亦设笾豆百品，实于庭以答宾。”[②] 则来使向主国国君聘享之后，国君派卿大夫向来使“归饔饩”也是对聘国玉帛、庭实之献的一种回报。

主国向聘国回报财物有两条原则，一是视聘国之大小及其礼数情况而定其厚薄。“凡诸侯之交，各称其邦而为之币，以其币为之礼。”郑玄注：“币，享币也。于大国则丰，于小国则杀。主国礼之，如其丰杀。”[③] 视国之大小而定其丰杀。《聘礼》记曰：“贿，在聘于贿。”郑玄注曰：“贿，财也。于，读曰为。言主国礼宾，当视宾之聘礼，而为之财也。宾客者，主人所欲丰也。若苟丰之，是又伤财也。”意即主国向聘国赠以财物，当视聘国之礼的情况而定其多寡，“多货，则伤于德；币美，则没礼。”郑玄注曰：“多之则是主于货，伤败其为德。”“美之，则是主于币，而礼之本意不见也。”[④] 回赠过于丰美则是重物而轻礼，有损礼意和德。故一般情况下取其适中、对称。二是特殊情况下可以丰厚。“无行，则重贿反币。”如果对方是专程来聘己国，不再前往他国聘，则可以回赠丰厚。郑玄注曰：“必重其贿与反币者，使者归，以得礼多为荣，所以盈聘君之意也。反币，谓礼玉、束帛、乘皮，所以报聘君之享礼也。”[⑤] 鲁文公十二年（前615）“秦伯使西乞术来聘，且言将伐晋。”西乞术善于词令，“襄仲曰：‘不有君子，其能国乎？国无陋矣。’厚贿之。”[⑥] 鲁国厚贿秦使，不仅因秦使专聘鲁国，亦与秦使之表现得到鲁国之欢心有关。

---

① 《仪礼注疏》卷二三《聘礼》，第499页。
② 《春秋左传正义》卷二四，宣公十四年，第761—762页。
③ 《周礼注疏》卷三八《秋官司寇·司仪》，第1209页。
④ 《仪礼注疏》卷二四《聘礼》，第536页。
⑤ 《仪礼注疏》卷二四《聘礼》，第545页。
⑥ 《春秋左传正义》卷一九下，文公十二年，第620—621页。

故交聘中的报币又不同于一般的等价交换关系，而是体现了一种厚往薄来的精神。聘国以圭璋聘主国时并无币帛，所谓“圭璋特，朝聘以为瑞，无币帛也。”体现“以少为贵”[①] 的精神。但是上述报聘礼中，在归还聘国之圭璋后，主国又向聘国国君赠以财物，“贿用束纺”。郑玄注曰：“贿，予人财之言也。纺，纺丝为之，今之縳也，所以遗聘君，可以为衣服，相厚之至。”[②] 故敖继公曰：“贿礼主以答其聘”[③]。则报聘不仅是将圭璋归还聘国，同时赠以丝织品，此亦厚往薄来精神之体现。

不过，随着春秋时期天子与诸侯以及诸侯之间关系性质的发展变化，交聘关系的政治意味和目的日益浓厚，则“厚报”的情况亦日益复杂。鲁宣公九年（前600）“春，王使来征聘。夏，孟献子聘于周。王以为有礼，厚贿之。”杜预注曰：“征，召也。言周征也。征聘不书，微加讽谕，不指斥。”[④] 鲁国之聘周，乃因周定王之征召，可见周天子地位之式微；周定王意图通过鲁国来聘以显示其原有政治地位之继续存在，故厚加赠贿。鲁僖公十年（前650）晋大夫丕郑聘于秦，适值丕郑之同党里克被晋惠公所杀，于是丕郑向秦穆公献计：“君厚问以召吕甥、郤称、冀芮而止之，以师奉公子重耳，臣之属内作，晋君必出。”注云：“问，遗也，以厚礼问遗。此三人皆晋大夫，来因留止也。”意图通过此举以废晋惠公而改立重耳为晋君。于是“穆公使泠至报问，且召三大夫。”但是晋国感到秦使所报之礼太厚，与晋使丕郑所携礼品不相称，于是晋大夫冀芮曰：“（丕）郑之使薄而报厚，其言我于秦也，必使诱我……”[⑤]《左传》记作：“郤芮曰：‘币重而言甘，诱我也。’”[⑥] 可见秦国之“厚报”是怀着赤裸裸的政治目的。而更多的所谓“厚往”则是建立在小国的“厚来”基础之上的。鲁卿孟献子说：“臣闻小国之免于大国也，聘而献物，于是有庭实旅百。朝而献功，于是有容貌、采章、嘉淑，而有加货。”所谓“加货”，即主国之“命宥币帛也。言往共则来报亦备。”“言宾往既共，则主报

① 《礼记正义》卷二三《礼器》，第847页。
② 《仪礼注疏》卷二三《聘礼》，第498—499页。
③ 《钦定四库全书荟要·仪礼集说》卷八下《聘礼》，第293页。
④ 《春秋左传正义》卷二二，宣公九年，第715页。
⑤ 《国语集解》卷九《晋语三》，第306—307页。
⑥ 《春秋左传正义》卷一三，僖公十年，第417页。

亦厚礼。”① 而这种“礼尚往来”实质上往往是大国对小国的一种榨取和掠夺。

2. “觌币”之回报

在聘享礼之后，使者又向主国国君行“私觌”礼。其“币”以使者自己的名义向主国国君馈赠，实际上是主国为其所准备的。《周礼》曰：“凡国之使者，共其币马。”郑玄注曰：“使者所用私觌。”② 诸侯亦当如此。使者返国时，主国进行郊送之礼，“公使卿赠，如觌币。”主国国君派卿至郊馆报答来使先前之“私觌”，郑玄注曰：“赠，送也，所以好送之也。言如觌币，见为反报也。”贾公彦疏曰：“‘所以好送之’者，来而不往非礼，以礼来往，皆是和好之事，故云好送之也。云‘言如觌币，见为反报也’者，以其赠之多少，一如觌币。”③ 其回报之礼品与使者之觌币完全相等。使者行“私觌”礼后，上介、士介亦分别向主国国君行“私觌”礼，唯其“币”之厚薄分别低于使者所致。在郊送之礼回报使者之“觌币”后，亦回报上介、士介之“觌币”，“使下大夫赠上介，亦如之。使士赠众介，如其觌币。”④ 主国国君使下大夫回赠上介，使士回赠士介，所回赠之币均“如其觌币”。

3. “问币”“面币”之回报

使者在向主国国君和夫人行聘享礼、私觌礼之后，则向主国之卿大夫行“问”礼。此亦使者受君命而致礼，其币亦为束帛、庭实。“问”礼毕，又以己币行“面”礼。“宾面，如觌币。”贾公彦疏曰：“宾私面于卿，其币多少与私觌于君同，故云‘如觌币’。宾私觌之时，用束锦、乘马，则此私面于卿，亦用束锦、乘马可知也。”⑤ 使者“问”卿、“面”卿之后，上介、士介亦分别向卿行“面”礼，其“币”则分别如他们向主国国君行“私觌”礼时的“觌币”。宾介向主国卿大夫行“问”“面”礼之后，卿大夫则向宾介馈“饩”以报之，在郊送之礼时又“大夫亲赠，

---

① 《春秋左传正义》卷二四，宣公十四年，第761—762页。杜注：“献功”即“献其治国若征伐之功于牧伯。”“容貌，威仪容颜也。采章，车服文章也。嘉淑，令辞称赞也。”

② 《周礼注疏》卷三三《夏官司马·校人》，第1016页。

③ 《仪礼注疏》卷二三《聘礼》，第502页。

④ 《仪礼注疏》卷二三《聘礼》，第502页。

⑤ 《仪礼注疏》卷二二《聘礼》，第488页。

如其面币”，主国之卿亲自向使者回赠礼品，一如使者所赠之“面币”。同时，“赠上介亦如之。使人赠众介，如其面币。”① 卿亦亲自回赠上介，并使人回赠士介，其回赠之礼品亦如其“面币”。唯宾介代表本国国君向主国卿大夫所致“问币”不见回报，李如圭解释道：“卿不报聘君之币者，尊卑不敌。”②

4. 对于主国之下层接待人员亦有所回报

使者在馆舍曾接受主国派来之讶者服务，并接受过其“挚”礼。据《周礼》记载挚礼之等级是：“孤执皮帛，卿执羔，大夫执雁，士执雉，庶人执鹜，工商执鸡。”③ 我们在上文已述及此讶者当为士，则其应执雉以拜见使者。使者在完成公事之后，“复见之以其挚”④，即以“挚”礼而还其雉。对于所住馆舍主人亦有以报之，返国前“宾于馆堂楹间，释四皮、束帛。”郑玄注曰：“宾将遂去是馆，留礼以礼主人，所以谢之也。”⑤ 其回报之周浃可谓无微而不至。

（三）报书

“报书”是指交聘文书之相互回报。

交聘文书在周代的交聘关系中非必有之，而是遇有特殊情况时用之。《仪礼》“记”曰：“若有故，则卒聘。束帛加书将命。”郑玄注曰：“故，谓灾患及时事相告请也。将犹致也。”如有灾患等突发事件或紧急情况需要向对方告请者，则不按定期交聘，而是随时遣使往聘，并致以文书，说明相关事项。这种文书的规制是：“百名以上书于策，不及百名书于方。”一百字以上，即内容较多者，写在简策上；一百字以下，即内容比较少者，写在方板上。文书上需加盖主国之玺印，“书必玺之”⑥。

文书之递交是在聘享礼毕时，“若有言，则以束帛，如享礼。”其递交礼仪程序有如此前之享礼。郑玄注曰：“有言，有所告请，若有所问

---

① 《仪礼注疏》卷二三《聘礼》，第 502 页。

② （宋）李如圭撰：《仪礼集释》卷一三《聘礼第八之三》，《丛书集成初编》本，商务印书馆 1939 年 12 月初版，1960 年 1 月补印版，第 337 页。

③ 《周礼注疏》卷一八《春官宗伯・大宗伯》，第 560 页。

④ 《仪礼注疏》卷二四《聘礼》，第 531 页。

⑤ 《仪礼注疏》卷二四《聘礼》，第 546 页。

⑥ 《仪礼注疏》卷二四《聘礼》，郑玄注，第 521—522 页。

也。”并举春秋时期史事以证之：“《春秋》臧孙辰告籴于齐，公子遂如楚乞师，晋侯使韩穿来言汶阳之田，皆是也。”[①] 此即上文所谓“若有故”之“故”的具体事例。郑玄所举臧孙辰告籴于齐，事在鲁庄公二十八年（前666），由于是年鲁国歉收，于是鲁卿臧孙辰自告奋勇出使齐国“告籴”，他向鲁庄公说：“国有饥谨，卿出告籴，古之制也。”徐元诰曰：“‘古之制’谓周之制也，《周书·籴匡》篇，‘年俭，谷不足，君亲巡方，卿参告籴’是也。”[②] 可见有“故”而“告”之制度在西周即已经实行。主国国君在接受对方文书之后，“主人使人与客读诸门外”。郑玄注曰：“受其意，既聘享，宾出而读之。读之不于内者，人稠处严，不得审悉。主人，主国君也。人，内史也。”[③] 使者礼毕出庙门之后，主国国君则派内史与使者在门外读之，以了解来书之具体内容。《周礼》内史职曰：“凡四方之事书，内史读之。”[④]

针对聘国之来书，使者返国前，主国亦为书以答之。“客将归，使大夫以其束帛反命于馆。”郑玄注曰：“为书报也。”贾公彦疏：“此为书报上有故之事，彼以束帛加书将命，此亦以束帛加书反命于馆。”[⑤] 敖继公曰：“大夫即还玉之卿也。束帛言其是即向者加书者也。以其束帛反命，亦如还玉之义，盖以之为信也。此一节当继礼玉之后。不见于经者，以其或有或无，不可必。”[⑥] 综上所述可知，使者返国前，主国之卿奉命归还聘享之玉时，如果有文书，亦于此时递交来使以报之。在报书的同时，又将来使递交文书时之“币”——束帛同时归还。在还玉和报书之后，“明日君馆之。”主国国君即于次日至来使馆舍致礼送行，郑玄注曰：“既报，馆之，书问尚疾也。”[⑦] 聘国来书是因为有急难之事告请，则主国亦及时复书并至馆送行，以便来使能够尽快返国复命。

---

① 《仪礼注疏》卷二一《聘礼》，第457—458页。贾公彦疏：“云‘《春秋》臧孙辰告籴’者，事在庄公二十八年也。云‘公子遂如楚乞师’者，事在僖二十六年也。云‘晋侯使韩穿来言汶阳之田’，事在成公八年也。”

② 《国语集解》卷四《鲁语上》，第148页。

③ 《仪礼注疏》卷二四《聘礼》，第522页。

④ 《周礼注疏》卷二六《春官宗伯·内史》，第834页。

⑤ 《仪礼注疏》卷二四《聘礼》，第522—523页。

⑥ 《钦定四库全书荟要·仪礼集说》卷八下《聘礼》，第307页。

⑦ 《仪礼注疏》卷二四《聘礼》，第523页。

由此可见，交聘文书之往来在周代已经有了一套比较完整的规章制度。随着春秋时期诸侯的发展分化，相互之间矛盾冲突亦日益发展和剧烈，相互之间的聘问关系亦由西周时期以礼仪为主逐步向以政治利益为主转化，因“灾患及时事相告请”的情况日益频繁，郑玄所举“告请”之事例多为春秋时期史事，就是这一情况之反映。由于“卒聘”成为经常现象，交聘中的文书往来自然亦日益普遍，从而为日后外交关系中之文书往还开了先河。

（四）报使

“报使”是指交聘关系中的相互遣使。

所谓“交聘”就是一种相互聘问的关系，故相互遣使乃这种关系中必然存在的特征和属性。《聘礼》：来使在向主国国君和夫人行聘享、私觌等礼之后，还有对于主国卿大夫之“问”礼、“面”礼，这种礼仪即含有对于曾经出使本国之卿及下大夫的回报之意，同时意味着两国存在着相互遣使回报之关系。虽然对于主国之三卿均行此礼，但其中必有曾经出使本国之卿。此外还有“下大夫尝使至者，币及之。”郑玄注曰：“尝使至己国，则以币问之也。君子不忘旧。”[①] 对于曾经出使本国之下大夫亦行此礼。由此可见，聘国之遣使来聘，一定意义上就是对于主国以前遣使来聘之报答——“报聘”，而本次遣使即是对于主国前次遣使之“报使”。故在聘问礼仪中对于曾经出使本国之卿大夫之“问”礼、“面”礼就成为必要程序，这是“报使”关系在交聘礼仪中制度化的反映。

西周时期这种原生态的报使制度，到了春秋时期在继承传统的同时，与《聘礼》所载诸多西周时期原生态的报使——报聘制度相比已经发生了很大变化，举其要者，略有如下数端。

1. 报使间隔长短不一

第一，有当年报使者。鲁庄公二十五年（前669）“春，陈侯使女叔来聘。”同年“冬，公子友如陈。”杜预注曰：“报女叔之聘”[②]。鲁僖公十年（前650）夏，晋使大夫“丕郑聘于秦”，“冬，秦伯使泠至报问。”[③]

---

① 《仪礼注疏》卷二二《聘礼》，第490页。

② 《春秋左传正义》卷一〇，庄公二十五年《经》，第320—321页。

③ 《春秋左传正义》卷一三，僖公十年，第417页。

泠至，秦大夫。第二，有次年报使者。鲁成公四年（前587）“春，宋公使华元来聘。”次年“孟献子如宋，报华元也。”[①] 鲁襄公八年（565）冬“晋范宣子来聘”，次年夏，鲁“季武子如晋，报宣子之聘也。”[②] 第三，有多年之后报使者。鲁襄公元年（前572）“冬，卫子叔、晋知武子来聘。”襄公四年（前569）鲁国才派遣“穆叔如晋，报知武子之聘也。”[③] 报卫更在其后，襄公七年（前566）秋，鲁国始派“季武子如卫，报子叔之聘。”[④]。鲁襄公二年（前571）秋，鲁“叔孙豹如宋”，直至襄公十五年（前558）春，“宋向戌来聘”，杜预注曰：“报二年（叔孙）豹之聘”[⑤]，相距十五年之久。襄公二十年（前553）冬，“季武子如宋，报向戌之聘也。”[⑥] 鲁之报宋又在五年之后。

从报使——报聘的间隔来看，所谓“诸侯之于天子也，比年一小聘，三年一大聘，五年一朝。”[⑦] 以及“凡诸侯之邦交，岁相问也，殷相聘也，世相朝也。”[⑧] 已多所突破，各国往往根据自己的政治需要及多边力量对比关系而确定交聘的时间。例如鲁襄公即位之元年（前572），卫、晋同时遣使来聘，但是鲁国报聘晋国是在襄公四年（前569），报聘卫国是在襄公七年（前566）。鲁国自知这样对于卫国来说有所不礼，于是在报使时进行了解释：“季武子如卫，报子叔之聘，且辞缓报，非贰也。”杜预注曰：“子叔聘在元年。言国家多难，故不时报。”[⑨] 可见相隔七年报使已经属于“不时报”了。而鲁国对“缓报”的解释不过是一种“外交辞令”罢了。反观二十二年前仍然是鲁、晋、卫三国之间的一桩交聘案例的处理，将有助于理解何以鲁国对晋、卫之报使采取先后不同的态度。鲁成公三年（前588）冬十一月，“晋侯使荀庚来聘，且寻盟。卫侯使孙良夫来聘，且寻盟。”两国同时来聘，而且均带着“寻盟”的同样目的，

---

① 《春秋左传正义》卷二六，成公四年《经》、五年《传》，第823、826页。
② 《春秋左传正义》卷三〇，襄公八、九年，第985、997页。
③ 《春秋左传正义》卷二九，襄公元年、四年，第936、951页。
④ 《春秋左传正义》卷三〇，襄公七年，第977页。
⑤ 《春秋左传正义》卷二九，襄公二年《经》、十五年《传》，第937、1070页。
⑥ 《春秋左传正义》卷三四，襄公二十年，第1108页。
⑦ 《礼记正义》卷一一《王制》，第422页。
⑧ 《周礼注疏》卷三七《秋官司寇·大行人》，第1181页。
⑨ 《春秋左传正义》卷三〇，襄公七年，第977页。

如何安排他们的位次和处置订盟之先后呢？鲁成公问诸臧宣叔曰："仲行伯之于晋也，其位在三；孙子之于卫也，位为上卿，将谁先？"意即荀庚是晋国的下卿，孙良夫是卫国的上卿，该如何排列其先后次序？臧宣叔对曰："次国之上卿，当大国之中，中当其下，下当其上大夫。小国之上卿，当大国之下卿，中当其上大夫，下当其下大夫。上下如是，古之制也。卫在晋，不得为次国。晋为盟主，其将先之。"臧宣叔的说法有三层意思：第一，按照古制，次国之卿大夫较大国降一等，小国之卿大夫较大国降二等；而诸侯之等次则依爵位而别，以公为大国，侯、伯为次国，子、男为小国。第二，虽然按照爵位卫为侯爵，即次国。但是"卫在晋，不得为次国。"意即卫国对于晋国来说则不能视为次国，而应视为小国。杜预注曰："春秋时以强弱为大小，故卫虽侯爵，犹为小国。"第三，由于将卫国视为小国，晋国视为大国，故两位来使的地位是相等的，即"小国之上卿，当大国之下卿"。但因为"晋为盟主，其将先之"，故还是应以晋为先。杜预注曰："计等则二人位敌，以盟主，故先晋。"于是"丙午，盟晋"。次日"丁未，盟卫。"《左传》把鲁国这种先晋后卫的安排称为"礼也"①，这实际上已经是春秋时期发生了变异的"礼"。鲁国是按照来聘诸侯之国力强弱、大小和自己的政治利益来处理这种位次和先后次序的。十几年之后的鲁襄公时期，对于卫、晋来聘的报使亦实行先晋后卫的做法，应是鲁国此前政策的延续。卫国对于鲁国的"缓报"不仅没有表现出不满，反而于同年冬又遣使报聘，"卫孙文子来聘，且拜武子之言，而寻孙桓子之盟。"所谓"拜武子之言"即拜谢季武子"缓报非贰之言"②。实际上完全接受了鲁国对于"缓报"的说辞。卫国在鲁、晋、卫三国之间关系中的弱势处境和地位于此可见一斑。

2. 报使目的各异

第一，礼仪性的报使。鲁襄公元年（前572），正月襄公即位，是年"冬，卫子叔、晋知武子来聘，礼也。凡诸侯即位，小国朝之，大国聘焉，以继好、结信、谋事、补阙，礼之大者也。"这是卫、晋两国对于鲁

---

① 以上见《春秋左传正义》卷二六，成公三年，第821—822页。

② 《春秋左传正义》卷三〇，襄公七年，第978页。

襄公即位的礼仪性聘问。襄公四年（前569）鲁国派遣“穆叔如晋，报知武子之聘也。”① 襄公七年（前566）秋，鲁国派“季武子如卫，报子叔之聘。”②。鲁国分别于晋、卫两国来聘之后三年、六年遣使报聘之。鲁成公四年（前587）“春，宋华元来聘，通嗣君也。”因宋共公即位。次年“孟献子如宋，报华元也。”③ 此隔年即回报。鲁宣公十年（前599）鲁国派“季文子初聘于齐”，因“齐侯初即位”。是年冬，齐国派遣“国武子来报聘”，杜预注曰：“报文子也”④。这是鲁国对于齐国国君即位的礼仪性遣使，齐国于当年即遣使回报。鲁昭公二年（前540）春，“晋侯使韩宣子来聘，且告为政而来见，礼也。”晋国来聘之目的，一因“（昭）公即位故”，二则告韩宣子“代赵武为政”。杜预注曰：晋国“虽盟主，而修好同盟，故曰‘礼’。”同年夏，鲁国派遣“叔弓聘于晋，报宣子也。”⑤ 亦于当年即回报之。第二，为结束敌对关系、建立和好关系而报使。鲁僖公三十二年（前628），“春，楚斗章请平于晋，晋阳处父报之。晋楚始通。”杜预注曰：“阳处父，晋大夫。晋楚自春秋以来始交使命为和同。”⑥ 通过交聘结束了两国长期的对立、战争关系而开始了和平交往关系。鲁成公九年（前582）秋，晋国释放郑国所献楚国俘虏钟仪归国，“使合晋、楚之成”，并“重为之礼”。十二月，“楚子使公子辰如晋，报钟仪之使，请修好结成。”次年春，“晋侯使籴茷如楚，报大宰子商之使也。”⑦ 籴茷，晋大夫。子商，即楚公子辰。第三，为结盟而报使。鲁成公十一年（前580）春，晋国派遣大夫“郤犨来聘，且莅盟。”同年夏，鲁国派遣“季文子如晋报聘，且莅盟也。”⑧ 鲁成公十二年（前579）秋，“晋郤至如楚聘，且莅盟。”同年冬，“楚公子罷如晋聘，且莅盟。”杜预注曰：“报郤至”⑨。第四，为军事目的而报使。鲁襄公八年（前565）

---

① 以上分见《春秋左传正义》卷二九，襄公元年、四年，第936、951页。
② 《春秋左传正义》卷三〇，襄公七年，第977页。
③ 《春秋左传正义》卷二六，成公四年、五年，第824、826页。
④ 《春秋左传正义》卷二二，宣公十年，第720页。
⑤ 《春秋左传正义》卷四二，昭公二年，第1348、1352页。
⑥ 《春秋左传正义》卷一七，僖公三十年，第540页。
⑦ 《春秋左传正义》卷二六，成公九年、十年，第849—850、851页。
⑧ 《春秋左传正义》卷二七，成公十一年，第856—857页。
⑨ 《春秋左传正义》卷二七，成公十二年，第860、864页。

春，“公如晋朝。”同年冬，“晋范宣子来聘，且拜公之辱，告将用师于郑。”[①] 拜谢襄公此春之朝的同时，通报将对郑国用兵之事。第五，为送女而相报。鲁昭公五年（前 537）晋平公派遣“韩宣子如楚送女，叔向为介。”次年楚灵王派遣“公子弃疾如晋，报韩子也。”[②] 诸如此类，不胜枚举。

从报使——报聘的目的来看，虽然传统的、礼仪性的报使——报聘方式在春秋时期继续存在，但是诸侯各自为了自己的政治、军事利益而报使——报聘的诸多目的和内容大大增加，如上述为结束敌对关系建立和好关系、为“寻盟”“莅盟”、为军事目的、为送女，等等。而且即使是传统的、礼仪性的报使——报聘，也日益附加了诸多政治性目的和内容。如：祝贺新君即位、“通嗣君”属于传统的、礼仪性的报使——报聘范畴，而在春秋时期“凡君即位，卿出并聘，践修旧好，要结外援，好事邻国，以卫社稷，忠信卑让之道也。”[③] 结外援、卫社稷已日益成为春秋时期祝贺新君即位、“通嗣君”的重要政治目的，如上述鲁昭公二年（前 540）晋侯使韩宣子来聘，就于祝贺鲁昭公即位的同时“且告为政”以及“修好同盟”。

3. 报使身份的差异

一般来说“报使”是指诸侯之间互遣卿大夫为使及其相互回报，但是春秋时期报使身份之差异日益增加：第一，有的诸侯亲自来朝，亦可遣卿大夫以报聘。鲁成公十八年（前 573）二月晋悼公即位，鲁成公“如晋，朝嗣君也。”夏，“公至自晋。晋范宣子来聘，且拜朝也。”晋以卿来聘，并拜谢鲁成公之朝晋。《左传》评论曰：“君子谓晋于是乎有礼。”杜预注曰：“有卑让之礼也”[④]。鲁襄公八年（前 565）春，“公如晋朝，且听朝聘之数。”杜预注曰：“晋悼复修霸业，故朝而禀其多少。”同年秋，“晋范宣子来聘。”晋国派遣大夫来聘，就是对于鲁襄公来朝之回报。次年夏，鲁国又派“季武子如晋，报宣子之聘也。”[⑤] 君主亲朝与使

---

① 《春秋左传正义》卷三〇，襄公八年，第 981、985 页。

② 《春秋左传正义》卷四三，昭公五、六年，第 1400、1418 页。

③ 《春秋左传正义》卷一八，文公元年，第 561 页。

④ 《春秋左传正义》卷二八，成公十八年，第 927、930 页。

⑤ 《春秋左传正义》卷三〇，襄公八、九年，第 981、985、997 页。

节之聘交错进行。第二，有的卿大夫来聘，亦有以国君之亲朝而报之。鲁成公三年（前588）冬十一月，“晋侯使荀庚来聘”[①]。次年“夏，公如晋。”[②] 鲁成公之朝晋当含有对于晋大夫荀庚来聘之回报。上述两种情况一般存在于霸主与弱小国家关系中。第三，诸侯与周王室之间亦相互报使。春秋时期周室之衰落而等同甚至逊于诸侯的情况愈演愈烈，“朝”“聘”之别日渐徒有其名而无其实。鲁僖公三十年（前630）“冬，天王使宰周公来聘。公子遂如京师，遂如晋。”杜预注曰“如京师报宰周公。”[③] 这是鲁国报使于周。杜预注又曰“公既命襄仲聘周，未行……又命自周聘晋”[④]。公子遂先聘周，接着又从周聘晋，聘周与聘晋由同一使节担任，因“尊周不敢使并命，使若公子遂自往焉。即云公子遂如京师如晋，是同周于诸侯，叛而不尊天子也。”[⑤] 交聘使节之“并命”，表明当时“同周于诸侯”的历史现实。鲁宣公九年（前600）“春，王使来征聘。夏，孟献子聘于周。”[⑥] 周定王遣使至鲁国“征聘”，于是鲁宣公派遣孟献子报之。鲁公为周室至亲，尚须“征聘”始往。次年秋，周定王派遣“刘康公来报聘”，杜预注曰：“报孟献子之聘”[⑦]。但此后鲁国数十年而不见聘王。周室与诸侯之间的交聘关系与诸侯之间的交聘关系已经没有什么实质上的差别。不仅周室已等同于诸侯，甚至诸侯对于大国、霸主的聘问已远远超过聘周。

以上这些变化表明，西周时期原生态的，建立在宗法、姻亲体制下的交聘制度，到了春秋时期已经日益向着诸侯为了各自的政治、军事乃至经济利益和目的而相互遣使聘问转变。随着礼仪性交聘为主向务实性交聘为主的转变，交聘的性质也日益向着外交的性质转变。但是，使节之相互回报制度以及贯穿其中的“礼尚往来”原则却一以贯之。

---

① 《春秋左传正义》卷二六，成公三年，第821页。

② 《春秋左传正义》卷二六，成公四年，第824页。

③ 《春秋左传正义》卷一七，僖公三十年《经》，第531页。

④ 《春秋左传正义》卷一七，僖公三十年《传》，第535页。公子遂，字襄仲，号为东门。（参见《周礼注疏》卷二九《夏官司马·大司马》，贾公彦疏，第905—906页。）

⑤ （晋）范宁集解，（唐）杨士勋疏，夏先培整理，杨向奎审定：《春秋穀梁传注疏》卷九，僖公三十年注，北京大学出版社2000年版，第176页。

⑥ 《春秋左传正义》卷二二，宣公九年，第715页。

⑦ 《春秋左传正义》卷二二，宣公十年，第720页。

五 聘礼与婚礼的渊源关系

聘礼作为国家政治制度之一，虽然在周代得以发展并完善，但它是在此之前漫长岁月中积累而逐步形成的，婚礼即为其重要之渊源。婚礼的产生早于聘礼，这是聘礼与婚礼有着渊源关系的前提。婚礼之所以能够对聘礼的形成发生影响和起着催生作用，主要是因为它们之间具有一定的相关性，亦即相似、相通之处。其具体表现有四：联姻与交聘均属对外行为；联姻与交聘均需要通过使者而进行；联姻与交聘具有相同的对等性特征；婚礼与聘礼具体礼仪亦具有相似性。婚礼为聘礼之重要渊源，从国家形成之后联姻与交聘之相互结合和相互为用，联姻在交聘中继续发挥重要作用中可反观而进一步得以印证。研究聘礼与婚礼的渊源关系问题，不仅有助于深化对于先秦交聘制度的认识，而且对于研究汉唐时期的外交制度亦有所裨益。

聘礼作为国家的政治制度之一，在早期国家产生之后就已经形成，特别是在周代推行封邦建国制度之后得以迅速发展并完善起来，然而这个时期发展并完善起来的聘礼，并非一蹴而就，而是在此之前漫长岁月中人类社会实践的不断积累而逐步形成演变而来的。其与夏、商两代之聘礼有着继承、发展关系固不待言，如果我们再进一步穷本溯源，三代之聘礼又渊源何自呢？则聘礼乃渊源于远古之婚礼。人们在先秦时期总结出了八类主要的“礼”，《仪礼》十七篇所叙为冠、婚、丧、祭、乡、射、朝、聘八礼，而据《礼记》称孔子亦将“礼”具体分别为“丧、祭、射、御、冠、婚、朝、聘”① 这样八种。无论如何区分，“聘”礼均为诸礼必要组成部分之一。但是，上述八礼之形成，有先后次序及相生相成关系。聘礼与其他诸礼均有着一定的、不同程度的相生相成关系，但最主要与其中的婚礼有着较为密切的渊源关系。《昏义》曰：“夫礼始于冠，本于婚，重于丧祭，尊于朝聘，和于射乡。此礼之大体也。”郑玄注曰：“始，犹根也。本，犹干也。”疏曰：“因婚礼为诸礼之本，遂广明礼之始终。始则在于冠、婚，终则重于丧祭，其间有朝聘、乡射，是礼

① 《礼记正义》卷二一《礼运》，第773页。

之大体之事也。”① 将婚礼与冠礼均视为其他诸礼之始、之本，强调了它们的原始性和根本性。婚礼作为礼本之一，蕴涵其古老性及对于其他礼所产生的不同程度的影响，尤以聘礼所受影响为然。这个问题迄未见学术界有所论述，不揣谫陋，试略述之。

（一）婚礼的产生早于聘礼

婚礼的产生早于聘礼，这是聘礼与婚礼有着渊源关系的前提。

中国古代的“礼”是一个极其宽泛的概念，它包括个人、群体、社会、国家的行为规范、准则和制度，因此所谓“礼”就是处理、调节人际关系、社会关系、政治关系的准则、规范和制度。它初始的生成规律一般来说是由个人而社会，由内而外，由下而上逐渐扩散和积淀起来的。最早是在人类群居时代的血缘家庭中处理、调节人与人之间关系而萌芽，例如，饮食不仅是人类生理之第一需要，而且是人类日常生活中最为频繁的行为事项，因而也是人类最早、最迫切需要加以处理、调节的人际关系之一。“夫礼之初，始诸饮食。”② 一定程度上反映了这样的客观历史事实。原始人群首先处理、调节的是“群”内饮食方面的行为规范，然后才将其扩及于社交、祭祀、丧葬等礼仪之中。处理、调节饮食中相互关系的一些行为规范，便是“礼”之最初萌芽之一。与饮食同样重要而须臾不可或缺的则是处理、调节人群中的男女关系，此即所谓“礼始于谨夫妇。”③ 处理、调节并逐步规范男女关系是自人类诞生以来即不断进行并不断完善的一个过程，从而使之成为“礼”的又一重要胚芽。故“昏礼者，礼之本也。”④ 古人云：“食色，性也。”饮食和男女关系是人类赖以生存和延续的生理本能和第一需要，故曰：“饮食男女，人之大欲存焉。”⑤ 这两种生理需求是人类最早加以处理、调节和不断加以规范的行为。随着社会的发展而相继出现氏族、部落、部落联盟、家族、家庭乃至国家等社会群体和组织，则以这种早期人际关系为基质的“礼”逐

① 《礼记正义》卷六一《昏义》，第1890—1891页。

② 《礼记正义》卷二一《礼运》，第777页。

③ 《礼记正义》卷二八《内则》，第1000页。

④ 《礼记正义》卷六一《昏义》，第1890页。

⑤ （清）焦循：《孟子正义》卷一一《告子章句上》“正义曰”，《诸子集成》（一），中华书局1954年版，第437页。

渐向不同层级的社会群体和组织扩散，将内部关系向外部关系加以运用和延伸，从基层社会关系向更高、更广阔的社会层级和关系中加以运用和发展，从而形成具有“普世”意义的行为规范和准则——“礼”。司马迁说：“礼由人起”“缘人情而制礼，依人性而作仪，其所由来尚矣。”① 道出了“礼”之起源所自及其悠远，亦即“礼”是从人类调节、处理群体中相互关系的行为规范和准则中不断积累和丰富起来的。而《礼记》谓孔子曰：“夫礼，先王以承天之道，以治人之情……圣人以礼示之，故天下国家可得而正也。”孔颖达疏曰：“天下，谓天子。国，谓诸侯。家，谓卿大夫。”② 这是在“礼”业已形成之后，由上而下、由外而内行施之情形，而与早期“礼”形成过程之由下而上、由内而外的情形正相反。上述八礼虽然均有其源远流长之产生过程，但其形成及完善之先后次序是有所不同的，冠、婚、丧、祭等礼与远古人类社会生活之关系最早也最为密切，故其历史较适应早期国家需要的朝、聘等礼要古老得多。故婚礼的产生早于聘礼，婚礼较聘礼的历史更为悠久也是很自然的。

如所周知，人类的婚姻方式经历了血缘婚、族外群婚、对偶婚至一夫一妻婚等发展阶段③。人类的婚姻脱离动物状态的群婚而向一夫一妻婚的进步，是从婚姻关系由血族相奸向族外群婚的转变而开始的。氏族制度就是在后者的基础上得以产生的，婚姻成为两个及两个以上氏族成员之间的一种纽带，婚礼也就在这样的基础上才得以萌芽。中国古籍的记载反映了人类婚姻的这种发展历史，表明在远古时代曾经有过“男女杂游，不媒不聘”④ 的群婚时代，那时“未有君臣上下之别，未有夫妇妃匹之合。”⑤ 在这种情况下是谈不到婚礼的。“昔太古尝无君矣，其民聚生群处，知母不知父，无亲戚兄弟夫妻男女之别，无上下长幼之道，无进退揖让之礼。”⑥ 反映了尚不知婚礼为何物的情况。那么，什么时候开始产

① 《史记》卷二三《礼书》，第1161、1157页。

② 《礼记正义》卷二一《礼运》，第773—774页。

③ 参见恩格斯《家庭、私有制和国家的起源》，人民出版社1972年版，第25—81页。

④ 杨伯峻撰：《列子集释》卷五《汤问》，中华书局1979年版，第164页。

⑤ 黎翔凤撰，梁运华整理：《管子校注》卷一一《君臣下》，中华书局2004年版，第568页。

⑥ 许维遹撰，梁运华整理：《吕氏春秋集释》卷二〇《恃君览》，中华书局2017年版，第544页。

生婚礼呢？据说是在“三皇”时代的伏羲时期：“古之时未有三纲、六纪，民人但知其母，不知其父，能覆前而不能覆后，卧之詓詓，起之吁吁，饥即求食，饱即弃余，茹毛饮血而衣皮苇。于是伏羲仰观象于天，俯察法于地，因夫妇正五行，始定人道，画八卦以治下。”① 所谓“因夫妇正五行，始定人道”，意即开始制订婚姻之礼。婚姻之礼当然不是一个人所能制订的，伏羲不过是婚礼产生的一个标志性人物或时代。

伏羲所制订的婚礼是怎样的呢？《世本·作篇》谓：“伏羲制以俪皮嫁娶之礼。”② 何以将伏羲所制婚礼称为“俪皮嫁娶之礼”呢？《士昏礼》郑玄注曰：“俪，两也……皮，鹿皮。”③ 其所蕴涵之历史讯息有二。

一为渔猎生活在礼仪中的反映。将鹿皮与婚礼联系在一起，这不是偶然的。传说中的伏羲处于渔猎为主的时代，“古者包牺氏之王天下也……作结绳而为罔罟，以佃以渔。”④ “取牺牲以充庖厨”⑤。猎取动物乃当时人们生产与生活之主要方式，氏族成员之间以日常生活所需、所常有之麋鹿皮为会面、交好之礼品是很自然的事情。秦汉时期的乌桓，“俗善骑射，弋猎禽兽为事。随水草放牧，居无常处。”是个处于氏族社会晚期的畜牧狩猎民族，其婚俗：“嫁娶则先略女通情，或半岁百日，然后送牛马羊畜，以为娉币。”⑥ 其以牛马羊为聘币，也是因为这些是他们日常生活所需、所常有之物。唐代的都波，为铁勒别种，在回纥之北约十三日行程，“结草为庐，无牛羊，不知耕稼。土多百合草，取其根以为粮，兼捕鱼射猎为食，而衣貂、鹿之皮，贫者缉鸟羽以为服。婚姻，富者以马，贫用鹿皮及草根为聘礼。”⑦ 亦为处于原始社会末期的渔猎民族，马匹为其射猎工具、鹿为其日常食肉衣皮之猎物、百合草根为其日常所

---

① （清）陈立撰，吴则虞点校：《白虎通疏证》卷二《号·三皇五帝三王五伯》，中华书局1994年版，第50—51页。

② （汉）宋衷注，（清）秦嘉谟等辑：《世本八种·秦嘉谟辑补本·世本》卷九，商务印书馆1957年版，第355页。

③ 《仪礼注疏》卷四《士昏礼》，第77页。

④ 《周易正义》卷八《系辞下》，第350—351页。

⑤ （宋）李昉等撰：《太平御览》卷七八《皇王部三》引《皇王世纪》，中华书局1960年版，第364页。

⑥ 《后汉书》卷九〇《乌桓列传》，第2979页。

⑦ 《通典》卷一九九《边防典十五·都波》，第5467页。

食采集物，故贫富人家分别以它们为聘币。确定以何种物品为聘币之原理都是相通的。“凡婚礼皆用雁，取其知时候。唯纳徵用玄纁束帛俪皮……俪皮者，鹿皮，所以重古也。”徐彦疏曰：“正以古者食肉衣皮服捕禽兽故也”[①]。以麋鹿皮为聘币，是渔猎时代社会生活在婚俗上的反映。其实不仅麋鹿皮之义如是，雁之义亦然，“凡婚礼皆用雁，取其知时候。”这种往返定时的候鸟是渔猎时代人们观测时间以及日常捕猎之物，以其为挚礼也是很自然的事情。传说“包牺氏没，神农氏作。”[②] 神农氏为进入原始农业文明的象征，这相当于我国的新石器时代的晚期。不过，在这个时期渔猎在人们生活中依然占有相当地位，故这种婚俗的传承仍然有其合理性和客观存在的条件。

从上所述可知，以何种物品作为某一礼仪之代表性礼品，必以当时、当地之出产物而为之。古人对此已经有所认识，“礼也者，合于天时，设于地财。”因为“天时有生也，地理有宜也”，天时、地理不同，出产物也不相同，“故天不生，地不养，君子不以为礼。”[③] 何谓“天不生”？谓“非其时物也”，何谓“地不养”？谓“非此地之所生”[④] 之物也，认为如果以不是当时、当地的出产物作为礼品是不合“礼”的。是为礼品产生之普遍原理，婚礼礼品之产生亦然。故从礼品有可能推知此产物之时代或地域。

二则表明一夫一妻制的确立。从伏羲的传说可知他是一个处于婚姻变革时代的人物，在他之前是“但知其母，不知其父”的时代，即母系氏族社会时代，其时的婚姻是以对偶婚制度为主体的，而从伏羲开始了一个新的时代——父系氏族社会时代。娉币以鹿皮二张为礼，寓意成双结对，其所强调的是一对男女的结合。《左传》成公十一年“郤犨来聘，求妇于声伯，声伯夺施氏妇以与之。妇人曰：‘鸟兽犹不失俪，子将若何？’”杜预注曰：“俪，耦也。”孔颖达疏曰：“礼谓两皮为俪皮，俪，两也，故为耦。”[⑤] 鸟兽之雌雄而为俪，人类之夫妻亦为俪。此妇人之言

① 《春秋公羊传注疏》卷八，庄公二十二年何休注，第 190 页。
② 《周易正义》卷八《系辞下》，第 351 页。
③ 《礼记正义》卷二三《礼器》，第 836—837 页。
④ 《礼记正义》卷二三《礼器》，郑氏注，第 837 页。
⑤ 《春秋左传正义》卷二七，成公十一年，第 856—857 页。

表明古人从鸟兽之成双结对中联想到人类婚姻之成双结对是很自然的。恩格斯说："原始时代家庭的发展，就在于不断缩小最初包括整个部落并盛行两性共同婚姻的那个范围。由于次第排斥亲属通婚（起初是血统较近的，后来是血统愈来愈远的亲属，最后是仅有姻亲关系的），任何群婚形式终于在实际上成为不可能的了，结果，只剩下一对结合得还不牢固的配偶，即一旦解体就无所谓婚姻的分子。"[①] 在族外群婚时期男女以鹿皮为定情之物的可能性并非完全不可能，不过，随着婚姻范围之日益缩小，成双结对才逐渐成为人类的婚姻意识，只有达到"只剩下一对结合得还不牢固的配偶，即一旦解体就无所谓婚姻的分子"的时候，这种意识才得以巩固并演变成为婚俗。《仪礼·士昏礼》保留了以"俪皮"为聘币的婚俗，这无疑是远古婚俗之遗存。不过，它所记载的已经是一种成熟的一夫一妻制婚礼，其源则始于伏羲"俪皮嫁娶之礼"。可以认为"三皇"时代伏羲所订婚礼，乃是进入父系氏族社会的一夫一妻制门槛的婚礼，大约相当于考古学上的龙山文化时期[②]。但是，在一夫一妻婚制之前的对偶婚时代，乃至族外群婚时代，原始的、质朴的婚姻礼俗应当已经开始萌芽，因为那些婚姻均以两个或两个以上氏族或部落之间进行，如果没有一定的方式和手段恐怕是难于进行的，从而应当逐渐产生了相互交往的一些惯例，萌发了一定的礼俗，不过至伏羲而进入一个高级的新的阶段和时代罢了。

婚礼之夕"共牢而食，合卺而酳"[③] 之仪式，也从一个侧面印证了伏羲始制婚礼的传说的合理性。"共牢"用陶器，"合卺"用匏，其"器用陶、匏"，此为"太古之礼器"，用之所以"重夫妇之始也。"何谓"重夫妇之始"？"谓共牢之时，俎以外，其器但用陶匏而已。此乃贵尚古之礼自然也，陶是无饰之物，匏非人功所为，皆是天质而自然也。"[④] 匏为人类在太古时代利用之天然器具固不待言，陶器为人类在新石器时代之重大发明及日常生活主要器具，那时金属器皿尚未发明，更遑论广泛使

① 《家庭、私有制和国家的起源》，第 44 页。

② 参见《中国大百科全书》"考古学"条，第 702 页。

③ 《礼记正义》卷六一《昏义》，第 1889 页。

④ 《礼记正义》卷二六《郊特牲》，第 950—952 页。

用。考古学表明这个时期的人类正处于从母系氏族社会向父系氏族社会转变的时期[①]。婚礼以陶、匏为共牢合卺之器具，显然是人类在氏族社会时期处于婚姻制度变革阶段的社会生活在礼俗中的反映和孑遗。

而有关“聘”礼的传说则晚至“五帝”时代才出现。《史记·五帝本纪》：“轩辕之时，神农氏世衰，诸侯相侵伐，暴虐百姓，而神农氏弗能征。于是轩辕乃习用干戈，以征不享，诸侯咸来宾从。”[②] 注引《索隐》曰：“谓用干戈以征诸侯之不朝。”所谓“五帝”实际上就是部落联盟的军事首领，所谓“诸侯”实际上就是氏族部落的首领，所谓“宾从”、来“享”是与“干戈”“侵伐”相对立的和平交往方式，实际上就是氏族部落之间与战争相对立的和平交往，亦即日后“三代”国家形成之后的所谓“朝聘”之类的和平交往形式的前身。《礼记正义序》曰：“《论语撰考》云：‘轩知地利，九牧倡教。’既有九州之牧，当有朝聘，是宾礼也。”[③] 亦以为朝聘礼在黄帝时代已经产生。朝聘作为一种政治性上层建筑，是在国家产生之后的一种政治行为和制度。但是这种政治行为和制度同样也并非在国家产生之后突然出现，在国家产生之前的氏族部落社会，氏族与氏族、部落与部落之间的交往已经萌芽，特别是在部落联盟产生之后，这种相互交往的方式逐渐发展并带有了政治色彩，从而催生了交聘礼仪的产生。

从字源学上亦可窥知婚礼的形成应当早于聘礼。“交聘”一词中的“聘”字，原来是使用“娉”字，后来才以“聘”字代之的。许慎说：“娉，问也。”段玉裁注曰：“凡娉女及聘问之礼，古皆用此字……至于聘则为妻，则又造字所以从女之故。而经传概以聘代之，聘行而娉废矣。”[④] 段玉裁又注曰：“娉”与“聘”“二字义略同”[⑤]。认为“娉”这个字在早先是和聘问之礼的“聘”字共用的，后来才以“聘”字取而代之，故“娉”字当早于“聘”字。表明娉女与聘问原来是合一的，以后才逐渐有所分离。实际上，段氏所述只是“娉”字演变之后面两个阶段，而未追

---

① 参见《中国大百科全书》“考古学”条，第702、709—710页。

② 《史记》卷一《五帝本纪》，第3页。

③ 《礼记正义·序》，第7页。按，据阮元校记可知，此序为明正德嘉靖刻本所有。

④ 《说文解字注》十二下《女部》，第622页。

⑤ 《说文解字注》十二上《耳部》，第592页。

根至其初始阶段。窃意“娉”大致经历了三个演变阶段：先有“娉”字；其后“娉”“聘”合用；最后“聘”行而“娉”废。这在一定意义上是联姻与交聘相互关系发展演变历程的反映，亦即先有氏族、部落之间的联姻——“娉”；其后从联姻中逐渐衍生出交聘，“娉”“聘”两者相互为用；最后交聘取代联姻而成为国家形成之后实体之间交往的主要方式，“聘”行而“娉”废。

联姻虽然不能说是远古时代氏族与氏族、部落与部落之间交往的唯一方式，但其为当时最为频繁、活跃的交往方式则是无疑的，它所积累的交往方法与惯例影响了其后的交聘礼仪应当是很自然的事情。婚礼之渊源可以上溯至人类早期社会族外婚制确立时期，而聘礼则应当是在氏族部落有了一定发展之后，特别是在部落联盟产生之后，随着他们之间相互交往的需要日益增加和频繁才逐渐形成和发展起来，并在国家形成之后转化为其上层建筑组成部分的。较晚产生的“礼”从较早产生的“礼”中吸取某些因素而形成并完善自己是很自然的事情。故聘礼吸取婚礼的某些因素而不断形成和完善自身也应当是必然的。

（二）婚礼与聘礼的共性

婚礼何以能够对聘礼的形成发生影响和起着催生作用呢？主要是因为它们之间具有一定的共性，亦即它们之间具有一定的相似、相通之处。上述“娉”“聘”二字之义略同并通用的情况，即已反映了它们之间曾经存在过的这种共性和相关性。具体来说两者的共性表现在如下诸方面。

1. 联姻与交聘均属对外行为

联姻和交聘的突出特点之一是它们均须在两个群体或组织之间进行。上述八礼中，唯婚礼、朝聘礼主要是对外的，其他诸礼则主要是对内的。联姻是在氏族、部落之间，家族、家庭之间进行的，交聘也是在氏族部落或诸侯、国家之间进行的。而婚姻为家庭、家族之间、氏族部落之间进行联系、沟通和发展友好关系的最古老、最重要的方式之一。人类自脱离群婚、血缘婚之后的婚姻基本上就是在氏族与氏族、部落与部落之间乃至家族、家庭之间进行的。“同姓不婚”[①] 不仅是父系氏族社会时期

---

① 《国语集解》卷一〇《晋语四》，第330页。

一夫一妻制的原则，而且早在母系氏族社会时期的族外群婚阶段已经萌芽，异姓相婚逐渐成为婚姻之原则。“姓，人所生也……因生以为姓，从女生。”① 所谓“姓”就是相互联姻的不同的血缘群体，其在母系社会为母系氏族，到了父系社会则为父系所在氏族。“取妻不取同姓”②，就是这种婚姻方式的反映，故“婚礼者，将合二姓之好，上以事宗庙，而下以继后世也，故君子重之。”③ 婚姻就是两姓之间建立起来的联系。

联姻是两个氏族、部落或家族、家庭之间的一种和平友好关系，这与交聘是两个诸侯、国家之间的和平友好关系具有同一性，这是它们之间重要的共性。这种共性使两者可以在很多方面得以互通。据《周礼》，“穀圭以和难，以聘女。”郑玄注曰：“穀圭，亦王使之瑞节。穀，善也。其饰若粟文然。难，仇雠，和之者，若《春秋》宣公及齐侯平莒及郯，晋侯使瑕嘉平戎于王。其聘女则以纳徵焉。”贾公彦疏曰：“难，谓两诸侯相与为怨仇。王使人和之，则执以往也。穀，善也，故执善圭和之使善也。聘女亦是和好之事，故亦用善圭也。”④ 这里向我们透露了这样的历史信息：“娉女”与“和难”所用之信物曾经是完全相同的，两者曾经交相为用。《说文》：“圭，瑞玉也。”段玉裁注曰：“瑞者，以玉为信也。”⑤ 圭的原始功能是作为信物。而“穀圭”作为珍贵之玉器，当是氏族、部落之间用以求婚的信物；而氏族、部落之间如果有了矛盾或冲突时，使者则持之以进行沟通、斡旋；利用联姻使者所用之信物以向对方表达善意，是最为现成和顺理成章不过的事情了。不过，在原始时代“穀圭”应当是最早并且最主要用于“聘女”，其次才用于氏族部落之间的“和难”；而随着部落联盟和国家的产生，“穀圭”遂逐渐主要用于部落联盟和国家之间“和难”之用，其次则用于相互联姻。《周易》关于“婚媾”的卦爻辞，往往与“匪寇”相联系，当不会是偶然的。“屯如邅如，乘马班如。匪寇，婚媾。女子贞不字，十年乃字。”“乘马班如，求

① 《说文解字注》十二下《女部》，第612页。
② 《礼记正义》卷二《曲礼上》，第59页。
③ 《礼记正义》卷六一《昏义》，第1888页。
④ 《周礼注疏》卷二〇《春官宗伯·典瑞》，第636—637页。
⑤ 《说文解字注》十三下《土部》，第693页。

婚媾。往吉，无不利。”① “贲如皤如，白马翰如。匪寇，婚媾。象曰：六四当位，疑也。匪寇，婚媾，终无尤也。”② “见豕负涂，载鬼一车。先张之弧，后说之弧。匪寇，婚媾。往，遇雨则吉。”③ 这些记载透露了这样一些历史信息：一是婚媾是在两个氏族、部落之间进行的。男方大队人马的来到，或装成鬼怪模样，从而导致女方氏族、部落的恐慌，纷纷拿起武器准备进行自卫④。可见氏族、部落对于外人的到来是极其警惕戒备的，不同氏族、部落之间的交往并非轻而易举之事。因此，双方很容易发生误会，往往以为是前来抢掠的寇盗。不过，一旦得知对方是来求婚的，往往还是会放下手中武器的。二是氏族、部落之间的婚媾亦非轻而易举的事，双方的沟通、磨合、谈判均费时费事，多有周折，其中包括事先进行占卜，以预测婚媾之吉凶。男方因为需要前往女方氏族求婚，可能遇到的困难要多一些，故往往卜问求婚是否顺利；女方则卜问是否适于成婚。这样我们就更能够理解氏族、部落之间联姻需要使者的沟通，使者需要携带上述“榖圭”那样表达善意的信物。联姻是氏族、部落之间经常发生的事情，而矛盾冲突相对来说要少，故一旦发生矛盾冲突则借助“娉女”常用之“榖圭”以为“和难”之用，是很自然的事情。联姻所用玉器不唯“榖圭”，尚有“大璋”，据《周礼·考工记》谓：““榖圭七寸，天子以聘女。”郑玄注曰：“纳徵加于束帛。”此外，“大璋亦如之，诸侯以聘女。”郑玄注曰：“亦纳徵加于束帛也。”诸侯以“大璋”为聘币。周代贵族大体形成三个联姻级别，“自士已上，皆用玄纁束帛，但天子加以榖圭，诸侯加以大璋也。”⑤ 士、诸侯、天子依次提高联姻聘币之质量等级，犹如上述都波族聘币“富者以马，贫用鹿皮及草根为聘礼”然。显然，“圭”“璋”等类玉器在原始时代应是氏族、部落首领求婚之信物，故后世的交聘中以“圭”“璋”作为向对方传达友好愿望的首

---

① 《周易正义》卷一《屯》，第41、43页。

② 《周易正义》卷三《贲》，第125—126页。

③ 《周易正义》卷四《睽》，第191页。

④ 新华社据英国媒体2008年6月3日报道：据称一个由英国达勒姆大学领导的研究小组对从德国塔尔海姆村发掘出的三十四具古代遗骸进行分析后，得出的结论认为“那个时代的情场比现在更像战场，男人为了强抢另一部族的女人，不惜大开杀戒”。报告发表于《古代》杂志，引自《北京晚报》2008年6月4日。

⑤ 《周礼注疏》卷四一《冬官考工记下·玉人》，第1316、1318页。

要的聘享宝器，实属渊源有自。

这种不同群体之间相互通婚的关系自然会促进相互之间其他方面的交往与关系，随着氏族部落向国家的过渡，从而有助于推动联姻群体、组织之间政治关系的发展，为交聘关系的发生和发展创造了条件。“夫昏礼，万世之始也。取于异姓，所以附远厚别也。”[①] 所谓“附远厚别”虽然带有后世以周天子为中心的政治意味，但是通过婚姻关系而使远方不同氏族部落之间加强联系和密切相互关系则是很自然的事情。伊尹为有侁氏女所生，“献之其君。其君令烰人养之，察其所以然。”此“君”当为氏族部落首领。伊尹“长而贤。汤闻伊尹，使人请之有侁氏。有侁氏不可。伊尹亦欲归汤。汤于是请取妇为婚。有侁氏喜，以伊尹媵女。”[②] 商汤通过联姻而与有侁氏发展了友好关系，并从而得到他所希望得到的人才，为灭夏创造了有利条件，达到了其政治上的目的。这个传说表明联姻是不同氏族部落相互联系的重要方式和手段，而通过联姻以获取某些政治利益也是最为便利的方式和手段。

2. 联姻与交聘均需要通过使者而进行

由于联姻与交聘均为对外部发生的关系，因此需要采取某些特定的方式才能进行。派遣使者进行沟通遂成为它们所共同的又一特点。联姻必须通过媒介，“取妻如何？匪媒不得。”郑笺云：“媒者，能通二姓之言，定人室家之道。”[③] 许慎说：“媒，谋也，谋合二姓者也。”[④]《周官》有“媒氏”，郑玄曰：“媒之言谋也，谋合异类，使和成者。”[⑤] 两个不同“姓”的氏族、部落或家族、家庭之所以能够通婚，首先需要媒介进行沟通，媒人就是这样的媒介。婚礼的第一步是“下达”，郑玄注曰：“达，通也。将欲与彼合婚姻，必先使媒氏下通其言。”贾公彦疏曰：“男父先遣媒氏女氏之家通辞往来，女氏许之，乃遣使者行纳采之礼也。”媒人是联姻的第一位使者。婚礼不仅先以媒人“下达”沟通，之后的“纳采”“问名”“纳吉”“纳徵”“请期”等无不遣“使者”进行。郑玄认为媒的

---

① 《礼记正义》卷二六《郊特牲》，第 949 页。

② 《吕氏春秋集释》卷一四《本味》，第 310 页。

③ 《毛诗正义》卷八（八之三）《豳风·伐柯》，第 619 页。

④ 《说文解字注》十二下《女部》，第 613 页。

⑤ 《周礼注疏》卷一四《地官司徒·媒氏》，第 271 页。

作用是“交接设绍介”，贾公彦曰：“自纳采已下，皆使使往，是交接设绍介也。”[①] 其余诸礼中均需要通过“使者”进行沟通，这样才能使婚礼顺利进行并得以圆满完成。

当异姓相婚的制度产生之后，媒人也就应运而生了。传说伏羲时代已经有了媒人。屈原《离骚》：“吾令蹇修以为理”。王逸注曰：“蹇修，伏羲氏之臣也……使古贤蹇修而为媒理也。伏羲时敦朴，故使其臣也。五臣云：令蹇修为媒，以通辞理。”[②] 前文已述及伏羲时代制订了婚礼，则其时有了“媒理”[③]，是很自然的事情，两者同出现于伏羲时期，不会是偶然的。这位蹇修可以说是第一位见诸文字记载的媒人。“媒理”是最早在不同氏族、部落之间沟通的媒介——使者。后来在交聘中担任诸侯之间交往媒介的使者被称为“行理”或“行李”，“理”“李”通用。《左传》昭公十三年：“行理之命”，杜预注曰：“行理，使人，通聘问者。”[④] 僖公三十年孔颖达疏曰：“昭十三年传云‘行理之命’，杜云‘行理，使人’。李、理字异，为注则同，都不解‘理’字。《周语》‘行理以节逆之’，贾逵云：‘理，吏也，小行人也’。孔晁注《国语》，其本亦作‘李’字，注云‘行李，行人之官也’。然则两字通用。本多作‘理’，训之为吏，故为行人、使人也。”[⑤] 是则“媒理”与“行理”“行李”当有渊源关系。前者主“媒”，后者主“行”，前者为媒者之吏，后者为行人之吏。“媒理”曾经肩负不同群体之间婚介的使命，从而催生了担负聘问的“行理”“行李”，随着这些群体之向部落联盟和国家发展，有了设置专门负责部落联盟或国家之间交往的“行理”“行李”的需要，于是联姻使者“媒理”与“行理”“行李”这样的交聘使者逐渐分离。“媒理”是日后交聘使者“行理”“行李”的前身。

在联姻中频繁穿梭的使者，自然会影响到不同氏族部落之间的交往

---

① 《仪礼注疏》卷四《士昏礼》，第68、69页。

② （汉）刘向编集，（汉）王逸章句：《楚辞》卷一《离骚》，《丛书集成初编》本，中华书局1985年版，第13页。

③ 张澍曰：“谓为媒理主婚姻”。《世本八种·张澍稡集补注本·世本》卷第一，第6页。

④ 《春秋左传正义》卷四六，昭公十三年，第1531页。

⑤ 《春秋左传正义》卷一七，僖公三十年，第533页。

及其交往模式，故交聘亦以使者为媒介是顺理成章的事情。“古者女出嫁，又使大夫随加聘问，存谦敬，序殷勤也。”① 反映了联姻使者与交聘使者曾经合一及其相生相成关系。联姻使者附带“随加聘问”于对方，日益担负一定的聘问使命，从而导致聘问使者和交聘方式的产生，随着国家的形成，专职使者及政治性的交聘遂成为诸侯之间交往的主要形式。《士昏礼》记婚礼“使者玄端至”，郑玄注曰：“使者，夫家之属，若群吏使往来者。”② 认为他们与被政府派遣的使者相像。其实他们二者原本是一体的。春秋时期一个突出的历史现象是交聘与联姻的交叉和结合进行，就是这种历史渊源的反映或遗存。《周礼》有“掌交”职，“掌以节与币巡邦国之诸侯及其万民之所聚者”，其具体任务有二：“使和诸侯之好”“掌邦国之通事而结其交好。”郑玄注前者曰“有欲相与修好者，则为和合之。”贾公彦疏曰：“此好谓使为婚姻之好也”。郑玄注后者曰：“通事，谓朝觐聘问也。”③ 可见掌交之职乃兼“婚姻之好”与“朝觐聘问”二任于一身。后世国家机构中的这种设置，无疑是早先两者曾经合一并具有相生相成的密切关系的一种反映。

3. 婚礼与聘礼均具有对等性特征

聘礼之所以与婚礼有着密切的渊源关系，还在于两者具有质的共性——对等性特征，从而有助于它们之间相生相成关系的发展。

婚礼的一个显著特征是其所具有的对等性特质。婚姻是两个氏族、部落或家庭、家族之间的联姻，故其相互之间的关系是对等的，后世所谓“门当户对”实际上是自古以来人类婚姻的一个本质特征。婚姻之缔结端赖于双方的和平友好态度，双方的互相尊重，双方关系的平衡。因此，在婚礼仪节中亦相应体现出这种对等性的关系，如《仪礼·士昏礼》记载“纳采用雁”，郑玄解释“用雁为挚者，取其顺阴阳往来。”贾公彦疏曰：“案《周礼·大宗伯》云：‘以禽作六挚，卿执羔，大夫执雁，士执雉。’此昏礼无问尊卑皆用雁，故郑注其意云取顺阴阳往来也。”④ “昏

① 《春秋左传正义》卷六，桓公三年杜预注，第184页。

② 《仪礼注疏》卷四《士昏礼》，第70页。

③ 《周礼注疏》卷三八《秋官司寇·掌交》，第1232页。

④ 《仪礼注疏》卷四《士昏礼》，第68、69页。

礼无问尊卑皆用雁”表明其产生的原始性和对等性，与以麋鹿皮为聘币一样，这不仅是远古渔猎生活在婚礼上的反映，同时也表明那时还没有后世的等级、阶级之别，婚姻是在相互平等的氏族、部落乃至家族、家庭之间进行的，因此它是不分等级、阶级和贵贱的，此为婚姻关系对等性所由产生的社会基础和前提。后世之六挚中虽然也有雁，但那是等级性交往礼仪中的组成部分，与婚礼中用雁的意涵已有所不同。再如服饰方面，男方“使者玄端至……主人如宾服”[①]。媒氏穿“士”所常服之礼服“玄端”，女方主人亦如之，宾主服饰相敌。在其他揖让进退之仪节中亦体现这种精神。婚礼的这种对等性精神，从春秋时期的婚姻礼仪中可以返观而推知。鲁庄公元年（前 693）“夏，单伯送王姬。”杜预注曰：“单伯，天子卿也……王将嫁女于齐，既命鲁为主，故单伯送女。”周庄王女嫁于齐，先将女送至鲁国，再由鲁国送至齐国完婚。何以不直接送齐国而是由鲁国转手呢？因为“天子嫁女于诸侯，使同姓诸侯主之，不亲婚，尊卑不敌。”齐国作为诸侯，与周天子并不对等，因此转由同姓诸侯鲁国代为主婚，而齐、鲁是对等的。孔颖达对此作了进一步的解释：“所以然者，婚之行礼，必宾主相敌。天子于诸侯，诸侯于大夫，不亲婚者，尊卑不敌故也。”[②] 从这桩个案可知，婚礼的一个原则是宾主相敌，如果男女双方家庭存在事实上的不对等情况，则改以对等身份之人代行婚礼，以体现对等性精神。《公羊传》对此亦有进一步的阐述：“曷为使我主之？天子嫁女乎诸侯，必使诸侯同姓者主之。诸侯嫁女于大夫，必使大夫同姓者主之。”何休注曰：“不自为主者，尊卑不敌，其行婚姻之礼，则伤君臣之义；行君臣之礼，则废婚姻之好，故必使同姓有血脉之属，宜为父道，与所适敌体者主之。”[③] 不仅周天子与诸侯通婚如此，诸侯与大夫通婚亦如此处理，其目的在于保持婚礼中的对等性精神。同理，周天子迎娶诸侯之女为后亦然。鲁桓公八年（前 704）“祭公来，遂逆王后于纪，礼也。”周桓王派遣祭公来迎娶纪国女为王后，但“王使鲁主婚，故祭公来，受命而迎也。”因为“天子娶于诸侯，使同姓诸侯为

① 《仪礼注疏》卷四《士昏礼》，第 69—70 页。
② 《春秋左传正义》卷八，庄公元年，第 247 页。
③ 《春秋公羊传注疏》卷六，庄公元年，第 134 页。

之主。祭公来，受命于鲁，故曰‘礼’。”这种做法被认为是符合“礼”的。孔颖达疏曰“凡婚姻，皆宾主敌体相对行礼。天子嫁女于诸侯，使诸侯为主，令与夫家为礼。天子聘后于诸侯，亦使诸侯为主，令与后家为礼。嫁女，则送女于鲁，令鲁嫁女与人。迎后，则令鲁为主，使鲁遣使往逆。故祭公受鲁命也。”① 也就是说，作为周王朝三公的祭公，是受鲁国之命而前往纪国迎亲的，以表示他是由鲁国派遣至纪国的迎亲使者，从而体现婚姻双方之对等性。《士昏礼》所载为士与士之间的联姻，故不必派遣另外身份之使者代为行娉，因为他们之间已经是对等的。

中国古代的对等性观念，特别是交聘中的对等性观念之所以源远流长，与聘礼渊源于婚礼有相当关系。而联姻关系又被日后引入国家政治生活中，从而在一定程度上导致这种对等性意识也成为处理国家交往关系的重要原则之一。中国古代交聘关系中很早就贯穿着对等性精神，与此不无关系。

4. 婚礼与聘礼具体仪节的相似性

婚礼与聘礼的相关性除了上述三个方面之外，在具体的仪节方面也有所体现。男家派媒氏到女家提亲获得同意后，男家复遣使者至女家行“纳采”等礼，其行礼过程及主要环节与聘礼基本相同。《仪礼·士昏礼》所载纳采仪节：“纳采用雁。主人筵于户西，西上，右几。使者玄端至，摈者出请事，入告。主人如宾服迎于门外，再拜，宾不答拜，揖入。至于庙门，揖入。三揖，至于阶。三让，主人以宾升，西面。宾升西阶，当阿，东面致命。主人阼阶上北面再拜。授于楹间，南面。宾降，出。主人降，授老雁……摈者出请，宾告事毕。入告，出请醴宾。宾礼辞，许。主人彻几改筵，东上。侧尊甒醴于房中。主人迎宾于庙门外，揖让如初，升。主人北面再拜。宾西阶上北面答拜。主人拂几授校，拜送。宾以几辟。北面设于坐，左之，西阶上答拜。赞者酌醴，加角柶，面叶，出于房。主人受醴，面枋，筵前西北面。宾拜受醴，复位。主人阼阶上拜送。赞者荐脯醢。宾即筵坐，左执觯，祭脯醢。以柶祭醴三，西阶上北面坐，啐醴，建柶，兴。坐奠觯，遂拜。主人答拜。宾即筵，奠于荐

① 以上见《春秋左传正义》卷七，桓公八年，第214页。

左，降筵，北面。坐取脯，主人辞。宾降，授人脯。出。主人送于门外，再拜。”① “亲迎” 之前诸礼基本上如此。从中可知其与聘礼之诸多相似性，略举如下：第一，行礼于庙。上述联姻诸礼的行礼地点均在庙中，故曰婚礼 “凡行事，必……受诸祢庙。”② 聘礼亦然，来使聘享主国国君及夫人的礼仪亦在庙中进行，使者至于所聘之国后，主国国君首先对使者宣布：“不腆先君之祧，既拚以俟矣。” “祧” 为祖庙，“拚” 意洒扫。意即祖庙业已洒扫干净，随时恭候行礼。次日，使者 “及庙门，公揖入。” 在庙中向主国国君致聘圭、享璧等，礼毕，“宾降，介逆出，宾出。”③ 其程序与婚礼基本相同。第二，以 “醴礼” 款待使者。“纳采” “问名” 礼毕，“摈者出请，宾告事毕，入告。出请醴宾。宾礼辞，许。”④ 主人以醴礼款待、回报来宾。聘礼亦然，使者向主国国君行 “聘享” 礼毕，“摈者出请事，宾告事毕……摈者入告。出辞，请礼（醴）宾，宾礼辞，听命。”⑤ 主国国君亦以醴礼款待、回报使者。第三，行礼中的其他具体仪节亦多有相同、相似之处，如：宾主服饰相敌。婚礼 “使者玄端至……主人如宾服”。行 “亲迎” 礼，“从者毕玄端”⑥；“主人玄端迎于门外”⑦。聘礼亦然，使者 “入竟……布幕，宾朝服立于幕东西面”；主国 “君使卿朝服，用束帛劳。”⑧ 行聘享礼时，“宾皮弁聘，至于朝……公皮弁迎宾”⑨。几筵之设置、撤换相同。行纳采等礼时，主人先为神设几筵，醴宾时则 “彻几改筵”，改神坐为人坐。聘礼亦然，“几筵既设，摈者出请命”⑩，聘享仪式于是进行。聘享礼毕，主君醴宾时，“宰夫彻几改筵”⑪。第四，其余如贽币、进退揖让之礼等亦多所相似、

---

① 《仪礼注疏》卷四《士昏礼》，第 68—77 页。
② 《仪礼注疏》卷六《士昏礼》“记”，第 108 页。
③ 《仪礼注疏》卷二〇《聘礼》，第 436、448、454 页。
④ 《仪礼注疏》卷四《士昏礼》，第 72—73 页。
⑤ 《仪礼注疏》卷二一《聘礼》，第 458—459 页。
⑥ 《仪礼注疏》卷四《士昏礼》，第 82 页。
⑦ 《仪礼注疏》卷五《士昏礼》，第 90 页。
⑧ 《仪礼注疏》卷一九《聘礼》，第 429、432 页。
⑨ 《仪礼注疏》卷二〇《聘礼》，第 442、445 页。
⑩ 《仪礼注疏》卷二十《聘礼》，第 449 页。
⑪ 《仪礼注疏》卷二一《聘礼》，第 459 页。

相同，不烦枚举。

这些相似、相同的仪节并非偶然，而是两者曾经有过的必然联系的反映，是婚礼对于聘礼的渊源关系的体现。如行礼于庙，原本是婚礼中的“告庙”。《诗经・南山》：“取妻如之何？必告父母。”毛传曰：“必告父母庙”①。何以婚礼需告庙呢？“婚礼者，将合二姓之好，上以事宗庙，而下以继后世也，故君子重之。是以婚礼纳采、问名、纳吉、纳徵、请期，皆主人筵几于庙，而拜迎于门外，入揖让而升，听命于庙，所以敬慎重正婚礼也。”② 这个解释实际上已经是后世对于婚礼和告庙的意义的理解了。郑玄认为嫁女乃“将以先祖之遗体许人，故受其礼于祢庙也。”③比较接近于古义。“是以古者，妇人先嫁三月，祖庙未毁，教于公宫。祖庙既毁，教于宗室。”“祖庙，女所出之祖也。”④ 故“《婚礼》凡受女之礼，皆于庙为神席以告鬼神。”⑤ 在对偶婚时期从从妻居向从夫居转变之后，则女子需要离开自己出生的氏族，从而有了告庙之需要与可能。孔颖达认为：“其后诸礼皆转以相似，则礼法皆告庙矣。”⑥ 其后诸礼之告庙均渊源于婚礼之告庙，聘礼亦然。聘享礼之在庙中举行，其源盖出于此。勾践“卧薪尝胆”期间，“四方之士来者，必庙礼之。”何谓“庙礼”？“礼之于庙，告先君也。”⑦ 均属此类。此外，“彻几改筵”之礼与告庙相关，且亦由婚礼而影响其他诸礼。郑玄说：“有几筵者，以其庙受，宜依神也。”⑧ 春秋时期齐国政治家晏婴曾对越石父有所不礼，后接受他的意见，“改席”礼之。吴则虞引《仪礼》之《聘礼》《士昏礼》关于“彻几改筵”之记载，认为“改席”即行此礼，并进而指出：“昏礼使者士之属，若群吏使往来者，犹诸侯之于聘宾，故其仪略如聘礼。”⑨ 指出了婚礼与聘礼的相似性，但如果认为婚礼乃受聘礼之影响，则似颠倒了两者

---

① 《毛诗正义》卷五（五之二）《齐风・南山》，第403页。
② 《礼记正义》卷六一《昏义》，第1888页。
③ 《仪礼注疏》卷四《士昏礼》，郑玄注，第69页。
④ 《礼记正义》卷六一《昏义》，第1893页。
⑤ 《礼记正义》卷二《曲礼上》，郑玄注，第59页。
⑥ 《毛诗正义》卷五（五之二）《齐风・南山》，第403页。
⑦ 《国语集解》卷二〇《越语上》第571页。
⑧ 《仪礼注疏》卷二〇《聘礼》，郑玄注，第449页。
⑨ 吴则虞撰：《晏子春秋集释・内篇杂上第五》，中华书局1962年版，第358页。

的先后关系。

（三）联姻与交聘在国家形成之后的相关性

聘礼之渊源于婚礼，从后世国家形成之后，特别是周代联姻与交聘之相结合，联姻在交聘中继续发挥重要作用中可反观而进一步得以印证。如果说联姻是原始社会时期氏族、部落之间和平友好交往的主要方式，那么，从部落联盟以至国家产生之后，交聘逐渐成为部落联盟或国家之间和平友好交往的主要方式，而联姻则逐渐退居其次而发挥辅助作用。这虽然意味着姻亲关系逐渐让位于政治关系的主导，但是姻亲关系仍然起着重要作用。

关于早期国家的形成虽然学术界还没有完全达成共识，但是根据现在所掌握的资料，大约五帝时代尚处于部落联盟时期，从夏代开始进入国家的时代。在此之前的“三皇”时期所产生的婚礼，原来是兼负与其他氏族、部落和平友好联系作用的，从而催生了交聘的萌芽，到了部落联盟、国家形成之后，从中逐渐分离出交聘这一方式，成为国家的政治行为和上层建筑，但是两者的密切关系并没有割断。那么，两者在国家形成之后的相互关系又是怎样的呢?

1. 联姻与西周封建

交聘是在西周时期发展、完善起来的政治行为和上层建筑。何以这种政治行为和上层建筑在这个时期得以发展和完善起来呢？其主要原因在于这个时期全面推行了封邦建国制度，从而有了天子与诸侯及诸侯之间交聘的客观条件和政治需要。西周封邦建国制度产生的原因当然是多方面的、复杂的，但是联姻关系对于封邦建国制度的施行也起了重要作用，一定意义上这是婚姻关系在政治上的运用和发展。

西周建立后在政治上的重要举措之一是封邦建国，这种国家体制是建立在宗族和姻亲关系基础上的，宗族关系和姻亲关系犹如两根绳索或两个网络交织在一起，维系并支撑着西周王朝的统治体制。前者即姬姓宗族之父兄子弟，后者即相互联姻之异姓诸侯，两者错综复杂交互为用，相辅相成。

西周封邦建国的政治目的是“封建亲戚以蕃屏周”[①]。这里的“亲

---

① 《春秋左传正义》卷一五，僖公二十四年，第480页。

戚”即指宗族和姻亲。故西周所封既有文、武、周公之兄弟叔伯及其后嗣，同时也封了许多姻亲之国。前者一般谓之“同姓之国”或“兄弟之国”，后者一般谓之“异姓之国”或“甥舅之国”。“亲戚”或“父母”“兄弟”并非单纯指同宗之人，也包括姻亲在内。《曲礼》：“兄弟亲戚称其慈也。”孔颖达疏曰：“亲指族内，戚言族外……兄弟，外内通称。亲疏交接，并见其慈而称之。”① 则“兄弟”“亲戚”包含姻亲在内。《周礼》大司徒之职有“以本俗六安万民”，其三曰“联兄弟”。郑玄注曰：“连犹合也。兄弟，昏姻嫁娶也。”②《诗经·角弓》：“兄弟昏姻，无胥远矣。”郑笺云：“骨肉之亲，当相亲信，无相疏远。”孔疏曰：“此经兼言昏姻，笺通言骨肉者，以昏姻之亲与宗族同。”③《诗经·伐木》：“笾豆有践，兄弟无远。”郑笺云：“兄弟，父之党，母之党。”孔疏曰：“父党、母党得同曰兄弟者，兄弟是相亲之辞，因推而广之，异姓亦得言之……其实妻党亦曰兄弟……兄弟必兼言母党者，以甥舅之亲与同姓等。”④《尔雅·释亲》：“父之党为宗族，母与妻之党为兄弟”。则“父母”兼言宗族与兄弟。而兄弟是包含姻亲在内的，“妇之党为婚兄弟，婿之党为姻兄弟。”郭璞注曰：“古者皆谓婚姻为兄弟”。邢昺疏曰：“古者谓昏姻为兄弟，以夫妇有兄弟之义。”⑤ 可见“封建亲戚”并非仅仅分封同姓宗族，而是将宗族与姻亲一并进行分封的。故周人有时也将姻亲之国称为兄弟之国，鲁昭公二十六年（前516）王子朝使告于诸侯曰：“至于幽王，天不吊周。王昏不若，用愆厥位。携王奸命，诸侯替之，而建王嗣，用迁郏鄏。则是兄弟之能用力于王室也。”⑥ 此事指周幽王欲废太子宜臼而立少子伯服为王，于是宜臼之舅家——申国联合缯国和西戎而攻杀幽王，立宜臼为平王。王子朝认为此乃“兄弟”之国能够“用力于王室”的表现。这里的申国为姜姓，缯国为姒姓，均为周人传统的婚姻之国。可知王子朝所谓“兄弟”是包括姻亲之国在内的。

① 《礼记正义》卷一《曲礼上》，第29、32页。
② 《周礼注疏》卷一〇《地官司徒·大司徒》，第310页。
③ 《毛诗正义》卷十五（十五之一）《小雅·角弓》，第1058—1059页。
④ 《毛诗正义》卷九（九之三）《小雅·伐木》，第680—681页。
⑤ 《尔雅注疏》卷四《释亲》，第135—136页。
⑥ 《春秋左传正义》卷五二，昭公二十六年，第1696—1697页。

周代制定的交聘礼仪也反映了这种情况。《聘礼》规定诸侯相聘问时，“若兄弟之国，则问夫人。”郑玄注曰：“兄弟，谓同姓若昏姻甥舅有亲者。”[①] 所谓“兄弟之国”是包括同姓之国和异姓之国，即甥舅之国在内的。也就是说如果是聘问同姓之国和甥舅之国，则在向国君献礼的同时也向国君夫人献礼，如果是既非同姓又无婚姻关系的庶姓之国[②]则不向国君夫人献礼。因此，我们对于西周“封建亲戚”以及分封“兄弟之国”不可作片面的理解，以为这只是指宗法关系，而将姻亲关系排除在外。

西周建立后，从武王开始陆续进行的分封，就是按照宗族、姻亲兼顾相维的架构而进行的。《史记》对此有较为简明之叙述：“封诸侯，班赐宗彝，作分殷之器物。武王追思先圣王，乃褒封神农之后于焦，黄帝之后于祝，帝尧之后于蓟，帝舜之后于陈，大禹之后于杞。于是封功臣谋士，而师尚父为首封。封尚父于营丘，曰齐。封弟周公旦于曲阜，曰鲁。封召公奭于燕。封弟叔鲜于管，弟叔度于蔡。余各以次受封。”[③] 由此可见西周分封有两个大类，一大类是“先圣王”之后，一大类是“功臣谋士”。不论前者或后者均包括了周族的宗族与姻亲。前者如，大禹之后被封于杞，姒姓，乃文王之妃、武王之母大姒之家。帝舜之后被封于陈，妫姓，“至于周武王克殷纣，乃复求舜后，得妫满，封之于陈，以奉帝舜祀，是为胡公。”[④] 周武王“以元女大姬配胡公，而封诸陈，以备三恪。”[⑤] 是所封“先圣王”包括甥舅之国。后者“功臣谋士”之封也包括周族的姻亲，在这类中以姜姓的师尚父列为“首封”，姜姓乃周族传统的婚姻世家，周族始祖后稷之母姜原，为姜姓之女[⑥]。开始“翦商”事业的太王之妃为姜姓女大姜[⑦]。武王之后邑姜亦为姜姓女，“邑姜，齐大公女，晋唐叔之母。”“亦是成王之母”[⑧]。如果我们从武王的角度来说，则

---

① 《仪礼注疏》卷二四《聘礼》，第 538 页。

② 《尚书正义》卷一三《周书·旅獒》孔颖达疏：“礼有异姓、庶姓，异姓，王之甥舅；庶姓与王无亲。”第 388 页。

③ 《史记》卷四《周本纪》，第 126—127 页。

④ 《史记》卷三六《陈杞世家》，第 1575 页。

⑤ 《春秋左传正义》卷三六，襄公二十五年，第 1174 页。

⑥ 参见《毛诗正义》卷一七（十七之一）《大雅·生民》，第 1239—1250 页。

⑦ 参见《毛诗正义》卷一六（十六之二）《大雅·绵》，第 1154 页。

⑧ 《春秋左传正义》卷四五，昭公十年杜注，孔疏，第 1470 页。

所封之杞国，是其母家；所封之齐国，是其岳父家；所封之陈国，是其女婿家。如果从成王的角度来说，杞国是其外祖母家；齐国是其母家；陈国是其姐夫家。可以说周王室上下左右的姻亲均得以受封。

除了周王室与异姓诸侯结成联姻关系之外，其他同姓诸侯与异姓诸侯或异姓诸侯之间亦交错结成更为错综复杂的联姻关系。同姓之国与异姓之国联姻，如，同姓之国的鲁国，与异姓之国的薛国、宋国、齐国、陈国、楚国、杞国、郫国、莒国等联姻；同姓之国的晋国，与异姓之国的齐国、秦国、杞国、郫国等联姻；同姓之国的卫国，与异姓之国的齐国、宋国、陈国、楚国等联姻；同姓之国的郑国，与异姓之国的陈国、齐国、宋国、申国、楚国等联姻。异姓之国相互联姻，如，异姓之国的齐国，除了与姬姓联姻之外，又与异姓之国宋国、楚国、郫国等联姻。以周王朝同姓之国鲁国为例，鲁哀公二十四年（前471）宗人衅夏总结鲁国的联姻历史时说："周公及武公娶于薛，孝、惠娶于商，自桓以下娶于齐。"[①] 薛为任姓；商即宋，子姓；齐为姜姓。可见鲁国先后与任姓、子姓、姜姓等诸侯结成甥舅关系。

婚姻关系中的媵婚制度，将诸侯之间的联姻关系更进一步发展和扩大。这种起源于原始社会族外群婚的残余——媵婚制，其性质到了周代已经变化为诸侯之间追逐政治利益的一种手段。"媵者何？诸侯娶一国，则二国往媵之，以侄娣从。侄者何？兄之子也。娣者何？弟也。"春秋时期诸侯对于媵婚表现得十分主动、积极，何休谓通婚之国"君不求媵，二国自往媵夫人。"[②] 各国根据自己的政治需要而主动往媵。通过媵婚制，使诸侯之间的婚姻关系更为错综复杂。联姻加强了与异姓之国的关系，媵婚则进一步加强了与同姓之国的关系；故同姓之国不仅通过宗法制度加强相互关系，也通过媵婚关系促进这种关系。媵婚关系还促使同姓之国与异姓之国之间的交错关系更为发展，例如，鲁成公八年（前583），鲁女伯姬将嫁宋共公，"卫人来媵共姬"。次年成婚后，"晋人来媵"。成公十年（前581）"齐人来媵"。本来"凡诸侯嫁女，同姓媵之，异姓则否。"

---

① 《春秋左传正义》卷六〇，哀公二十四年，第1966—1967页。

② 《春秋公羊传注疏》卷八，庄公十九年，第184页。

齐作为异姓国，也来媵婚，故杜预曰："异姓来媵，非礼也。"[①] 可见不仅同姓之国来媵，异姓之国也来媵，形成更为错综复杂的姻亲关系。而且这种"非礼"的媵婚现象在春秋时期并非少见。诸侯之所以不分同姓、异姓而积极参与媵婚，就是图谋通过这种方式以发展和密切相互关系。

西周时期将婚姻关系引进封邦建国体制中，并非完全为周人所首创，实为前代已有成例之进一步发展。一方面是以姻亲为诸侯的情况先代已露端倪。传说夏禹"合诸侯于涂山，执玉帛者万国。"[②] 而夏禹"娶于涂山，辛壬癸甲，启呱呱而泣。"[③] 可知涂山氏为夏之姻亲。其会诸侯于此，则涂山氏为夏之"万国"诸侯之一。商王"帝乙归妹，以祉元吉。"[④] 妇人谓嫁曰"归"。这或许透露了商王嫁妹于诸侯，从而存在姻亲诸侯之信息。西周中期"遂公盨"[⑤] 的器主遂公传说为虞舜之后，在商代已封于遂，《左传》谓："舜重之以明德，寘德于遂"，杜预注曰："遂，舜后，盖殷之兴，存舜之后而封遂。"[⑥] 西周仍之，直至鲁庄公十三年（前681）为齐国所灭。周武王以元女太姬下嫁之胡公满即遂国之后。另一方面是西周的甥舅之国多为与周人传统的姻亲，故西周建立后他们之被分封乃顺理成章、水到渠成之事。周襄王十七年（前635），"王德狄人，将以其女为后，富辰谏曰：'不可。夫婚姻，祸福之阶也。由之利内则福，利外则取祸。昔挚、畴之国也由大任，杞、缯由大姒，齐、许、申、吕由大姜，陈由大姬，是皆能内利亲亲者也……'"[⑦] 富辰所列举的这些诸侯，均在西周建国之前与周族有了联姻关系，并通过姻亲关系而得以立国。上文提到西周分封之"先圣王"或"功臣谋士"均有不少为周人原来之姻亲，其中尤以姜姓为典型。姬、姜为世代通婚关系，周初封于齐国的吕尚，其祖先在"虞夏之际封于吕，或封于申……夏商之时，申、吕或封枝庶子孙，或为庶人。"[⑧] 商末周初吕尚辅佐周文王、

---

① 《春秋左传正义》卷二六，成公八、九、十年，第844、847、851页。

② 《春秋左传正义》卷五八，哀公七年，第1890页。

③ 《史记》卷二《夏本纪》，"索隐"引《尚书》，第81页。

④ 《周易正义》卷二《泰》，第81—82页。

⑤ 李学勤：《论遂公盨及其重要意义》，《中国历史文物》2002年第6期。

⑥ 《春秋左传正义》卷四四，昭公八年，第1455页。

⑦ 《国语集解》卷二《周语中》，第46—47页。

⑧ 《史记》卷三二《齐太公世家》，第1477页。

武王灭商建立西周。可以说西周的建立是姬、姜姻亲合作的结果，故西周分封时以吕尚为“首封”。是知“齐、许、申、吕”这类封国实乃渊源有自。氏族、部落或诸侯之间的姻亲关系源远流长，瓜瓞绵绵，从“三皇”“五帝”延伸至三代，并对三代的分封制度产生了重要影响。是为西周封邦建国体制产生的历史条件之一。

总之，西周封建的国家体制是建立在宗族和姻亲关系基础上的，前者主要以宗法制度相维系，后者主要以姻亲关系相维系。宗族关系和姻亲关系犹如两根绳索或两个网络交织在一起，维系着西周王朝的统治体制。在这两种关系基础上分封的同姓之国（兄弟之国）与异姓之国（甥舅之国）犹如两根支柱支撑着西周王朝，两者缺一不可。郑大夫游吉答赵简子问“何谓礼”时有云：“为父子、兄弟、姑姊、甥舅、昏媾、姻亚，以象天明。”杜预注曰：“六亲和睦，以事严父，若众星之共辰极也。”[①] 西周的封建就是宗族关系与姻亲关系相维体制下的同姓之国（兄弟之国）与异姓之国（甥舅之国）如众星拱辰以事周天子。故西周春秋时期联姻关系继续成为维系天子与诸侯以及诸侯之间关系的纽带和重要方式是必然的、顺理成章的事情。

2. 联姻与西周春秋的交聘

交聘在西周春秋时期已经成为周王室与诸侯、诸侯与诸侯之间和平交往的主要方式，但是，这个时期它们之间相互密切的、错综复杂的联姻关系，对于交聘关系的发展仍然起着重要的作用，可以视为交聘关系的补充，从而使这种联姻关系带有浓厚的政治色彩。西周中期的“遂公盨”铭是一篇论述诸侯以德承家重要性的论文，其中有云：“心好德，婚媾亦唯协。”[②] 将联姻视为诸侯“德”政之重要组成部分，认为通过联姻可以达到诸侯和谐之目的。杜预《春秋左传序》谓：“其发凡以言例，皆经国之常制。”孔颖达疏曰：“发凡之体，凡有二条：一是特为策书；一是兼载国事。特为策书者，凡告以名则书之类是也；兼载国事者，凡嫁女于敌国之类是也。”[③] 诸侯之间的联姻被视为“国事”，反映了联姻在春

① 《春秋左传正义》卷五一，昭公二十五年，第1673页。

② 参见《论遂公盨及其重要意义》，第4—12页。

③ 《春秋左传正义》卷一《春秋序》，第16—18页。

秋政治生活中的重要性，实为周代政治的重要组成部分，故其与交聘关系具有相辅相成的作用是很自然的事情。

西周春秋时期联姻与交聘的关系，是一种以交聘为主体，交聘与联姻相辅相成、相互为用的关系，具体来说表现在如下四个方面。

（1）联姻与交聘的相互结合

原始时代的联姻既然兼具氏族部落之间交往的功能，那么在国家产生之后，虽然交聘已从联姻中分离出来，但是两者仍然有着不解之缘，故两者往往相互结合而进行。这种相互结合，乃是它们之间原先所具有的密切关系的反映或残存。周代之封邦建国既然主要是分封同姓之国和异姓之国，其封国体制是建立在同姓之国与异姓之国的相辅相维基础上的，故其统治的核心职能亦主要在于维护两者之间的合作与和谐，从而巩固周天子的共主地位。宗法制度以维系同姓之国为主，姻亲关系以维系异姓之国为主，这两个网络的相互为用与相辅相成，乃周代封邦建国体制之本质特征及其得以巩固和长期存在的内在原因。《周礼》叙述大宗伯之职曰："以脤膰之礼，亲兄弟之国；以贺庆之礼，亲异姓之国。"脤膰，"社稷宗庙之肉，以赐同姓之国。"是为宗法关系之体现；而以"贺庆之礼"，亲"王昏姻甥舅"[①]，是为姻亲关系之体现。同姓之国即兄弟之国，异姓之国即甥舅之国。维护兄弟之国与甥舅之国之间的和谐与合作，是周代礼制的核心内容之一。作为周礼组成部分的交聘亦然，其目的在于"亲邦国"[②]。所谓"邦国"主要即上述兄弟之国和甥舅之国。而与甥舅之国之间的关系，除了政治上的交聘之外，就是婚姻上的来往。而在西周春秋时期婚姻上的来往，与交聘往往是相互结合进行的，两者有着密不可分的关系。这种相互结合，略举如下。

第一，交聘使与联姻使一身而二任。鲁昭公二年（前540）春，晋平公派遣其卿韩起出使聘鲁，一方面是因为鲁昭公即位，另一方面则是"且告为政而来见"，即通报韩起代赵武为政。这是按照周代交聘礼仪进行的友好访问，晋国"虽盟主，而修好同盟"，故曰"礼也"。在聘问完

① 《周礼注疏》卷一八《春官宗伯·大宗伯》，第552—553页。

② 《周礼注疏》卷一八《春官宗伯·大宗伯》，第546页。

毕后，韩起“遂如齐纳币”，从鲁国转赴齐国，其任务是“为平公聘少姜”，为晋平公娶齐国之少姜而行“纳币”之礼。这项任务完成之后，韩起又“自齐聘于卫”，对卫国进行聘问。同年夏四月，韩起之子韩须“如齐逆女。齐陈无宇送女，致少姜。”[①] 从而完成了这桩婚事。韩起身兼交聘使与联姻使，一身而二任，进行穿梭出访。其使命亦兼负交聘与联姻两项，他对鲁国、卫国是进行聘问，对齐国则进行聘女。鲁昭公四年（前538）楚国欲会诸侯于申，于是“使椒举如晋求诸侯”，希望晋国能够促使诸侯与会。“晋侯欲勿许”，经臣下分析利害得失，“乃许楚使”。“椒举遂请昏，晋侯许之。”楚使椒举亦身兼交聘使与联姻使于一身，杜预注曰：“盖楚子遣（椒）举时，兼使求昏。”[②] 认为楚国在派遣椒举出使时就预先将两者集于其一身。当晋国满足了楚国关于促使诸侯参加申之会的交聘目的之后，椒举便提出了联姻的要求，从而圆满完成了这两项使命。鲁成公十八年（前573）“秋，杞桓公来朝”，其原定目的是“劳公，且问晋故。”但是鲁成公在接待杞桓公时，“以晋君语之”，杜预注曰：“语其德政”。于是杞伯“骤朝于晋，而请为昏。”决定“从鲁即疾朝于晋”[③]。这是在出访过程中由单一的朝聘增加了联姻，同样是一身而二任焉。

第二，交聘与联姻的结合进行。上述交聘使与联姻使合一，即意味着交聘与联姻的合一。鲁成公八年（前583）春，“宋公使华元来聘”。华元之出使鲁国，名义上是“聘”，实际上是来为宋共公“聘共姬也”。孔颖达疏曰：“此华元来聘，则彼《昏礼》所谓‘下达’者也。士礼使媒，诸侯不可求媒于其国，自使臣行，则亦媒之义。”华元实际上充当了宋共公的媒人。次年二月，“伯姬归于宋”，鲁成公姊妹伯姬正式出嫁于宋。夏，鲁国派遣“季孙行父如宋致女”，圆满完成了这次宋、鲁联姻。所谓“致女”是周代诸侯婚礼中的一个环节：“女嫁三月，又使大夫随加聘问，谓之致女。所以致成妇礼，笃昏姻之好。”[④]“致女”实

---

① 《春秋左传正义》卷四二，昭公二年，第1348—1351页。

② 《春秋左传正义》卷四二，昭公四年，第1370—1374页。

③ 《春秋左传正义》卷二八，成公十八年，第930页。

④ 《春秋左传正义》卷二六，成公八年、九年《经》，孔颖达疏，第838、842、845页。

即交聘方式之一。《仪礼·士昏礼》："若舅姑既没，则妇入三月，乃奠菜。"① 此即所谓"三月庙见"。"知致女必以三月，盖庙见之后，妇礼既成，使大夫聘问，谓之致女。"② 二月伯姬归宋，夏则"致女"，约为三个月。同样的情况又见于鲁桓公三年（前709）。是年春正月，"公会齐侯于嬴"。"会"本为周代诸侯之间的会盟或时会等政治交往活动，但是，这次鲁桓公与齐僖公相会于齐邑嬴的实际内容是鲁桓公与文姜"成昏于齐也"。同年九月，齐僖公送文姜至鲁地讙，桓公"会齐侯于讙"。此"会"实际上是鲁桓公去迎娶文姜。同年冬，"齐侯使其弟年来聘"，此"聘"实为"致夫人也"。这里的"致夫人"与上述季孙行父"致女"为同一性质事情。杜预注曰："古者女出嫁，又使大夫随加聘问，存谦敬，序殷勤也。在鲁而出，则曰致女；任他国而来，则总曰聘。故传以致夫人释之。"③ 也指出了嫁娶与聘问的同一性，这类聘问往还，实际上是为了联姻。齐仲年"致夫人"也是约在结婚三个月之后。

卿大夫联姻亦然，往往借交聘而娶。鲁僖公五年（前655）夏，鲁卿"公孙兹如牟"，表面上是到牟国交聘，但其实际目的是"娶焉"。杜预注曰：公孙兹"娶于牟。卿非君命不越竟，故奉公命聘于牟，因自为逆。"公孙兹为了与牟联姻，遂请求鲁僖公派遣他出使牟国交聘，以迎娶新妇，此乃"因聘而娶"④。鲁文公六年（前621）鲁卿"臧文仲以陈、卫之睦也，欲求好于陈。夏，季文子聘于陈，且娶焉。"季文子为鲁卿，利用交聘陈国机会而娶妇。"臣非君命不越竟，故因聘而自为娶。"⑤ 此亦"因聘而娶"。鲁宣公五年（前604）春，鲁宣公访问齐国时，齐大夫"高固使齐侯止公，请叔姬焉。"高固通过齐惠公扣留鲁宣公，逼迫他答应将叔姬嫁于他，杜预谓："留公，强成昏。"同年秋，九月，"齐高固来逆叔姬"。孔颖达谓："此高固亦是因来聘而自逆也"。何以书"逆"而不书"聘"？"请君行聘，而因自逆妻，本意为逆，不为聘也。从鲁而出，私娶轻而君

① 《仪礼注疏》卷六《士昏礼》，第106页。
② 《春秋左传正义》卷二六，成公九年孔颖达疏，第845页。
③ 《春秋左传正义》卷六，桓公三年，第183—184页。
④ 《春秋左传正义》卷一二，僖公五年，第385—386页。
⑤ 《春秋左传正义》卷一九上，文公六年，第588页。

命重，故书聘，不书逆。自外而来，则嫁女重，而受聘轻，故书逆不书聘。内外之异文耳。”[①] 鲁成公八年（前583）春，《经》曰鲁大夫“公孙婴齐如莒”，《左传》解读曰：“逆也”。亦以交聘名义赴莒国迎娶，杜预注曰：“自为逆妇而书者，因聘而逆。”[②] 鲁昭公元年（前541）“楚公子围聘于郑。且娶于公孙段氏。”交聘的同时兼娶妇。“入逆而出。遂会于虢，寻宋之盟。”[③] 入城迎娶之后，又至郑地虢与诸侯会盟。参加此次会盟者，除公子围代表的楚国之外，还有晋、齐、鲁、宋、卫、陈、蔡、郑、许、曹等，是一次大规模的诸侯会盟。这是楚国利用交聘、会盟而联姻，此所谓“古者大夫得因聘而娶”[④]。

诸侯相朝亦有类似的情况。鲁成公四年（前587）“杞伯来朝”，但其实际目的是“归叔姬故也”，拟离弃叔姬而归还鲁国。此次杞国之“朝”，杜预谓其实为“将出叔姬，先修礼朝鲁”。次年春，“杞叔姬来归”[⑤]，被送回鲁国。

（2）联姻使与交聘使的同一性

联姻与交聘均需要通过使者方能进行，是为两者共同特征和必具之重要条件之一。而联姻使与交聘使在许多方面都有相似、相同之处，两者不论在身份、级别、派遣以及使团组成等方面均大体相似或相同。上文所述交聘使与联姻使一身而二任之事实，表明两者身份、级别和派遣之相同自不待言。诸侯交聘一般以卿、大夫为使，“小聘使大夫，大聘使卿，朝则君自行。”[⑥] 诸侯联姻使者除了“亲迎”这一环节有些特殊规定外，其余均以卿、大夫为使。由于婚礼中的“亲迎”一贯以来都是新郎需亲自至女方家迎娶新娘，故在周代这方面对于天子、诸侯遂有一些权变措施：“天子尊，无与敌，不自亲逆，使卿逆而上公临之。诸侯则亲逆，有故得使卿。”[⑦] 按照规定，天子不亲迎，诸侯只有在特殊情况下才

① 《春秋左传正义》卷二二，宣公五年，第703—704页。
② 《春秋左传正义》卷二六，成公八年，第842页。
③ 《春秋左传正义》卷四一，昭公元年，第1310—1311页。
④ 《仪礼注疏》卷一九《聘礼》，贾公彦疏，第418页。
⑤ 《春秋左传正义》卷二六，成公四年《传》、五年《经》，第824—825页。
⑥ 《礼记正义》卷一一《王制》，郑玄注，第422页。
⑦ 《春秋左传正义》卷六，桓公三年，孔颖达疏，第181页。

不亲迎。但是实际上诸侯往往不亲迎，而以卿大夫代为亲迎。故亲迎这个礼仪环节也往往以卿大夫为使而进行。但是联姻与交聘有一点不同，一般来说交聘派遣一个使团即可完成一次使命，而联姻则需经过多次遣使才能完成，期间使者的情况亦有所变化。

联姻之第一步是遣媒氏“下达”。鲁成公八年（前583）宋共公遣使向鲁国求婚，以卿华元为使，执行“下达”之使命。《春秋》记作：“宋公使华元来聘”，郑玄注曰：“昏聘不使卿，今华元将命，故特书之。”[①]按照规定不以卿为媒氏，但是实际上以卿为媒氏并非个别，鲁昭公三年（前539）“齐侯使晏婴请继室于晋”，其使命是“复以女继少姜”[②]，因齐女少姜嫁晋平公后死。齐卿晏婴实际上是作为媒氏而出使晋国，这也是以卿为使。鲁成公八年（前583）夏，“宋公使公孙寿来纳币，礼也。”宋国派遣公孙寿前往鲁国，执行联姻另一环节——“纳币”之礼。公孙寿为卿，杜预谓“纳币应使卿”，故《左传》曰“礼也”。孔颖达说：按照婚礼，媒氏“下达”和使者“纳币”之间，还“当有纳采、纳吉二使，二使之后，乃次纳币。今唯书纳币者，纳采、纳吉，其使非卿，故不书也。”并引杜预《释例》总结春秋时期诸侯遣使联姻制度曰：“纳币、逆女二事，皆必使卿行，卿行则书之；他礼非卿，则不书也。”[③] 上述鲁昭公二年（前540）晋平公派遣韩宣子“如齐纳币”[④]，为其聘娶齐女少姜，即以卿为使。总之，纳币、逆女这类比较重要的环节是以卿为使，其他环节则非卿，当为大夫。“下达”这个环节虽然非必以卿为使，但实际上也往往以卿为使。

经过下达、纳采、纳吉、纳币等环节之后，则有男方之亲迎和女方之送女等礼。亲迎这一环节，一般来说新郎均应亲自至女家迎接，诸侯亦然。鲁庄公二十四年（前670）夏，“公如齐逆女”。杜预注曰：“亲逆，礼也。”[⑤] 这是诸侯亲自迎娶。但是如果诸侯有某些特殊事故则可以不必亲自前往，而派遣卿为代表进行。“《昏礼》：‘诸侯以下，法当亲迎，

---

① 《春秋左传正义》卷二六，成公八年，第838页。

② 《春秋左传正义》卷四二，昭公三年，第1357页。

③ 《春秋左传正义》卷二六，成公八年，第842、840页。

④ 《春秋左传正义》卷四二，昭公二年，第1351页。

⑤ 《春秋左传正义》卷一〇，庄公二十四年《经》，第316页。

有故得使卿。'"[①] 鲁桓公三年（前709）娶齐女文姜，鲁国派遣"公子翚如齐逆女。"杜预注曰："礼，君有故则使卿逆。"[②] 就属于这种情况。鲁成公十四年（前577）秋，"叔孙侨如如齐逆女"，叔孙侨如为鲁卿[③]，亦以卿为使迎女。如果国君有故而卿不迎女，则被视为"非礼"。鲁文公四年（前623）"逆妇姜于齐，卿不行，非礼也。"[④] 因为没有派遣卿前往迎女，故被视为"非礼"。则国君有故，必须以卿为使前往迎女。

送女则国君不亲送，而由卿、大夫负责进行。因为婚礼规定父母不下堂送女。《左传》例曰："凡公女嫁于敌国，姊妹，则上卿送之，以礼于先君；公子，则下卿送之。于大国，虽公子，亦上卿送之。于天子，则诸卿皆行，公不自送。于小国，则上大夫送之。"[⑤] 根据所出嫁之国的等级和所嫁女之身份不同而将送女的使者分别由上卿、下卿或大夫中的上大夫担任。国君之姊妹，不论敌国、大国、小国均使上卿送之；国君之女儿，敌国以下卿、大国以上卿送之；小国则由大夫中的上大夫送之。总之，一般由卿送之，少数情况由大夫送之。但是也有国君亲自送女的情况。鲁桓公三年（前709），齐文姜嫁于鲁，"齐侯送姜氏于讙"，《左传》认为是"非礼也"[⑥]。《仪礼·士昏礼》：亲迎时"主人不降送"[⑦]，此即所谓父母不下堂。齐侯不是派遣卿送之，而是亲自送至鲁地，故曰"非礼"。鲁昭公五年（前537）晋楚联姻，"晋侯送女于邢丘"，也是诸侯亲自送女，孔颖达谓"今晋侯亲送女至邢丘，是敬楚也。"[⑧] 这是晋国迫于楚国的强大的无奈之举。送女使者之级别，还与男方娶女是否为正妻有关。鲁昭公二年（前540）晋平公娶齐国少姜，"齐陈无宇送女"，晋、齐为敌国，理应以卿送之，但陈无宇是上大夫，故晋国"谓陈无宇非卿，执诸中都。"将其关押。齐之所以派遣上大夫送女，因为晋平公娶少姜并非以之为夫人。而晋国依仗其强大，杜预谓"欲使齐以適（嫡）

---

① 《春秋左传正义》卷四二，昭公二年孔疏引，第1352页。
② 《春秋左传正义》卷六，桓公三年《经》，第183页。
③ 《春秋左传正义》卷二七，成公十四年《经》，第876页。
④ 《春秋左传正义》卷一八，文公四年，第577页。
⑤ 《春秋左传正义》卷六，桓公三年，第183—184页。
⑥ 《春秋左传正义》卷六，桓公三年，第183页。
⑦ 《仪礼注疏》卷五《士昏礼》，第90页。
⑧ 《春秋左传正义》卷四三，昭公五年，第1399页。

夫人礼送少姜”，即派遣卿为使送之。故《左传》曰：“畏大国也，犹有所易，是以乱作。”杜预注曰：“言齐畏晋，改易礼制，使上大夫送，遂致此执辱之罪。”[①] 由此可见，送女使者之级别高低还与所娶女是为夫人还是为妾有关。

成婚三月之后的“致女”亦由卿出使进行。如前述鲁成公九年（前582）“季孙行父如宋致女”[②]。鲁桓公三年（前709）“齐仲年来聘，致夫人也”[③]。均属于这种情况。孔颖达在评论齐仲年之“致夫人”一事时曰：“凡聘享嘉好之事，于是使卿，故夷仲年之聘，皆以卿称弟而行。”[④] 联姻与交聘均属于嘉好之事，故均以卿为使。

综上所述，联姻使与交聘使之同一性表现在如下几个方面。

第一，使者身份和派遣的一致性。不仅使者之身份均为卿或大夫，而且如同交聘使者由国君任命一样，联姻使亦由国君任命。鲁宣公元年（前608）“公子遂如齐逆女。尊君命也。”[⑤] 因此，两者均为国家的正式使节。鲁昭公二年（前540）齐、晋联姻，晋国派遣“韩须如齐逆女”[⑥]，担任迎娶少姜之使者。鲁昭公五年（前537）薳启强向楚王论述晋国人才济济时提到“韩须受命而使”，即指此事，杜预谓其“年虽幼，已任出使。”[⑦] 可见韩须所充联姻使，与交聘使一样被视为奉国君之命的正式使者。

如同交聘中有国君亲自出疆为“朝”一样，联姻中也有这种情况，这种形式亦被称为“朝”。鲁成公十八年（前573）杞桓公在朝鲁期间，从中得知晋国的相关情况后，“骤朝于晋，而请为昏。”[⑧] 这是杞国国君亲自前往晋国求婚。鲁成公四年（前587）“杞伯来朝，归叔姬故也。”杜预注曰：“将出叔姬，先修礼朝鲁，言其故。”[⑨] 这是国君亲自出疆处理婚

---

① 《春秋左传正义》卷四二，昭公二年，第1351—1352页。

② 《春秋左传正义》卷二六，成公九年《经》，第845页。

③ 《春秋左传正义》卷六，桓公三年，第184页。

④ 《春秋左传正义》卷二四，宣公十七年孔颖达疏，第781页。齐侯之弟年，或记作“齐仲年”“夷仲年”。

⑤ 《春秋左传正义》卷二一，宣公元年，第676页。

⑥ 《春秋左传正义》卷四二，昭公二年，第1351页。

⑦ 《春秋左传正义》卷四三，昭公五年，第1405页。

⑧ 《春秋左传正义》卷二八，成公十八年，第930页。

⑨ 《春秋左传正义》卷二六，成公四年，第824页。

姻事宜。

第二，使团组成和级别的一致性。[①] 鲁昭公元年（前 541）“楚公子围聘于郑，且娶于公孙段氏，伍举为介……既聘，将以众逆。”[②] 公子围是正使，“介”即副使，其下面还有“众”。可见楚国的联姻使团是由正使与副使及“众”所组成。交聘使团亦由正使和副使“介”组成领导成员，随从人员也有“众”[③]。而且交聘使团和联姻使团成员的级别也是相同的。鲁昭公五年（前 537）晋平公派遣“韩宣子如楚送女，叔向为介。”韩宣子为晋国正卿，叔向为大夫，故楚王谓“今其来者，上卿、上大夫也。”[④] 可见晋国的联姻使，正使由卿担任，副使由大夫担任。交聘使一般也是正使由卿担任，副使由大夫担任。可见联姻使团与交聘使团的组成及其级别是完全一致的。

（3）联姻与交聘礼仪的相似性

交聘既与联姻有着渊源关系，故在西周春秋时期两者在礼仪方面仍然具有不少的相似性。从西周春秋时期交聘与联姻在礼仪方面的相似性中，可以进一步印证聘礼之渊源于婚礼以及两者之间原先的相生相成关系。

联姻与交聘在礼仪方面的相似性，首先体现在接待人员的相似性方面。联姻使入境之后，主国之接待人员与接待交聘使时是相同的。主国国君为最高接待负责人已见诸上述资料，如鲁昭公五年（前 537）晋国韩宣子所率联姻使团入国后，是困辱之抑或礼待之？由楚王朝群臣商议，最后由楚王做出决定。宴享联姻使，亦如同接待交聘使，由国君出面主持等，毋庸赘言。而其他具体接待事务，则以主国之正卿为总负责人。鲁昭公元年（前 541）“楚公子围聘于郑，且娶于公孙段氏，伍举为介。将入馆，郑人恶之。使行人子羽与之言，乃馆于外。既聘，将以众逆。子产患之，使子羽辞曰”云云[⑤]。楚国联姻使团来到郑国后，郑国方面的

---

① 关于交聘使者与使团问题，详见上文：二《周代的交聘使者及使团》。

② 《春秋左传正义》卷四一，昭公元年，第 1310 页。

③ 交聘使团入境前需誓众，“史于众介之前，北面读书，以敕告士众，为其犯礼暴掠也。礼，君行师从，卿行旅从。”可见使团有“士众”随行。见《仪礼注疏》卷一九《聘礼》，郑玄注，第 425 页。

④ 《春秋左传正义》卷四三，昭公五年，第 1401 页。

⑤ 《春秋左传正义》卷四一，昭公元年，第 1310 页。

接待事务负责人是执政子产。当时郑国“知楚怀诈”，担心其入住都城馆舍对郑国有所不利，于是安排他们住在城外馆舍；婚事确定之后，楚人拟以随从兵众入城迎娶，郑国担心有所不测，也不同意。这些问题，是由执政子产派遣“行人”子羽与楚国使团交涉解决的。由此可见，在接待联姻使时，主国之执政为接待事务之总负责人，其下面有“行人”等官员负责联络、沟通。交聘使亦然。鲁昭公六年（前536）夏，鲁国“季孙宿如晋，拜莒田也。晋侯享之有加笾。武子退，使行人告曰：‘小国之事大国也，苟免于讨，不敢求贶。得贶不过三献。今豆有加，下臣弗堪，无乃戾也！’韩宣子曰：‘寡君以为驩也。’对曰：‘寡君犹未敢，况下臣君之隶也，敢闻加贶？’固请彻加，而后卒事。晋人以为知礼，重其好货。”由于晋国在宴享鲁使季孙宿（即武子）时“笾豆之数，多于常礼。”（杜预注）[①] 因此宴会之后季孙宿通过“行人”告曰不可云云，可知晋国执政、正卿韩宣子是代表晋君而具体接待交聘使的总负责人，“行人”则负责双方之间的传达、沟通。

联姻与交聘在礼仪方面的相似性，还体现在其他诸多方面，略举如下。

第一，接待礼仪。诸侯对于联姻使的接待礼仪与交聘使基本上是一致的。鲁昭公五年（前537）“晋韩宣子如楚送女，叔向为介。”晋国送女使团假道于郑国时，郑国子大叔在劳礼中提醒晋国使者“楚王汰侈已甚，子其戒之。”叔向答语中有云：“若奉吾币帛，慎吾威仪，守之以信，行之以礼，敬始而思终，终无不复。从而不失仪，敬而不失威，道之以训辞，奉之以旧法，考之以先王，度之以二国，虽汰侈若我何?”孔颖达疏曰：“朝聘之礼，享用币帛，致国之所有。送女虽则非聘，亦以币帛通意，故云‘奉吾币帛，慎吾威仪’也。”表明联姻与交聘均以币帛致礼。对于“奉之以旧法”一语，孔颖达疏曰：“聘使旧故之法，奉承以致命，故言‘奉之’也。”联姻使将按照交聘使之旧法以致命。韩宣子等人到达楚国后，楚王拟困辱晋国使团，其臣薳启强谏止之，认为应当礼待晋使，其中有云：“圣王务行礼，不求耻人。朝聘有圭，享覜有璋，小有述职，大有巡功，设机而不倚，爵盈而不饮，宴有好货，飧有陪鼎，入有郊劳，

① 《春秋左传正义》卷四三，昭公六年，第1416—1417页。

出有赠贿，礼之至也。”认为应当以聘享之礼接待晋使、以飨燕之礼款待晋使、以郊劳之礼欢迎晋使、以赠贿之礼欢送晋使。这里所述诸礼仪，与接待交聘使团的礼仪完全相同。楚王接受了薳启强的谏言，于是“厚为韩子礼”①。按照薳启强所述而隆重接待晋国使团，韩宣子从而顺利完成使命。由此可知，在正常情况下对于联姻使的接待，完全是按照交聘使的礼仪进行的。

第二，飨燕礼仪。薳启强所述接待礼仪，在接待联姻使时具体是如何进行的呢？今以其中以飨燕之礼接待联姻使之情况为例。鲁昭公二十五年（前517）鲁卿“叔孙婼如宋”，为鲁执政季平子迎娶宋元公之女。《传》称“昭子如宋聘，且逆之。”昭子即叔孙婼。季平子“人臣，而因卿逆，季氏强横。”当时鲁国季氏专权，故派遣卿以交聘为名而为季平子娶。在接待鲁国联姻使时，“宋公享昭子，赋《新宫》。昭子赋《车辖》。”② 这个记载表明联姻使受到主国国君飨燕之礼的款待。《周礼》大宗伯之职“以飨燕之礼，亲四方之宾客”③。其具体形式有三，“待宾之礼有三：飨也、食也、燕也。飨重于食，食重于燕……飨食于庙，燕则于寝。”④《仪礼·聘礼》记载主国国君接待交聘使的飨燕之礼：“公于宾，壹食、再飨。”⑤ 食礼一次，飨礼两次，此外燕礼不限。上述“宋公享昭子”，即宋元公以飨燕之礼款待叔孙婼。宾主在席间还相互赋诗，叔孙婼所赋《车辖》为《诗经·小雅》中的篇章，内容是“周人思得贤女以配君子”，因“昭子将为季孙迎宋公女，故赋之。”⑥ 来使受到主国国君飨燕之礼的款待，并在宴享中赋诗以言志，是接待交聘使时的惯常礼仪。鲁昭公二年（前540）晋平公派遣韩宣子聘鲁，祝贺昭公即位，并向鲁国通报他已代替赵武执政，《左传》称之为“礼也”，是典型的诸侯之间交聘。“公享之。季武子赋《绵》之卒章。”鲁昭公以享礼款待晋国交

① 以上见《春秋左传正义》卷四三，昭公五年，第1401—1407页。

② 《春秋左传正义》卷五一，昭公二十五年，第1662—1665页。

③ 《周礼注疏》卷一八《春官宗伯·大宗伯》，第551页。

④ （清）褚寅亮撰：《仪礼管见》卷上，《丛书集成初编》本，中华书局1985年版，第45页。

⑤ 《仪礼注疏》卷二二《聘礼》，第493页。

⑥ 《春秋左传正义》卷五一，昭公二十五年，第1664页。

聘使，参加宴会的鲁卿季武子席间所赋《绵》为《诗经·大雅》中的篇什，用意是“取文王有四臣，故能以绵绵致兴盛。以晋侯比文王，以韩子比四辅。”晋使韩宣子赋《角弓》，是为《诗经·小雅》中的篇什，乃“取其‘兄弟昏姻，无胥远矣’。言兄弟之国宜相亲。”季武子又赋《节》之卒章，是为《诗经·小雅》中的篇章，乃“取‘式讹尔心，以畜万邦’，以言晋德可以畜万邦。”[①] 宾主双方通过赋诗以进行友好交流或外交交锋，这种礼仪不论联姻或交聘均相一致。

交聘礼仪对于飨燕之礼有一个规定：“若不亲食，使大夫各以其爵。”如果主国国君有特殊原因则不亲自出席享礼，其特殊原因郑注“谓有疾及他故也”[②]。这种情况下就由相应级别的人员代表国君出面款待，即以卿款待卿，以大夫款待大夫。鲁昭公三年（前539）“齐侯使晏婴请继室于晋”，因晋平公所娶齐女少姜死，齐景公欲“复以女继少姜”。晏婴实际上是担任齐国的媒氏。“既成婚，晏子受礼，叔向从之宴，相与语。”所谓“既成昏”即“许昏成”；“晏子受礼”即“受宾享之礼”。这次晋平公没有主持享礼，而由叔向主持。因为晋平公尚“在缞绖之中”[③]。而聘礼“他故之中，兼及有哀惨。”[④] 晋平公因“有故”而“不亲食”，故使叔向代为宴享。由此可见联姻使的接待礼仪基本上是按照交聘使接待礼仪而进行的。

第三，复命礼仪。交聘使在完成使命返国之后，需要到朝廷向国君复命。联姻使亦然。鲁成公九年（前582）夏，“季文子如宋致女，复命，公享之。赋《韩奕》之五章。”季文子在完成出使宋国致女的使命后，向鲁成公复命时也受到飨燕之礼的款待，席中亦赋诗，与出使时在婚姻之国受到的礼仪相同。其所赋《韩奕》，为《诗经·大雅》篇名，赋此诗的用意是：“言蹶父嫁女于韩侯，为女相所居，莫如韩乐。文子喻鲁侯有蹶父之德，宋公如韩侯，宋土如韩乐。”[⑤] 通过此诗向鲁成公报告其女在宋国之欢愉。《仪礼·聘礼》没有记载交聘使复命时国君赐以飨燕之

---

① 《春秋左传正义》卷四二，昭公二年，第1348—1350页。

② 《仪礼注疏》卷二二《聘礼》，第495页。

③ 《春秋左传正义》卷四二，昭公三年，第1357—1359页。

④ 《仪礼注疏》卷二二《聘礼》，贾公彦疏，第495页。

⑤ 《春秋左传正义》卷二六，成公九年，第847页。

礼的情况，由联姻使回国复命所受到的飨燕之礼，可以推知交聘使复命后亦当受到飨燕之礼的慰劳。

第四，报使礼仪。报使为交聘礼仪之一，诸侯交聘之后，一般均需遣使报之。诸侯联姻亦有此报使礼仪。鲁昭公六年（前536）“楚公子弃疾如晋，报韩子也。”① 楚国这次遣使晋国，是为了报答韩宣子去年来楚国送女一事。可见相互遣使联姻，是与交聘遣使等同视之的。报使礼仪是交聘与联姻均相同的。

第五，假道礼仪。联姻使与交聘使一样，出使经过邻国时则需要“假道”。鲁昭公五年（前537）晋、楚联姻，一方面是楚国派遣莫敖屈生、令尹子荡组成的使团“如晋逆女”。途经郑国，“郑伯劳子荡于汜，劳屈生于菟氏。”另一方面则“晋侯送女于邢丘。子产相郑伯会晋侯于邢丘。”然后晋侯又派韩宣子出使楚国送女，“郑子皮、子大叔劳诸索氏。”晋国使团返国时又途经郑国，“郑伯劳诸圉”②。鲁昭公六年（前536）楚国派遣公子弃疾出使晋国，报答韩宣子来送女时，又“过郑，郑罕虎、公孙侨、游吉从郑伯以劳诸柤。”③ 这是晋、楚两国联姻使团假道于郑国并受到郑国接待的情况。作为晋、楚两国之间的郑国，为此先后劳楚国使团两次、劳晋国使团三次。聘礼亦有假道之礼，《仪礼·聘礼》：“若过邦，至于竟，使次介假道。束帛将命于朝，曰‘请帅’。奠币。下大夫取以入告，出许，遂受币。饩之以礼。”④ 这个记载表明交聘使团假道时，一般情况下是向假道国之国君请示并得到他的批准之后，得到“饩之以礼”的款待，并无国君及卿大夫亲劳之礼。对此，杜预认为“《传》言楚强，诸侯畏敬其使。”这是郑国在两大国之间不得已而为之的平衡策略。《聘礼》所载基本上反映西周制度，上述情况已在春秋后期，由于诸侯关系的发展变化，聘礼亦随之而有所变化。孔颖达评论郑国国君亲劳时说：“今郑伯亲劳，是郑畏楚也。”评论晋国国君亲自送女时说：“《昏礼》，父母送女不下堂。今晋侯亲送女至邢丘，是敬楚也。”⑤ 由此可见，到了

① 《春秋左传正义》卷四三，昭公六年，第1418页。

② 《春秋左传正义》卷四三，昭公五年，第1399—1407页。

③ 《春秋左传正义》卷四三，昭公六年，第1418页。

④ 《仪礼注疏》卷一九《聘礼》，第423—424页。

⑤ 《春秋左传正义》卷四三，昭公五年，第1399页。

春秋后期，不仅聘礼有所变化，婚礼亦有所变化了。

（4）联姻与交聘的相互为用

西周春秋时期诸侯之间的交往虽然以交聘为主导，但是联姻仍然继续发挥作用，两者存在着相互为用、相互促进的互动关系。

鲁庄公二十八年（前666）“鲁饥，臧文仲言于庄公曰：‘夫为四邻之援，结诸侯之信，重之以婚姻，申之以盟誓，固国之艰急是为。’”[①] 臧文仲认为解决国家之危难，需要有“四邻之援”，而获得“四邻之援”的措施有二，一为交聘，包括“结诸侯之信”与“申之以盟誓”等；二为联姻，即“重之以婚姻”。由此可见联姻与交聘均对于解决国家之“艰急”有着重要意义，是得到“四邻之援”的重要手段之一，它与交聘有着相辅相成的作用。臧文仲对于联姻在发展诸侯关系中的重要性有比较深刻的认识，因此他在施政中注重通过联姻而发展与诸侯的关系。鲁文公六年（前621）臧文仲“以陈、卫之睦也，欲求好于陈。夏，季文子聘于陈，且娶焉。”[②] 以交聘名义而联姻，通过联姻而达到“求好”诸侯的目的。对于弱小国家来说，通过联姻而取得大国的援助尤有重要意义。故春秋时期诸侯十分重视国君纳娶夫人之事，意图以此达到修好睦邻的目的。鲁文公二年（前625），在十一月办理完其父鲁僖公的丧礼后，十二月即派遣“公子遂如齐纳币”，为鲁文公完婚。《左传》对此阐述道“凡君即位，好舅甥，修昏姻，娶元妃以奉粢盛。”杜预注曰：“谓谅闇既终，嘉好之事通于外内，外内之礼始备。此除凶之即位也。于是遣卿申好舅甥之国，修礼以昏姻也。”[③] 联姻的功能有二，对外功能是“申好舅甥之国”，对内功能是“奉粢盛”，也就是说首要目的是建立与甥舅之国的友好关系，其次才是延续香火的需要。鲁桓公三年（前709）“公子翚如齐逆女，修先君之好。”杜预注曰：“昏礼虽奉时君之命，其言必称先君以为礼辞。故公子翚逆女，《传》称修先君之好；公子遂逆女，《传》称尊君命。”[④] 联姻是诸侯之间的政治行为，故与交聘一样卿大夫是奉君

① 《国语集解》卷四《鲁语上》，第147—148页。

② 《春秋左传正义》卷一九上，文公六年，第588页。

③ 《春秋左传正义》卷一八，文公二年，第572—573页。

④ 《春秋左传正义》卷六，桓公三年，第183页。

命出使迎娶，从而得以通过联姻重申并强化两国之间传统的友好关系。不仅世代通婚之国齐、鲁为然，其他诸侯之间亦然，如秦、楚之间，“昔我先君穆公，及楚成王，是缪力同心，两邦有壹，绊以婚姻，袗以齐盟，曰枼万子孙，毋相为不利。”[①] 双方亦借助联姻以促进相互关系。诸如此类，不胜枚举。

联姻的重要性有时甚至超过交聘，联姻关系处理得当与否，直接影响交聘成果能否巩固。如果联姻关系处理不当，可能将交聘成果付诸东流。春秋初期郑国庄公、厉公、昭公时期，郑国与诸侯关系的波折及郑国内部的政治动乱，与联姻问题处理不当均有相当关系。鲁桓公六年（前706）齐国遭到北戎的侵略，齐国遣使向郑国求援，郑太子忽帅师救齐，大败北戎。这是郑国在与齐国军事外交上的重大成功。但是由于太子忽处理与齐国的联姻问题不当，导致了郑国内部政治动乱及与诸侯关系的波折，使自己成为政治动乱的牺牲品。太子忽出兵齐国时，“齐侯欲以文姜妻郑大子忽。大子忽辞。人问其故，大子曰：‘人各有耦，齐大，非吾耦也。《诗》云：自求多福。在我而已，大国何为？’君子曰：‘善自为谋。’”战争结束后，齐国再一次提出与其联姻的问题，仍然遭到他的拒绝，“及其败戎师也，齐侯又请妻之。固辞。人问其故，大子曰：‘无事于齐，吾犹不敢。今以君命奔齐之急，而受室以归，是以师婚也。民其谓我何？’遂辞诸郑伯。”[②] 太子忽对于联姻的政治作用缺乏认识，因而“独絜其身，谋不及国”；对于与大国联姻的重要性也认识不足，认为“在我而已，大国何为”。于是他假借其父郑庄公名义推辞了齐国联姻的要求。战争结束后，“齐人饩诸侯，使鲁次之。鲁以周班后郑”[③]，鲁国不以军功而是以王爵高低排列位次，立了大功的郑国被排在后面，太子忽大怒。郑国由外交上的主动转变为被动乃至失利，与拒绝齐婚不无关系。

太子忽拒绝齐国联姻要求时，郑卿祭仲曾经规劝他说：“必取之！君多内宠，子无大援，将不立。三公子，皆君也。”指出还有子突、子亹、

① （清）严可均校辑：《全上古三代秦汉三国六朝文》卷一四《诅楚文》，中华书局1958年版，第102页。

② 《春秋左传正义》卷六，桓公六年，第205页。

③ 《春秋左传正义》卷七，桓公十年，第221页。

子仪等与他争夺君位，需要得到“大援”方得以立，但他还是“弗从”。太子忽的母亲邓曼是祭仲为郑庄公所娶，故立忽为太子乃祭仲所促成。而郑庄公所纳宋国大夫雍氏之女雍姞亦有宠，生子突。鲁桓公十一年（前701）宋国雍氏宗通过宋庄公“诱祭仲而执之，曰：‘不立突，将死！’”，强迫“祭仲与宋人盟”而立子突为君，是为郑厉公。面对宋国的干涉，公子忽因得不到齐国这样的大国支援，于是不得不出“奔卫”[①]。直到鲁桓公十五年（前697）郑厉公出奔蔡国，子忽才得以回国即位，是为郑昭公。杜预评论公子忽事件道：“忽为大子，有母氏之宠，宗卿之援，有功于诸侯，此大子之盛者也。而守介节，以失大国之助；知三公子之强，不从祭仲之言，修小善，絜小行，从匹夫之仁，忘社稷之大计，故君子谓之善自为谋，言不能谋国也。父卒而不能自君，郑人亦不君之，出则降名以赴，入则逆以大子之礼。始于见逐，终于见杀，三公子更立，乱郑国者，实忽之由。”[②] 所指“守介节”“修小善，絜小行，从匹夫之仁”，即指其拒绝齐婚一事，从中暴露了其洁身自好、脱离政治大局的婚姻观、道德观。本来太子忽具有国内外诸多有利条件，但因其拒绝齐婚，导致一系列严重后果。虽然“有功于诸侯”，但却“失大国之助”，原因在于不与齐婚。其主要教训在于不认识与大国联姻的政治作用，因失去当时霸主齐国的援助，导致国内政治动乱以及自己坎坷的政治境遇。太子忽此事亦遭到当时郑国人民的非议，《诗经》有《有女同车》篇，批评太子忽在联姻问题上的失误。毛传曰：此诗“郑人刺忽之不昏于齐。太子忽尝有功于齐，齐侯请妻之。齐女贤而不取，卒以无大国之助，至于见逐，故国人刺之。”[③] 可见太子忽拒绝娶齐女，不仅为以祭仲为代表的高层所反对，也遭到国人的反对。“古者诸侯之有女子也，所以苞苴玩弄，系援于大国也。”[④] 诸侯通过联姻大国以取得援助，是为春秋时期人们的共识。

因此，诸侯之间的关系发生危机时，通过联姻加以消弥是当时普遍的现象。鲁僖公十七年（前643），鲁僖公在淮之会后被齐国扣留，“秋，

---

① 《春秋左传正义》卷七，桓公十一年，第225页。

② 《春秋左传正义》卷七，桓公十五年《经》，杜预注，第234页。

③ 《毛诗正义》卷四（四之三）《郑风·有女同车》，第347页。

④ （汉）刘向编撰，（晋）顾恺之图画：《古列女传》卷三《许穆夫人》，《丛书集成初编》本，中华书局1985年版，第65页。

声姜以公故，会齐侯于卞。九月，公至。”[①] 声姜为鲁僖公夫人，齐桓公之女。通过父女相会，使鲁僖公获得释放，从而解决了齐、鲁之间的这场危机。孟子在论天下有道与无道问题时曾言：“齐景公曰：‘既不能令，又不受命，是绝物也。’涕出而女于吴。”赵岐注曰：“言诸侯既不能令告邻国，使之进退，又不能事大国，往受教命，是所以自绝于物。物，事也。大国不与之通朝聘之事也，吴，蛮夷也，时为强国，故齐侯畏而耻之，泣涕而与为婚。”[②] 春秋后期吴强齐弱，故齐景公在与诸侯交聘失利的情况下，不得不通过联姻以争取维系与诸侯的关系。

西周春秋时期联姻之所以与交聘有着密切的关系，得以在政治上继续发挥重要作用，其原因有二：一方面，本来交聘就与联姻有着渊源关系，两者一直存在着相生相成的关系，联姻一直就承载着氏族、部落、部落联盟之间联系、交往的使命，是氏族、部落、部落联盟之间进行联系、交往的纽带。及至国家产生之后，这种传统自然而然被引入国家政治和诸侯之间的交往关系中，两者相辅相成、相互为用，从而继续发挥其纽带作用。尽管这时政治性的交聘已经上升为主要方式，但是联姻的作用仍然不能完全被交聘所取代，仍然有其不可取代的特殊作用。另一方面，西周分封就是建立在兄弟之国与甥舅之国相辅相维基础上的封国体制，是五帝时代、夏商时期氏族、部落、部落联盟之间传统姻亲关系的延伸和发展，因此婚姻关系继续成为西周春秋时期维系诸侯相互关系必不可少的环节和纽带，这种联姻关系已经不是原来单纯的姻亲关系，而被赋予浓厚的政治内涵，与宗法制度一起发挥重要的政治功能。

研究交聘与联姻的渊源关系问题，不仅有助于认识先秦时期的交聘制度，而且对于进一步研究汉唐时期的外交亦不无裨益，例如汉唐时期外交中曾被广泛运用的“和亲”，就是在这个基础上而在新的历史条件下的运用和发展。

---

① 《春秋左传正义》卷一四，僖公十七年，第447页。

② 《孟子注疏》卷七上《离娄上》，第230页。

第二章　外交媒介——使节

外交作为国家重要的对外政治职能之一，首先必须进行决策，以制定外交的方针政策以及采取并处理各项相应的外交行动和措施，是为外交之核心权力；外交方针政策与各项具体的行动和措施，需要相关机构和官员加以贯彻和执行，因而需要设置相应的管理机构和官员。外交决策之后，其所制定之方针政策及外交目的任务，需要通过外交媒介——使节去实施和完成，因此使节是外交体制中必不可少的、重要的组成之一。

第一节　外交使节的选拔

外交权力集中于国家最高统治者及以其为代表的统治集团。汉承秦制，实行中央集权政治制度，其外交权力集中于皇帝及以其为中心的统治集团手中。外交使节是国家的代表，是相互交往、联系，建立外交关系，实现特定外交目的任务的媒介和纽带。其在中国古代中央集权政体中一般来说是代表皇帝而衔命出使，因而外交使节的选派权力集中于皇帝及以其为中心的统治集团手中。由于使节是国家的代表，故被称为“国使”。西汉宣帝本始二年（72）“乌孙昆弥及公主因国使者上书，言昆弥愿发国精兵击匈奴。”颜师古注曰：“国使者，汉朝之使也。”①

汉代随着国力的逐步上升，外交亦日益发展，主要表现在两个方面，一方面是外交的空间大为扩展，在“东亚外交圈”的基础上扩大到“西域外交圈”；另一方面是外交的内涵也发生了重大变化，其中对于四方国、族的交往成分空前增加。因而需要大量的外交使节，史家盛称：“武

---

① 《汉书》卷八《宣帝纪》，第243、244页。

帝既招英俊，程其器能，用之如不及。时方外事胡越，内兴制度，国家多事，自公孙弘以下至司马迁皆奉使方外。”[①] 由此可以窥知汉代国运兴隆之时外交事务繁忙、急需大量外交人才的情况，以及外交使节济济洋洋、相望于道途的盛况。那么，汉代外交使节是怎样进行选拔的？其选拔方式有哪些？这种选拔方式的特点和产生原因是什么呢？

一　外交使节的选拔方式

（一）募

募是汉代选拔外交使节的重要方式之一。《说文》：“募，广求之也。”[②] 汉代经常采用招募的方式，广求人才或物资，以完成和满足各种特殊的、艰难的任务或需求。如：为了满足防御匈奴所需的“边粟”，“于是募民能输及转粟于边者拜爵”[③]。因朝鲜“远难守”，急需大量兵员，于是“天子募罪人击朝鲜”[④]。东郡太守翟义反对王莽篡汉，于是“募郡中勇敢，部署将帅”[⑤]，举兵讨莽。灌夫父子参加平定吴楚之乱，父战死，为“报父之仇”，于是灌夫“被甲持戟，募军中壮士所善愿从者数十人”驰击吴阵[⑥]。虞诩为朝歌长，为了镇压境内叛乱，乃“设令三科以募求壮士”[⑦]，从而平定了叛乱。诸如此类，不胜枚举。上至最高统治者，下至郡守、县令，出征将帅，均可根据需要而招募人员。选拔外交使节时也经常运用这种方式。汉武帝建元（前140—前135）年间，为了遣使西域的月氏国，“乃募能使者”，于是张骞“以郎应募，使月氏”。[⑧] 可见汉代首通西域的外交使节就是通过招募而来的。此后汉武帝更进一步大规模遣使西域，其使节也多是招募而来的，“募吏民毋问所从来，为具备人众遣之，以广其道。”[⑨] 与募使由陆路通西域的同时，汉武帝又募使由

---

① 《汉书》卷六五《东方朔传》，第2863页。
② 《说文解字注》十三下《力部》，第701页。
③ 《史记》卷三〇《平准书》，第1419页。
④ 《史记》卷一一五《朝鲜列传》，第2987页。
⑤ 《汉书》卷八四《翟方进传》，第3426页。
⑥ 《史记》卷一〇七《灌夫传》，第2845—2846页。
⑦ 《后汉书》卷五八《虞诩传》，第1867页。
⑧ 《史记》卷一二三《大宛列传》，第3157页。
⑨ 《史记》卷一二三《大宛列传》，第3171页。

海路通西域，在向印度洋诸国派出的庞大使团中“有译长，属黄门，与应募者俱入海市明珠、璧流离、奇石异物，赍黄金杂缯而往”。① 其中也有招募来的成员。出使匈奴的使团中也有招募来的成员，常惠，“少时家贫，自奋应募，随移中监苏武使匈奴。”② 在苏武所率使团中有“常惠等募士斥候百余人俱”。③ 颜师古注“募士”曰：“募人以充士卒。”可见在这个使团中除常惠之外还有不少招募的成员。除向社会招募之外，甚至还从狱中招募，汉武帝在《悔征伐诏》中曾谈及：“大鸿胪等又议，欲募囚徒送匈奴使者，明封侯之赏以报忿。”④ 就是这种情况的反映。

由上述情况可知，招募是汉代选拔外交使节比较广泛采用的方式之一，所招募者，既有使团负责人和官员，也有随行的士卒和杂役等各类人员，其数量则以后者为多。

汉代何以广泛采用招募的方式呢？这是因为汉代还处于中国古典外交的草创、开辟阶段，外交空间空前扩大，新的外交对象大量出现，外交关系亦空前复杂多变，加以当时交通和各种物质条件以及地理知识所限，出使具有很强的探险性质，充满艰难险阻和不测，不为人们所乐于承担，因而须采用招募方式，以吸收具有冒险精神的、特殊素质的人员充任。其中尤以出使敌国或途经敌国为首要危险。匈奴是汉初在北方的主要威胁，汉武帝在物色联络月氏以对抗匈奴的使节时，就考虑到必须路经匈奴的问题，“道必更匈奴中”，具有很大危险性，因而“乃募能使者”⑤ 以充任。张骞就是在这种情况下应募而出使月氏的。其在出使途中果然遭到匈奴拦截，被扣留十余年方得逃脱。其次，旅途的辽远与艰险也使人们视为畏途，亦须招募使节。自从张骞首通西域以后，出使西域的使节就多由招募而来，其原因是“天子以其绝远，非人所乐往”⑥，故广为招募。史称“通西域，近有龙堆，远则葱岭，身热、头痛、县度之

① 《汉书》卷二八下《地理志下》，第 1671 页。
② 《汉书》卷七〇《常惠传》，第 3003 页。
③ 《汉书》卷五四《苏建附子（苏）武传》，第 2460 页。
④ 《汉书》卷九六下《西域传下》，第 3913—3914 页。
⑤ 《史记》卷一二三《大宛列传》，第 3157 页。
⑥ 《史记》卷一二三《大宛列传》，第 3171 页。

厄……此天地所以界别区域，绝外内也。”① 龙堆即白龙堆沙漠，在今甘肃敦煌古玉门关以西至新疆罗布泊之间。葱岭在今帕米尔高原。头痛即头痛山，在今新疆塔什库尔干塔吉克自治县西南。此即所谓“梯山栈谷绳行沙度之道，身热首痛风灾鬼难之域。”② 因为这些应募者多具有献身精神，因而能够选拔到一些优秀的外交使节，如张骞就是其中的佼佼者。

（二）自请

自请奉使在汉代以前就已有之。战国时，秦围赵之邯郸，赵国派遣平原君出使楚国，向其求救。平原君已物色了随员十九人，尚缺少一人，食客毛遂自荐以充。到了楚国，毛遂果然表现出色，协助平原君胜利完成使命。平原君盛赞道：“毛先生一至楚，而使赵重于九鼎大吕；毛先生以三寸之舌，强于百万之师。”③ 有时国家指定的人员未必胜于自请者。秦使张唐相燕，欲与燕共伐赵以广河间之地，张唐勉强成行，“行有日，甘罗谓文信侯曰：‘借臣车五乘，请为张唐先报赵。’文信侯乃入言之于始皇”，极力向秦始皇推荐，“始皇召见，使甘罗于赵。”经甘罗游说，“赵王立自割五城以广河间。”④ 甘罗自请出使，轻松实现了秦国的外交目的。可见自请这一方式也有利于物色到优秀的外交使节。

这种方式到了汉代更为盛行。自请是与募紧密相连的选拔方式，那些应募者在一定意义上也可以说是自请者。但自请者往往比应募者更为积极主动，有时在国家并未公开招募时也可能提出请求。故自请出使者有不少是真正具有献身精神的、高素质的人才。元鼎（前116—前111）年间“当发使匈奴”，谒者终军“自请曰：‘军无横草之功，得列宿卫，食禄五年。边境时有风尘之警，臣宜被坚执锐，当矢石，启前行。驽下不习金革之事，今闻将遣匈奴使者，臣愿尽精厉气，奉佐明使，画吉凶于单于之前。臣年少材下，孤于外官，不足以亢一方之任，窃不胜愤懑。’”汉武帝接见并与他讨论了对匈奴的对策，大为赏识，提升他为谏大夫。时值“南越与汉和亲”，于是汉武帝“乃遣（终）军使南越，说

① 《汉书》卷九六下《西域传下》“赞曰”，第3929页。

② 《后汉书》卷八八《西域传》“论曰”，第2931页。

③ 《史记》卷七六《平原君列传》，第2368页。

④ 《史记》卷七一《甘茂列传附孙甘罗传》，第2320页。

其王，欲令入朝，比内诸侯。军自请：'愿受长缨，必羁南越王而致之阙下。'军遂往说越王，越王听许，请举国内属，天子大说。"① 出色地完成了这一使命。不过，由于越相吕嘉作乱，终军被杀，时年二十余。傅介子也是这样一位自请的出色的外交使节，元凤四年（前77）他"以骏马监求使大宛"。当时楼兰、龟兹"皆尝杀汉使者"，汉昭帝便命令傅介子在出使大宛的同时顺道"责楼兰、龟兹国。"② 傅介子出色地完成了使命，受到嘉奖。江充也是"因自请，愿使匈奴"③，而被汉武帝派遣出使匈奴，从而受到重用。史学家班固族人班伯"家本北边，志节慷慨，数求使匈奴。河平（前28—前25）中，单于来朝，上使伯持节迎于塞下。"④ 汉武帝时和亲乌孙的解忧公主在乌孙生活了半个世纪之后，年老思土，于汉宣帝甘露三年（前51）回到长安定居。这时解忧公主之孙星靡代为乌孙的大昆弥，但他幼弱，不能控制乌孙政局。当年随同解忧公主和亲乌孙的侍者冯嫽，外交能力很强，在乌孙各界人士中享有很高的威信，被人们尊称为冯夫人。这时她也已回长安定居，见此情景，"冯夫人上书，愿使乌孙镇抚星靡。"⑤ 冯嫽也属于自请者。于是汉宣帝便派遣她出使乌孙，协助星靡稳定政局。陈汤被举荐为郎之后，"数求使外国。久之，迁西域副校尉，与甘延寿俱出。"⑥ 由此可见自请这种方式也能选拔到一些优秀的外交使节，上述终军、傅介子、冯嫽、陈汤等就是其中的佼佼者。

（三）指派

汉代有不少使节是由皇帝在近臣中直接挑选指派的。汉高帝七年（前200），韩王信反，高帝自往击之，至晋阳，得知韩王信图谋与匈奴连兵击汉，"上大怒，使人使匈奴"。相继派出十余批使者。接着，"上使刘敬复往使匈奴"。刘敬曾因建议定都关中而得到高帝赏识，"拜为郎中，号为奉春君。"⑦ 郎中为皇帝的亲近侍从，刘敬又已为高帝所了解和赏识，

---

① 《汉书》卷六四下《终军传》，第2820—2821页。
② 《汉书》卷七〇《傅介子传》，第3001页。
③ 《汉书》卷四五《江充传》，第2177页。
④ 《汉书》卷一〇〇上《叙传上》，第4199页。
⑤ 《汉书》卷九六下《西域传下·乌孙国传》，第3908页。
⑥ 《汉书》卷七〇《陈汤传》，第3007—3008页。
⑦ 《史记》卷九九《刘敬列传》，第2717、2718页。

故高帝直接指派他为使。在他之前出使匈奴的那些使者也当是高帝指派的身边的人员。这些都是汉高帝在晋阳前线直接指派他所了解的近臣以充任使节。后来刘敬向高帝建议与匈奴和亲，深得高帝的赞成，于是又"使刘敬往结和亲约。"[①] 仍然由皇帝直接指派。武帝建元六年（前 135）"天子使庄助往谕意南越王。"[②] 庄助即严助，他在先前被本郡举为贤良，"对策百余人，武帝善（严）助对，繇是独擢助为中大夫。"[③] 甚得武帝信任，故指派他出使南越。天汉元年（前 100）匈奴且鞮侯单于初立，恐汉袭之，遂将以前所扣留的汉使全部归还，"武帝嘉其义，乃遣（苏）武以中郎将使持节送匈奴使留在汉者。"[④] 苏武少以父任为郎，为皇帝近臣，故被武帝指派为使节。汉明帝永平八年（65）"北匈奴遣使求和亲"，于是"显宗遣（郑）众持节使匈奴。"[⑤] 郑众曾为给事中，给事中为加官，可出入宫禁，亦为皇帝近臣，故有可能被皇帝指派为使节。

除了这些明言由皇帝指派的之外，还有一些所谓"诏遣""诏使"的使节，也多为皇帝所直接指派者。元始二年（2）西域车师后王姑句逃亡匈奴，婼羌国去胡来王唐兜率妻子、人民千余人亡降匈奴，而匈奴单于遣使上书言状曰："臣谨已受。"于是"诏遣中郎将韩隆、王昌、副校尉甄阜、侍中谒者帛敞、长水校尉王歙使匈奴，告单于曰：'西域内属，不当得受。'"[⑥] 此事在《汉书·西域传》中记曰："是时新都侯王莽秉政，遣中郎将王昌等使匈奴。"[⑦] 可见这次遣使实际上是由王莽直接指派的。经韩隆等人交涉，匈奴单于被迫交出姑句、唐兜等人，于是"诏使中郎将王萌待西域恶都奴界上逆受。"[⑧] 与韩隆等人出使一样，这次也是由王莽直接指派的。

还有一些被皇帝拜官之后出使的，也当为皇帝指派出使者。文帝时，

---

① 《史记》卷九九《刘敬列传》，第 2719 页。
② 《史记》卷一一三《南越列传》，第 2971 页。
③ 《汉书》卷六四上《严助传》，第 2775 页。
④ 《汉书》卷五四《苏建附子（苏）武传》，第 2460 页。
⑤ 《后汉书》卷三六《郑众传》，第 1224 页。
⑥ 《汉书》卷九四下《匈奴传下》，第 3818 页。
⑦ 《汉书》卷九六下《西域传下·车师传》，第 3925 页。
⑧ 《汉书》卷九四下《匈奴传下》，第 3819 页。

辟阳侯审食其被杀后，朱建因与其有牵连而自尽，“孝文帝闻而惜之，曰：‘吾无意杀之。’迺召其子，拜为中大夫。使匈奴。”① 张骞之孙张猛“有俊才，元帝时为光禄大夫，使匈奴。”② 枚乘之子枚皋“上书北阙，自陈枚乘之子。上得之大喜，召入见待诏，皋因赋殿中。诏使赋平乐馆，善之。拜为郎，使匈奴。”③ 公孙弘“以贤良征为博士。使匈奴，还报，不合意，上怒。”④ 这些被皇帝拜官或得到皇帝亲近的官员出使，亦当为皇帝所直接派遣者。

由上所述可知，指派的使节是皇帝在近臣中挑选而来的，多为皇帝所信赖及熟悉的人，这种方式又可称为“选使”。始建国三年（11）王莽斩匈奴单于咸之子登，天凤二年（15）“单于咸既和亲，求其子登尸，莽欲遣使送致……选儒生能颛对者济南王咸为大使，五威将琅邪伏黯等为帅，使送登尸。”⑤ 这是一次棘手的使命，故王莽特意从儒生中挑选“能颛对”者为使，“颛对”即专对，颜师古注曰：“谓应对无方，能专其事。”永平十六年（73）窦固击匈奴时，派遣班超出使西域，班超在鄯善以过人的智勇击灭匈奴在鄯善的使团，使依违于汉、匈之间的鄯善“一国震怖”，“遂纳子为质”。窦固将班超在西域的出色表现向汉明帝作了报告，“并求更选使使西域。帝壮超节，诏固曰：‘吏如班超，何故不遣而更选乎？今以超为军司马，令遂前功。’”⑥ 这个记载表明，出使要根据具体的任务而选派合适的使节，而汉明帝认为班超是最恰当的人选，故下令这次不必更选，即以班超为使。

指派使节时，皇帝也未必事必躬亲，都是亲自去挑选，也有由朝臣挑选之后上报皇帝批准的情况。因楼兰“为匈奴反间，数遮杀汉使”，于是元凤四年（前77）“大将军霍光白遣平乐监傅介子往刺其王。”⑦ 时霍光专权，他选拔傅介子为使，是在报告汉昭帝之后方才派遣他出使的。

① 《史记》卷九七《郦生陆贾列传附平原君朱建传》，第2703页。
② 《汉书》卷六一《张骞传》，第2698页。
③ 《汉书》卷五一《枚乘传附枚皋传》，第2366页。
④ 《汉书》卷五八《公孙弘传》，第2613页。
⑤ 《汉书》卷九九中《王莽传》中，第4139页。
⑥ 《后汉书》卷四七《班超传》，第1573页。
⑦ 《汉书》卷九六上《西域传上·鄯善国传》，第3878页。

永元二年（90）“北单于以汉还侍弟，复遣车谐储王等款居延塞，欲入朝见，愿请大使。（窦）宪上遣大将军中护军班固行中郎将，与司马梁讽迎之。”① 时窦宪用事，故他派遣自己的僚属为使，但是他也是在上报汉明帝之后才将他们派出的。

权臣直接遣使的情况也是存在的。永平十六年（73）窦固出击匈奴时，曾派班超别击伊吾，“多斩首虏而还”。窦固“以为能，遣与从事郭恂俱使西域。”② 永元元年（89）窦宪出征匈奴时，“除（梁）讽为军司马，令先赍金帛使北单于，宣国威德。”③ 不过这些都是权臣在出征前线所为，情况有一定特殊性。

由于是指派出使，因而不免有强迫命令的情况发生。有的是因为对于使命的认识有分歧而产生抗命的情况，永平八年（65）郑众出使北匈奴时，北匈奴遣使随郑众回报，于是“朝议复欲遣使报之”。郑众根据自己对匈奴政情的深入了解，上书认为不宜遣使回报，但是“帝不从，复遣（郑）众。”郑众再次陈述不宜遣使的理由，仍然是“帝不听，（郑）众不得已，既行，在路连上书固争之。诏切责（郑）众，追还系廷尉。”④ 这是因被指派的使节与皇帝对这次使命的必要性认识有分歧而产生的强迫命令及其矛盾冲突。虽然被指派之使节大多都能乐于奉命，但也有少数人不乐于出使而抗命的，乃至有因此而背叛者。汉文帝前六年（前174）匈奴“老上稽粥单于初立，孝文皇帝复遣宗室女公主为单于阏氏，使宦者燕人中行说傅公主。（中行）说不欲行，汉强使之。（中行）说曰：‘必我行也，为汉患者。’中行说既至，因降单于。”⑤ 宦者为皇帝侍臣，故得以被选为使。中行说是因不乐于奉使而背叛的，他投降匈奴后，极尽事匈反汉之能事，起了恶劣的作用。

（四）举荐

举荐也是选拔使节的重要方式之一。举荐使节的方式在汉代以前就已经实行，战国时秦昭王向赵惠文王求和氏璧，惠文王“计未定，求人

① 《后汉书》卷二三《窦宪传》，第818页。
② 《后汉书》卷四七《班超传》，第1572页。
③ 《后汉书》卷四七《梁慬传》，第1591页。
④ 《后汉书》卷三六《郑众传》，第1224—1225页。
⑤ 《史记》卷一一〇《匈奴列传》，第2898页。

可使报秦者，未得。宦者令缪贤曰：‘臣舍人蔺相如可使。’王问：‘何以知之?’”缪贤在历述了蔺相如的表现之后，说：“臣窃以为其人勇士，有智谋，宜可使。”① 于是赵王召见蔺相如，派遣他出使秦国。甘罗向吕不韦请求出使赵国，吕不韦向秦王政推荐道：“昔甘茂之孙甘罗，年少耳，然名家之子孙，诸侯皆闻之。今者张唐欲称疾不肯行，甘罗说而行之。今愿先报赵，请许遣之。”② 经吕不韦举荐，秦王于是派遣甘罗出使赵国。

汉代进一步推行这种选拔方式。卫律，“善协律都尉李延年，延年荐言（卫）律使匈奴。”③ 这是通过臣下的推荐而选拔使节。这种方式一般是在有了出使需要时，由皇帝下诏百官举荐，汉宣帝时曾发布“诏书令公卿选可使匈奴者。”④ 这是下令让公卿普遍推荐。宣帝元康元年（前65年）“选可使外国者，前将军（韩）增举（冯）奉世以卫候使持节送大宛诸国客。”⑤ 这是在下令百官举荐的基础上而确定人选，故《资治通鉴》记此事曰“上令群臣举可使西域者”⑥。更始二年（24）“大臣荐（陈）遵为大司马护军，与归德侯刘飒俱使匈奴。”⑦ 此即由群臣举荐基础上选定。有时也可指定特定的官员推荐，孝文帝元年（前179年），“诏丞相陈平等举可使南越者，平言好畤陆贾，先帝时习使南越。迺召贾以为太中大夫，往使。”⑧ 这是指定丞相陈平等人举荐出使人选。

除了诏令中央百官举荐之外，有时也诏令地方政府举荐。汉武帝元封五年（前106），“名臣文武欲尽，诏曰：‘……其令州郡察吏民有茂材异等，可为将相及使绝国者。’”所谓“异等”，应劭注曰：“超等轶群不与凡同也。”“绝国”，颜师古注曰：“绝远之国，谓声教之外。”⑨ 这是诏令州郡长官推荐具有特殊品质和才能的人充任外交使节。

---

① 《史记》卷八一《廉颇蔺相如列传》，第2439—2440页。
② 《史记》卷七一《甘茂列传附孙甘罗传》，第2320页。
③ 《汉书》卷五四《李陵传》，第2457页。
④ 《汉书》卷五一《路温舒传》，第2371页。
⑤ 《汉书》卷七九《冯奉世传》，第3294页。
⑥ 《资治通鉴》卷二五汉宣帝元康元年（前65），第825页。
⑦ 《汉书》卷九二《游侠·陈遵传》，第3714页。
⑧ 《史记》卷一一三《南越列传》，第2970页。
⑨ 《汉书》卷六《武帝纪》，第197、198页。

与内政官员的荐举一样，举主与被举者之间形成一种利益攸关关系。对于荐举者，根据其所荐举人才之优劣而有所奖惩。故举得其人，可能得到表彰。韩增举冯奉世出使西域，不仅完成了送大宛诸国客的使命，而且平服了莎车国的叛汉势力，“威振西域”，于是“宣帝召见韩增，曰：‘贺将军所举得其人。’”① 但是当举主犯罪时，被举者也可能受到牵连。卫律被协律都尉李延年举荐出使匈奴，“使还，会延年家收，律惧并诛，亡还降匈奴。”②

（五）征

征是汉代选拔官吏的方式之一，在外交使节的选拔中也采用这种方式。西汉和亲公主解忧与乌孙肥王翁归靡所生长男元贵靡未能立为昆弥，而在汉宣帝甘露元年（前53），翁归靡与匈奴妇所生儿子乌就屠自立为昆弥。汉朝一方面派破羌将军辛武贤率军至敦煌，示以武力。另一方面则由西域都护郑吉派解忧的侍者冯嫽去劝说乌就屠投降，乌就屠表示“愿得小号”。在这种情况下，“宣帝征冯夫人，自问状，”汉宣帝亲自召见冯嫽，询问乌孙情况和政局，于是宣帝派遣“冯夫人锦车持节，诏乌就屠诣长罗侯赤谷城，立元贵靡为大昆弥，乌就屠为小昆弥，皆赐印绶。破羌将军不出塞还。”③ 这是汉宣帝特征召冯嫽为使。乌就屠死后，西域都护段会宗立安日为小昆弥。后乌孙“小昆弥为国民所杀，诸翎侯大乱。”于是汉成帝“征（段）会宗为左曹中郎将光禄大夫，使安辑乌孙，立小昆弥兄末振将，定其国而还。”④ 时段会宗已不任西域都护，后拜金城太守，又以病免，因出使乌孙的需要，故汉成帝征召段会宗为使。由上可知，使节之征召由皇帝发出，被征召者均为声名已著、具有卓越业绩和才能者。

二　外交使节选拔的特殊性

汉代外交使节的选拔方式大体如上，从中可以看到其选拔方式与当

① 《汉书》卷七九《冯奉世传》，第3294页。

② 《汉书》卷五四《李陵传》，第2457页。

③ 《汉书》卷九六下《西域传下·乌孙国传》，第3907页。

④ 《汉书》卷七〇《段会宗传》，第3030页。

时一般政府官员的选拔方式既有一致之处，也有不同之处。汉代一般政府官员的选拔方式主要有察举、征辟、考试、任子、纳赀、卖官等①。外交使节的选拔也运用其中的察举、征辟等方式，但是其余的考试、任子、纳赀、卖官等方式则未见。在汉代外交使节的选拔中虽然也运用察举、征辟等通常的选官方式，但是并不占居主要地位，更多的是采用招募、自请以及皇帝直接指派等方式。可见汉代外交使节的选拔方式与一般政府官员的选拔方式相比具有一定的特殊性。何以会有这些区别，其产生的原因又是什么呢？

首先，这是由于汉代外交所处开辟、创新阶段的诸多特点所决定的。秦代虽有建立统一帝国之功，但是在外交上却建树无多，其开辟、创新之功落在了继之而起的汉皇朝身上。一方面是在汉代中国古典外交取得了空前的发展，以张骞“凿空”的壮举为标志，在中国历史上第一次打开了通向外部世界的大门，开启了中国古典外交的新局面、新时代。另一方面是与边族的交往也有空前的发展，由于有些边族的崛起以及汉皇朝疆域的扩展，与边族的关系空前复杂。处于这样一个社会历史条件和阶段的外交是充满挑战和艰难险阻的。外交使节往往面临着一片陌生的世界，从而具有很强的探险性质。一定意义上可以说，外交使节就是探险家。此其一。由于当时交通、通讯和物质条件的制约，出使是一项极其艰难险阻的苦差。史称出使西域，“天子为其绝远，非人所乐往。”不仅旅途自然条件恶劣，生活保障困难，而且沿途敌对的、不友好的国家又常“禁其食物以苦汉使”，以致“汉使乏绝积怨，至相攻击。”② 出使道途之艰险可想而知。此其二。开辟、创新阶段的外交具有浓厚的原始性、野蛮性。外交固然首先是国家之间的文明、礼仪和友好关系的表现，但是在世界外交处于早期阶段时，外交行为的规范、约束、礼仪等还在摸索前进中，外交的文明程度还较低，因而对外交往中的野蛮行为时有发生，对于外交使节的拘禁、袭击、杀害等现象屡见不鲜。汉武帝在物色出使月氏的使节时，就考虑到匈奴不仅与汉朝敌对，而且与月氏敌对，而出使月氏

① 参见安作璋、熊铁基《秦汉官制史稿》（下册），齐鲁书社1985年版，第306—351页。

② 《史记》卷一二三《大宛列传》，第3171页。

必须路经匈奴，“道必更匈奴中”，具有很大危险性，因而“乃募能使者”[①]以充任。张骞在出使途中果然被匈奴拦截，扣留十余年方得逃脱。所以，当时外交使节是经常受到武力威胁的，人身安全是没有保障的，例如出使西域时，不仅“匈奴奇兵时时遮击使西国者”，而且沿途小国楼兰、姑师等也常“攻劫汉使”[②]。此外，刺杀在当时的外交中还是被经常运用的方式之一，外交使节常被委以行刺的任务。可以说这时的外交使节还是一个危险的职业，他们的人身安全是没有保障的。此其三。这样的苦差就不是一般的官僚贵族及其子孙所乐于或能够承担的，因此需要更广泛地从社会各阶层中，乃至下层社会中选择那些具有献身和冒险精神，坚忍不拔的品格，以及过人体力的人才以充任外交使者，而招募或自请等方式就是罗致这类人才的一种有效方式。

其次，外交使节与一般政府官员的性质亦有所区别。一般政府官员的职务及其任职基本上是常设的、固定的。从职务来说，不论中央政府官员或地方政府官员，不论文官或武官，其设置及其任所都基本上是常设的、固定的。从任期来说，他们或可久在其任，或可通过升迁调补等方式而转换职位。而外交使节并不是常设的、固定的官职，是为完成特定任务而设置，并随特定任务之完成而中止的，具有临时性、一次性的特点。他们没有固定的任所，而是根据使命所需而指向四面八方。他们没有固定的任期，随使命之完成与否而决定。外交使节需要根据不同的使命及不同国度或民族而选拔具有特定才能与素质，具有勇敢和献身精神的特殊人才。同时，外交是智慧和言词的较量，外交使节需要具备专对和能言善辩的特长和才能。因此，除了运用一般的选拔官员方式之外，还需要运用其他一些方式进行选拔，以满足各种使命的特定需求。这样的官职就不是一般官僚贵族及其子孙都乐于承担的，他们不会通过“纳赀”“任子”等方式去主动谋取这样的职务，相反还需要政府给予奖励以招致这样的人才。故外交使节需要广泛地从官员队伍中乃至民间招募那些具有各种特殊才能的、自愿效命的“壮士”或“辩士”类型的人才来承担。又由于外交使节是皇帝的代表，因而皇帝往往从朝廷中直接选拔

① 《史记》卷一二三《大宛列传》，第 3157 页。
② 《史记》卷一二三《大宛列传》，第 3171 页。

那些已被了解、亲幸的人才来承担，故皇帝直接指派的方式也就时有所见。外交使节与一般政府官员相比所具有的这些特殊性，决定了其选拔方式较一般官吏的选拔具有一定的特殊性也就不足为奇了。

三 外交使节的任命与派遣

通过以上几种方式面向社会广泛罗致使节候选人之后，还须经一定考察、审核之后方能正式得到任命。一般是由最高统治者亲自进行考察。战国时期，缪贤向赵王推荐蔺相如出使秦国，赵王不仅向缪贤详细询问了蔺相如的有关情况，而且亲自考察，“于是王召见，问蔺相如”，详细讨论了这次与秦国外交斗争的方略、策略等问题后，感到很满意，“赵王于是遂遣相如奉璧西入秦。”① 吕不韦向秦王推荐甘罗为出使赵国之使节，于是“始皇召见，使甘罗于赵。”② 秦王亲自召见甘罗，无疑也是要当面进行考察，并由此而作出决定。

汉代进一步实行这种考察方式，最经常采用的方式是所谓“诏问状”，即由皇帝召见，直接询问考察并进行具体的讨论。江充自请出使匈奴，汉武帝“诏问其状，充对曰：‘因变制宜，事不可宜豫图。’上以充为谒者，使匈奴。”③ 汉武帝召见江充，与他讨论对待匈奴的外交策略，江充的回答得到武帝的首肯，于是决定派遣他出使匈奴。终军自请出使匈奴，汉武帝“诏问画吉凶之状，上奇军对，擢为谏大夫。”④ 因为终军在申请书中曾表示如果派遣他出使匈奴，他将“画吉凶于单于之前”，于是汉武帝召见他询问如何“画吉凶”的具体情况，讨论了与匈奴外交的利弊得失，终军的回答给武帝留下了深刻印象，确认了他的外交才能，虽然因故没有出使匈奴，但不久即派遣他出使南越。汉宣帝为了派人出使乌孙，征召冯夫人进京“自问状”⑤，也是亲自了解情况进行考察。他们都是经皇帝亲自考察之后，得到认可或赏识，从而被任命为使节。

---

① 《史记》卷八一《廉颇蔺相如列传》，第 2440 页。
② 《史记》卷七一《甘茂列传附孙甘罗传》，第 2320 页。
③ 《汉书》卷四五《江充传》，第 2177 页。
④ 《汉书》卷六四下《终军传》，第 2820 页。
⑤ 《汉书》卷九六下《西域传下·乌孙国传》，第 3907 页。

这种考察工作有时也委托公卿百官去进行。对于自请者，国家需要经过严格的审查。大约在汉宣帝时因需要选拔出使匈奴的使节，右扶风丞路温舒“上书，愿给厮养，暴骨方外，以尽臣节。”颜师古注曰：“求为卒而随使至匈奴也”。但他的请求并没有得到批准。路温舒提出请求之后，“事下度辽将军范明友、太仆杜延年问状，罢归故官。”皇帝将此事下达范明友、杜延年二人负责审查，审查后认为他不合格，于是令他回去担任右扶风丞原职。为什么没有批准他的请求呢？颜师古注曰：“以其言无可取，故罢而遣归故官。”① 由此可见对于自请者，国家是要经过一定的程序而进行审查的，从这个材料和上述自请出使被批准的事例观之，审查一般是通过面试的方式，或由皇帝亲自面试，或交由臣下负责，当面考察自请者的能力和水平，以确定其是否胜任使节的重任。对自请者的审查还是很严格的，故自请者未必都能得到批准。

考察工作一般来说是认真的、严格的，因而经过考察之后不予任命的情况也是有的。上述路温舒自请出使匈奴事，说明了这一点。

但是考察工作中的随意性也是存在的。汉武帝广泛招募出使西域的使节时，对于那些应募者采取“听其言，予节”的选拔方式，表明也是经过亲自召见进行询问、考察之后，而任命他们为使节的。但是，这种选拔方式一度出现过滥的情况，考察工作有失妥当，“自博望侯开外国道以尊贵，其后从吏卒皆争上书言外国奇怪利害，求使。”在张骞开通西域之后出现了一股自请出使西域的热潮，只要提出请求的都予以批准，派遣其持节出使。“其吏卒亦辄复盛推外国所有，言大者予节，言小者为副，故妄言无行之徒皆争效之。”② 夸大失实者往往得到任用，导致所任命的使节良莠不齐，素质不高者居多。有的人或违法乱纪，或不能完成使命，“天子为其习之，辄覆案致重罪，以激怒令赎，复求使。”于是这些人又通过求使以赎罪，“使端无穷，而轻犯法”，形成恶性循环。

使节候选人经考察之后均由皇帝决定是否任命其为使节，并由皇帝直接派遣其出使，史籍中屡见“上召”“上使”等记载，就是这种情况的

---

① 《汉书》卷五一《路温舒传》，第2371—2372页。

② 《史记》卷一二三《大宛列传》，第3171页。

反映。如，陈平向文帝举荐陆贾出使南越，于是“上召（陆）贾为太中大夫，谒者一人为副使”① 出使南越。这是由“上召”而遣之。江充自请出使匈奴，经考察后，“上以充为谒者，使匈奴”②。班伯求使匈奴，成帝河平年间，“单于来朝，上使伯持节迎于塞下。”③ 这些都是由“上使”而遣之。

第二节　外交使节的人选

汉代的外交进入了中国古典外交的一个开拓创新时期，外交的空间大大扩展，外交的内涵也有了很大发展，所交往的国家、民族空前繁多，尤以远国大为增加，情况亦随之而空前复杂，这就需要根据不同的外交对象和目的派遣不同的外交使者，从而导致汉代外交使节的人选与先秦时期有所变化，并具有多样性的特点。那么，什么人可以担任外交使节？使节需要具备什么样的素质和才具呢？尽管具体的使节人选多种多样，但大略而言，主要为文、武两方面的人才，文者主要为“辩士”，武者主要为“勇士”（“壮士”）。在汉代，此两者中以后者为主。

一　外交使节人选的类型

（一）辩士

“辩士”是汉代外交使节中常见的一类人员。

“士”在中国古代有着非常复杂的含义，《说文解字》：“士，事也。”段注：“引申之，凡能事其事者称士。”④ 具有一定的知识和技能服务于社会者均可谓之“士”。因此把“士”仅说成为知识分子或官员，都难免有一定的片面性。“士”在春秋战国时期作为一个社会群体主要是指与农、工、商贾共同构成的“四民”之一，《穀梁传》成公元年：“古者有四民，有士民，有商民，有农民，有工民。”何休注曰：士民，“学习道艺者。”⑤

---

① 《汉书》卷九五《南粤传》，第 3849 页。

② 《汉书》卷四五《江充传》，第 2177 页。

③ 《汉书》卷一〇〇《叙传上》，第 4199 页。

④ 《说文解字注》一上《士部》，第 20 页。

⑤ 《春秋穀梁传注疏》卷一三，成公元年，第 241 页。

所谓“道艺”，含义也很复杂，《唐六典》有一个很概括的说法：“凡习学文、武者为士。”[①] 以文、武两大类为“道艺”之主要内容。综上所述，“士”是指掌握文、武知识和技能，有条件或已经效力于社会或公共权力的人员。尽管“士”依其知识、技能的不同而有多种多样，但文士、武士是其主要大类。《庄子》所列举的“士”有十一种之多，但其中的“知士”“辩士”“察士”“招世之士”“中民之士”“法律之士”“礼教之士”“仁义之士”等大体属于“文士”范畴，“筋力之士”“勇敢之士”“兵革之士”等大体属于“武士”范畴[②]。

“辩士”是“文士”的一种。王充说：“文士之务，各有所从，或调辞以巧文；或辩伪以实事。”可见“文士”包括善于“调辞”的文人，以及善于“辩伪”的辩士。而“辩士之言要而达，文人之辞寡而章。”[③] 两者各自具有写作或言语方面的才能和特长。《韩诗外传》说：“是以君子避三端：避文士之笔端，避武士之锋端，避辩士之舌端。”[④]“文士”以“笔端”见长，“辩士”以“舌端”见长，两者与以“锋端”见长的“武士”相对应相区别，而“辩士”是与“文士”同类的群体，属于“文士”这一范畴之内而以能言善辩、口才过人为其特长者。故有时径称辩士为“有口”者，“孝惠时，吕太后用事，欲王诸吕，畏大臣及有口者。”颜师古注曰：“有口，谓辩士。”[⑤] 有时则被称为“说士”[⑥]。

汉代以辩士为外交使节，是继承了春秋战国特别是战国以来的传统。春秋战国时期诸侯、列国之间交往争斗空前频繁和激烈，于是作为沟通诸侯、列国关系的“辩士”应运而起，活跃于外交舞台。所谓“是时诸侯多辩士”[⑦]，实际上这是春秋战国以来的普遍情况。因为辩士具有口辩

---

① （唐）李林甫等撰，陈仲夫点校：《唐六典》卷三《户部尚书》，中华书局 1992 年版，第 74 页。

② （清）王先谦撰：《庄子集解》卷六《杂篇·徐无鬼第二十四》，中华书局 1987 年版，第 212—213 页。

③ 黄晖撰：《论衡校释》卷三〇《自纪篇》，中华书局 1990 年版，第 1201 页。

④ （汉）韩婴撰，许维遹校释：《韩诗外传集释》卷七《第五章》，中华书局 1980 年版，第 242 页。

⑤ 《汉书》卷四三《陆贾传》，第 2114 页。

⑥ 《汉书》卷四五《蒯通传》，第 2167 页。

⑦ 《史记》卷八五《吕不韦列传》，第 2510 页。

的特长，于是常被用于充任外交使节。据说孔子与子贡、子路、颜渊游于戎山之上。孔子喟然叹曰：“二三子各言尔志，予将览焉……赐尔何如？”子贡对曰：“得素衣缟冠，使于两国之间，不持尺寸之兵，斗升之粮，使两国相亲如弟兄。”孔子曰：“辩士哉！”① 可见辩士的特长是以口舌调和两国关系，故被“使于两国之间”，担当外交使节。燕昭王二十四年（前288）助齐伐宋，苏代不同意这个方针，而希望联秦攻齐，于是遗燕昭王书，为其出谋划策，建议“何不使辩士以若说说秦王”②，派遣辩士为使以说服秦王联合伐齐。战国四公子之一的楚人春申君，姓黄名歇，“游学博闻，事楚顷襄王，顷襄王以歇为辩，使于秦。”也是因善辩而充使的“辩士”。时秦国正联合韩、魏，由秦将白起率领攻楚，黄歇“乃上书说秦昭王”，秦昭王看了黄歇的长篇说辞之后“于是乃止白起而谢韩、魏，发使赂楚，约为与国。”③ 可见“辩士”不仅口辩，而且善于以笔辩。后黄歇又与楚太子一起入质于秦，楚顷襄王病，太子不得归，于是黄歇说服秦相应侯同意遣返太子，并用计使太子及自己先后平安回到楚国。其口辩之才亦不下于笔辩。淳于髡仕于齐威王，他“滑稽多辩，数使诸侯，未尝屈辱。”④ 也以口辩之才而活跃于战国外交舞台。秦王政在统一战争中，“用李斯之谋，阴遣辩士赍金玉游说诸侯……然后使良将随其后，数年之中，卒兼天下。”⑤ 可见秦统一天下是“辩士”与“良将”的相互配合，文武兼用而实现的，“辩士”在其中发挥了巨大作用。活跃于战国外交舞台上的著名外交家苏秦被称为“天下之辩士”⑥。由于辩士经常纵横捭阖于诸侯、列国之间，因而又被称为“纵横家”，“纵横者，所以明辩说，善辞令，以通上下之志者也。《汉书》以为本出行人之官，受命出疆，临事而制……”⑦ “纵横家”的基本特长在于“辩”，其基本职任在于出使。“纵横家”即“辩士”，“辩士”在一定意义上可以说是外

---

① 《韩诗外传集释》卷九《第十五章》，第319—321页。

② 马王堆汉墓帛书整理小组编：《战国纵横家书》二〇《谓燕王章》，文物出版社1976年版，第86页。

③ 《史记》卷七八《春申君列传》，第2387、2393页。

④ 《史记》卷一二六《滑稽列传》，第3197页。

⑤ 《资治通鉴》卷六秦始皇十年（前237），第218页。

⑥ 《战国策新校注》（上）卷一〇《齐策三》，第359页。

⑦ （唐）魏徵、令孤德棻撰：《隋书》卷三四《经籍志三》，中华书局1973年版，第1005页。

交使节或外交家的同义语。

明乎此，则汉代广泛吸收辩士以充任外交使节就不难理解了。东方朔在与汉武帝讨论“得天下贤士，公卿在位咸得其人”的问题时，以古代贤士、贤臣作比喻，分别指出他们适于担任何种职务，其中说到应当以“子赣使外国”。颜师古注曰：“以其有辩说”[①]。子赣即孔子弟子子贡，曾被孔子赞为“辩士”。他“利口巧辞”[②]，曾出使齐、吴、越、晋等国，挽救了鲁国的危局，是孔门中著名外交家。可见汉代统治集团认为像子贡那样的“辩士”是外交使节人才的首选。故汉代经常以“辩士”充任外交使节。刘敬向汉高帝建议对匈奴实行“和亲”之策，其中一项措施是：“以岁时汉所余彼所鲜数问遗，因使辩士风谕以礼节。”[③] 在馈赠物资的同时，派遣“辩士”执行使命。两度率领使团出使南越的陆贾就是一位“辩士”，“陆贾者，楚人也。以客从高祖定天下，名为有口辩士，居左右，常使诸侯。”他以口才出色而经常奉命出使。司马迁评价他说：“余读陆生《新语》书十二篇，固当世之辩士。”[④] 认为他是当代之“辩士”。除了以“辩士”担任使团团长之外，在使团成员中也常配有辩士，元鼎四年（前113）汉朝派遣安国少季出使南越时，即“令辩士、谏大夫终军等宣其辞。”[⑤]“辩士”在这个使团中的主要任务是“宣其辞”，发挥其口辩的特长。

“辩士”一般来说是具有较高文化修养的儒生，天凤二年（15）王莽“选辩士济南王咸为大使”[⑥] 出使匈奴，《汉书》记此事作：“莽选儒生能颛对者济南王咸为大使。”[⑦] 可见王咸可称为“辩士”，也可被称为“儒生”，而“辩士”是儒生中具有“专对”才能者。由于汉朝常派遣儒生型辩士出使匈奴，故匈奴每见汉朝所遣使者“其儒先，以为欲说，折其辩。”[⑧]“儒先”，《汉书》记作“儒生”[⑨]。可见使节中具有辩才者多为儒

---

① 《汉书》卷六五《东方朔传》，第2860页。
② 《史记》卷六七《仲尼弟子列传》，第2195页。
③ 《史记》卷九九《刘敬列传》，第2719页。
④ 《史记》卷九七《陆贾列传》，第2697、2705页。
⑤ 《史记》卷一一三《南越列传》，第2972页。
⑥ 《资治通鉴》卷三八王莽天凤二年（15），第1205页。
⑦ 《汉书》卷九九中《王莽传中》，第4139页。
⑧ 《史记》卷一一〇《匈奴列传》，第2913页。
⑨ 《汉书》卷九四上《匈奴传上》，第3773页。

生。匈奴在对付这类使者时便图谋首先在“辩”论方面折服对方。上文所述陆贾就是一位著名的儒生和学者，他经常向汉高帝“说称《诗》《书》”，提出了“马上得之，宁可以马上治乎”的著名见解，著《新语》一书总结秦所以失天下，汉所以得天下的历史经验教训。出使南越的终军也是一位儒生文士，他“少好学，以辩博能属文闻于郡中。年十八，选为博士弟子。”① 这些具有较高文化水平和修养的“辩士”在外交中也都确实发挥了突出作用，在出使中胜利完成使命，往往“皆如意指”②，而令“天子大说”③。

（二）勇士（壮士）

“勇士”（“壮士”）是汉代外交使节的又一类型重要人选，这也是继承先秦以来的传统。

“勇士”（“壮士”）属于“武士”范畴，是与“辩士”等“文士”相对应的士人，《管子》说：“内辩士使图其计，内勇士使高其气。”④“辩士”长于计谋，“勇士”气势高扬，两者的特长和作用不同，均为治国谋功所赖。“勇士”又被称为“壮士”，据说孔子与子路等游于景山之上，孔子让他们各言其志，子路曰：“由愿奋长戟，荡三军，乳虎在后，仇敌在前，蠡跃蛟奋，进救两国之患。”孔子曰：“勇士哉！”子贡听了以后说：“两国构难，壮士列阵，尘埃涨天……”⑤ 可见“勇士”与“壮士”是相通的，他们均以武报国。秦王政二十年（前227）燕国派遣“勇士”荆轲、秦舞阳出使秦国，在易水送别使团时，歌曰：“风萧萧兮易水寒，壮士一去兮不复还！”⑥ 这里也把出使的“勇士”称为“壮士”，表明两者的含义是相通的。庄子所说十一种“士”中有“勇敢之士”“筋力之士”，后者据成玄英疏曰：“英髦壮士，有力如虎。”⑦ 可见这两种“士”其实也是相通的。“勇士”是怎样的人呢？伍子胥为吴公子光

① 《汉书》卷六四下《终军传》，第2814页。

② 《汉书》卷四三《陆贾传》，第2116页。

③ 《汉书》卷六四下《终军传》，第2821页。

④ 黎翔凤撰，梁运华整理：《管子校注》卷一七《禁藏》，第1027页。

⑤ 《韩诗外传集释》卷七《第二十五章》，第268页。

⑥ 《史记》卷八六《刺客列传》，第2534页。

⑦ （清）郭庆藩撰，王孝鱼点校：《庄子集释》卷六《杂篇·徐无鬼第二十四》，中华书局1961年版，第835页。

“求勇士专诸”[①]时，“因而相之，雄貌，深目，侈口，熊背，知其勇士。”[②]但勇士不仅是孔武有力，体现于外表，更重要的是具有舍生忘死的精神，从上述孔子与子路的谈话可知，他们是将“勇士”（壮士）视为为国效力而不避死难之人。此外还有各种说法，如“勇士轻其死”[③]“勇士不怯死而灭名”[④]“勇士极其节”[⑤]等等，都是强调“勇士”重名节、轻死生的特点。

先秦时期就常以“勇士”（“壮士”）充任使节。《吴越春秋·阖闾内传第四》记载：春秋时有“壮士椒丘䜣”，曾经“为齐王使于吴”[⑥]。鲁宣公十五年（前594）楚伐宋，宋向晋告急，晋“乃求壮士，得霍人解扬，字子虎，往命宋毋降。”[⑦]解扬果然不辱使命，以智勇双全的表现克服危难，完成了任务[⑧]。战国时，楚怀王十六年（前313），楚国中了秦国的反间计，表示愿断绝与齐国的友好关系，“乃使勇士往詈齐王”[⑨]。著名外交家蔺相如也是一位“勇士”，秦昭王提出愿以十五城交换赵国的和氏璧，赵国恐见欺，物色可以胜任这一艰巨使命的人，宦者令缪贤向赵惠文王推荐他的舍人蔺相如，说：“臣窃以为其人勇士，有智谋，宜可使。”[⑩]蔺相如果然不辱使命，完璧归赵。可见“勇士”不仅孔武有力，而且足智多谋，作为外交使节的“勇士”应是智勇双全的。燕太子丹为了报复、抗御强秦，苦于国小力弱，于是设计派遣“勇士使于秦”[⑪]，图谋相机劫持或刺杀秦王。为此而“奉养勇士，无所不至。”[⑫]秦王政二十年（前227）燕国派遣“勇士”荆轲出使秦国，同时“燕国有勇士秦舞

① 《史记》卷三一《吴太伯世家》，第1462页。
② 《史记》卷三一《吴太伯世家》“正义”引《吴越春秋》，第1462页。
③ 《管子校注》卷二二《山至数》，第1326页。
④ 《史记》卷八三《鲁仲连邹阳列传》，第2465页。
⑤ 《汉书》卷六七《梅福传》，第2917—2918页。
⑥ 周生春：《吴越春秋辑校汇考》卷四《阖闾内传》，上海古籍出版社1997年版，第46页。
⑦ （汉）刘向撰，向宗鲁校证：《说苑校证》卷一二《奉使》，中华书局1987年版，第293页。
⑧ 详见《春秋左传正义》卷二四，宣公十五年，第766—769页。
⑨ 《战国策新校注》卷四《秦策二》，第121页。
⑩ 《史记》卷八一《廉颇蔺相如列传》，第2440页。
⑪ 《史记》卷八六《刺客列传》，第2531页。
⑫ 无名氏撰，吴毅中点校：《燕丹子》，中华书局1985年版，第3页。

阳，年十三，杀人，人不敢忤视。乃令秦舞阳为副。”[①] 正副使均由“勇士”充任。由上所述可见，以“勇士”出使，大多因外交任务艰险，甚至是担负刺杀之类的特殊使命，不仅需要有勇敢精神和智慧，而且需要有过人的体力和武艺。

汉代沿袭先秦的传统，也常以“勇士”（“壮士”）充任使节。大宛有“善马”在其贰师城，汉使回国后向武帝报告大宛不肯给，“天子既好宛马，闻之甘心”，于是太初元年（前104）“使壮士车令等持千金及金马以请宛王贰师城善马。”[②] 这是以“壮士”担任使团负责人。元鼎四年（前113）汉武帝派遣安国少季出使南越，同时令“勇士魏臣等辅其决。”[③] 以勇士为使团之助手。南越王、王太后同意附汉，但是丞相吕嘉不同意，次年，天子以“使者怯无决”，时“郏壮士故济北相韩千秋奋曰：‘以区区之越，又有王、太后应，独相吕嘉为害，愿得勇士二百人，必斩嘉以报。’于是天子遣千秋与王太后弟樛乐将二千人往。”[④] “勇士”有时又称为“勇敢士”，元凤四年（前77），汉朝派遣傅介子往刺楼兰王。他就是班超心目中的“壮士”[⑤]。傅介子“轻将勇敢士”而往，其所率领的使团成员为“勇敢士”。他们“既至楼兰，诈其王欲赐之，王喜，与介子饮，醉，将其王屏语，壮士二人从后刺杀之，贵人左右皆散走。介子告谕以‘王负汉罪，天子遣我诛王，当更立王弟尉屠耆在汉者。汉兵方至，毋敢动，自令灭国矣！’介子遂斩王尝归首。”[⑥] 具体执行刺杀任务的“壮士二人”，应当就是上述“勇敢士”中的人员，这再一次证明“勇士”与“壮士”是相同的。

班超出使西域时，与随行吏士商议袭杀匈奴使团，众人建议曰：“当与从事议之。”从事郭恂是被出征匈奴的权臣窦固安插于使团中的人。班超怒曰：“吉凶决于今日。从事文俗吏，闻此必恐而谋泄，死无所名，非壮士也！”[⑦]

---

① 《史记》卷八六《刺客列传》，第2533页。
② 《史记》卷一二三《大宛列传》，第3174页。
③ 《汉书》卷九五《西南夷两粤朝鲜传》，第3854页。
④ 《史记》卷一一三《南越列传》，第2973—2974页。
⑤ 参见《后汉书》卷四七《班超传》，第1571页。
⑥ 《汉书》卷九六上《西域传上·鄯善国传》，第3878页。
⑦ 《后汉书》卷四七《班超传》，第1572页。

班超把从事郭恂排除于“壮士”之外，认为他是“文俗吏”，是个重私利而缺乏为国献身精神，胆小而无气节的人，如果让他参与袭击匈奴使团的谋划，他“闻此必恐而谋泄”。班超袭杀匈奴使团成功之后，第二天告诉郭恂，“恂大惊，既而色动。（班）超知其意，举手曰：‘掾虽不行，班超何心独擅之乎？’恂乃悦。”① 可见“壮士”与非壮士的区别不仅在于其是否具有为国献身，重名节、轻死生的勇敢无畏精神，还在于是否具有公而忘私的品德，两者的区别及其在外交中的表现和作用的差异于此可见。

“勇士”（“壮士”）还具有志存高远的特点。班超少年时“家贫，常为官佣书以供养。久劳苦，尝辍业投笔叹曰：‘大丈夫无它志略，犹当效傅介子、张骞立功异域，以取封侯，安能久事笔研间乎？’左右皆笑之。超曰：‘小子安知壮士志哉！’”② 在班超心目中，傅介子③、张骞这些“立功异域”的外交家都是他要效法的“壮士”，这里“壮士”是有远大抱负、矢志立功异域的人。上文述及出使西域的班超自称为“壮士”，而且把他召来商议袭杀匈奴使团的三十六名吏士也称为“壮士”，可见不仅班超本人是“壮士”，他所率领的使团成员也多属“壮士”。班超与三十六名吏士在胜利完成出使西域任务后，再次被派遣出使西域，朝廷打算给他增加随员，班超说：“愿将本所从三十余人足矣！”可见班超对这三十余人非常满意，因为经过实践的考验证明他们不愧为“壮士”。

汉代外交使团中的一些“少年”也多属于“勇士”。史称“匈奴俗，见汉使……其少年，以为欲刺，折其气。”④ 由于这种“少年”往往担当刺杀的使命，故对方见有“少年”来使便以为是来行刺的，故采取“折其气”的手段以对付之。上文提到《管子》说：“内勇士，使高其气。”强调“勇士”的特点是其“气”，故对付“勇士”须“折其气”。可见这

---

① 《后汉书》卷四七《班超传》，第 1572、1573 页。

② 《后汉书》卷四七《班超传》，第 1571 页。

③ 《西京杂记》曰：“傅介子年十四，好学书，尝弃瓢而叹曰：‘大丈夫当立功绝域，何能坐为散儒？’卒斩匈奴使者，还报，拜中郎将。后复斩楼兰王首，封义阳侯。”（《太平御览》卷六一四《学部》八引，第 2763 页）由此可见傅介子亦少年时弃文从武、矢志立功异域之壮士，故班超以其为榜样。

④ 《史记》卷一一〇《匈奴列传》，第 2913 页。

种“少年”实际上就是“勇士”。以“少年”执行刺杀使命也是有传统的，战国末年随同荆轲刺秦王的“勇士”秦舞阳就是一位十三岁的少年。

汉代外交使节中的“勇士”（壮士），不仅史籍明言者为然，实际上不少没有明言者也属于“勇士”，或者说是“勇士”型的使节。著名外交使节苏武为汉将苏建之子，父子均“位列将”。武帝时苏武“以中郎将使持节送匈奴使留在汉者”，被匈奴扣留十九年，威武不屈，精忠报国[①]。随从苏武出使匈奴的常惠，返国后又被多次派遣出使西域，本始二年（前72）“以校尉，持节护乌孙兵”合击匈奴。本始三年（前71）再次出使乌孙，率领“吏士五百人”，还过龟兹时，“发西国兵二万人”，又“令副使发龟兹东国二万人，乌孙兵七千人，从三面攻龟兹。”迫使龟兹王交出主谋杀害汉使的龟兹贵人，“斩之而还”[②]。冯奉世于元康元年（前65）被派遣“使持节送大宛诸国客”，途经鄯善国时，得知莎车杀害了汉朝所立国王万年及汉使者奚充国，投靠匈奴，攻劫南道诸国，“与歃盟畔汉，从鄯善以西皆绝不通。”遂与其副使严昌商议，认为不立即攻击莎车，则“其势难制，必危西域。”于是“以节谕告诸国王，因发其兵，南北道合万五千人进击莎车，攻拔其城。莎车王自杀，传其首诣长安。诸国悉平，威振西域。”解决莎车问题之后，冯奉世继续西行至大宛，“大宛闻其斩莎车王，敬之异于它使。得其名马象龙而还。”[③] 傅介子“以从军为官”，昭帝元凤中出使大宛，从大宛回经龟兹时，又“率其吏士共诛斩匈奴使者”。因楼兰国常拦截安息、大宛等国来汉使节以及汉朝派往西域的使节，于是傅介子又率吏士出使楼兰，斩楼兰王首而归[④]。段会宗“为人好大节，矜功名”，曾多次出使乌孙。乌孙小昆弥末振将杀解忧公主曾孙、大昆弥雌栗靡。末振将死后，“汉恨诛不加”，于元延二年（前11）再次派遣段会宗出使乌孙，“发戊己校尉诸国兵，即诛末振将太子番丘。”段会宗“恐大兵入乌孙，惊番丘，亡逃不可得”，于是他“轻兵深入乌孙”“选精兵三十弩，径至昆弥所在，召番丘”，谴责末振将杀害大

① 《汉书》卷五四《苏建附子（苏）武传》，第2459—2469页。

② 《汉书》卷七〇《常惠传》，第3004页。

③ 《汉书》卷七九《冯奉世传》，第3294页。

④ 《汉书》卷七〇《傅介子传》，第3001—3002页。

昆弥的罪状，“即手剑击杀番丘”。乌孙小昆弥得知后，“勒兵数千骑围会宗”，段会宗向他们解释诛杀番丘之意，终于使“昆弥以下服”[①]。甘延寿、陈汤于建昭三年（前36）出使西域。甘延寿“少以良家子善骑射为羽林，投石拔距绝于等伦，尝超逾羽林亭楼，由是迁为郎。试弁，为期门，以材力爱幸。”[②] 是位武艺精良、拳捷超群、膂力过人的材力之士。陈汤“为人沈勇有大虑，多策谋，喜奇功。”[③] 二人抵达西域后，认为郅支单于有控制西域的野心，“必为西域患”，于是“矫制发城郭诸国兵、车师戊己校尉屯田吏士”“部勒行阵”，调遣“汉兵胡兵合四万余人”，直指郅支城下。在经过与郅支谈判无果的情况下，奋力攻城，经过激战而克之，斩郅支单于首，大获全胜[④]。关都尉文忠于元帝时被派遣护送罽宾使节返国。罽宾曾多次剽杀汉使，文忠抵达后，罽宾“王复欲害（文）忠，忠觉之，乃与容屈王子阴末赴共合谋，攻罽宾，杀其王，立阴末赴为罽宾王，授印绶。”[⑤] 上述诸人，从其出身、官职或行事均可以看出他们是地道的“勇士”，均能调兵遣将，指挥战斗，身先士卒，亲行刺杀，坚忍不拔，吃苦耐劳，有勇有谋。故班固在为傅介子、常惠、甘延寿、陈汤、段会宗等人做《传》之后说，凡此诸人“皆以勇略选”[⑥]。在《汉书》卷六九的《赞》中又说：甘延寿、傅介子、苏武等人“皆以勇武显闻”[⑦]。可见上述诸人都是属于“勇士”型的外交使节。著名的外交家张骞更是“勇士”之佼佼者，史称其“为人强力，宽大信人”，是其体质、性格优秀；他被匈奴扣留十余年依然“持汉节不失”，是其忠贞；他开创外交新世界的“凿空”精神，是其勇敢；在历尽十三年艰难险阻之后，百余人的使团中仅他和堂邑父“二人得还”[⑧]，是其坚忍不拔和身体强健过人。他具备“勇士”所应有的种种美德和特长，不愧是“勇士”型外交使节中出类拔萃的代表。无怪乎班超把张骞、傅介子等人作为自己效

---

① 《汉书》卷七〇《段会宗传》，第3030—3031页。

② 《汉书》卷七〇《甘延寿传》，第3007页。

③ 《汉书》卷七〇《陈汤传》，第3010页。

④ 《汉书》卷七〇《陈汤传》，第3010—3014页。

⑤ 《汉书》卷九六上《西域传上》，第3885—3886页。

⑥ 《汉书》卷七〇“赞曰”，第3032页。

⑦ 《汉书》卷六九“赞曰”，第2998页。

⑧ 《史记》卷一二三《大宛列传》，第3159、3157页。

法的“壮士”的榜样。

同样的，在使团成员中也有许多没有被冠于“勇士”之名而实际上应视为“勇士”的人。班超到达西域后，了解到匈奴所立龟兹王建依仗匈奴威势攻杀疏勒王，改立龟兹人兜题为疏勒王。永平十七年（74）春，班超率领其使团从间道抵达疏勒王所居城外九十里处，派遣其吏田虑“先往降之”，嘱咐“若不即降，便可执之。”田虑到达后，“兜题见（田）虑轻弱，殊无降意。（田）虑因其无备，遂前劫缚兜题。左右出其不意，皆惊惧奔走。”① 这位田虑就是班超部下的三十六位“吏士”之一，可见班超所率三十余位“吏士”如田虑者不愧为真正的“勇士”。随从张骞出使西域的堂邑氏胡奴甘父在这次伟大的“凿空”壮举中表现出色，不仅始终跟随张骞历尽艰难险阻，忠贞不渝，而且发挥了其作为胡人的特长，以其“善射，穷急射禽兽给食”，为这一外交使命的完成立下了汗马功劳。十三年后唯他和张骞二人得以一起回到长安，一同受到汉朝廷的嘉奖，被拜为“奉使君”②，这位胡人也不愧为“勇士”。

如果说使者的第一类“辩士”基本上属于文人的话，那么第二类“勇士”（“壮士”）则基本上属于武人。文、武人才都是外交使团所必须的。但是“勇士”（“壮士”）也不是仅仅有武无文的，前述作为“勇士”的蔺相如之足智多谋，折冲樽俎，能言善辩的外交才华，在完璧归赵、渑池之会的外交斗争中淋漓尽致的表现，已为人们所熟知。到了汉代像这样智勇双全的外交使节已经不是个别现象，而是比先秦时期大大增加了，在外交使节中具有相当的普遍性。著名外交使节如冯奉世不仅有武勇，而且“学《春秋》，涉大义，读兵法明习。”③ 陈汤亦“少好书，博达善属文。”④ 苏武“明习故事”⑤，不仅熟悉典章制度，而且“久在外国，知边事。”⑥ 壮士班超也是个“有口辩，而涉猎书传”⑦ 的人，兼具

① 《后汉书》卷四七《班超传》，第1574页。

② 《史记》卷一二三《大宛列传》，第3159页。

③ 《汉书》卷七九《冯奉世传》，第3294页。

④ 《汉书》卷七〇《陈汤传》，第3007页。

⑤ 《汉书》卷五四《苏建附子（苏）武传》，第2468页。

⑥ 《汉书》卷七《昭帝纪》注引如淳曰，第224页。

⑦ 《后汉书》卷四七《班超传》，第1571页。

“辩士”的口才和文化修养。这些“勇士”型外交使者多具有相当的文化素养和外交才能。文、武人才或文武兼备的人才都是外交使节所必需的。汉代这类“勇士”型外交使节与一般的“勇士”已经不同了，他们不是一勇之夫，仅凭个人体格、武艺和献身精神而完成比较简单的外交使命，他们还具有过人的谋略和胆识，具有当机立断的品质和高超的外交才能，他们所要完成的外交使命，所处理的外交关系要比先秦时期错综复杂得多。因而他们已经不是一般的“勇士”（“壮士”），而是“勇士”（“壮士”）中的“武官”“武将”和高层次外交人才。这是汉代外交较先秦时期有了很大发展和提高，从而在外交人才方面的一种体现。

（三）其他

上述两类人员是外交使者的基本人选，此外还有其他各种类型的人选。

1. 习使

在选拔使者时，有时也考虑选拔是否有出使经验的人。孝文帝元年（前179）诏丞相陈平等举荐出使南越的使者，陈平建议陆贾可使，因为他在“先帝时习使南越”①，于是派遣陆贾再次出使南越。所谓“习使”，意即其曾经出使南越，了解南越情况，有了出使的经验。“习使”不仅指其有过出使的经历，还指其是否有外交的经验、才具和对于所使国、族的熟悉程度。甘露元年（前53）乌孙肥王翁归靡的匈奴妻所生儿子乌就屠乘乌孙内乱而自立为昆弥，西域都护郑吉派冯嫽前往说服乌就屠，迫使他“愿得小号”。于是汉宣帝召见冯嫽，亲自了解乌孙局势，又派遣她“锦车持节”出使乌孙，立汉朝和亲乌孙的解忧公主所生元贵靡为大昆弥，乌就屠为小昆弥。选拔冯嫽为使者的原因是她是解忧公主的“侍者”，而且“能史书，习事，尝持汉节为公主使，行赏赐于城郭诸国”，因而被城郭诸国“敬信之”，被尊称为“冯夫人”②。胡三省注冯嫽“习事”曰：“内习汉事，外习西域诸国事也。”③ 冯嫽陪伴解忧公主长期生活于乌孙，了解乌孙及西域诸国国情和政局，又有丰富的外交实践经验。她的“习事”不仅指熟悉乌孙及西域情况，还包含“习使”内容在其中，

① 《史记》卷一一三《南越列传》，第2970页。
② 《汉书》卷九六下《西域传下·乌孙国传》，第3907页。
③ 《资治通鉴》卷二七汉宣帝甘露元年（前53），第883页。

她曾代表解忧公主出使城郭诸国，而且在被汉宣帝派遣出使之前已被西域都护郑吉派遣与乌孙谈判，成功地迫使乌就屠作出了让步。以她丰富的外交经验和才具，出使乌孙可谓驾轻就熟，游刃有余。此外如傅介子、常惠、段会宗等人的一再被派遣出使乌孙，都与他们具有的出使经验和对于西域诸国的了解有相当关系。

2. 故旧

为了外交中的一定目的，有时也会选择与此有关系的故旧人物充任使者。武帝时李陵出征匈奴，失败投降。后来汉朝方面终于了解到李陵因寡不敌众而降的原委，昭帝继位后，决定与匈奴交涉招回李陵，于是“遣（李）陵故人陇西任立政等三人俱至匈奴招陵。”颜师古注“故人”曰：“谓旧与相知者。”[①] 何以派遣李陵的故旧为使呢？这是因为李陵降匈奴后，家人被“族诛”，为其鸣不平的司马迁等人也受到株连；李陵在匈奴已娶妻，被立为右校王，“贵用事”[②]。在这种情况下李陵能否被招回，不仅决定于匈奴方面，还决定于李陵本人是否愿意回来。派遣李陵的故旧作为使者，目的是便于与李陵沟通。任立政等人至匈奴后，果然利用这种关系在匈奴严密监视下得以向李陵传达了汉朝方面欢迎他回国的意图。虽然最终还是因李陵顾虑回国后“再辱”而不果。南越王婴齐即位前曾在长安入宿卫，娶樛氏女为妻，婴齐即位后樛氏女被立为王后，婴齐死后她的儿子继位为王，她为王太后。元鼎四年（前113）汉朝派遣安国少季出使南越，原来樛氏女未婚时曾与安国少季私通。安国少季到了南越“复私焉”。安国少季之被派遣出使南越，与其与南越王太后这种特殊关系不无关系。因此王太后积极主张归附汉朝，但是他们之间的这种关系“国人颇知之”，因而“多不附太后”，被丞相吕嘉利用而发动叛乱。甘露元年（前53）冯嫽之被派遣出使乌孙，除了她的外交才能和熟悉乌孙与西域情况之外，也有利用其故旧关系的原因。当时自立为昆弥的乌就屠与乌孙右大将关系很亲密，这位右大将就是冯嫽的丈夫，西域都护郑吉就利用这种关系而派遣冯嫽去说服乌就屠，令其作出妥协。汉宣帝做出让冯嫽出使乌孙的决定，也应有这一因素在其中，冯嫽果然圆满完

---

① 《汉书》卷五四《李陵传》，第2458页。

② 《汉书》卷五四《李陵传》，第2457页。

成了这一使命。从上述情况看，以故旧关系为使的前两例不大成功，最后一例很成功，总的来看成功率不算太高，表明使者的才能和素质在外交中的作用是更为重要的。

与此具有一定相关性的，是一些著名外交使者的后裔也可能被选拔为使者。如张骞之孙张猛，“有俊才，元帝时为光禄大夫，使匈奴。”① 当然这与他本人的才具也是有关系的。

3. 宦官

宦官是汉代外交使者的选拔对象之一。西汉惠帝三年（前192）匈奴冒顿单于致书吕后，汉方“令大谒者张泽报书”②，出使匈奴传送回书。张泽或作张释，其官称或作“中大谒者”③，《史记集解》引如淳曰：“诸官加‘中’者多奄人也”，奄人即宦官。文帝六年（前174）匈奴冒顿单于死，其子老上单于继位，于是汉文帝“复遣宗室女公主为单于阏氏，使宦者燕人中行说傅公主。”④ 颜师古注引郑氏曰：“（中行）说，奄人也，汉使送公主妻匈奴。”⑤ 宦官中行说作为和亲公主的辅佐，陪送公主至匈奴，实际上起了使者的作用。宦官与皇帝接近的这一特殊身份地位，往往令其成为更能得到对方信重的使者，当时匈奴方面就颇希望汉朝派遣的使者为宦官，以至形成“匈奴俗，见汉使非中贵人”⑥ 则不大信任的情况。关于“中贵人”一词，《集解》引《汉书音义》云：“内官之幸贵者。”⑦ 是宦官中得到皇帝宠幸的人。汉代从海路到东南亚、南亚的使团中“有译长，属黄门……黄支之南，有已程不国，汉之译使自此还矣。”⑧ 汉代黄门署均以宦官任之⑨，其所属“译长”亦当为宦官。

4. 胡人

汉代有时也吸收胡人为使者，这是利用他们在语言、生活习俗和熟

① 《汉书》卷六一《张骞传》，第2698页。
② 《汉书》卷九四上《匈奴传上》，第3755页。
③ 《史记》卷九《吕太后本纪》，第405页。
④ 《史记》卷一一〇《匈奴列传》，第2898页。
⑤ 《汉书》卷四八《贾谊传》注，第2242页。
⑥ 《史记》卷一一〇《匈奴列传》，第2913页。
⑦ 《史记》卷一〇九《李将军列传》，第2869页。
⑧ 《汉书》卷二八下《地理志下》，第1671页。
⑨ 参见《汉唐外交制度史》第三章第一节，第84页。

悉地理环境等方面的有利条件。张骞第一次出使西域时，就是“与堂邑氏胡奴甘父”一起出发的，《索隐》解释此句曰：“谓堂邑县人家胡奴名甘父也。”① 服虔曰：“堂邑，姓也，汉人，其奴名甘父。”② 甘父乃沦落汉地为奴的胡人。出使匈奴的卫律也是胡人，其“父本长水胡人。（卫）律生长汉。”③ 是在汉地生长的胡人。汉朝以胡人为使，与对方也有时物色汉人为使类似，东汉永初三年（109）南单于入朝，使团中有汉人韩琮，“既还，说南单于云：‘关东水潦，人民饥饿死尽，可击也。’”利用其汉人身份搜集情报。“单于信其言，遂起兵反叛，攻中郎将耿种于美稷。”建武二十三年（47）匈奴左贤王蒲奴立为单于，呼韩邪单于之孙、乌珠留若鞮单于之子比不得立，心怀愤恨，于是“密遣汉人郭衡奉匈奴地图”“诣西河太守求内附。”④ 派遣汉人为使，也是为了沟通的便利。

与此有一定相关性的是，一些“习胡俗”的人员被选拔为使者。元封四年（前107）汉朝派遣王乌等人出使匈奴，“王乌，北地人，习胡俗。”⑤ 王乌熟习胡俗，出使匈奴颇有便利条件。北地，在今甘肃庆阳。班固说：“山西天水、陇西、安定、北地处势迫近羌胡，民俗修习战备，高上勇力鞍马骑射。”⑥ 此外，汉代著名使者如傅介子、甘延寿都是北地人，段会宗是天水人……均当属于“习胡俗”之类者。

5. 贫贱

汉代外交使团中常见出身贫贱者。自从张骞打开与西域诸国的交往之后，使者的需求急遽增加，加以通使西域路途遥远、艰险，于是“募吏民毋问所从来，为具备人众遣之，以广其道。”⑦ 颜师古《汉书》注云：“不为限禁远近，虽家人私隶并许应募。”⑧ 连私家的奴仆都可以应募，则社会上各色人均无不可，其招募层面是极其广泛的，几乎不受什么限制。前述与张骞一同出使西域的胡人甘父就是一位私家的奴仆。奴仆之

---

① 《史记》卷一二三《大宛列传》，第3157、3158页。
② 《汉书》卷六一《张骞传》注，第2689页。
③ 《汉书》卷五四《李广传》，第2457页。
④ 《后汉书》卷八九《南匈奴传》，第2957、2942页。
⑤ 《史记》卷一一〇《匈奴列传》，第2913页。
⑥ 《汉书》卷六九“赞曰”，第2998—2999页。
⑦ 《史记》卷一二三《大宛列传》，第3171页。
⑧ 《汉书》卷六一《张骞传》，第2695页。

外，社会上一些“妄言无行之徒”① 也被招募进来。从吏民中招募来的各色人员，大多为贫穷之人，史称“其使皆贫人子。”② 常惠就是这种应募的“贫人子”，他“少时家贫，自奋应募，随移中监苏武使匈奴。”③ 陈汤少时“家贫匄贷无节，不为州里所称。”④ 后来他们都成为著名的外交使者。可见从这些“贫人子”中也产生了一些卓越的外交人才。

6. 罪犯

汉代还以罪犯充使。汉武帝于征和四年（前 89）下诏，深陈既往之悔，其中有云：“大鸿胪等又议，欲募囚徒送匈奴使者，明封侯之赏以报忿。”⑤ 明言曾经考虑以囚徒充使，胡三省在《资治通鉴》中对这句话注曰：“盖欲使刺单于以报忿也。”⑥ 汉代驱使罪犯为使的情况并不少见，敦煌悬泉汉简中有《过长罗侯费用簿》，记载神爵元年（前 61）常惠出使西域时其使团途经悬泉置受到款待的情况，其中有“出豉一石二斗，以和酱食施刑士。”“出米廿八石八斗，以付亭长奉德、都田佐宣以食施刑士三百人。”⑦ “施刑士”即史籍中经常记载的“弛刑士”，“弛，废也。谓若今徒解钳钛赭衣，置任输作也。”⑧ 意即罪犯解除囚禁和刑具而服劳作。可知常惠使团中有大量的囚徒，当然他们在使团中主要是承担一些劳役性事务。以罪犯承担塞外任务在汉代亦属常事，永元十四年（102）任尚接替班超为西域都护时向班超请教：“君侯在外国三十余年……宜有以诲之。”班超回答中有云：“必不得已，愿进愚言。塞外吏士，本非孝子顺孙，皆以罪过徙补边屯……宜荡佚简易，宽小过，总大纲而已。”⑨ 可知在塞外机构或使团中有不少由罪犯“徙补”者。班超欲平定西域，

---

① 《史记》卷一二三《大宛列传》，第 3171 页。

② 《史记》卷一二三《大宛列传》，第 3171 页。

③ 《汉书》卷七〇《常惠传》，第 3003 页。

④ 《汉书》卷七〇《陈汤传》，第 3007 页。

⑤ 《汉书》卷九六下《西域传》，第 3913—3914 页。

⑥ 《资治通鉴》卷二二汉武帝征和四年（前 89），第 741 页。

⑦ 中国文物研究所胡平生、甘肃省文物考古研究所张德芳编撰：《敦煌悬泉汉简释粹》（Ⅰ0112③：72、77），上海古籍出版社 2001 年版，编号 213，第 148—149 页。

⑧ 《汉书》卷八《宣帝纪》注引李奇曰，第 260 页。

⑨ 《后汉书》卷四七《班超传》，第 1586 页。

于建初五年（80）上书要求增兵，汉朝以徐幹为假司马，“将弛刑及义从千人就（班）超。”① 神爵元年（前61）“西羌反，发三辅、中都官徒弛刑……诣金城。”② 这些“弛刑”即上述常惠使团中的“施刑士”。

此外，对于出使过程中犯有罪行者，亦往往以出使作为惩罚。有些使者“侵盗币物，及使失指”，或贪污出使物资，或没有完成使命，于是对他们“辄覆案致重罪，以激怒令赎，复求使。”③ 将他们判处重罪，再迫使他们通过出使以赎罪。

7. 童叟

汉代外交使者并非均为青壮年，而是童叟皆有。

以少年为使从先秦时就已有之，战国末年甘罗十二岁被秦始皇派遣出使赵国，出色地完成了外交使命。汉代外交使团中常有一种称为“少从”的随从人员，史称自张骞通西域以后，“汉往使既多，其少从率进孰于天子。”关于“少从”，孟康注曰：“少年从行之微者也。”颜师古注曰：“汉时谓随使而出外国者为少从，总言其少年而从使也。”④ “少从”乃随团出使之少年，是外交使团中身份地位不高的随从人员。可见在汉代以“少年”出使是较为普遍的现象。上文已经谈到，汉代外交使团中的“少年”多为执行刺杀任务之“勇士”（或“壮士”）类型的人物。但是，少年使者未必都是执行刺杀任务者，以辩士谏大夫出使南越的终军，“死时年二十余，故世谓之‘终童’。”⑤ 强调其年龄不大。他这次出使的主要任务是“宣其辞”⑥，发挥其辩士的特长。终军自谓“不习金革之事”⑦，可见他并非勇士类型而是文士类型人物。

与此形成鲜明对照的是汉代外交使节中也见有老者。元延二年（前11）乌孙内乱，“汉复遣（段）会宗使安辑……明年，会宗病死乌孙中，年七十五矣。”⑧ 班超在西域三十年，“自以久在绝域，年老思土。”于是

---

① 《后汉书》卷四七《班超传》，第1576页。
② 《汉书》卷八《宣帝纪》，第260页。
③ 《史记》卷一二三《大宛列传》，第3171页。
④ 《汉书》卷六一《张骞传》，第2697、2698页。
⑤ 《汉书》卷六四下《终军传》，第2821页。
⑥ 《史记》卷一一三《南越列传》，第2972页。
⑦ 《汉书》卷六四下《终军传》，第2820页。
⑧ 《汉书》卷七〇《段会宗传》，第3031页。

上书请还，“但愿生入玉门关”。永元十四年（102）征还，八月回到洛阳，九月卒，时年七十一。[①]

二　外交使节人选的特点

从上述使者人选的情况，可以看到汉代外交使者虽然人选范围广、身份杂，但是约而言之，“辩士”与“勇士”（“壮士”）两类人才是外交使者的基本人选，他们从文武两个方面，或两者兼而有之发挥各自的特长。在这两类人员的基础上而派生出其他各类人员。汉代外交使者人选的这种情况，固然与承袭先秦传统有一定关系，但主要还是由汉代外交的需要和诸多特点所决定的。

随着中国古代外交在汉代发生了巨大的变化，外交使节人选亦从先秦到汉代发生了变化，虽然文、武人才或文武兼备的人才都是外交使节所必需的，但是先秦与汉代这两类人选的侧重点有所不同，那就是先秦时期特别是战国时期的外交使节是以“辩士”为主，“勇士”（“壮士”）次之，而汉代则以“勇士”（“壮士”）为主，“辩士”次之。这是中国古代外交使节人选所发生的第一次大变化。战国时期活跃于外交舞台的是“游士”“纵横家”等“辩士”[②]，苏秦、张仪之流是其代表；汉代活跃于外交舞台的则是张骞、苏武、傅介子、常惠、班超等“勇士”（“壮士”）或“勇士”（“壮士”）型的使节。赵翼曾注意到汉代“奉使者亦皆非常之才，故万里折冲，无不如志”，遂能“立功绝域”的情况，并指出：“自汉武击匈奴，通西域，徼外诸国无不慑汉威。是时汉之兵力实强……

---

① 《后汉书》卷四七《班超传》，第1583—1586页。

② “辩士”活跃于春秋战国外交舞台的情况，汉代人已有所评论，如《淮南子·览冥训》：“晚世之时，七国异族，诸侯制法，各殊习俗，纵横间之，举兵而相角。”高诱注：晚世，“春秋之后，战国之末。”纵横，“苏秦约纵，张仪连横。南与北合为纵，西与东合为横。故曰‘纵成则楚王，横成则秦帝’也。”（刘文典撰，冯逸、乔华点校：《淮南鸿烈集解》卷六《览冥训》，中华书局1989年版，第212—213页）《淮南子·要略》：“晚世之时，六国诸侯……力征争权，胜者为右，恃连与国，约重致，剖信符，结远援，以守其国家，持其社稷，故纵横修短生焉。”（《淮南鸿烈集解》卷二一《要略》，第711页）后来袁宏也说：“战国纵横，强弱相陵……不旷日持久以延名业之士，而折节吐诚以招救溺之宾。故有开一说而饔执珪，起徒步而登卿相，而游说之风盛矣。”［（东晋）袁宏撰，张烈点校：《两汉纪》下册，《后汉纪·孝桓皇帝纪下卷第二十二》，中华书局2017年版，第433页］

兵威之足以詟服诸外夷也。而其时奉使者亦皆有胆决策略，往往以单车使者，斩名王定属国于万里之外。”在列举了傅介子、文忠、段会宗等人的事迹之后，说：“此皆以单使立奇功者也。又有擅发属国兵而定乱者。”接着列举了常惠、甘延寿、陈汤、冯奉世等人的事迹，说：“此又以一使者用便宜调发诸国兵以靖反侧者也。”此外还提到了冯嫽、班超父子、田虑等人的事迹。[①] 赵翼在这里指出了两点，一是汉代武力强盛，外夷慑服，故汉使能立功绝域；二是汉使有非常之才，故能无不如志。一般而论，这两点都是正确的。但这只是问题的一方面，还有另一方面，至少还可以指出以下三点：一是外交的成败得失固然与国力的强弱有很大关系，但也不可一概而论。事实上当时徼外诸国不惧汉朝兵威的情况还是相当普遍的，史称“外国……度汉兵远不能至，而禁其食物以苦汉使。”[②]甚至“数剽杀汉使”[③]。“自乌孙以西至安息，近匈奴”[④]，他们依仗匈奴等强国威势而疏远或对抗汉朝。楼兰国虽然“最在东垂，近汉”，但苦于迎送汉使负担沉重，亦“复为匈奴反间，数遮杀汉使。”[⑤] 二是赵翼所举只是一些成功的外交使节，事实上汉使辱命不称职或被扣、被杀的情况也是相当普遍的。宣帝元康元年（前 65）冯奉世出使西域，史称“先是时，汉数出使西域，多辱命不称，或贪汙，为外国所苦。”[⑥] 在其之前汉使被杀的情况即很严重，如昭帝时，仅楼兰王安归就杀害汉使卫司马安乐、光禄大夫忠、期门郎遂成等三批使团以及安息、大宛等国来汉的使团[⑦]。元康元年之后亦然。如汉元帝时，仅郅支单于就“囚杀使者吏士以百数”，此事“暴扬外国，伤威毁重。”[⑧] 诸如此类的记载充斥史乘。三是赵翼所列举的这些使节实际上主要属于“勇士”型外交使节，表明真正的“勇士”（“壮士”）或“勇士”（“壮士”）型外交使节才有可能在这

① （清）赵翼著，王树民校证：《廿二史劄记校证》卷三“汉使立功绝域”条，中华书局 1984 年版，第 56—57 页。

② 《史记》卷一二三《大宛列传》，第 3171 页。

③ 《汉书》卷九六上《西域传上 · 罽宾国传》，第 3885 页。

④ 《汉书》卷九六上《西域传上 · 大宛国传》，第 3896 页。

⑤ 《汉书》卷九六上《西域传上 · 鄯善国传》，第 3878 页。

⑥ 《汉书》卷七九《冯奉世传》，第 3294 页。

⑦ 《汉书》卷七〇《傅介子传》，第 3002 页。

⑧ 《汉书》卷七〇《陈汤传》，第 3017 页。

样的情况下做到“折冲万里，无不如志”。外交使节本身的素质和才具在外交中的作用是重要的。赵翼注意到汉使皆“非常之才”，但他没有指出是什么样的“才”，这是因为他没有从先秦以来外交使节人选的变化中看到汉代外交使节人选的这个特点。

一般而言，辩才是外交场合所最为需要者，因而“辩士”或“辩士”型的人才应当是外交使节的主要人选，但是在汉代实际上“勇士”（“壮士”）及“勇士”（“壮士”）型外交使节扮演了更为重要的角色，其建功立业者较之“辩士”更有过之而无不及，尤其是出使西域、匈奴的使节更是如此。那么，为什么在汉代外交使节中“勇士”（“壮士”）或“勇士壮士”）型使节较先秦时期占有更为突出的地位？先秦与汉代外交使节人选特点的这种变化，根本原因在于汉代外交的巨大发展。秦代有建立统一帝国之功，但是在外交上却建树无多，外交的草创开辟之功落在了继其而起的汉皇朝身上。首先是汉代突破了先秦外交基本上是在中原地区诸侯之间的局限而扩展至“东亚外交圈”乃至“西域外交圈”；其次，即使在东亚外交圈中，其所遇到的国家或民族也有很大发展变化，先秦时期的边族还没有足以与中原王朝相抗衡的政治实体，而秦汉时期北方匈奴族和匈奴帝国的崛起，西域诸国之纳入外交范畴之中，以及南方的南越政权的割据等，改变了这种状况。这种发展变化引起了汉代外交态势与难易程度等一系列变化。

一是导致外交范围由华夏文化圈向异文化圈的扩展。先秦时代的外交基本上是在“东亚外交圈”中的华夏文化圈内进行的，其时诸侯列国的政治、经济、文化虽然也存在这样那样的地区差异，但就其主要方面而言则基本上是同一的。由于他们有着共同的语言和文化传统，他们之间的外交可以方便地通过语言、文字的交流和辩难而进行。因而“辩士”型的纵横家、游士有可能活跃于外交舞台。及至汉代，其外交不仅及于“东亚外交圈”中异文化圈的国、族，如与横跨欧亚草原的匈奴即于这个时期建立了外交关系，而且发展至“西域外交圈”中的诸文化圈的国、族。这种变化首先导致语言、文字交流的困难。先秦时代外交基本上可以运用相同的语言、文字直接进行沟通，汉代的外交则需迂回曲折进行，即必须借助于语言、文字的翻译，而且往往需要经过多重中介，即所谓“重译”才能进行。在这种情况下像先秦“辩士”那样的长篇大论、滔滔说辞已不合时宜，不能不退居次要地位。其次由于文化传统的差异导致外交关系中文化学术内涵的淡化和弱化。先秦“辩士”在外交中往往借助于中国传统文化学术的内容引经据典以加强其说辞的说服力，这在华夏文化圈内不仅能够相互理解而且是相当有效的，但是对于异文化圈来说其必要性和效果都大为降低，甚至是无用的。因而汉代外交谈判中的文化内涵较之先秦时代相应淡化和削弱。而且汉代发展起来的外交关系国、族大多为多武少文者，如匈奴“毋文书，以言语为约束……人习战攻以侵伐，其天性也。”[①] 所谓“长于武力而短于文事”[②]。西域之大月氏、乌孙、康居等基本上亦与匈奴同俗[③]。可以说先秦时代外交关系国、族多为多文少武者，汉代外交关系国、族则多为多武少文者，因而外交使节也由先秦时代的多文少武变为汉代的多武少文。

二是外交对象中社会发展阶段后进于中原王朝者大为增加。汉代与诸多社会发展阶段不同的国、族建立外交关系，进一步导致外交中“武”的成分增加。先秦时期发生外交关系的国、族，基本上是在华夏文化圈内处于大体相同社会发展阶段的政治实体。到了汉代由于外交范围的扩大，不仅在“东亚外交圈”内增加了新的外交关系国、族，而且发展了与“西域外交圈”诸多国、族的外交关系，这些国、族中的大部分处于古代东、西方诸文明国家的中间或边缘地带，其社会发展阶段一般落后于先进的文明古国。东西方诸文明中心早已形成了各自的外交关系规范，如华夏文化圈内诸国在先秦时代已经形成了一套包含外交关系法则在内的“宾礼”，确立了外交关系中“礼尚往来”，以及“兵交，使在其间可也”[④] 等外交使节权利、义务的国际法准则。而中间或边缘地带国、族对于东西方文明中心所形成起来的外交关系规范的接受和实行则相对薄弱和滞后。外交固然首先是语言的较量和斗争，因而“辩士”从先秦以来一直是外交使者的主角，但是在古代世界外交处于初始阶段时，外交行为的规范、约束、礼仪等还在摸索前进中，外交的文明程度还较低，这

① 《史记》卷一一〇《匈奴列传》，第2879页。

② 冯家昇：《匈奴民族及其文化》，《禹贡》1937年第7卷第5期。

③ 参见《史记》卷一二三《大宛列传》，第3161页。

④ 《春秋左传正义》卷二六，成公九年，第847页。

就要求外交使者不仅具有能言善辩等一般外交特长，还需要具有过人的体力、武艺和勇敢精神，因此汉代不仅选择具有视死如归的“勇士”（“壮士”）承担外交使命，甚至以罪犯执行刺杀任务，以此作为赎罪的方式，就是这个原因。加以地理上他们“自以绝远，汉兵不能至”①，因而袭击、扣留、杀害外交使节的现象比先秦时期大为增加。外交往还中的躯体接触、体力和武艺的较量与争斗较之先秦更为经常发生，军事行动和刺杀之类的行为在外交中较之先秦更为经常运用，外交与武力较先秦时代更为紧密地结合在一起。因而在外交使节人选中出现多武少文的情况也就很自然了。先秦时期也存在外交中扣留、杀害使节等现象，但是由于距离相对近便，报复手段的选择相对较多，即使出兵报复也相对容易。但是汉代则不然，由于不少国、族距汉遥远，鞭长莫及，可供选择的报复手段并不多，出兵远征更非上策，汉武帝在总结劳师远征的经验教训中就有“汉使者久留不还，故兴遣贰师将军，欲以为使者威重也。”以此为“不明”②。因此就需要使者本人尽可能相机行事、就地解决，于是出现了如赵翼所说，或“以单车使者，斩名王、定属国于万里之外”者，或“擅发属国兵而定乱者”，或“用便宜调发诸国兵以靖反侧者”等情况。

三是随着外交空间的扩大导致外交旅途的空前遥远和艰险。先秦时期的外交基本上是在中原地区及其邻近地区进行的，地理情况熟悉，旅途较短，交通较为便利，旅途中的困难相对来说也就比较少。以张骞“凿空”的壮举为标志，汉代在中国历史上第一次打开了通向西方世界的大门，从而面临着一片陌生的外部世界。由于外交范围空前扩大，外交旅途空前伸展延长，地理环境生疏复杂，旅途中的艰难险阻空前加重，使得这个时期的出使具有强烈的探险性质。由于社会生产力发展水平的局限，当时的交通、通讯和物质条件对于遥远的外交旅途的支持难度大为增加，所受到的制约更为突出，出使是一项极其艰难险阻的苦差。班固慨叹通西域之艰难曰：“通西域，近有龙堆，远则葱岭，身热、头痛、县度之厄。淮南、杜钦、扬雄之论，皆以为此天地所以界别区域，绝外

① 《汉书》卷九六上《西域传上·罽宾国传》，第3885页。

② 《汉书》卷九六下《西域传下·渠犁传》，第3913页。

内也。”[①] 故出使西域“绝远，非人所乐往。”[②] 出使外国常被称为出使“绝国”，颜师古注“绝国”曰：“绝远之国，谓声教之外。”[③] 张骞就“因前使绝国功”[④]，而被封为博望侯。这就要求外交使节需要具备过人的身体素质和吃苦耐劳的精神。从这个意义上说，这个时期的外交使节就是探险家。因此需要选择具有献身和冒险精神，坚忍不拔的品格，以及过人体力和武艺的人才以充任使节，文弱书生往往不堪其任。郑吉，会稽人也，“以卒伍从军，数出西域，由是为郎。吉为人强执，习外国事。”颜师古注“强执”曰：“强力而有执志者。”[⑤]

元封五年（前106）下诏：“其令州郡察吏民有茂材异等可为将相及使绝国者。”[⑥] 应劭曰：“异等者，超等轶群不与凡同也。”出使绝国的外交使者应当具有“超等轶群不与凡同”的素质和品格。加以还要经常遭受沿途敌对的、不友好国、族的种种阻挠、袭击，常“禁其食物以苦汉使”，以致“汉使乏绝积怨，至相攻击。”如王恢曾“数使，为楼兰所苦。”不仅旅途生活困难，而且还常受到武力威胁，人身安全没有保障，沿途小国楼兰、姑师“攻劫汉使”之外，还有“匈奴奇兵时时遮击使西国者。”[⑦] 出使道途之艰难险阻可想而知。因此汉代外交使者中除了“勇士”“壮士”“少年”等人员之外，还广泛吸收社会下层人员，诸如贫人、奴隶、“无行之徒”乃至罪犯参加。一方面这些人员比较能够吃苦耐劳，另一方面这些人员借此可以改变自己的命运，故勇于去忍受各种艰难险阻。为了沟通和旅途的便利有时还吸收“胡人”参加。张骞所率使团百余人出使西域十三年之后仅剩二人得以生还，就生动地说明当时对于使节身体素质、生存能力的要求是多么高。因而汉代外交使节中多有“勇士”“壮士”“少年”等就完全可以理解了。

---

① 《汉书》卷九六下《西域传下》“赞曰”，第3929页。
② 《史记》卷一二三《大宛列传》，第3171页。
③ 《汉书》卷六《武帝纪》，第198页。
④ 《史记》卷一一一《卫将军骠骑列传》，第2929页。
⑤ 《汉书》卷七〇《郑吉传》，第3005页。
⑥ 《汉书》卷六《武帝纪》，第197页。
⑦ 《史记》卷一二三《大宛列传》，第3171—3172页。

现代科学研究表明，具有“勇士基因”的人并非仅仅表现为勇猛斗狠，而是更擅长抓住机遇，当机立断，做出有利的选项和冒险的决定①。这与汉代“勇士”（“壮士”）型外交使节之特征可谓不谋而合。上述“勇士”（“壮士”）型使节或即具有这种“勇士基因”者，汉代外交所面临的时代特点，为这些人提供了发挥自身特长的机遇和舞台，他们适逢其会，得以建功立业，彪炳千秋，良有以也。

第三节　外交使节职衔

外交使节是代表国家及其政府出使，在中国古代中央集权政治体制下则基本上为皇帝之代表。其职责是履行国家的政治使命，故其在奉命出使时必须具有本国所赋予的相应的职衔，以便代表国家或政府行使外交职能，达致外交之目的和任务。本节我们所要讨论的是汉代外交使节由哪些官员承担？使节在奉命出使时被授予何种职衔？出使前后的职衔有怎样的变化？使者职衔的授受有何特点与规律？对这些问题的探讨，不仅有助于了解外交使节的身份，亦有助于加深对于外交性质的认识。

一　使节职衔频度及其分布

为了便于探讨汉代外交使节职衔频度及其分布的问题，兹将汉代外交使节职衔制表于次：

表2-1　汉代外交使节职衔表

时间	使者姓名	出使或途经国、族	使命或相关情状	职衔	资料出处
汉七年（前200）	刘敬	匈奴	战前探听匈奴虚实	郎中	《史记》卷九九《刘敬叔孙通列传》，第2717—2718页

① 《具有“勇士基因”的人更擅长做冒险的决定》一文称：美国加州理工学院的卡里·弗里德曼及其同事发现具有“勇士基因”（MAOA-L）的人“只是‘更擅长做决定’，这与好斗不同。”他们“总是能够更好地选择出那些对他们而言最为有利的选项”。英国《新科学家》周刊网站2010年12月9日报道，引自中国新华通讯社主管主办《参考消息》2010年12月11日第七版《“勇士基因”擅抓机遇》。

续表

时间	使者姓名	出使或途经国、族	使命或相关情状	职衔	资料出处
汉九年（前198）	刘敬	匈奴	往结和亲约	关内侯（号为建信侯）	《史记》卷九九《刘敬叔孙通列传》，第2719页
汉十一年（前196）	陆贾	南越	赐尉他印为南越王，令称臣奉汉约	客	《史记》卷九七《陆贾列传》，第2697—2698页
惠帝三年（前192）	张泽	匈奴	报单于书	大谒者	《汉书》卷九四上《匈奴传上》，第3755页
文帝元年（前179）	陆贾	南越	责让赵佗自立为帝，佗乃顿首谢，愿长为藩臣，奉贡职	太中大夫	《史记》卷一一三《南越列传》，第2970页
文帝元年（前179）		南越	陆贾出使南越之副	谒者	《汉书》卷九五《西南夷两粤朝鲜传·南粤王赵佗传》，第3849页
文帝三年（前177）	平原君朱建之子	匈奴	单于无礼，骂单于，死匈奴中	中大夫	《史记》卷九七《朱建列传》，第2703页
文帝六年（前174）	意	匈奴	致送匈奴单于文书、服饰等物	中大夫	《史记》卷一一〇《匈奴列传》，第2897页
文帝六年（前174）	肩	匈奴	致送匈奴单于文书、服饰等物	谒者令	《史记》卷一一〇《匈奴列传》，第2897页
文帝十一年（前169）	宋忠	匈奴	使匈奴，不至而还，抵罪	中大夫	《史记》卷一二七《日者列传》，第3215—3220页
景帝元年（前156）	陶青	边塞	至代下与匈奴和亲	御史大夫	《汉书》卷五《景帝纪》，第140页
建元元年（前140）	公孙弘	匈奴	还报，不合上意，上怒	博士	《史记》卷一一二《平津侯列传》，第2949页
建元三年（前138）	张骞	大月氏	联月氏以灭胡	郎	《史记》卷一二三《大宛列传》，第3157页
建元六年（前135）		闽越	闽越王郢反叛被其臣所杀，于是汉“乃使郎中将立丑为越繇王，奉闽越先祭祀。”	郎中将	《史记》卷一一四《东越列传》，第2981页

续表

时间	使者姓名	出使或途经国、族	使命或相关情状	职衔	资料出处
建元六年（前135）	唐蒙	南越	大行王恢击东越，因兵威使番阳令唐蒙风指晓南越	番阳令	《史记》卷一一六《西南夷列传》，第2993页
建元六年（前135）	严助	南越	谕意风指于南越王赵胡。南越王即遣太子婴齐随助入侍	中大夫	《汉书》卷六四上《严助传》，第2775、2786页
元光五年（前130）	唐蒙	夜郎	唐蒙上书说上曰："窃闻夜郎所有精兵，可得十余万，浮船牂柯江，出其不意，此制越一奇也。"上许之。乃拜蒙为郎中将，将千人，食重万余人，从巴蜀筰关入，遂见夜郎侯多同。蒙厚赐，喻以威德，约为置吏，使其子为令	郎中将	《史记》卷一一六《西南夷列传》，第2994页
元光五年（前130）	司马相如	西夷邛、筰	蜀人司马相如亦言西夷邛、筰可置郡。使相如以郎中将往喻，皆如南夷，为置一都尉，十余县，属蜀	郎中将①	《史记》卷一一六《西南夷列传》，第2994页
元光六年（前129）	枚皋	匈奴		郎	《汉书》卷五一《枚乘传》，第2366页
元狩四年（前119）	任敞	匈奴	建议以匈奴为外臣，朝请于边，于是遣其说单于，匈奴留之	丞相长史	《史记》卷一一〇《匈奴列传》，第2911页
元狩四年（前119）	张骞	乌孙	厚币赂乌孙，招以益东，居故浑邪之地，与汉结昆弟，以断匈奴右臂。不果。然乌孙及其西北诸国始通于汉。元鼎二年（前115）还到	中郎将	《史记》卷一二三《大宛列传》，第3159—3168页

① 《史记》卷一一七《司马相如列传》作"中郎将"，第3046页。

续表

时间	使者姓名	出使或途经国、族	使命或相关情状	职衔	资料出处
元鼎四年（前113）	终军	南越	以安国少季为使，以终军等宣其辞，说南越王，欲令入朝，比内诸侯。越王听许，请举国内属。令使者留填抚之。越相吕嘉不欲内属，发兵攻杀其王，及汉使者皆死。军死时年二十余，故世谓之“终童”	谏大夫	《汉书》卷六四下《终军传》，第2820—2821页
元封元年（前110）	吴阳	东越	东越王余善反，故越衍侯吴阳前在汉，汉使归谕余善，余善弗听	故越衍侯	《史紀》卷一一四《东越列传》，第2983页
元封三年（前108）↑	王恢	大宛等国	使西国，楼兰、姑师当空道，攻劫汉使王恢等尤甚；数使，为楼兰所苦	中郎将	《史记》卷一二三《大宛列传》，第3171—3172页；《汉书》卷九六上《西域传上》，第3876页；《汉书》卷一七《景武昭宣元成功臣表》，第660页
元封四年（前107）↑	路充国	匈奴	送匈奴使丧	佩二千石印绶	《史记》卷一一〇《匈奴列传》，第2914页
太初元年（前104）↑	姚定汉	大宛	尝使大宛，言大宛兵弱，可击破	←黄门①	《史记》卷一二三《大宛列传》，第3174页
太初元年（前104）↑	江	大月氏（?）	匈奴与旁国谋共要绝大月氏使，遮杀中郎将江	中郎将	《汉书》卷六一《李广利传》，第2703页
太初元年（前104）↑	攘	大月氏（?）	匈奴与旁国谋共要绝大月氏使，遮杀故雁门守攘	故雁门守	《汉书》卷六一《李广利传》，第2703页

① 征和二年（前91）巫蛊之祸时黄门姚定汉等负责葬卫皇后。（《汉书》卷九七上《外戚传上》，第3950页）

续表

时间	使者姓名	出使或途经国、族	使命或相关情状	职衔	资料出处
太初元年（前104）↑	车令	大宛	持千金及金马以请宛王贰师城善马	期门郎	《史记》卷一二三《大宛列传》，第3174页；《汉书》卷六一《李广利传》，第2703页
太初元年（前104）↑	朝	大宛、危须、身毒（?）	危须以西及大宛皆合约杀期门车令、中郎将朝及身毒国使，隔东西道	中郎将	《汉书》卷六一《李广利传》，第2703页
天汉元年（前100）	苏武	匈奴	送匈奴使留在汉者，厚赂单于。被匈奴扣留，始元六年（前81）遣归	中郎将	《汉书》卷五四《苏建附子（苏）武传》，第2460、2466页
天汉元年（前100）	张胜	匈奴	为苏武之副。送匈奴使留在汉者，厚赂单于	中郎将	《汉书》卷五四《苏建附子（苏）武传》，第2460页
太始三年（前94）①	江充	匈奴		谒者	《汉书》卷四五《江充传》，第2177页
武帝时		黄支之南，已程不国	与应募者俱入海市明珠、璧流离、奇石异物，赍黄金杂缯而往……黄支之南，有已程不国，汉之译使自此还	译长	《汉书》卷二八下《地理志下》，第1671页
武、昭时期（?）	安乐	安息、大宛（?）	途经楼兰时被杀，安息、大宛使同时被杀并盗取节印献物	卫司马	《汉书》卷七〇《傅介子传》，第3002页

① 黎按：江充出使匈奴事，具体年代不明。或将其“姑系于”征和二年（前91，见林幹《匈奴历史年表》，第38页），不妥。《汉书》卷四五《江充传》载其“使匈奴还，拜为直指绣衣使者”（第2177页）；《通鉴》叙其“拜为直指绣衣使者”事于太始三年（前94），则其出使时间当在太始三年，见《资治通鉴》卷二二汉武帝太始三年条（前94），第723—724页。

续表

时间	使者姓名	出使或途经国、族	使命或相关情状	职衔	资料出处
武、昭时期（?）	王忠	安息、大宛（?）	使西国，途经楼兰时被杀，安息、大宛使同时被杀并盗取节印献物。其副使马宏被俘至匈奴，不降，始元六年（前81）与苏武同时遣归	光禄大夫	《汉书》卷七〇《傅介子传》，第3002页；《汉书》卷九四上《匈奴传上》，第3782页
武、昭时期（?）	遂成	安息、大宛（?）	途经楼兰时被杀，安息、大宛使同时被杀并盗取节印献物	期门郎	《汉书》卷七〇《傅介子传》，第3002页
元凤四年（前77）	傅介子	大宛、楼兰、龟兹	求使大宛，因诏令责楼兰、龟兹国，率龟兹吏士共斩匈奴使	骏马监	《汉书》卷七〇《傅介子传》，第3001页
元凤四年（前77）	傅介子	楼兰	刺杀楼兰王安归	平乐监	《汉书》卷七〇《傅介子传》，第3002页；《汉书》卷九六上《西域传上》，第3878页
本始二年（前72）	常惠	乌孙	匈奴侵乌孙，乌孙向汉求救，汉养士马，议欲击匈奴。会昭帝崩，宣帝初即位，遣常惠使乌孙	光禄大夫	《汉书》卷七〇《常惠传》，第3003页；《汉书》卷五四《苏建附子（苏）武传》，第2467页
本始二年（前72）	常惠	乌孙	使持节护乌孙兵击匈奴	校尉	《汉书》卷九六下《西域传下》，第3905页；《汉书》卷七〇《常惠传》，第3004页
本始三年（前71）	常惠	乌孙	持金币赐乌孙贵人有功者；还过龟兹，斩主谋杀汉校尉赖丹（杅弥太子）之龟兹贵人姑翼	长罗侯	《汉书》卷九六下《西域传下》，第3905页；《汉书》卷七〇《常惠传》，第3004页
地节四年（前66）↑	乐奉	乌孙	护送解忧公主女弟史返国	侍郎	《汉书》卷九六下《西域传下》，第3916页

续表

时间	使者姓名	出使或途经国、族	使命或相关情状	职衔	资料出处
元康元年（前65）	冯奉世	大宛、莎车	送大宛诸国客；途中便宜发兵击杀莎车王；西至大宛，得其名马象龙而还	卫候	《汉书》卷七九《冯奉世传》，第3294页
元康二年（前64）	常惠	车师；渠犁；乌孙（?）	将张掖、酒泉骑往车师，迎郑吉及其吏士还渠犁。召故车师太子军宿在焉耆者，立以为王；尽徙车师国民令居渠犁，遂以车师故地与匈奴；乌孙昆弥因惠上书："愿以汉外孙元贵靡为嗣，得令复尚汉公主"	长罗侯	《资治通鉴》卷二五汉宣帝元康二年（前64），第829页；《汉书》卷九六下《西域传下》，第3923—3924、3905页
元康三年（前63）↑	义渠安国	羌	光禄大夫义渠安国使行诸羌，先零豪言愿时渡湟水北，逐民所不田处畜牧。安国以闻赵充国劾安国奉使不敬	光禄大夫	《汉书》卷六九《赵充国传》，第2972页
元康四年（前62）	殷广德	乌孙	责乌孙，求逃亡乌孙之车师王乌贵，将诣阙	侍郎	《汉书》卷九六下《西域传下》，第3924页
神爵元年（前61）↑	义渠安国	羌	两府复白遣义渠安国行视诸羌，分别善恶	光禄大夫→	《汉书》卷六九《赵充国传》，第2973页
神爵元年（前61）	常惠	乌孙	宣帝同意与乌孙联姻，遣常惠至乌孙先迎取聘	长罗侯	《汉书》卷九六下《西域传下》，第3905页；《敦煌悬泉汉简释粹》（Ⅰ0112③：61—78），编号213。张德芳：《〈长罗侯费用簿〉及长罗侯与乌孙关系考略》，《敦煌悬泉汉简释粹》附录，第231—235页

续表

时间	使者姓名	出使或途经国、族	使命或相关情状	职衔	资料出处
神爵二年（前60）	常惠	乌孙	以副使送少主配元贵靡；至敦煌闻乌孙政局生变，常惠驰至乌孙，责以负约	长罗侯、光禄大夫	《汉书》卷九六下《西域传下》，第3905—3906页；《汉书》卷七八《萧望之传》，第3279页
五凤四年（前54）	魏和意	乌孙	送侍子；与解忧公主合谋刺狂王未遂，引发乌孙乱局	卫司马	《汉书》卷九六下《西域传下》，第3906页
五凤四年（前54）	任昌	乌孙	为魏和意之副，送侍子；与解忧公主合谋刺狂王未遂，引发乌孙乱局	卫候	《汉书》卷九六下《西域传下》，第3906页
五凤四年（前54）	安国	车师、乌孙等	送车师王、乌孙诸国客	云中太守	《敦煌悬泉汉简释粹》（Ⅱ0113③：122），编号215
五凤四年（前54）	苏□武强	车师、乌孙等	送车师王、乌孙诸国客	故□未央仓龙□卫司马	《敦煌悬泉汉简释粹》（Ⅱ0113③：122），编号215
五凤四年（前54）	周充国	车师、乌孙等	送车师王、乌孙渚国客	军候	《敦煌悬泉汉简释粹》（Ⅱ0113③：122），编号215
甘露元年（前53）	张遵	乌孙	持医药治狂王，赐金二十斤，采缯。因收和意、昌系锁，从尉犁槛车至长安，斩之	中郎将	《汉书》卷九六下《西域传下》，第3906页
甘露元年（前53）	张翁	乌孙	留验公主与使者谋杀狂王状，主不服，叩头谢，张翁捽主头骂詈。主上书，翁还，坐死	车骑将军长史	《汉书》卷九六下《西域传下》，第3906页
甘露元年（前53）	常惠	乌孙	冯夫人锦车持节出使乌孙，诏乌就屠诣长罗侯赤谷城，立元贵靡为大昆弥，乌就屠为小昆弥，皆赐印绶	长罗侯	《汉书》卷九六下《西域传下》，第3907页

续表

时间	使者姓名	出使或途经国、族	使命或相关情状	职衔	资料出处
甘露元年（前 53）	竺次	乌孙	以副使而送冯夫人出使乌孙	谒者	《汉书》卷九六下《西域传下》，第 3907 页
甘露元年（前 53）	甘延寿	乌孙	以副使而送冯夫人出使乌孙	期门郎	《汉书》卷九六下《西域传下》，第 3907 页
甘露二年（前 52）	常惠	乌孙	后乌就屠不尽归诸翎侯民众，汉复遣长罗侯惠将三校屯赤谷，因为分别其人民地界，大昆弥户六万余，小昆弥户四万余	长罗侯	《汉书》卷九六下《西域传下》，第 3907 页；《敦煌悬泉汉简释粹》（Ⅱ 0113 ③：65、V 1311 ③：315），编号 193；张德芳《〈长罗侯费用簿〉及长罗侯与乌孙关系考略》，《敦煌悬泉汉简释粹》附录，第 241 页
甘露二年（前 52）	恭	乌孙	使乌孙长罗侯惠遣斥候恭上书诣行在所	斥候	《敦煌悬泉汉简释粹》（V1311 ③：315），编号 201
甘露二年（前 52）	韩昌	匈奴（呼韩邪单于）	迎呼韩邪单于来朝	车骑都尉	《汉书》卷九四下《匈奴传下》，第 3798 页
甘露三年（前 51）	董忠	匈奴（呼韩邪单于）	送呼韩邪单于并留卫之	长乐卫尉	《汉书》卷九四下《匈奴传下》，第 3798 页
甘露三年（前 51）	韩昌	匈奴（呼韩邪单于）	送呼韩邪单于并留卫之	车骑都尉	《汉书》卷九四下《匈奴传下》，第 3798 页
甘露三年（前 51）	虎	匈奴（呼韩邪单于）	送呼韩邪单于并留卫之	骑都尉	《汉书》卷八《宣帝纪》，第 271 页
甘露三年（前 51）	王彭	乌孙	护乌孙公主及将军、贵人、从者返汉	丞相属	《敦煌悬泉汉简释粹》（V1412③：100）编号 195
黄龙元年（前 49）	甘	康居等	送康居诸国客	传□吏	《敦煌悬泉汉简释粹》（Ⅱ 0114 ④：277）编号 149
黄龙元年（前 49）	盖典	康居等	送康居诸国客	斥候	《敦煌悬泉汉简释粹》（Ⅱ 0114 ④：277）编号 149
初元五年（前 44）	谷吉	匈奴（郅支单于）	送侍子，被杀	卫司马	《汉书》卷九四下《匈奴传下》，第 3801 页

续表

时间	使者姓名	出使或途经国、族	使命或相关情状	职衔	资料出处
永光元年（前43）	韩昌	匈奴（呼韩邪单于）	送侍子，问谷吉音讯	车骑都尉	《汉书》卷九四下《匈奴传下》，第3801页
永光元年（前43）	张猛	匈奴（呼韩邪单于）	送侍子，问谷吉音讯	光禄大夫	《汉书》卷九四下《匈奴传下》，第3801页
永光五年（前39）	参	于阗等	送于阗王诸国客	卫司马	《敦煌悬泉汉简释粹》（Ⅱ0216②：54）编号154
永光五年（前39）	临	于阗等	送于阗王诸国客	卫候	《敦煌悬泉汉简释粹》（Ⅱ0216②：54）编号154
元帝时（前48—前33）	文忠	罽宾	护送罽宾使节返国	关都尉	《汉书》卷九六上《西域传上》，第3885页
元帝时（前48—前33）	赵德	罽宾	与罽宾王阴末赴相失，阴末赴锁琅当德，杀副已下七十余人，遣使者上书谢	军候	《汉书》卷九六上《西域传上》，第3886页
建始元年（前32）	姚尹	匈奴（呼韩邪单于）	回程，去塞百余里，暴风火发，烧杀姚尹等七人	右将军长史	《汉书》卷一〇《成帝纪》，第303页
成帝时（前33—前7）	萧育	匈奴（呼韩邪单于）		副校尉	《汉书》卷七八《萧望之传》，第3289页
成帝时（前33—前7）	萧育	匈奴（呼韩邪单于）		中郎将	《汉书》卷七八《萧望之传》，第3289页
成帝时（前33—前7）	萧咸	匈奴（呼韩邪单于）		中郎将	《汉书》卷七八《萧望之传》，第3291页
成帝时（前33—前7）？	萧由	匈奴（呼韩邪单于）		副校尉	《汉书》卷七八《萧望之传》，第3291页
河平二年（前27）	王舜	匈奴	单于所遣右皋林王伊邪莫演朝罢，返至蒲反言欲降，汉遣王舜往问降状	中郎将	《汉书》卷九四下《匈奴传下》，第3808页

续表

时间	使者姓名	出使或途经国、族	使命或相关情状	职衔	资料出处
河平二年（前27）	张匡	西南夷	夜郎王兴与钩町王禹、漏卧侯俞更举兵相攻。乃遣太中大夫蜀郡张匡持节和解。兴等不从命，刻木象汉吏，立道旁射之	太中大夫	《汉书》卷九五《西南夷传》，第3843、3844页
河平三年（前26）	班伯	匈奴	单于来朝，使持节迎于塞下，未竟，自请守定襄	奉车都尉→	《汉书》卷一〇〇上《叙传上》，第4199页
河平三年（前26）	王舜	匈奴	代替班伯迎护单于	侍中中郎将	《汉书》卷一〇〇上《叙传上》，第4199页
阳朔四年（前21）		西域	康居太子保苏匿率众万余人欲降，汉遣卫司马逢迎。西域都护段会宗发戊己校尉兵随司马受降	卫司马	《汉书》卷七〇《段会宗传》，第3030页
阳朔四年（前21）	张掾①		送大昆弥使者	都吏	《敦煌悬泉汉简释粹》（V1812②：58）编号206
鸿嘉元年（前20）	杨兴	匈奴	吊复株絫单于	中郎将	《汉书》卷二六《天文志》，第1311页
鸿嘉三年（前18）90	田忠		送自来都鄯王副使姑彘、山王副使乌不腺，奉献诣行在所	守属	《敦煌悬泉汉简释粹》（Ⅱ0214②：78）编号143
鸿嘉三年（前18）	单彭		送自来乌孙大昆弥副使者薄侯、左大将掾使敞单，皆奉献诣行在所	守属	《敦煌悬泉汉简释粹》（Ⅱ0214②：385）编号194
鸿嘉四年（前17）	段会宗	乌孙	小昆弥为国民所杀，诸翎侯大乱。征段会宗为左曹中郎将光禄大夫，使安辑乌孙，立小昆弥兄末振将，定其国而还	左曹中郎将光禄大夫	《汉书》卷七〇《段会宗传》，第3030页

① 或谓“张掾”为都吏掾而张姓者（《敦煌悬泉汉简释粹》编号206注，第144页）。

续表

时间	使者姓名	出使或途经国、族	使命或相关情状	职衔	资料出处
永始元年（前16）	段会宗	乌孙	大昆弥雌栗靡健，翎侯皆畏服之，国中大安和翁归靡时。小昆弥末振将恐为所并，使贵人乌日领诈降刺杀雌栗靡。汉欲以兵讨之而未能，遣中郎将段会宗持金币与都护图方略，立雌栗靡季父公主孙伊秩靡为大昆弥	中郎将	《汉书》卷九六下《西域传下》，第3909页
元延二年（前11）	段会宗	西域、乌孙	末振将死，汉恨诛不加，复遣段会宗发戊己校尉诸国兵，即诛末振将太子番丘	中郎将	《汉书》卷七〇《段会宗传》，第3030—3031页
元延二年（前11）	段会宗	乌孙	小昆弥季父卑爰疐拥众欲害昆弥，汉复遣段会宗使安辑，与都护孙建并力。明年病死乌孙中	中郎将	《汉书》卷七〇《段会宗传》，第3031页
元延四年（前9）	王卿		送乌孙客	都吏	《敦煌悬泉汉简释粹》（Ⅱ0114③：454）编号207
绥和元年（前8）	夏侯藩	匈奴	受领尚书令王根的指使劝说单于献地	中郎将	《汉书》卷九四下《匈奴传下》，第3810页
绥和元年（前8）	韩容	匈奴	受领尚书令王根的指使劝说单于献地	副校尉	《汉书》卷九四下《匈奴传下》，第3810页
建平元年（前6）	夏侯藩	匈奴	至则求地，遭拒，单于遣使以状闻，徙藩为济南太守	中郎将	《汉书》卷九四下《匈奴传下》，第3810页；《资治通鉴》卷三二汉成帝绥和元年胡注，第1044页
建平二年（前5）	丁野林	匈奴	责让单于还归乌孙卑爰疐质子	中郎将	《汉书》卷九四下《匈奴传下》，第3811页
建平二年（前5）100	公乘音	匈奴	责让单于还归乌孙卑爰疐质子	副校尉	《汉书》卷九四下《匈奴传下》，第3811页

续表

时间	使者姓名	出使或途经国、族	使命或相关情状	职衔	资料出处
建平四年（前3）			（送）大昆弥左大将……[①]	守属	《敦煌悬泉汉简释粹》（Ⅳ0317③：1），编号208
元寿元年（前2）	赵平		送自来大宛使者侯陵奉献，诣□□	卒史	《敦煌悬泉汉简释粹》（Ⅱ0114④：57），编号148
元寿二年（前1）	韩况	匈奴	送单于朝罢还，乏食，失期五十余日	中郎将	《汉书》卷九四下《匈奴传下》，第3817页
哀帝（前7—前1）时	金参	匈奴		中郎将	《汉书》卷六八《金日磾传》，第2964页
元始二年（2）	旦受		送乌孙归义侯侍子	候	《敦煌悬泉汉简释粹》（Ⅰ0116：S.14），编号211
元始二年（2）	韩隆	匈奴	告单于不得受西域降者，令其遣送于汉	中郎将	《汉书》卷九四下《匈奴传下》，第3818页
元始二年（2）	王昌	匈奴	告单于不得受西域降者，令其遣送于汉	中郎将	《汉书》卷九四下《匈奴传下》，第3818页
元始二年（2）	甄阜	匈奴	告单于不得受西域降者，令其遣送于汉	副校尉	《汉书》卷九四下《匈奴传下》，第3818页
元始二年（2）	帛敞	匈奴	告单于不得受西域降者，令其遣送于汉	侍中、谒者	《汉书》卷九四下《匈奴传下》，第3818页
元始二年（2）110	王歙	匈奴	告单于不得受西域降者，令其遣送于汉	长水校尉	《汉书》卷九四下《匈奴传下》，第3818页
元始二年（2）	王萌	西域恶都奴	迎受匈奴遣送之西域降者于界上	中郎将	《汉书》卷九四下《匈奴传下》，第3819页
元始二年（2）	王骏	匈奴	班四条于单于	中郎将	《汉书》卷九四下《匈奴传下》，第3819页

① 黎按：从悬泉汉简文例推测句首阙文殆为“送”。

续表

时间	使者姓名	出使或途经国、族	使命或相关情状	职衔	资料出处
元始二年（2）	王昌	匈奴	班四条于单于	中郎将	《汉书》卷九四下《匈奴传下》，第3819页
元始二年（2）	甄阜	匈奴	班四条于单于	副校尉	《汉书》卷九四下《匈奴传下》，第3819页
元始二年（2）	王寻	匈奴	班四条于单于	副校尉	《汉书》卷九四下《匈奴传下》，第3819页
元始五年（5）	平宪	羌	遣中郎将平宪等多持金币诱塞外羌，使献地，愿内属	中郎将	《汉书》卷九九上《王莽传上》，第4077页
		大宛	出使大宛	车骑将军长史	《敦煌悬泉汉简释粹》（Ⅰ0112③：30），编号139
	孟敞	鄯善	送自来鄯善王副使者卢匿等返国	守属	《敦煌悬泉汉简释粹》（Ⅰ0116②：15），编号136
	周生广	大月氏	送自来大月氏使者	守属	《敦煌悬泉汉简释粹》（Ⅱ0214①：126），编号140
	高博		送自来乌孙小昆弥使，东	守属	《敦煌悬泉汉简释粹》（Ⅰ0110②：33），编号192
	唐霸		送乌孙大昆弥、大月氏所……	守属	《敦煌悬泉汉简释粹》（Ⅵ712⑤：1），编号203
始建国三年（11）	蔺包	匈奴	至云中塞下，招诱呼韩邪单于诸子，欲以次拜之	中郎将	《汉书》卷九四下《匈奴传下》，第3823页
始建国三年（11）	戴级	匈奴	至云中塞下，招诱呼韩邪单于诸子，欲以次拜之	副校尉	《汉书》卷九四下《匈奴传下》，第3823页
始建国三年（11）		匈奴	遣中郎将蔺苞、副校尉戴级将兵万骑，多赍珍宝至云中塞下，招诱呼韩邪单于诸子，欲以次拜之。使译出塞诱呼右犁汗王咸、咸子登、助三人	译	《汉书》卷九四下《匈奴传下》，第3823页

续表

时间	使者姓名	出使或途经国、族	使命或相关情状	职衔	资料出处
天凤元年（14）	王歙	匈奴	贺单于初立，因购求陈良、终带等	和亲侯	《汉书》卷九四下《匈奴传下》，第3827页
天凤元年（14）	王飒	匈奴	贺单于初立，因购求陈良、终带等	骑都尉、展德侯	《汉书》卷九四下《匈奴传下》，第3827页
天凤二年（15）	王歙	匈奴	送匈奴侍子登尸；谕说改其号，号匈奴曰“恭奴”，单于曰“善于”	和亲侯	《汉书》卷九四下《匈奴传下》，第3828页；《汉书》卷九九中《王莽传中》，第4139页
天凤五年（18）	王歙	匈奴	与匈奴使大且渠奢等俱至制虏塞下，与王昭君女云、女婿当会，因以兵迫胁，将至长安	和亲侯	《汉书》卷九四下《匈奴传下》，第3829页
更始二年（24）	刘飒	匈奴	授单于汉旧制玺绶，因送云、当余亲属贵人从者	中郎将、归德侯	《汉书》卷九四下《匈奴传下》，第3829页
更始二年（24）130	陈遵	匈奴	授单于汉旧制玺绶，因送云、当余亲属贵人从者	大司马护军	《汉书》卷九四下《匈奴传下》，第3829页
建武六年（30）	刘飒	匈奴	东汉始通匈奴	归德侯	《后汉书》卷八九《南匈奴传》，第2940页
建武六年（30）	韩统	匈奴	报匈奴来献，以通旧好	中郎将	《后汉书》卷八九《南匈奴传》，第2940页
建武十四年（38）	刘襄	匈奴	报匈奴来献	中郎将	《后汉书》卷一下《光武帝纪下》，第63页
建武二十二年（46）	李茂	匈奴	报匈奴来求和亲	中郎将	《后汉书》卷八九《南匈奴传》，第2942页
建武二十六年（50）	段郴	南匈奴	立南单于庭于五原塞外	中郎将	《后汉书》卷八九《南匈奴传》，第2943页
建武二十六年（50）	王郁	南匈奴	立南单于庭于五原塞外	副校尉	《后汉书》卷八九《南匈奴传》，第2943页

续表

时间	使者姓名	出使或途经国、族	使命或相关情状	职衔	资料出处
建武二十六年（50）	段郴	南匈奴	遣中郎将段郴授南单于玺绶，令入居云中①	中郎将	《后汉书》卷一下《光武帝纪下》，第78页
建武二十六年（50）		护送南匈奴使入汉	单于岁尽辄遣奉奏，送侍子入朝，中郎将从事一人将领诣阙。岁以为常	使匈奴中郎将从事	《后汉书》卷八九《南匈奴传》，第2944页
建武二十六年（50）		南匈奴	汉遣谒者送前侍子还单于庭，交会道路。元正朝贺，拜祠陵庙毕，汉乃遣单于使，令谒者将送。岁以为常	谒者	《后汉书》卷八九《南匈奴传》，第2944页
中元元年（56）140	段郴	南匈奴	单于比薨，中郎将段郴将兵赴吊。比弟左贤王莫立，帝遣使者赍玺书镇慰，拜授玺绶。其后单于薨，吊祭慰赐，以此为常	使匈奴中郎将	《后汉书》卷八九《南匈奴传》，第2948页
永平八年（65）	郑众	北匈奴	报北匈奴来使	越骑司马	《后汉书》卷八九《南匈奴传》，第2949页；《后汉书》卷三六《郑众传》，第1224页
永平八年（65）	郑众	北匈奴	复遣郑众报北匈奴，众上疏谏，强使之，在路连上书固争之。诏切责众，追还系廷尉	越骑司马	《后汉书》卷三六《郑众传》，第1224—1225页
永平八年（65）	蔡愔	天竺	问其道术而图其形像	郎中	《两汉纪》下册，第187页；《魏书》卷一一四《释老志》，第3025页

① 始置使匈奴中郎将，将兵卫护之。

续表

时间	使者姓名	出使或途经国、族	使命或相关情状	职衔	资料出处
永平八年（65）	秦景	天竺	问其道术而图其形像	博士弟子	《两汉纪》下册，第187页；《魏书》卷一一四《释老志》，第3025页
永平十六年（73）	班超	鄯善	奉车都尉窦固出击匈奴，以班超为假司马，将兵别击伊吾，战于蒲类海，多斩首虏而还。固以为能，遣与从事郭恂俱使西域。至鄯善，袭杀匈奴使团，班超于是召鄯善王广，以虏使首示之，一国震怖。超晓告抚慰，遂纳子为质	假司马	《后汉书》卷四七《班超传》，第1572—1573页
永平十六年（73）	郭恂	鄯善	窦固遣班超与从事郭恂俱使西域	从事	《后汉书》卷四七《班超传》，第1572—1573页
永平十六年（73）—建初七年（82）	班超	于阗、疏勒	于阗王广德雄张南道，而匈奴遣使监护其国。超至于阗，因辞让之。广德即攻杀匈奴使者而降超，因镇抚焉；明年春，超从间道至疏勒，废龟兹所立王，释而遣之，立故王兄子忠为王，疏勒由是与龟兹结怨；永平十八年明帝崩，章帝初即位，恐超单危不能自立，下诏征超。疏勒、于阗均不愿超去，遂还疏勒；建初八年拜超为西域长史	军司马	《后汉书》卷四七《班超传》，第1573—1577页

续表

时间	使者姓名	出使或途经国、族	使命或相关情状	职衔	资料出处
建初五年（80）	徐幹	疏勒	建初三年，班超率疏勒、康居、于阗、拘弥兵一万人攻姑墨石城，破之。超欲因此叵平诸国，乃上疏请兵。书奏，帝知其功可成，议欲给兵。平陵人徐幹素与超同志，上疏愿奋身佐超。五年，遂以幹为假司马，将弛刑及义从千人就超	假司马	《后汉书》卷四七《班超传》，第1575—1576页
建初八年（83）	李邑	乌孙	护送乌孙使者，赐大小昆弥以下锦帛；西域长史班超遣其将乌孙侍子还京师	卫候	《后汉书》卷四七《班超传》，第1577—1579页
元和元年（84）150		北匈奴	武威太守孟云上言北单于复愿与吏人合市，诏书听云遣驿使迎呼慰纳之	译使	《后汉书》卷八九《南匈奴传》，第2950页
章和元年（87）		羌	羌豪迷吾进犯金城塞，护羌校尉张紆遣兵击败之，迷吾因译使欲降，张紆纳之	译使	《后汉书》卷八七《西羌传》，第2882页
永元元年（89）	吴汜	北匈奴	奉金帛遗北单于，宣明国威，而兵随其后	军司马	《后汉书》卷二三《窦宪传》，第817页
永元元年（89）	梁讽	北匈奴	奉金帛遗北单于，宣明国威，而兵随其后	军司马	《后汉书》卷二三《窦宪传》，第817页
永元二年（90）	班固	北匈奴	北单于复使款居延塞，欲入朝见，愿请大使。宪上遣大将军中护军班固行中郎将，与司马梁讽迎之。会北单于为南匈奴所破，被创遁走，固至私渠海而还	行中郎将	《后汉书》卷二三《窦宪传》，第818页

续表

时间	使者姓名	出使或途经国、族	使命或相关情状	职衔	资料出处
永元二年（90）	梁讽	北匈奴	北单于复使款居延塞，欲入朝见，愿请大使。宪上遣大将军中护军班固行中郎将，与司马梁讽迎之。会北单于为南匈奴所破，被创遁走，固至私渠海而还	军司马	《后汉书》卷二三《窦宪传》，第818页
永元三年（91）	姚光	龟兹	拜白霸为龟兹王，遣司马姚光送之。超与光共胁龟兹废其王尤利多而立白霸，使光将尤利多还诣京师	司马	《后汉书》卷四七《班超传》，第1581页
永元四年（92）	耿夔	北匈奴	北匈奴右谷蠡王於除鞬自立为单于，款塞乞降。遣大将军左校尉耿夔授玺绶	大将军左校尉	《后汉书》卷四《和帝纪》，第173页
永元四年（92）	田汜	羌	护羌校尉聂尚遣驿使招呼羌豪迷唐从颇岩谷还居大、小榆谷，迷唐还，遣祖母卑缺诣聂尚，聂尚自送至塞下，为设祖道，令译田汜等五人护送至庐落	译使	《后汉书》卷八七《西羌传》，第2883页
永元五年（93）		羌	护羌校尉贯友“以迷唐难用德怀，终于叛乱，乃遣驿使搆离诸种，诱以财货，由是解散。”	译使	《后汉书》卷八七《西羌传》，第2883页
永元九年（97）160	甘英	条支、安息，欲通大秦	都护班超遣掾甘英使大秦，抵条支而历安息，临西海以望大秦	都护掾	《后汉书》卷八八《西域传》，第2910、2918、2931页

续表

时间	使者姓名	出使或途经国、族	使命或相关情状	职衔	资料出处
汉安二年（142）		南匈奴	南匈奴守义王兜楼储先在京师，汉安二年立之。遣行中郎将持节护送单于归南庭	行中郎将	《后汉书》卷八九《南匈奴传》，第 2962—2963 页；《后汉书》卷六《顺帝纪》，第 273 页

说明：①本表所列仅限于史籍或出土简牍所见外交使节职衔有比较明确记载者，如果奉使时职衔不明，而奉使前后之职衔可能为奉使时职衔者，则以该职衔后加"→"表示其为奉使前职衔，于该职衔前加"←"表示其为奉使后职衔。②有的并非具体某一次遣使，史籍概述经常以此职衔为使者，亦以一次视之，如建武二十六年始以中郎将从事和谒者送迎匈奴侍子、使节为然。奉使时职衔为两种或以上者，每种均单独列入计算。③本表所列基本上为使团之负责人，虽非使团负责人而是承担某一具体使命之负责人，尽管职位卑微亦列入，以"斥候"为例，甘露二年（前 52）"使乌孙长罗侯常惠遣斥候恭上书诣行在所"[①]中的斥候恭即计入，而使团中作为警卫、服务人员的"斥候"则不取，如元康五年（前 61）常惠使团中的"斥候五十人"[②]等为然；或者如甘露三年（前 51）"持传马送公主以下过"[③]中的渊泉县厩啬夫昌只是途中提供服务，亦不计入。④有的年代不能确定，则于年代后加"↑"表示约在此年之前，加"↓"表示约在此年之后。有的未能确定之事项，则于后面加问号表示。悬泉汉简所载使大宛车骑将军长史以及孟敞、周生广、高博、唐霸等五人无出使时间，姑置于西汉末与新莽之间。

本表所列不能说是完备，可能还有一些遗漏或欠妥之处，只能说是一个粗略的统计，但是，我们还是可以从中大体窥知汉代外交使节职衔频度及其分布的一些基本情况和问题。

以上合计汉代外交使节职衔 57 种[④]，168 人次[⑤]。在此基础上统计汉代外交使节不同职衔之频度差异，按照奉使人次之由多而少，依次为：中郎将 36，汉侯 13，副校尉 9，光禄大夫、守属等各 7，卫司马、译等各 6，谒者 5，卫候、军司马、中大夫等各 4，郎中将、期门郎、车骑都尉等各 3，太中大夫、郎中、侍郎、郎、侍中、博士、越骑司马、骑都尉、车骑将军长史、假司马、军候、郡守、都吏、斥候等各 2，大谒者、谒者令、长乐卫尉、长水校尉、校尉、大将军左校尉、左曹、使匈奴中郎将、

---

① 《敦煌悬泉汉简释粹》（Ⅴ1311③：315），编号 201，第 142 页。

② 《敦煌悬泉汉简释粹》（Ⅰ0112③：61—78），编号 213，第 148—149 页。

③ 《敦煌悬泉汉简释粹》（Ⅱ0114③：522），编号 202，第 142—143 页。

④ 如果完全按照史籍所载名称，如军候与候，军司马与司马均分别计入，则职衔总数为 59；如果将候计入军候，司马计入军司马，则职衔总数为 57。

⑤ 王莽时期的将、帅除外。

大司马护军、黄门、客、奉车都尉、司马、候、谏大夫、御史大夫、佩二千石印绶、县令、丞相属、丞相长史、骏马监、平乐监、右将军长史、关都尉、使匈奴中郎将从事、从事、都护掾、卒史、传□吏、故越侯等各1。

从中可见汉代外交使节职衔相当纷繁复杂，以品秩而论，上自秩中二千石之御史大夫，下至卒史、斥候等斗食小吏士卒；以职衔之文武而论，有文官如诸大夫等，武官如将军、校尉等。那么，在这纷繁复杂的表象后面有无一定之规律呢？其内在特征又如何呢？

上述外交使节职衔分布于不同机构和部门，将其分门别类，大体分布于如下一些政府机构（包括文属者）或门类之中：

第一，光禄勋属官。其中有中郎将36，光禄大夫7，谒者5，中大夫4，郎中将、期门郎等各3，太中大夫、郎中、侍郎、郎、骑都尉等各2，大谒者、奉车都尉、谏大夫等各1，共计71人次，占168人次之42%。

第二，卫尉属官。其中有卫司马6，卫候4，长乐卫尉1，共计11人次，占168人次之7%。

第三，北军校尉及其属官。其中有越骑司马2，长水校尉1，共计3人次，占168人次之1.8%。

第四，领兵武官及其属官。其中有军司马4，军候、假司马等各2，大将军左校尉、校尉、司马、候、从事等各1，共计13人次，占168人次之7.7%。

第五，特设诸校、尉。其中有副校尉9，车骑都尉3，关都尉1，共计13人次，占168人次之7.7%。

第六，中朝官及其属官。其中有侍中、车骑将军长史各2，左曹、右将军长史、大司马护军等各1，共计7人次，占168人次之4%。

第七，其他公卿、外朝官及其属官。其中有博士2，御史大夫、丞相长史、丞相属、骏马监、平乐监、谒者令、黄门等各1，共计9人次，占168人次之5%。

第八，地方官吏。其中有郡守、都吏等各2，县令、卒史等各1，共计6人次，占168人次之4%。

第九，特派驻外官吏。使匈奴中郎将、使匈奴中郎将从事、都护掾等各1，共计3人次，占168人次之1.8%。

第十，侯。其中有汉侯13，越侯1，共计14人次，占168人次之8%。

第十一，其他。其中有守属 7，译 6，斥候 2，客、佩二千石印绶、传□吏等各 1，共计 18 人次，占 168 人次之 11%。

表 2－2　　汉代外交使节职衔频度与分布表

部门	类别	职衔	人次	百分比
光禄勋属官	郎将	中郎将	36	
		郎中将	3	
	郎官	期门郎	3	
		郎中	2	
		侍郎	2	
		郎	2	
	大夫	光禄大夫	7	
		中大夫	4	
		太中大夫	2	
		谏大夫	1	
	谒者	谒者	5	
		大谒者	1	
	都尉	骑都尉	2	
		奉车都尉	1	
合计			71	42%
卫尉属官		卫司马	6	
		卫候	4	
		长乐卫尉	1	
合计			11	7%
北军校尉及其属官		越骑司马	2	
		长水校慰	1	
合计			3	1.8%
领兵武官及其属官		军司马	5	
		假司马	2	
		军候	3	
		大将军左校尉	1	
		校尉	1	
		从事	1	
合计			13	7.7%

续表

部门	类别	职衔	人次	百分比
特设诸校、尉		副校尉	9	
		车骑都尉	3	
		关都尉	1	
合计			13	7.7%
中朝官及其属官		侍中	2	
		车骑将军长史	2	
		左曹	1	
		右将军长史	1	
		大司马护军	1	
合计			7	4%
其他公卿、外朝官及其属官		博士	2	
		御史大夫	1	
		丞相长史	1	
		丞相属	1	
		骏马监	1	
		平乐监	1	
		谒者令	1	
		黄门	1	
合计			9	5%
地方官吏		郡守	2	
		都吏	2	
		县令	1	
		卒史	1	
合计			6	4%
特派驻外官吏		使匈奴中郎将	1	
		使匈奴中郎将从事	1	
		都护掾	1	
合计			3	1.8%
侯		汉侯	13	
		越侯	1	
合计			14	8%

续表

部门	类别	职衔	人次	百分比
其他		守属	7	
		译	6	
		斥候	2	
		客	1	
		佩二千石印绶	1	
		传口吏	1	
合计			18	11%
			168	100%

从上述统计资料可见，汉代外交使节分布于11个部门、类别之中，覆盖面相当广泛，兹分别叙述之。

（一）光禄勋属官

汉代外交使节主要集中于光禄勋属官之中，占外交使节之42%。光禄勋为汉代诸卿之一，秩中二千石，其在秦和西汉前期称为郎中令，汉武帝太初元年（前104）更名光禄勋，此后即基本上以光禄勋为称。《汉表》谓其职“掌宫殿掖门户”①，《续汉志》谓其职“掌宿卫宫殿门户，典谒署郎更直执戟，宿卫门户，考其德行而进退之。郊祀之事，掌三献。”② 可见宿卫宫殿为其主要职责。《齐职仪》云：“初，秦置郎中令，掌宫殿门户。及主诸郎之在殿中侍卫，故曰郎中令。”③ 可见光禄勋之职责不仅负责官殿的警卫，还包括侍从左右④等。

光禄勋机构庞大，属官众多。其属官奉命出使者主要有郎将、郎官、大夫、谒者、诸都尉等几类人员。

1. 郎将

郎将为统率诸郎官之将领，西汉“中郎有五官、左、右三将，秩皆

---

① 《汉书》卷一九上《百官公卿表上》，第727页。

② （晋）司马彪撰，（梁）刘昭注补：《续汉书·百官志二》，点校本《后汉书志》第二十五，中华书局1965年版，第3574页。

③ （唐）徐坚等：《初学记》卷一二《光禄卿第十六》引，中华书局1962年版，第304页。

④ 安作璋、熊铁基谓：郎中令”除开‘卫’之外，还有‘侍’，就是说，一方面是宿卫门户，另一方面又在宫殿之内，侍从左右，”见氏著《秦汉官制史稿》上册，第107页。

比二千石。郎中有车、户、骑三将，秩皆比千石。”[①] 此即史籍习见之中郎将、郎中将。东汉在保留前者的基础上省去后者，而增设虎贲中郎将、羽林中郎将[②]。其中的中郎将是汉代奉命出使最为频繁的官员，郎中将次之。

（1）中郎将

史料显示汉代中郎将承担外交使节最为频繁，本表所列有 36 人次，占汉代外交使节职衔见于记载者 168 人次之 21.4%，远远多于其他任何职衔。

中郎将作为高级外交使节，主要出使于西域和匈奴。

史籍所见最早以中郎将为外交使节，是元狩四年（前 119）张骞之出使西域。是年，汉武帝“拜（张）骞为中郎将，将三百人，马各二匹，牛羊以万数，赍金币帛直数千巨万，多持节副使，道可使，使遗之他旁国。”其目的是“厚币赂乌孙，招以益东，居故浑邪之地，与汉结昆弟，其势宜听，听则是断匈奴右臂也。既连乌孙，自其西大夏之属皆可招来而为外臣。”[③] 以中郎将出使匈奴始于天汉元年（前 100）苏武、张胜使团。此后，以中郎将为外交使节即史不绝书，终两汉皆然。

（2）郎中将

郎中将即郎中车将、郎中户将、郎中骑将之谓，这种官职只存在于西汉，东汉即省。史籍所见郎中将为外交使节者不多，仅用于东南——西南一带地区，共三例。汉武帝建元六年（前 135）闽越王郢反叛被其臣所杀，于是汉“诏罢两将兵，曰：‘郢等首恶，独无诸孙繇君丑不与谋焉。’乃使郎中将立丑为越繇王，奉闽越先祭祀。”[④] 元光五年（前 130）“拜（唐）蒙为郎中将，将千人”，出使夜郎。其后又“使（司马）相如以郎中将往喻”西夷邛、筰[⑤]。关于司马相如出使西夷之官职，《史》《汉》之西

① 《汉书》卷一九上《百官公卿表上》，第 727 页。

② 《续汉书·百官志二》注引，点校本《后汉书志》第二十五，第 3574—3576 页。

③ 《史记》卷一二三《大宛列传》，第 3168 页。

④ 《史记》卷一一四《东越列传》，第 2981 页。

⑤ 《史记》卷一一六《西南夷列传》，第 2994 页；《汉书》卷九五《西南夷两粤朝鲜传》，第 3839 页。

南夷传均记作“郎中将”，司马相如本传均记作“中郎将”①，王先谦曰两者“未知孰是”②。窃意倾向认为司马相如是以郎中将而非中郎将出使。一者综观两汉外交使节派遣，中郎将这样的高级外交使节基本上派往西域和匈奴这样的外交重心和重点地区，而派往东南——西南方面的基本上是千石及其以下级别官吏，如秩比千石之太中大夫、郎中将、比八百石之谏大夫、比六百石之谒者以及千石——六百石之县令等，未见如中郎将那样秩比二千石的高官。二者在司马相如出使之前，曾先后以比千石之郎中将出使闽越（建元六年，前 135）、夜郎（元光五年，前 130），元光五年同年以司马相如出使西夷，同样以比千石之郎中将出使比较合理，无由突然打破惯例提升至比二千石之中郎将为使。如果司马相如是以比二千石之中郎将出使，则不仅在派往东南——西南方面，而且在整个汉代遣使中都是首开先例的，因为在此之前还未见以中郎将为使，张骞以中郎将出使西域还要待十一年之后的元狩四年（前 119），故非有特殊原因不得解释其所以然。事实上司马相如出使西夷并无重大特殊紧急之事，唐蒙以郎中将出使夜郎，在南夷地区设置犍为郡之后，“蜀人司马相如亦言西夷邛、筰可置郡。”于是使司马相如“往喻，皆如南夷，为置一都尉，十余县，属蜀。”③ 他的使命不过是继续唐蒙进行过的使命——“皆如南夷”而已。

中郎将与郎中将为外交使节，合计 39 人次，则郎将为外交使节占汉代外交使节职衔见于记载者 168 人次之 23%。

2. 郎官

郎官名号、人员繁多，“郎掌守门户，出充车骑，有议郎、中郎、侍郎、郎中，皆无员，多至千人。议郎、中郎秩比六百石，侍郎比四百石，郎中比三百石。”④ 史籍所见郎官出使者有四种，其中期门郎 3 例，郎中、

---

① 见《史记》卷一一七《司马相如列传》（第 3046 页）、《汉书》卷五七下《司马相如传下》（第 2581 页）。此外《资治通鉴》卷一八（第 590 页）、《华阳国志》卷四《南中志》，亦记作“中郎将”。

② （汉）班固撰，（清）王先谦补注，上海师范大学古籍整理研究所整理：《汉书补注》卷二七下《司马相如传下》，上海古籍出版社 2008 年版，第 4160—4161 页。

③ 《史记》卷一一六《西南夷列传》，第 2994 页。

④ 《汉书》卷一九上《百官公卿表上》，第 727 页。

侍郎、郎各2例。

（1）郎中

汉与匈奴之间的通使，首先即以郎中担任的。刘敬因建议西都关中得到汉高帝刘邦赏识，被“拜为郎中”，汉七年（前200）“韩王信反，高帝自往击之。至晋阳，闻信与匈奴欲共击汉，上大怒，使人使匈奴。匈奴匿其壮士肥牛马，但见老弱及羸畜。使者十辈来，皆言匈奴可击。上使刘敬复往使匈奴，还报曰”云云。[①] 可见刘敬是以郎中的身份奉命出使匈奴的。东汉明帝为求佛法，于永平八年（65）“遣使天竺，而问其道术，遂于中国而图其形象焉。”[②] 其所遣使者为“郎中蔡愔、博士弟子秦景等”[③]。蔡愔当为三署郎中。

（2）侍郎

宣帝地节四年（前66）“乌孙公主遣女来至京师学鼓琴，汉遣侍郎乐奉送主女。”[④]“乌孙公主”即和亲乌孙的解忧公主。侍郎乐奉的使命是护送解忧公主之女返回乌孙。地节三年（前67）汉击破与匈奴勾结的车师，车师王乌贵逃亡乌孙。元康四年（前62）“汉使侍郎殷广德责乌孙，求车师王乌贵，将诣阙。”[⑤] 前后两位出使乌孙的使者均为侍郎。

（3）期门郎

汉代光禄勋的属官还有期门郎，“期门掌执兵送从，武帝建元三年初置，比郎，无员，多至千人……平帝元始元年更名虎贲郎。”[⑥] 汉代外交使节亦见以期门郎为之。汉使从西域回来向汉武帝报告：“宛有善马在贰师城，匿不肯与汉使。”于是太初元年（前104）汉武帝“使壮士车令等持千金及金马以请宛王贰师城善马。”[⑦] 大宛仍不以善马给汉，遂伐大宛。武帝在班师后的诏书中历数匈奴袭击、杀害汉使的情况，其中提到“危须以西及大宛皆合约杀期门车令”[⑧]，《汉书》注引文颖曰：“汉使期门郎

① 《史记》卷九九《刘敬叔孙通列传》，第2718页。

② 《两汉纪》下册，《后汉纪·孝明皇帝纪下卷第十》，第187页。

③ 《魏书》卷一一四《释老志》，第3025页。

④ 《汉书》卷九六下《西域传下·渠犂传》，第3916页。

⑤ 《汉书》卷九六下《西域传下·车师传》，第3924页。

⑥ 《汉书》卷一九上《百官公卿表上》，第727页。

⑦ 《史记》卷一二三《大宛列传》，第3174页。

⑧ 《汉书》卷六一《李广利传》，第2703页。

也。”可知壮士车令是以期门郎出使大宛的。元凤四年（前77）汉昭帝在表彰傅介子斩楼兰王安归首功的诏书中提到楼兰曾“发兵杀略”汉使“期门郎遂成等”①，遂成也是以期门郎出使西域的。乌孙肥王翁归靡的匈奴妇所生子乌就屠自立为昆弥，而汉公主解忧所生元贵靡不得立，甘露元年（前53）宣帝派遣冯嫽“锦车持节”出使乌孙同时“遣……期门甘延寿为副，送冯夫人。”② 期门郎甘延寿是作为副使而随冯嫽出使的。

（4）郎

此外还有一些使节被笼统地称之为“郎”，建元三年（前138）张骞“以郎应募”③ 出使大月氏，汉通西域最早是以“郎”为使的。元光六年（前129）枚皋被“拜为郎，使匈奴。”④ 这些“郎”均不明为何种郎官，殆亦上述郎中、侍郎之类。

3. 大夫

大夫亦为光禄勋属官，东汉则“文属”焉。“大夫掌论议，有太中大夫、中大夫、谏大夫，皆无员，多至数十人。武帝元狩五年初置谏大夫，秩比八百石，太初元年更名中大夫为光禄大夫，秩比二千石，太中大夫秩比千石如故。”⑤《续汉书志》本注曰：“凡大夫、议郎皆掌顾问应对，无常事，唯诏令所使。”⑥ 故诸大夫亦常被派遣为外交使节。

（1）中大夫

中大夫存在于西汉前期⑦，故其奉使亦在这一时期。文帝时，淮南厉王刘长杀辟阳侯审食其，文帝使吏捕欲治其客平原君朱建，朱建自杀，“孝文帝闻而惜之，曰：‘吾无意杀之。’迺召其子，拜为中大夫。使匈奴，单于无礼，迺骂单于，遂死匈奴中。”⑧ 汉文帝前六年（前174），匈

---

① 《汉书》卷七〇《傅介子传》，第3002页。

② 《汉书》卷九六下《西域传下·乌孙国传》，第3907页。

③ 《史记》卷一二三《大宛列传》，第3157页。

④ 《汉书》卷五一《枚乘附子（枚）皋传》，第2366页。

⑤ 《汉书》卷一九上《百官公卿表上》，第727页。

⑥ 《续汉书·百官志二》，点校本《后汉书志》第二十五，第3577页。

⑦ 战国时范雎曾“事魏中大夫须贾”，《索隐》按：“《汉书·百官表》中大夫，秦官。此魏有中大夫，盖古官也。”后“须贾为魏昭王使于齐，范雎从。留数月，未得报。”（《史记》卷七九《范雎列传》，第2401页）则战国时已以中大夫为使。

⑧ 《史记》卷九七《郦生陆贾列传》，第2703页。

奴冒顿单于遣使来献并致书，文帝复书、赐物并“使中大夫意、谒者令肩遗单于。”[①] 宋忠为中大夫，后“使匈奴，不至而还，抵罪。”[②] 他们均以中大夫而出使匈奴。

（2）光禄大夫

光禄大夫由汉前期之中大夫改称，故其作为外交使节出现较晚。汉昭帝始元六年（前81）匈奴拟归还被其扣押的汉使苏武、马宏等人。其中“马宏者，前副光禄大夫王忠使西国，为匈奴所遮，忠战死，马宏生得。”[③]《通鉴》胡注：“西国，谓西域诸国。”[④] 王忠是以光禄大夫出使西域诸国的，马宏作为他的副手随行，途中遭匈奴拦截，马宏被俘至匈奴中。关于光禄大夫王忠出使事，《汉书·傅介子传》亦有记载，傅介子斩楼兰王安归后，昭帝下诏表彰其功云：“楼兰王安归尝为匈奴间，候遮汉使者，发兵杀略卫司马安乐、光禄大夫忠、期门郎遂成等三辈，及安息、大宛使，盗取节印献物。”[⑤] 其中的光禄大夫忠即上述王忠。从与此三辈使节同时被劫的有安息、大宛使节来看，王忠等人可能是出使安息、大宛等国。汉昭帝时，解忧公主“上书言：‘匈奴与车师共侵乌孙，唯天子幸救之！’……会昭帝崩，上遣光禄大夫常惠使乌孙。”[⑥] 常惠亦以光禄大夫出使乌孙。解忧公主死后，乌孙要求继续与汉和亲，宣帝决定以解忧公主之侄女相夫为公主嫁乌孙。神爵二年（前60）“使长罗侯光禄大夫（常）惠为副，凡持节者四人，送少主至敦煌。”[⑦] 这次常惠仍以光禄大夫的官衔为副使而护送公主出使乌孙。元延二年（前11）乌孙发生内乱，“征（段）会宗为左曹、中郎将、光禄大夫，使安辑乌孙。”[⑧] 在其三个官衔中也有光禄大夫。郅支单于杀汉使谷吉，汉朝不知其详，汉元帝永

---

① 《史记》卷一一〇《匈奴列传》，第2897页。

② 《史记》卷一二七《日者列传》，第3220页。

③ 《汉书》卷九四上《匈奴传上》，第3782页。

④ 《资治通鉴》卷二三汉昭帝始元六年（前81），第759页。

⑤ 《汉书》卷七〇《傅介子传》，第3002页。

⑥ 《资治通鉴》卷二四汉宣帝本始二年（前72），第797页。

⑦ 《汉书》卷九六下《西域传下·乌孙国传》，第3905页。《资治通鉴》卷二六汉宣帝神爵二年（前60）《考异》曰：“《乌孙传》，请昏在元康二年。《望之传》云，神爵二年。按元康二年，望之未为鸿胪。盖误以神爵为元康也。”（第890—891页）。

⑧ 《汉书》卷七〇《段会宗传》，第3030页。

光元年（前43）“汉遣车骑都尉韩昌、光禄大夫张猛送呼韩邪单于侍子，求问（谷）吉等。”① 张猛亦以光禄大夫而为副使。

（3）太中大夫

汉文帝元年（前179），“诏丞相陈平等举可使南越者，平言好畤陆贾，先帝时习使南越。迺召贾以为太中大夫，往使。”② 成帝河平二年（前27）“夜郎王兴与钩町王禹、漏卧侯俞更举兵相攻。牂柯太守请发兵诛兴等，议者以为道远不可击，乃遣太中大夫蜀郡张匡持节和解。”③ 他们均以太中大夫奉命出使。

（4）谏大夫

诸大夫中以谏大夫为外交使节最为少见，汉武帝元鼎四年（前113）“南越与汉和亲，乃遣（终）军使南越，说其王，欲令入朝，比内诸侯。”④ 时使主为安国少季，而“令辩士谏大夫终军等宣其辞”⑤，终军以谏大夫而为其副。

4. 谒者

谒者亦“文属”于光禄勋，“谒者掌宾赞受事，员七十人，秩比六百石，有仆射，秩比千石。”⑥ 《续汉书·百官志》注引蔡质《汉仪》曰：“皆选仪容端正，任奉使者。”⑦ 可见奉命出使是谒者的重要职责之一。

以谒者为使，先秦已见，秦昭王三十七年（前270）“秦谒者王稽使于魏”⑧。汉惠帝、高后时匈奴骄慢，惠帝三年（前192）为书辱高后，汉议欲击之，高后接受中郎将季布议，决定言和，乃“令大谒者张泽报书曰”云云⑨。《通鉴》胡注：“谒者，秦官，掌宾赞受事，员七十人。大谒者，盖其长也。“⑩汉武帝太始三年（前94），江充自请出使匈奴，

---

① 《汉书》卷九四下《匈奴传下》，第3801页。

② 《史记》卷一一三《南越列传》，第2970页。

③ 《汉书》卷九五《西南夷两粤朝鲜传》，第3843—3844页。

④ 《汉书》卷六四下《终军传》，第2821页。

⑤ 《史记》卷一一三《南越列传》，第2972页。

⑥ 《汉书》卷一九上《百官公卿表上》，第727页。

⑦ 《续汉书·百官志二》注引，点校本《后汉书志》第二十五，第3578页。

⑧ 《资治通鉴》卷五周赧王四十五年（前270），第158页。

⑨ 《汉书》卷九四上《匈奴传上》，第3755页。

⑩ 《资治通鉴》卷一二汉惠帝三年（前192），第413页。

武帝召见之后，“上以充为谒者，使匈奴。”[①] 江充加谒者衔之后而出使匈奴。东汉时，“单于岁尽辄遣奉奏，送侍子入朝……汉遣谒者送前侍子还单于庭，交会道路。元正朝贺，拜祠陵庙毕，汉乃遣单于使，令谒者将送。”[②] 关于前者，应劭《汉官》亦有所记述：“单于岁遣子来朝，谒者常送迎焉。”[③] 可知迎送匈奴侍子、使节已成为谒者的专责之一。

5. 都尉

魏晋时期作为加官的“三都尉”[④]，即奉车都尉、驸马都尉、骑都尉，在东汉时期曾经“文属”于光禄勋[⑤]，其中的骑都尉在西汉时期，“宣帝令中郎将、骑都尉监羽林，秩比二千石。”[⑥] 与中郎将一起负责监宿卫武官羽林。而《太平御览》引《汉书·百官公卿表》曰：“汉武元鼎二年置三都尉，驸马、奉车掌御乘舆，车骑都尉掌羽林从骑，并无员，或以侍中常侍卿尹校尉左迁为之。”[⑦] 这里的“车骑都尉”当为“骑都尉”，羽林从骑为光禄勋所辖警卫，据此，则武帝时骑都尉已与光禄勋有了关系，其他两都尉则直接为皇帝近侍警卫。因此，我们可以把他们归类于光禄勋属官之中。三都尉中的骑都尉、奉车都尉均见为外交使节。

甘露三年（前51）匈奴呼韩邪单于来朝，“二月，单于罢归。遣长乐卫尉高昌侯忠、车骑都尉昌、骑都尉虎将万六千骑送单于。”[⑧] 护送呼韩邪单于的使团三位负责人中的第三人为骑都尉名虎者。天凤元年（14）王莽遣和亲侯王歙以及王歙之弟骑都尉展德侯王飒“使匈奴，贺单于初立，赐黄金衣被缯帛……”[⑨] 骑都尉王飒亦为使团之副。

河平三年（前26）匈奴“单于来朝，上使（班）伯持节迎于塞

---

① 《汉书》卷四五《江充传》，第2177页。
② 《后汉书》卷八九《南匈奴传》，第2944页。
③ 《续汉书·百官志五》注引，点校本《后汉书志》第二十八，第3626页。
④ 《晋书》卷二四《职官志》，第734页。
⑤ 《续汉书·百官志二》，点校本《后汉书志》第二十五，第3576—3578页。
⑥ 《汉书》卷一九上《百官公卿表上》，第727—728页。
⑦ 《太平御览》卷一五四《皇亲部二〇·公主下》“驸马”条，第751页。
⑧ 《汉书》卷八《宣帝纪》，第271页。
⑨ 《汉书》卷九四下《匈奴传下》，第3827页。

下。”[①] 班伯在奉使迎接匈奴单于前为奉车都尉。

综上所述，光禄勋属官有五类人员充任外交使节，共计 71 人次，占外交使节职衔见于载籍者 168 人次之 42%，也就是说，汉代将近半数外交使节是由光禄勋属官担任的。

（二）卫尉属官

卫尉“秦官，掌宫门卫屯兵。”[②] 它与光禄勋均负责警卫皇帝及宫殿，但是“殿外门署属卫尉，殿内郎署属光禄勋。”[③] 虽然两者均为皇帝警卫及近臣，但其亲密程度有所不同，卫尉逊于光禄勋。其中“诸屯卫候、司马二十二官皆属焉。”[④] 史籍常见之“卫司马”“卫候”即为卫尉所辖诸屯二十二官之一，他们即常担任外交使节。

1. 卫司马

卫司马常奉命出使。昭帝元凤四年（前 77）下诏表彰傅介子刺杀楼兰王安归时说：楼兰王安归与匈奴勾结，“发兵杀略卫司马安乐……等三辈，及安息、大宛使，盗取节印献物。”颜师古注曰：“节及印，汉使者所赍也。献物，大宛等使所献也。楼兰既杀汉使，又杀诸国使者。”[⑤] 卫司马安乐所率使团为被匈奴、楼兰所杀略的三辈使团之一。悬泉置汉简：元帝“永光五年七月癸卯朔丁巳使送于阗王诸国客卫司马参……”[⑥]，亦以卫司马为使。成帝阳朔四年（前 21）段会宗复为西域都护，城郭诸国甚亲附。“康居太子保苏匿率众万余人欲降，会宗奏状，汉遣卫司马逢迎。”颜师古注曰：“迎之于道，随所到而逢之，故曰逢迎也。”[⑦] 这些都是卫司马担任外交使节之事实。

2. 卫候

卫候与上述卫司马同为卫尉所属诸屯二十二官之一。《通鉴》胡注曰：“卫候，卫士候也。”[⑧] 西汉宣帝时，“西域诸国新辑，汉方善遇，欲

---

① 《汉书》卷一〇〇上《叙传上》，第 4199 页。

② 《汉书》卷一九上《百官公卿表上》，第 728 页。

③ 《汉官旧仪》卷上，《汉官六种》，第 30 页。

④ 《汉书》卷一九上《百官公卿表上》，第 728 页。

⑤ 《汉书》卷七〇《傅介子传》，第 3002、3003 页。

⑥ 《敦煌悬泉汉简释粹》（Ⅱ0216②：54），编号 154，第 117 页。

⑦ 《汉书》卷七〇《段会宗传》，第 3030 页。

⑧ 《资治通鉴》卷二五汉宣帝元康元年（前 65）胡注，第 825 页。

以安之”，于是于元康元年（前65），令群臣“选可使外国者。前将军（韩）增举（冯）奉世以卫候使持节送大宛诸国客。”① 五凤四年（前54）“汉使卫司马魏和意、副候任昌送侍子”②，出使乌孙。关于“副候任昌”，《通鉴》胡注曰：“候，卫候也；为和意之副。”③ 任昌是以卫候官衔而为副使。上引悬泉置汉简所记元帝永光五年七月癸卯朔丁巳，以卫司马参为使送于阗王诸国客，即以“卫候”名临者为其副使。东汉章帝建初八年（83），班超建议联合乌孙以进攻龟兹，章帝采纳他的意见，于是“遣卫候李邑护送乌孙使者，赐大小昆弥以下锦帛。”④ 这是以卫候为正使。

3. 长乐卫尉

卫尉所辖还有：“长乐、建章、甘泉卫尉皆掌其宫，职略同，不常置。”⑤ 其中长乐卫尉为警卫长乐宫之长官，亦有奉命出使者，宣帝甘露三年（前51）呼韩邪单于来朝，“留月余，遣归国……汉遣长乐卫尉高昌侯董忠、车骑都尉韩昌将骑万六千，又发边郡士马以千数，送单于出朔方鸡鹿塞。诏忠等留卫单于，助诛不服。”⑥ 这里以长乐卫尉为使团之长。

卫尉属官为外交使节者共11人次，占外交使节职衔见于载籍者168人次之7%。

（三）北军校尉及其属官

西汉武帝置北军八校尉，即中垒、屯骑、步兵、越骑、长水、胡骑、射声、虎贲，凡八校尉，秩二千石⑦，东汉省为五校尉，即屯骑、步兵、越骑、长水、射声，秩比二千石，均“掌宿卫兵”⑧，他们“主要负责宫城外围之禁卫”⑨。北军校尉及其属官亦见充任外交使节者。

---

① 《汉书》卷七九《冯奉世传》，第3294页。

② 《汉书》卷九六下《西域传下·乌孙国传》，第3906页。

③ 《资治通鉴》卷二七汉宣帝甘露元年（前53），第883页。按，正文及胡注文均误“候”为“侯”。

④ 《后汉书》卷四七《班超传》，第1577页。

⑤ 《汉书》卷一九上《百官公卿表上》，第728页。

⑥ 《汉书》卷九四下《匈奴传下》，第3798页。

⑦ 《汉书》卷一九上《百官公卿表上》，第737—738页。

⑧ 《续汉书·百官志四》，点校本《后汉书志》第二十七，第3612—3613页。

⑨ 张金龙：《魏晋南北朝禁卫武官制度研究》，中华书局2004年版，第65页。

1. 越骑司马

郑众于“永平初，辟司空府，以明经给事中，再迁越骑司马，复留给事中。”时北匈奴遣使求和亲，永平八年（65）“显宗遣（郑）众持节使匈奴”。匈奴乃“更发使随（郑）众还京师。”随后，“朝议复欲遣使报之”，郑众上疏反对，“帝不从，复遣（郑）众。”[①] 郑众两度出使北匈奴均以越骑司马前往。越骑校尉属官有司马一人，秩千石[②]。

2. 长水校尉

元始二年（2）长水校尉王歙与中郎将韩隆、王昌等出使匈奴，告单于不得受西域降者，令其将西域降者遣送于汉[③]。

北军校尉及其属官充任外交使节者不多，史籍所见有 3 人次，占外交使节职衔见于载籍者 168 人次之 1.8%。

（四）领兵武官及其属官

这类职衔中有的或属于中朝官系统，但由于其中不少是在出征中任职或授予，故纳入“领兵武官”类中。汉代领兵武官及其属官亦为外交使节之重要人选，其将领“大将军营五部，部校尉一人，比二千石；军司马一人，比千石……其不置校尉部，但军司马一人。又有军假司马、假候，皆为副贰。其别营领属为别部司马，其兵多少各随时宜。门有门候。其余将军，置以征伐，无员职，亦有部曲、司马、军候以领兵。”[④] 这些将军、校尉、司马、候等即为不同级别之领兵武官。

1. 军司马、假司马、从事

军司马或假司马常见奉命出使。除了将军有司马以领兵，大将军幕府亦有军司马[⑤]，秩比千石，亦有军假司马为其副贰。东汉明帝永平十六年（73），奉车都尉窦固出击匈奴，以班超为假司马，“将兵别击伊吾，战于蒲类海，多斩首虏而还。固以为能，遣与从事郭恂俱使西域。”[⑥] 班

---

① 《后汉书》卷三六《郑众传》，第 1224 页。

② 《续汉书·百官志四》，点校本《后汉书志》第二十七，第 3612 页。

③ 《汉书》卷九四下《匈奴传下》，第 3818 页。

④ 《续汉书·百官志一》，点校本《后汉书志》第二十四，第 3564 页。

⑤ 《汉书》卷六六《杨敞传》：“杨敞，华阴人也。给事大将军莫府，为军司马，霍光爱厚之。”第 2888 页。

⑥ 《后汉书》卷四七《班超传》，第 1572 页。

超是以军司马之副——假司马出使。班超在这次出使中，途经鄯善时成功地袭杀了匈奴使团，并迫使投向匈奴的鄯善王倒向汉朝，“还奏于窦固，固大喜，具上（班）超功效，并求更选使使西域。帝壮超节，诏固曰：‘吏如班超，何故不遣而更选乎？今以超为军司马，令遂前功。’超复受使。”① 班超第二次出使是经过朝廷批准，从而得以正式任命为军司马以出使，亦即由副职提升为正职之后再次出使西域。作为班超副使的从事郭恂，即从事中郎，“从事中郎二人，六百石。本注曰：职参谋议。”② 永元三年（91）汉拜龟兹侍子白霸为龟兹王，“遣司马姚光送之。（班）超与（姚）光共胁龟兹废其王尤利多而立白霸，使光将尤利多还诣京师。”③ 此司马当为在朝廷之将军幕府官员。

2. 军候

军候秩比六百石，又有假候为其副贰。汉代外交使节中有以军候出使者。汉元帝时，曾派遣“军候赵德使罽宾。”④ 悬泉汉简中亦有关于军候出使之记载，五凤四年（前 54）“送车师王、乌孙诸国客”的使团中有军候周充国⑤，元始二年（2）有候名旦受者负责“送乌孙归义侯侍子”⑥。

3. 校尉

宣帝本始二年（前 72）常惠出使乌孙，解忧公主和乌孙昆弥通过常惠上书，称乌孙遭到匈奴的进攻，请求汉朝发兵救乌孙，而“昆弥愿发国半精兵，自给人马五万骑，尽力击匈奴。”提出与汉联军打击匈奴的建议。于是“汉大发十五万骑，五将军分道出”，同时“以（常）惠为校尉，持节护乌孙兵。”常惠出使乌孙负责联络出兵事宜。常惠成功地完成了这次使命，“时汉五将皆无功，天子以（常）惠奉使克获，遂封惠为长罗侯。”⑦ 东汉和帝永元三年（91），大将军窦宪复出河西，以耿夔为大将

---

① 《后汉书》卷四七《班超传》，第 1573 页。

② 《续汉书·百官志一》，点校本《后汉书志》第二十四，第 3564 页。

③ 《后汉书》卷四七《班超传》，第 1581 页。

④ 《汉书》卷九六上《西域传上》，第 3886 页。

⑤ 《敦煌悬泉汉简释粹》（Ⅱ0113③：122），编号 215，第 151 页。

⑥ 《敦煌悬泉汉简释粹》（Ⅰ0116：S. 14），编号 211，第 146 页。

⑦ 《汉书》卷七〇《常惠传》，第 3004 页。

军左校尉，“将精骑八百，出居延塞，直奔北单于廷，于金微山斩阏氏、名王已下五千余级，单于与数骑脱亡，尽获其匈奴珍宝财畜，去塞五千余里而还，自汉出师所未尝至也。”① 永元四年（92）春正月，“北匈奴右谷蠡王于除鞬自立为单于，款塞乞降。”于是汉“遣大将军左校尉耿夔授玺绶”②。

（五）特设诸校、尉

从军事系统而言，将军之下有校尉、都尉等军官，但是汉代还有一些特设的校尉、都尉，他们“级别都相当高，都是秩二千石或比二千石的官吏，地位相当于列卿，比将、大夫还要高。”③ 他们之中亦有充任外交使节者。

1. 副校尉

宣帝地节二年（前68）初置西域都护时，“以骑都尉、谏大夫使护西域三十六国，有副校尉，秩比二千石，丞一人，司马、候、千人各二人。”④ 副校尉是作为西域都护之副而设置的，故副校尉常与西域都护匹配出使西域。副校尉不仅为西域都护之副，亦为使匈奴中郎将之副，建武二十六年（50）“诏单于徙居西河美稷，因使中郎将段郴及副校尉王郁留西河拥护之，为设官府、从事、掾史。”⑤ 沈钦韩曰：“此专设之官，为使匈奴中郎将之副，亦如西域副校尉为都护之副也。”⑥ 故从西汉后期至东汉，常见以副校尉与中郎将匹配出使匈奴⑦。大约在成帝（前33—前7）年间，萧望之两子萧育、萧由曾经以副校尉出使匈奴⑧。此后西汉多次以副校尉出使匈奴，直至东汉建武二十六年（50）副校尉王郁曾经作

---

① 《后汉书》卷一九《耿夔传》，第718—719页。

② 《后汉书》卷四《和帝纪》，第173页。

③ 《秦汉官制史稿》（上册），第249页。

④ 《汉书》卷一九上《百官公卿表上》，第738页。

⑤ 《后汉书》卷八九《南匈奴传》，第2945页。

⑥ 《汉书补注》卷七八《萧望之附子（萧）育传》引，第5041页。

⑦ 详见下文“正副使匹配”一则。

⑧ 《汉书》卷七十八《萧望之传附子（萧）育、由传》，第3289、3291页。或谓“成帝时，校尉萧育为副使出使匈奴，其后萧由是以校尉为副使出使匈奴。”［见廖伯源《从汉代郎将职掌之发展论官制演变》注17，载《秦汉史论丛》（增订本），中华书局2008年版，第48页］将萧育、萧由出使时之职衔视为“校尉”，似未安。

为中郎将段郴之副出使南匈奴①。

2. 车骑都尉

汉代究竟有无“车骑都尉”这一官职？对此学界有不同认识，或以为汉代并无车骑都尉。《通鉴》胡注谓：“详考班《表》：汉无车骑都尉官。”② 故或以为“车”字衍，此官应为“骑都尉”③。此说似可商榷。首先，虽然《汉书·百官公卿表》无“车骑都尉”的记载，但是《汉书》在其他地方有多处关于“车骑都尉”的记载：汉文帝十四年（前 166）“拜（冯）唐为车骑都尉”④；宣帝甘露二年（前 52）呼韩邪单于款五原塞，表示将于三年正月来朝，于是“汉遣车骑都尉韩昌迎”⑤；甘露三年单于朝罢，车骑都尉韩昌与长乐卫尉董忠等“将万六千骑送单于”出塞⑥；元帝永光元年（前 43）“汉遣车骑都尉韩昌、光禄大夫张猛”出使匈奴⑦，追究汉使谷吉被杀事；居摄二年（7）王莽封“车骑都尉孙贤等五十五人皆为列侯”⑧，等。其次，史籍中还见车骑都尉与骑都尉同时组成一个使团的记载，甘露三年（前 51）呼韩邪单于来朝，“二月，单于罢归。遣长乐卫尉高昌侯忠、车骑都尉昌、骑都尉虎将万六千骑送单于。”⑨ 这里护送匈奴单于的使团领导成员，由三官三人组成，其中既有车骑都尉韩昌，又有骑都尉名虎者，车骑都尉与骑都尉并存。复次，车骑都尉与骑都尉职掌不同。前引冯唐拜“车骑都尉”事时，《汉书》接着记其职掌为“主中尉及郡国车士”。中尉，“掌徼循京师……武帝太初元年更名执金吾。”⑩ 负责京师地区的巡察警卫。此外其所掌还有“郡国车士”，颜师古

---

① 《后汉书》卷八九《南匈奴传》，第 2943 页。

② 《资治通鉴》卷一五汉文帝前 14 年（前 166），第 500 页。

③ 《后汉书》卷一九《耿弇传》校勘记：“‘转（车）骑都尉’。《刊误》谓按官无车骑都尉，明衍‘车’字。殿本《考证》万承苍则谓是时窦宪为车骑将军，故夔之官转为车骑都尉，‘车’字非衍。按：沈家本谓将军官属无都尉，恐当以刘说为是。又按：袁宏《纪》亦止云‘骑都尉’。今删‘车’字。”（第 729 页）

④ 《汉书》卷五〇《冯唐传》，第 2314 页。

⑤ 《汉书》卷九四下《匈奴传下》，第 3798 页。

⑥ 《汉书》卷八《宣帝纪》，第 271 页，《汉书》卷九十四下《匈奴传下》，第 3798 页。

⑦ 《汉书》卷九四下《匈奴传下》，第 3801 页。

⑧ 《汉书》卷八四《翟义传》，第 3436 页。

⑨ 《汉书》卷八《宣帝纪》，第 271 页。

⑩ 《汉书》卷一九上《百官公卿表·序》，第 732 页。

注引服虔曰："车战之士也"[①]。骑都尉职掌与此不同，《太平御览》引《汉书·百官公卿表》曰："汉武元鼎二年置三都尉，驸马、奉车掌御乘舆，车骑都尉掌羽林从骑，并无员，或以侍中常侍卿尹校尉左迁为之。"[②]这里的"车骑都尉"应为"三都尉"之一的"骑都尉"，其"掌羽林从骑"，羽林为光禄勋所辖。最后，张家山汉简《二年律令·秩律》有"车骑尉"，秩二千石，整理者认为应即车骑都尉[③]。或有一定参考价值。从以上四点观之，可以认为汉代有"车骑都尉"一职，其与骑都尉并非一职。

3. 关都尉

元帝时（前48—前33）文忠以关都尉护送罽宾使节返国[④]。《汉表》："关都尉，秦官。"[⑤]未载其秩等，居延汉简56.7曰："☐中二千石关都尉郡大☐"[⑥]，陈梦家据此认为："关都尉位于中二千石与二千石郡太守之间，高于比二千石的都尉。"[⑦]地位甚高，属于"特种性质的都尉"，而"西汉文献称关都尉，皆指函谷关。"[⑧]《汉表》将关都尉置于郡守尉与县令长之间，视其为地方官，而有的学者研究认为："就函谷关都尉升降其他官职而言，有三公属官擢升之例，有九卿属官兼掌尚书与九卿本身降转之证，显然是中央、地方官职间升降缓冲跳板，朝廷往往视为殊职、殊荣。"故"关都尉是一种介乎中央与地方间模稜两可特尊职位。"[⑨]

以上特设诸校、尉官，奉命为外交使节者，有副校尉9，车骑都尉3，关都尉1，合计13人次，占外交使节职衔见于载籍者168人次之7.7%。

（六）中朝官及其属官

西汉朝官自武帝始，有中朝与外朝之分，"中朝，内朝也。大司马、

① 《汉书》卷五〇《冯唐传》，第2315页。

② 《太平御览》卷一五四《皇亲部二〇·公主下》"驸马"条，第751页。

③ 张家山二四七号汉墓竹简整理小组：《张家山汉墓竹简·二年律令释文注释·秩律》，文物出版社2001年版，第192页。

④ 《汉书》卷九六上《西域传上》，第3885页。

⑤ 《汉书》卷一九上《百官公卿表上》，第742页。

⑥ 谢桂华、李均明、朱国炤：《居延汉简释文合校》，简56.7，文物出版社1987年版，第98页。

⑦ 陈梦家：《汉简所见居延边塞与防御组织》，载氏著《汉简缀述》，中华书局1980年版，第41页。

⑧ 陈梦家：《西汉都尉考》，载氏著《汉简缀述》，第130、134页。

⑨ 蔡坤伦：《汉代"关"职官体系初探》，（台湾）《中正历史学刊》2009年第十二期。

左右前后将军、侍中、常侍、散骑、诸吏为中朝；丞相以下至六百石为外朝也。”① 中朝官统于大司马，外朝官统于丞相。中朝官是通过“加官”这一方式而形成的，“侍中、左右曹、诸吏、散骑、中常侍，皆加官，所加或列侯、将军、卿大夫、将、都尉、尚书、太医、太官令至郎中，亡员，多至数十人。”② 也就是说公卿百官通过“加官”而得以进入禁省，形成在皇帝左右的政治核心——中朝官，故中朝与皇帝亲近而外朝较为疏远，中朝凌驾于外朝。中朝官及其属官亦有承担外交使节者。

1. 左曹

鸿嘉四年（前17）乌孙小昆弥为国民所杀，诸翎侯大乱。于是征段会宗为左曹中郎将光禄大夫，使安辑乌孙，立小昆弥兄末振将，定其国而还③。左曹即中朝官，“《汉仪注》诸吏、给事中日上朝谒，平尚书奏事，分为左右曹。”④ 秩二千石⑤。这是以中朝官出使西域。

2. 侍中

匈奴单于订于河平四年（前25）来朝，河平三年（前26）成帝派遣侍中王舜前往塞下迎护单于⑥。元始二年（2）汉方遣使告匈奴单于不得接受西域降者，令其遣送于汉，侍中、谒者帛敞为这个使团领导成员之一⑦。他们二人均以侍中出使匈奴。

3. 右将军长史

建始元年（前32）右将军长史姚尹等人出使匈奴，回程时，去塞百余里，暴风火发，烧杀姚尹等七人⑧。时王商为右将军，长史姚尹为右将军府掾属之长，秩千石。此以中朝官之属吏出使。

4. 车骑将军长史

宣帝甘露元年（前53）解忧公主与汉使谋刺乌孙狂王未遂，狂王子发兵围汉使及解忧公主于赤谷城，“数月，都护郑吉发诸国兵救之，乃解去。汉遣

① 《汉书》卷七七《刘辅传》注引孟康曰，第3253页。

② 《汉书》卷一九上《百官公卿表上》，第739页。

③ 《汉书》卷七〇《段会宗传》，第3030页。

④ 《汉书》卷一九上《百官公卿表上》注引晋灼曰，第739页。

⑤ 《汉官旧仪》卷上，《汉官六种》，第33页。

⑥ 《汉书》卷一〇〇上《叙传上》，第4199页。

⑦ 《汉书》卷九四下《匈奴传下》，第3818页。

⑧ 《汉书》卷一〇《成帝纪》，第303页。

中郎将张遵持医药治狂王……车骑将军长史张翁留验公主与使者谋杀狂王状。”① 这里正使是中郎将张遵，车骑将军长史张翁当为使副。悬泉置汉简：“以食使大宛车骑将军长史□”②，此车骑将军长史为出使大宛之使节。

5. 大司马护军

护军即护军都尉之省称，为军中监察官，“护军都尉，秦官，武帝元狩四年属大司马，成帝绥和元年居大司马府比司直，哀帝元寿元年更名司寇，平帝元始元年更名护军。”③ 东汉曰“中护军”，“大将军出征，置中护军一人。”④ 护军亦有奉命出使者，更始二年（24）“汉遣中郎将归德侯（刘）飒、大司马护军陈遵使匈奴。”⑤ 这里以护军为中郎将之副出使匈奴。大司马护军为三公之一大司马的属官。

（七）其他公卿、外朝官及其属官

1. 丞相长史、丞相属

丞相属吏亦见奉命出使。武帝元狩四年（前119）匈奴用赵信之计，遣使于汉，好辞请和亲，“天子下其议，或言和亲，或言遂臣之。丞相长史任敞曰：‘匈奴新破，困，宜可使为外臣，朝请于边。’汉使任敞于单于。单于闻敞计，大怒，留之不遣。”⑥ 丞相长史“秩千石”⑦。悬泉汉简：“甘露三年十月辛亥，丞相属王彭，护乌孙公主及将军、贵人、从者……”⑧ 这是以丞相属吏之副者⑨为使，护送乌孙公主及使者。

2. 骏马监与平乐监

九卿属官亦见奉命出使。汉昭帝元凤四年（前77），傅介子“以

---

① 《汉书》卷九六下《西域传下·乌孙国传》，第3906页。

② 《敦煌悬泉汉简释粹》（Ⅰ0112③：30），编号139，第105页。

③ 《汉书》卷一九上《百官公卿表上》，第737页。

④ 《续汉书·百官志一》注引《东观书》，点校本《后汉书志》第二十四，第3564页。

⑤ 《汉书》卷九四下《匈奴传下》，第3829页。

⑥ 《史记》卷一一〇《匈奴列传》，第2911页。

⑦ 《汉书》卷一九上《百官公卿表上》，第725页。

⑧ 《敦煌悬泉汉简释粹》（Ⅴ1412③：100），编号195，第138页。

⑨ 昭帝时有“丞相属”名宝者（《汉书》卷二一上《律历志》，第978页）。成帝时“丞相张禹使属颍川朱赣条其风俗”，朱赣即为“丞相属”（《汉书》卷二八下《地理志下》，第1640页）。《续汉书·百官志一》注引《汉书音义》曰：“正曰掾，副曰属，”（见点校本《后汉书志》第二十四，第3559页）“属”，比二百石（《续汉书·百官志一》，见点校本《后汉书志》第二十四，第3558页）。

骏马监求使大宛，因诏令责楼兰、龟兹国。”因楼兰、龟兹“尝杀汉使者”[①]。太仆属官有骏马令、丞，骏马监当为其属官[②]。傅介子出使大宛“还，奏事，诏拜介子为中郎，迁平乐监。”傅介子向大将军霍光建议刺杀楼兰、龟兹国王，得到霍光的首肯，于是傅介子以平乐监再次出使西域，“赍金币，扬言以赐外国为名，至楼兰。”刺杀了楼兰王，昭帝下诏表彰傅介子说：“平乐监傅介子持节使，诛斩楼兰王安归首县北阙，封义阳侯。”[③] 可知他这次是以平乐监出使西域的。平乐监，或谓为“平乐厩监”[④]，或谓“监平乐观”[⑤]。汉长安有平乐观[⑥]。

3. 御史大夫

西汉时御史大夫亦有奉命出使者。景帝元年（前 156），“遣御史大夫青翟至代下与匈奴和亲。”关于青翟其人，臣瓒曰：“此陶青也。”颜师古注云：“后人传习不晓，妄增翟字耳。”[⑦]《通鉴》胡注曰：“开封侯陶青，高祖功臣陶舍之子。”[⑧] 故这次到代下与匈奴和亲的御史大夫实为陶青。不过陶青之出使亦并未出疆，与一般出境使节有所不同。“御史大夫，秦官，位上卿，银印青绶，掌副丞相。”[⑨]《百官表》注引臣瓒曰：“《茂陵书》御史大夫秩中二千石。”[⑩] 协助丞相掌管天下政务，与丞相并称为“二府”。

4. 博士

博士，“秦官也。博者，通博古今；士者，辨于然否。”[⑪] 名义上隶属

---

① 《汉书》卷七〇《傅介子传》，第 3001 页。

② 《汉书》卷一九上《百官公卿表上》，第 729 页。

③ 《汉书》卷七《昭帝纪》，第 230 页。

④ 《汉书》卷一七《景武昭宣元成功臣表》，第 669 页。

⑤ 《资治通鉴》卷二三，汉昭帝元凤四年胡注：“平乐监，监平乐观。”（第 772 页）

⑥ （唐）欧阳询撰，汪绍楹校：《艺文类聚》卷六三《居处部三 · 观》引《汉宫殿名》，上海古籍出版社 1999 年版，第 1133 页。

⑦ 《汉书》卷五《景帝纪》，第 140 页。

⑧ 《资治通鉴》卷一五，汉孝景前元年（前 156），第 511 页。陶舍始封及陶青嗣封事，参见《汉书》卷一六《高惠高后文功臣表》，第 599 页。

⑨ 《汉书》卷一九上《百官公卿表上》，第 725 页。

⑩ 《汉书》卷一九上《百官公卿表上》，第 726 页。

⑪ （汉）应劭撰，（清）孙星衍校集：《汉官仪》卷上，《汉官六种》，第 128 页。

于太常，“掌通古今，秩比六百石，员多至数十人。”① 武帝立五经博士，兼具学官职能，“掌教弟子。国有疑事，掌承问对。”② 博士亦有奉使者。武帝初即位，招贤良文学士，公孙弘“年六十，以贤良征为博士。使匈奴，还报，不合意，上怒，以为不能，弘乃移病免归。”③ 公孙弘是以博士出使匈奴。永平八年（65）明帝遣博士弟子秦景等前往天竺问其道术而图其形像④。

5. 黄门

太初元年（前104）李广利伐大宛之前，姚定汉曾出使大宛，故武帝议伐大宛时，他建言大宛兵弱，可击破⑤。姚定汉出使时职衔没有记载，但是征和二年（前91）巫蛊之祸时姚定汉以黄门而负责葬卫皇后⑥。故姚定汉可能是以黄门而奉使大宛。黄门为少府属官，“黄门之署，职任亲近，以供天子，百物在焉。”⑦

6. 谒者令

西汉郎中令属官有“谒者”，由“仆射”主之，未见有“令”。少府属官有中谒者令，又称中书谒者令⑧，臣瓒曰：“汉初中人有中谒者令。”⑨ 或称“内谒者令”⑩“内者令”⑪。与此同时，中官属官也有“谒者令”，六百石⑫，据张家山汉简《二年律令释文注释·秩律》，有“长信谒者令”，秩千石；“长秋谒者令”，秩六百石。⑬ 孝文前六年（前174）出使匈奴的谒者令肩是少府属官而非郎中令及中官属官。

---

① 《汉书》卷一九上《百官公卿表上》，第726页。

② 《续汉书·百官志二》，点校本《后汉书志》第二十五，第3572页。

③ 《汉书》卷五八《公孙弘传》，第2613页。

④ 《两汉纪》下册，《后汉纪·孝明皇帝纪下卷第十》，第187页；《魏书》卷一一四《释老志》，第3025页。

⑤ 《史记》卷一二三《大宛列传》，第3174页。

⑥ 《汉书》卷九七上《外戚传上》，第3950页。

⑦ 《汉书》卷六八《霍光传》颜师古曰，第2932页。

⑧ 《汉书·百官公卿表上》，第731—732页。

⑨ 《汉书》卷一〇《成帝纪》注引，第308页。

⑩ 《汉书》卷八《宣帝纪》，第236页。

⑪ 《续汉书·百官志三》，点校本《后汉书志》第二十六，第3596页。

⑫ 《续汉书·百官志四》，点校本《后汉书志》第二十七，第3607页。

⑬ 《张家山汉墓竹简》，第193、197页。

（八）地方官吏

1. 太守、县令

汉武帝在悔征伐诏中提到匈奴曾经“与旁国谋共要绝大月氏使，遮杀中郎将江、故雁门守攘。”[①] 这里的故雁门守攘与中郎将江同为护送大月氏使之使者。悬泉汉简：“五凤四年六月丙寅，使主客散骑光禄大夫田扶韦制诏御史曰：使云中太守安国、故□未央仓龙□卫司马苏□武强，使送车师王、乌孙诸国客……”[②] 这是西汉宣帝五凤四年（前54）六月由大鸿胪属官“使主客”田扶韦向御史大夫下达诏旨，由御史大夫出具的传信，命令云中太守等人为使，护送车师、乌孙等西域诸国来使返国。可知汉代以太守为使护送外交使节的情况并非个别。汉武帝建元六年（前135）“大行王恢击东越，东越杀王郢以报。恢因兵威使番阳令唐蒙风指晓南越。”[③] 县“万户以上为令，秩千石至六百石。”[④] 此以县令出使南越。

2. 都吏

郡府属吏亦见奉命护送外交使节，悬泉汉简有阳朔四年（前21）都吏张掾“送大昆弥使者”[⑤]；元延四年（前9）都吏王卿送“乌孙客”[⑥]的记载。如淳曰：“律说，都吏今督邮是也。闲惠晓事，即为文无害都吏。”[⑦] 他们均以“都吏”——郡府督邮而护送外交使节。

3. 卒史

秦汉郡库吏有卒史，位次于掾。汉武帝时公孙弘为学官，曾奏请选择“比百石已下，补郡太守卒史。”[⑧] 悬泉汉简：“建平五年十一月庚申，遣卒史赵平，送自来大宛使者侯陵，奉献诣□□以……”[⑨]。此为哀帝建平五年（前2，元寿元年）以“卒史”赵平为使，送大宛来使入京。此

---

① 《汉书》卷六一《李广利传》，第2703页。

② 《敦煌悬泉汉简释粹》（Ⅱ0113③：122），编号215，第151页。

③ 《史记》卷一一六《西南夷列传》，第2993—2994页。

④ 《汉书》卷一九上《百官公卿表上》，第742页。

⑤ 《敦煌悬泉汉简释粹》（Ⅴ1812②：58），编号206，第144页。

⑥ 《敦煌悬泉汉简释粹》（Ⅱ0114③：454），编号207，第144页。

⑦ 《汉书》卷四《文帝纪》注引，第114页。

⑧ 《史记》卷一二一《儒林列传序》，第3119页。

⑨ 《敦煌悬泉汉简释粹》（Ⅱ0114④：57），编号148，第113页。

“卒史”亦为郡府属吏①。

（九）特派驻外官吏

汉代特设一些官职派驻于周边国、族地区，其重要者有西域都护、使匈奴中郎将、护乌桓校尉、护羌校尉等。这是汉代外交发展在职官制度上的一种反映。这些特派官吏长期留驻于相关国、族地区，与我们所谓的外交使节有所区别，我们所谓外交使节一般来说是指临时性的遣使，而这些特派驻外官吏则是长期留驻于相关国、族地区或与这些国、族相邻之边境地区，一方面他们具有使者的作用和性质，但是一种常驻使节；另一方面他们实际上是中央政府派驻该国、族地区的派出机构，具有地方政府之特征。但是，他们中的成员有时也奉命出使，而承担外交使节的职责。

1. 使匈奴中郎将

使匈奴中郎将是由于西汉时期经常以中郎将出使匈奴而逐渐形成的一种特派驻外官吏，于东汉建武二十六年（前50）正式产生，是年“遣中郎将段郴授南单于玺绶令入居云中，始置使匈奴中郎将，将兵卫护之。”② 同年秋又“令中郎将置安集掾史，将弛刑五十人，持兵弩随单于所处，参辞讼，察动静。”③ 由此可见“使匈奴中郎将”已经成为汉方常驻单于庭的使节，同时已经成为一个专门的官职，《汉官仪》曰：“使匈奴中郎将，拥节，秩比二千石。”④ 其秩等与中郎将同。使匈奴中郎将亦见奉命出使，光武帝建武中元元年（56）匈奴单于比薨，汉遣“中郎将段郴将兵赴吊……比弟左贤王莫立，帝遣使者赍玺书镇慰，拜授玺绶。”这里所谓“中郎将”实为“使匈奴中郎将”，亦即第一任使匈奴中郎段郴，他这次是奉命吊祭去世的南单于，是履行一次特定的使命，与此同时汉廷又派遣另一使节拜授新单于。“其后单于薨，吊祭慰赐，以此为

---

① 《史记》卷五三《萧相国世家》：“（萧）何乃给泗水卒史事”，《索隐》引如淳按：“律，郡卒史、书佐各十人也。”（第2014页）《汉书》卷三一《陈胜项籍传》：“遣故上谷卒史韩广将兵北徇燕”，注引张晏曰：“卒史，曹史也。”（第1791页）

② 《后汉书》卷一下《光武帝纪下》，第78页。

③ 《后汉书》卷八九《南匈奴传》，第2944页。

④ 《后汉书》卷一下《光武帝纪下》注引，第50—51页。

常。”[①] 成为经常性制度。

2. 使匈奴中郎将从事

使匈奴中郎将之属吏亦见奉命出使。使匈奴中郎将“置从事二人，有事随事增之。”[②] 建武二十六年（50）使匈奴中郎将产生之后，规定“单于岁尽辄遣奉奏，送侍子入朝，中郎将从事一人将领诣阙。”这里的“中郎将从事”即“使匈奴中郎将从事”，他奉命护送匈奴单于侍子入朝，此后亦“岁以为常”[③]。

3. 西域都护掾

西汉宣帝时，“遣卫司马使护鄯善以西数国……时汉独护南道，未能尽并北道也。”神爵二年（前60）匈奴“日逐王畔单于，将众来降，护鄯善以西使者郑吉迎之……乃因使（郑）吉并护北道，故号曰都护。都护之起，自（郑）吉置矣。”[④] 西域都护及其属吏也是常驻于西域的使节，同时亦具有汉中央政府在西域地区派出机构的地方政府性质。西域都护掾属有“司马、候、千人各二人。”[⑤] 其属吏亦有奉命出使者，永元九年（97）西域都护班超遣掾甘英使大秦，抵条支而历安息，临西海以望大秦[⑥]。甘英即以西域都护属吏而奉命出使。

（十）侯

1. 汉侯

汉承秦制设二十等爵，“以赏功劳”[⑦]，依据爵级高低而享有不同的政治、经济权利。十九级关内侯和二十级彻侯（为避汉武帝讳而或曰通侯、列侯）属于高爵。侯亦经常奉命出使。汉七年（前200）刘邦遭白登之围后，赏识在事前告诫他不可进攻匈奴的刘敬，“迺封（刘）敬二千户，为关内侯，号为建信侯。”时“数苦北边”，刘邦问计于刘敬，刘敬向刘邦提出了著名的“和亲”策，于是“取家人子名为长公主，妻单于。使

① 《后汉书》卷八九《南匈奴传》，第2948页。

② 《续汉书·百官志五》，点校本《后汉书志》第二十八，第3626页。

③ 《后汉书》卷八九《南匈奴传》，第2944页。

④ 《汉书》卷九六上《西域传上·序》，第3873—3874页。

⑤ 《汉书》卷一九上《百官公卿表上》，第738页。

⑥ 《后汉书》卷八八《西域传》，第2910、2918、2931页。

⑦ 《汉书》卷一九上《百官公卿表上》，第739—740页。

刘敬往结和亲约。”① 刘敬是以侯爵身份出使匈奴的。在汉代以侯爵身份出使最多者为常惠，宣帝本始二年（前72）常惠以校尉官衔出使乌孙，因功于次年被封为长罗侯，同年，“复遣（常）惠持金币还赐乌孙贵人有功者”②。这次常惠是以长罗侯的身份出使乌孙的。悬泉置遗址发现的汉简中有不少关于长罗侯出使的记载，表明常惠曾不止一次以此身份出使西域。《元康五年正月过长罗侯费用簿》③ 记载了宣帝元康五年（前61，即神爵元年）正月悬泉置接待长罗侯常惠所率使团人员及开支情况，证明常惠是以长罗侯身份奉使的。另一简“□县（悬）泉置度侍少主长罗侯用吏”④，则为神爵二年（前60）派遣长罗侯常惠出使乌孙送少主配元贵靡事。前后至少有六次以长罗侯身份奉使。王昭君兄子王歙、王飒兄弟也曾经以侯爵身份出使匈奴，天凤元年（14）王莽“遣（王）歙、歙弟骑都尉展德侯飒使匈奴，贺单于初立，赐黄金衣被缯帛。”⑤ 兄弟二人均以侯爵身份出使匈奴。其中王歙还在天凤二年（15）、天凤五年（18）相继以侯爵身份出使匈奴⑥。

2. 越侯

边族侯爵入汉之后也可能奉使。元封元年（前110）东越王余善反，“故越衍侯吴阳前在汉，汉使归谕余善，余善弗听。”⑦ 这是以东越投汉之侯为使。

（十一）其他

除了上述十类之外，凡不便于归类者则归之于其他之中。

1. 佩二千石印绶

匈奴在与汉朝的使节往还中，提出要求：汉方派遣“贵人”为使者，方才能够取得匈奴的信任，于是“汉使路充国佩二千石印绶往使，

---

① 《史记》卷九九《刘敬叔孙通列传》，第2718—2719页。

② 《汉书》卷七〇《常惠传》，第3004页。

③ 《敦煌悬泉汉简释粹》（Ⅰ0112③：61—78），编号213，第148—149页。

④ 《敦煌悬泉汉简释粹》（Ⅱ0214②：298），编号196，第139页。

⑤ 《汉书》卷九四下《匈奴传下》，第3827页。

⑥ 《汉书》卷九四下《匈奴传下》，第3828、3829页；《汉书》卷九十九中《王莽传中》，第4139页。

⑦ 《史记》卷一一四《东越列传》，第2983页。

因送其丧，厚葬直数千金，曰‘此汉贵人也’。”[①] 这里没有说明路充国担任的具体官职，而笼统称其为“二千石”。中央政府中的太子太傅、太子少傅、将作大匠、詹事、水衡都尉、内史等列卿，以及州牧、郡守等官员的秩等为二千石[②]。这是汉皇朝的高级官员，从汉皇朝方面来说，路充国“佩二千石印绶”，比经常奉命出使的比二千石中郎将要高，从匈奴方面来说，这种级别的官员符合匈奴所谓“贵人”的要求。

2. 守属

汉代从中央政府到地方政府之属吏中均有“守属”[③]。敦煌悬泉汉简常见守属奉命出使，“以食守属孟敞送自来鄯善王副使者卢匿等，再食，西。”[④] 这是以守属护送鄯善使者返国，此孟敞当为中央政府之属吏。“出粟六升，以食守属高博送自来乌孙小昆弥使，再食，东”[⑤]；“鸿嘉三年正

① 《史记》卷一一〇《匈奴列传》，第2914页。

② 《汉书》卷一九上《百官公卿表上》，第733—742页。

③ 汉代从地方到中央政府的属吏中均有“属”和“守属”。“正曰掾，副曰属。”（《续汉书·百官志一》注引《汉书音义》，见点校本《后汉书志》第二十四，第3559页）而“属”则既有“属”又有“守属”。悬泉汉简甘露三年（前51）有“丞相属王彭”（《敦煌悬泉汉简释粹》Ⅴ1412③：100，编号195，第138页），名王彭者为丞相府之“属”。而元凤元年（前80）有“御史守属太原王凤”（《敦煌悬泉汉简释粹》Ⅰ0112④：1，编号30，第35页），太原人王凤为御史府之“守属”。是中央政府的属吏有“属”或“守属”。元康四年（前62）长安县有“属禹”（《敦煌悬泉汉简释粹》Ⅱ0111④：3，编号18，第21页），名禹者为“属”；永光五年（前39）敦煌郡有“属建”（《敦煌悬泉汉简释粹》Ⅰ0216②：866—869，编号26，第29页），名建者为“属”。而五凤元年（前57）有“太守守属光”（《敦煌悬泉汉简释粹》Ⅱ0309③：92，编号73，第67页），名光者为敦煌郡“守属”；甘露三年（前51）有上郡“守属赵称”（《敦煌悬泉汉简释粹》Ⅱ0115③：99，编号216，第153页），姓名赵称者为上郡“守属”；甘露二年（前52）有张掖肩水都尉“守属弘”（甘肃省文物考古研究所《居延新简释粹·甘露二年御史书》，兰州大学出版社1988年版，第100页）；建武三年（27）有张掖居延都尉“守属恭”（《居延新简释粹·建武三年居延都尉吏奉册》，第119页）。是地方政府属吏亦有“属”或“守属”。无论中央或地方政府之属吏，其“属”为“真吏”，“守属”为“非真吏”。详《说“真吏”——从长沙走马楼吴简谈起》，《史学月刊》2009年第5期。王国维谓“守属则摄行属事者也”（《敦煌汉简跋》五，《王国维遗书》卷十七，上海古籍书店1983年版，第15页），而陈直则谓“守属之纯为官名，与属且分为二官名，极为明显。”认为王国维的说法是“淆混属与守属为一官之名”（陈直《居延汉简研究·居延汉简解要》，天津古籍出版社1986年版，第185页）。窃意王是而陈非。

④ 《敦煌悬泉汉简释粹》（Ⅰ0116②：15），编号136，第103页。

⑤ 《敦煌悬泉汉简释粹》（Ⅰ0110②：33），编号192，第136页。

月壬辰，遣守属田忠送自来鄯善王副使姑彘、山王副使乌不腞，奉献诣行在所……"① "鸿嘉三年三月癸酉，遣守属单彭，送自来乌孙大昆弥副使者薄侯，左大将掾使敞单，皆奉献诣行在所……"②。以上三简所载均为边郡以郡掾"守属"③ 护送来使入京，鸿嘉三年为公元前 18 年。后二简之守属田忠、守属单彭当为敦煌郡之属吏，因为他们的过所为敦煌郡所出具。

3. 译

译者为外交使团所必备，故其在外交使团中使用广泛，我们在这里只统计以译者为负责人之出使，而不包括作为使团一般随员的译者。

汉代印度洋地区黄支国等"自武帝以来皆献见"，于是汉方亦遣使前往这一地区进行贸易，"有译长，属黄门，与应募者俱入海市明珠、璧流离、奇石异物，赍黄金杂缯而往。"这种使团以"译长"为负责人，使团远达已程不国，"黄支之南，有已程不国，汉之译使自此还矣。"④ 黄门为供应皇室物资之部门，由于对外贸易的需要，故特设"译长"以主其事。在与匈奴的边境互市中，亦见以译者为使进行沟通，元和元年（84）武威太守孟云上言北单于复愿与吏人合市，"诏书听（孟）云遣驿使迎呼慰纳之"⑤。这里亦以译者为出使负责人，而且是经过皇帝批准的。由于译者通晓对方语言，有利于双方更好地沟通，故一些需要劝说乃至诱骗对方的使命，亦往往以译者负责前往，始建国三年（11）"使译出塞诱呼"呼韩邪单于诸子，欲以次拜之为匈奴单于⑥；永元五年（93）护羌校尉贯友"以迷唐难用德怀，终于叛乱，乃遣驿使搆离诸种，诱以财货，由是解散。"⑦ 均属此类。

4. 斥候

虽非使团负责人而是承担某一具体使命之负责人，尽管职位卑微亦

---

① 《敦煌悬泉汉简释粹》（Ⅱ0214②：78），编号 143，第 108 页。

② 《敦煌悬泉汉简释粹》（Ⅱ0214②：385），编号 194，第 138 页。

③ 《汉书》卷七六《王尊传》：西汉王尊"给事太守府……署守属监狱。"颜师古曰："署为守属，令监狱主囚也。"（第 3226—3227 页）

④ 《汉书》卷二八下《地理志下》，第 1671 页。

⑤ 《后汉书》卷八九《南匈奴传》，第 2950 页。

⑥ 《汉书》卷九四下《匈奴传下》，第 3823 页。

⑦ 《后汉书》卷八七《西羌传》，第 2883 页。

列入我们的统计中。斥候是使团中常见的安全警卫和服务人员，如元康五年（前61）常惠使团中的“斥候五十人”[①] 等即属此类，故不取。而甘露二年（前52）“使乌孙长罗侯常惠遣斥候恭上书诣行在所”[②] 中的斥候恭即计入，因为这是作为出使乌孙的使团负责人常惠派遣其属吏斥候向朝廷传送文书。与此相同，黄龙元年（前49）“送康居诸国客”是由“传□吏”甘和斥候盖典负责的[③]，故亦属此类。

5. 客

汉十一年（前196）陆贾出使南越是以“客”的身份前往的。陆贾者，“楚人也。以客从高祖定天下，名为有口辩士，居左右，常使诸侯。”此次出使南越即其“常使诸侯”之突出事迹。时陆贾并无其他官职，而是以“客”奉使。因为这次出使而使尉佗放弃帝号，“卒拜尉他为南越王，令称臣奉汉约。”完全实现了高祖的愿望，“归报，高祖大悦，拜贾为太中大夫。”[④] 因奉使之功才被拜为太中大夫的，故他第二次出使南越才是以太中大夫奉使的。与陆贾同传的郦食其也是这样的“客”，史称他追随高祖起事之后，“常为说客，驰使诸侯。”[⑤] 亦以“客”的身份而奉使。“客”又称为“宾客”或“说客”等，是一种并无具体官职的幕僚、参谋人员。周苛在秦时为泗水卒史，后从沛公，沛公“以周苛为客。从入关，破秦。”《集解》引张晏释“客”曰：“为帐下宾客，不掌官。”[⑥]

二　使节职衔的特点和类型

以上概述了汉代外交使节职衔的频度及其分布方面的基本情况，从中我们可以看到汉代外交使节及其职衔具有“一个核心，三种类型”的特点。“一个核心”是指使者以皇帝近侍、亲信为核心成员。“三种类型”是指因外交使命及对象不同，而确定武官、文官以何者为主；高官、低

① 《敦煌悬泉汉简释粹》（Ⅰ0112③：61—78），编号213，第148—149页。

② 《敦煌悬泉汉简释粹》（Ⅴ1311③：315），编号201，第142页。

③ 《敦煌悬泉汉简释粹）（Ⅱ0114④：277），编号149，第113页。

④ 《史记》卷九七《陆贾列传》，第2697—2698页。

⑤ 《史记》卷九七《郦生列传》，第2693页。

⑥ 《史记》卷九六《张丞相列传》附《周昌传》，第2676页。

官以何者为主；原官、假官以何者为主等不同情况。

（一）使节以皇帝近侍、亲信为核心成员

汉代外交使节上自丞相之副的御史大夫，下至二百石以下小吏乃至斗食佐史，成员极其广泛复杂。但是这并非杂乱无章、无序可循。他们虽然来自中央和地方政府或军事等各个部门，职衔高低不一，有文有武，部门繁杂，但是从中我们可以看到，皇帝的近侍或亲信乃是构成使者群体的核心成分。在上述十一方面的人员中，以皇帝近侍、亲信为其核心，这个核心的主要成员为皇帝的侍从、禁卫官员，他们依其与皇帝的亲近程度而分为三个层级，第一层级是皇帝的贴身近侍——掌管“殿内郎署”[①] 的光禄勋属官，共计 71 人次，占外交使节职衔见于载籍者 168 人次之 42%；第二层级为掌管“殿外门署”[②] 的卫尉属官，共计 11 人次，占外交使节职衔见于载籍者 168 人次之 7%；第三层级为“负责宫城外围之禁卫”[③] 的北军校尉及其属官，有 3 人次，占外交使节职衔见诸载籍者 168 人次之 1.8%。这个依次减少的顺序恰恰与他们与皇帝的亲近程度成正比例关系，形成一种以皇帝为圆心而逐步辐射的、不同层次的同心圆，以光禄勋属官为第一层级，卫尉属官为第二层级，北军校尉及其属官为第三层级。此三者相加，共计 85 人次，占外交使节职衔见诸载籍者 168 人次之 51%。也就是说，以光禄勋为核心的皇帝近侍、禁卫官员为外交使节者占了过半数，他们是构成外交使节的主体成员。可以说汉代的外交使节基本上是以皇帝的近侍——光禄勋属官为核心逐层辐射而构成的一个体系。

虽然西汉中后期以光禄勋为主体的近侍给事内外朝[④]，逐步转化为内朝亲信臣僚或外朝官员，使节成员也随之有所扩大，但是使节成员的基本格局并没有发生太大的变化，仍然是以光禄勋属官及其给事内外朝之官员为使节之主要成员。元延二年（前 11）“征（段）会宗为左曹、中郎将、光禄大夫，使安辑乌孙。”[⑤] 段会宗乃以光禄勋属官中郎将、光禄

---

① 《汉官旧仪》卷上，《汉官六种》，第 30 页。

② 《汉官旧仪》卷上，《汉官六种》，第 30 页。

③ 《魏晋南北朝禁卫武官制度研究》，第 65 页。

④ 《秦汉官制史稿》（上册），第 362—369 页。

⑤ 《汉书》卷七〇《段会宗传》，第 3030 页。

大夫加内朝官左曹而出使①，就是这一情况的反映。

其他部门中也有一些与光禄勋有一定关系，如特派驻外官吏中的使匈奴中郎将就是由光禄勋属官中郎将演化而形成的，西域都护的形成也与光禄勋有关，“西域都护加官，宣帝地节二年初置，以骑都尉、谏大夫使护西域三十六国。”② 骑都尉、谏大夫均为光禄勋属官。

外交使节何以以光禄勋为核心之皇帝近侍、禁卫官员群体为主？这是因为外交使者乃代表国家和政府，而在中国古代中央集权政治体制下则是代表皇帝出使，外交权力集中于皇帝手中，故使节多由皇帝近侍、禁卫或亲信臣僚担任就是很自然的事情。汉二年（前205），刘邦欲说九江王英布发兵反楚，“谓左右曰：‘如彼等者，无足与计天下事！’谒者随何进曰：‘不审陛下所谓。’汉王曰：‘孰能为我使九江，令之发兵倍楚？留项王数月，我之取天下可以百全。’随何曰：‘臣请使之！’汉王使与二十人俱。”③ 从中可见：第一，遣使权力集中于皇帝，由他决定遣使目的任务以及使节之选派；第二，皇帝之“左右”，例如谒者，得参与遣使之机密决策；第三，由以上两项所决定，皇帝之“左右”，例如谒者，较有机会奉命出使。此虽属楚汉战争期间事，但从中亦可窥知汉代以近侍、禁卫等亲信为使之端倪。

以皇帝近侍、禁卫的亲信为外交使节，亦为对方所期待，从而有利于外交使命之完成。武帝元封（前110—105）前期先后派遣郭吉、王乌、杨信等人出使匈奴，其中杨信“素非贵臣，单于不亲。”加以杨信性格倔强，于是匈奴单于待之不礼，谈判亦毫无结果，其中的重要原因之一是匈奴“见汉使非中贵人”，声称：“非得汉贵人使，吾不与诚语。”④ 何谓“贵臣”“贵人”呢？上述以光禄勋属官为核心的近侍、禁卫等亲信官员即为其主要成分。从上文使者职衔表可见，在杨信等人出使匈奴之前的西汉前期，汉方派往匈奴之使节基本上为郎官、谒者、诸大夫等光禄勋属官，而经过武帝时期的大力反击，匈奴远遁，“漠南无王庭”“是时汉

① 《资治通鉴》卷三五汉哀帝元寿二年（前1）：以“左曹、中郎将甄丰为光禄勋。”胡注：“以中郎将加左曹官。”（第1128页）

② 《汉书》卷一九上《百官公卿表上》，第738页。

③ 《资治通鉴》卷九汉高帝二年（前206），第320页。

④ 《史说》卷一一〇《匈奴列传》，第2913—2914页。

东拔秽貉、朝鲜以为郡，而西置酒泉郡以鬲绝胡与羌通之路。汉又西通月氏、大夏，又以公主妻乌孙王，以分匈奴西方之援国。"[①] 汉方在军事上取得胜利，形成钳形包围态势的同时，外交上也处于居高临下的态势。于是出现了以非"贵臣""贵人"为使的情况，招致匈奴方面的不满。经过匈奴方面的抵制、抗议，其后汉方逐渐收敛，先是改派"路充国佩二千石印绶往使，因送其丧，厚葬直数千金，曰'此汉贵人也'。"[②] 接着则以中郎将、谒者等光禄勋属官为使，基本上恢复了以皇帝近侍、禁卫等亲信官员出使匈奴的惯例。同理，汉方亦以对方来使以"贵臣""贵人"为重，成帝时罽宾来使，汉方在讨论是否"遣使者报送其使"的问题时，杜钦持反对意见，其理由之一是罽宾来使并"无亲属贵人，奉献者皆行贾贱人。"[③] 可知汉方亦在意对方来使是否"亲属贵人"。故在汉匈互使过程中，匈奴亦曾仿汉制而以郎官奉使，汉文帝前六年（前 174），匈奴冒顿单于致汉文帝书曰："未得皇帝之志也，故使郎中系雩浅奉书请"，同年汉文帝复匈奴单于书曰："使郎中系雩浅遗朕书"[④] 云云，可知当时匈奴是以郎中为使。史籍所载匈奴官制中并无郎中一职，此当仿效汉制而以单于亲信、近侍名之。孝文帝后二年（前 162），使使遗匈奴书曰："皇帝敬问匈奴大单于无恙。使当户且居雕渠难、郎中韩辽遗朕马二匹，已至，敬受。"[⑤] 当户为匈奴官名，且居即且渠，亦为匈奴官名。正使当户、且渠为统兵将领"二十四长"之下的中下级军官[⑥]，副使郎中之地位当在其下，汉官郎中亦为郎官中秩级最低者，为比三百石。

这是问题的一方面。另一方面则与以光禄勋为核心之皇帝近侍、禁卫机构和部门的特点有关，那就是这些机构中的不少部门或官员众多，或职务闲散，人员调遣的空间较大。汉制："凡吏秩比二千石以上，皆银印青绶，光禄大夫无。秩比六百石以上，皆铜印黑绶，大夫、博士、御

① 《史记》卷一一〇《匈奴列传》，第 2913 页。
② 《史记》卷一一〇《匈奴列传》，第 2914 页。
③ 《汉书》卷九六上《西域传上·罽宾国传》，第 3886 页。
④ 《史记》卷一一〇《匈奴列传》，第 2896—2897 页。
⑤ 《史记》卷一一〇《匈奴列传》，第 2902 页。
⑥ 参见《史记》卷一一〇《匈奴列传》，第 2890—2891 页。

史、谒者、郎无。”[①] 百官区分为有印绶与无印绶两部分，前者为治事之命官，后者为不治事的加官或散官[②]。《汉表》所列举无印绶者多为光禄勋属官，如光禄大夫、大夫、谒者、郎等皆是。关于大夫，《汉表》曰：“大夫掌论议，有太中大夫、中大夫、谏大夫，皆无员，多至数十人。”关于郎，《汉表》曰：“郎掌守门户，出充车骑，有议郎、中郎、侍郎、郎中，皆无员，多至千人。”[③] 所谓“无员”即“无常员”[④]，亦即没有固定编制限额。“凡大夫、议郎皆掌顾问应对，无常事，唯诏令所使。”[⑤] 北军校尉亦然，史称“五校官显职闲，而府寺宽敞，舆服光丽，伎巧毕给，故多以宗室肺腑居之。”注曰：“肺腑，天子之亲属也。”[⑥] 一方面他们职务清闲，一方面人员众多，故可根据外交使命之需要随时调遣。外交使节是一种临时性差使，从具有这一特征之机构或部门中抽调人员为使，实属情理之中。与此相反，那些人员编制有限额，需要每日例行公事，职务繁剧的政府行政部门，就不可能随意抽调人员充任外交使节。故从上表可见其他外朝官员担任外交使节者仅 9 人次，占外交使节职衔见诸载籍者 168 人次之 5%。可知其他外朝行政官员担任外交使节并不多，这一使命并非其重要工作。

在这个核心和主体之外，担任外交使节者，依其频度而言，首先为诸军吏。广义的“军吏”是指所有军事部门之各级官吏，狭义的“军吏”是指军事系统中介于将帅和士卒之间的一个群体[⑦]，上表所统计之“领兵武官及其属官”以及“特设诸校、尉”等均可纳入其中。两者合计 26 人次，占外交使节职衔见诸载籍者 168 人次之 15. 5%。其次为中外朝官员，共有 16 人次，占外交使节职衔见诸载籍者 168 人次之 10%。第三为侯爵，两者相加 14 人次，占外交使节职衔见诸载籍者 168 人次之 8%。最后还有地方官吏、特派驻外官吏及其他部门零星成员。

---

① 《汉书》卷一九上《百官公卿表上》，第 743 页。

② 参见《秦汉官制史稿》（下册），第 463—469 页。

③ 《汉书》卷一九上《百官公卿表上》，第 727 页。

④ 《续汉书·百官志二》注引《汉官》，点校本《后汉书志》第二十五，第 3577 页。

⑤ 《续汉书·百官志二》本注曰，点校本《后汉书志》第二十五，第 3577 页。

⑥ 《后汉书》卷三九《刘般传》，第 1304—1305 页。

⑦ 参见拙撰《汉唐时期的“军吏”》，原载日本《唐代史研究》9 号，2006 年；转载于《阴山学刊》2006 年第 6 期、中国人民大学报刊复印资料《魏晋南北朝隋唐史》2007 年第 3 期。

虽然在光禄勋属官为代表的核心成员之外还有其他方面人员也可能担任外交使节，但是他们具有如下三个方面的特点。

第一，有的使者虽然以其他职衔或身份出使，但是他们中有不少也具有光禄勋属官的背景，或与其有相当密切的关系。例如，元凤四年（前77）傅介子以平乐监出使西域前已被拜为中郎，他是以中郎而拜为平乐监出使的。本始二年（前72）常惠以校尉出使乌孙，但是其在出使之前乃光禄勋属官光禄大夫。神爵二年（前60）常惠出使乌孙虽然史籍和悬泉置汉简均记为以长罗侯出使，但是他的光禄大夫身份依然存在，故史籍有时亦记作“使长罗侯光禄大夫（常）惠”云云[①]，可知常惠一直保留光禄大夫衔。甘露三年（前51）董忠以长乐卫尉出使送呼韩邪单于，董忠在地节四年（前66）以期门郎而告发大司马霍禹谋反事被封为高昌侯[②]。可知其出使前亦曾经有过光禄勋属官——期门郎的身份。元康元年（前65）冯奉世出使前为郎，他是以“郎”官而加以“卫候”出使的[③]。

第二，以其他职衔或身份出使，在一定程度上也反映了皇权与权臣力量对比关系消长变化的情况。东汉皇权衰弱，外交权力有时旁落于权臣之手。和帝时外戚权臣窦宪以侍中操纵朝政，永元元年（89）拜为车骑将军，北伐匈奴，大破之，乃“遣军司马吴汜、梁讽，奉金帛遗北单于，宣明国威，而兵随其后。”[④] 这是权臣在前线以自己的部属为使，而与吴汜同时出使的梁讽，是在出使时被窦宪除为军司马的[⑤]。同年九月窦宪被拜为大将军，权势更为煊赫。永元二年（90）“北单于以汉还侍弟，复遣车谐储王等款居延塞，欲入朝见，愿请大使。（窦）宪上遣大将军中护军班固行中郎将，与司马梁讽迎之。”[⑥] 时窦宪为大将军，班固为其中护军。此次遣使亦由窦宪操纵，同样以自己的属官为使。永元四年（92）春正月，“北匈奴右谷蠡王于除鞬自立为单于，款塞乞降。”于是汉“遣

① 《汉书》卷九六下《西域传下》，第3905页。

② 《汉书》卷一七《景武昭宣元成功臣表》，第670页。

③ 《汉书》卷七九《冯奉世传》，第3294页。

④ 《后汉书》卷二三《窦宪传》，第817页。

⑤ 《后汉书》卷四七《梁慬传》，第1591页。

⑥ 《后汉书》卷二三《窦宪传》，第818页。

大将军左校尉耿夔授玺绶”①。耿夔亦为窦宪之部属。这反映了在皇权衰弱、外戚权臣势力膨胀之时，皇帝的外交权力被侵蚀和削弱的情况。

第三，有的以其他职衔或身份出使，是在特定或偶然情况下被派遣。汉景帝元年（前156）遣御史大夫陶青至代下与匈奴和亲。② 御史大夫为丞相之副，此乃不出境之使命，故以御史大夫之尊为使。武帝元狩四年（前119）匈奴请和亲，“天子下其议，或言和亲，或言遂臣之。丞相长史任敞曰：‘匈奴新破，困，宜可使为外臣，朝请于边。’汉使任敞于单于。单于闻敞计，大怒，留之不遣。”③ 丞相长史任敞参加了朝议，因其意见符合武帝之意，故被派遣出使匈奴。有的使者是在战争前线场合派遣，武帝建元六年（前135）“大行王恢击东越，东越杀王郢以报。恢因兵威使番阳令唐蒙风指晓南越。”④ 这是出征将领在前线“因兵威”而派遣县令出使。东汉明帝永平十六年（73），窦固伐北匈奴取得胜利，于是“使假司马班超与从事郭恂俱使西域。”⑤ 这是在前线以其部属出使，上述窦宪于永元年间的数次遣使亦属此类。故这种场合下多以军吏为使。王莽天凤元年（14）至天凤五年（18）期间，多次以“和亲侯”王歙出使匈奴，乃因王歙为王昭君之兄子，王莽执行错误政策，导致与匈奴关系紧张，于是不得不借助这种亲属关系以推行其对匈奴政策。

（二）使节职衔的三种类型

汉代外交使节是从中央到地方各个机构和部门中广泛地选拔抽调，从而表现了职衔的灵活多样性：或以文官，或以武官为使；或以高官，或以低官为使；或以原官，或以假官为使。那么，这是由于什么原因而决定的呢？其中有无一定的规律可循呢？

外交使节职衔的这种灵活多样性，并非随意的、杂乱无章的，而是根据不同的外交使命和外交对象而决定的，亦即根据不同的外交目的任务和不同的外交对象等情况而派遣不同职衔的官员出使，而两者之中又以外交的目的任务为问题的核心，也就是说以何种官员何种职衔出使主

① 《后汉书》卷四《孝和帝纪》，第173页。同年九月，大将军窦宪伏诛”

② 《汉书》卷五《景帝纪》，第140页。

③ 《史记》卷一一〇《匈奴列传》，第2911页。

④ 《史记》卷一一六《西南夷列传》，第2993—2994页。

⑤ 《资治通鉴》卷四十五，汉明帝永平十六年（73年），第1460页。

要取决于外交目的任务的实现，同时结合不同外交对象在实现外交目的任务中的需要，由此而决定以何种官员何种职衔担任使节。这种职衔的灵活多样性，可以归纳为如下三种类型。

1. 因外交使命及对象之不同，而以武官或文官出使

此大略而言是指由于使命之和平与否或双方关系之友好与否而有所不同，亦即使命之和平、友好抑或具有军事性、挑战性、艰危性；双方关系亲近、友好抑或敌对、紧张，从而选拔文官或武官为使。一般来说，两种情况中的前者以文官为主，后者以武官为主。具体而言，在光禄勋属官中，侍郎、大夫、谒者多履行上述两种情况中的前者使命，郎将、校尉或郎官中的郎中、期门郎等多履行两种情况中的后者使命，此外卫尉属官及其他军吏亦以履行两种情况中的后者使命为多。

在汉代，足以与汉朝分庭抗礼的国、族，唯有北方的匈奴，当时虽有罗马帝国雄踞西方，但是汉朝与其还没有更多直接的、密切的联系。汉代外部势力的威胁主要来自北方的匈奴，故其外交所要面对和解决的问题亦主要是匈奴问题，西域地区对于汉朝并不构成直接的威胁，对西域的外交相当程度上是为了配合解决匈奴问题，基本上是从属于匈奴问题的。加上匈奴政权的军事性这个客观因素，因此，汉与匈奴的外交基本上属于上述两种情况中的后者，从而与匈奴的外交基本上是以郎将或军吏等武官为使节。上表所见与匈奴相关之使节往还有 80 人次，其中武官有：中郎将 26 人次，副校尉 9 人次，车骑都尉、军司马 3 人次，骑都尉、越骑司马 2 人次，长乐卫尉、奉车都尉、长水校尉、卫司马、大将军左校尉、大司马护军、右将军长史、郎中、使匈奴中郎将、使匈奴中郎将从事 1 人次，共计 55 人次，占 80 人次之 69% 强。文官有：侯 7，谒者 5，中大夫 3，侍中、译 2，御史大夫、博士、郎、丞相长史、佩二千石印绶、光禄大夫 1，共计 25 人次，占 80 人次之 31% 弱。也就是说，出使匈奴的使节超过三分之二为武官，不足三分之一为文官。

但是这在西汉的前后期是有所变化的，前期曾经主要以文官为使，中期以后则以武官为主。以天汉元年（前 100）苏武、张胜以中郎将出使匈奴为界，在此之前的西汉前期基本上以文官为使，唯汉皇朝与匈奴在前线对峙时、首通匈奴的刘敬以郎中出使，其余 11 人次全为文官。从天汉元年至东汉汉安二年（142）的242年间，则主要以武官出使匈奴，其中武官55人次，文官仅14人次。

为什么西汉前后期会发生这样的变化？何以西汉中期以后直至东汉以高级武官为出使匈奴之主要人选？这是因为这两个时期汉、匈关系发生了根本性变化，汉朝对于匈奴的方针政策也相应发生了重大变化。西汉前期对于匈奴基本上是采取守势，实行妥协、退让的方针，双方“结和亲之约”，“约为兄弟”①，维持着表面的和好关系，故这个时期基本上以文官出使匈奴，尽量避免以武官出使而引起不必要的误会。中期开始采取攻势的进取政策。这个转变是在武帝时期发生的。以元光二年（前133）马邑事件为标志，汉方改变前期的忍辱求和方针，改取武力解决匈奴问题方针，经过河南之战、河西之战、漠北之战②，“是后匈奴远遁，而幕南无王庭”③。匈奴受到沉重打击，从此汉匈之间进入了军事上、外交上的对峙时期，双方不仅在战场上决一雄雌，在外交平台上也在一争高下，加以匈奴政权的军事性，决定了汉朝使节以武官为主的状况。是时“汉既诛大宛，威震外国。天子意欲遂困胡，乃下诏曰：‘高皇帝遗朕平城之忧，高后时单于书绝悖逆。昔齐襄公复九世之雠，春秋大之。’”④是岁太初四年（前101）也。也就是说这时汉武帝已经下定决心彻底解决匈奴问题，也有信心和条件这样做了，以报复汉高帝以来之“仇”，双方关系中的敌对、紧张状况大为提升，于是以郎将、卫尉属官及军吏等出使日益增多，其中尤以中郎将出使匈奴为多，乃至逐渐成为定制。天汉元年（前100）汉方第一次以中郎将出使匈奴，从此开启了以中郎将等近侍武官出使的惯例。其时匈奴军事力量虽然遭到重创，但是百足之虫死而不僵，不论在军事上还是外交上都与汉方处于分庭抗礼的拉锯战状态。尽管汉朝“厚币赂遗单于”，而“单于益骄，礼甚倨，非汉所望也。”⑤可见双方关系之紧张，使者所面临的军事性、挑战性和艰危性是显然的，故以高级武官充任使者。

---

① 《史记》卷一一〇《匈奴列传》，第2894—2895页。

② 林幹：《匈奴通史》，人民出版社1986年版，第54—58页。

③ 《史记》卷一一〇《匈奴列传》，第2911页。

④ 《史记》卷一一〇《匈奴列传》，第2917页。

⑤ 《史记》卷一一〇《匈奴列传》，第2917页。

宣、元、成、哀、平时期又有所不同，这个时期汉匈关系趋于缓和，以呼韩邪单于附汉为标志而达到高潮时期。故这个时期汉方虽然仍以高级武官出使匈奴，但有不少是与单于来朝的迎送有关。甘露三年（前51）呼韩邪单于来朝，甘露二年（前52）“汉遣车骑都尉韩昌迎，发过所七郡郡二千骑，为陈道上。”朝罢，“汉遣长乐卫尉高昌侯董忠、车骑都尉韩昌将骑万六千，又发边郡士马以千数，送单于出朔方鸡鹿塞。诏忠等留卫单于，助诛不服，又转边谷米糒，前后三万四千斛，给赡其食。”[①]据《汉书·宣帝纪》记载，护送单于罢归的使团，除了长乐卫尉董忠、车骑都尉韩昌之外，还有骑都尉虎[②]。汉方何以以如此众多的高级武官组成如此庞大的使团迎送匈奴单于？一是礼仪方面的需要，“所过之郡，每为发兵陈列于道，以为宠卫也。”[③] 二是军事上的需要，护送使团还担负武装护卫单于安全以及“助诛不服”的使命，以武力扶持、保护匈奴亲汉政权。可见这种迎送使命具有很强的军事性。此后亦然，如河平四年（前25）单于来朝，河平三年（前26）成帝先后派遣奉车都尉班伯、中郎将王舜前往塞下迎护[④]。元寿二年（前1）单于来朝，“既罢，遣中郎将韩况送单于。”[⑤]

另一方面其他一些重要的或艰危的使命亦以武官为使。绥和（前8—前7）、建平（前6—前3）年间汉匈之间曾经发生一场领土之争，绥和元年（前8）“汉遣中郎将夏侯藩、副校尉韩容使匈奴。”向匈奴提出将匈奴“斗入汉地”张掖郡的一片土地割让给汉，没有达到目的；不久汉方再次派遣中郎将夏侯藩等出使匈奴，“至则求地”[⑥]，但遭到匈奴断然拒绝。建平二年（前5）汉遣中郎将丁野林、副校尉公乘音使匈奴，“责让单于”，告令还归匈奴所接受的乌孙卑援疐质子，“单于受诏，遣归。”[⑦]平帝元始二年（2）西域车师后王句姑、去胡来王唐兜叛汉而投奔匈奴，

① 《汉书》卷九四下《匈奴传下》，第3798页。
② 《汉书》卷八《宣帝纪》，第271页。
③ 《汉书》卷九四下《匈奴传下》，颜师古注，第3799页。
④ 《汉书》卷一〇〇上《叙传上》，第4199页。
⑤ 《汉书》卷九四下《匈奴传下》，第3817页。
⑥ 《汉书》卷九四下《匈奴传下》，第3810页。
⑦ 《汉书》卷九四下《匈奴传下》，第3811页。

单于接纳了他们，汉方派遣中郎将韩隆、王昌、副校尉甄阜、侍中谒者帛敞、长水校尉王歙使匈奴，责让单于不得受西域降者，令其遣送于汉①。是年，以中郎将王萌出使至西域恶都奴迎受匈奴遣送之西域降者于界上②。又派遣中郎将王骏、王昌、副校尉甄阜、王寻出使匈奴，“班四条与单于”，其“四条”内容为：“中国人亡入匈奴者，乌孙亡降匈奴者，西域诸国佩中国印绶降匈奴者，乌桓降匈奴者，皆不得受。”③ 西汉末年汉匈关系日益紧张，至王莽时期达到高峰，始建国二年（10）王莽下令曰：“今分匈奴国土人民以为十五，立稽侯狦子孙十五人为单于。遣中郎将蔺苞、戴级驰之塞下，召拜当为单于者。”④ 两汉交替之际，汉匈关系实际上已经破裂，更始二年（24）冬，“汉遣中郎将归德侯（刘）飒、大司马护军陈遵使匈奴，授单于汉旧制玺绶，王侯以下印绶……单于舆骄，谓（陈）遵、（刘）飒曰：‘匈奴本与汉为兄弟，匈奴中乱，孝宣皇帝辅立呼韩邪单于，故称臣以尊汉。今汉亦大乱，为王莽所篡，匈奴亦出兵击莽，空其边境，令天下骚动思汉，莽卒以败而汉复兴，亦我力也，当复尊我！’（陈）遵与相掌距，单于终持此言。”⑤ 双方关系之紧张、斗争之激烈于此可见。故在中郎将为正使的同时以军吏大司马护军为其副以辅之。

东汉中兴之后汉匈关系方才逐渐恢复，但是双方军事上、外交上的斗争并没有停止。这个时期继续以中郎将出使匈奴，除了上述类似的原因之外，在很大程度上还与前朝惯例和传统有关。建武六年（30）匈奴遣使来献，“汉复令中郎将韩统报命，赂遗金币，以通旧好。”⑥ 建武十四年（38）“匈奴遣使奉献，使中郎将报命。”注曰：“中郎将刘襄也。”⑦ 匈奴左贤王蒲奴立为单于，建武二十二年（46）“匈奴中连年旱蝗，赤地数千里，人畜饥疫，死耗太半。单于畏汉乘其敝，乃遣使诣渔阳求和亲；

① 《汉书》卷九四下《匈奴传下》，第 3818 页。
② 《汉书》卷九四下《匈奴传下》，第 3819 页。
③ 《汉书》卷九四下《匈奴传下》，第 3819 页。
④ 《汉书》卷九九中《王莽传中》，第 4121 页。
⑤ 《汉书》卷九四下《匈奴传下》，第 3829 页。
⑥ 《后汉书》卷八九《南匈奴传》，第 2940 页。
⑦ 《后汉书》卷一下《光武帝纪下》，第 63 页。

帝遣中郎将李茂报命。”① 建武二十六年（50）“诏遣中郎将段郴、副校尉王郁使南匈奴，立其庭，去五原西部塞八十里。”② 同年冬，“诏单于徙居西河美稷，因使中郎将段郴及副校尉王郁留西河拥护之。”③ 光武帝中元元年（56）南单于比薨，“中郎将段郴将兵赴吊，祭以酒米，分兵卫护之。”④ 由于西汉常以中郎将出使匈奴，因而逐渐出现了“匈奴中郎将”和“使匈奴中郎将”“护匈奴中郎将”等专称。到了东汉更进一步设置了“使匈奴中郎将”。

西域的情况较匈奴的情况复杂，其国家、民族、政权繁多，大小不一，他们与汉朝的关系亦敌友不同，错综交织，故派遣西域的使节亦多所不同。但是多以文官出使友好国、族，承担和平使命，多以武官出使敌对国、族，承担军事性、挑战性、艰危性使命，与上述出使匈奴的情况基本上是一致的。张骞之第一次出使西域是以郎官的身份，率领百余人使团，当时虽然知道“道必更匈奴中”，具有危险性，但毕竟尚未实践，还带有一定的试探性；这次试探使汉朝对通使西域的挑战性、艰危性有了进一步的认识和更多的了解和经验，于是张骞第二次出使西域被拜为中郎将，率领三百人的使团。这是汉方首次以中郎将出使西域。出使西域除了遭遇匈奴的袭击、破坏之外，还与西域诸国往往“自以绝远，汉兵不能至”而剽杀、危害汉使，因而其军事性、挑战性、艰危性较出使匈奴有过之无不及。从元鼎三年（前114）张骞卒后至元封三年（前108）赵破奴击姑师、楼兰期间，曾经派遣中郎将王恢数次出使西域。赵破奴之出兵，重要原因之一就是“楼兰、姑师小国耳，当空道，攻劫汉使王恢等尤甚。”“王恢数使，为楼兰所苦。”⑤ 此后继续以中郎将出使西域。太初四年（前101）李广利伐大宛班师回朝，汉武帝下诏封功臣时提到匈奴与旁国勾结“遮杀中郎将江”“中郎将朝”⑥ 等汉使，可知汉朝继

---

① 《资治通鉴》卷四三，汉光武帝建武二十二年（46），第1402页。司马光《考异》曰：“《帝纪》：‘是岁匈奴日逐王比遣使诣渔阳请和亲，使茂报命。’按明年又有‘比遣使诣西河内附。’然则茂所报者，非比也。今从《南匈奴传》”

② 《资治通鉴》卷四四，汉光武帝建武二十六年（50），第1415页。

③ 《后汉书》卷八九《南匈奴传》，第2945页。

④ 《后汉书》卷八九《南匈奴传》，第2948页。

⑤ 《史宅》卷一二三《大宛列传》，第3171—3172页。

⑥ 《汉书》卷六一《李广利传》，第2703页。

续派遣中郎将出使西域。此外，还以卫司马、卫候、军候、校尉、关都尉乃至郎官中的期门郎等武官出使西域。

罽宾在西域诸国中是对汉朝不大友好的国家，“自武帝始通罽宾，自以绝远，汉兵不能至，其王乌头劳数剽杀汉使。乌头劳死，子代立，遣使奉献。汉使关都尉文忠送其使。王复欲害（文）忠，忠觉之，乃与容屈王子阴末赴共合谋，攻罽宾，杀其王，立阴末赴为罽宾王，授印绶。后军候赵德使罽宾。与阴末赴相失，阴末赴锁琅当德，杀副已下七十余人，遣使者上书谢。孝元帝以绝域不录，放其使者于县度，绝而不通。”①这个记载表明出使罽宾具有很大的危险性和高度的军事性，故派往罽宾的使者均为武官。

在西域诸国中乌孙曾经与汉保持比较长期、稳定的友好关系，故乌孙自张骞通使与汉朝建立了和亲关系后，多以文官出使其国。上表所见与乌孙相关之使节往还有30人次，其中文官有：侯6，光禄大夫3，侍郎2，左曹、太守、谒者、丞相属、都吏等各1，共计16人次；武官有：中郎将6，卫司马、卫候各2，校尉、军候、车骑将军长史、期门郎、斥候等各1，共计15人次。如果此斥候不计入，则武官为14人次②。与乌孙相关之外交使节文官略多于武官，而与匈奴相关之外交使节中的文官与武官的比例形成反差。

首次遣使乌孙是元狩四年（前119）张骞以中郎将为之，那是因为与乌孙尚未建立关系，而匈奴势力掌控西域的情况下。后来乌孙与汉建立外交关系之后，则多以文官为使，而少以武官为使。而以武官为使，则多与其使命之特点、性质有关。一方面是双方在军事上进行合作时以武官为使。昭宣时期常惠曾不止一次以光禄大夫或长罗侯身份出使乌孙，而鲜见以武官出使其国。只是在双方有军事合作关系时，如本始二年（前72）汉朝应乌孙请求联军打击匈奴，故常惠以校尉的身份出使乌孙，

---

①《汉书》卷九六上《西域传上·罽宾国传》，第3885—3886页。

②　此斥候为甘露二年（前52）出使乌孙之长罗侯常惠所“遣斥候恭，上书诣行在所”（《敦煌悬泉汉简释粹》V1311③：315，编号201，第142页），因其也是在执行与外交相关之具体使命，故虽非官员层级亦列入表中。如果此斥候不计，则与乌孙相关外交使节中的武官为14人次。

因其任务是“持节护乌孙兵”①，负责协调乌孙兵与汉兵的配合，乃军事性的使命。这是由于军事上合作的需要而以武官出使。此后常惠多次出使乌孙，就没有再以校尉身份，而是以长罗侯、光禄大夫等身份。另一方面就是在乌孙政局混乱时以武官为使。五凤四年（前54）以卫司马魏和意、卫候任昌出使乌孙，是因为当时乌孙的政局发生了变化，狂王在位，他与解忧公主不和，又“暴恶失众”“为乌孙所患苦”。魏和意、任昌之使命表面上是护送乌孙侍子返国，实际上还另有目的。他们在乌孙与解忧公主合谋刺杀狂王，未遂，导致乌孙内乱。于是甘露元年（前53）派遣中郎将张遵出使乌孙，以收拾乱局，“持医药治狂王，赐金二十斤，采缯。因收（魏）和意、（任）昌系琐，从尉犁槛车至长安，斩之。”使团中还有车骑将军长史张翁，他“留验公主与使者谋杀狂王状，主不服，叩头谢，张翁捽主头骂詈。主上书，翁还，坐死。”② 由此可见五凤、甘露年间连续以武官出使乌孙，均与乌孙之乱局有关。后来段会宗多次以中郎将出使乌孙，也是与乌孙乱局有关。鸿嘉四年（前17）乌孙“小昆弥为国民所杀，诸翎侯大乱。征（段）会宗为左曹中郎将光禄大夫，使安辑乌孙，立小昆弥兄末振将，定其国而还。”③ 永始元年（前16）因乌孙“大昆弥雌栗靡健，翎侯皆畏服之……国中大安和翕归靡时。小昆弥末振将恐为所并，使贵人乌日领诈降刺杀雌栗靡。汉欲以兵讨之而未能，遣中郎将段会宗持金币与都护图方略，立雌栗靡季父公主孙伊秩靡为大昆弥。”④ 元延二年（前11）乌孙末振将死，“汉恨诛不加”“复遣（段）会宗发戊己校尉诸国兵，即诛末振将太子番丘。”⑤ 同年因乌孙“小昆弥季父卑爰疐拥众欲害昆弥，汉复遣（段）会宗使安辑，与都护孙建并力。”⑥ 段会宗的这些使命需要与西域都护或戊己校尉合作，与西域其他一些国家合作，运用军事的、政治的谋略，调兵遣将，平定内乱。这些使命具有军事性、冲突性和危险性，故以高级武官为使。除此之外，则汉与乌孙长期的外

① 《汉书》卷九六下《西域传下·乌孙国传》，第3905页。
② 《汉书》卷九六下《西域传下·乌孙国传》，第3906页。
③ 《汉书》卷七〇《段会宗传》，第3030页。
④ 《汉书》卷九六下《西域传下·乌孙国传》，第3909页。
⑤ 《汉书》卷七〇《段会宗传》，第3030—3031页。
⑥ 《汉书》卷七〇《段会宗传》，第3031页。

交关系中大多数以文官为使。

最后应当指出，汉代文官与武官的分野并非绝对。生活于西汉武、昭、宣时期的河东平阳人尹翁归，早年“去吏居家”时，“会田延年为河东太守，行县至平阳，悉召故吏五六十人，延年亲临见，令有文者东，有武者西。阅数十人，次到（尹）翁归，独伏不肯起，对曰：‘翁归文武兼备，唯所施设。’”① 这个故事说明汉代虽然有了文、武之分，但是文武兼备的情况仍然存在。因此我们这里所谓以文官、武官为使也是相对的，大略的。例如，因“龟兹、楼兰皆尝杀汉使者”，因此元凤四年（前 77）傅介子“以骏马监求使大宛，因诏令责楼兰、龟兹国。”此两国的作为与匈奴有密切关系，于是傅介子在楼兰、龟兹的帮助下诛杀了匈奴使者②。傅介子“还，奏事，诏拜介子为中郎，迁平乐监。”傅介子向大将军霍光建议刺杀楼兰、龟兹国王，得到霍光的首肯，于是傅介子以平乐监再次出使西域，“赍金币，扬言以赐外国为名，至楼兰。”刺杀了楼兰王③。骏马监、平乐监均为太仆属官，并非武官。但是，傅介子少时“以从军为官”，乃军吏出身；他的两次出使虽然没有武官之名，但有武官之实，他“轻将勇敢士”，诛斩匈奴使、楼兰王首，堪称武官之佼佼者。常惠虽然只见一次以校尉出使乌孙，多次以光禄大夫或长罗侯出使乌孙，但是他也实际上往往肩负武官方能胜任之艰巨使命，如宣帝本始二年（前 72）常惠以长罗侯“持金币还赐乌孙贵人有功者”，看似执行和平使命，但是，昭帝时龟兹曾杀害被汉朝拜为校尉、屯田轮台的杅弥太子赖丹，于是常惠“还过，发西国兵二万人，令副使发龟兹东国二万人，乌孙兵七千人，从三面攻龟兹”，斩杀害赖丹之谋首姑翼而还④。实际上他是执行武官的使命。可见汉代外交使者许多是文武兼备的，并不能完全以职衔之文武而截然划分。

2. 因外交使命及对象之不同，而以高官或低官出使

由上所述我们还可以看到汉代外交使节职衔层级之高下亦参差不齐。

① 《汉书》卷七六《尹翁归传》，第 3206 页。

② 《汉书》卷七〇《傅介子传》，第 3001 页。

③ 《汉书》卷七《昭帝纪》，第 230 页。

④ 《汉书》卷七〇《常惠传》，第 3004 页。

这基本上是由于外交对象或使命之大小轻重等原因而决定的。也就是说，使者级别的高低，因外交对象或使命之大小轻重而有所不同。一般来说，外交对象强大、重要者，或使命重要者，使节等级相对来说高一些，反之则要低一些。

汉朝对于返国之侍子或来使，一般均派遣使者护送其回程。这种送使的任务相对来说比较简单，因此一般不以高级别的官员充使，而以比千石至六百石的官员，如卫司马、卫候等为使较多。但是同为护送侍子，因外交对象的不同及使命之差异，使者级别亦有所不同。西汉宣帝时匈奴内乱，五单于争立，呼韩邪单于南下附汉，而郅支单于西走，汉对呼韩邪单于之亲近逾于郅支单于。元帝初元四年（前45），时匈奴“郅支单于自以道远，又怨汉拥护呼韩邪，遣使上书求侍子。”① 初元五年（前44），谷吉“为卫司马，使送郅支单于侍子”②，谷吉被杀。而次年，亦即永光元年（前43）“汉遣（车）骑都尉韩昌、光禄大夫张猛送呼韩邪单于侍子，求问（谷）吉等。”③ 卫司马为秩比千石之卫尉属官，而车骑都尉、光禄大夫均为秩比二千石之高官。护送郅支单于侍子以卫司马，护送呼韩邪单于侍子以车骑都尉、光禄大夫，何以两者的级别有如是之差异呢？这一方面与汉对于呼韩邪单于和郅支单于关系厚薄之区别有关，同时也因前者使命相对单纯，后者使命较前者为复杂艰巨，韩昌、张猛除了护送侍子之外，还要负责调查、交涉谷吉的下落问题。宣帝五凤四年（前54）“汉使卫司马魏和意、副候任昌送侍子”至乌孙，由卫司马与卫候组成护送乌孙侍子之使团，两者均为卫尉属官，卫司马比千石，卫候六百石。由于二人与解忧公主合谋刺杀乌孙狂王未遂，导致双方兵戎相见，汉、乌关系遭到严重挫折，于是“汉遣中郎将张遵持医药治狂王，赐金二十斤，采缯。因收（魏）和意、（任）昌系琐，从尉犂槛车至长安，斩之。”④ 中郎将为秩比二千石。同样是出使乌孙，先以卫司马、卫候护送使侍子，后改以中郎将出使，这是由于两次使命不同，

① 《汉书》卷九四下《匈奴传下》，第3801页。
② 《汉书》卷八五《谷永传》，第3443页。
③ 《汉书》卷九四下《匈奴传下》，第3801页。
④ 《汉书》卷九六下《西域传下·乌孙国传》，第3906页。

前使举措有失，惹来麻烦，于是改派高级使节出使以处理其后遗症，弥补被破坏之双方关系。前一使命相对比较简单，后一使命则要复杂、艰巨得多。

送使亦然。悬泉置汉简："永光五年七月癸卯朔丁巳，使送于阗王诸国客，卫司马参、副卫候临移敦煌太守……"① 与护送乌孙侍子相同，这里亦以卫司马与卫候组成使团以护送于阗等国使者。考古资料与文献记载吻合。也有以卫候为正使而护送之，宣帝元康元年（前65），"前将军（韩）增举（冯）奉世以卫候使持节送大宛诸国客。"② 东汉章帝建初八年（83），班超建议联合乌孙以进攻龟兹，章帝采纳他的意见，于是"遣卫候李邑护送乌孙使者，赐大小昆弥以下锦帛。"③ 均以卫候护送来使返国。但是，对于与汉关系比较敌对的远国，送使又有所不同，如罽宾"自以绝远，汉兵不能至，其王乌头劳数剽杀汉使。"其子代立后，遣使来献，"汉使关都尉文忠送其使。"关都尉级别高于卫司马，属于高级武官，从罽宾与汉的关系可知，汉之所以派遣这样一位高级的武官出使罽宾送使，就是因为罽宾因其特殊地理条件而经常与汉朝敌对，情况比较复杂凶险，需要派遣比较高级之武官为使，而在文忠之前的数位被杀使者均名不见经传，当为级别比较低的官员。王忠到达后，罽宾"王复欲害（文）忠，忠觉之，乃与容屈王子阴末赴共合谋，攻罽宾，杀其王，立阴末赴为罽宾王，授印绶。"这种复杂、凶险的情况，如果不是比较高级的武官恐怕是难于应付的。后来汉朝派遣"军候赵德使罽宾。与阴末赴相失，阴末赴锁琅当德，杀副已下七十余人。"军候是比卫司马、关都尉的级别都要低的军官，其结果与关都尉文忠的表现遂有天壤之别。除去使者个人能力素质差异等原因之外，与两者官职高低当也有一定关系。

成帝河平元年（前28）底，匈奴单于遣右皋林王伊邪莫演等"奉献朝正月"。既罢，汉"遣使者送至蒲反。伊邪莫演言：'欲降。即不受我，我自杀，终不敢还归。'"使者回报，公卿议论纷纷，或言受其降，或言

① 《敦煌悬泉汉简释粹》（Ⅱ0216②：54），编号154，第117页。

② 《汉书》卷七九《冯奉世传》，第3294页。

③ 《后汉书》卷四七《班超传》，第1577页。

不可，恐其诈降设反间，于是“遣中郎将王舜往问降状”。前使没有记载姓名、职衔，其职位低于后使中郎将王舜而无疑。经王舜审查，伊邪莫演道出了实情，曰：“我病狂，妄言耳。”于是遣其回去。“归到，官位如故，不肯令见汉使。”[①] 由此可见即使是在呼韩邪单于附汉之后，汉、匈关系仍然诡异，相互提防。前使之使命比较单纯，不过护送来朝匈奴使返回，后使之使命则比较复杂，其挑战性也是突出的。

东汉时期护送南匈奴侍子或来使的使者又有其特殊性。建武二十四年（48）匈奴分裂为南北二部，南匈奴附汉，东汉政府“令中郎将置安集掾史将弛刑五十人，持兵弩随单于所处，参辞讼，察动静。”以中郎将常驻南单于庭，为汉廷派驻南匈奴之机构，南匈奴形同附属汉朝之民族政权。“单于岁尽辄遣奉奏，送侍子入朝，中郎将从事一人将领诣阙。汉遣谒者送前侍子还单于庭，交会道路。元正朝贺，拜祠陵庙毕，汉乃遣单于使，令谒者将送……岁以为常。”[②] 以中郎将属官“从事”护送侍子入汉，以谒者护送侍子或来使返回。使匈奴中郎将“置从事二人，有事随事增之。”[③] “从事”秩百石[④]。关于谒者在其中的职责，应劭《汉官》亦有所记述：“单于岁遣子来朝，谒者常送迎焉。”[⑤] 可知护送匈奴侍子、使节已成为谒者的专责之一。东汉谒者较西汉有所变化，设谒者台，名义上仍属光禄勋，实际上是独立的单位，其负责人谒者仆射比千石，属官有常侍谒者比六百石，给事谒者四百石，灌谒者比三百石[⑥]。表明东汉是以比六百石至比三百石之谒者负责护送南匈奴之侍子、使者之回程，较之西汉护送侍子或来使的使者级别相应有所降低。

---

① 《汉书》卷九四下《匈奴传下》，第3808页。

② 《后汉书》卷八九《南匈奴传》，第2944页。

③ 《续汉书·百官志五》，点校本《后汉书志》第二十八，第3626页。

④ 《汉官仪》卷上引《北堂书钞·设官部》《太平御览·职官部》：“元帝时，丞相于定国条州大小，为设吏员，治中、别驾、诸部从事，秩皆百石，同诸郡从事。”（《汉官六种》，第150页）；《续汉书·百官志四》：司隶校尉置“从事史十二人。本注曰：都官从事，主察举百官犯法者。功曹从事，主州选署及众事。别驾从事，校尉行部则奉引，录众事。簿曹从事，主财谷簿书。其有军事，则置兵曹从事，主兵事。其余部郡国从事，每郡国各一人，主督促文书，察举非法，皆州自辟除，故通为百石云。”见点校本《后汉书志》第二十七，第3613—3614页。

⑤ 《续汉书·百官志五》注引，点校本《后汉书志》第二十八，第3626页。

⑥ 《续汉书·百官志二》，点校本《后汉书志》第二十五，第3578页。

汉代还有不少来使是“自来”者，即未经事先邀请、联系和确定的来使。这种情况在文献记载中不见，赖出土汉简而得知[①]。对于这种来使，汉方迎送之使者级别均较低。从悬泉汉简观之，负责迎送这种“自来”之使的使者，多为地方政府或中央政府中的属吏——“守属”“卒史”等低级吏员。

悬泉汉简：

出粟六升，以食守属高博送自来乌孙小昆弥使，再食，东[②]

鸿嘉三年正月壬辰，遣守属田忠送自来鄯善王副使姑彘、山王副使乌不膝，奉献诣行在所……[③]

鸿嘉三年三月癸酉，遣守属单彭，送自来乌孙大昆弥副使者薄侯，左大将掾使敞单，皆奉献诣行在所……[④]

建平五年十一月庚申，遣卒史赵平，送自来大宛使者侯陵，奉献诣□□以……[⑤]

以食守属孟敞送自来鄯善王副使者卢匿等，再食，西。[⑥]

出粟一斗八升。六石八斗四升，五石九斗四升。以食守属周生广送自来大月氏使者积六食，食三升。[⑦]

上述六简中的前四简均为达郡派遣属吏——“守属”或“卒史”护送“自来”之西域使者入汉之记载，亦即遣使迎接此“自来”之使前往汉地。东汉灵帝中平五年（188）（巴郡太守张纳碑》所载郡府属吏有“守属”八人[⑧]。第五简则为护送“自来”鄯善王副使者返国，亦以“守

① 窃意：史籍不见“自来”之使的记载，殆因此为对方主动的、并非正常的使节往还，故其重要性和礼仪之隆稍逊一筹，故为史籍所不载；见于史籍者，多为汉方主动的、正常之使节往还，其重要性及礼仪之隆均胜一筹，故得以载入史册。

② 《敦煌悬泉汉简释粹》（Ⅰ0110②：33），编号192，第136页。

③ 《敦煌悬泉汉简释粹》（Ⅱ0214②：78），编号143，第108页。

④ 《敦煌悬泉汉简释粹》（Ⅱ0214②：385），编号194，第138页。

⑤ 《敦煌悬泉汉简释粹》（Ⅱ0114④：57），编号148，第113页。

⑥ 《敦煌悬泉汉简释粹》（Ⅱ0116②：15），编号136，第103页。

⑦ 《敦煌悬泉汉简释粹》（Ⅱ0214①：126），编号140，第106页。

⑧ （宋）洪适撰：《隶释》卷五，中华书局1986年版，第63页。

属”为使送之。三公府亦有属，位次于掾史而在书佐之上①，此“守属”殆三公府所遣。最后一简究竟迎或送不明，但亦以“守属”为使。对于这些“自来”之使，不论地方或中央，多以百石以下小吏迎送之。

由上所述可知，护送侍子或使者，一般情况下是以卫尉之属官卫司马、卫候或郎官等千石至六百石官员为使。东汉护送南匈奴侍子、使者则多以比六百石至比三百石之谒者为使。这是对于正常的使节往还的遣使制度而言。如有特殊情况，则可能改派比二千石之官员，如中郎将、骑都尉或关都尉等较高级别的官员出使护送。如果是“自来”之使，则多以百石以下小吏为使以迎送之。

那么，在上述高下有别，参差不齐，多种多样的使者职衔之中，有无一个具有标准意义的使者级别和职衔呢？其中比二千石级别的官员，具体即以中郎将为代表的官员，可以视为汉代具有标准意义的高级外交使节。

这种具有标准意义的外交使节即所谓“大使”。永元二年（90）“北单于以汉还侍弟，复遣车谐储王等款居延塞，欲入朝见，愿请大使。（窦）宪上遣大将军中护军班固行中郎将，与司马梁讽迎之。”② 中护军与中郎将均为比二千石，但是中护军须假以中郎将方才出使，这里显然以中郎将为“大使”之标志性官衔。“大使”即代表国家的高级使节，元兴元年（105）北单于遣使诣敦煌贡献，表示“愿请大使，当遣子入侍。”李贤注曰：“天子降大使至国，即遣子随大使入侍。”③ 匈奴方面以汉派遣“大使”为条件，满足此条件方才遣子入侍。可见“大使”是匈奴方面认为可以代表国家的高级使节。以中郎将为使亦被称为“重使”，班固谓光武帝“数出重使”于匈奴，李贤即以“建武二年，日逐王遣使诣渔阳请和亲，使中郎将李茂报命。二十六年，遣中郎将段郴授南单于印绶”④ 以释之。

这个标准级别使节的形成有一个过程。先秦时期已经有了“大使”

① 参见严耕望《中国地方行政制度史》甲部《秦汉地方行政制度》，“中研院”历史语言研究所专刊之45A，1997年影印四版，第109页。

② 《后汉书》卷二三《窦宪传》，第818页。

③ 《后汉书》卷八九《南匈奴传》，第2957页。

④ 《后汉书》卷四〇下《班彪列传附子（班）固传下》注，第1374—1375页。

的称谓，《礼记·月令》："孟秋之月……毋以封诸侯，立大官。毋以割地，行大使"[①]。这里的"大使"是指王所遣至地方的高级使者。同时"大使"也是外交使节之一种，战国时期魏安釐王三十年（前247），魏攻管而不下，"安陵人缩高，其子为管守"，于是魏将"信陵君使人谓安陵君曰：'君其遣缩高，吾将仕之以五大夫，使为持节尉。'安陵君曰：'安陵，小国也，不能必使其民。使者自往……'"魏国使者的要求遭到缩高的拒绝，"使者以报信陵君，信陵君大怒，遣大使之安陵"云云[②]，于是魏国派遣"大使"与安陵君进行交涉。信陵君先前所使为普通使者，后面所使为"大使"，两者轻重、大小有别。汉代亦以"大使"为高级外交使节。始建国三年（11）王莽斩匈奴单于咸之子登，天凤二年（15）"单于咸既和亲，求其子登尸。"于是"选儒生能颛对者济南王咸为大使……使送登尸。"[③] 天凤三年（16）又"遣大使五威将王骏、西域都护李崇将戊己校尉出西域，诸国皆郊迎贡献焉。"[④]

汉代以中郎将为"大使"，也有一个形成过程。匈奴是汉代外交的核心问题，故汉与匈奴的外交具有代表性和典型意义。西汉前期以至武帝前期与匈奴外交的使节比较杂乱，级别参差不齐，上至御史大夫，下至郎官、博士，以至许多名不见经传者为使。武帝在对匈奴的战争取得决定性胜利后，开始认真谋划以外交配合解决匈奴问题，一方面遣使西域以断匈奴右臂，一方面直接对匈奴发动外交攻势，接连派遣任敞、郭吉、王乌、杨信等出使匈奴。这个时期是武帝对匈奴外交的一个转变阶段。而匈奴方面对此亦作出了反应。先是扣留了任敞、郭吉等使者，同时处死引见汉使之匈奴主客；然后是迫使汉使王乌、杨信等按照匈奴礼仪拜见；并终于提出了对于汉使级别的要求。匈奴方面认为汉使级别不够高，曰："非得汉贵人使，吾不与诚语。"这些使者除了任敞为丞相长史之外，其他均不知道以何种职衔出使，可见他们的级别都不是很高的，在匈奴方面看来他们都不属于"贵人"，例如杨信"素非贵人，单于不亲。"就

---

① 《礼记正义》卷一六《月令》，第606—610页。《吕氏春秋集释》卷七《孟秋纪》所泥大体相同："是月也，无以封侯、立大官，无割土地、行重币、出大使。"（第157页）

② 《战国策新校注》卷二五《魏四》，第917页。

③ 《汉书》卷九九中《王莽传中》，第4139页。

④ 《汉书》卷九九中《王莽传中》，第4146页。

证明了这一点。故“匈奴俗，见汉使非中贵人，其儒先，以为欲说，折其辩。”相反的，匈奴方面曾“使其贵人至汉”。这种在匈奴看来不对等的关系，妨碍了双方关系的发展。因此他们强烈地提出了这方面的问题和要求并进行抵制。“匈奴使其贵人至汉，病，汉予药，欲愈之，不幸而死。”这个偶然事件加剧了双方的紧张关系，促使武帝提升使者的级别，于是派遣二千石官员出使匈奴，“汉使路充国佩二千石印绶往使，因送其丧，厚葬直数千金，曰‘此汉贵人也’。单于以为汉杀吾贵使者，乃留路充国不归。”①

何谓“贵人”？从这个记载可知，所谓“贵人”是指二千石这样高级别的官员。不过，其在匈奴的涵义还应更为宽泛。苏武使团之副使张胜卷入谋杀投降匈奴的汉使卫律事件之时，“单于怒，召诸贵人议，欲杀汉使者。左伊秩訾曰：‘即谋单于，何以复加？宜皆降之。’单于使卫律召（苏）武受辞。”② 在这里“贵人”是单于召集进行决策的成员，“左伊秩訾”亦为参与其事的“贵人”之一。匈奴“左伊秩訾”是怎样的人物呢？颜师古注曰：“胡官之号也。”③ 是为参与决策之高级官员。甘露元年（前 53）“呼韩邪之败也，左伊秩訾王为呼韩邪计，劝令称臣入朝事汉，从汉求助，如此匈奴乃定。呼韩邪议问诸大臣，皆曰：‘不可……’左伊秩訾曰：‘不然……’诸大人相难久之。呼韩邪从其计，引众南近塞，遣子右贤王铢娄渠堂入侍。”④ 从中可知“左伊秩訾”亦具有“王”的身份，他不仅参与决策，而且可以向单于陈秘计，属于单于左右“诸大臣”“诸大人”之中成员。从“呼韩邪嬖左伊秩訾兄呼衍王女二人”观之，“贵人”不仅为单于同姓贵族，亦包括异姓贵族在内。故投降匈奴的汉使卫律亦得以被纳入“贵人”之列。为迫使汉使苏武投降，“单于使贵人故汉人卫律说（苏）武，武不从。”⑤ 可知卫律亦为匈奴“贵人”。不过，同为投降匈奴的李陵与卫律则有所差别，“单于壮（李）陵，以女妻之，

---

① 《史记》卷一一〇《匈奴列传》，第 2913—2914 页。

② 《汉书》卷五四《苏建附子（苏）武传》，第 2461 页。

③ 《汉书》卷五四《苏建附子（苏）武传》，第 2461 页。

④ 《汉书》卷九四下《匈奴传下》，第 3797 页。

⑤ （汉）刘向编著，石光瑛校释，陈新整理：《新序校释》卷七《节士》“苏武章”条，中华书局 2001 年版，第 1006 页。

立为右校王，卫律为丁灵王，皆贵用事。卫律者，父本长水胡人。律生长汉，善协律都尉李延年，延年荐言律使匈奴。使还，会延年家收，律惧并诛，亡还降匈奴。匈奴爱之，常在单于左右。陵居外，有大事，乃入议。”[①] 虽然两人俱为王，俱“贵用事”，但是卫律居单于“左右”，是为“贵人”，李陵“居外”，则非“贵人”。故“贵人”为单于左右亲信。扬雄在论述武帝反击匈奴之功业时有“虏名王贵人以百数”[②] 之语；元帝下诏表彰甘延寿、陈汤斩郅支单于功时有“诛讨郅支单于，斩获其首，及阏氏贵人名王以下千数”[③] 之语。“贵人”均与“名王”相提并论，两者有密切的关系。神爵二年（前 60）“匈奴单于遣名王奉献，贺正月，始和亲。”颜师古注曰：“名王者，谓有大名，以别诸小王也。”[④] 甘延寿、陈汤斩郅支单于前，与其使节周旋时说：“我为单于远来，而至今无名王大人见将军受事者，何单于忽大计，失客主之礼也。”颜师古注曰：“名王，诸王之贵者。”[⑤] 故“名王”亦为“贵人”，“名王”同“贵人”一样也奉命出使，两者涵义基本相同。综上所述，“贵人”乃匈奴单于所亲信之同姓、异姓贵族中的诸王之贵者和高级官员，他们内则参与决策，外则奉命出使。

路充国佩二千石印绶出使匈奴可视为一个转折性事件，汉之二千石级别官员属于匈奴眼中的“贵人”之列，遣使以此级别方才体现相互之尊重。此后，汉逐渐以中郎将为代表的比二千石官员出使匈奴，大抵可以符合“贵人”的标准，一方面是其级别属于高层，另一方面是其属于皇帝的亲信宿卫官员。西汉末年隗嚣乘时而起，割据西隅，广置职位，以自尊高，郑兴谏曰：“夫中郎将、太中大夫、使持节官，皆王者之器，非人臣所当制也。”[⑥] 把中郎将置于首位，并视为不可轻于假人的王者之器，宜其为外交使节之首选。由此可见，汉代逐渐将重要外交关系中的外交使节稳定在以中郎将为代表的比二千石级别的官员，是经过外交双

① 《汉书》卷五四《李广附孙（李）陵传》，第 2457 页。
② 《汉书》卷九四下《匈奴传下》，第 3813 页。
③ 《汉书》卷七〇《陈汤传》，第 3019 页。
④ 《汉书》卷八《宣帝纪》，第 262 页。
⑤ 《汉书》卷七〇《陈汤传》，第 3012 页。
⑥ 《后汉书》卷三六《郑兴传》，第 1219 页。

方长期磨合、博弈和折冲的结果。以中郎将为“大使”的传统至魏晋时期仍在承袭，黄初四年（223）蜀汉尚书邓芝言于诸葛亮曰：“‘今主上幼弱，初即尊位，宜遣大使重申吴好。’（诸葛）亮曰：‘吾思之久矣，未得其人耳，今日始得之。’（邓）芝问：‘其人为谁?’亮曰：‘即使君也。’乃遣芝以中郎将修好于吴。”① 这里也是以中郎将作为大使的人选，尽管魏晋时期的中郎将与西汉相比已经发生了不小的变化，但是这一传统却仍在继续。

以近侍、亲信出使，尤其以高阶近侍、亲信官员出使，不仅为外交目的任务所需要，同时亦为对方所希冀，有助于使命之完成和双方关系之发展，从中郎将之成为具有标准意义的高级外交使节中表明了这一点。

3. 因外交使命及对象之不同，而以原官或假官出使

外交使节虽然由皇帝的近侍、亲信为主承担，但是由于外交使节是临时性的职务，并非由固定的部门或官员承担，而是根据不同需要临时派遣不同的官员出使，亦即根据不同外交对象和使命而决定派遣不同官员、不同职衔者。使节中大部分原来就是政府官员，已经有了一定的职衔，因此有的是以原来的职衔出使；有的虽然已是政府官员，但在出使之前仍需根据不同情况而假以某官某职以出使，而从平民或免职官员中招募的使节，更需授予一定的职衔之后方能出使。故使者职衔有原官、假官之区分。

第一，以原官出使。汉代外交使节有以原官出使者。

汉七年（前200）刘敬以“郎中”出使匈奴，而此前他因建议都关中得到高帝赏识被拜为郎中，故他是以原官出使。高帝时陆贾出使南越后，因功被拜为太中大夫，汉文帝元年（前179）“诏丞相陈平等举可使南越者，平言好畤陆贾，先帝时习使南越。迺召贾以为太中大夫，往使。”② 陆贾第二次出使南越是以原来的职衔。景帝元年（前156）遣御史大夫陶青至代下与匈奴和亲。③ 以如此高级之官员出使，自

---

① 《资治通鉴》卷七〇，魏文帝黄初四年（223），第2217页。

② 《史记》卷一一三《南越列传》，第2970页。

③ 《汉书》卷五《景帝纪》，第140页。

然无须另假它官而以原官。初元四年（前45），郅支单于遣使奉献，因求侍子，愿为内附，“汉议遣卫司马谷吉送之。”① 在朝廷讨论遣使郅支问题时，谷吉已是卫司马。《谷永传》谓“父吉，为卫司马，使送郅支单于侍子。”② 可见谷吉是以原官出使的。昭帝元凤四年（前77），傅介子“以骏马监求使大宛，因诏令责楼兰、龟兹国。”他出使大宛“还，奏事，诏拜（傅）介子为中郎，迁平乐监。”③ 后以平乐监再次出使西域，刺杀了楼兰王，昭帝下诏表彰傅介子说：“平乐监傅介子持节使，诛斩楼兰王安归首县北阙，封义阳侯。”④ 可知他先后两次均以原官出使西域。武帝初，公孙弘“以贤良征为博士。使匈奴，还报，不合意，上怒，以为不能，弘乃移病免归。”⑤ 亦以原官出使。武帝建元六年（前135）大行王恢击东越，“因兵威使番阳令唐蒙风指晓南越。”⑥ 唐蒙亦以原官出使。东汉永平十六年（73），窦固伐北匈奴取得胜利，于是“使假司马班超与从事郭恂俱使西域。”⑦ 此二人亦均以原官出使。

第二，以假官出使。除了上述直接以原官出使的情况之外，更多的是在出使之前假予一定的官衔而出使。

成帝永始三年（前14）铁官徒苏令起事时，朝廷“欲遣大夫使逐问状，时见大夫无可使者，召盩厔令尹逢拜为谏大夫遣之。”⑧ 颜师古注曰：“谓见在大夫皆不堪为使也。”本来打算派遣光禄勋属官大夫出使，但因为现职大夫没有合适的人选，故以县令临时假以大夫而出使。这虽然不是派遣外交使节，但从中亦可窥知派遣外交使节时假官的情形，表明遣使首先根据需要而确定派遣某官某职出使，如果某官某职中没有合适的人选，则从其他部门或官员中选派合适之人员，再假以某官某职以出使。例如唐蒙第一次在建元六年（前135）出使南越时是以“番阳令”的身

① 《汉书》卷七〇《陈汤传》，第3008页。
② 《汉书》卷八五《谷永传》，第3443页。
③ 《汉书》卷七〇《傅介子传》，第3001页。
④ 《汉书》卷七《昭帝纪》，第230页。
⑤ 《汉书》卷五八《公孙弘传》，第2613页。
⑥ 《史记》卷一一六《西南夷列传》，第2993—2994页。
⑦ 《资治通鉴》卷四五，汉明帝永平十六年（73），第1460页。
⑧ 《汉书》卷八六《王嘉传》，第3491页。

份，是以原官出使；第二次在元光五年（前130）出使西南夷时则为临时拜官。这次出使前唐蒙在长安，并上书武帝报告其在出使南越时了解到的关于西南夷的情况，从而促使武帝决心通西南夷。于是“乃拜（唐）蒙以郎中将”[①] 而出使。唐蒙两次出使的区别在于，第一次是出征将领在前线临时派遣，故以原有职衔而出使；第二次是皇帝亦即朝廷事先有了谋划而派遣，故出使前被假以它官而出使。皇帝直接派遣者，首选多为其近侍，故唐蒙亦被拜为郎中将这样的近侍官而出使。根据各种不同的具体情况和不同需要，在出使之前假以某官某职以担任外交使节是比较普遍的现象。文帝时，淮南厉王刘长之客朱建因政治事件而自杀，“文帝闻而惜之，曰：‘吾无杀（朱）建意也。’乃召其子，拜为中大夫，使匈奴。”[②] 此为拜官之后出使。宣帝元康元年（前65），令群臣“选可使外国者。前将军（韩）增举（冯）奉世以卫候使持节送大宛诸国客。”冯奉世出使前为郎官[③]，卫候为出使时所假之职衔。元帝建昭三年（前36）“车骑将军许嘉荐（甘）延寿为郎中谏大夫，使西域都护骑都尉，与副校尉陈汤共诛斩郅支单于。”[④] 甘延寿出使前已免官，是在假以郎中谏大夫之后出使。永平十六年（73），班超出使西域“还奏于窦固，固大喜，具上（班）超功效，并求更选使使西域。帝壮超节，诏固曰：‘吏如班超，何故不遣而更选乎？今以超为军司马，令遂前功。’超复受使。”[⑤] 班超原为假司马，此次被授以“军司马”而出使。东汉和帝永元二年（90）“北单于以汉还侍弟，复遣车谐储王等款居延塞，欲入朝见，愿请大使。（窦）宪上遣大将军中护军班固行中郎将，与司马梁讽迎之。”[⑥] 班固由出使前的“中护军”假以“中郎将”而出使。

假官出使大体有如下几种情况。

一是由低位假予高位出使。武帝元光五年（前130）司马相如被拜为

---

① 《汉书》卷九五《西南夷传》，第3839页。

② 《汉书》卷四三《朱建传》，第2118页。

③ 《汉书》卷七九《冯奉世传》，第3294页。

④ 《汉书》卷七〇《甘延寿传》，第3007页。

⑤ 《后汉书》卷四七《班超传》，第1573页。

⑥ 《后汉书》卷二三《窦宪传》，第818页。

郎中将“建节往使”西南夷[①]。司马相如出使前为郎，“议郎、中郎秩比六百石，侍郎比四百石，郎中比三百石。”而郎中将秩比千石[②]。可见司马相如是由低位郎官授予高位之郎将而出使。天汉元年（前100）匈奴且鞮侯单于初立，“恐汉袭之”，于是将以前被扣留而不肯投降的汉使路充国等人送回，汉武帝“嘉其义，乃遣（苏）武以中郎将使持节送匈奴使留在汉者，因厚赂单于，答其善意。”[③] 苏武出使之前，以父任为郎，后“稍迁至栘中厩监。”颜师古注曰：“栘中，厩名，为之监也。”[④] 太仆“属官有大厩、未央、家马三令，各五丞一尉。”[⑤]“皆六百石令”[⑥]。“栘中厩”当为太仆所属负责皇家厩马的官员，栘中厩监可能也是六百石，如果苏武为郎时的秩等是最高的比六百石，那么迁为“栘中厩监”后为六百石，与“稍迁”的说法符合。苏武出使时从六百石的厩监拜为秩比二千石的中郎将，也是从低位拜为高位而出使。鸿嘉元年（前20）“正月，匈奴单于雕陶莫皋死。五月甲午，遣中郎将杨兴使吊。”[⑦] 杨兴出使前曾为谏大夫[⑧]。谏大夫秩比八百石[⑨]，杨兴也是从低位授予高位之中郎将出使。东汉永平十六年（73），班超以假司马出使西域，复命后，再次则以“军司马”而出使[⑩]。军司马高于假司马。

上述由低位假以高位出使，多为从光禄勋属吏中的低位官员假以高位官员而出使，或由其他部门之低位官员而假以光禄勋中的高位官员。这是因为光禄勋为皇帝近侍、亲信，从而提高了使者的权威性。

二是假予同级官位出使。永元二年（90）“北单于以汉还侍弟，复遣车谐储王等款居延塞，欲入朝见，愿请大使。（窦）宪上遣大将军中护军

---

① 《史记》卷一一七《司马相如列传》，第3046页。

② 《汉书》卷一九上《百官公卿表上》，第727页。

③ 《汉书》卷五四《苏建附子（苏）武传》，第2460页。

④ 《汉书》卷五四《苏建附子（苏）武传》，第2459页。《汉书·昭帝纪》注引如淳曰：“栘园之中有马厩也。”

⑤ 《汉书》卷一九上《百官公卿表上》，第729页。

⑥ 《续汉书·百官志二》，点校本《后汉书志》第二十五，第3582页。

⑦ 《汉书》卷二六《天文志》，第1310—1311页。

⑧ 《汉书》卷九八《元后传》，第4017页。

⑨ 《汉书》卷一九上《百官公卿表上》，第727页。

⑩ 《后汉书》卷四七《班超传》，第1573页。

班固行中郎将，与司马梁讽迎之。”[①] “行”即暂代、摄行之意。此前，“永元初，大将军窦宪出征匈奴，以（班）固为中护军，与参议。”[②] 他在大将军府中担任负责参谋的“中护军”。据《东观书》：“大将军出征，置中护军一人。”[③] 同书又记建武元年（25）定制：中郎将、中护军秩等相同，均为比二千石[④]。那么班固是以相同秩级被假予中郎将而出使的。於除鞬自立为北匈奴单于，永元四年（92）“遣耿夔即授玺绶”[⑤]。《后汉书》本传记此事曰：“以（耿）夔为中郎将，持节卫护之。”[⑥] 耿夔也是以中郎将出使。在出使匈奴之前，耿夔为大将军窦宪左校尉。据《续汉书·百官志》：“大将军营五部，部校尉一人，比二千石。”[⑦] 左校尉与中郎将亦同级，这也是以相同秩级而授予中郎将出使。上述假予同级官位出使者，多为从其他部门而假以光禄勋高位官员出使。从西汉中期以后，出使匈奴之高阶使节多以中郎将为之，上述中护军、左校尉均为大将军之属官，它们虽然与中郎将同一等级，但也需要假以中郎将方才出使，以示隆重，亦符合匈奴方面请求以“大使”出使之愿望。

三是由无官或免官、免爵者假官出使。元狩二年（前121）博望侯张骞因随骠骑将军霍去病击匈奴“留迟后期”[⑧] 而削爵为庶人。后武帝“数问（张）骞大夏之属”，了解西域情况。“（张）骞既失侯，因言曰：‘……既连乌孙，自其西大夏之属皆可招来而为外臣。’天子以为然，拜骞为中郎将”[⑨] 出使乌孙。这时张骞无官爵，已是“庶人”，因奉命出使而被拜为中郎将。元帝建昭三年（前36）“车骑将军许嘉荐（甘）延

---

① 《后汉书》卷二三《窦宪传》，第818页。

② 《后汉书》卷四〇下《班彪列传附子（班）固传下》，第1385页。

③ 《续汉书·百官志一》注引《东观书》，点校本《后汉书志》第二十四，第3564页。

④ 《续汉书·舆服志下》注引《东观书》曰：中郎将、中护军“秩皆二千石。”（见点校本《后汉书志》第三十，第3675—3676页）（东汉）刘珍等撰，吴树平校注：《东观汉记校注》卷四《百官表》注［三一］云：“‘秩皆二千石’，上述诸官秩有明确记载者，皆云为秩比二千石，‘皆’字下当增补‘比’字。聚珍本有‘比’字，甚是。姚本亦脱‘比’字。”中华书局2008年版，第151页。黎案：原文当为“比”，疑传抄过程中讹为“皆”，因此字上部有“比”所致。

⑤ 《后汉书》卷八九《南匈奴传》，第2954页。

⑥ 《后汉书》卷一九《耿夔传》，第719页。

⑦ 《续汉书·百官志一》，点校本《后汉书志》第二十四，第3564页。

⑧ 《资治通鉴》卷一九，汉武帝元狩二年（前121），第631页。

⑨ 《史记》卷一二三《大宛列传》，第3168页。

寿为郎中谏大夫，使西域都护骑都尉，与副校尉陈汤共诛斩郅支单于。”甘延寿出使前曾“为辽东太守，免官。”[①] 郎中谏大夫为出使前所假。萧望之子萧育亦以中郎将使匈奴，其出使前曾为司隶校尉，“后坐失大将军指免官。复为中郎将使匈奴。”[②] 他在奉命出使前已被免官，也可以说是“庶人”了。萧望之另一子萧咸的情况类似，他曾先后为张掖、弘农、河东太守，“后免官，复为越骑校尉、护军都尉、中郎将，使匈奴。”[③] 也是由免官者授予中郎将出使。阳朔四年（前21）汉立安日为乌孙小昆弥，后安日被杀，诸翎侯大乱，于是“征（段）会宗为左曹、中郎将、光禄大夫，使安辑乌孙，立小昆弥兄末振将，定其国而还。”段会宗在被征出使前曾被“拜为金城太守，以病免。”[④] 也是以免职官员而授予中郎将等职衔而出使。由此可见在奉命出使时，免爵、免官者均被拜为某官某职而担任使者。武帝太始（前96—前93）年间，江充自请出使匈奴，武帝召见之后，“上以充为谒者，使匈奴。”[⑤] 江充出使前没有官职，是以白身授予谒者而出使。

上述三种假官情况有一个共同的特征，那就是大多数是被假以光禄勋官员而出使，其中有的是从别的单位、部门之低位官员或同级官员而假以光禄勋官员出使，有的是从光禄勋中的低位官员提升为高位官员而出使。基本上指向外交使节之核心部门光禄勋。这从另一侧面表明光禄勋为外交使节之核心部门。这是因为光禄勋为皇帝近侍、亲信，以这种部门尤以其高级别的官员出使，最能体现其作为承担国家使命的权威性和重要性，从而最为有利于外交目的任务之完成和实现。

综上所述，可见汉代外交使节职衔具有相当灵活性与多样性，此为其与周代外交使节有所不同的一个重要特点。周代外交使节职衔是比较固定的、程式化的，正使基本上由卿或大夫担任，一般来说“大聘”使卿、“小聘”使大夫。

何以会发生这样的变化？主要是因为从先秦到汉代，外交的性质发

---

① 《汉书》卷七〇《甘延寿传》，第3007页。

② 《汉书》卷七八《萧望之附子（萧）育传》，第3289页。

③ 《汉书》卷七八《萧望之附子（萧）咸传》，第3291页。

④ 《汉书》卷七〇《段会宗传》，第3030页。

⑤ 《汉书》卷四五《江充传》，第2177页。

生了很大变化，从周代礼仪性外交为主、务实性外交为辅，到汉代则以务实性为主、礼仪性为辅的转变所决定的。周代的外交主要是礼仪性的互访，是一种程式化的外交关系和制度，故其外交使节制度与汉代有着很大的不同，其使者也基本上是程式化的固定的成员，“天子制诸侯，比年小聘，三年大聘，相厉以礼。”[①] 大、小聘不同的等级，决定了正副使的级别、使团人员规模、外交间隔的时间等不同的规制。故使团进入边境时，守关之人只需问清从者几人就可以知道此使团究竟是来“聘”（大聘）抑或来“问”（小聘），因为“问得从者，即知使者是大聘，亦知使者是小聘。”[②] 从而就可以知道正使是卿还是大夫，以及使团的规模等方面的情况。而在务实性外交中则常需根据外交的实际情况和目的任务而具体对待。经过春秋战国时期的发展，外交逐渐摆脱程式化的窠臼，而成为解决双方实际事务的政治行为，使节的派遣也日益脱离程式化的窠臼，根据使命的需要而派遣不同的官员承担，这在汉代得以空前发展，故外交使者从政府各个部门临时抽调，因而成员广泛，类型、层级繁多。

由上所述可知外交使节从单位而言，上自中央政府各部门，下至地方以及边境政府和军事部门；从职衔级别而言，上至三公之一的大司马、丞相之副的御史大夫，下至府史掾属等不同层级人员。这种灵活多样的使者职衔，并非随意的、杂乱无章的，而是根据外交的不同目的任务和不同对象而派遣不同职衔的官员出使，而其中又以外交的目的任务为问题的核心，也就是说以何种官员何种职衔出使主要取决于外交目的任务的实现，同时结合不同外交对象在实现外交目的任务中的需要，由此而决定以何种官员何种职衔担任使节。而选拔对象则以皇帝亲信、近侍为核心，幅射于从中央到地方之各级官吏。

第四节 外交使团

自张骞“开外国道”揭开了中国古代外交的新时代，汉皇朝的“使

---

① 《礼记正义》卷六三《聘义》，第1943页。

② 《仪礼注疏》卷一九《聘礼》贾公彦疏，第428页。

者相望于道。诸使外国一辈大者数百，少者百余人……率一岁中使多者十余，少者五六辈，远者八九岁，近者数岁而反。”[①] 使节往还，盛况空前。但是，其时外交使团内部的组成情况如何？史籍没有系统的、明确的记载，而学术界亦迄未有关这方面的论述，兹鸠集零散史料试略述之。

汉代的外交使团一般由正使、副使、官属、吏士、译者及斥候士、御者、弛刑士等各色人员组成，大体可以将他们分为使团负责人、随员和服务人员等三类，其中正使、副使为使团负责人，随从的“官属”“吏士”“译者”等属于随员，“斥候士”“御者”“弛刑士”等属于服务人员。随员以上为官员层级人员，随员以下为官员之外人员。

天汉元年（前 100）汉朝为了回报匈奴方面的和好姿态，“乃遣（苏）武以中郎将使持节送匈奴使留在汉者……武与副中郎将张胜及假吏常惠等募士斥候百余人俱。”[②] 苏武使团的构成情况具有一定的典型性，这里除了使团的负责人正、副使之外，还有假吏以下的募士斥候等一百余人，后者就包括使团的各种随员和服务人员。

一　正使

正使为外交使团的最高长官，但在汉代的文献中并未见称其为“正使”者，这种称呼到西晋时才见于记载，《晋书·四夷传》记载裨离等十国中有六国曾于西晋武帝太熙（290）初“各遣正副使诣东夷校尉何龛归化”[③]。表明这些使团各设正使与副使，而以“正使”为使团的主要负责人。但这并不表明在西晋以前没有“正使”的设置。“正使”在汉代一般并没有特别的称谓，他只是相对于副使而言是“正使”，例如上述苏武“以中郎将使持节送匈奴使留在汉者”，苏武是“与副中郎将张胜”[④] 等一同前往的，显然在这个使团中，苏武是正使，张胜是副使。不过对于正使也偶见一些特指的称谓，如“大使”“节使”“将”等。“大使”称

---

① 《史记》卷一二三《大宛列传》，第 3170—3171 页。

② 《汉书》卷五四《苏建附子（苏）武传》，第 2460 页。

③ 《晋书》卷九七《四夷·裨离等十国传》，第 2536—2537 页。

④ 《汉书》卷五四《苏建附子（苏）武传》，第 2460 页。

谓在先秦时期已经出现，其时将王者所遣使节称为大使，《礼记·月令》：孟秋之月“毋以封诸侯，立大官，毋以割地，行大使，出大币。”① 这种“大使”是天子所遣封建诸侯的使节。战国时魏安釐王三十年（前247）魏将信陵君攻秦之管城不下，管城守将是安陵人缩高之子，于是信陵君“遣大使之安陵”，要求安陵君将管城守将之父缩高交给他②。这里的“大使”是重要使节之意。到西汉后期有将正使称为“大使”的。王莽杀匈奴侍子登，天凤二年（15）单于和亲，求侍子登尸，于是王莽“选儒生能颛对者济南王咸为大使，五威将琅邪伏黯等为帅，始送登尸。”③ 这里将这次出使匈奴使团的正使王咸称为“大使”。天凤三年（16）又“遣大使五威将王骏、西域都护李崇将戊己校尉出西域，诸国皆郊迎贡献焉。”④ 这里的“大使”也是指正使。但是汉代“大使”一词未必专指正使，也可以是对大国所遣使者的尊称。东汉和帝永元二年（90）“北单于以汉还侍弟，复遣车谐储王等款居延塞，欲入朝见，愿请大使。”于是窦宪“上遣大将军中护军班固行中郎将，与司马梁讽迎之。”⑤ 这里班固是正使，梁讽是副使，他们率领的使团就是北单于所请求的“大使”。和帝元兴元年（105）北单于遣使诣敦煌贡献，表示“愿请大使，当遣子入侍。”李贤注曰：“天子降大使至国，即遣子随大使入侍。”⑥ 这里所谓“大使”并不是特指正使，而是尊称东汉所遣使团。又由于汉代外交使团均以“节”作为权力的象征，一般将其授予正使，故有将正使称为“节使”的，东汉明帝永平十六年（73）班超出使西域，在鄯善夜袭匈奴使团，“斩得匈奴节使屋赖带、副使比离支首及节。”⑦ 这里将匈奴使团的正使称为“节使”，而与副使相对应。匈奴与汉制同，外交使节也持节出使，安

---

① 《礼记正义》卷一六《月令·孟秋之月》，第610页。《吕氏春秋集释》卷七《孟秋纪》所记大体相同：“是月也，无以封侯、立大官，无割土地、行重币、出大使。”第157页。

② 《战国策新校注》卷二五《魏策四》，第917页。参见《资治通鉴》卷六，秦庄襄王三年（前247），第201—202页。

③ 《汉书》卷九九中《王莽传》中，第4139页。

④ 《汉书》卷九九中《王莽传》中，第4146页。

⑤ 《后汉书》卷二三《窦宪传》，第818页；又见《后汉书》卷四〇下《班固传》，第1385页。

⑥ 《后汉书》卷八九《南匈奴传》，第2957页。

⑦ 《后汉书》卷四七《班超传》注引《东观记》，第1573页。

帝延光四年（125）西域长史班勇发兵攻车师后部王军就，“捕得军就及匈奴持节使者”①，就是明证。汉武帝募人出使西域时，“言大者予节，言小者为副。”② 前者即为正使，后者则是副使，可见当时一般是将“节”授予正使（特定情况下亦有副使持节）。新莽时期对于正副使曾有过一种特殊称谓：“将率”。始建国元年（9）王莽“遣五威将王骏，率甄阜、王飒、陈饶、帛敞、丁业六人”③ 出使匈奴，宣告王莽受命代汉，以新印更换单于故印。这里以五威将王骏为“将”，是为正使，甄阜等五“率”为副使。故下文在记述这个使团的活动时有云：“将、率既至，授单于印绂”，单于“遂解故印绂奉上，将、率受。”事后“右率陈饶谓诸将、率曰”云云，提议“椎破故印”，但“将、率犹与，莫有应者”。第二天单于派人“白将、率”求故印，“将、率示以故印”，告以“故印随将、率所自为破坏”。使团返国时匈奴“遣弟右贤王舆奉马牛随将、率入谢。”④ 凡此均表明这个使团是由“将”与“率”组成的，一位“将”为正使，五位“率”为副使。这个记载与王莽新制相合，新制规定：“每一将各置左右前后中帅，凡五帅。衣冠车服驾马，各如其方面色数。将持节，称太一之使；帅持幢，称五帝之使。”⑤ 这就是新莽的使团制度。显然新莽制度是以“将”为正使，五“帅”（即“率”）为副使，故“将率”实为正副使之统称。前文所言陈饶为“右率”，即为“左右前后中”五率之一。

二 副使

汉代外交使团中除了正使之外一般均设置副使。此制先秦时期已然，周代交聘中的“上介”即是副使；战国时期燕国派遣荆轲出使秦国，“乃令秦舞阳为副”⑥，此即副使。副使或设一人，文帝元年（前179）“上召（陆）贾为太中大夫，谒者一人为副使”⑦，出使南越。在这次以陆贾为正

---

① 《后汉书》卷四七《班超附子（班）勇传》，第1590页。
② 《史记》卷一二三《大宛列传》，第3171页。
③ 《汉书》卷九四下《匈奴传下》，第3820页。
④ 《汉书》卷九四下《匈奴传下》，第3820—3821页。
⑤ 《汉书》卷九九中《王莽传中》，第4115页。
⑥ 《史记》卷八六《刺客列传》，第2533页。
⑦ 《汉书》卷九五《西南夷两粤朝鲜传》，第3849页。

使的使团中只设副使一人。也有设置副使二人的，甘露元年（前 53）宣帝派遣冯夫人出使乌孙时，“遣谒者竺次、期门甘延寿为副，送冯夫人。”[①] 这次以冯夫人为正使的使团中则有副使二人。也有设置三人的，司马相如出使西南夷时，与“副使王然于、壶充国、吕越人驰四乘之传”而往[②]。也有设置四人的，宣帝神爵二年（前 60）以乌孙主解忧弟子相夫为公主，“使长罗侯光禄大夫惠为副，凡持节者四人，送少主至敦煌。”[③] 这四位持节者也是副使。也有设置四人以上多位副使的，元狩四年（前 119）武帝派遣张骞出使乌孙，“多持节副使，道可使，使遣之他旁国。”张骞到了乌孙后，“因分遣副使使大宛、康居、大月氏、大夏、安息、身毒、于阗、扜罙诸旁国……其后岁余，骞所遣使通大夏之属者皆颇与其人俱来。”[④] 可知张骞所率使团中的副使很多，而且这些副使也都持节。可见副使的多少是根据出使任务的需要而定，而且必要时副使也可以持节。

副使是正使的佐贰。元康元年（前 65）冯奉世出使西域，途经莎车时“奉世与其副严昌计，以为不亟击之则莎车日强，其势难制，必危西域”。[⑤] 于是决定突袭莎车。严昌是冯奉世所率使团中的副使，可见使团中的事务由正副使共同商议决策。宣帝本始三年（前 71）常惠出使乌孙，返程途经龟兹，常惠“令副使发龟兹东国二万人，乌孙兵七千人”[⑥]，合击龟兹。上文述及张骞出使西域时曾派遣多位副使前往旁国执行使命。可见副使受正使之指挥，可根据正使之授权独当一面完成各种特定使命。

副使有失，正使应承担责任。天汉元年（前 100）苏武所率使团到达匈奴后，原先投降匈奴的汉人虞常“在汉时素与副张胜相知”，于是私自与副使张胜谋划刺杀先前叛投匈奴的汉使卫律。事情败露之后，张胜才将此事向苏武报告，苏武听后说道：“事如此，此必及我。见犯乃死，重

---

① 《汉书》卷九六下《西域传下·乌孙国传》，第 3907 页。

② 《史记》卷一一七《司马相如列传》，第 3046—3047 页。

③ 《汉书》卷九六下《西域传下·乌孙国传》，第 3905 页。《汉书》本传系此事于元康二年，司马光《通鉴考异》曰：“盖误以神爵为元康也”［《资治通鉴》卷二六，汉宣帝神爵二年（前 60），第 860—861 页］。

④ 《史记》卷一二三《大宛列传》，第 3169 页。

⑤ 《汉书》卷七九《冯奉世传》，第 3294 页。

⑥ 《汉书》卷七〇《常惠传》，第 3004 页。

负国。”拟自杀以维护国家尊严，被左右劝阻。匈奴方面胁迫苏武说：“副有罪，当相坐。”[①] 由此可见当时的惯例如果副使犯罪则追究正使之责。

汉代的出使制度中还有一种特殊情况，就是在护送和亲公主出使时，则只配备副使而不设正使。宣帝时以乌孙主解忧弟子相夫为公主出嫁乌孙，神爵二年（前60）“使长罗侯光禄大夫惠为副，凡持节者四人，送少主至敦煌。”[②] 这里只配备了四位副使而没有正使，那么实际上是以和亲公主视为正使，故不再另设正使（详见后文第四章第六节二“和亲的作用”，（三）“和亲女的常驻使节作用”）。

三　正副使的匹配

汉代外交使节在出使时均被授予一定的官衔前往，史籍所载外交使团中使节官衔多记正使，正副使均记载官衔的情况不多，很多正副使官衔的匹配情况我们并不清楚，能够较为明确的正副使匹配情况主要有如下几种：

（一）太中大夫与谒者

汉文帝元年（前179）派遣太中大夫陆贾出使南越时，以“谒者一人为副使”[③]。正使陆贾为太中大夫，副使为谒者。光禄勋属官诸大夫中有太中大夫，秩比千石；其属官中还有谒者，秩比六百石。[④] 这个使团的正副使均以光禄勋属官担任。

（二）中大夫与谒者令

孝文前六年（前174）以中大夫意为正使、谒者令肩为副使出使匈奴。[⑤] 中大夫为汉代光禄勋的属官诸大夫之一[⑥]，《通鉴》胡注曰：“中大夫掌论议，属郎中令。其位在太中大夫之下，谏大夫之上。武帝太初元

① 《汉书》卷五四《苏建附子（苏）武传》，第2460—2462页。

② 《汉书》卷九六下《西域传下·乌孙国传》，第3905页。

③ 《汉书》卷九五《西南夷两粤朝鲜传》，第3849页。

④ 《汉书》卷一九上《百官公卿表上》，第727页。

⑤ 《史记》卷一一〇《匈奴列传》，第2897页。

⑥ 《汉书》卷一九上《百官公卿表上》，第727页。

年，更名中大夫曰光禄大夫，秩比二千石；太中大夫秩比千石如故。”[①] 副使肩的官职《史记》《汉书》均记为“谒者令”，此“谒者令”非光禄勋的属官，而是少府属官。此次出使重要任务之一是赐匈奴单于“服绣袷绮衣、绣袷长襦、锦袷袍各一，比余一，黄金饰具带一，黄金胥纰一，绣十匹，锦三十匹，赤绨、绿缯各四十匹。”[②] 而谒者令“掌宫中布张诸亵物”[③]，宜其奉使掌之。这是光禄勋与少府官员匹配。

（三）卫司马与卫候

五凤四年（前54）“汉使卫司马魏和意、副候任昌送侍子”，出使乌孙[④]。正使为卫司马。《汉书·元帝纪》颜师古注“卫司马”曰：“即卫尉八屯之卫司马”。[⑤] 卫司马即张家山汉简《二年律令·秩律》所载卫尉司马，其秩千石[⑥]。则卫司马为卫尉属官，卫尉“掌宫门屯卫兵”“诸屯卫候、司马二十二官皆属焉。”[⑦] 在这二十二官中有“屯卫司马”，王先谦谓：“屯卫司马一官，省文则称屯司马或卫司马，屯而为卫。”[⑧]《汉书·盖宽饶传》颜师古注“卫司马”引苏林曰：“如今卫士令也。”[⑨] 东汉“卫士令”秩六百石。[⑩] 副使任昌为卫候。卫候与卫司马同为卫尉卿所属诸屯二十二官之一。《通鉴》胡注曰：“卫候，卫士候也。”[⑪] 卫候即《二年律令·秩律》所载卫尉候，其秩六百石[⑫]。这个使团的正副使均为卫尉属官。这种正、副使的匹配在考古资料亦有体现，1990 年于敦煌悬泉置遗址发现的汉简中记载：“永光五年七月癸卯朔丁巳使送于阗王诸国客卫司马参、副卫候临移敦煌太守”云云[⑬]。永光为汉元帝年号，五年为公元

① 《资治通鉴》卷一四，汉文帝前三年（前177），第459页。
② 《史记》卷一一〇《匈奴列传》，第2897页。
③ 《续汉书·百官志三》，点校本《后汉书志》第二十六，第3596页。
④ 《汉书》卷九六下《西域传下·乌孙国传》，第3906页。
⑤ 《汉书》卷九《元帝纪》，第287页。
⑥ 《张家山汉墓竹简》，第193页。
⑦ 《汉书》卷一九上《百官公卿表上》，第728页。
⑧ 《汉书补注》卷一九上《百官公卿表上》，第879页。
⑨ 《汉书》卷七七《盖宽饶传》，第3243页。
⑩ 《续汉书·百官志二》，点校本《后汉书志》第二十五，第3579页。
⑪ 《资治通鉴》卷二五，汉宣帝元康元年（前65），第825页。
⑫ 《张家山汉墓竹简》，第194页。
⑬ 《敦煌悬泉汉简释粹》（Ⅱ0216②：54），编号154，第117页。

前39年，正使参为卫司马，副使临为卫候，这一使团亦以卫司马、卫候匹配为正副使。

（四）车骑都尉与光禄大夫

元帝永光元年（前43）“汉遣车骑都尉韩昌、光禄大夫张猛”出使匈奴[①]。正使韩昌为车骑都尉，副使张猛为光禄大夫。张家山汉简《二年律令·秩律》有“车骑尉”，秩二千石，整理者认为应即车骑都尉[②]，而以秩比二千石之光禄大夫为其副。

（五）中郎将与副校尉

成帝绥和元年（前8），“汉遣中郎将夏侯藩、副校尉韩容使匈奴。”[③]这是以中郎将为正使，副校尉为副使。萧望之子萧育，汉元帝时“大将军王凤以（萧）育名父子，著材能，除为功曹，迁谒者，使匈奴副校尉。”颜师古注曰：“时令校尉为使于匈奴而育为之副使，故授副校尉也。”[④]不知颜氏此说根据为何？萧育以副校尉为副使，但正使未必即是校尉，汉代史籍中未见校尉与副校尉匹配出使匈奴的记载，一般是由中郎将与副校尉匹配出使，除上述绥和元年中郎将夏侯藩与副校尉韩容匹配出使外，尚有：哀帝建平二年（前5）“汉遣中郎将丁野林、副校尉公乘音使匈奴。”[⑤]平帝元始二年（2）“诏遣中郎将韩隆、王昌、副校尉甄阜”等出使匈奴，不久又“遣中郎将王骏、王昌、副校尉甄阜、王寻使匈奴。”[⑥]始建国三年（11）王莽“遣中郎将蔺苞、副校尉戴级将兵万骑，多赍珍宝至云中塞下，招诱呼韩邪单于诸子，欲以次拜之。”[⑦]光武帝建武二十六年（50）“遣中郎将段郴、副校尉王郁使南单于。”[⑧]这些都是以中郎将与副校尉匹配组成正、副使节的事例。此外还有以中郎将与副校尉匹配为边境驻军之正副将领的，如：段郴、王郁出使南匈奴后

---

① 《汉书》卷九四下《匈奴传下》，第3801页。

② 《张家山汉墓竹简》，第192页。

③ 《汉书》卷九四下《匈奴传下》，第3810页。

④ 《汉书》卷七八《萧望之附子（萧）育传》，第3289页。

⑤ 《汉书》卷九四下《匈奴传下》，第3811页。

⑥ 《汉书》卷九四下《匈奴传下》，第3818—3819页。

⑦ 《汉书》卷九四下《匈奴传下》，第3823页。

⑧ 《后汉书》卷八九《南匈奴传》，第2943页。

不久以南单于徙居西河美稷，“因使中郎将段郴及副校尉王郁留西河拥护之。”[①] 东汉永平末年始通西域时，“初遣中郎将居敦煌，后置副校尉于车师。”[②] 明帝永平八年（65）始置度辽营，“以中郎将吴棠行度辽将军事，副校尉来苗、左校尉阎章、右校尉张国将黎阳虎牙营士屯五原曼柏。”[③] 这些也是以副校尉与中郎将相匹配。因此，萧育在汉元帝时以副校尉出使匈奴，正使并非如颜师古所言即为校尉，也应是与中郎将匹配出使的。同样的，萧望之另一子萧由“为丞相西曹卫将军掾，迁谒者，使匈奴副校尉。”[④] 与其兄萧育出使匈奴的情况也应是相同的。

中郎将为光禄勋属官，秩比二千石。由于经常以其出使匈奴，因而逐渐出现了“匈奴中郎将”“使匈奴中郎将”的专称。副校尉，宣帝地节二年（前68）置西域都护时，属官有副校尉[⑤]。故副校尉常与西域都护匹配出使西域。副校尉不仅为西域都护之副，亦为中郎将之副，故从元帝以后，常见以副校尉与中郎将匹配出使匈奴。

（六）中郎将与其他

中郎将除了与副校尉匹配之外，还有与其他官员匹配出使的：一是大司马护军。更始二年（24）“汉遣中郎将归德侯（刘）飒、大司马护军陈遵使匈奴。”[⑥] 大司马护军为三公之一大司马的属官。二是司马。和帝永元二年（90）北匈奴遣使款塞，窦宪“上遣大将军中护军班固行中郎将，与司马梁讽迎之。”[⑦] 大将军属官司马为千石[⑧]，二人同为窦宪大将军幕府僚佐。三是侍中谒者。平帝元始二年（2）遣中郎将韩隆与侍中谒者帛敞等出使匈奴[⑨]，侍中为加官，谒者为郎中令——光禄勋属官。四是长水校尉。平帝元始二年（2）中郎将韩隆出使匈奴时，副使中还有长水校尉王歙[⑩]。西

---

① 《后汉书》卷八九《南匈奴传》，第2945页。
② 《后汉书》卷四七《班超附子（班）勇传》，第1588页。
③ 《后汉书》卷八九《南匈奴传》，第2949页。
④ 《汉书》卷七八《萧望之附子（萧）由传》，第3291页。
⑤ 《汉书》卷一九上《百官公卿表上》，第738页。
⑥ 《汉书》卷九四下《匈奴传下》，第3829页。
⑦ 《后汉书》卷二三《窦宪传》，第818页。
⑧ 《续汉书·百官志一》，点校本《后汉书志》第二十四，第3564页。
⑨ 《汉书》卷九四下《匈奴传下》，第3818页。
⑩ 《汉书》卷九四下《匈奴传下》，第3818页。

汉长水校尉为北军八校尉之一，秩二千石①。

有以两位中郎将匹配为正副使的。天汉元年（前100）“（苏）武以中郎将使持节送匈奴使留在汉者……武与副中郎将张胜及假吏常惠等募士斥候百余人俱。”② 这里的张胜究竟是以“副中郎将”为苏武之副，还是以“中郎将”而为苏武之副呢？论者或将“副中郎将”视为一个官职，认为张胜是以此官职而为苏武之副，以致某些官制词典还专立“副中郎将”的词条③。实际上汉代并没有“副中郎将”这一官职。《汉书·苏武传》所记“副中郎将张胜”的“副”字是指这个使团之“副”，张胜是以“中郎将”官职作为苏武之“副”而不是以“副中郎将”出使的④。故本传下文在记载张胜在匈奴的活动时曰：投降匈奴的汉朝官员虞常“素与副张胜相知”，证明前文所指实为“副使”。

以两中郎将匹配为正副使出使的情况还有，如平帝元始二年（2）“诏遣中郎将韩隆、王昌”等出使匈奴⑤；再“遣中郎将王骏、王昌”等出使匈奴⑥，均以两中郎将匹配出使。

以同一官职匹配为正副使的情况，除了中郎将之外还有：军司马，和帝永元元年（89）窦宪在出征北匈奴时“遣军司马吴汜、梁讽，奉金帛遗北单于。”⑦ 这里是以军司马分别为正副使。《后汉书·梁慬传》的记

---

① 《汉书》卷一九上《百官公卿表上》，第737—739页。

② 《汉书》卷五四《苏建附子（苏）武传》，第2460页。

③ 吕宗力主编：《中国历代官制大词典》，北京出版社1994年版，第728页。

④ 与此类似的史例也可以证明这一判断：《后汉书·南匈奴传》记安帝永初三年（109）南匈奴畔，汉“遣行车骑将军何熙、副中郎将庞雄击之。”但在《后汉书·梁慬传》中记此事则曰：“以大司农何熙行车骑将军事，中郎将庞雄为副。”（分见《后汉书》，第3957、1592页）明言庞雄不是以“副中郎将”，而是以“中郎将”为何熙之“副”出征。再如《通典》记武则天垂拱二年（686）突厥骨咄禄“又寇朔代等州，左玉钤卫中郎将淳于处平为阳曲道总管，与副中郎将蒲英等率兵赴援。”（《通典》卷一九八《边防典十四·突厥中》，第5434页）而《旧唐书》记此事则作：“左玉钤卫中郎将淳于处平为阳曲道总管，与副将中郎将蒲英节率兵赴援。”［（后晋）刘昫等撰：《旧唐书》卷一九四上《突厥传上》，中华书局1975年版，第5167页］蒲英（节）也不是以“副中郎将是而是以“中郎将”而为“副将”的。这些史例中的“副中郎将”实际上都是以“中郎将”而为副贰的。《廿二史劄记校证》谓：“与（苏）武同时出使者，有中郎将张胜”（“与苏武同出使者”条），也把张胜视为“中郎将”而非“副中郎将”。

⑤ 《汉书》卷九四下《匈奴传下》，第3818页。

⑥ 《汉书》卷九四下《匈奴传下》，第3819页。

⑦ 《后汉书》卷二三《窦宪传》，第817页。

载有助于证明，该《传》记曰：“永元元年，车骑将军窦宪出征匈奴，除（梁）讽为军司马，令先赍金帛使北单于。”① 两《传》所记为同一事，可知副使梁讽与正使吴汜均以军司马职衔出使北匈奴。

（七）假司马与从事

东汉明帝永平十六年（73），窦固伐北匈奴取得胜利，于是“使假司马班超与从事郭恂俱使西域。”② 这不是自朝廷所遣使节，而是出征将领所遣，史称：“奉车都尉窦固出击匈奴，以超为假司马，将兵别击伊吾，战于蒲类海，多斩首虏而还。固以为能，遣与从事郭恂俱使西域。”③ 可见这个使团的正副使并非出使前所加，而是他们原来的职位，正使班超为军司马之副——假司马，副使郭恂为幕府参谋人员——从事，他们均以原官出使。军司马秩比千石，从事六百石。

由上所述我们可以看到汉代外交使团的正副使匹配情况有如下特点：第一，正副使或由同僚中不同级别的官员匹配，如光禄勋属官中的诸大夫与谒者、卫尉属官中的卫司马与卫候等，同僚中的长官与佐贰匹配，如军吏、幕府中的司马与从事等，同僚中同职同级的官员匹配，如光禄勋属官中的中郎将与中郎将、军司马与军司马等；或由异僚中不同级别的官员匹配组成，如光禄勋属官与武官系统中的校尉、都尉等，一般以正使级别高于副使，也有秩级相同者组成正副使，少数有副使秩等高于正使的情况。第二，正副使有由文官与文官、武官与武官相匹配，也有文武官员相互匹配的情况。但这三种匹配类型中，以武官与武官相匹配为多，如卫司马与卫候、军司马与军司马、中郎将与中郎将或中郎将与其他武官相匹配等组合。其中又以中郎将与其他武官相匹配为多，如中郎将与副校尉、中郎将与司马、中郎将与大司马护军、中郎将与长水校尉等。第三，最重要的是，正副使基本上是光禄勋或卫尉属官中的成员。上述诸大夫、谒者、郎将等为光禄勋属官，卫司马、卫候、司马等为卫尉属官。何以然？因为光禄勋与卫尉均为皇帝近侍，光禄勋“掌宿卫宫

① 《后汉书》卷四七《梁慬传》，第1591页。

② 《资治通鉴》卷四五，汉明帝永平十六年（74），第1460页。

③ 《后汉书》卷四七《班超传》，第1572页。

殿门户”，卫尉“掌宫门卫士，宫中徼循事。”① 两者均有宫殿门卫之职责，不过“殿外门署属卫尉，殿内郎署属光禄勋”②，一主门外，一主门内。要之，两者均为皇帝近侍和亲信。外交使节是代表皇帝出使的，故以皇帝近侍和亲信为主。

四　随员和服务人员

外交使团除了正、副使之外，还有随员和服务人员。汉代外交使团中的随员主要有以下几种：

（一）“官属”“吏士”

“官属”或“吏士”是对汉代外交使团随员的笼统称谓。元帝竟宁元年（前33）在讨论陈汤等人诛杀匈奴郅支单于是否应该得到奖励的问题时，故宗正刘向在上疏中说：“郅支单于囚杀使者、吏士以百数，事暴扬外国。”元帝的诏书也说：“匈奴郅支单于背畔礼义，留杀汉使者、吏士，甚逆道理。”③ 此指初元五年（前44）匈奴郅支单于杀害汉使谷吉等人事。他们都把当时的外交使团概括为“使者”和“吏士”两类人员，所谓“使者”是指使团负责人正使和副使，所谓“吏士”主要是指使团的随员。把使节所率使团随员称为“吏士”在汉代史籍中很常见，元凤四年（前77）傅介子出使大宛时，回到龟兹，适逢匈奴使者也到了龟兹，于是“介子因率其吏士共诛斩匈奴使者”④。本始三年（前71）常惠出使乌孙时，“与吏士五百人俱至乌孙”⑤。他们所率使团随员都被称为“吏士”。汉代史籍又将使团随员称为“官属”，天汉元年（前100）苏武出使匈奴时，由于副使张胜卷入匈奴谋反案，于是匈奴扣押了苏武使团，张胜投降，苏武被放逐北海，“别其官属常惠等，各置他所。”十九年之后，始元六年（前81）时，匈奴方面同意遣返苏武等人，于是“单于召会（苏）武官属，前以降及物故，凡随（苏）武还者九人。”⑥ 这里均将

---

① 《续汉书・百官志二》，点校本《后汉书志》第二十五，第3574、3579页。
② 《汉旧仪》卷上，《汉官六种》，第51页。
③ 《汉书》卷七〇《陈汤传》，第3017、3019页。
④ 《汉书》卷七〇《傅介子传》，第3001页。
⑤ 《汉书》卷七〇《常惠传》，第3004页。
⑥ 《汉书》卷五四《苏建附子（苏）武传》，第2463、2466页。

苏武所率各类随员称为“官属”。

实际上汉代使团随员既可称“吏士”又可称“官属”，两者是互通的，《后汉书·班超传》在记载班超出使西域时就是这样。永平十六年（73）班超奉使西域，到鄯善后发现鄯善王广对东汉使团的态度由热变冷，于是班超“谓其官属曰：‘宁觉广礼意薄乎？此必北虏使来，狐疑未知所从故也。’”于是班超“悉会其吏士三十六人”商议对策，会中“官属皆曰：‘今在危亡之地，死生从司马。’”一致同意袭杀匈奴使团。班超“遂将吏士往奔虏营”①，歼灭了匈奴使团。在这里将班超所率随员或称“吏士”或称“官属”。七年之后，亦即建初五年（80）班超在上书追述此事时说道：“臣前与官属三十六人奉使绝域，备遭艰戹。”② 这里明确地把“吏士”三十六人称为“官属”。可见使团的随员既可称为“官属”，也可称为“吏士”，从使团的随员来说他们是正副使的“官属”，从这些随员的身份、职务来说他们则是“吏士”。

使团中的“官属”或“吏士”具体是些什么人呢？《汉书·苏武传》记载扣押于匈奴的苏武使团十九年之后被遣返时，除苏武之外还剩有“官属”九人，这九人回国以后分别得到不同的奖赏，“常惠、徐圣、赵终根皆拜为中郎，赐帛各二百匹。其余六人老归家，赐钱人十万，复终身。”③ 九位官属中知道姓名的有三位，六人不知姓名，其中常惠是以“假吏”的身份出使的。可见假吏在使团中是属于“官属”范围内的。颜师古注曰：“假吏犹言兼吏也。时权为使之吏，若今之差人充使典矣。”④ 是一种临时借调奉使的下级吏员。汉制：“百石以下有斗食、佐史之秩，是为少吏。”⑤ 假吏当为百石以下的小吏⑥。由此可见使团中的所谓“官

① 《后汉书》卷四七《班超传》，第1572页。

② 《后汉书》卷四七《班超传》，第1576页。

③ 《汉书》卷五四《苏建附子（苏）武传》，第2467页。

④ 《汉书》卷五四《苏建附子（苏）武传》，第2460页。

⑤ 《汉书》卷一九上《百官公卿表上》，第742页。

⑥ “假吏”类似“军假吏”，东汉建武七年（31）诏“罢轻车、骑士、材官、楼船士及军假吏，令还复民伍。”《后汉书·光武帝纪》李贤注曰：“军假吏，谓军中权置吏也。”“假吏”“军假吏”均为非“真吏”（参见拙撰《说“真吏”——从长沙走马楼吴简谈起》，《史学月刊》2009年第5期）。

属”“吏士”等随员有不少为低级的吏员。苏武使团另外两位“官属”徐圣、赵终根与常惠获得相同的奖励，那么他们在使团中的职衔与常惠大概是同等的。他们三人均得到“中郎”的职位，“中郎”为郎中令属官，秩比六百石①。“吏六百石以上，皆长吏也。”②“长吏”乃中高级官员之意，表明常惠等三人在出使时为比六百石以下的小吏，立功以后提升为官员，而且进入中高级官员的门槛。

考古资料揭示使团的“官属”较文献所记更为具体。悬泉置遗址发现的“元康五年正月过长罗侯费用簿”，记载了元康五年（前61，即神爵元年）长罗侯常惠所率出使乌孙的使团随员有军长史、军候丞、司马丞等③。汉制将领属官编制，“长史、司马皆一人，千石。”“军司马一人，比千石。部下有曲，曲有军候一人，比六百石。”④常惠使团之编制与此相似，其中军候丞、司马丞为军候、司马之副。元康五年常惠以何种职称出使未见史籍记载，但是有长史为其总管，有司马丞、军候丞等各级军吏襄助并部领士众。由此可知，外交使团的编制，基本上是仿照出征军事建制而组成。

随员在使团中协助使团负责人进行外交活动和处理使团内部各种事务。元鼎四年（前113）汉武帝派遣安国少季出使南越，同时“令辩士谏大夫终军等宣其辞，勇士魏臣等辅其决。”⑤在这个使团中，“辩士”负责传达皇帝旨意，“勇士”负责“辅其决”，颜师古注“辅其决”曰：“助令决策也”，即参与使团的决策。他们或参与决策或协助使团负责人担负着某方面重要的使命，显然都属于官员层级。苏武使团中的常惠当属这样的“勇士”。苏武所率使团在匈奴时，副使张胜卷入匈奴谋反案后，使团召开会议商讨对策，苏武认为事态严重，如果自己被匈奴杀死，将有辱汉国，不如自己先自尽，于是“（张）胜、（常）惠共止之”，可知常惠这样的随员不仅参加了会议，而且还与副使一起制止苏武自杀。当单于派人向使团审问案情时，苏武“谓（常）惠等：‘屈节辱命，虽

① 《汉书》卷一九上《百官公卿表上》，第727页。
② 《汉书》卷五《景帝纪》，第149页。
③ 《敦煌悬泉汉简释粹》（Ⅰ0112③：62、68、69、70、74），编号213，第148—149页。
④ 《续汉书·百官志一》，点校本《后汉书志》第二十四，第3564页。
⑤ 《汉书》卷九五《西南夷两粤朝鲜传》，第3854页。

生，何面目以归汉！’引佩刀自刺。”这时张胜已经无法行使副使职责，于是苏武对常惠等随员表明自己的决定和态度。苏武“自刺”后，“气绝，半日复息。(常）惠等哭，舆归营。”是由常惠等人将伤势严重的苏武载回使团驻地。后来匈奴将苏武流放北海，而将常惠等人另“置他所”。汉昭帝即位后，匈奴与汉恢复了和好关系，汉多次要求匈奴交出苏武及使团成员，匈奴均诡称苏武等人已死，“后汉使复至匈奴，常惠请其守者与俱，得夜见汉使，具自陈道。”常惠将苏武等人还活着的情报向汉使报告，并“教使者谓单于”，称汉已得到苏武通过大雁传来的帛书，知其现在某泽中，“使者大喜，如（常）惠语以让单于”①，这才迫使匈奴答应遣返苏武使团。由此可见，作为随员的常惠在使团中参与各种事务，发挥着巨大的作用，甚至在副使不能履行职责时他起了副使的作用，在正使不能履行职责时，他又在某种意义上起了正使的作用。

随员在使团中也常根据正使的授权而独当一面，完成某一特定使命。永平十七年（74）班超第二次出使西域时，曾派其所率三十六位“吏士”中的一位“吏”去执行一项特别使命。当时匈奴所立龟兹王建，倚仗匈奴威势，据有北道，攻破疏勒，杀其王而立龟兹人兜题为疏勒王。班超“从间道至疏勒，去兜题所居槃橐城九十里，逆遣吏田虑先往降之。敕虑曰：‘兜题本非疏勒种，国人必不用命。若不即降，便可执之。’虑既到，兜题见虑轻弱，殊无降意。虑因其无备，遂前劫缚兜题。左右出其不意，皆惊惧奔走。虑驰报超。”② 这位“吏”颇得班超信赖，被委以方面之任，而且他也的确有勇有谋，出色地完成了班超托付的使命。

“吏士”是汉代使团随员的总称，它们应当包括各种“吏”与“士”。如果上述田虑、“假吏”常惠等人属于“吏”的话，那么此外还有各种“士”。

（二）“士”

“士”包含不同级别的各类人员，这里主要指参与使团工作的各种文士与武士。元鼎四年（前113）汉武帝派遣安国少季出使南越，在这个使

① 以上引文见《汉书》卷五四《苏建附子（苏）武传》，第2461—2466页。

② 《后汉书》卷四七《班超传》，第1574页。

团中，有“辩士”终军与“勇士”魏臣等[①]。前者为文士，后者为武士。元凤四年（前77）傅介子出使楼兰，“介子轻将勇敢士”而往，在与楼兰王宴饮中，“将其王屏语，壮士二人从后刺杀之。”[②] 执行刺杀任务的二位“壮士”便是“勇敢士”中更为壮勇突出者，而其所率“勇敢士”与安国少季使团中的“勇士”当是相同的，他们都属于武士。五凤四年（前54）汉朝派遣卫司马魏和意及副候任昌出使乌孙，时乌孙王军须靡的匈奴妻所生儿子泥靡继位，号为“狂王”，而汉朝和亲公主解忧所生子不得立。汉使到达后，解忧公主对汉使出谋说：“狂王为乌孙所患苦，易诛也。”于是“遂谋置酒会，罢，使士拔剑击之。”[③] 这个使团中的“士”，与上述傅介子使团中的“壮士”是相同的。傅介子回朝后，昭帝在嘉奖令中说：“士刺王者皆补侍郎。”[④] 这里的“士”就是上文提到的刺杀楼兰王之二位“壮士”。他们立功以后补为比四百石的侍郎，说明他们原来是级别不高的“士”。但他们能够参与会见、宴饮，故亦为使团随员，而非一般服务人员。由上述可见使团中的“士”是包括“辩士”“勇士”“勇敢士”“壮士”等随员。

（三）“译”

“译”是使团中的翻译人员，使团中一般均配备有“译”，是使团中不可缺少的随员。译者由于具有沟通双方语言的能力，故在使团中发挥了特殊的重要作用。始建国元年（10）王莽派遣王骏等六位“将、率”率领使团出使匈奴，以新莽印绶更换汉朝印绶。“将、率既至，授单于印绂，诏令上故印绂。单于再拜受诏。译前，欲解取故印绂，单于举掖授之。”在这个使团中有“译”，他参加了与匈奴的谈判，并具体执行以新印换旧印的使命。由于当时单于被其左右阻拦而没有交出旧印，故后来单于再次接待新莽使团时，正使王隆又提出“故印绂当以时上”的要求，“单于曰：‘诺。’复举掖授译。”[⑤] 终于将旧印交给“译”者。从上述记

① 《汉书》卷九五《西南夷两粤朝鲜传》，第3854页。

② 《汉书》卷九六上《西域传上·鄯善国传》，第3878页。

③ 《汉书》卷九六下《西域传下·乌孙国传》，第3906页。

④ 《汉书》卷七〇《傅介子传》，第3002页。

⑤ 《汉书》卷九四下《匈奴传下》，第3820—3821页。《资治通签》卷三七，王莽始建国二年（10）胡三省注此事曰：“译，通中国之语于匈奴者也。”（第1183页）

载可知，“译”除了担任语言翻译的本职之外，还参加与单于的会见，负责具体执行更换印绶的使命。作为使团随员的译者还常被指派承担特定使命。始建国三年（11）王莽“遣中郎将蔺苞、副校尉戴级将兵万骑，多赍珍宝至云中塞下，招诱呼韩邪单于诸子，欲以次拜之。使译出塞诱呼右犂汗王咸、咸子登、助三人。”① 在这里“译”被派遣出塞完成这次行动的主要使命——招诱呼韩邪单于诸子。“译者”还有可能担任使团负责人，汉武帝时“有译长，属黄门，与应募者俱入海市明珠、璧流离、奇石异物，赍黄金杂缯而往……黄支之南，有已程不国，汉之译使自此还矣。”② 黄门所属之“译长”是这种海外贸易使团的负责人。由于使团多配备有译者，故有时也将使团称为“译使”或“使译”。汉武帝时派赴印度洋之使团被称为“译使”已见上文所述，此外还有，如：章和元年（87）羌豪迷吾寇金城塞，护羌校尉张纡遣兵与战，“迷吾兵败走，因译使欲降，纡纳之。”③ 这里将联络双方的使者称为“译使”，表明译者具有了使者乃至使团负责人的身份。此外，有时也将使团称为“使译”。永元六年（94）春正月，“永昌徼外夷遣使译献犀牛、大象。”④ 这里将使团称为“使译”，表明在这个使团中肯定是配备有译人的，其译人甚至还可能是使团的负责人。始建国三年（11）王莽遣蔺苞、戴级将兵至云中塞下，欲招诱呼韩邪单于诸子。他们“使译出塞诱呼右犂汗王咸、咸子登、助三人。”⑤ 这是以译为使，承担这次出使匈奴的主要任务。

这里还应当提出，在史籍中常有将“使译”记为“使驿”，“译使”写作“驿使”之现象，如：同上《传》记载建武九年（33）司徒掾班彪上言中有云：“又数遣使驿通动静，使塞外羌夷为吏耳目。”《资治通鉴》在记载此事时则将“使驿”记作“使译”⑥。永元四年（92）护羌校尉聂尚遣使招呼迷唐一事时，将其记作“驿使”，文曰：“（聂）尚见前人累征不克，欲以文德服之，乃遣驿使招呼迷唐。”此处“驿使”即“译

---

① 《汉书》卷九四下《匈奴传下》，第3823页。
② 《汉书》卷二八下《地理志下》，第1671页。
③ 《后汉书》卷八七《西羌传》，第2882页。
④ 《后汉书》卷四《和帝纪》，第177页。
⑤ 《汉书》卷九四下《匈奴传》下，第3823页。
⑥ 《资治通鉴》卷四二，汉光武帝建武九年（33），第1363页。

使”。接着下文又记道：“迷唐既还……令译田汜等五人送至庐落。”① 这是派遣译者田汜等五人为使，护送迷唐返回，可见这五人组成的使团是由译者田汜负责的，这种使团就是史籍中常说的“译使”。司马光记述此事曰：聂尚“欲以恩怀诸羌，乃遣译使招呼迷唐。”② 可见他也认为应当是“译使”而不是“驿使”。同样，本传接着记载的永元五年（93）护羌校尉贯友“以迷唐难用德怀，终于叛乱，乃遣驿使搆离诸种，诱以财货，由是解散。”③ 这里的“驿使”也是“译使”。此外，建武二十五年（49）“鲜卑始通驿使”④，也应是“译使”。史籍常见的“驿使”“使驿”，多实为“译使”“使译”。可见译者在外交使团中占居着一种特殊的重要的地位。

对方来使时也常备配有“译”。元始元年（1）“春正月，越裳氏重译献白雉一、黑雉二。”颜师古注曰：“越裳，南方远国也。译谓传言也。道路绝远，风俗殊隔，故累译而后乃通。”⑤ 重译是指需要经过多种语言多次翻译方能沟通的翻译过程。一般说来与汉朝相隔辽远的国、族来朝时多需“重译”，他们也多配备有关译员，故史籍多见“重译来朝”“重译来献”的记载。元光五年（前130）武帝令司马相如作告巴蜀吏民书，其中有云：“康居西域，重译纳贡，稽首来享。”⑥ 杜笃《论都赋》亦谓：“若夫文身鼻饮缓耳之主，椎结左衽鐻鍝之君，东南殊俗不羁之国，西北绝域难制之邻，靡不重译纳贡，请为藩臣。”⑦ 都是对这种情况的一种概述。重译贡献并非虚语，而是当时的普遍现象。永元九年（97），“徼外蛮及掸国王雍由调遣重译奉国珍宝。”⑧ 这里明确记载是由对方“遣重译”来献的。此外还有，熹平二年（173）冬十二月，“日南徼外国重

① 《后汉书》卷八七《西羌传》，第2883页。

② 《资治通鉴》卷四八，汉和帝永元四年（92），第1537页。

③ 《后汉书》卷八七《西羌传》，第2883页。

④ 《后汉书》卷九〇《鲜卑传》，第2985页。

⑤ 《汉书》卷一二《平帝纪》，第348页。

⑥ 《汉书》卷五七下《司马相如传下》，第2577页。

⑦ 《后汉书》卷八〇上《文苑·杜笃传》，第2607页。

⑧ 《后汉书》卷八六《南蛮西南夷传》，第2851页；又见《后汉书》卷四《和帝纪》，第183页。

译贡献。”[①] 光和六年（183）春正月，“日南徼外国重译贡献。”[②] 这些都应是来使之国自备译员而来的情况。汉代史籍又常将“重译”记为“九译”。《史记·大宛列传》谓武帝通西域的目的之一是“重九译，致殊俗，威德遍于四海。”[③]《正义》曰：“言重重九遍译语而致。”《通鉴》胡注曰：“远方之人，言语不同，更历九译，乃能通于中国。”[④]“九译”不必确指翻译九次，只是言其多，其意与“重译”相同。故不论“重译”还是“九译”，都是形容语言隔阂大，需经多层翻译方能沟通，至于来使所配备之译人，却未必都是多种语言之译人俱备，当还需己方译人合作方能完成翻译任务。

（四）“医”

根据出使的特定任务的需要，在使团随员中有时还可能配备有关特殊人才，如“医”就是其一。乌孙狂王与解忧公主不和，“又暴恶失众”，宣帝甘露元年（前53）汉使至乌孙，解忧公主与汉使合计刺杀狂王，狂王负伤逃亡，乌孙起兵围攻汉使及解忧公主，于是“汉遣中郎将张遵持医药治狂王”，在乌孙具体由“副使季都别将医养视狂王”[⑤]。这是为了医治乌孙狂王而在使团中配备了“医”这样的随员。

除了官吏层级的随员之外，在外交使团中还有警卫、杂役等各种服务人员。

（五）“斥候”

“斥候”是使团中常备的警卫人员。苏武使团中有“募士斥候百余人俱。”这里有“士”及“斥候”两种人员。颜师古注曰：“募人以充士卒，及在道为斥候者。”[⑥] 所谓“士”即“士卒”，所谓“斥候”即安全警卫人员。士卒与上述作为随员的文士、武士有别。为什么在使团中需要配备“斥候”呢？河平四年（前25）汉朝打算遣使护送罽宾使节回

---

① 《后汉书》卷八《灵帝纪》，第335页；又见《后汉书》卷八六《南蛮西南夷传》，第2839页。

② 《后汉书》卷八《灵帝纪》，第347页。

③ 《史记》卷一二三《大宛列传》，第3166页。

④ 《资治通鉴》卷一九，汉武帝元狩元年（前122），第629页。

⑤ 《汉书》卷九六下《西域传下·乌孙国传》，第3906页。

⑥ 《汉书》卷五四《苏建附子（苏）武传》，第2460页。

国，杜钦不同意，他对大将军王凤阐述理由并指出护送外国使节回国之艰险时说："凡遣使送客者，欲为防护寇害也。起皮山南，更不属汉之国四五，斥候士百余人，五分夜击刀斗自守，尚时为所侵盗。"认为这是"劳吏士之众，涉危难之路。"① 这里将为什么需要配备"斥候士"以及"斥候士"在使团中的作用说得很清楚。由于其时出使充满危险，使团经常可能遭到袭击、杀掠，故使团常设"斥候士"以放哨警戒保卫安全。杜钦所说的"斥候士"即苏武使团中的"斥候"，可见"斥候"也是"士"的一种，由于其专职为斥候，故称为"斥候士"。"斥候士"不属于使团官吏，而是使团中负有特定的警戒任务的"士"，是属于使团中的警卫人员。元康五年（前 61，即神爵元年）常惠出使乌孙时，其使团中有"斥候五十人"②。"斥候"除了负责使团警卫之外，有时也承担其他一些任务，甘露二年（前 52）"使乌孙长罗侯惠遣斥候恭上书诣行在所"③，这是使团负责人常惠派遣斥候名恭者专程向汉宣帝递送报告文书。

（六）"卒"

保卫使团安全的警卫人员有时也称为"卒"，宣帝甘露三年（前 51）冯夫人出使乌孙时，"汉遣之，卒百人送焉。"④ 这里的"卒"就是负责护送使节的警卫人员——士卒。

（七）"弛刑士"

汉代常以"弛刑士"屯垦戍边，外交使团中也常配备"弛刑士"。元康五年（前 61）常惠使团中配有弛刑士三百人⑤，当为使团中如运输辎重等苦役、杂役人员。

（八）"御"

"御"也是使团中的一种服务人员。汉武帝时因朝鲜招诱很多汉人逃亡其国，不仅自己不向汉廷朝贡，而且阻拦别的国、族与汉交往。于是元封二年（前 109）派遣涉何出使朝鲜，前去向朝鲜王右渠交涉，但右渠"终

---

① 《汉书》卷九六上《西域传上·罽宾国传》，第 3886—3887 页。

② 《敦煌悬泉汉简释粹》（Ⅰ0112③：69），编号 213，第 148 页。

③ 《敦煌悬泉汉简释粹》（Ⅴ1311③：315），编号 201，第 142 页。

④ 《汉书》卷九六下《西域传下·乌孙国传》，第 3908 页。

⑤ 《敦煌悬泉汉简释粹》（Ⅰ0112③：77），编号 213，第 149 页。

不肯奉诏”。涉何无奈，只得无功而返，“去至界上，临浪水，使御刺杀送（涉）何者朝鲜裨王长，即渡，驰入塞，遂归报天子曰：‘杀朝鲜将’。”① 这里的“御”即是使团中负责驾车之人。

随从使团的所谓“吏士”是一个非常宽泛的称呼，它包含不同身份、层级的人员，既有上述属于官吏层级的随员，也有官吏之外的各类服务人员。使团中“吏士”的数量往往很大，本始三年（前 71）常惠出使乌孙时，“与吏士五百人俱至乌孙”②。这五百人不可能都属于使团的官吏，大多数应是护卫使团的士卒和服务人员。汉代使团的随从人员，或记为“吏士”，或记作“士卒”。如傅介子出使西域时所率使团随从人员即有这样两种称呼③。也有将随从人员称为“吏卒”的，如本始二年（前 72）常惠出使乌孙时，“从吏卒十余人随昆弥还”④。这些随从人员中实际上包含着上述官吏层级的随员和官吏范畴外的各种服务人员。

由于使团中有各种各样的士卒，且数量较多，良莠不齐，故在出使过程中未免出现士卒逃亡现象，史称“自宛以西至安息国……其地无丝漆，不知铸铁器。及汉使亡卒降，教铸作它兵器。”颜师古注曰：“汉使至其国及有亡卒降其国者，皆教之也。”⑤ 颜氏此说似有未安，当时铁器为战略物资，禁止出口⑥，向外国传授铸造铁兵器，更属于叛国行为，所以“亡卒”可能教之铸造兵器，汉使至其国是不能这样做的，除非他也投降彼国才有可能。此句的意思当是指汉使团中的亡卒或汉使降者及亡卒教之铸作兵器。至于“亡卒”则可包括外交使团中的士卒或戍边、征

① 《史记》卷一一五《朝鲜列传》，第 2986 页。

② 《汉书》卷七〇《常惠传》，第 3004 页。

③ 见《汉书》卷七〇《傅介子传》，第 3001—3002 页。

④ 《汉书》卷七〇《常惠传》，第 3004 页。

⑤ 《汉书》卷九六上《西域传上·大宛国传》，第 3896 页。

⑥ 《史记》卷一一三《南越列传》：“高后时，有司请禁南越关市铁器。”南越王赵佗对此甚为不满，说：“今高后听谗臣，别异蛮夷，隔绝器物。”（第 2969 页）赵佗以此为借口宣布称帝，并发兵攻汉，可见铁器贸易是汉朝用以制裁敌国或桀骜不驯边族的重要手段。《汉书》卷七〇《陈汤传》：成帝建始四年（前 29）陈汤答成帝问时说，西域胡人“兵刃朴钝，弓弩不利。今闻颇得汉巧，然犹三而当一。”（第 3023 页）可见铁器铸造技术虽已有传入西域，但并不普遍，且质量低劣。陈汤曾奉使西域，“习外国事”，对西域情况非常熟悉，他对此也不过是来自传闻，可见将铸铁技术泄露外国的情况是不多的。

战队伍中的士卒逃亡者[1]。

综上所述，可见汉代外交使团是由正使、副使等使团负责人以及各种随员和各类服务、杂役人员组成的一个完备的整体。使团的各级各类人员分工负责，密切配合，以适应并完成各种复杂、艰险的外交使命。这是在继承先秦外交使团制度基础上为了适应汉代所面临的新的外交态势而形成的外交使团组成体制。汉代所奠定的这一使团组成格局，成为此后中国古代外交使团的基本组成体制。

五　使团规模

汉代外交使团的规模究竟有多大？其人数究竟有多少？史籍中并没有明确的记载。现搜集零散资料试略述之。

汉代外交使团并没有固定的人数，但总的说来人数还是比较多的，一般是在百余人至数百人之间。张骞首通西域出使大月氏时，“行时百余人，去十三岁，唯二人得还。”[2] 其所率使团人数为一百余人。其第二次出使西域时“将三百人”[3]，所率使团人数增加了一倍。张骞两次通西域时的使团规模，大体被后来所仿效，“诸使外国一辈大者数百，少者百余人。”[4] 百余人至数百人是当时使团的一般规模。天汉元年（前100）苏武出使匈奴时也是与“百余人俱”[5]，所率使团亦一百余人。甘露三年（前51）乌孙“元贵靡子星靡代为大昆弥，弱，冯夫人上书，愿使乌孙

① 汉使降者如，汉文帝时派遣中行说出使匈奴，中行说投降，于是“教单于左右疏记，以计识其人众畜牧”“日夜教单于候利害处”以威胁汉边；教单于以大于汉朝的简牍、印封回复汉皇帝的来书（《汉书·匈奴传》），这是汉使降者将汉的文书、数学、军事、政治等知识传授匈奴。西域边境亡卒，如敦煌马圈湾出土汉简：“塞曹言、守候长赵嘉，劾亡卒杨豊，兰越塞、移龙勒□□□”（吴礽骧、李永良、马建华释校，甘肃省文物考古研究所编：《敦煌汉简释文》518，甘肃人民出版社1991年版，第53页）；“□千秋隧长安，谨劾移亡卒得，写移龙勒狱，以律从事，敢言之”（《敦煌汉简释文》995，第102页）。“捕律亡人匈奴外蛮夷守弃亭障逢燧者不坚守降之及从塞徼外来绛而贼杀之皆要斩妻子耐为司寇作如”（《敦煌汉简释文》983，第101页）李广利围攻大宛城时久攻不下，将军们分析其原因之一是“闻宛城中新得秦人，知穿井”（《史记·大宛列传》），城内不乏饮水，故能久支。这些向大宛传授穿井技术的“秦人”中，可能即有“亡卒”。

② 《史记》卷一二三《大宛列传》，第3159页。

③ 《史记》卷一二三《大宛列传》，第3168页。

④ 《史记》卷一二三《大宛列传》，第3170页。

⑤ 《汉书》卷五四《苏建附子（苏）武传》，第2460页。

镇抚星靡。汉遣之，卒百人送焉。”[①] 加上使团官员，其成员也大约百余人。成帝时杜钦说王凤之辞中，谓护送西域来使返国之使团有“斥候士百余人”[②]，加上使团官员，其成员也应在百余人范围。

使团规模大者则有数百人之多。太初元年（前104）武帝使车令等人至大宛求善马，宛王与群臣相谋不肯予汉使，其中有言曰：“汉使数百人为辈来，而常乏食，死者过半，是安能致大军乎？无奈我何。”[③] 这里宛王君臣指汉使一般以“数百人为辈”而来，可见这个规模也是比较普遍的。永元二年（90）北单于遣使款塞，“请大使。（窦）宪上遣（班）固行中郎将事，将数百骑与虏使俱出居延塞迎之。”[④] 班固所率使团成员也是数百人。所谓“数百人”究竟有多少？除了上述三百余人的规模之外，还有四百余人的：敦煌悬泉置所出“元康五年正月过长罗侯费用簿”，整册十八简，记载了置所稟给常惠使团的食物及其费用，其中含有人员数字的有以下四简：

> 出鸡十只（双）一枚，以过长罗侯军长史二人、军候丞八人、司马丞二人，凡十二人。其九人再食，三人一食。(68 简)
>
> 出牛肉百八十斤，以过长罗侯军长史廿人，斥候五十人，凡七十二人。(69 简)
>
> 出酒十八石，以过军吏廿，斥候五人，凡七十人。(74 简)
>
> 出米廿八石八斗，以付亭长奉德、都田佐宣以食施刑士三百人。(77 简)[⑤]

上述诸简所记为一册书，故这些吏士应为同一批人员。简69有“长史”廿人、“斥候”五十人，但合计时却多了二人而为七十二人，当系加上简68之“长史”二人；简74之“军吏”廿人，当即简69之“长史”廿人；简74之“斥候”五人，与“军吏”廿人相加人数与七十人不符，编

① 《汉书》卷九六下《西域传下·乌孙国传》，第3908页。

② 《汉书》卷九六上《西域传上·罽宾国传》，第3886页。

③ 《史记》卷一二三《大宛列传》，第3174页。

④ 《后汉书》卷四〇下《班彪列传附子（班）固传下》，第1385页。

⑤ 《敦煌悬泉汉简释粹》（Ⅰ0112③：68、69、74、77），编号213，第148—149页。

者认为“五”后当脱一“十”字。据此，上述人员中的军吏，我们以七十人加十人合计，约八十余人。此外尚有“弛刑士”三百人。则此使团成员总共当在四百人左右。悬泉置所出汉简，另有：“……送精绝王诸国客凡四百七十人。”[①]“各有数，今使者王君将于阗王以下千七十四人，五月丙戌发禄福，度用庚寅到渊泉。”[②] 这两则汉简所记，并非一个使团之人数，而是西域多国使团合并返国时途经悬泉置留下的记录。但是超过四百人而达到五百余人的使团也是有的，本始三年（前71）常惠出使乌孙，“惠与吏士五百人俱至乌孙。”[③] 其所率使团即为五百余人。这些都应是属于“数百人”的范畴之内。

有的使团人数则在百余人至数百人的范围之外。少于百余人者有之。本始二年（前72）常惠出使乌孙，“惠从吏卒十余人随昆弥还”[④]。其所率只有十余人。永平十六年（73）班超与郭恂出使西域时，所将吏士为三十六人。后来班超再次出使西域，窦固“欲益其兵，超曰：‘愿将本所从三十余人足矣，如有不虞，多益为累。’”[⑤] 仍然为三十余人。河平四年（前25）“军候赵德使罽宾”，与罽宾王阴末赴发生矛盾，“阴末赴锁琅当德，杀副已下七十余人。”[⑥] 这个使团人数当在百人以下。敦煌汉简：“出粟五石二斗二升以食使车师□君卒八十七人”[⑦]，此为驿置管待出使车师使团所提供食粮簿书，此使团亦当在百人之内。这些都是少于百余人的使团。超过数百人者亦有之。有至千余人的，汉武帝元光五年（前130）“乃拜（唐）蒙以郎中将，将千人，食重万余人”[⑧]，出使西南夷。除了使团成员一千余人之外，还有负责“食粮及衣重”等给养的人员一万余人。有至二千余人的，赵兴继位为南越王之后，与太后均思内属汉朝，但丞相吕嘉反对。“天子闻嘉不听王，王、王太后弱孤不能制，使者怯无决。又以为王、王太后已附汉，独吕嘉为乱，不足以兴

---

① 《敦煌悬泉汉简释粹》（Ⅱ0115①：114），编号150，第114页。

② 《敦煌悬泉汉简释粹》（Ⅰ0309③：134），编号145，第110页。

③ 《汉书》卷七〇《常惠传》，第3004页。

④ 《汉书》卷七〇《常惠传》，第3004页。

⑤ 《后汉书》卷四七《班超传》，第1573页。

⑥ 《汉书》卷九六上《西域传上》，第3886页。

⑦ 《敦煌汉简跋十三》，《王国维遗书》（第三册），第22页。

⑧ 《汉书》卷九五《西南夷传》，第3839页。

兵，欲使庄参以二千人往使。参曰：‘以好往，数人足矣；以武往，二千人无足以为也。’”武帝计划派遣二千人出使南越，因庄参反对，于是武帝罢免庄参。“郏壮士故济北相韩千秋奋曰：‘以区区之越……愿得勇士二百人，必斩嘉以报。’于是天子遣千秋，与王太后弟樛乐将二千人往。”武帝还是以二千人的规模派遣使团前往南越，结果吕嘉叛乱，“乃与其弟将卒攻杀王、太后及汉使者。”① 果如庄参所料，韩千秋的使命失败。

对方来使的使团人数与汉方出使的使团人数大体相仿。“故事，单于朝，从名王以下及从者二百余人。”这是匈奴单于入朝时所率使团的一般人数。建平四年（前3），“单于又上书言：‘蒙天子神灵，人民盛壮，愿从五百人入朝，以明天子盛德。’上皆许之。”② 五百余人的规模已超出单于入朝人数之常例，故须经汉方同意才行，但这也还在汉方外交使团规模的一般范围之内。元康二年（前64）乌孙昆弥上书：“愿以汉外孙元贵靡为嗣，得令复尚汉公主，结婚重亲，畔绝匈奴。”经宣帝批准，乌孙“昆弥及太子、左右大将、都尉皆遣使，凡三百余人，入汉迎取少主。”③ 三百余人的规模与张骞第二次通西域所率使团人数相同。永平十六年（73）班超在鄯善夜袭匈奴使团，“超手格杀三人，吏兵斩其使及从士三十余级，余众百许人悉烧死。”④ 那么匈奴派往鄯善的使团大约为一百四、五十人左右。以上的规模都大体与汉方的使团规模相当。当然也有少于或多于上述人数的。张骞第二次出使西域返国时，“骞与乌孙遣使数十人，马数十匹报谢。”⑤ 乌孙派遣随张骞来汉报谢的使团人数少于百人。天凤元年（14）王莽派遣王歙、王飒出使匈奴，返回时匈奴“遣厨唯姑夕王富等四十人送歙、飒。”⑥ 这也是少于百人的使团。元封三年（前

---

① 《史记》卷一一三《南越列传》，第2973—2974页。

② 《汉书》卷九四下《匈奴传下》，第3817页。

③ 《汉书》卷九六下《西域传下·乌孙国传》，第3905页。乌孙请求为元贵靡尚汉公主事，本传记为元康二年（前64），《资治通鉴》卷二六，汉宣帝神爵二年（前40）《考异》曰：“《乌孙传》，请昏在元康二年。《望之传》云‘神爵二年’。按元康二年，望之未为鸿胪。盖误以神爵为元康也。”（第860—861页）

④ 《后汉书》卷四七《班超传》，第1573页。

⑤ 《史记》卷一二三《大宛列传》，第3169页。

⑥ 《汉书》卷九四下《匈奴传下》，第3827页。

108）汉使“卫山因兵威”出使朝鲜，朝鲜王右渠表示愿降，于是“遣太子入谢……人众万余，持兵。”[①] 这是因为双方关系紧张，互不信任，故派出了超常规模的使团。

① 《史记》卷一一五《朝鲜列传》，第2987页。

第三章　外交方式(上)

外交使节作为外交双方的媒介，为外交关系的确立和发展提供了前提条件并奠定了基础，在此前提条件和基础上进而开展一系列具体的、特定的外交方式，其主要者有：朝、贡、赐、封、和亲、质侍、互市等。这些方式的实施，一般来说均需要通过使节的往还方才得以进行和完成，因此它们与遣使这一基本方式密切相关，两者既有联系又有所区别。

东汉章帝建初八年（83），“时北单于遣使贡献，求欲和亲，诏问群僚。”讨论是否接受北匈奴之善意并遣使报之。或以为不可，而班固议曰：“汉兴已来，旷世历年，兵缠夷狄，尤事匈奴。绥御之方，其涂不一，或修文以和之，或用武以征之，或卑下以就之，或臣服而致之。虽屈申无常，所因时异，然未有拒绝弃放，不与交接者也。”主张应当接受其善意并遣使报命。在这里班固总结了两汉二百八十多年来汉匈关系的历史经验，认为处理汉匈关系曾经有过四种方式，即“修文以和之”“用武以征之”“卑下以就之”“臣服而致之”。实则这不仅在汉匈关系中为然，在与其他国、族关系中亦然，是具有普遍性的方式。这四种方式中，除了“用武以征之”这一方式之外，其余三种方式——“修文以和之”“卑下以就之”“臣服而致之”均属于外交关系范畴之中，即使“用武以征之”，亦不能完全离开外交手段之应用和配合。约而言之，这四种方式包含着与四方国、族之间关系中的两种基本状态，即和平与战争。这四种方式根据不同的历史条件和彼我关系的强弱变化而交叉运用，或申或屈，不可一概而论。但是不论在哪一种情况下，相互交接则是始终不变的，其交接制度和方式已经成为汉皇朝政治制度中不可分割的组成部分，成为其典章制度中的“旧典”或“故事”。上述三种方式中，实际上包含了汉代外交之诸方式。李贤谓“卑下以就之”，是指“文帝与匈奴通关市，妻以汉女，增厚其赂也。”谓“臣服而致之”，是指“宣帝时，匈奴稽首臣服，遣子入侍。”[①] 它们中间就包含着互市、和亲、质侍、贡、赐、朝等内容，从中可以概见当时外交方式之多样性。兹分别论述于后。

第一节　朝

“朝”是汉代外交诸方式中最为重要的一种，被视为外交方式之最高形态。在汉代，“朝”是指四方国、族遣使或君主本人前来拜见汉皇帝，或前来参加汉皇朝所举行的“朝礼”等礼仪性大典，其动机和原因包括友好、有求或臣服等，从而构成中国古代外交史上基本的外交关系形态之一——“朝”关系。

一　“朝”义略释

中国古代的“朝”，大略而言可以分为实务性“朝”和礼仪性“朝”两类。后者与我们所要讨论的外交有着密切的关系，是为汉代外交诸方式之一。

实务性“朝”是指臣属朝见君主以议政，处理政务为其主要功能和目的。《周礼》：“朝士掌建邦外朝之法”，郑玄注曰：“周天子、诸侯皆有三朝，外朝一，内朝二。”[②] 此“三朝”[③] 即周天子及诸侯处理政务之场所，故“天子及诸侯合民事于外朝，合神事于内朝；自卿以下，合官职于外朝，合家事于内朝。”[④] 这里的“合民事”“合神事”“合官职”“合家事”即天子或诸侯之处理政务。注谓“合民事于外朝”，乃“言与百官考合民事于外朝也”；所谓“神事”，即“祭祀也”；“家”，谓“大

---

① 《后汉书》卷四〇下《班彪列传附子（班）固传下》，第1374、1375页。

② 《周礼注疏》卷三五《秋官司寇·朝士》，第1098页。

③ 杜佑谓：周制天子有四朝，一曰外朝，二曰中朝，三曰内朝，四曰询事之朝。注曰：“恒言三朝者，以询事之朝非常朝，故不言之。”（参见：《通典》卷七五《礼典三十五·沿革三十五·宾礼二·天子朝位》，第2039—2040页）案：询事之朝可能即外朝，徐彦曰：“外朝者，所以询事之处也。”（《春秋公羊传注疏》卷一五，宣公元年疏，第372页）戴吉士亦云：外朝“小司寇掌其政，朝士掌其法，断狱蔽讼及询非常之朝也。”（《国语集解》卷五《鲁语下》引陈球曰，第193页）

④ 《国语集解》卷五《鲁语下》，第193页。

夫也”。天子或诸侯在内外朝朝见群臣、处理政务，是为实务性“朝”。

礼仪性“朝”是境内诸侯、群臣和境外国家、民族的君主、酋长或使节朝见天子的礼仪性集会，以“亲仁善邻”[①] 为其主要功能和目的。及至汉代，四方国、族的君主、酋长或使节之参与礼仪性“朝”礼，是这个时代外交关系发展的集中和最高体现，从而成为汉代外交诸方式中最为隆重的方式之一。

早在周代礼仪性的“朝”已经成为宾礼之重要内容，“以宾礼亲邦国。春见曰朝，夏见曰宗，秋见曰觐，冬见曰遇，时见曰会，殷见曰同。”郑玄注曰：“此六礼者，以诸侯见王为文。六服之内，四方以时分来，或朝春，或宗夏，或觐秋，或遇冬，名殊礼异，更递而遍。朝犹朝也，欲其来之早。”[②] “朝”字的本义为早，《说文》：“朝，旦也。”段注：“其实朝之义主谓日出地时也。”[③] 故郑玄作了如此的解释。上述六礼“若通而言之，悉曰‘朝’。”[④] 是为“君之礼”[⑤]，即诸侯或诸侯遣使朝见周天子的礼。这是从周代朝聘制度的角度而言，实际上在上古的部落联盟时代，氏族部落首领之会见亦谓之“朝”，如虞舜时“群后四朝”[⑥]，夏禹“朝诸侯之君会稽之上”[⑦]；到了春秋时期，诸侯之间的相互访问也称为“朝”，如鲁隐公十一年（前712）“滕侯、薛侯来朝。其言‘朝’何？诸侯来曰‘朝’。”[⑧] 故曰“诸侯相见曰朝”[⑨]；战国时期列国之间的交往也称为“朝”，如齐威王时国力强盛，于是“燕、赵、韩、魏闻之，皆朝于齐。”[⑩] 等。

---

① 《周礼注疏》卷二《天官冢宰・大宰》：“大宰之职，以八统诏王驭万民：……八曰礼宾。”郑玄注曰：“礼宾，宾客诸侯，所以示民亲仁善邻。”（第36—37页）；《春秋左传正义》卷四，隐公六年：“亲仁善邻，国之宝也。”（第118页）

② 《周礼注疏》卷一八《春官宗伯・大宗伯》，第546页。

③ 《说文解字注》七上《倝部》，第308页。

④ 《礼记正义》卷五《曲礼下》孔疏，第161页。

⑤ 《周礼注疏》卷三七《秋官司寇・小行人》，第1184页。

⑥ 《尚书正义》卷三《舜典》，第72页。

⑦ （清）王先慎撰，钟哲点校：《韩非子集解》卷五《饰邪》，中华书局1998年版，第126页。

⑧ 《春秋公羊传注疏》卷三，隐公十一年，第75页。

⑨ 《春秋穀梁传注疏》卷四，桓公九年，第57页；卷七，僖公五年，第136页。

⑩ 《战国策新校注》卷八《齐一》，第278页。

汉代的“朝”依其功能和性质，亦可区分为实务性之“朝”与礼仪性之“朝”两类，我们所要讨论的则是后者，后者除了施行于内部关系中，亦施行于外部关系中，从而成为汉代外交诸方式之一。礼仪性“朝”以软性政治意义为其主要功能和目的，汉代这种礼仪性的“朝”施行于内部关系，主要为汉皇朝与国内诸侯及中央与地方之关系，施行于外部关系，则指汉皇朝与四方国、族之关系。本书所述为“朝”礼中汉皇朝与四方国、族之关系，而不论汉皇朝对内关系中的与诸侯或地方关系中的“朝”。

汉代的“朝”，依其规模、隆重程度和时间，可分为“大朝”与“常朝”两种。“常朝”以政务为其主要功能和目的，“大朝”以软性政治意义为其主要功能和目的。前者虽然在某些情况下也具有一定的软性政治功能和目的，但以实务性的日常政务或论政为其主要功能和目的，后者虽然也具有一定的实务性功能和目的，而以软性政治意义为其主要功能和目的。

以“大朝”为代表的“朝”，包括“正旦朝”和其他一些重大的节会、祀典，如祀明堂、灵台、辟雍的“祀三雍”礼和上陵礼等，是一种隆重的、礼仪性的朝会。其中又以“正旦朝”最为重要，从而成为礼仪性“朝”的代表和最高形式。

“正旦朝”即“每岁首正月，为大朝受贺。”[①] 是为最隆重，也最为统治者所重视的“大朝”。何以然？从时令而言，正旦即正月初一。这一天被视为“三朝之会”，即“岁、月、日三者之始，故云三朝。”[②] 古人最为重视这个日子，称为“月正元日”，孔氏传：“月正，正月。元日，上日也。”[③] 故正旦朝又有“朝正”或“岁朝”等称谓。从政治上而言，这是颁正朔、改正朔的日子。《周礼》太史职“颁告朔于邦国”，郑玄注曰：“天子班朔于诸侯，诸侯藏之祖庙，至朔，朝于庙，告而受行之。”[④] 而“‘改正朔’者，‘正’谓年始，‘朔’谓月初，言王者得政，示从我

① 《续汉书·礼仪志中》，点校本《后汉书志》第五，第3130页。
② 《汉书》卷八五《谷永传》及颜注，第3468—3469页。
③ 《尚书正义》卷三《舜典》，第85页。
④ 《周礼注疏》卷二六《春官宗伯·大史》，第816页。

始改故用新。”[①]《春秋》“经元年，春，王正月。”杜预注曰：“隐公之始年，周王之正月也。凡人君即位，欲其体元以居正，故不言一年一月也。”孔颖达疏曰：“《释诂》云‘元，始也’；‘正，长也’。此公之始年，故称元年。此年之长月，故称正月。言‘王正月’者，王者革前代，驭天下，必改正朔，易服色，以变人视听。夏以建寅之月为正，殷以建丑之月为正，周以建子之月为正，三代异制，正朔不同”[②]。改正朔意味着新朝、新君的开始及其合法性之宣示。因此，正朔就不单纯是历法，而是新朝、新君“体元以居正”[③]的政治标志。故春秋时期“诸侯朝正于王”，杜预注曰：“朝而受政教也”[④]。诸侯“朝正”意味着接受周天子的“政教”。汉皇朝利用这一传统于外交并将其推进到了一个新的阶段。

二　“朝”关系的发展

汉代四方国、族之来朝，亦即“朝”关系之形成和发展，并非一蹴而就。从性质上来说，“朝”有不同的层级，以来朝者身份而言，有使者来朝、侍子来朝与君主来朝三种；以来朝的地点而言，有“朝请于边”与“诣阙”而朝两处，前者属于“外臣”——“外诸侯”，后者属于“内臣”——“内诸侯”，前者礼简而后者礼隆。不论三种、两处都是依次提升的由低级而高级的“朝”关系发展进程。故从时间上来说，“朝”关系发展是一个漫长曲折的过程，一般来说前者相对容易一些，后者却更为困难。“朝”虽然是外交诸方式中最为重要的一项，但却是最为滞后的一项。与其他外交诸方式相比较，“朝”关系往往是在其他外交方式之后方才得以实现。

（一）“朝”关系发展概况

我们试以四方国、族之首朝，即第一次与汉皇朝建立“朝”关系作为标志，以考察汉代“朝”关系之发展进程。兹制“汉代四方国、族首朝表”于后。

---

① 《礼记正义》卷三四《大传》，孔颖达疏，第1167页。

② 《春秋左传正义》卷二，隐公元年，第43页。

③ 《春秋左传正义》卷二，隐公元年杜预注，第43页。

④ 《春秋左传正义》卷一八，文公四年，第579页。

表 3－1　　汉代四方国、族首朝表

初朝年代	国、族	具体情状	地方	出处
汉五年（前 202）	闽越	“立无诸为闽越王”（案：依制当朝）	闽中，都东冶（今福州市）	《史记》卷一一四《东越列传》，第 2979 页
惠帝三年（前 192）	东瓯	“立摇为东海王”；“东瓯入朝”	都东瓯（今温州市）	《史记》卷一一四《东越列传》，第 2979 页；《汉书》卷四五《伍被传》，第 2168 页
景帝年间	南越	“称臣，使人朝请”，“其使天子，称王朝命如诸侯”	都番禺（今广州市）	《史记》卷一一三《南越列传》，第 2970 页
元狩二年（前 121）	乌桓	“徙乌桓于上谷、渔阳、右北平、辽西、辽东五郡塞外，为汉侦察匈奴动静。其大人岁一朝见。”	上谷、渔阳、右北平、辽西、辽东五郡塞外	《后汉书》卷九〇《乌桓鲜卑传》，第 2981 页
元鼎五年（前 112）	西域诸国	汉使自安息还，安息“发使随汉使来观汉广大，以大鸟卵及黎轩善眩人献于汉。及宛西小国驩潜、大益，宛东姑师、扜罙、苏鳖之属，皆随汉使献见天子。天子大悦。”	中亚、西亚地区	《史记》卷一二三《大宛列传》，第 3172—3173 页
元鼎六年（前 111）	夜郎	“夜郎侯始倚南越，南越已灭，会还诛反者，夜郎遂入朝。上以为夜郎王。”	今云贵川交界地区	《史记》卷一一六《西南夷列传》，第 2996 页
元封二年（前 109）	滇	“滇王离难西南夷，举国降，请置吏入朝。于是以为益州郡，赐滇王王印，复长其民。”	今云南东部滇池地区	《史记》卷一一六《西南夷列传》，第 2997 页
元封三年（前 108）	倭人	灭卫氏朝鲜，以其地置真番、临屯、乐浪、玄菟四郡后，“以岁时来献见”	“乐浪海中”（日本九州北部）	《汉书》卷二八下《地理志下》，第 1658 页
元康元年（前 65）	龟兹	龟兹王绛宾与夫人（解忧公主女）联袂入朝	今新疆库车一带	《汉书》卷九六下《西域传下》，第 3916 页
神爵三年（前 59）	匈奴	“匈奴单于遣名王奉献，贺正月，始和亲。”	北方草原地区	《汉书》卷八《宣帝纪》，第 262 页
甘露三年（前 51）	匈奴单于	呼韩邪单于来会正旦朝贺	北方草原地区	《汉书》卷八《宣帝纪》，第 271 页；《汉书》卷九四下《匈奴传下》，第 3798 页

续表

初朝年代	国、族	具体情状	地方	出处
元寿二年（前1）	乌孙大昆弥	“大昆弥伊秩靡与单于并入朝，汉以为荣	伊塞克湖一带，都赤谷城（伊什提克）	《汉书》卷九六下《西域传下》，第3910页
建武六年（30）	濊	“省都尉官，遂弃领东地，悉封其渠帅为县侯，皆岁时朝贺。”	今朝鲜东北部	《后汉书》卷八五《东夷传》，第2817页
建武八年（32）	高句丽	“高句骊遣使朝贡，光武复其王号。”	今吉林、辽宁、朝鲜交界地区	《后汉书》卷八五《东夷传》，第2814页
建武二十年（44）	韩	“韩人廉斯人苏马諟等诣乐浪贡献。光武封苏马諟为汉廉斯邑君，使属乐浪郡，四时朝谒。”	朝鲜半岛南部	《后汉书》卷八五《东夷传》，第2820页
建武二十五年（49）	乌桓	辽西乌桓大人郝旦等九百二十二人“率众向化，诣阙朝贡，献奴婢牛马及弓虎豹貂皮。”	今辽宁义县、朝阳一带	《后汉书》卷九〇《乌桓鲜卑传》，第2982页
建武三十年（54）	鲜卑	“鲜卑大人于仇贲、满头等率种人诣阙朝贺，慕义内属。帝封于仇贲为王，满头为侯。”	乌桓之北	《后汉书》卷九〇《乌桓鲜卑传》，第2985页
建武中元二年（57）	倭奴国	“倭奴国奉贡朝贺，使人自称大夫……光武赐以印绶。”	日本九州北部	《后汉书》卷八五《东夷传》，第2821页
顺帝永和元年（136）	夫余	“其王来朝京师，帝作黄门鼓吹、角抵戏以遣之。”	今吉林农安、长春一带	《后汉书》卷八五《东夷传》，第2812页

说明：①本表依时间先后排列。

从上表观之，汉皇朝与四方国、族“朝”关系之发展，大体经历了五个梯次的发展过程。

1. 诸越始朝

与汉朝建立“朝”关系最早者为东、南诸越。秦汉时期在中原地区的东、南地区分布的百越诸族，在汉初先后存在几个比较大的部族集团或割据政权，其主要者有以东冶（今福建福州市）为都[①]的闽越王、以东瓯（今温州市）为都的东瓯王、以南海（今广州）为都的南越国等。无诸于汉五年（前202）被立为闽越王，依制当朝。摇于惠帝三年（前192）被立为东海王，俗称东瓯王。那么，从这时开始，东瓯也开始入朝，史籍亦有“东瓯入朝”[②]的记载，当指其以臣属于汉朝的诸侯王而来朝。在南方的南越为秦汉之际赵佗所建割据政权，虽然早在汉十一年（前196）就已与汉朝建立了“剖符通使”[③]的关系，而其“使人”对汉“朝请”[④]则已至景帝（前157—前141）时期了，这时距汉朝建立已经半个世纪了。

2. 西南夷继朝

诸越来朝之后是西南夷继而来朝。武帝元鼎六年（前111）灭南越之后，旋即平定与南越成掎角之势的西南夷，这时西南夷中的夜郎方才入朝，“夜郎侯始倚南越，南越已灭，会还诛反者，夜郎遂入朝。上以为夜郎王。”[⑤]这时距汉朝建立已近百年。随后武帝“使王然于以越破及诛南夷兵威风喻滇王入朝”[⑥]。元封二年（前109）汉朝发兵攻西南夷中另一大“国”——滇，“滇王离难西南夷，举国降，请置吏入朝。于是以为益州郡，赐滇王王印，复长其民。”[⑦]亦与汉朝建立起了“朝”关系。故史称“汉既灭越，而蜀、西南夷皆震，请吏入朝。”[⑧]这时距汉朝建立亦已近百年。

3. 西域来朝

与西南夷入朝大体同时，西域亦开始陆续来朝。西域之来朝是与匈奴问题紧密联系在一起的。汉代大力发展与西域的外交关系，很大程度

---

① 关于闽越王都地望长期有争论，有福州说、浙南说、浦城说等，或谓在武夷山城村遗址，参见石彦陶《西汉闽越王城地望之新见》，《湖南城市学院学报》（人文社会科学版）2003年第5期。

② 《汉书》卷四五《伍被传》，第2168页。

③ 《史记》卷一一三《南越列传》，第2967页。

④ 《史记》卷一一三《南越列传》，第2970页。

⑤ 《史记》卷一一六《西南夷列传》，第2996页。

⑥ 《史记》卷一一六《西南夷列传》，第2997页。

⑦ 《史记》卷一一六《西南夷列传》，第2997页。

⑧ 《史记》卷一二三《大宛列传》，第3170页。

上是为了解决匈奴问题，因西域诸国“皆役属匈奴”[①]。武帝为了解决匈奴问题，于是采取联络西域以“断匈奴右臂”[②] 的战略，先后于建元三年（前 138）、元狩四年（前 119）派遣张骞出使西域。张骞第二次出使西域后，元鼎五年（前 112）左右汉使自安息还，安息“发使随汉使来观汉广大，以大鸟卵及黎轩善眩人献于汉。及宛西小国驩潜、大益，宛东姑师、扜罙、苏薤之属，皆随汉使献见天子。天子大悦。”[③] 史籍于来朝事，不仅记作“朝”，有时也记作“献见”，“献见”即“来朝”[④]。故这里所述大宛东部、西部诸小国来“献见”，亦即来朝。而关于安息来献“善眩人”，应劭述此事曰：东汉时“尚书陈忠案《汉旧书》，乃知世宗时犛靬献见幻人，天子大悦，与俱巡狩，乃知古有此事。”[⑤] 这里将《史记》所记“献”亦记作“献见”，故当时安息也属于来朝。则西域之来朝亦距汉皇朝建国已近百年。

4. 匈奴来朝

匈奴之来朝则更在上述三方之后。汉、匈长期角力的结果是匈奴势力的大衰，故迁延至西汉后期方才实现匈奴之来朝，宣帝神爵二年（前 60）“匈奴单于遣名王奉献，贺正月，始和亲。”[⑥] 注曰：“贺来岁之正月”，即神爵三年（前 59）的正旦朝。这是匈奴首次遣使来朝，这时距离汉朝建国已近一个半世纪。神爵四年（前 58）五月，“匈奴单于遣弟呼留若王胜之来朝”[⑦]，来朝次年即五凤元年（前 57）之正旦。此即宣帝五凤三年（前 55）诏称“单于称臣，使弟奉珍朝贺正月”[⑧] 之谓。但是这些都是匈奴遣使来朝，而匈奴单于尚未亲自入朝，直至甘露三年（前

---

① 《汉书》卷九六上《西域传上·序》，第 3872 页。

② 《史记》卷一二三《大宛列传》，第 3168 页。

③ 《史记》卷一二三《大宛列传》，第 3173 页。

④ 如《汉书》卷八《宣帝纪》载神爵四年（前 58）“匈奴单于遣弟呼留若王胜之来朝”（第 264 页），《汉书·匈奴传》记此事作：“握衍朐鞮单于立，复修和亲，遣弟伊酋若王胜之入汉献见。”（第 2789 页）可知“献见”有时即指“来朝”。

⑤ 《汉书》卷六一《张骞传》注引应劭曰，第 2696 页。

⑥ 《汉书》卷八《宣帝纪》，第 262 页。

⑦ 《汉书》卷八《宣帝纪》，第 264 页。

⑧ 《汉书》卷八《宣帝纪》，第 266 页。《后汉书》卷四〇下《班彪列传附子（班）固传下》：“五凤、甘露致远人之会。”李贤注曰：“宣帝五凤三年，单于名王将众五万余人来降，称臣朝贺。”（第 1374—1375 页）

51）呼韩邪单于来会正旦朝贺[1]，是为匈奴单于首次来朝。这时距汉建国已155年。而匈奴单于朝汉之后，西域诸国之来朝遂日益增加，史称“自乌孙以西至安息，近匈奴……及呼韩邪单于朝汉，后咸尊汉矣。”[2]

5. “东夷”来朝

从上表观之，“东夷”之来朝并不算晚，早在汉武帝元狩二年（前121）、元封三年（前108），就有乌桓、倭人已经分别与汉皇朝发生了“朝”关系。但是他们均属于“朝请于边”[3] 这种低层次的“朝”关系，亦即作为“外臣”的关系，而并非入京来朝这种高层次的“朝”关系。而且就整体而言，西汉时期“东夷”与汉皇朝的“朝”关系还处于零星的状态。直到东汉时期，东夷与汉皇朝的“朝”关系方才进入相对高潮的阶段，陆续有光武帝建武六年（30）濊人来朝，建武八年（32）高句丽来朝，建武二十年（44）韩人来朝，建武二十五年（49）辽西乌桓大人郝旦等来朝，建武三十年（54）鲜卑来朝，建武中元二年（57）倭奴国来朝，乃至顺帝永和元年（136）夫余来朝。除了少数如韩人等仍处于“朝请于边”的层次，大多数如乌桓、倭奴国、鲜卑、夫余等均属“诣阙”来朝这种高层次的“朝”关系，因此，我们可以说“东夷”之来朝基本上是在东汉时期方才得以真正实现的。

（二）“朝”关系发展的特点

由上所述可见汉朝与四方国、族在“朝”关系方面的发展，具有两个特点：

1. 空间上的先南后北、南北并举

第一个特点，从空间运动来说，两汉时期四方国、族之来朝，大体是循先南后北、南北并举之态势而逐步发展的。

所谓“先南后北”是一个粗略的概括，具体来说其发展顺序可视为由东南、南方、西南、西北、北方、东北而逐步展开，大致循顺时针次序而移动。何以汉代“朝”关系会作这样一种空间移动状态呢？这不完全是一种形式上的巧合，而是有其一定的内在原因使然。

---

① 详见《汉书》卷八《宣帝纪》，第271页；《汉书》卷九四下《匈奴传下》，第3798页。
② 《汉书》卷九六上《西域传上·大宛国传》，第3896页。
③ 参见《史记》卷一一〇《匈奴列传》，第2911页。

首先，这一空间移动态势是由汉皇朝所面临的周边形势和力量对比关系决定的。针对这种形势，故汉皇朝采取先易后难、先南后北方针逐步解决和发展与周边国、族之关系。

匈奴是汉皇朝所面对的最为强劲的对手，汉皇朝发展外交关系均取决于匈奴问题之需要，既受制于匈奴问题，亦服务于匈奴问题。在这种周边形势制约、影响之下，我们遂可以看到汉代“朝”关系空间移动的特点基本上是一种由南而北的发展过程，亦即先解决自东南而南方而西南这样一个呈弧形状的后院，减轻或解除后顾之忧，以面对北方最主要的威胁。最早入朝于汉皇朝的国、族是东南地区的闽越和东瓯，他们是作为最早接受汉皇朝册封的诸侯王而率先入朝的；其次是南方的南越国，汉皇朝在臣服东越的同时即锐意经略南越，为了防备北方的主要威胁，故汉皇朝对于南越主要采取施加政治、军事压力的两手策略，迫使南越作为一个半独立的政权而臣服并入朝；西南夷问题与南越问题密切相关，两者互为奥援，故其来朝是在南越灭亡之后迅速实现的。西南夷问题之较早得以解决，与汉皇朝急于发展与西域关系亦相关，“初，汉欲通西南夷，费多，道不通，罢之。及张骞言可以通大夏，乃复事西南夷。”[①] 而联络西域是为了解决匈奴问题。

其次，这种空间移动顺序也与诸国、族内部原因有关系。东南方面的闽越、东瓯与中原文化、政治有着源远流长的密切关系，“其先皆越王句践之后也”“秦已并天下，皆废为君长，以其地为闽中郡。及诸侯畔秦，无诸、摇率越归鄱阳令吴芮，所谓鄱君者也，从诸侯灭秦。”[②] 在楚汉相争中他们就已经站在汉的一边，因此汉皇朝建立之后相继被封，得以诸侯王之身份最早入朝。南越虽然一直企图与汉分庭抗礼，但是其国力、政治均不足与汉皇朝抗衡，加以文帝对其采取怀柔政策，恩威并施，从而亦较早实现了首朝。西南夷的特点是“君长以百数”[③]，王侯君长林立，割据分散，其力量更不足与汉皇朝抗衡，故在解决南越问题之后，乘势顺利解决了这个地区的问题，实现了其

① 《史记》卷一二三《大宛列传》，第 3166 页。

② 《史记》卷一一四《东越列传》，第 2979 页。

③ 《史记》卷一一六《西南夷列传》，第 2997 页。

来朝。

与此同时，汉皇朝也没有放松解决与匈奴近邻的西域和“东夷”地区国、族之关系，因此，汉代“朝”关系之发展，其空间发展态势又具有南北并举的特点，在解决南面弧形地带诸国、族问题的同时，也积极解决与匈奴左右为邻的西域、东北地区诸国、族的关系问题。于是就有了以张骞通西域为标志而对于西域的经营，积极发展与西域诸国的关系以“断匈奴右臂”；不仅西域问题之解决是与匈奴问题密切联系在一起的，东北诸国、族问题之解决也是与匈奴问题相关，这里可以视为匈奴之左臂。解决匈奴问题须从断其左右两臂着手。乌桓、鲜卑等居匈奴之东，故曰“东胡”，“汉初，匈奴冒顿灭其国，余类保乌桓山，因以为号焉。”① 乌桓是在被匈奴灭后的族称。“乌桓自为冒顿所破，众遂孤弱，常臣伏匈奴，岁输牛马羊皮，过时不具，辄没其妻子。”西汉前期乌桓役属于匈奴，与西域一样成为匈奴政权经济、军事力量之重要来源。因此为了配合解决匈奴问题，亦急需随之解决乌桓问题，“及武帝遣骠骑将军霍去病击破匈奴左地，因徙乌桓于上谷、渔阳、右北平、辽西、辽东五郡塞外，为汉侦察匈奴动静。其大人岁一朝见，于是始置护乌桓校尉，秩二千石，拥节监领之，使不得与匈奴交通。”② 实现了傍塞乌桓之首朝。

在解决与匈奴直接相关的一些东北民族问题的同时，随着汉皇朝对于匈奴实施决定性打击之后，又带动了其他一些东北方面诸国、族与汉朝关系的发展。元狩四年（前 119）卫青、霍去病联军出击，对匈奴实施决定性攻击，“是后匈奴远遁，而幕南无王庭。”③ 困扰汉皇朝近百年的匈奴问题，至此基本上得到解决。在此基础上，汉武帝得以解决一直“未尝入见”④ 的朝鲜问题。朝鲜不仅自己不曾入朝，而且“真番旁众国欲上书见天子，又拥阏不通。”⑤ 朝鲜对于汉皇朝发展与东北诸国、族之“朝”关系妨碍极大，于是元封二年（前 109）发动征朝鲜之战，次年灭朝鲜，

① 《后汉书》卷九〇《乌桓鲜卑传》，第 2979 页。
② 《后汉书》卷九〇《乌桓鲜卑传》，第 2981 页。
③ 《汉书》卷九四上《匈奴传上》，第 3770 页。
④ 《汉书》卷九五《朝鲜传》，第 3864 页。颜师古注曰：“不朝见天子也。”
⑤ 《史记》卷一一五《朝鲜列传》，第 2986 页。

以其地置乐浪、临屯、玄菟、真番四郡。随着朝鲜问题的解决，推动了东夷诸国、族之来朝，其中倭人之“以岁时来献见”① 就是在这个背景下出现的。

处于乌桓之北的鲜卑虽然在西汉时期未曾与汉皇朝发生关系，直到东汉才发生关系，但仍然与匈奴问题密切相关：鲜卑在“汉初，亦为冒顿所破，远窜辽东塞外，与乌桓相接，未常通中国焉。光武初，匈奴强盛，率鲜卑与乌桓寇抄北边，杀略吏人，无有宁岁。建武二十一年，鲜卑与匈奴入辽东，辽东太守祭肜击破之，斩获殆尽……由是震怖。”② 可知匈奴问题实际上是贯穿于两汉时期，东汉时期东北方面诸国、族与汉皇朝“朝”关系的发展依然与匈奴问题相关。“及南单于附汉，北虏孤弱，（建武）二十五年，鲜卑始通驿使。”在这个背景下，建武三十年（54）“鲜卑大人于仇賁、满头等率种人诣阙朝贺，慕义内属。帝封于仇賁为王，满头为侯。”③ 方才实现了鲜卑的首朝。

虽然西汉时期东北方面之国、族已见乌桓、倭人之来朝，但是一方面这个时期的这些国、族之来朝基本上还是在边郡地区进行，并未真正前往首都朝见皇帝；另一方面来朝之国、族并不多，基本上是一种零星、偶然状态。因此我们可以说东北方面诸国、族之来朝，是在东汉时期才真正发展起来的。一方面是这个时期来朝之国、族比较广泛，分布于今天东北三省的乌桓、鲜卑、夫余、高句丽等族，朝鲜半岛之濊、韩，以至日本列岛之倭国等次第来朝；另一方面是到首都朝见皇帝的情况比较普遍了，“诣阙朝贺”“来朝京师”的记载大为增加。从这个意义上可以说东北方面诸国、族之来朝是两汉时期“朝”关系顺时针发展之殿后者。

这种空间运动的发展特点，实质上是先易后难的方针在“朝”关系发展中的体现和运用。汉皇朝周边国、族中最强劲的对手莫过于匈奴，是其发展外交关系之难点和重点，因此其外交关系发展战略布局均围绕这一难点和重点而展开。故力量相对分散和弱小的东南、南方和西南诸

① 《汉书》卷二八下《地理志下》，第1658页。

② 《后汉书》卷九〇《乌桓鲜卑传》，第2985页。

③ 《后汉书》卷九〇《乌桓鲜卑传》，第2985页。

国、族遂成为首先解决的目标；其次，匈奴左右之力量相对分散和弱小之西域和东夷也成为其优先解决之对象。在次第解决这些战略后方和匈奴左右翼问题之后，就可以集中力量解决匈奴这个难点和重点。这是扫清外围、先易后难战略运用在空间运动轨迹中的体现。

2. 时间上的漫长曲折

第二个特点，从时间运动来说，“朝”关系之实现是一个漫长而曲折的过程。南越之首朝是在汉皇朝建国之后的半个世纪，乌桓之首朝是在汉皇朝建国八十五年之后，西南夷、西域、倭人之首朝是在汉皇朝建国之后百年，而匈奴之首朝则更在汉皇朝建国一百五十年之后了。大体经历了近一个半世纪的曲折历程，直至西汉后期才基本上与四方国、族建立起比较全面的、完整意义上的“朝”关系。

我们试通过外交诸方式发生时间先后的对比来具体观察一下汉代“朝”关系实现之曲折、漫长状况，亦以首次出现或具有代表性事件为观察之标志。这里以与汉皇朝关系重要而密切的南方之南越、北方之匈奴和西域之乌孙三者为观察对象，先以表格的形式，将各种外交方式按照其发生时间的先后次序进行排列，以见“朝”关系与其他外交方式实现之时间先后和难易情形。

先看南越与汉外交诸方式发展情况。

表 3－2　　南越与汉外交诸方式发展顺序表

通使	互市	通文书、纳贡	遣使朝	质侍	〔君主朝〕
汉十一年（前 196），“遣陆贾因立（赵）佗为南越王，与剖符通使。”（《史记》卷一一三《南越列传》）	赵佗曰：高帝立我，通使物，今高后听谗臣，别异蛮夷，隔绝器物。”“高后时，有司请禁南越关市铁器。”（《史记》卷一一三《南越列传》）	文帝元年（前 179）陆贾至南越，“王甚恐，为书谢……愿长为藩臣，奉贡职。”（《史记》卷一一三《南越列传》）	“至孝景（前 156—前 141）时，称臣，使人朝请。”（《史记》卷一一三《南越列传》）	建元六年（前 135）南越王赵胡“遣太子婴齐入宿卫”（《史记》卷一一三《南越列传》）	赵胡“称病，竟不入见。”（《史记》卷一一三《南越列传》）

说明：加方括号“［］”者表示虽然提出但是未曾实现者。以下表格同，不另说明。

从上表可见，南越与汉早在高帝时已经建立了通使关系，与此同时还建立了互市的关系，“高后时，有司请禁南越关市铁器。”赵佗曰：“高帝立我，通使物，今高后听谗臣，别异蛮夷，隔绝器物。”[①] 表明高帝时双方不仅建立了通使关系，而且已经建立了互市关系。文帝元年（前179）陆贾出使南越，责备南越“自立为帝”“王甚恐，为书谢”，表示愿意放弃帝号，同时表示“愿长为藩臣，奉贡职。”[②] 表明这时已建立了通文书的关系，亦已确立了纳贡关系。而“朝”关系则至景帝时方才确立，“至孝景时，称臣，使人朝请。”[③] 实现了首次入朝，但是并非君主而是遣使入朝。这时距离汉朝建立已经半个世纪。在此基础上，至武帝建元六年（前135）武帝派遣严助使南越，劝说他们遣子入侍以及南越王亲自入朝，南越王赵胡只是落实了“遣太子婴齐入宿卫”[④] 一事，从而确立了质侍关系。这时距离汉朝建立已经七十年了。但是对于南越王入朝一事则支吾其词，一再拖延，“称病，竟不入见。”[⑤] 直至南越灭国也没有实现君主入朝。由此可见，在汉与南越的外交关系发展进程中，是在逐步建立了通使、互市、通文书、纳贡等关系，然后才建立起遣使入朝的关系，而君主入朝则直至南越灭国亦未能实现。

匈奴与汉皇朝外交诸方式发展情况亦相类似。

① 《史记》卷一一三《南越列传》，第2969页。
② 《史记》卷一一三《南越列传》，第2970页。
③ 《史记》卷一一三《南越列传》，第2970页。
④ 《史记》卷一一三《南越列传》，第2971页。
⑤ 《史记》卷一一三《南越列传》，第2971页。

表3－3　　匈奴与汉外交诸方式发展顺序表

通使	约誓	和亲	通文书	贡赐	互市	〔边境朝请〕	遣使朝	入侍	君主朝
汉六年（前201），匈奴攻太原，至晋阳。次年高帝自往击之，“使人使匈奴……使者十辈来，皆言匈奴可击。上使刘敬复往使匈奴。”（《史记》卷九九《刘敬列传》）	汉七年（前200）冒顿取阏氏之言，“遂引兵而去。汉亦引兵而罢，使刘敬结和亲之约。”（《史记》卷一一〇《匈奴列传》）	汉九年（前198）“高帝乃使刘敬奉宗室女公主为单于阏氏，岁奉匈奴絮缯酒米食物各有数，约为昆弟以和亲。”（《史记》卷一一〇《匈奴列传》）	惠帝三年（前192）匈奴骄，“为书遗高后，妄言。”（《史记》卷一一〇《匈奴列传》）“令大谒者张泽报书”（《汉书》卷九四上《匈奴传上》	惠帝三年（前192）汉报书同时赠冒顿“御车二乘、马二驷”“冒顿得书，复使因献马。”（《汉书》卷九四上《匈奴传上》	景帝五年（前152）“复与匈奴和亲，通关市。”（《史记》卷一一〇《匈奴列传》）	元狩四年（前119）“丞相长史任敞曰：‘匈奴新破，困，宜可使为外臣，朝请于边。’汉使任敞于单于。单于闻敞计，大怒，留之不遣。”（《史记》卷一一〇《匈奴列传》）	神爵二年（前60）“匈奴单于遣名王奉献，贺正月，始和亲。”（《汉书》卷八《宣帝纪》）	五凤四年（前54）“匈奴单于称臣，遣弟谷蠡王入侍。”（《汉书》卷八《宣帝纪》）	甘露三年（前51）呼韩邪单于“正月朝天子于甘泉宫（《汉书》卷九四下《匈奴传下》）

从上表可见汉皇朝与匈奴外交关系的发展虽然与汉皇朝与南越外交关系的发展历程基本上是一致的，但是相对来说更要漫长得多。早在汉七年（前200）平城之役前高帝已经“使人使匈奴”，且前后有“使者十辈”之多，接着又“使刘敬复往使匈奴”①，已经建立起频繁的通使关系。平城之役后，高帝又“使刘敬结和亲之约”②，双方首次订立了和约③。汉九年（前198）又“使刘敬往结和亲约”④，在前一条约的基础上，进而与匈奴建立了通婚，即和亲关系。汉惠帝三年（前192）冒顿单于来书辱高后，高后“令大谒者张泽报书”⑤，善言回报，双方发生了通文书的关系。汉皇朝方面在报书的同时，赠冒顿“御车二乘、马二驷”，冒顿得书后，遣使来谢，“因献马”⑥，双方的贡赐关系也开始建立。汉景帝五年（前152）与匈奴“通关市”⑦，互市关系亦已开始。由此可见，虽然双方一直进行着各种形式的外交关系，陆续建立了通使、缔约、和亲、通文书、贡赐、互市等关系，但是双方一直未建立起“朝”关系。汉武帝元狩四年（前119）丞相长史任敞建议令匈奴“为外臣，朝请于边。”⑧何谓“朝请于边”？“《汉律》：春曰朝，秋曰请。”⑨而“朝请于边”即并不要求对方如“内臣”前来京师进行，只在边境地区进行，其规格比亲往京师“朝”要低得多。这还遭到匈奴激烈反对而没有实现，“汉使任敞于单于。单于闻敞计，大怒，留之不遣。”⑩这时距汉皇朝建立已经八十七年。直至宣帝神爵二年（前60）“匈奴单于遣名王奉献，贺正月，始和亲。”⑪才开始与汉确立遣使而“朝”的关系。这时距离汉皇朝建立已经一百四十六年。其后，五凤四年（前54）“匈奴单于称臣，遣弟谷蠡王

① 《史记》卷九九《刘敬列传》，第2718页。

② 《史记》卷一一〇《匈奴列传》，第2894页。

③ 黎按：此“和亲之约”并非双方通婚之“和亲”，而是停战、和好之“约”。与汉九年之“和亲约”含义不同。

④ 《史记》卷九九《刘敬列传》，第2719页。

⑤ 《汉书》卷九四上《匈奴传上》，第3755页。

⑥ 《汉书》卷九四上《匈奴传上》，第3755页。

⑦ 《史记》卷一一〇《匈奴列传》，第2904页；《汉书》卷五《景帝纪》，第144页。

⑧ 《史记》卷一一〇《匈奴列传》，第2911页。

⑨ 《后汉书》卷一〇上《皇后纪上·明德马皇后纪》注引，第410页。

⑩ 《史记》卷一一〇《匈奴列传》，第2911页。

⑪ 《汉书》卷八《宣帝纪》，第262页。

入侍。”[①] 确立了入侍关系。这时距离汉皇朝建立已经一百五十二年。直至甘露三年（前51）呼韩邪单于入朝，这才实现了匈奴单于的亲自入朝。这时距离汉皇朝建立已经一百五十五年，可以说至此汉、匈之间才确立起完全意义上的、最高形态的外交关系——“朝”关系，然而此后再过五十九年西汉皇朝也就宣告退出历史舞台了。

汉皇朝与西域的外交关系具有特殊性。其特殊性主要在于西域不是以一个单一的国家或民族与汉皇朝交往，西域是一个极其宽泛的地理概念，它包含众多国家和民族，这些国家和民族大小不一、发展程度和国力不一，与汉皇朝的地理空间也不一，这些差异决定了它们与汉皇朝外交关系的差异和参差不齐，因此它们与汉皇朝外交关系发展也就存在着先后不一、程度不同、性质有别等复杂情况。但是，西域与汉的“朝”关系发展的基本进程与上述南越、匈奴等的情况也是大致相似的。由于葱岭以东的西域“三十六国”中以乌孙最大，人口最多，兵力最强，而且与汉皇朝的关系最为密切，故我们以乌孙为例以观之。

表3－4　乌孙与汉外交诸方式发展顺序表

通使、贡赐	和亲	通文书、结盟	入侍	君主朝
元狩四年（前119）张骞出使乌孙，“厚币赂乌孙”，“骞不得其要领。乌孙发导译送骞还，骞与乌孙遣使数十人，马数十匹报谢，因令窥汉，知其广大。”（《史记》卷一二三《大宛列传》）	元封二年（前109）乌孙“使使献马，愿得尚汉女翁主为昆弟。”元封三年（前108）“乌孙以千匹马聘汉女，汉遣宗室女江都翁主往妻乌孙，乌孙王昆莫以为右夫人。”（《史记》卷一二三《大宛列传》）	元平元年（前74）解忧公主“上书，言‘匈奴发骑田车师，车师与匈奴为一，共侵乌孙，唯天子幸救之！’”本始元年（前73）“公主及昆弥皆遣使上书，言‘匈奴复连发大兵侵击乌孙……昆弥愿发国半精兵，自给人马五万骑，尽力击匈奴。唯天子出兵以救公主、昆弥。’”（《汉书》卷九六下《西域传下》）	五凤四年（前54）“汉使卫司马魏和意、副候任昌送侍子。”（《汉书》卷九六下《西域传下》）	元寿二年（前1），“大昆弥伊秩靡与单于并入朝，汉以为荣。”（《汉书》卷九六下《西域传下》）

元狩四年（前119）张骞第二次出使西域，其目的地就是乌孙。虽然通使乌孙“招以益东”“与汉结昆弟”[②] 的两个主要政治目的并没有达

① 《汉书》卷八《宣帝纪》，第268页。

② 《史记》卷一二三《大宛列传》，第3168页。

到，但是张骞毕竟拜会了乌孙君主——“昆莫”并进行了直接谈判。张骞回国时“乌孙发导译送骞还”，而且“遣使数十人”[①] 随张骞入汉报谢，从而确立了双方的通使关系。同时，张骞出使乌孙时“赍金币帛直数千巨万”，以“厚币赂乌孙”，跟随张骞入汉的乌孙使团则携“马数十匹报谢”[②]，从而建立了双方的贡赐关系。在此基础上，双方关系发展至“博望侯骞死后，匈奴闻汉通乌孙，怒，欲击之。及汉使乌孙，若出其南，抵大宛、大月氏相属，乌孙乃恐”，汉皇朝以乌孙为中介点大力发展与葱岭以西国家的外交关系，加以匈奴的敌视日增，乌孙忧惧被边缘化和孤立态势，于是于元封二年（前109）“使使献马，愿得尚汉女翁主为昆弟。”[③] 元封三年（前108）“乌孙以千匹马聘汉女，汉遣宗室女江都翁主往妻乌孙，乌孙王昆莫以为右夫人。”[④] 双方建立了和亲关系。乌孙与汉关系的进一步发展，加深了匈奴对乌孙的敌视，昭帝末年匈奴发骑屯田车师，并联合车师进攻乌孙，乌孙方面以解忧公主出面上书昭帝以求援。适逢昭帝去世，本始元年（前73）宣帝继位，于是“公主及昆弥皆遣使上书”，表示“昆弥愿发国半精兵，自给人马五万骑，尽力击匈奴。唯天子出兵以救公主、昆弥。”[⑤] 提出汉、乌联兵合击匈奴的建议。这是乌孙君主首次向汉朝皇帝“上书”，至此，双方又进而确立了通文书和结盟的关系。虽然我们不能认为乌孙与汉在此之前一直没有文书关系，但是就军国大事而言则应以此次通文书为标志。汉、乌军事联盟的实现，进一步加强了双方的政治联盟，在这种情况下，乌孙向汉皇朝派遣侍子乃顺理成章之事。五凤四年（前54）“汉使卫司马魏和意、副候任昌送侍子。”[⑥] 这是汉皇朝方面遣使护送乌孙质子回国，虽然我们不知道这位质子是谁，他于何时入侍于汉，但是由此我们可以确知此前乌孙曾经派遣昆弥子弟入侍汉朝，至少在这个历史时期内双方已经确立了质侍关系。尽管从张骞出使乌孙至此已经65年之久，汉、乌之间已经陆续建立起了

---

① 《史记》卷一二三《大宛列传》，第3169页。

② 《史记》卷一二三《大宛列传》，第3168—3169页。

③ 《史记》卷一二三《大宛列传》，第3170页。

④ 《史记》卷一二三《大宛列传》，第3172页。

⑤ 《汉书》卷九六下《西域传下·乌孙国传》，第3905页。

⑥ 《汉书》卷九六下《西域传下·乌孙国传》，第3906页。

通使、贡赐、和亲、通文书、结盟、质侍等各种外交关系，但是一直未见乌孙君主之入朝。及至元寿二年（前1），“大昆弥伊秩靡与单于并入朝，汉以为荣。”① 人们方才看到乌孙君主亲自来朝。是年距离汉使第一次出使乌孙、建立通使关系已经115年，距离汉朝建立已经205年，而再过8年西汉皇朝即宣告结束。

不仅来朝的时间曲折漫长，而且上述匈奴、乌孙这两个属于“百蛮大国”者，有一个共同的特点，就是当他们还处于统一时期均没有实现来朝，而是待他们分裂之后，亦即国力式微之后方才来朝的，匈奴是在其分裂为呼韩邪单于和郅支单于之后，乌孙是在其分裂为大、小两昆弥之后而来朝的。

（三）“朝”关系发展漫长曲折的原因

何以“朝”关系的确立如此艰难而旷日持久？这主要是因为外交关系之由一般的通使等关系发展为“朝”关系，是双方关系的一个质变，由敌国关系变为臣属关系，亦即由对等关系变为非对等关系。周礼规定，“朝”为“君之礼”②。汉代仍然承袭这种观念，视主国与朝国之间的关系为一种君臣关系。上述四方国、族都是先与汉皇朝建立起通使等关系，经过长期的磨合、较量才逐步建立起“朝”关系的。在汉皇朝与四方国、族的外交关系发展中，外交诸方式中以“朝”这一方式最被看重，也最为难于实现，其他方式大多都可能在“朝”之前发生。外交关系之发生发展过程大体循如下顺序进行：通使关系是最早进行，也是最为经常的；然后其他外交方式遂陆续发生，如贡赐、和亲、约誓、封拜、互市等；最后才是“朝”关系和与其紧密相关的质侍等关系的确立和完成。

由一般的通使关系转变为来朝的关系，并非自然而然实现的，战争是这一转变的重要推进器。汉匈之间，不必说西汉前期的战争，仅西汉中期以来，从元光二年（前133）马邑事件开始至本始三年（前71）汉、乌孙联军大败匈奴为止，历武帝、昭帝、宣帝三朝连续六十余年的战争，在这个情况下才得以实现匈奴之来朝。西域诸国之来朝则与以战争解决匈奴问题密切相关，同时以战争手段将匈奴势力逐出西域，从而为西域

① 《汉书》卷九六下《西域传下·乌孙国传》，第3910页。

② 《周礼注疏》卷三七《秋官司寇·小行人》，第1184页。

诸国之来朝创造了条件。

但是仅靠战争也未必能够实现这个转变，那么，“朝”关系之确立和完成的根本原因何在呢？外交关系中由一般的通使关系转变为“朝”关系，或者说通使、贡赐、和亲、约誓、封拜、互市等外交关系何以能够向“朝”关系转变呢？其根本原因在于双方力量对比的发展变化。汉初也曾经与匈奴发生战争，但是那个时候不仅没有实现这个转变，汉皇朝反而一再向匈奴退让，其根本原因在于这时汉皇朝的社会经济和政治尚处于恢复发展阶段，而匈奴尚处于强盛阶段，双方综合力量处于平衡状态，尚未完全逆转。而西汉中后期之战争所以能够促成这一转变，就在于这个时期双方综合力量对比已经发生了根本性的逆转。由此可见战争之所以能够起作用，其根本原因还在于战争背后的综合国力对比，实现转变的根源在于双方综合力量的消长变化。可以说汉初一百余年中，汉皇朝与周边国、族之间一直围绕着保持还是打破原来那种敌体的、对等的关系而进行较量，而直至力量对比发生变化，即汉皇朝国力超越、压倒对方时才得以完成这种转变，从而实现所谓“四夷来朝”的局面。“强国请服，弱国入朝。”[①] 非独战国为然，汉代亦然，这是外交关系中的一个普遍规律。

在公元前3—2世纪时，整个东亚地区唯一能够与汉皇朝抗衡的实体就是匈奴，“至冒顿而匈奴最强大，尽服从北夷，而南与中国为敌国。”[②] 双方综合力量处于旗鼓相当态势，汉方在军事上则处于守势。在游牧经济基础上建立的骑兵是当时最先进、最富有战斗力的武装，“匈奴，轻疾悍亟之兵也，至如猋风，去如收电，畜牧为业，弧弓射猎，逐兽随草，居处无常，难得而制。”[③] 在农业经济基础上建立的步、车兵种不足与之抗衡，总体而言，汉匈之间保持着敌体的、对等的关系，匈奴单于致汉皇朝的文书，其称呼曰：“天所立匈奴大单于敬问皇帝无恙”；汉皇朝回报匈奴的文书则曰：“皇帝敬问匈奴大单于无恙”[④]。双方的关系是“兄弟”[⑤] 关系，也就是一种敌体的、对等的关系。双方进行了长期的军事

---

① 《史记》卷六《秦始皇本纪》，第279页。

② 《史记》卷一一〇《匈奴列传》，第2890页。

③ 《汉书》卷五二《韩安国传》，第2401页。

④ 《史记》卷一一〇《匈奴列传》，第2896—2897页。

⑤ 《史记》卷一一〇《匈奴列传》，第2897页。

的、外交的角力，后来力量对比逐渐朝着汉方倾斜。“今以中国之盛，万倍之资，遣百分之一以攻匈奴，譬犹以强弩射且溃之痈也，必不留行矣。”① 此虽有言过其实之嫌，但是这时汉皇朝国力已经超越匈奴则无疑义。在这种情况下，汉皇朝君臣讨论的中心议题遂逐渐转变为对于匈奴是继续“和亲”，即保持敌体的、对等的关系，还是“臣之”② 的问题。而迫使匈奴“入朝”是“臣之”的重要标志。故元狩四年（前 119）任敞建议“使为外臣，朝请于边”③，遭到匈奴的激烈反抗，而不能实现，就是因为“朝请于边”虽然还不是“内臣”而属“外臣”，但毕竟也是“臣之”的意味了。表明这个时期汉皇朝的力量还没有完全压倒对方。于是汉武帝为了彻底解决匈奴问题，在使用武力一手的同时又使用外交的一手，遣使通西域以断匈奴右臂。进入公元前 1 世纪的五六十年代，汉匈之间的力量对比方才发生了根本性的转变，到了宣帝神爵年间终于将匈奴势力逐出西域，“僮仆都尉由此罢，匈奴益弱，不得近西域”④，而汉则设置西域都护，使“汉之号令班西域”⑤。西域之向汉，使“单于失援，由是远遁，而幕南无王庭。”⑥ 在汉与西域乌孙联军打击下，“匈奴遂衰耗”“不能为边寇”⑦，同时匈奴内部的矛盾、斗争和分裂亦愈演愈烈，匈奴开始“朝”汉就是在这样的历史背景之下实现的。呼韩邪单于正式亲自入朝之前的甘露元年（前 53）的贵族决策会议中的争论，透露了这一转变的根本性原因：“呼韩邪之败也，左伊秩訾王为呼韩邪计，劝令称臣入朝事汉，从汉求助，如此匈奴乃定。”⑧ 于是匈奴统治集团就是否向汉“入朝”的问题进行了长时间的争论，反对者认为“奈何乱先古之制，臣事于汉，卑辱先单于，为诸国所笑！虽如是而安，何以复长百蛮！”赞同者认为“强弱有时，今汉方盛，乌孙城郭诸国皆为臣妾。自且鞮侯单于以来，匈奴日削，不能取复，虽屈强于此，未尝一日安也。今事汉则安

---

① 《汉书》卷五二《韩安国传》，第 2401—2402 页。
② 《史记》卷一一〇《匈奴列传》，第 2911 页。
③ 《史记》卷一一〇《匈奴列传》，第 2911 页。
④ 《汉书》卷九六上《西域传上·序》，第 3874 页。
⑤ 《汉书》卷七〇《郑吉传》，第 3006 页。
⑥ 《汉书》卷九六下《西域传下》“赞曰”，第 3928 页。
⑦ 《汉书》卷九四上《匈奴传上》，第 3786—3787 页。
⑧ 《汉书》卷九四下《匈奴传下》，第 3797 页。

存，不事则危亡。”[①] 可知是否入“朝”即意味着是否“臣服”于汉，是否保持敌体和对等关系的重大问题；不宁唯是，而且这种转变将进而影响其在国际关系、族际关系舞台中的地位和形象。故只要还有一定力量和可能就坚持敌体、对等关系而不“臣之”，直至完全无力坚持为止。匈奴之所以决定主动入朝，就是因为到了这个时期，匈奴国力的衰落，决定了其已经无力与汉分庭抗礼了。最后由呼韩邪单于决断“称臣”于汉，并立即派遣侍子入汉。两年后的甘露三年（前51）呼韩邪单于遂正式亲自入汉“朝正”。

西域地区原有三十六国，至西汉后期增至五十五国，小国林立的西域本不足以抗衡汉皇朝，但是他们一直在匈奴控制之下，故西域问题的解决取决于汉匈之间的力量对比，他们的入朝与匈奴问题的解决息息相关。西域诸国长期“持两端”[②]，依违于汉、匈两大势力之间：与汉皇朝通使的同时，亦与匈奴通使；与汉和亲的同时亦与匈奴通婚；向汉纳质的同时亦向匈奴纳质。到公元前1世纪的六七十年代，随着匈奴在汉皇朝的长期打击下国力日削，其对于西域的控制能力也已今非昔比。宣帝本始三年（前71）乌孙与汉联军大败匈奴，“匈奴民众死伤而去者，及畜产远移死亡不可数胜。于是匈奴遂衰耗，怨乌孙。”[③] 在匈奴衰落的同时，西域大国乌孙从此倒向汉皇朝，于是与乌孙联姻的龟兹遂于宣帝元康元年（前65）率先“朝”汉。

南越之国力虽然不能与匈奴比拟，但是在汉初那样的历史条件下，一方面新皇朝的恢复发展还有待时日，另一方面北方匈奴的威胁乃汉皇朝之首要问题。因此对于南越亦一时难于完全臣服。赵佗于秦汉之际自称南越武王，汉高帝十一年（前196）遣陆贾立其为南越王，表面上建立了“臣属”关系。但是这种“臣属”关系是非常脆弱的。高后时有司提出禁止以铁器输入南越的建议，赵佗借机“自尊号为南越武帝，发兵攻长沙边邑，败数县而去焉。”高后派兵击之，“会暑湿，士卒大疫，兵不能踰岭。岁余，高后崩，即罢兵。”赵佗“因此以兵威边，财物赂遗闽

① 《汉书》卷九四下《匈奴传下》，第3797页。
② 《史记》卷一二三《大宛列传》，第3178页。
③ 《汉书》卷九四上《匈奴传上》，第3786页。

越、西瓯、骆，役属焉，东西万余里。迺乘黄屋左纛，称制，与中国侔。”[①] 亦与汉朝保持一种敌体的、对等的关系。汉文帝元年（前 179）陆贾再次出使南越，责让赵佗“自立为帝”，终因双方实力不相侔，赵佗不得不表态“愿长为藩臣，奉贡职。”于是乃下令国中曰：“吾闻两雄不俱立，两贤不并世。皇帝，贤天子也。自今以后，去帝制黄屋左纛。”[②] 由此可见，南越与汉的关系中，一直贯穿着对等与臣服关系的矛盾斗争。

由遣使入朝至君主来朝，也是一个曲折的过程。南越虽然较早与汉朝建立“朝”关系，到景帝时已向汉“使人朝请”，但是南越主并未亲赴长安参加正旦朝，而是派遣使者来朝。武帝建元四年（前 137）赵佗卒，其孙赵胡继位后，赵胡遣其子婴齐入宿卫，而侍子是可以和需要参加正旦朝的，故太史公曰：“汉兵临境，婴齐入朝。”[③] 司马相如告巴蜀太守亦曰：“右吊番禺，太子入朝。”[④] 南越主本身则一直没有入朝。南越主也曾经数次拟入汉而朝，均未能成行。南越王赵胡曾经准备“入见天子”，但遭到大臣反对，认为“入见则不得复归，亡国之势也。”于是赵胡“称病，竟不入见。”[⑤] 其子婴齐代立，虽屡经汉使“风谕”，但仍然“惧入见要用汉法，比内诸侯，固称病，遂不入见。”[⑥] 婴齐作为侍子时已经参加过“朝正”，但是即位后却拒绝入朝，其原因就在于作为国君入朝，即意味着实质上的完全臣服。可见，遣使入朝或侍子入朝，与国君入朝是有所区别的，前者可以说是一种准君臣关系，后者则是正式的君臣关系了。婴齐死后，其与邯郸人樛氏女所生子赵兴代立，樛氏女为太后，由于国人不服，故赵兴与太后均愿意亲自入朝，借助汉力以立威，遂“请比内诸侯，三岁一朝。”[⑦] 但是遭到丞相吕嘉为首的大臣反对，反对派于元鼎五年（前 112）发动叛乱，汉皇朝派兵镇压，元鼎六年（前 111）南越灭亡，“自尉佗初王后，五世九十三岁而国亡焉。”[⑧] 终南越亡国之

① 《史记》卷一一三《南越列传》，第 2967—2969 页。

② 《史记》卷一一三《南越列传》，第 2970 页。

③ 《史记》卷一一三《南越列传》，第 2977 页。

④ 《史记》卷一一七《司马相如列传》，第 3044 页。

⑤ 《史记》卷一一三《南越列传》，第 2971 页。

⑥ 《史记》卷一一三《南越列传》，第 2971 页。

⑦ 《史记》卷一一三《南越列传》，第 2972 页。

⑧ 《史记》卷一一三《南越列传》，第 2977 页。

世，南越王始终没有身自入朝。可以说南越是在究竟朝汉与否的矛盾、争议中而亡国的。当然，其更为根本的原因在于，这时经过元狩四年（前119）的漠北之战，“是后匈奴远遁，而幕南无王庭。”① 汉匈关系进入相持阶段，汉皇朝于是可以腾出手来彻底解决东南方的问题，史称“其后汉方南诛两越，不击匈奴，匈奴亦不侵入边。”② 南越和东越根本无力对抗已减轻了后顾之忧而且国力雄厚的汉皇朝了。

“朝”之实现不仅经历了上述由通使关系逐步向“朝”关系的漫长发展过程，而且“朝”本身也存在着若干层级的发展过程。一般来说“朝”关系实际上存在三个层次，即遣使来“朝”③、侍子入“朝”④、君主来“朝”。双方关系依循这样三个层次而逐步发展和加深。匈奴之首次“朝”汉，是神爵二年（前60）派遣“名王”来朝⑤，接着有神爵四年（前58）单于弟“呼留若王”来朝⑥，五凤四年（前54）“匈奴单于称臣，遣弟谷蠡王入侍。”⑦ 甘露元年（前53）呼韩邪单于弟左贤王来朝⑧，等。是为遣使来朝。甘露元年（前53）呼韩邪单于“遣子右贤王铢娄渠堂入侍”⑨。侍子均参与朝会，故入侍即意味着来朝，是为侍子入朝。至甘露三年（前51）方才开始单于本人之入朝⑩。是为君主来“朝”。这三种来朝，不仅其层次逐步提高，而且基本上是按照其层次之高下而依序实施。南越与汉的“朝”关系只进行了前面两个层次，而未及第三个层次，正

① 《史记》卷一一〇《匈奴列传》，第2911页。

② 《史记》卷一一〇《匈奴列传》，第2912页。

③ 遣使来“朝”与通使关系虽有一致之处，亦有所区别，史籍中常有将两者混淆，如张骞第二次出使西域时，“乌孙发导译送（张）骞还，骞与乌孙遣使数十人，马数十匹报谢，因令窥汉，知其广大。”（《史记》卷一二三《大宛列传》，第3169页）元鼎五年（前112）汉使自安息还，安息“发使随汉使来观汉广大，以大鸟卵及黎轩善眩人献于汉。及宛西小国驩、大益，宛东姑师、扜罙、苏薤之属，皆随汉使献见天子。天子大悦。”（《史记》卷一二三《大宛列传》，第3173页）这往往被视为西域诸国来朝，实际上这些来使主要是为观察情况或表示友好，与表示臣服的遣使来朝有所区别。

④ 侍子来朝亦可纳入遣使来朝之中而统称为遣使来朝，见上文。

⑤ 《汉书》卷八《宣帝纪》，第262页。

⑥ 《汉书》卷八《宣帝纪》，第264页。

⑦ 《汉书》卷八《宣帝纪》，第268页。

⑧ 《汉书》卷八《宣帝纪》，第269页。

⑨ 《汉书》卷八《宣帝纪》，第268页。

⑩ 详见《汉书》卷八《宣帝纪》，第271页。

是在是否实施第三个层次的问题上，南越内部两种势力进行了激烈的斗争，南越与汉亦进行了激烈的斗争，最后以汉皇朝用武力灭亡南越而结束了这一斗争。

第二节　贡

“贡”是汉代外交诸方式中的一种，是与上述“朝”这一方式既密切相关而又有所区别的外交方式之一。

一　“贡”义略释

“贡”或曰“献”，或连称曰“贡献”。

贡，《尚书·禹贡》曰：“禹别九州……任土作贡。”孔氏传曰：“任其土地所有，定其贡赋之差。”孔颖达疏曰：“贡者，从下献上之称，谓以所出之谷，市其土地所生异物，献其所有。”[①] 甲骨文中的“工”字即后来之“贡”字[②]，卜辞中有方国、诸侯来“贡”以及殷王朝设置“司工（贡）”以主其事的记载[③]。献，《说文》：“宗庙犬名羹献，犬肥者以献。”段注：“羹之言良也，献本祭祀奉犬牲之称，引伸之为凡荐进之称。”[④]“贡”与“献”，义有所通故后世遂连用为“贡献”鲁昭公十三年（前529）郑国子产诉说小国向大国“贡献无极，亡可待也。”[⑤] 西汉景帝初年伍被有“南越宾服，羌、僰贡献，东瓯入朝”[⑥] 之语。

由于“贡”或“献”与“朝”有密切关系，故又将它们与“朝”连用，而有“朝贡”或“朝献”等词语。汉平帝元始三年（3），王莽在推辞增封田地时有“臣莽国邑足以共朝贡”[⑦] 之语，这是指臣下对于皇帝的“朝贡”。荀悦《汉纪》曰：武帝时“汉使穷河源矣。外国朝贡并至，上

---

① 《尚书正义》卷六《禹贡》，第158页。

② 于省吾：《甲骨文字释林·释工》，中华书局1979年版，第71、73页。

③ 参见拙撰《殷代外交制度初探》，《历史研究》1988年第5期。

④ 《说文解字注》十上《犬部》，第476页。

⑤ 《春秋左传正义》卷四六，昭公十三年，第1531页。

⑥ 《汉书》卷四五《伍被传》，第2168页。

⑦ 《汉书》卷九九上《王莽传上》，第4052页。

乃悉从外国客，巡行至海上。”[①] 这是指外国使者来汉“朝贡”。东汉时将四方国、族“朝贡”载入正旦朝制度中，蔡质《汉仪》载其仪曰：“蛮、貊、胡、羌朝贡毕，见属郡计吏，皆陛觐，庭燎。”[②] 有时亦有与“献”连用而称“朝献”者，班固记甘露四年（前50）匈奴呼韩邪、郅支“两单于俱遣使朝献”[③]。荀悦谓“四夷朝献则书”[④] 为史官职责之一。

在外交实践中，“贡”或“献”往往与“朝”相结合。汉武帝元封三年（前108） “春，作角觝戏，以享外国朝献者，三百余里内人皆观。”[⑤] 这是以角觝戏款待来朝来献之外国使者。宣帝神爵二年（前60）“匈奴单于遣名王奉献，贺正月，始和亲。”[⑥] 这是匈奴单于遣使来“献”，同时参加次年（即神爵三年）之正旦朝。成帝河平元年（前28），匈奴“单于遣右皋林王伊邪莫演等奉献朝正月。”[⑦] 这是匈奴单于派遣其右皋林王名伊邪莫演者前来“献”，同时参加明年（即河平二年）之正旦朝。东汉光武帝建武二十五年（49）“辽西乌桓大人郝旦等九百二十二人率众向化，诣阙朝贡，献奴婢牛马及弓虎豹貂皮。”[⑧] 这是乌桓大人率使团来朝，同时奉献奴婢和各种牧、猎物产。建武中元二年（57）“倭奴国奉贡朝贺”[⑨]。这是倭奴国遣使来“贡”并参加朝贺。桓帝延熹四年（161），夫余“遣使朝贺贡献。”[⑩] 夫余使者前来朝贺，同时向汉皇朝贡献。安帝永宁元年（120）十二月，“永昌徼外掸国遣使贡献”[⑪]。掸国在今缅甸[⑫]。这里所谓“贡献”实则同时进行朝贺，《后汉书·西南夷传》

---

① （东汉）荀悦撰，张烈点校：《两汉纪》上册，《汉纪·孝武皇帝纪五卷第十四》，中华书局2017年版，第245页。

② （汉）蔡质撰，（清）孙星衍校集：《汉官典职仪选用》，周天游点校：《汉官六种》，中华书局1990年版，第210页。

③ 《汉书》卷九四下《匈奴传下》，第3798页。

④ （汉）荀悦著，吴道传校：《申鉴》卷二《时事》，《诸子集成》（七），上海书店1988年版，第15页。

⑤ 《两汉纪》上册，《汉纪·孝武皇帝纪五卷第十四》，第237页。

⑥ 《汉书》卷八《宣帝纪》，第262页。

⑦ 《汉书》卷九四下《匈奴传下》，第3808页。

⑧ 《后汉书》卷九〇《乌桓鲜卑传》，第2982页。

⑨ 《后汉书》卷八五《东夷列传·倭传》，第2821页。

⑩ 《后汉书》卷八五《东夷列传·夫余国传》，第2812页。

⑪ 《后汉书》卷五《安帝纪》，第231页。

⑫ 参见陈佳荣、谢方、陆峻岭《古代南海地名汇释》，中华书局1986年版，第1036页。

记其事曰："掸国王雍由调复遣使者诣阙朝贺，献乐及幻人……明年元会，安帝作乐于庭，封雍由调为汉大都尉，赐印绶、金银、綵缯各有差也。"① 可见掸国使者于永宁元年十二月抵达洛阳，参加永宁二年（121）的正旦朝贺，同时献音乐和"幻人"，并于元会日进行了表演。

史书在记载"贡"或"献"与"朝"时，有时并无十分严格的区分，如神爵二年（前60）匈奴来朝事，《汉书·宣帝纪》记作："匈奴单于遣名王奉献，贺正月。"而《汉书·匈奴传》则记作："握衍朐鞮单于立，复修和亲，遣弟伊酋若王胜之入汉献见。"两者实为一事。建武八年（32）高句丽之来朝，《后汉书·东夷列传·高句骊传》记作："高句骊遣使奉贡，光武复其王号"，而《后汉书·光武帝纪下》则记作："高句丽王遣使奉贡"。建武中元二年（57）倭奴国之来朝，《后汉书·光武帝纪下》记作："东夷倭奴国王遣使奉献"，而《后汉书·东夷列传·倭传》则记作："倭奴国奉贡朝贺"。永宁元年（120）掸国之来朝，《后汉书·南蛮西南夷传》记作："掸国王雍由调复遣使者诣阙朝贺，献乐及幻人。"而《后汉书·安帝纪》记作："永昌徼外掸国遣使贡献"；《后汉书·陈禅传》记作："西南夷掸国王献乐及幻人"。这些"奉献""奉贡"等记载实际上是"朝""献"合一的。

"贡"或"献"与"朝"的结合，在关于正旦朝的记述中有明确的反映。班固《两都赋》记正旦朝曰："春王三朝，会同汉京。是日也，天子受四海之图籍，膺万国之贡珍，内抚诸夏，外接百蛮。乃盛礼乐供帐，置乎云龙之庭，陈百僚而赞群后，究皇仪而展帝容。于是庭实千品，旨酒万钟……"② 在这种朝贺礼中，天子在接受"万国"朝贺的同时，也接受了他们贡献来的珍品，而有"庭实千品"，李贤注曰："庭实，贡献之物也。"其数量和品种丰富多彩。

但是，"贡"或"献"并非均与"朝"相结合，更多的是在"朝"之外进行，亦即在更为宽泛的通使关系中进行，"贡"的实质就是来使所携之礼币，因而"贡"可视为独立的一种外交方式。

贡之主体，一般来说为四方国、族之君主。但是，也有君主之下的

---

① 《后汉书》卷八六《南蛮西南夷列传·掸国传》，第2851页。

② 《后汉书》卷四〇下《班彪列传附子（班）固传下》，第1364页。

贵族、王侯、官将等为贡献主体者。悬泉置出土汉简：“大宛贵人乌莫塞献橐他一匹，黄，乘，须两耳，絜一丈，死县（悬）泉置。”① 这是大宛贵人前来献骆驼，而死于悬泉置，该简为悬泉置所登记之查验结果报告。这里前来贡献的主体是“贵人”。“贵人”为君主所亲信之同姓、异姓贵族中的贵者或高级官员。悬泉汉简：“鸿嘉三年三月癸酉，遣守属单彭，送自来乌孙大昆弥副使者薄侯、左大将掾使敞单，皆奉献诣行在所，以令为驾一乘传，凡二人。三月戊寅东。敦煌长史充国行大……六月，以次为驾，如律令。”② 此简记成帝鸿嘉三年（前 18）乌孙来献，其贡献之主体包括乌孙大昆弥和乌孙左大将。乌孙官制：“相，大禄，左右大将二人……”③ 左大将为“相”之下高官。但是，不论来贡献之主体为何者，接受贡献之主体则为汉方皇帝。上述“鸿嘉三年三月癸酉”简强调乌孙使者目的地是“行在所”，“鸿嘉三年正月壬辰”简记鄯善国、山国来献使者亦“奉献诣行在所”。“行在所”为皇帝所在地④，故其奉献是直接送达皇帝本人。东汉亦然，建武二十八年（52），北匈奴蒲奴单于“复遣使诣阙，贡马及裘，更乞和亲”，与此同时其左骨都侯、右谷蠡王亦来“献马”⑤。

二 “贡”的原因和目的

“贡”一般来说是指四方国、族向汉皇朝“贡献”其珍异、特产或其他物资，那么四方国、族何以不惮遥远、险阻而前来贡献呢？其原因和目的可谓多种多样。

（一）为观察、了解而来“贡”

张骞第二次出使西域时，“乌孙发导译送（张）骞还，骞与乌孙遣使数十人，马数十匹报谢，因令窥汉，知其广大。”⑥ 乌孙使者来贡马的目

① 《敦煌悬泉汉简释粹》（Ⅱ0214②：53），编号 142，第 108 页。

② 《敦煌悬泉汉简释粹》（Ⅱ0214②：385），编号 194，第 138 页。

③ 《汉书》卷九六下《西域传下·乌孙国传》，第 3901 页。

④ 《史记》卷一一一《卫将军骠骑列传》《集解》引蔡邕曰：“天子自谓所居曰‘行在所’，言今虽在京师，行所至耳。巡狩天下，所奏事处皆为宫。在长安则曰奏长安宫，在泰山，则曰奉高宫，唯当时所在。”（第 2928 页）

⑤ 《后汉书》卷八九《南匈奴传》，第 2946—2947 页。

⑥ 《史记》卷一二三《大宛列传》，第 3169 页。

的在于“窥汉”。武帝时曾遣使至安息，“安息王令将二万骑迎于东界……汉使还，而后发使随汉使来观汉广大，以大鸟卵及黎轩善眩人献于汉。及宛西小国驩潜、大益，宛东姑师、扜罙、苏薤之属，皆随汉使献见天子。天子大悦。”① 安息使者来献，是为了“观汉广大”。这些都主要是为了观察、了解汉的情况而遣使来“贡”。

（二）迫于兵威而来“贡”

汉武帝为了通西域，而当道小国楼兰等在匈奴指使下，经常攻劫汉使，于是元封三年（前108）遣赵破奴击楼兰，虏其王，楼兰遂“降服贡献”②。太初四年（前101）李广利率大军破大宛后，回师东行时，“诸所过小国闻宛破，皆使其子弟从军入献，见天子，因以为质焉。”③ 这些小国是在兵威之下派遣使者或质子来“贡”。史称“自贰师将军伐大宛之后，西域震惧，多遣使来贡献。”④ 可见迫于汉的兵威而来“贡”的情况不在少数。元封二年（前109）汉遣两将军征朝鲜，“天子为两将未有利，乃使卫山因兵威往谕（朝鲜王）右渠。右渠见使者，顿首谢：‘愿降，恐将诈杀臣；今见信节，请服降。’遣太子入谢，献马五千匹，及馈军粮。”⑤ 东汉和帝永元元年（89）窦宪大破北匈奴，“遣军司马吴汜、梁讽，奉金帛遗北单于，宣明国威，而兵随其后。时虏中乖乱，汜、讽所到，辄招降之，前后万余人。遂及单于于西海上，宣国威信，致以诏赐，单于稽首拜受。讽因说宜修呼韩邪故事，保国安人之福。单于喜悦，即将其众与讽俱还，到私渠海，闻汉军已入塞，乃遣弟右温禺鞮王奉贡入侍，随讽诣阙。”⑥ 这是在兵威之下加以遣使讽谕而迫使对方来“贡”。和帝永元二年（90），“大将军窦宪破北匈奴，车师震慴，前后王各遣子奉贡入侍。”⑦ 这也是在窦宪兵威之下之来“贡”。

（三）为和亲而来“贡”

乌孙原来受制于匈奴，张骞第二次通西域后与汉建立了通使关系，“匈

① 《史记》卷一二三《大宛列传》，第3172—3173页。

② 《汉书》卷九六上《西域传上·鄯善国传》，第3877页。

③ 《史记》卷一二三《大宛列传》，第3178页。

④ 《汉书》卷九六上《西域传上·序》，第3873页。

⑤ 《汉书》卷九五《朝鲜传》，第3865页。

⑥ 《后汉书》卷二三《窦宪传》，第817页。

⑦ 《后汉书》卷八八《西域传·车师传》，第2929页。

奴闻其与汉通，怒欲击之。又汉使乌孙，乃出其南，抵大宛、月氏，相属不绝。乌孙于是恐，使使献马，愿得尚汉公主，为昆弟。”① 宣帝神爵二年（前60）匈奴“握衍朐鞮单于立，复修和亲，遣弟伊酋若王胜之入汉献见。”② 东汉建武二十八年（52），“北匈奴复遣使诣阙，贡马及裘，更乞和亲，并请音乐，又求率西域诸国胡客与俱献见。”③ 和帝永元十六年（104），“北单于遣使诣阙贡献，愿和亲，修呼韩邪故约。”④ 这些是为了与汉联姻或发展友好关系，从而加强自身国际、族际地位而来“贡”。

（四）为通使命、文书而“贡”

汉文帝四年（前176）匈奴单于遣使致书文帝，希望与汉恢复和好关系，书中云：“愿寝兵休士养马，除前事，复故约，以安边民，以应古始，使少者得成其长，老者得安其处，世世平乐。未得皇帝之志，故使郎中系雩浅奉书请，献橐佗一，骑马二，驾二驷。”⑤ 在致书的同时进献骆驼、马匹，其目的在于试探汉方的意图。在使命与文书往还中附带献物，成为汉匈之间交往的惯例。文帝后二年（前162）遣使答匈奴书，其中有云：“使当户且渠雕渠难、郎中韩辽遗朕马二匹，已至，敬受。”⑥ 表明此前匈奴来使时也曾经进献马匹。这种“贡”实际上是双方使命往还中的礼品——“贽币”。

（五）慕义来“贡”

东汉明帝永平十七年（74）“西南夷哀牢、儋耳、焦侥、槃木、白狼、动黏诸种，前后慕义贡献。”⑦ 边族之“慕义贡献”主要是汉皇朝之威势使然，而与边地政府官员之怀柔政策也有很大关系。据《后汉书·南蛮西南夷传》记载，“永平中，益州刺史梁国朱辅，好立功名，慷慨有大略。在州数岁，宣示汉德，威怀远夷。自汶山以西，前世所不至，正朔所未加。白狼、槃木、唐菆等百余国，户百三十余万，口六百万以上，

① 《汉书》卷九六下《西域传下·乌孙国传》，第3903页。
② 《汉书》卷九四上《匈奴传上》，第3789页。
③ 《后汉书》卷八九《南匈奴传》，第2946页。
④ 《后汉书》卷八九《南匈奴传》，第2957页。
⑤ 《汉书》卷九四上《匈奴传上》，第3757页。
⑥ 《汉书》卷九四上《匈奴传上》，第3762页。
⑦ 《后汉书》卷二《显宗孝明帝纪》，第121页。

举种奉贡，称为臣仆。”这些边族之“慕义贡献”与益州刺史朱辅的怀柔政策和措施有关。其中白狼王还曾经“作诗三章”以献，表达其“慕义向化”之意。朱辅将其诗翻译成汉语，并派遣郡吏护送进京，“帝嘉之，事下史官，录其歌焉。”① 是贡献不仅为物质上的，而且包括文化产品上的贡献。和帝永元六年（94），永昌“郡徼外敦忍乙王莫延慕义，遣使译献犀牛、大象。九年，徼外蛮及掸国王雍由调遣重译奉国珍宝。”②

（六）为通商而来“贡”

罽宾（今克什米尔）自汉武帝时始通，曾“遣使奉献”。但是“自以绝远，汉兵不能至”，故经常剽杀汉使。“成帝时，复遣使献，谢罪。”汉朝廷在讨论究竟是否报答罽宾来使的问题时，杜钦反对报送其使，说：罽宾“今悔过来，而（使者）无亲属贵人，奉献者皆行贾贱人，欲通货市买，以献为名。”可知罽宾所遣使者多为商人，其来献的目的在于通商，故史称“罽宾实利赏赐贾市，其使数年而壹至云。”③ 大秦（罗马帝国）“其王常欲通使于汉，而安息欲以汉缯综与之交市，故遮阂不得自达。”可知大秦有通使汉朝以进行商贸的意愿，但是被安息等西亚国家所阻隔。据称大秦“与安息、天竺交市于海中，利有十倍。”其东向之贸易止于西、南亚之安息、天竺等国。至东汉桓帝延熹九年（166），“大秦王安敦遣使自日南徼外献象牙、犀角、瑇瑁，始乃一通焉。”④ 其来“贡”之目的主要在于与汉建立通商关系。安息等国既然企图垄断与汉的通商关系，故其对汉的贡献亦当主要是为了保持这种通商关系。早在张骞第二次通西域时安息就入汉贡献，为西域诸国最早来献诸国之一。东汉和帝永元元年（89），大将军窦宪大破匈奴。永元三年（91），“班超遂定西域，因以超为都护，居龟兹。”永元六年（94），“班超复击破焉耆，于是五十余国悉纳质内属。其条支、安息诸国至于海濒四万里外，皆重译贡献。九年，班超遣掾甘英穷临西海而还。皆前世所不至，山经所未详，莫不备其风土，传其珍怪焉。于是远国蒙奇、兜勒皆来归服，遣使贡献。”⑤ 在大

① 《后汉书》卷八六《南蛮西南夷传》，第 2855 页。

② 《后汉书》卷八六《南蛮西南夷传》，第 2851 页。

③ 《汉书》卷九六上《西域传上·罽宾国传》，第 3885—3887 页。

④ 《后汉书》卷八八《西域传·大秦国传》，第 2919—2920 页。

⑤ 《后汉书》卷八八《西域传·序》，第 2910 页。

破匈奴、定西域的背景下，西域之条支、安息乃至远国蒙奇、兜勒等皆来贡献。安息等国自不必说，那些“远国”之来“贡”，亦当与汉通商有关。

（七）为政治目的而来“贡”

汉文帝元年（前179）派遣陆贾出使南越，责让赵佗自立为帝。赵佗恐，“乃顿首谢，愿奉明诏，长为藩臣，奉贡职。”并通过陆贾致书文帝，其中有云：“谨北面因使者献白璧一双，翠鸟千，犀角十，紫贝五百，桂蠹一器，生翠四十双，孔雀二双。昧死再拜，以闻皇帝陛下。”① 南越王赵佗委托汉使陆贾向文帝贡献，以表明其放弃帝号，称臣纳贡的态度。西域因王莽之乱导致汉的势力退出，重新被匈奴所控制，唯有莎车“最强，不肯附属”匈奴，坚持“世奉汉家，不可负”。东汉建武十四年（38）莎车王贤与鄯善王安“并遣使诣阙贡献，于是西域始通。”当时“葱岭以东诸国皆属贤”。建武十七年（41），莎车王贤“复遣使奉献，请都护。”其一再来献之目的在于请求汉皇朝派遣西域都护，以亲汉而抗拒匈奴。窦融“以为贤父子兄弟相约事汉，款诚又至，宜加号位以镇安之。帝乃因其使，赐贤西域都护印绶，及车旗黄金锦绣。”光武帝没有派遣西域都护，而是假莎车王贤以西域都护之名号。敦煌太守裴遵认为不妥，于是“诏书收还都护印绶，更赐贤以汉大将军印绶。其使不肯易，（裴）遵迫夺之，贤由是始恨。而犹诈称大都护，移书诸国，诸国悉服属焉，号贤为单于。贤浸以骄横，重求赋税，数攻龟兹诸国，诸国愁惧。”莎车王贤第一次来献，是为了与东汉沟通，实现其“世奉汉家”的夙愿，第二次来献，是为了请求东汉仿照西汉的做法派遣都护，保护西域诸国。这些都是良好的政治目的。但是因为光武帝的措置失当，导致莎车离心、西域诸国愁惧等不良后果。建武二十一年（45）冬，“车师前王、鄯善、焉耆等十八国俱遣子入侍，献其珍宝。及得见，皆流涕稽首，愿得都护。”西域十八国来献的目的是再次请求东汉派遣都护，以对抗莎车王贤，但是“天子以中国初定，北边未服，皆还其侍子，厚赏赐之。”再一次拒绝派遣西域都护。“是时贤自负兵强，欲并兼西域，攻击益甚。诸国闻都护不出，而侍子皆还，大忧恐，乃与敦煌太守檄，愿留侍子以示莎车，言侍子见留，都护寻出，冀且息其兵。裴遵以状闻，天子许之。二

① 《汉书》卷九五《南粤传》，第3851—3852页。

十二年，贤知都护不至，遂遗鄯善王安书，令绝通汉道。”① 最后导致西域诸国纷纷归附匈奴。东汉后期疏勒王臣磐在位时，莎车叛于阗而依附疏勒，于是“疏勒以强，故得与龟兹、于阗为敌国焉。”顺帝永建二年(127)，“臣磐遣使奉献，帝拜臣磐为汉大都尉，兄子臣勋为守国司马。五年，臣磐遣侍子与大宛、莎车使俱诣阙贡献。阳嘉二年，臣磐复献师子、封牛。”② 臣磐之第一次来献，自己得到汉大都尉，兄子得到守国司马的封号，显然在政治上有利于他与西域其他国家之竞争。故其后接二连三来“贡”，其目的大致亦当如此。

（八）为文化需求而来“贡”

建武二十八年（52），北匈奴“遣使诣阙，贡马及裘，更乞和亲，并请音乐。”③ 在谋求建立友好关系的同时，希望引进某些汉文化。

综上所述，“贡”之具体目的可谓多种多样，质言之则不外为了政治、经济或文化之三大目的，从而体现了“贡”的务实性特点，而与以政治性、礼仪性为其主要特征的“朝”有所区别。“贡”物实际上就是四方国、族君主或使节来访、来使之礼币。

三　“贡”的作用和意义

“贡”之介质虽然以各种各样具体的物资为主，但是其作用和意义不完全在于物质方面，亦即经济上的作用和意义，同时也包含着政治、文化等方面的作用和意义。这些作用和意义不仅对于来“贡”者为然，对于接受“贡”的汉方来说亦然。

（一）政治上的作用和意义

“贡”的作用和意义主要体现于政治方面。上述四方国、族之前来“贡”，具体原因和目的虽然各不相同、多种多样，但主要是为了达致一定的政治目的，从而维护本族本国利益的一种政治行为。这是“贡”最为重要的作用和意义所在。东汉建武二十四年（48）匈奴分为南北，相互对立、竞争，于是南北匈奴纷纷向汉方贡献。南匈奴首先采取主动，

---

① 以上见《后汉书》卷八八《西域传·莎车国传》，第2923—2924页。

② 《后汉书》卷八八《西域传·疏勒国传》，第2927页。

③ 《后汉书》卷八九《南匈奴传》，第2946页。

建武二十五年（49）南单于“遣使诣阙，奉藩称臣，献国珍宝，求使者监护，遣侍子，修旧约。”[①] 其来贡献的主要目的，就是为了在与北匈奴的抗衡中加强自己的地位。通过这次遣使贡献，南匈奴与汉皇朝建立起了密切的使节往还关系，汉方遣使护卫之，为其立单于廷，令其得以站稳脚跟，在与北匈奴竞争中处于有利地位。故章帝诏中有云：“今与匈奴君臣分定，辞顺约明，贡献累至。”[②] 表明在南匈奴的“贡献累至”中加强了双方紧密的“君臣”关系。与此同时，北匈奴亦向汉方贡献，以与南匈奴抗衡。于是建武二十八年（52）北匈奴亦“遣使诣阙，贡马及裘，更乞和亲。”班彪在讨论如何“酬荅”北匈奴之来献的问题时，揭示了北匈奴主动前来贡献后面的政治意图：“今北匈奴见南单于来附，惧谋其国，故数乞和亲，又远驱牛马与汉合市，重遣名王，多所贡献，斯皆外示富强，以相欺诞也。臣见其献益重，知其国益虚，归亲愈数，为惧愈多。”[③] 这是北匈奴在南匈奴附汉背景下的自谋、自救之道，一方面在与南匈奴的抗争中强化其地位，另一方面通过“多所贡献”以掩盖其国势之穷蹙，显示其“富强”，提升其在国际、族际中的地位。建初八年（83）“北单于遣使贡献，求欲和亲。”议者或以为“匈奴变诈之国，无内向之心，徒以畏汉威灵，逼惮南虏，故希望报命，以安其离叛。”[④] 表明其来献之政治目的，除了上述建武二十八年班彪指出的那些之外，还在于希望得到汉方的报答，以提高其在北匈奴内部的地位，借以稳定内部人心，维持其权力，外抗南匈奴。在南北匈奴争相向汉贡献的情况下，汉方亦得以悠游于两者之间，顺水推舟实行“以夷制夷”策略，获取自身的最大利益，致南北匈奴“雔釁既深，互伺便隙，控弦抗戈，觇望风尘，云屯鸟散，更相驰突，至于陷溃创伤者，靡岁或宁，而汉之塞地晏然矣。”[⑤] 在南北匈奴相争中保持了汉方较长时期的边境安宁。

与通过“献国珍宝”而获得政治上重大利益形成鲜明对照的是，如

① 《后汉书》卷八九《南匈奴传》，第 2943 页。

② 《后汉书》卷八九《南匈奴传》，第 2951 页。

③ 《后汉书》卷八九《南匈奴传》，第 2946 页。

④ 《后汉书》卷四〇下《班彪列传附子（班）固传下》，第 1374 页。

⑤ 《后汉书》卷八九《南匈奴传》“论曰”，第 2967 页。

果贡献菲薄则可能导致政治上的损失。东汉和帝永元十六年（104），“北单于遣使诣阙贡献，愿和亲，修呼韩邪故约。和帝以其旧礼不备，未许之，而厚加赏赐，不荅其使。”所谓“旧礼不备”指其贡献菲薄，未能按照惯例而为之。于是汉方拒绝了北匈奴的各种请求，只是厚礼回报而已，并且没有依照惯例报答其使。于是次年（元兴元年，105）北匈奴“重遣使诣敦煌贡献，辞以国贫未能备礼，愿请大使，当遣子入侍。时邓太后临朝，亦不荅其使，但加赐而已。”① 北匈奴再次遣使，说明其贡献菲薄是由于“国贫”，希望汉方谅解，以“遣子入侍”弥补其贡礼之菲薄，以便继续提出其政治要求。但是这种辩解并没有得到汉方的谅解，仍然拒绝他们的所有政治要求，按照前次的办法对待之。这从反面反映了贡献在政治上的作用和意义。

对于汉皇朝统治者来说，四夷纳贡是其“德”“威”所致，是其政治隆盛、清明的表征，这种传统的政治理念可谓源远流长，根深蒂固。“昔周室盛也，越裳氏来献，百蛮致贡。其后周衰，诸侯力征，蛮、貊分散，各有聚党，莫能相一”②。四夷来贡是盛世的体现，反之则为衰世的标志。论者盛称“汉兴已来，至明天子……泽流罔极，海外殊俗重译款塞，请来献见者，不可胜道。”③ “若夫文身鼻饮缓耳之主，椎结左衽鐻鍝之君，东南殊俗不羁之国，西北绝域难制之邻，靡不重译纳贡，请为藩臣。”④ 安帝元初二年（115）马融上《广成颂》概述汉代的对外关系成就时说：“是以明德曜乎中夏，威灵畅乎四荒，东邻浮巨海而入享，西旅越葱岭而来王，南徼因九译而致贡，朔狄属象胥而来同。”⑤ 强调由于汉的“德”“威”导致四夷纳贡。故汉皇朝统治者莫不以四方国、族之贡献为荣，为盛事。汉宣帝即位后，在“褒先帝”的诏中特别指出：“孝武皇帝躬仁谊，厉威武，北征匈奴，单于远遁，南平氐羌、昆明、瓯骆两越，东定薉、貉、朝鲜，廓地斥境，立郡县，百蛮率服，款塞自至，珍贡陈于宗庙。”⑥ 永光四年（前

---

① 《后汉书》卷八九《南匈奴传》，第 2957 页。

② 《盐铁论校注》卷八《伐功》，第 495 页。

③ 《汉书》卷六二《司马迁传》，第 2719 页。

④ 《后汉书》卷八〇上《文苑列传上·杜笃传》，第 2607 页。

⑤ 《后汉书》卷六〇上《马融列传上》，第 1967 页。

⑥ 《汉书》卷七五《夏侯胜传》，第 3156 页。

40）元帝诏曰："今赖天地之灵，宗庙之福，四方同轨，蛮貊贡职。"① 班超在总结汉通西域的成就时说："今西域诸国，自日之所入，莫不向化，大小欣欣，贡奉不绝。"② 建初八年（83）在讨论北匈奴遣使来献的问题时，班固议曰："今乌桓就阙，稽首译官，康居、月氏，自远而至，匈奴离析，名王来降，三方归服，不以兵威，此诚国家通于神明自然之征也。"③ 无不将四方国、族之来"贡"与汉皇朝之"德""威"相联系，将其视为国运兴隆、泽被四裔的表征，政治上的优越感溢于言表。

实际上有的"贡"并非如汉朝之官方说法所描绘的那样为盛德所被，"款塞自至"，而是通过武力征服而强迫贡献的。如大宛天马之"贡"就是如此。汉武帝在张骞第一次出使西域回来后得知大宛"多善马，马汗血，其先天马子也。"④ 张骞第二次出使西域后，武帝"得乌孙马好，名曰'天马'。及得大宛汗血马，益壮，更名乌孙马曰'西极'，名大宛马曰'天马'。"⑤ 故"天马"乃武帝为大宛马所命名，此马甚为武帝所喜爱。后，汉使报告："'宛有善马在贰师城，匿不肯与汉使。'天子既好宛马，闻之甘心，使壮士车令等持千金及金马以请宛王贰师城善马。"大宛以为"贰师马，宛宝马也。"⑥ 遂不肯予汉使。"于是天子遣贰师将军李广利将兵前后十余万人伐宛，连四年。宛人斩其王毋寡首，献马三千匹，汉军乃还。"可知武帝为其所喜爱、珍视之天马而付出了巨大代价，不惜发动战争方才取得。天汉元年（前100）"宛王蝉封与汉约，岁献天马二匹。"⑦ 从此大宛天马遂为常"贡"。

政治上的野心家、篡逆者也利用四夷来贡以达到其政治目的。王莽就充分利用了这个方式。王莽为了提高自己的声望，制造舆论，以实现其篡逆野心，于是"风益州令塞外蛮夷献白雉"⑧。何以令益州塞外蛮夷献白雉呢？这与下面一段历史佳话有关："交趾之南有越裳国，周公居摄

① 《汉书》卷七三《韦贤传》，第3116页。
② 《后汉书》卷四七《班梁列传·班超传》，第1575—1576页。
③ 《后汉书》卷四〇下《班彪列传附子（班）固传下》，第1374页。
④ 《史记》卷一二三《大宛列传》，第3160页。
⑤ 《史记》卷一二三《大宛列传》，第3170页。
⑥ 《史记》卷一二三《大宛列传》，第3174页。
⑦ 《汉书》卷九六上《西域传上·大宛国传》，第3895页。
⑧ 《汉书》卷九九上《王莽传上》，第4046页。

六年，制礼作乐，天下和平；越裳以三象重译而献白雉，曰：‘道路悠远，山川阻深，音使不通，故重译而朝。’成王以归周公，曰：‘德不加焉，则君子不飨其质；政不施焉，则君子不臣其人；吾何以获此赐也?’其使请曰：‘吾受命吾国之黄耇曰：久矣，天之无烈风注（淫）雨，意者，中国有圣人乎？有则盍往朝之。’周公乃归之于王，称先王之神致，以荐于宗庙。”[①] 王莽借此制造自己的功德能够致白雉之瑞，有周公相成王之象。于是群臣乃盛陈“莽功德致周成白雉之瑞，千载同符。圣王之法，臣有大功则生有美号，故周公及身在而托号于周。莽有定国安汉家之大功，宜赐号曰安汉公，益户，畴爵邑，上应古制，下准行事，以顺天心。”在这种舆论氛围下，太后乃下诏曰：“大司马新都侯莽三世为三公，典周公之职，建万世策，功德为忠臣宗，化流海内，远人慕义，越裳氏重译献白雉。”[②] 封之为安汉公，为篡汉作了第一步的准备工作。这从反面表明四方国、族之“贡”对于内政的重要作用。

（二）经济上的作用和意义

四方国、族之来“贡”，对于发展和加强汉皇朝与四方国、族的经济交流也起了相当的作用。史称汉皇朝与四方国、族建立外交关系之后，“明珠、文甲、通犀、翠羽之珍盈于后宫，蒲梢、龙文、鱼目、汗血之马充于黄门，钜象、师子、猛犬、大雀之群食于外囿。殊方异物，四面而至。”[③] 这里描绘的就是汉皇朝在“贡”方面所取得的巨大成就，通过四方国、族来“贡”，导致四远珍异荟萃于汉廷的盛况。

所谓“贡”并非单方面由对方向汉方输送物资，而是通过贡献，一方面双方均得到政治上的好处，同时在经济上对于双方来说也同样得到利益，也就是说“贡”具有一定的商贸性质，或者说是一种政治性的商贸方式。汉成帝时杜钦曾揭露罽宾“奉献者皆行贾贱人，欲通货市买，以献为名”的真相，史称罽宾来献之目的在于“实利赏赐贾市”[④]。不独罽宾为然，不少来献者也在不同程度上怀有这样的目的。从汉皇朝方面

① 《太平御览》卷七八五引《尚书大传》，第 3475 页。

② 《汉书》卷九九上《王莽传上》，第 4046—4047 页。

③ 《汉书》卷九六下《西域传下》“赞曰”，第 3928 页。

④ 《汉书》卷九六上《西域传上·罽宾国传》，第 3886—3887 页。

来说，也在一定程度上具有通过“贡”与“赐”的互动而达到物资交流、发展对外贸易的目的。我们从汉皇朝方面对于来献物品的查验、接收情况中可以窥知其略。悬泉置所遗存之汉代《康居王使者册》反映了这方面的具体情况。这是一份完整的简册，包含四个文件，兹将全文逐录如下：

（1）康居王使者杨伯刀、副扁阗，苏韰王使者姑墨、副沙囷即，贵人为匿等皆叩头自言：前数为王奉献橐佗入敦煌关，县次赎食至酒泉昆归官，太守与杨伯刀等杂平直肥瘦。今杨伯刀等复为王奉献橐佗入关，行直以次食至酒泉。酒泉太守独与吏直畜，杨伯刀等不得见所献橐佗。姑墨为王献白牡橐佗一匹，牝二匹，以为黄；及杨伯刀等献橐佗皆肥，以为瘦，不如实，冤。

（2）永光五年六月癸酉朔癸酉，使主客部大夫谓侍郎，当移敦煌太守，书到验问言状。事当奏闻，毋留，如律令。

（3）七月庚申，敦煌太守弘、长史章、守部候修仁行丞事，谓县，写移书到，具移康居、苏韰王使者杨伯刀等献橐佗食用谷数，会月廿五日，如律令。掾登、属建、书佐政光。

（4）七月壬戌，效穀守长合宗，守丞、敦煌左尉忠谓置，写移书到，具写传马止不食谷，诏书报会月廿三日，如律令。掾宗、啬夫辅。①

从中可知：

第一，四方国、族来“贡”物资需要经过严格的查验。永光五年（前39）康居王派遣使者杨伯刀、副使扁阗，苏韰王派遣使者姑墨、副使沙囷即，以及贵人为匿等“为王奉献橐佗”，“橐佗”即骆驼。苏韰王为康居五“小王”之一②。他们认为汉方有关查验工作存在问题，因而提出上诉。第一个文件即为康居、苏韰来献使者之上诉书。

---

① 《敦煌悬泉汉简释粹》（Ⅱ0216②：877—883），编号155，第118—119页。按：部分标点引者作了改变。

② 《汉书》卷九六上《西域传上·康居国传》，第3894页。

第二，西域诸国来“贡”虽然由敦煌入境，但是具体的查验工作由酒泉郡负责。据杨伯刀等人称，他们曾经“数为王奉献橐驼入敦煌关，县次赎食至酒泉昆归官”，每次均由酒泉太守与来使等人共同查验。这次他们“入关”之后，仍然“行直以次食至酒泉”。由此可知，西域来“贡”之物品入关之后是在酒泉进行查验的。

第三，对于来“贡”之牲畜需经双方当面查验其肥瘦、花色等。以往的惯例是酒泉太守与来使等人“杂平直肥瘦”，即共同查验。但是这一次“酒泉太守独与吏直畜，杨伯刀等不得见所献橐佗”，太守仅与其属吏进行评估，而没有让来使一起参加评估，从而引起来使之不满，认为评估有所不实，把黄色说成白色，把肥说成瘦，于是杨伯刀等上书朝廷申诉。

第四，查验工作的管理机构，在中央为大鸿胪，西北边境为敦煌郡。第二个文件反映了这方面的情况。康居、苏韰使者的上诉到达中央之后，由大鸿胪属官大行令、丞之属官“使主客”[①] 具体负责。大鸿胪职责之一是掌“四方归义蛮夷”[②]，“使主客”职责为“主胡客”[③]。“使主客”交待侍郎移书敦煌太守，命令其“书到验问言状。事当奏闻，毋留。”敦煌郡负责指挥调查工作，并将结果上报中央。事件发生于酒泉郡，但是朝廷的移文是下达敦煌郡，可知敦煌郡为西北边境地区对外事务最高权力中心。

第五，这一纠纷案件，反映了贡献双方一定的商贸目的和实质。对于来“贡”之骆驼，不仅查验其花色、肥瘦等，而且最终需要评估出其价值。评估价值当与等价交换的商贸目的不无关系。

通过“贡”不仅汉方得到了四方物产和珍异，汉方的物产和珍异也流向四面八方，人们耳熟能详的丝织品、铜铁器具、陶漆器皿等汉地物质文明之大量外传就是这一外交方式互动过程所产生的结果。

（三）文化上的作用和意义

“贡”也是一种文化上的交流，除了物质文化的交流之外，也同时进行精神文化的交流。通过“贡”而引进域外文化之事例甚多，前贤多所论列，兹不一一，仅略述一二于明之。

---

① 参见《汉唐外交制度史》，第53—54页。

② 《续汉书·百官志二》，点校本《后汉书志》第二十五，第3583页。

③ 《汉书》卷六八《金日磾传》注引服虔曰，第2964页。

早在汉武帝时，安息就以黎轩“善眩人”① 贡献于汉，“善眩人”即杂技演员。东汉安帝永宁元年“掸国王雍由调复遣使者诣阙朝贺，献乐及幻人，能变化吐火，自支解，易牛马头。又善跳丸，数乃至千。自言我海西人。海西即大秦也，掸国西南通大秦。”② 掸国在今缅甸，其所贡献有音乐和“幻人”，亦即杂技演员。其“幻人”为大秦人，即罗马帝国之人。这里所说的大秦，亦即上述西汉时期的黎轩。由此可见，罗马的杂技艺术在两汉时期曾经一再传入汉地，丰富了汉文化的内容。

南朝梁刘之遴“好古爱奇，在荆州聚古器数十百种。”其藏品中有“外国澡灌一口，铭云‘元封二年，龟兹国献’。”刘之遴“笃学明审，博览群籍。”③ 曾任鸿胪卿、中书舍人、太府卿、都官尚书、太常卿等职。元封二年（前109）龟兹国来“贡”是可能的，是合乎当时历史情况的。元鼎二年（前115）张骞通西域返国后，西域诸国陆续通汉，形成“西北外国使，更来更去”的高潮局面，而汉方亦盛情款待之，《史记·大宛列传》对此有一概述：“是时上方数巡狩海上，乃悉从外国客，大都多人则过之，散财帛以赏赐，厚具以饶给之，以览示汉富厚焉。于是大觳抵，出奇戏诸怪物，多聚观者，行赏赐，酒池肉林，令外国客遍观各仓库府藏之积，见汉之广大，倾骇之。及加其眩者之工，而觳抵奇戏岁增变，甚盛益兴，自此始。”④ 这段资料所反映的基本上是元封年间的一些情况。元封元年（前110）春汉武帝东巡海上，四月登封泰山。随后“行自泰山，复东巡海上，至碣石。”⑤ 此即“是时上方数巡狩海上”之谓。元封三年（前108）春，“作角抵戏，三百里内皆观。”⑥ 此即“于是大觳抵，出奇戏诸怪物，多聚观者……”之谓。而《大宛列传》于“是时上方数巡狩海上”之后有“乃悉从外国客，大都多人则过之，散财帛以赏

① 《史记》卷一二三《大宛列传》，第3173页。岑仲勉先生认为：“黎轩、大秦、海西三名实同一语原，海西、大秦，均自‘西’之一语而演出，黎轩者西之音译也，海西者西之义译也。”见岑仲勉《汉书西域地里校释》上册，一八，乌弋山离，附：黎轩，中华书局1981年版，第187页。

② 《后汉书》卷八六《南蛮西南夷传》，第2851页。

③ （唐）姚思廉撰：《梁书》卷四〇《刘之遴传》，中华书局1973年版，第573页。

④ 《史记》卷一二三《大宛列传》，第3173页。

⑤ 《汉书》卷六《武帝纪》，第192页。

⑥ 《汉书》卷六《武帝纪》，第194页。

赐，厚具以饶给之，以览示汉富厚焉。"《大宛列传》在"于是大觳抵，出奇戏诸怪物，多聚观者……"之后有"令外国客遍观各仓库府藏之积，见汉之广大，倾骇之。"表明元封元年（前110）之东巡有大批"外国客"随从，元封三年（前108）之作觳抵亦主要为款待"外国客"。这些众多的"外国客"应当是以西域来宾为主的，因为这是汉方刚刚打开通西域的大门之后的举措，而西域诸国客中有龟兹来宾亦在情理之中，这个"澡灌"当为龟兹来使在这个期间向汉武帝的贡献。故我们以为《梁书》这个记载应该是可信的。"澡灌"为佛家法物①。这个记载表明，佛教文化之东来不待东汉时期，早在西汉中期开通西域之后，通过"贡"这一外交方式就已向东流传，而佛教文化之东渐不仅导致日后佛教之东来，而且激发了汉人西行求经之欲，如东汉蔡愔、秦景之西游问道为然。"贡"于佛教文化之引进起了推动作用。

同样的，汉文化也通过贡赐及其他外交方式而向外传播。汉方的丝织品、蚕桑技术、冶炼和兵器制造技术等的西传，对于西域文明做出了特殊的贡献。陈汤评论乌孙兵力时说："胡兵五而当汉兵一，何者？兵刃朴钝，弓弩不利。今闻颇得汉巧，然犹三而当一。"② 表明汉方的冶炼和兵器制造技术远远高于西域，"汉巧"通过外交关系而西传。文化娱乐用品亦有西传者，如上述北匈奴通过贡献向汉方请求音乐，即属于这方面的反映。傅玄《琵琶赋》曰："汉遣乌孙公主嫁昆弥，念其行道思慕，故使工人裁筝、筑，为马上之乐。欲从方俗语，故名曰琵琶，取其易传于外国也。"③ 西域音乐亦吸收有汉文化因素。汉与乌孙和亲，"赐乘舆服御物，为备官属宦官侍御数百人，赠送甚盛。"④ 直至东汉，乌孙还保存着汉宣帝时所赐公主的"博具"⑤，此为汉地娱乐用品之西传。

---

① 鸠摩罗什答释慧远书曰："今往常所用鍮石双口澡灌，可备法物之数也。"（［梁］释慧皎撰，汤用彤校注，汤一玄整理：《高僧传》卷六《义解三·晋庐山释慧远》，中华书局1992年版，第217页）

② 《汉书》卷七〇《陈汤传》，第3023页。

③ 《宋书》卷一九《乐志一》引，第556页。

④ 《汉书》卷九六下《西域传下·乌孙国传》，第3903页。

⑤ 《后汉书》卷一九《耿恭传》，第720页。

四　“贡”的特点

“贡”作为汉代外交中的重要方式之一，与另一外交方式“朝”相比自有其特点。如果说“朝”是汉皇朝追求的外交最高形态，那么“贡”就是外交的基础性方式。“贡”一方面是外交关系中的经常性的、大量的，为双方关系之由量变至质变积累能量，因而是外交的基础性方式，从中亦体现了其与“朝”相比的重要性，另一方面由于前一个特点，决定了其礼仪方面的隆重程度则逊于“朝”。如果说“朝”是礼仪性为主的外交方式，那么“贡”则是实务性为主的外交方式。由此而决定了“贡”具有如下一些特点。

（一）“贡”早于来朝

我们在谈“朝”关系时已经指出，一般来说四方国、族在来朝之前，先与汉方有了通使、贡献等关系，故来“贡”或来“献”均早于来朝，而成为发展双方关系的先行者或开路先锋。如南越，早在汉文帝元年（前179）就已经对汉“奉贡职”，但是到汉景帝时才“使人朝请”[①]。匈奴早在高后时已经与汉皇朝有了相互贡献关系。惠帝三年（前192）冒顿单于来书辱高后，汉皇朝采取委曲求全方针，在复书和解的同时，还赠送礼品给冒顿单于，曰：“窃有御车二乘，马二驷，以奉常驾。”冒顿单于得书后，“复使使来谢曰：‘未尝闻中国礼义，陛下幸而赦之。’因献马，遂和亲。”[②] 汉皇朝方面的和解态度和奉献，得到了匈奴方面的善意回应，亦报以马匹。而这种“贡”实际上是双方互赠礼品——贽币，为消弭双方的紧张关系起了润滑剂的作用。一般来说在汉籍文献中把中原皇朝向其他国、族奉献礼品、物资往往称之为“赐”，但是从外交双方的大格局而言，这种所谓“赐”实际上也是中原汉皇朝对于其他国、族的“贡”。而匈奴之来朝则在此后一百多年之后的宣帝神爵二年（前60）方才出现。汉皇朝与西域诸国的关系亦然。张骞第二次出使西域时确定的方针就是通过“赂贻”财物以开辟、建立与其关系，他说：“蛮夷俗贪汉财物，今诚以此时而厚币赂乌孙，招以益东，居故浑邪之地，与汉结昆

---

① 《史记》卷一一三《南越列传》，第2970页。

② 《汉书》卷九四上《匈奴传上》，第3755页。

弟，其势宜听，听则是断匈奴右臂也。”于是其出使时“将三百人，马各二匹，牛羊以万数，赍金币帛直数千巨万。”这些财物在开辟、建立双方关系中的确如张骞所料，起了重要作用。张骞“既至乌孙，乌孙王昆莫见汉使如单于礼，骞大惭，知蛮夷贪，乃曰：‘天子致赐，王不拜则还赐。’昆莫起拜赐。”[①] 乌孙王之“拜赐”汉皇朝的财物，标志着双方关系的建立。虽然由于乌孙的内外条件决定其没有接受汉皇朝希望其举国东迁的要求，但是汉皇朝与乌孙的交往关系从此得以开始，于是当张骞回国时，乌孙遂随张骞“因献马数十匹报谢。”[②] 开始了西域与汉皇朝的贡赐关系，为此后汉与乌孙和西域的关系开辟了道路，奠定了基础。汉皇朝对于四方国、族的“赂贻”，与所谓“赐”一样，在这个意义上也是对于四方国、族的“贡”。乌孙之来“贡”约在元鼎二年（前 115），而乌孙之来汉赴正旦朝，则在一百余年之后的元寿二年（前 1）。

（二）“贡”较“朝”频繁

我们如果根据《史记》《汉书》《后汉书》的记载，将“朝”与“贡”相比，可以发现两汉时期“贡”的次数远大于“朝”。但是需要指出的是，文献所载朝、贡之次数都是不完整、不精确的，事实上有不少朝、贡并没有在史籍中留下记载，这在考古发现的简牍中可以得到印证。悬泉置汉简中就出现了不少为史籍所缺载之“贡”。例如，被称为“骄黠绝远之国”[③] 的康居来汉“贡”的记载，在史籍中提到的仅为有限的几处，一为司马相如元光五年（前 130）告巴蜀吏民书中有云：“康居西域，重译纳贡，稽首来享。”[④] 二为《汉书·西域传》在文末的总结中提到康居等“其来贡献则相与报，不督录总领也。”[⑤] 三为《汉书·西域传》谓：“至成帝时，康居遣子侍汉，贡献。”[⑥] 其中前二者为笼统的概述，仅最后一条比较具体。但是，事实上康居来“贡”的情况较文献所记要频繁得多。悬泉汉简：“康居王使者杨伯刀、副扁阗，苏韰王使者姑

---

① 《史记》卷一二三《大宛列传》，第 3168—3169 页。

② 《汉书》卷九六下《西域传下·乌孙国传》，第 3902 页。

③ 《汉书》卷九六上《西域传上·康居国传》，第 3893 页。

④ 《汉书》卷五七下《司马相如传下》，第 2577 页。

⑤ 《汉书》卷九六下《西域传下》“赞曰”，第 3928 页。

⑥ 《汉书》卷九六上《西域传上·康居国传》，第 3892 页。

墨、副沙囷即，贵人为匿等皆叩头自言：前数为王奉献橐佗入敦煌（877简）关……”[①] 此事发生于元帝永光五年（前39）。从这个记载可知，康居在永光五年曾经遣使来“贡”，而且此前还曾经多次遣使贡献，仅杨伯刀等人就曾经多次奉康居王之命前来奉献。不独康居如此，此次同来之苏䪥国亦然。苏䪥王使者姑墨等人亦曾经多次代表苏䪥王来汉贡献。至于苏䪥，在文献中则仅见元鼎五年（前112）随“宛西小国”一起“随汉使献见天子。”[②] 此外，在悬泉汉简中所记，如：鸿嘉三年（前18）乌孙大昆弥、左大将遣使来献[③]、鄯善国、山国遣使来献[④]，建平五年（即元寿元年，前2）大宛遣使来献[⑤]等，均为文献所不载。元平元年（前74）“诏使甘□□迎天马敦煌郡”[⑥]，是为汉方遣使至敦煌迎接西域所献天马。天汉元年（前100）“宛王蝉封与汉约，岁献天马二匹。”[⑦] 大宛向汉王朝贡献天马已经为条约所规定，这个记载表明，直到元寿元年大宛还在履行近百年前的条约，则其来贡献次数之多可想而知。虽然出土文献中也有些“朝”的记载可以弥补传世文献之不足，但是总的来说“朝”的次数与“贡”相比居于其次的位置是无疑的。

（三）“贡”之礼仪较“朝”简易

“贡”之礼仪较“朝”为简，从如下两个方面可以知其大略。

1. “贡”多不需要事先进行沟通

不少贡献者是径自前来的。悬泉汉简所出简牍，常见“自来”奉献者。如：“鸿嘉三年正月壬辰，遣守属田忠送自来鄯善王副使姑彘、山王副使乌不滕，奉献诣行在所，为驾一乘传。敦煌长史充国行太守事、丞晏谓敦煌，为驾，当舍传舍、郡邸，如律令。六月辛酉西。”[⑧] 这是成帝鸿嘉三年（前18）正月十九日敦煌郡为鄯善王和山国王所遣前来奉献之使者开具的传文，敦煌郡派遣小吏——“守属”护送他们前往成帝所在

① 《敦煌悬泉汉简释粹》（Ⅱ0216②：877—883），编号155，第118页。

② 《史记》卷一二三《大宛列传》，第3173页。

③ 《敦煌悬泉汉简释粹》（Ⅱ0214②：385），编号194，第138页。

④ 《敦煌悬泉汉简释粹》（Ⅱ0214②：78），编号143，第108页。

⑤ 《敦煌悬泉汉简释粹》（Ⅱ0114④：57），编号148，第113页。

⑥ 《敦煌悬泉汉简释粹》（Ⅱ0115④：37），编号138，第104页。

⑦ 《汉书》卷九六上《西域传上·大宛国传》，第3895页。

⑧ 《敦煌悬泉汉简释粹》（Ⅱ0214②：78），编号143，第108页。

之处。这是他们一行途经悬泉置时的记录。使团于正月抵达敦煌，至“行在所”奉献之后，于六月返抵悬泉置，二十日继续西行回国。“建平五年十一月庚申，遣卒史赵平，送自来大宛使者侯陵奉献，诣□□以……”[①]这是哀帝建平五年（即元寿元年，前2）十一月二十五日敦煌郡为大宛前来奉献之使者开具的传文，敦煌郡派遣小吏——“卒史”护送他们进京奉献。上引“鸿嘉三年三月癸酉”简[②]，所记亦为“自来”奉献之乌孙使者。这些简文中特别标明他们是“自来”奉献者。“自来”即自动前来者，没有经过事先的联系和汉朝方面的批准。元帝时，刘向为甘延寿、陈汤鸣不平时有“郑吉迎自来之日逐”[③]之语，这是指宣帝神爵二年（前60）“匈奴日逐王先贤掸将人众万余来降。使都护西域骑都尉郑吉迎日逐。”[④]日逐王是在匈奴内部矛盾中主动降汉的，故曰“自来”。故凡是不请自来者均属“自来”者。

2. “贡”之迎送使者级别较低

从悬泉汉简可知，当时汉皇朝对于从西域前来奉献之使者，一般均由敦煌郡派遣使者护送他们进京，或者在奉献之后由朝廷有关部门派遣人员护送他们出境。上引“鸿嘉三年正月壬辰”简，记载敦煌郡派遣“守属”田忠护送鄯善王、山国王来献使者；上引“鸿嘉三年三月癸酉”简，记载敦煌郡派遣“守属”单彭护送乌孙大昆弥及左大将来献使者。上引“建平五年十一月庚申”简，记载敦煌郡派遣“卒史”赵平护送大宛来献使者。汉代太守、都尉属吏有百石“卒史”，《史记·汲黯列传》《集解》引如淳曰：“《律》，太守、都尉、诸侯内史，史各一人，卒史、书佐各十人。”[⑤]不论“守属”还是“卒史”，均为百石及其以下小吏。这与甘露三年（前51）呼韩邪单于来朝时由朝廷派遣车骑都尉韩昌前往迎接[⑥]，朝罢派遣长乐卫尉、车骑都尉、骑都尉等高官护送出境[⑦]，哀帝

① 《敦煌悬泉汉简释粹》（Ⅱ0114④：57），编号148，第113页。
② 《敦煌悬泉汉简释粹》（Ⅱ0214②：385），编号194，第138页。
③ 《汉书》卷七〇《陈汤传》，第3018页。
④ 《汉书》卷八《宣帝纪》，第262页。
⑤ 《史记》卷一二〇《汲黯列传》，第3106页。
⑥ 《汉书》卷九四下《匈奴传下》，第3798页。
⑦ 《汉书》卷八《宣帝纪》，第271页。

元寿二年（前1）匈奴单于来朝之后，派遣中郎将韩况等高官送单于[①]的情况，不可同日而语。卫尉为中二千石高官，都尉为二千石或比二千石高官，中郎将亦为比二千石之高官。

有时也由汉皇朝驻西域官员派人护送献物者进京。西域都护班超自以久在绝域，年老思土，于永元十二年（100）上书请求回归故土，同时"谨遣子（班）勇随献物入塞"[②]。当时"安息遣使献大爵、师子，（班）超遣子（班）勇随入塞。"[③] 这是班超在上书的同时派遣其子班勇护送安息国贡献者进京。

比较重要的贡献，则由朝廷遣使至边境迎接。悬泉汉简："元平元年十一月己酉，□□诏使甘□□迎天马敦煌郡。为驾一乘传，载御一人。御史大夫广明下右扶风，以次为驾，当舍传舍，如律令。"[④] 这是元平元年（前74）十一月御史大夫田广明下达的命令，派遣甘□□前往敦煌郡迎接大宛所献天马，可见朝廷对于天马之献的重视。何以知其为大宛所献，以及朝廷何以如此重视这种献物呢？这是因为汉皇朝得到大宛之贡献天马实属来之不易，经过四年征讨之后方才迫使大宛于天汉元年（前100）订约"岁献天马二匹。"[⑤] 从上简可知汉与大宛的这个约定，从天汉元年以来一直在执行。故汉对于天马这种"贡"物格外重视，因而特地遣使至边境迎接也就可以理解了。此简表明，当时迎接境外"贡"物的地点是在敦煌郡，敦煌郡作为汉皇朝与西域交往的枢纽地位，于此亦得以进一步证明。不过，尽管天马被视为域外珍献，但是其迎接天马之使节级别与迎接来朝者相比也并不太高。迎天马的使者甘□□，或谓"有可能是甘延寿"[⑥]，这个可能性是存在的。甘延寿于建昭三年（前36）为郎中谏大夫、使西域都护骑都尉，与副校尉陈汤出使西域，上距元平元年（前74）迎天马38年。如果此甘□□即甘延寿，那么应当是甘延寿青少年时期的事情。史称其"北地郁郅人也。少以良家子善骑射为羽林，

① 《汉书》卷九四下《匈奴传下》，第3817页。

② 《后汉书》卷四七《班超传》，第1583页。

③ 《东观汉记校注》卷一六《班超传》，第659页。

④ 《敦煌悬泉汉简释粹》（Ⅱ0115④：37），编号138，第104页。

⑤ 《汉书》卷九六上《西域传上·大宛国传》，第3895页。

⑥ 《敦煌悬泉汉简释粹》，简138［注释2］，第104页。

投石拔距绝于等伦，尝超逾羽林亭楼，由是迁为郎。试弁，为期门，以材力爱幸。”① 其出使敦煌迎接天马当为任羽林郎、期门郎期间。郎官为皇帝贴身、亲近人员，在上文论述外交使节制度时我们已经谈到，由于他们与皇帝关系亲近，人员众多，除了承担各种宫廷事务之外，奉命出使亦为其重要任务，故外交使节多出于他们之中。但是他们的级别并不太高，羽林郎秩别在诸郎之中最低，当为比三百石②。甘延寿亦当以郎出使。甘延寿之奉使迎接天马，除了因其作为皇帝亲近的郎官之外，还当与其出身有一定关系。甘延寿为北地人，这里正是选拔羽林、期门的重要地区，史称“安定、北地、上郡、西河，皆迫近戎狄，修习战备，高上气力，以射猎为先。”故“汉兴，六郡良家子选给羽林、期门，以材力为官，名将多出焉。”③ 甘延寿作为具有尚武精神和成长于射猎、畜牧之乡的人员，前往迎接珍贵的天马，是理想的人选。

第三节　赐

“赐”是汉代外交的又一重要方式。“赐”或曰“赏”，或曰“赏赐”。如果说上述“朝”和“贡”是“来”的话，那么“赐”则是“往”，一“来”一“往”构成双方礼尚往来的互动关系。在这里我们不仅把明言为“赐”或“赏”者视为“赐”，同时把所有以物资、钱货为主的“往”的方式亦纳入“赐”的范畴之内，如下述汉对匈奴的“给”“遗”等为然。因此，我们实际上是将“赐”划分为狭义和广义两种，而基本上是从广义的角度来讨论“赐”问题的。“赐”的运用十分广泛，它不仅与上述“朝”和“贡”，而且与其他外交方式，如通使、质侍、和亲、册封等密切相关，不可分割。“赐”与这些不同外交方式相结合，从而使外交得以实现，构成有“来”有“往”的外交关系。

一　“赐”的类别与性质

“赐”在外交中具有不同类别和多重性质，其主要者有：荣誉性之

① 《汉书》卷七〇《甘延寿传》，第3007页。

② 参见《秦汉官制史稿》（上册），第380—381页。

③ 《汉书》卷二八下《地理志下》，第1644页。

“赐”、回报性之“赐”、嘉奖性之“赐”、抚慰性之“赐”、供养性之“赐”、利诱性之“赐”等；而所“赐”物品则包括政治性、经济性和文化性等种类。

（一）荣誉性之“赐”

荣誉性之“赐”是一种软性赏赐，主要不在于物质上，而在于政治上、精神上的荣誉。

“朝”，尤其是君主来朝，被汉皇朝视为政治上的重大胜利，因而作为最重要的外交方式，其礼仪亦最为隆重，其赏赐亦最为丰厚。甘露三年（前 51）匈奴单于首次来朝，这也是有汉一代境外最重要君主之首次来朝，因而其赏赐格外丰厚。《汉书·宣帝纪》记载在此次朝会中“赐以玺绶、冠带、衣裳、安车、驷马、黄金、锦绣、缯絮。”① 而在《汉书·匈奴传》则有更为具体详细的记载：“赐以冠带衣裳，黄金玺盭绶，玉具剑，佩刀，弓一张，矢四发，棨戟十，安车一乘，鞍勒一具，马十五匹，黄金二十斤，钱二十万，衣被七十七袭，锦绣绮縠杂帛八千匹，絮六千斤。”② 其赏赐可注意者有：一是，赏赐物主要有两大类，一类为政治性的，如玺绶、冠带、安车、棨戟等荣誉性、礼仪性物品；一类为经济性的，如金钱、衣被、锦绣、缯絮等生活所需物资。二是，《宣帝纪》所赐“玺绶”，实为“黄金玺盭绶”，颜师古注曰：“盭，古戾字。戾，草名也。以戾染绶，亦诸侯王之制也。”③ 汉制：“诸侯王黄金玺”④。由此可知，汉皇朝给予呼韩邪单于的是诸侯王等级的玺绶，这是汉皇朝能够授予的最高等级的玺绶。同时我们也可以知道，尽管汉方在朝会上给予呼韩邪单于“位在诸侯王上”的礼遇，但是实际上仍然是以诸侯王视之。

上述记载赏赐物品，并非全部物品的清单。据《后汉书·南匈奴传》的记载，呼韩邪来朝时的赐物尚有竽、瑟、空侯等乐器⑤。由此可知，汉皇朝对于来朝者的赏赐除了上述政治性、经济性物品之外，还有文化性

① 《汉书》卷八《宣帝纪》，第 271 页。

② 《汉书》卷九四下《匈奴传下》，第 3798 页。

③ 《汉书》卷九四下《匈奴传下》注，第 3799 页。《汉书》卷一九上《百官公卿表上》注引晋灼曰：“盭，草名也，出琅邪平昌县，似艾，可染绿，因以为绶名也。”第 741 页。

④ 《汉官旧仪》卷下，《汉官六种》，第 55 页。

⑤ 《后汉书》卷八九《南匈奴传》，第 2947 页。

物品。

这三个大类，为赏赐物资之基本构成。来朝者所得赏赐之荣誉性体现于两个方面，一方面是能够得到汉皇朝方面的封拜，以及与所封拜名号相称的各种印绶和仪仗；另一方面是经济性、文化性赏赐物资品种、数量之丰厚超过其他来朝者和来使所得赏赐。

甘露三年的赏赐，成为此后对于匈奴单于来朝进行赏赐的标准和惯例，只是在这个基础上有所增加而已。黄龙元年（前49）“呼韩邪单于来朝，礼赐如初。”① 也就是说在赏赐方面仍然按照甘露三年的标准进行，只是在原有基础上“加衣百一十袭，锦帛九千匹，絮八千斤。”② 至元帝竟宁元年（前33）呼韩邪单于“复入朝，礼赐如初，加衣服锦帛絮，皆倍于黄龙时。”③ 亦即在甘露三年基础上增加为衣服二百二十袭，锦帛一万八千匹，絮一万六千斤。成帝河平四年（前25）呼韩邪子复株絫若鞮单于入朝，“加赐锦绣、缯帛二万匹，絮二万斤，它如竟宁时。”④ 在竟宁元年赏赐物资的基础上，增加锦绣、缯帛二万匹，絮二万斤。哀帝元寿二年（前1）乌珠留单于来朝，“加赐衣三百七十袭，锦绣、缯帛三万疋，絮三万斤，它如河平时。”⑤ 又在河平四年赏赐基础上，增加衣三百七十袭，锦绣、缯帛三万疋，絮三万斤。对于匈奴单于来朝的赏赐呈日益递增之势，史称“自黄龙以来，单于每入朝，其赏赐锦绣、缯絮，辄加厚于前，以慰接之。”⑥ 这种日益递增的丰厚的赏赐是汉方给予匈奴的殊荣，为其他来朝者或其他来使所不能比拟。

东汉时期，匈奴主要是遣使及侍子来朝，单于来朝已经基本上停止，则其赏赐物品之规格、品种、数量均有所降杀。建武二十六年（50）于五原西部塞八十里立南单于庭，此后“单于岁尽辄遣奉奏，送侍子入朝，中郎将从事一人将领诣阙。汉遣谒者送前侍子还单于庭，交会道路。元正朝贺，拜祠陵庙毕，汉乃遣单于使，令谒者将送”，其赏赐物品为“彩

---

① 《汉书》卷八《宣帝纪》，第273页。

② 《汉书》卷九四下《匈奴传下》，第3798—3799页。

③ 《汉书》卷九四下《匈奴传下》，第3803页。

④ 《汉书》卷九四下《匈奴传下》，第3808页。

⑤ 《汉书》卷九四下《匈奴传下》，第3817页。

⑥ 《资治通鉴》卷三五，汉哀帝元寿二年（前1），第1123页。

缯千匹，锦四端，金十斤，太官御食酱及橙、橘、龙眼、荔枝”等，均为生活用品和食品。此外还“赐单于母及诸阏氏、单于子及左右贤王、左右谷蠡王、骨都侯有功善者，缯彩合万匹”。旁及单于家族成员和王侯。这种规格的赏赐亦“岁以为常”[①]，是为东汉对于匈奴单于派遣使者及侍子来朝之赏赐惯例。这些赏赐虽然与其他来朝者和来使相较还是相当丰厚的，但是与西汉时期匈奴单于来朝之赏赐已不可同日而语。

匈奴之外的国、族来朝，其赏赐规格较之匈奴来朝之赏赐亦有所降杀。元康元年（前65）龟兹王绛宾及其夫人（解忧公主女）来朝，“赐以车骑旗鼓，歌吹数十人，绮绣杂缯琦珍凡数千万。留且一年，厚赠送之。”[②] 龟兹虽然为西域地区不算太小的国家，但是与匈奴及其对于汉皇朝的重要性而言，还是稍逊一筹，故其赏赐物资较之匈奴有所降杀也是情理之中。永宁元年（120）掸国王雍由调遣使朝贺，安帝“封雍由调为汉大都尉，赐印绶、金银、彩缯各有差。”[③] 雍由调之封号为“大都尉”，此为东汉对于四方国、族君主之封号：建武五年（29），河西大将军窦融“承制立（莎车王）康为汉莎车建功怀德王、西域大都尉，五十五国皆属焉。”[④] 顺帝永建二年（127），疏勒国王“臣磐遣使奉献，帝拜臣磐为汉大都尉。”[⑤] 永平元年（58）护羌校尉窦林奏上烧当羌滇岸“以为大豪，承制封为归义侯，加号汉大都尉。”[⑥] 在军事系统中，都尉为校尉之下的高级军官。东汉封雍由调、莎车王、疏勒王等为“大都尉”，此与匈奴单于之封为诸侯王有所差距，则其赏赐规格在匈奴单于之下亦属理所当然。

君主之外一般来朝的外宾，亦有机会得到具有荣誉性的赏赐。元狩六年（前117）“冬十月，赐丞相以下至吏二千石金，千石以下至乘从者帛，蛮夷锦各有差。”[⑦] 这是在正旦朝时按照不同等级赐予内部官员以金、

---

① 《后汉书》卷八九《南匈奴传》，第2944页。校勘记曰：“单于岁尽辄遣奉奏”按：刊误谓案文少一“使”字。

② 《汉书》卷九六下《西域传下》，第3916页。

③ 《后汉书》卷八六《南蛮西南夷传》，第2851页。

④ 《后汉书》卷八八《西域传·莎车国传》，第2923页。

⑤ 《后汉书》卷八八《西域传·疏勒国传》，第2927页。

⑥ 《后汉书》卷八七《西羌传》，第2880页。

⑦ 《汉书》卷六《武帝纪》，第179页。

帛等物的同时，并赐予来朝之“蛮夷”以不同等差之锦。也就是说，在这种一年一度的大典中，来朝之四方国、族使节可以与汉皇朝官员同样得到赐予。

尽管赏赐物品依据四方国、族之大小及其对于汉皇朝重要性之区别而有所差异，但是，其赏赐物品包括政治性、经济性、文化性三个大类，则基本上是一致的。这就表明对于来朝者之赏赐，并非一般性的礼尚往来，而是带有强烈的政治目的和意图的。来朝一方为了自身的政治利益固不待言，汉皇朝方面亦通过赏赐以强化自身的政治利益。赐以不同封号之玺绶以及不同规格之仪仗，从政治上肯定了相互之间的君臣、从属关系。赏赐不仅对于双方政治关系的发展起了积极的作用，而且对于双方经济、文化上的交流和融合，也起了积极的作用。上述龟兹与汉皇朝之间的朝贡和赏赐，对于龟兹的政治、文化均发生了深刻的影响，龟兹王“后数来朝贺，乐汉衣服制度，归其国，治宫室，作徼道周卫，出入传呼，撞钟鼓，如汉家仪。”① 朝贡和赏赐促进和加速了龟兹的向心和汉化。

此外，对于汉皇朝所扶立的四方国、族君主亦给予荣誉性的高规格赏赐。顺帝汉安二年（143）立南匈奴守义王兜楼储为呼兰若尸逐就单于，“天子临轩，大鸿胪持节拜授玺绶，引上殿。赐青盖驾驷、鼓车、安车、驸马骑、玉具刀剑、什物，给綵布二千匹。赐单于阏氏以下金锦错杂具，軿车马二乘。遣行中郎将持节护送单于归南庭。诏太常、大鸿胪与诸国侍子于广阳城门外祖会，飨赐作乐，角抵百戏。顺帝幸胡桃宫临观之。”② 这种赏赐与单于来朝之赏赐可谓基本上相同：一是，授予权力象征的玺绶；二是，授予荣誉性的仪仗物品，如青盖驾驷、鼓车等；三是，授予丰厚的生活物资；四是，举行隆重的册立仪式，皇帝亲临，诸国侍子等外宾与会，大规模的文艺演出；五是，派遣高级官员——中郎将持节护送。

（二）回报性之“赐”

外交是一种礼尚往来关系，故给予“来”者以回报——“往”乃自然之理。回报性赏赐即是对于来朝、来献、来使等“来”者之回报。

---

① 《汉书》卷九六下《西域传下》，第3916—3917页。

② 《后汉书》卷八九《南匈奴传》，第2962—2963页。

对于来“朝”者的赏赐，固然多属荣誉性赏赐，而有着强烈的政治意味，但是同时也具有回报的性质在内，因为来朝者亦必同时进行奉献，如上述呼韩邪单于甘露三年来朝，即“奉国珍”[①] 而来；永宁元年（120）掸国王雍由调遣使朝贺，亦“献乐及幻人”[②]。故对于来朝者的赏赐亦属一种回报性赏赐。

回报性赏赐突出体现于“贡”这一外交方式中。“贡”作为外交诸方式之一，虽然其隆重程度和层级在“朝”之下，但是其频度则大大超过“朝”，故其在外交中仍然扮演十分重要的、为“朝”所不能代替的角色。“赐”是对于“贡”的报答，两者构成不可分割的一来一往的互动关系。

对于四方国、族之前来贡献，不论关系亲疏、敌友，一般来说汉皇朝均给予相应的回报——“赐”。东汉建武二十四年（48），匈奴分裂为南北匈奴，南匈奴已经依附汉皇朝，而与独立自主的北匈奴相较，汉皇朝与两者关系之亲疏、敌友是有区别的，但是在对待北匈奴的贡献方面，汉方基本上仍然采取以礼相待的态度。建武二十八年（52），“北匈奴复遣使诣阙，贡马及裘，更乞和亲，并请音乐，又求率西域诸国胡客与俱献见。”光武帝命令“三府”议酬答之宜。司徒掾班彪奏曰：“羁縻之义，礼无不答。谓可颇加赏赐，略与所献相当，明加晓告以前世呼韩邪、郅支行事。”[③] 班彪虽然揭露了北匈奴来献的政治目的，但认为还是应当“颇加赏赐”，体现“礼无不答”之义，特别指出所赐应当“略与所献相当”。这是外交中礼尚往来的重要原则，亦即对等性原则的一种体现。这样做的目的在于争取敌对势力之归顺，即“明加晓告以前世呼韩邪、郅支行事”，注曰：“呼韩单于称臣受赏，郅支单于背德被诛，以此二者行事晓告之也。”班彪所谓“颇加赏赐，略与所献相当”，具体来说就是“赍杂缯五百匹，弓鞬韇丸一，矢四发，遣遗单于。”此外“又赐献马左骨都侯、右谷蠡王杂缯各四百匹，斩马剑各一。”这些大概就是与北匈奴所贡“马及裘”价值相当之回报。这种回报，除了南北匈奴与汉的关系

① 《汉书》卷八《宣帝纪》，第 270 页。

② 《后汉书》卷八六《南蛮西南夷传》，第 2851 页。

③ 《后汉书》卷八九《南匈奴传》，第 2946 页。

不同之外，也与北匈奴之献物并不丰富有关，其时北匈奴“数连兵乱，国内虚耗，贡物裁以通礼。”① 班彪提到的“前世呼韩邪、郅支行事”不同而结果亦相异一事，是从总体方面而言，但在具体对待时，对于郅支单于之来献，亦仍然能够以礼相待。在呼韩邪单于来朝的西汉宣帝甘露三年（前51），“郅支单于亦遣使奉献，汉遇之甚厚。”② 当时匈奴在五单于争立的内乱中，逐渐形成了呼韩邪单于及其兄郅支单于对峙的局面，呼韩邪单于为了抵御郅支单于的进逼而附汉，故首开单于朝汉的先例。于是郅支单于亦大力发展与汉的关系，在呼韩邪单于朝汉的当年亦遣使贡献。汉皇朝对于匈奴内部的斗争采取了相对超然的策略，故对于郅支单于之来献，亦厚遇之，给予丰厚的回报。但是，也不能说汉皇朝对于来献者的亲疏、敌友没有任何区别。甘露四年（前50）呼韩邪和郅支“两单于俱遣使朝献，汉待呼韩邪使有加”。③ 还是体现了两者的差别。这一方面是对贡献之回报，其隆重程度与层级一般来说要次于“朝”。另一方面则因两者与汉的关系有所差别，故对于郅支单于来献之回报虽称丰厚，但是与呼韩邪单于来朝的丰厚回报相较还是有区别的。

“贡”和“赐”是一对不可分割的礼尚往来的整体，故对于关系不密甚至紧张的贡献者，对于诚意不足、献物菲薄的来献者，汉皇朝方面亦可能采取相应的措施以为回应。在回报礼币的同时而不派遣使者护送其使回国是经常采取的手段之一。罽宾（今克什米尔）自汉武帝时始通，曾“遣使奉献”。但是“自以绝远，汉兵不能至”，故经常剽杀汉使。成帝时，“复遣使献，谢罪，汉欲遣使者报送其使。”因为派遣使者护送来使回国是汉皇朝的传统政策。但是杜钦持异议，劝说大将军王凤曰：“前罽宾王阴末赴本汉所立，后卒畔逆……今悔过来，而无亲属贵人，奉献者皆行贾贱人，欲通货市买，以献为名，故烦使者送至县度，恐失实见欺……今遣使者承至尊之命，送蛮夷之贾，劳吏士之众，涉危难之路，罢弊所恃以事无用，非久长计也。使者业已受节，可至皮山而还。”④ 可

① 《后汉书》卷八九《南匈奴传》，第2946—2947页。

② 《汉书》卷九四下《匈奴传下》，第3798页。

③ 《汉书》卷九四下《匈奴传下》，第3798页。

④ 《汉书》卷九六上《西域传上·罽宾国传》，第3886—3887页。

见遣使护送贡献者返国是汉皇朝方面的惯例，由于罽宾长期的不友好行为，以及来使级别不高，来献之目的意图不纯等原因，导致汉皇朝对于遣使护送其贡献使节回国的问题产生了不同意见。故“不遣使者”就意味着对于来献者之不满而在回报方面的一种表示。当时汉皇朝派遣护送罽宾使者的人员已经受命，故杜钦提出折中处理办法，送至汉皇朝力量尚能控制的西域皮山而返回，不必出境而承担更大的风险。

同样的，对于北匈奴也常常采取这种做法。建武三十一年（55）“北匈奴复遣使如前，乃玺书报答，赐以綵缯，不遣使者。”① 虽然给予赏赐作为回报，但是以不遣使护送来使返国或不遣使报答以示怠慢。永元十六年（104），“北单于遣使诣阙贡献，愿和亲，修呼韩邪故约。和帝以其旧礼不备，未许之，而厚加赏赐，不荅其使。”元兴元年（105），北匈奴“重遣使诣敦煌贡献，辞以国贫未能备礼，愿请大使，当遣子入侍。时邓太后临朝，亦不荅其使，但加赐而已。”② 虽然在赏赐方面可能还给予超过其贡献的厚赐、加赐的回报，但却采取不答其使、不报其使的做法，以体现汉皇朝的不满。

另外还有一种表达方式是对于对方的要求加以一定的抑制，并不满足其所有的要求。上述建武二十八年（52）对于北匈奴来献之赏赐，是在对其贡献物加以基本相当的回赐的同时，拒绝其请求音乐一事，理由是“念单于国尚未安，方厉武节，以战攻为务，竽瑟之用不如良弓利剑，故未以赍。朕不爱小物于单于”③ 云云，这显然是一种推脱之词令。

对于来“朝”与来“贡”在赏赐方面的不同，还体现在对于来“朝”者的赏赐是包括政治性、经济性、文化性等赏赐在内的，而对于来“贡”者的赏赐，一般来说基本上限于经济性赏赐方面，而少有政治性的赏赐。例如上述西汉时期对于郅支单于和东汉时期对于北匈奴的赏赐，基本上是经济性的物资和生活用品为主，而不见玺绶等政治性物品。

不过，对于有些境外友好国、族来“贡”，则在回赐生活用品的同

① 《后汉书》卷八九《南匈奴传》，第 2948 页。

② 《后汉书》卷八九《南匈奴传》，第 2957 页。

③ 《后汉书》卷八九《南匈奴传》，第 2947 页。

时，亦有玺绶等政治性物品之赐。东汉和帝永元九年（97），“徼外蛮及掸国王雍由调遣重译奉国珍宝，和帝赐金印紫绶，小君长皆加印绶、钱帛。”[①] 顺帝永建六年（131），“日南徼外叶调王便遣使贡献，帝赐调便金印紫绶。”[②] 汉制：“诸侯王，金玺盭绶。列侯，金印紫绶。”[③] 可知其等级在前述呼韩邪单于所受“金玺盭绶”之后，而为列侯层级之印绶。建武十七年（41），莎车王贤“遣使奉献，请都护。天子以问大司空窦融，以为贤父子兄弟相约事汉，款诚又至，宜加号位以镇安之。帝乃因其使，赐贤西域都护印绶，及车旗黄金锦绣。”[④] 其印绶当为银印青绶。

虽然赏赐“略与所献相当”可视为汉皇朝在处理“贡”与“赐”关系的基本准则，但是厚往薄来这一古老的传统，在赏赐中仍然处处可见。上述郅支单于遣使来献“汉遇之甚厚”、永元十六年北匈奴“旧礼不备”的情况下，汉皇朝仍然“厚加赏赐”、元兴元年北匈奴因“国贫未能备礼”的情况下，仍然“加赐”回报等，又如建武二十五年（49），“夫余王遣使奉贡，光武厚荅报之。”[⑤] 这些都体现了在赏赐中的厚往薄来情况。这样做有一个实用的政治目的，即通过厚加回报而使与汉皇朝边境相邻的国、族减少来犯，汉成帝时杜钦对此有一个概述：“凡中国所以为通厚蛮夷，惬快其求者，为壤比而为寇也。”颜师古注曰：“比，近也。为其土壤接近，能为寇也。”[⑥] 表明汉方之所以厚赐四方国、族，尽量满足他们的要求，是因为境土相邻、易受攻击之缘故。

回报性赏赐在通使过程中体现于两个方面，一方面汉皇朝对于来使均给予赏赐以为回报，另一方面则派遣使者出使时均携带丰厚礼物以进行赏赐，当然，同时亦得到对方的回报。

一方面是对于来使的赏赐与回报。

---

① 《后汉书》卷八六《南蛮西南夷传》，第 2851 页。
② 《后汉书》卷八六《南蛮西南夷传》，第 2837 页。
③ 《后汉书》卷一上《光武帝纪上》注引《前书》曰，第 27 页。
④ 《后汉书》卷八八《西域传·莎车国传》，第 2923 页。
⑤ 《后汉书》卷八五《东夷列传·夫余国传》，第 2812 页。
⑥ 《汉书》卷九六上《西域传上·罽宾国传》，第 3886 页。

外交双方在通使过程中，使者均携带一定的礼物，这在汉文典籍中往往谓之“贡”，故给予相应的回报乃自然之理。这种回报，在汉文史籍中被称之为“赐”。所谓“其来贡献则相与报”①，这对于来使也是适用的。这种“赐”包括两个方面：

一是对于来使本身的“赐”。一般来说汉代对于来使的赏赐是极其丰厚乃至奢侈的。汉武帝开通西域之后，“西北外国使，更来更去”“是时上方数巡狩海上，乃悉从外国客，大都多人则过之，散财帛以赏赐，厚具以饶给之，以览示汉富厚焉。于是大觳抵，出奇戏诸怪物，多聚观者，行赏赐，酒池肉林，令外国客遍观各仓库府藏之积，见汉之广大，倾骇之。及加其眩者之工，而觳抵奇戏岁增变，甚盛益兴，自此始。”② 众多的外国来使随从皇帝出巡，给以奢侈的款待的同时，还给予丰厚的赏赐。史称汉“设酒池肉林以飨四夷之客，作巴俞都卢、海中砀极、漫衍鱼龙、角抵之戏以观视之。”③ 就是这方面的写照，以丰盛的酒宴和丰富多彩的文艺演出，最大限度地满足来使的口腹和耳目之欲。

二是来使返国时对于他所代表的国、族的回报。西汉成帝时，罽宾“遣使献，谢罪。”其遣使来汉是为了对以往杀害汉使表示谢罪，而来使同时向汉“献”物，这实际上就是罽宾来使携带之礼品。对此，汉皇朝方面在其使者返国时给予罽宾国王以赏赐，并派遣使者护送。史称“罽宾实利赏赐贾市，其使数年而壹至云。”④ 可见贪图汉皇朝的赏赐为其通使汉皇朝的重要目的。这里没有记载赏赐的品种数量，但从其为了得到赏赐而频繁遣使，可以推知应是相当丰厚的。外交双方“赂遗赠送，万里相奉。”⑤ 是当时通使关系中的常态。史家论东汉与匈奴的关系曰：“及中兴之初，更通旧好，报命连属，金币载道。”注曰：“报命相属，言其往来不绝。金帛常载于道，言其赏遗常行。”⑥ 就是对于汉代相互遣使中赏赐繁数的概括。

---

① 《汉书》卷九六下《西域传下·车师传》，第 3928 页。

② 《史记》卷一二三《大宛列传》，第 3173 页。

③ 《汉书》卷九六下《西域传下》“赞曰”，第 3928 页。

④ 《汉书》卷九六上《西域传上·罽宾国传》，第 3886—3887 页。

⑤ 《汉书》卷九六下《西域传下》“赞曰”，第 3928 页。

⑥ 《后汉书》卷八九《南匈奴传》，第 2966 页。

另一方面是遣使中的赏赐与回报。

汉皇朝遣使至其他国、族时，更是携带大量的赏赐物资。张骞第一次出使西域时率领使团成员一百余人，第二次出使西域时“将三百人，马各二匹，牛羊以万数，赍金币帛直数千巨万。”① 这些价值数千巨万的“金币帛”就是作为使者在遣使过程中的赏赐之物。张骞到达乌孙后，“乌孙王昆莫见汉使如单于礼，骞大惭，知蛮夷贪，乃曰：‘天子致赐，王不拜则还赐。’昆莫起拜赐，其他如故。”张骞正是利用所携带的丰厚赏赐以打开外交局面，使乌孙王放下架子而以礼相待。在乌孙昆弥拜受赏赐之后，张骞方才得以向其“谕使指曰”② 云云。由此可知，汉使到达尚未建立外交关系的国家或地区时，首先需要进行赏赐，以便进行接触，从而打开局面，建立起外交关系。故赏赐实为通使之开路利器。不仅作为正使的张骞进行赏赐，他所率领的副使亦然。张骞同行使团中“多持节副使，道可使，使遗之他旁国”。③ 这些副使在他们所至国家亦进行赏赐，以扩大外交之范围。当时张骞“因分遣副使使大宛、康居、大月氏、大夏、安息、身毒、于阗、扜罙及诸旁国。”④ 可以推知其赏赐国、族之众多，后来这些国家和地区均纷纷遣使来汉并有所回报，从而建立起汉与西域的广泛关系。可以说张骞及其副手的通西域，某种意义上就是一次大规模的赏赐活动，以此而打开了外交新天地，实现了“凿空”目的。

张骞通使西域进行的赏赐，成为此后通使西域的惯例，“诸使外国一辈大者数百，少者百余人，人所赍操大放博望侯时。”⑤ 使团规模及其所携带之赏赐物资基本上依照张骞出使时的规格，以致“酒泉抵大夏，使者既多，而外国益厌汉币，不贵其物。”⑥ 可知当时汉皇朝对外遣使赏赐物资之丰厚繁数。遣使其他地区亦然。元光五年（前130）武帝拜唐蒙为郎中将出使西南夷，唐蒙“将千人，食重万余人，从巴蜀筰关入，遂见

① 《史记》卷一二三《大宛列传》，第3168页。

② 《史记》卷一二三《大宛列传》，第3168—3169页。

③ 《史记》卷一二三《大宛列传》，第3168页。

④ 《史记》卷一二三《大宛列传》，第3169页。

⑤ 《史记》卷一二三《大宛列传》，第3170页。

⑥ 《史记》卷一二三《大宛列传》，第3171页。

夜郎侯多同。（唐）蒙厚赐，喻以威德，约为置吏，使其子为令。夜郎旁小邑皆贪汉缯帛，以为汉道险，终不能有也，乃且听蒙约。”① 负责“食货辎重车”转运的就有一万多人，可见唐蒙所携带赏赐物资之丰厚。唐蒙亦以赏赐而打开了与夜郎的关系。夜郎与汉通使而得到丰厚赏赐的情形影响带动了其他民族，争相希望得到汉方的赏赐，“是时邛筰之君长闻南夷与汉通，得赏赐多，多欲愿为内臣妾，请吏，比南夷。”邛筰之君长也希望与汉通使，以得到赏赐，于是汉武帝乃拜司马相如为郎中将，“建节往使。副使王然于、壶充国、吕越人驰四乘之传，因巴蜀吏币物以赂西夷。”从而“略定西夷，邛、筰、冉、駹、斯榆之君皆请为内臣。”② 遣使赏赐大大推动了西南夷与汉的关系，使之加速纳入汉皇朝的疆域之中。

遣使赏赐亦同样得到对方的回赠。史称西汉与四方国、族建立通使关系之后，“明珠、文甲、通犀、翠羽之珍盈于后宫，蒲梢、龙文、鱼目、汗血之马充于黄门，钜象、师子、猛犬、大雀之群食于外囿。殊方异物，四面而至。”③ 这里就包含着对方来使之贡献以及己方出使所得之回报。文帝元年（前179）派遣陆贾出使南越，携带“上褚五十衣，中褚三十衣，下褚二十衣，遗王。”④ 这是汉皇朝对于南越王的“赏赐”。陆贾返时亦得到南越的回赠，“因使者献白璧一双，翠鸟千，犀角十，紫贝五百，桂蠹一器，生翠四十双，孔雀二双。”⑤ 这是南越王对汉文帝的回报。同样，使者个人也能够得到不同程度的回报。早在高帝十一年（前196）陆贾亦曾经出使南越，陆贾返时得到了对于他个人丰厚的赠物，南越“赐（陆）贾橐中装直千金，它送亦千金。”颜师古注曰：“有底曰囊，无底曰橐。言其宝物质轻而价重，可入囊橐以赍行，故曰橐中装也。”⑥ 可知“橐中装”为高价值之细软，此外还有其他相等价值的赠物。后来在惠帝、吕后时，陆贾因“病免”，为了安排其五个男孩的生活，于

---

① 《史记》卷一一六《西南夷列传》，第2994页。
② 《史记》卷一一七《司马相如列传》，第3046—3047页。
③ 《汉书》卷九六下《西域传下》“赞曰”，第3928页。
④ 《汉书》卷九五《西南夷两粤朝鲜传》，第3850页。
⑤ 《汉书》卷九五《西南夷两粤朝鲜传》，第3852页。
⑥ 《汉书》卷四三《陆贾传》，第2112页。

是“乃出所使越橐中装，卖千金，分其子，子二百金，令为生产。”① 可见其所得到南越的回赠物品也是相当丰厚的。南越给予陆贾的回赠，也是南越对于陆贾的“赐”。实际上，所谓“赐”或“贡”都不是凝固的、绝对的，而是随着主客地位变动而转换的概念。由于外交双方地位、角色的转换，“贡”或“赐”亦随之而转换。

回报性赏赐亦存在于“和亲”这一外交方式之中。古人娶妻依次有纳采、问名、纳吉、纳徵、请期、亲迎六个仪节，是为六礼②。男方迎娶之前需要纳徵，亦称纳采，以为聘币。汉皇朝与其他国、族通婚——“和亲”亦然。元封三年（前108）乌孙在受到匈奴进攻的军事压力和大宛、月氏等频繁与汉通使的外交压力下，“于是恐，使使献马，愿得尚汉公主，为昆弟。”提出与汉和亲的请求。“天子问群臣，议许，曰：‘必先内聘，然后遣女。’”要求乌孙先纳聘资，然后才送女至乌孙。于是“乌孙以马千匹聘。”在乌孙满足了汉方的要求之后，汉“遣江都王建女细君为公主，以妻焉。赐乘舆服御物，为备官属宦官侍御数百人，赠送甚盛。”③ 在与乌孙和亲过程中，首先是对方以马千匹为聘金，然后汉方以丰厚的赏赐以为和亲公主的嫁资。这种嫁资虽然有为汉女准备资财之意，但也包含对于乌孙聘币之回报意义在焉。

（三）嘉奖性之“赐”

嘉奖性之“赐”是对于四方国、族之有功者、降附者的奖励性质的赏赐。

1. 对降附者的赏赐

汉成帝时，光禄大夫谷永、议郎杜钦曾言：“汉兴，匈奴数为边害，故设金爵之赏以待降者。”④ 这种赏赐包括金钱、物资等经济性赏赐和册封官称、爵位等政治性赏赐。元狩二年（前121）匈奴浑邪王杀休屠王率众四万余人降汉，“既至长安，天子所以赏赐者数十巨万。封浑邪王万户，为漯阴侯。封其裨王呼毒尼为下摩侯，鹰庇为煇渠侯，禽梨为

---

① 《汉书》卷四三《陆贾传》，第2114页。
② 参见：《仪礼注疏》卷四《士昏礼》，第68—86页。
③ 《汉书》卷九六下《西域传下·乌孙国传》，第3903页。
④ 《汉书》卷九四下《匈奴传下》，第3808页。

河綦侯，大当户铜离为常乐侯。”此即“金爵之赏”的具体表现。浑邪王、休屠王原来控制着匈奴右地，对汉的西北边防构成很大威胁，其降汉，导致匈奴右地空虚，大大减轻了对汉的压力，得以“减陇西、北地、上郡戍卒之半，以宽天下之繇。”① 故汉皇朝对此大加封授和赏赐。册封是外交关系中经常运用的嘉奖方式（详见下一节），而册封又与物质赏赐密切相连，同步运用。不仅对于匈奴降者为然，对于其他降附者亦然。永宁元年（120），“辽西鲜卑大人乌伦、其至鞬率众诣邓遵降，奉贡献。诏封乌伦为率众王，其至鞬为率众侯，赐綵缯各有差。”② 这是对于鲜卑大人降附及来献的嘉奖和回报。延光元年（122），烧当羌豪麻奴被汉军打败，“孤弱饥困，其年冬，将种众三千余户诣汉阳太守耿种降。安帝假金印紫绶，赐金银綵缯各有差。”③ 亦以封拜和物资加以赏赐。诸如此类，不胜枚举。此即所谓“先驯则赏籝金而赐龟绶”④之谓。

2. 对有功者的赏赐

汉皇朝实行以夷制夷政策，对于四方国、族配合其边境战争而立有战功者给予赏赐。宣帝本始元年（前73）解忧公主及乌孙昆弥遣使上书，报告遭到匈奴的进攻，提出与汉联兵东西合击匈奴。于是汉、乌联军，东西合击匈奴。汉方派遣五将军率十五万骑，分道并出。并派遣校尉常惠使持节护乌孙兵。乌孙昆弥自将五万骑从西方反击匈奴，至右谷蠡王庭，获单于父行及嫂、居次、名王、犁污都尉、千长、骑将以下四万级，马牛羊驴橐驼七十余万头。⑤ 这一战役的胜利不仅维护了汉在西域的和亲国乌孙的安全，而且沉重打击了匈奴的势力，“匈奴民众死伤而去者，及畜产远移死亡不可数胜。于是匈奴遂衰耗。”⑥ 本始三年（前71）汉遣常惠“持金币赐乌孙贵人有功者”⑦。

---

① 《史记》卷一一一《卫将军骠骑列传》，第2933页。
② 《后汉书》卷九〇《鲜卑传》，第2987页。
③ 《后汉书》卷八七《西羌传》，第2892页。
④ 《后汉书》卷八八《西域传》“论曰”，第2931页。
⑤ 见《汉书》卷九六下《西域传下·乌孙国传》，第3905页。
⑥ 《汉书》卷九四上《匈奴传上》，第3786页。
⑦ 《汉书》卷九六下《西域传下·乌孙国传》，第3905页。

东汉前期在辽东地区，“匈奴、鲜卑及赤山乌桓连和强盛，数入塞杀略吏人。朝廷以为忧，益增缘边兵，郡有数千人，又遣诸将分屯障塞。”① 匈奴与鲜卑、赤山乌桓联合对汉皇朝东北边境构成严重威胁，建武二十五年（49），辽东太守祭肜“乃使招呼鲜卑，示以财利。其大都护偏何遣使奉献，愿得归化，（祭）肜慰纳赏赐，稍复亲附。其异种满离、高句丽之属，遂骆驿款塞，上貂裘好马，帝辄倍其赏赐。其后偏何邑落诸豪并归义，愿自效。肜曰：‘审欲立功，当归击匈奴，斩送头首乃信耳。’偏何等皆仰天指心曰：‘必自效！’即击匈奴左伊秩訾部，斩首二千余级，持头诣郡。其后岁岁相攻，辄送首级受赏赐。自是匈奴衰弱，边无寇警，鲜卑、乌桓并入朝贡。”② 辽东太守和朝廷的赏赐措施发生了作用，使鲜卑从“三虏连和”中分化出来，转变为抗击匈奴的力量。不仅削弱了匈奴势力，而且导致鲜卑等族的相继附汉。后“渔阳赤山乌桓歆志贲等数寇上谷”，永平元年（58），“祭肜复赂偏何击歆志贲，破斩之，于是鲜卑大人皆来归附，并诣辽东受赏赐，青徐二州给钱岁二亿七千万为常。明章二世，保塞无事。”③ 辽东的赏赐，由青、徐二州负责供应，每年达二亿七千万。虽然开支庞大，但是换来了比较长期的边境安全。

东汉时匈奴分裂为南北，南匈奴附汉。汉为了抗击北匈奴，于是鼓励南匈奴攻击北匈奴，对其战功加以赏赐。元和二年（85），南单于遣兵千余人猎至涿邪山，猝与北匈奴温禺犊王遭遇，因战，获其首级而还。武威太守孟云上言：“北虏以前既和亲，而南部复往钞掠，北单于谓汉欺之，谋欲犯塞，谓宜还南所掠生口，以慰安其意。”章帝从之，乃下诏曰：“其敕度辽及领中郎将庞奋倍雇南部所得生口，以还北虏。其南部斩首获生，计功受赏如常科。”④ 一方面加倍价钱收买南匈奴所掠得的北匈奴人口，将其归还北匈奴，另一方面则对于南匈奴所斩获的北匈奴首级及俘虏，按照规定加以赏赐。由此可知当时对于南匈奴俘斩北匈奴的奖励是有明文规定——“常科”的。这种赏赐政策大大调动了南匈奴攻击

---

① 《后汉书》卷二〇《祭肜传》，第 744 页。

② 《后汉书》卷二〇《祭肜传》，第 745 页。

③ 《后汉书》卷九〇《鲜卑传》，第 2985—2986 页。

④ 《后汉书》卷八九《南匈奴传》，第 2950—2951 页。

北匈奴的积极性，导致南匈奴一些贵族、王侯主动攻击北匈奴，如“左谷蠡王师子素勇黠多知……数遣将兵出塞，掩击北庭，还受赏赐，天子亦加殊异。”① 不独对于南匈奴，对于其他民族亦实行这一政策，以赏赐促使他们参与抗击北匈奴。永元七年（95）“封苏拔廆为率众王，又赐金帛。”② 苏拔廆为鲜卑大都护，何以对其行“金爵之赏”？原来永元六年（94）乌桓校尉任尚率领乌桓、鲜卑，合四万人讨北匈奴逢侯单于，苏拔廆率骑兵参与此役。这是对于他在讨伐北匈奴中的军功的嘉奖。

不仅对匈奴战争如此，其他边境战争亦然。元初三年（116）夏，“度辽将军邓遵率南单于及左鹿蠡王须沈万骑，击零昌于灵州，斩首八百余级，封须沈为破虏侯，金印紫绶，赐金帛各有差。”③ 这是对于南匈奴左鹿蠡王须沈在讨伐先零羌豪零昌的战役中军功的嘉奖。阳嘉元年（132）冬，汉乌桓校尉耿晔“遣乌桓亲汉都尉戎朱廆率众王侯咄归等，出塞抄击鲜卑，大斩获而还，赐咄归等已下为率众王、侯、长，赐綵缯各有差。”阳嘉二年（133）春，汉匈奴中郎将赵稠遣从事“将南匈奴骨都侯夫沈等，出塞击鲜卑，破之，斩获甚众，诏赐夫沈金印紫绶及缣綵各有差。”④ 这些都是对于乌桓、南匈奴攻击鲜卑的战功加以嘉奖。

（四）赂遗性之“赐”

在彼强我弱或力量对比不利于已的情况下，“赐”遂为汉皇朝求得边境安宁、和平共处的一种重要手段。这种在经济上满足对方诛求的“赐”，史籍中往往不是以“赐”，而是以“遗”“给”等词语表述之。这种所谓“赐”，毋宁说是对于强者的“贡”，实质上是一种赂遗性的求和手段。

高帝七年（前200）平城白登之败表明了汉匈军事力量对比的彼强我弱，“当是时，冒顿为单于，兵强，控弦三十万，数苦北边。上患之，问刘敬。”于是刘敬向高帝献和亲之策，对曰：“陛下诚能以適（即嫡）长公主妻之，厚奉遗之，彼知汉適（即嫡）女送厚，蛮夷必慕以为阏氏，生子必为太子，代单于。何者？贪汉重币。陛下以岁时汉所余彼所鲜数

① 《后汉书》卷八九《南匈奴传》，第2954页。

② 《后汉书》卷八九《南匈奴传》，第2956页。

③ 《后汉书》卷八七《西羌传》，第2890页。

④ 《后汉书》卷九〇《鲜卑传》，第2988—2989页。

问遗，因使辩士风谕以礼节。冒顿在，固为子婿；死，则外孙为单于。岂尝闻外孙敢与大父抗礼者哉？兵可无战以渐臣也。”① 这个策略的重要手段是以汉女出嫁匈奴单于的同时以大量物资馈送匈奴，以求得匈奴收敛兵锋，致边境之安宁。高帝采纳了刘敬的建议，九年（前 198）“乃使刘敬奉宗室女公主为单于阏氏，岁奉匈奴絮缯酒米食物各有数，约为昆弟以和亲，冒顿乃少止。”② 这里我们可以看到，汉皇朝给予匈奴的物资，不是一般意义上的一次性的陪嫁资财，而是每年均需要向匈奴奉送不同数量的絮、缯、酒、米、食物等生活物资。这实际上就是汉皇朝每年向匈奴进贡，以大量物资赂遗匈奴，以求得暂时的和平。这种策略之所以能够在一定情况下奏效，根源于游牧经济与农业经济相较有其不足和弱势，故其对于汉地农业经济的需求相对迫切，“匈奴好汉缯絮食物”③ 表明了这一点。

此后直至武帝元光二年（前 133）马邑事件后“匈奴绝和亲”④ 的六十余年间，基本上按照这样的条件向匈奴奉送大量物资，借以维持相对的和平共处局面。这个协议为汉匈双方所长期遵循，故被称为“故约”，即：“汉常遣翁主，给缯絮食物有品，以和亲，而匈奴亦不扰边。”⑤ 文帝前六年（前 174），汉致匈奴的文书曰：“汉与匈奴约为兄弟，所以遗单于甚厚。”⑥ 这里所称“兄弟之约”即高帝九年所订“和亲”条约。文帝后二年（前 162），汉在致匈奴文书中又谈道：“汉与匈奴邻国之敌，匈奴处北地，寒，杀气早降，故诏吏遗单于秫糵金帛丝絮佗物岁有数。”⑦ 武帝初年，仍然“明和亲约束，厚遇，通关市，饶给之。匈奴自单于以下皆亲汉，往来长城下。”⑧ 继续前代政策，按照“故约”厚加赂遗匈奴。这个条约虽然一定程度上维持了双方的和平共处，但是并不能完全保证边境的安宁，尽管汉方按照约定每年奉送大量物资给予匈奴，而“倍约

① 《史记》卷九九《刘敬列传》，第 2719 页。
② 《史记》卷一一〇《匈奴列传》，第 2895 页。
③ 《史记》卷一一〇《匈奴列传》，第 2899 页。
④ 《史记》卷一一〇《匈奴列传》，第 2905 页。
⑤ 《史记》卷一一〇《匈奴列传》，第 2913 页。
⑥ 《史记》卷一一〇《匈奴列传》，第 2897 页。
⑦ 《史记》卷一一〇《匈奴列传》，第 2903 页。
⑧ 《史记》卷一一〇《匈奴列传》，第 2904 页。

离兄弟之亲者，常在匈奴”。[1]

这种通过赂遗以求得和平的政策，不断成为匈奴对于汉的一种要挟和勒索手段，匈奴往往处于主动地位，而汉方则处于被动地位。文帝时陪送翁主和亲匈奴的宦者中行说投降匈奴后，为单于所“亲幸”，而处处“为汉患”[2]，单于对其言听计从，成为匈奴统治集团的代言人。他常常代表匈奴与汉使谈判，“汉使欲辩论者，中行说辄曰：‘汉使无多言，顾汉所输匈奴缯絮米糵，令其量中，必善美而已矣，何以言为乎？且所给备善则已；不备，苦恶，则候秋孰，以骑驰蹂而稼穑耳。’日夜教单于候利害处。”[3] 他要求汉方必须保质保量供给条约所规定的各项物资，否则就以武力犯境。

随着汉皇朝国力的强盛，经过汉武帝时期的武力反击，“是后匈奴远遁，而幕南无王庭。”[4] 汉匈力量对比朝着汉方倾斜。在这种情况下，匈奴一方面转变态度，向汉方提出请求恢复业已中断的和亲，“单于终不肯为寇于汉边，休养息士马，习射猎，数使使于汉，好辞甘言求请和亲。”[5] 另一方面，只要有机会就继续向汉进行要挟、勒索。征和四年（前 89）单于遣使致汉文书云：“今欲与汉闿大关，取汉女为妻，岁给遗我糵酒万石，稷米五千斛，杂缯万匹，它如故约，则边不相盗矣。”[6] 要求汉开放边境关市的同时，在“故约”的基础上增加供给其酒、米、缯等物资，否则即诉诸武力。武力始终是匈奴要挟汉方的后盾。

西汉前期采取赂遗性赏赐政策是在彼强我弱形势下的权宜措施，“昔和亲之论，发于刘敬。是时天下初定，新遭平城之难，故从其言，约结和亲，赂遗单于，冀以救安边境。孝惠、高后时遵而不违，匈奴寇盗不为衰止，而单于反以加骄倨。逮至孝文，与通关市，妻以汉女，增厚其赂，岁以千金，而匈奴数背约束，边境屡被其害。”[7] 这个政策虽然对于

---

① 《史记》卷一一〇《匈奴列传》，第 2897 页。

② 《史记》卷一一〇《匈奴列传》，第 2898 页。

③ 《史记》卷一一〇《匈奴列传》，第 2901 页。《汉书》卷九四上《匈奴传上》颜师古注曰：“中犹满也。量中者，满其数也。”（第 3761 页）

④ 《史记》卷一一〇《匈奴列传》，第 2911 页。

⑤ 《史记》卷一一〇《匈奴列传》，第 2912 页。

⑥ 《汉书》卷九四上《匈奴传上》，第 3780 页。

⑦ 《汉书》卷九四下《匈奴传下》，第 3830—3831 页。

汉来说在政治上是屈辱的，军事上也没有完全断绝匈奴的侵犯，经济上的负担也是沉重的，但是毕竟获得了一定的和平共处的局面，对于汉匈双方的经济和人民均有一定好处。董仲舒评论这项政策曰：“夫赋敛行赂不足以当三军之费，城郭之固无以异于贞士之约，而使边城守境之民父兄缓带，稚子咽哺，胡马不窥于长城，而羽檄不行于中国，不亦便于天下乎！”肯定这项政策的积极意义。而班固以为“察仲舒之论，考诸行事，乃知其未合于当时，而有阙于后世也。”[①] 班固之说似未为的论。扬雄说：“且夫前世岂乐倾无量之费，役无罪之人，快心于狼望之北哉？以为不壹劳者不久佚，不暂费者不永宁，是以忍百万之师以摧饿虎之喙，运府库之财填卢山之壑而不悔也。”[②] 认为不通过军事上的投入以及经济上的付出，是不能彻底解决匈奴问题的。经济上的付出，不仅在于军费，同时包括赂遗性赏赐等付出在内。

这种赂遗性“赏赐”，其实质是汉对于匈奴屈辱性的“贡”而不是“赐”。贾谊对此已经有所论述：“匈奴侵甚、侮甚，遇天子至不敬也，为天下患至无已也。以汉而岁致金絮缯采，是入贡职于蛮夷也，顾为戎人诸侯也。势既卑辱，而祸且不息，长此何穷！陛下胡忍以帝皇之号持居此宾？”[③] 认为汉对匈奴的赂遗实际上是一种纳贡，是汉皇帝屈身为“诸侯”以事匈奴。贾谊的分析是符合历史实际的。

这种赂遗性之“赐”，最终转嫁为汉地百姓的沉重负担，实乃“赋敛于民，远行货赂，割剥百姓，以奉寇雠。”[④]

到了西汉后期，随着匈奴的衰落，这种赂遗性赏赐亦随之被供养性赏赐所代替（见下文），汉匈关系由敌国关系转变为主从国关系，两者的地位和关系性质发生了颠倒性和根本性的变化。

（五）抚慰性之“赐”

抚慰性之“赐”是为了维护双方关系，或为了缓和、化解对立、紧张关系而进行的赏赐。扬雄论汉匈关系曰：“故未服之时，劳师远攻，倾

---

① 《汉书》卷九四下《匈奴传下》，第 3831 页。

② 《汉书》卷九四下《匈奴传下》，第 3814 页。颜师古注曰：“卢山，匈奴中山也。”

③ （汉）贾谊撰，阎振益、钟夏校注：《新书校注》卷四《势卑》，中华书局 2000 年版，第 153 页。

④ 《汉书》卷九四下《匈奴传下》，第 3832 页。

国殚货，伏尸流血，破坚拔敌，如彼之难也；既服之后，慰荐抚循，交接赂遗，威仪俯仰，如此之备也。”[①] 认为“交接赂遗”的目的是“慰荐抚循”，从而巩固已经建立起来的“既服”的关系。

太初四年（前101）汉皇朝取得伐大宛的胜利，于是“立昧蔡为宛王而去。岁余，宛贵人以为昧蔡善谀，使我国遇屠，乃相与杀昧蔡，立毋寡昆弟曰蝉封为宛王，而遣其子入质于汉。汉因使使赂赐以镇抚之。”[②] 汉皇朝通过赏赐以抚慰大宛，消弭敌对关系，从而维系了双方关系。于是“宛王蝉封与汉约，岁献天马二匹。汉使采蒲陶、苜宿种归。”以致出现长安“天马多”[③] 的情形。与大宛关系的稳定，为汉皇朝进一步向宛西的发展提供了有利的平台，于是“汉发使十余辈至宛西诸外国，求奇物，因风览以伐宛之威德。”[④] 拓展了大宛以西的外交空间。

西汉宣帝神爵二年（前60）和亲乌孙的解忧公主的第二任丈夫翁归靡死，按照乌孙习俗，继位乌孙昆弥的“狂王复尚楚主解忧”，但是他“不与主和，又暴恶失众。”五凤四年（前54）汉使卫司马魏和意、副候任昌送侍子回乌孙，解忧公主与汉使密谋刺杀狂王，狂王负伤逃走，狂王子细沈瘦发兵围汉使及解忧公主于赤谷城。数月，都护郑吉发诸国兵救之，乃解去。于是“汉遣中郎将张遵持医药治狂王，赐金二十斤，采缯。因收和意、昌系琐，从尉犁车至长安，斩之。”[⑤] 为了缓和汉与乌孙的紧张关系和弥补裂痕，汉特遣使乌孙采取一系列安抚措施，其中一项是向狂王赏赐金帛。

西汉中期西域内属，西汉末年王莽执行错误的政策，导致西域与汉皇朝关系断绝，再度役属于匈奴。东汉建立后，西域诸国“皆遣使求内属，愿请都护。”但是，“光武以天下初定，未遑外事，竟不许之。”[⑥] 建武二十一年（45）冬，车师前王、鄯善、焉耆等十八国俱遣子入侍，献

① 《汉书》卷九四下《匈奴传下》，第3814页。
② 《史记》卷一二三《大宛列传》，第3179页。
③ 《汉书》卷九六上《西域传上·大宛国传》，第3895页。
④ 《史记》卷一二三《大宛列传》，第3179页。
⑤ 《汉书》卷九六下《西域传下·乌孙国传》，第3906页。
⑥ 《后汉书》卷八八《西域传·序》，第2909页。

其珍宝。“及得见，皆流涕稽首，愿得都护。天子以中国初定，北边未服，皆还其侍子，厚赏赐之。”① 光武帝拒绝了西域诸国派遣都护的请求，而以丰厚的赏赐以安抚他们，试图以此维系双方关系。但是，仅靠厚赐是难于维系这种关系的，故鄯善、车师等旋即“复附匈奴”②。

利用吊唁以行赏赐，亦成为缓和、化解双方对立、紧张关系的一个手段。元封四年（前107）“匈奴使其贵人至汉，病，汉予药，欲愈之，不幸而死。而汉使路充国佩二千石印绶往使，因送其丧，厚葬直数千金。”这时的匈奴虽然已经遭到削弱，但是还有相当力量与汉抗衡，故这种抚慰性赏赐并没有收到预定的效果，“单于以为汉杀吾贵使者，乃留路充国不归。”③ 光武帝中元元年（56），南匈奴单于比死，汉派遣中郎将段郴将兵赴吊，祭以酒米，分兵卫护之。南单于比弟左贤王莫立为单于，光武帝“遣使者赍玺书镇慰，拜授玺绶，遗冠帻，绛单衣三袭，童子佩刀、绲带各一，又赐缯綵四千匹，令赏赐诸王、骨都侯已下。”这是在匈奴单于去世、新单于立后，一方面遣使吊祭，一方面遣使拜授、赏赐。这种做法遂成为惯例，“其后单于薨，吊祭慰赐，以此为常。”注曰：“吊祭其薨者，慰其新立者。”④ 这时的匈奴已经成为东汉的附属国，这种赏赐的抚慰性作用遂得以正常体现和发挥，“吊祭慰赐”遂成惯例。

（六）供养性（援助性）之“赐”

供养性之“赐”主要是为了扶植友好、附庸政权，或入汉之投靠者、侍子等而给予的赏赐。

西汉宣帝甘露三年（前51）正月，匈奴呼韩邪单于来朝，标志着汉匈之间的“君臣”关系的确立，宣告匈奴成为汉的附属国。单于朝罢“留月余，遣归国……汉遣长乐卫尉高昌侯董忠、车骑都尉韩昌将骑万六千，又发边郡士马以千数，送单于出朔方鸡鹿塞。诏忠等留卫单于，助诛不服，又转边谷米，前后三万四千斛，给赡其食。”⑤ 当时匈奴经济受到很大破坏，汉王朝赏赐的这些粮食是为了维持其生存所需。初元元年

① 《后汉书》卷八八《西域传·莎车国传》，第2924页。

② 《后汉书》卷八八《西域传·莎车国传》，第2924页。

③ 《史记》卷一一〇《匈奴列传》，第2914页。

④ 《后汉书》卷八九《南匈奴传》，第2948页。

⑤ 《汉书》卷九四下《匈奴传下》，第3798页。注曰：“糒，乾饭也。”

（前48），“呼韩邪单于复上书，言民众困乏。汉诏云中、五原郡转谷二万斛以给焉。”① 匈奴遇到生活困难时，亦主动向汉求援，而汉亦大力保障其供给。建始二年（前31）呼韩邪单于死时，其妻颛渠阏氏有言：“匈奴乱十余年，不绝如发，赖蒙汉力，故得复安。”② 表明汉方的援助对于匈奴政权的维持和稳定发挥了多么重要的作用。

东汉时匈奴分裂为南北，南匈奴依附汉皇朝。建武二十六年（50）秋，“南单于遣子入侍，奉奏诣阙。诏赐单于冠带、衣裳、黄金玺、盭緺绶，安车羽盖，华藻驾驷，宝剑弓箭，黑节三，驸马二，黄金、锦绣、缯布万匹，絮万斤，乐器鼓车，棨戟甲兵，饮食什器。又转河东米糒二万五千斛，牛羊三万六千头，以赡给之。”③ 对于南匈奴单于的赏赐堪比西汉对于呼韩邪单于的赏赐，亦给以包括诸侯王印绶在内的政治性以及经济性、文化性物品。此外还转运大量粮食和牲畜，以解决其生活所需。建武二十九年（53），又“赐南单于羊数万头”④。章和二年（88）南单于上书章帝，其中有曰：“臣累世蒙恩，不可胜数……伏念先父归汉以来，被蒙覆载，严塞明候，大兵拥护，积四十年。臣等生长汉地，开口仰食，岁时赏赐，动辄亿万。”⑤ 表明这种赏赐是按时提供的，其价值年约亿万。和帝时袁安说：“汉故事，供给南单于费直岁一亿九十余万，西域岁七千四百八十万。”⑥ 袁安所言为确数，岁供南匈奴一亿九十余万，与南单于所说动辄亿万，大体相同。可知汉方每年赏赐南匈奴和西域的费用共为一亿七千五百七十余万，其中南匈奴占57.4%，西域诸国占42.6%，供给南匈奴的费用较供给西域诸国的费用要高出14.8%。从这种赏赐开支可见匈奴问题在整个两汉时期都是其外交关系之重中之重。

对于乌桓、鲜卑等族亦然。建武年间，“四夷朝贺，络驿而至，天子乃命大会劳飨，赐以珍宝。乌桓或愿留宿卫，于是封其渠帅为侯王君长

---

① 《汉书》卷九四下《匈奴传下》，第3800页。
② 《汉书》卷九四下《匈奴传下》，第3807页。
③ 《后汉书》卷八九《南匈奴传》，第2943—2944页。
④ 《后汉书》卷八九《南匈奴传》，第2948页。
⑤ 《后汉书》卷八九《南匈奴传》，第2952页。
⑥ 《后汉书》卷四五《袁安传》，第1521页。

者八十一人，皆居塞内，布于缘边诸郡，令招来种人，给其衣食，遂为汉侦候，助击匈奴、鲜卑。”对于入居塞内的乌桓亦负责供应其衣食，以为戍边之助力。又“置（乌桓）校尉于上谷甯城，开营府，并领鲜卑，赏赐质子，岁时互市焉。”① 乌桓校尉兼管鲜卑事务，“因筑南北两部质馆”②，其中包括对于乌桓、鲜卑质子的赏赐。和帝永元二年（90），大将军窦宪破北匈奴，车师震慑，“前后王各遣子奉贡入侍，并赐印绶金帛。”③ 质子、侍子长期生活于汉，其生活所需为汉方所供应。

此外，对于入汉的投靠者亦给予赏赐，以保证其生活。地节三年（前67）匈奴闻车师降汉，发兵攻车师，车师王乌贵恐，乃轻骑奔乌孙，郑吉迎其妻子置渠犁，后“传送车师王妻子诣长安，赏赐甚厚，每朝会四夷，常尊显以示之。”元康四年（前62）“汉使侍郎殷广德责乌孙，求车师王乌贵，将诣阙，赐第与其妻子居。”④ 不仅车师王乌贵流落乌孙期间其家属得到汉皇朝的优厚赏赐，而且本人后来得以与妻子团聚，并得到妥善的生活安排。东汉明帝时，“诏赐降胡子缣，尚书案事，误以十为百。帝见司农上簿，大怒，召郎将笞之。”⑤ 表明对于入降者的赏赐，是由大司农负责管理，而由尚书郎具体操办，皇帝本人还直接过问、检查。

（七）公关性之“赐”

和亲公主在和亲期间，也以各种方式或渠道对于所在国之王公贵族等上层人员进行赏赐，以敦睦关系。元封三年（前108）汉以江都王女细君为公主，和亲乌孙，“公主至其国，自治宫室居，岁时一再与昆莫会，置酒饮食，以币帛赐王左右贵人。”细君公主利用每年聚会宴饮的机会赏赐乌孙王公贵人，这不仅对于敦睦她个人与乌孙贵族的关系，从而也对于敦睦汉乌关系有所助益。故汉亦“间岁遣使者持帷帐锦绣给遗焉”⑥，这除了是汉对于思乡的细君公主的安慰之外，亦当有供应其赏赐所需的用意在其中。后来细君死后，解忧公主再和亲乌孙，公主的侍从冯嫽代

---

① 《后汉书》卷九〇《乌桓传》，第2982页。
② 《后汉书》卷九〇《鲜卑传》，第2986页。
③ 《后汉书》卷八八《西域传·车师传》，第2929页。
④ 《汉书》卷九六下《西域传下·车师传》，第3923—3924页。
⑤ 《后汉书》卷四一《钟离意传》，第1409页。
⑥ 《汉书》卷九六下《西域传下·乌孙国传》，第3903页。

表公主出使西域诸国以行赏赐。“楚主侍者冯嫽能史书，习事，尝持汉节为公主使，行赏赐于城郭诸国，敬信之，号曰冯夫人。”① 冯嫽代表解忧公主出使西域诸国，遍行赏赐，这些赏赐物无疑也是汉皇朝所提供。她的遍行赏赐，不仅使她熟悉了西域诸国的情况，而且取得了他们的信任和尊敬，建立了广泛的人际关系，这为日后她出使乌孙，调解乌孙内乱，打下了良好的基础。甘露元年（前53）乌就屠袭杀狂王，自立为昆弥，“都护郑吉使冯夫人说乌就屠，以汉兵方出，必见灭，不如降。乌就屠恐，曰：‘愿得小号。’”为了巩固这一成果，维护乌孙的稳定，“宣帝征冯夫人，自问状。遣谒者竺次、期门甘延寿为副，送冯夫人。冯夫人锦车持节，诏乌就屠诣长罗侯赤谷城，立元贵靡为大昆弥，乌就屠为小昆弥，皆赐印绶。破羌将军不出塞还。”② 乌孙对于汉的政治性隶属关系从而确定。西域都护、汉宣帝均需要借重冯嫽以解决乌孙问题，这与冯嫽在乌孙长期经营的人际关系不无关系。

（八）利诱性之“赐”

利诱性之“赐”是以赏赐为利诱手段以期达到某些特定的目的。

楼兰地处西域东部，靠近汉地，为汉方通往西域之门户，因此这里成为汉与匈奴必争之地。征和元年（前92）楼兰王死，楼兰在匈奴的质子立为新王，“汉遣使诏新王，令入朝，天子将加厚赏。”③ 此以厚赏为诱饵，以使亲匈奴的楼兰新王来朝。楼兰因为地处通西域交通要道，负担沉重，故往往勾结匈奴，破坏汉通西域事业，“楼兰王安归尝为匈奴间，候遮汉使者，发兵杀略卫司马安乐、光禄大夫忠、期门郎遂成等三辈，及安息、大宛使，盗取节印献物。”于是元凤四年（前77）傅介子奉大将军霍光之命出使西域刺杀楼兰王，“（傅）介子与士卒俱赍金币，扬言以赐外国为名。”但楼兰王对傅介子等人冷淡，傅介子遂佯装放弃楼兰而西行，“至其西界，使译谓曰：‘汉使者持黄金锦绣行赐诸国，王不来受，我去之西国矣。’即出金币以示译。译还报王，王贪汉物，来见使者。”④

① 《汉书》卷九六下《西域传下·乌孙国传》，第3907页。

② 《汉书》卷九六下《西域传下·乌孙国传》，第3907页。

③ 《汉书》卷九六上《西域传上·鄯善国传》，第3877页。

④ 《汉书》卷七〇《傅介子传》，第3002页。“行赐”，颜师古注曰：“遍往赐之”。

傅介子以赏赐物为诱饵，引诱楼兰王来见，利用这个机会刺杀了楼兰王。

东汉元和元年（84）班超发疏勒、于阗兵击莎车，“莎车阴通使疏勒王忠，啖以重利，忠遂反从之，西保乌即城。”注曰：“谓多以珍宝诱引之。”莎车以“重利”引诱疏勒王忠，于是疏勒王忠背汉而站到莎车一边，西保乌即城。班超更立新疏勒王，并发动未参与反叛的疏勒民众攻打疏勒王忠。攻之半年不下，而康居又遣精兵救之。“是时月氏新与康居婚，相亲，（班）超乃使使多赍锦帛遗月氏王，令晓示康居王，康居王乃罢兵，执忠以归其国，乌即城遂降于超。”① 在这场争斗中，双方均采用了利诱性赏赐为手段以达到各自的目的，先是莎车以厚赐引诱疏勒王脱离汉阵营，后则班超以厚赐使月氏劝说康居反戈一击，终于解决了疏勒王忠的问题。永元六年（94）班超发龟兹、鄯善等八国兵讨焉耆，“兵到尉犁界，而遣晓说焉耆、尉犁、危须曰：‘都护来者，欲镇抚三国。即欲改过向善，宜遣大人来迎，当赏赐王侯已下，事毕即还。今赐王綵五百匹。’焉耆王广遣其左将北鞬支奉牛酒迎（班）超。”班超以赏赐引诱焉耆王遣使来迎，“于是赐而遣之。（焉耆王）广乃与大人迎（班）超于尉犁，奉献珍物。”焉耆王见其使得到了汉的赏赐，遂信以为真，亲自与本国大人一起前来尉犁迎接班超。班超遂乘机进军焉耆，但焉耆王广绝桥以拒汉军进入焉耆，班超“乃期大会诸国王，因扬声当重加赏赐，于是焉耆王广、尉犁王汎及北鞬支等三十人相率诣超。”班超再一次以赏赐为诱饵，引诱焉耆王、尉犁王等前来领取赏赐。他们果然中计，纷纷前来，坐定，班超“遂叱吏士收广、汎等于陈睦故城斩之，传首京师。”② 班超何以将他们斩于陈睦故城呢？原来在永平十七年（75）“焉耆、龟兹攻没都护陈睦，悉覆其众。”③ 故班超于陈睦故城斩之。班超“留焉耆半岁，慰抚之。于是西域五十余国悉皆纳质内属焉。”④ 在这场争斗中，班超数度以赏赐为诱饵令焉耆王广等就范，最后解决了焉耆问题，进而导致西域内属局面的实现。

---

① 《后汉书》卷四七《班超传》，第 1579 页。

② 《后汉书》卷四七《班超传》，第 1581—1582 页。

③ 《后汉书》卷八八《西域传·序》，第 2909 页。

④ 《后汉书》卷四七《班超传》，第 1582 页。

西汉平帝即位后，“是时，汉平帝幼，太皇太后称制，新都侯王莽秉政，欲说太后以威德至盛异于前，乃风单于令遣王昭君女须卜居次云入侍太后，所以赏赐之甚厚。”[①] 王莽为了取悦于太后，以厚赐诱使匈奴单于派王昭君女入侍太后。王莽又“奏令中国不得有二名，因使使者以风单于，宜上书慕化，为一名，汉必加厚赏。单于从之，上书言：‘幸得备藩臣，窃乐太平圣制，臣故名囊知牙斯，今谨更名曰知。’莽大说，白太后，遣使者答谕，厚赏赐焉。”[②] 王莽以厚赐诱使匈奴单于主动改复名为单名，以显示其当政后的“太平圣制”。王莽篡汉后，始建国元年（9），派遣五威将王骏等出使匈奴，“多赍金帛，重遗单于，谕晓以受命代汉状，因易单于故印。故印文曰‘匈奴单于玺’，莽更曰‘新匈奴单于章’。”以厚赐引诱匈奴单于更换新印。后来单于反悔，求故印，使者不肯。“单于知已无可奈何，又多得赂遗，即遣弟右贤王舆奉马牛随将率入谢，因上书求故印。”[③] 使者以厚赐暂时稳住了匈奴单于。天凤二年（15）五月，王莽派遣王昭君侄、和亲侯王歙与五威将王咸等六人出使匈奴。王咸等至，“多遗单于金珍，因谕说改其号，号匈奴曰‘恭奴’，单于曰‘善于’，赐印绶。封骨都侯当为后安公，当子男奢为后安侯。单于贪莽金币，故曲听之，然寇盗如故。”[④] 王莽又以厚赐引诱匈奴单于改号。这些虽然都属于王莽的乖张之举，但也表明这种利诱性赏赐的作用。

综上所述，“赐”在汉代被运用于外交关系的各个方面，相当广泛，其类型和性质多种多样。但是其中回报性赏赐为其最基本的形态，它不仅贯穿于来贡、来使、来朝、来侍等外交方式的回报之中，而且贯穿于对外遣使、对外和亲等方式之中。不论“来”或“往”都在不同程度贯穿着回报的意涵，亦即礼尚往来的精神实质。由此可见，礼尚往来的外交原则，是古代东亚世界以中国为核心的外交体制中的一项基本原则。因此，在古代东亚世界的外交关系中，并非中国王朝妄自尊大以天朝自

---

① 《汉书》卷九四下《匈奴传下》，第 3818 页。

② 《汉书》卷九四下《匈奴传下》，第 3819 页。

③ 《汉书》卷九四下《匈奴传下》，第 3820—3821 页。

④ 《汉书》卷九四下《匈奴传下》，第 3828 页。

居，单方面向外索取，等待外国、外族前来“朝贡”，而是一种相互需要、相互依存而自然形成的外交关系，所谓“非上威服致其贡物也”[①]。

“赐”作为一种外交利器，对于促进和密切双方关系，化解、缓和双方矛盾乃至冲突，都起着润滑剂或缓冲的作用。从汉皇朝方面来说，对于“来”者的厚赐，是从其国家利益出发的，“凡中国所以为通厚蛮夷，惬快其求者，为壤比而为寇也。”[②] 保证边境的安宁是汉皇朝实行厚赐的重要目的之一。对于四方国、族来说，也各自怀着不同的政治、经济等方面的目的。

何以赏赐如此重要并往往得以奏效？这除了礼尚往来为外交关系中的普遍原则，为外交诸方所普遍接受和遵循之外，还与汉皇朝与四方国、族的社会经济发展的不平衡有密切关系。当时世界上汉皇朝是物质文明和精神文明最为先进的国家，其社会经济处于世界发展的前列，其地理条件之多样性所决定的其经济形态的丰富性也是其他国、族所不能比拟的。因此，向往、追求这种先进的物质文明和精神文明遂成为周边乃至远方国、族的巨大动因。所谓“蛮夷俗贪汉财物”[③]、蛮夷“贪汉物”[④]“嗜汉财物”[⑤]“贪汉缯帛”[⑥]“蛮夷贪”[⑦]“贪利赏赐”[⑧]“贪汉重币”[⑨]“贪得重赏”[⑩] 等记载史不绝书，就是汉皇朝的物质文化、精神文化对于这些国、族具有巨大吸引力的反映。

二　“赐”的基本原则

在“赐”这一外交方式中，贯穿着几个重要的基本原则，其主要者

---

① 《汉书》卷九六下《西域传下》“赞曰”，第 3929 页。

② 《汉书》卷九四上《匈奴传上》，第 3886 页。

③ 《史记》卷一二三《大宛列传》，第 3168 页。

④ 《汉书》卷六一《张骞传》，第 2692 页；《汉书》卷七〇《傅介子传》，第 3002 页。

⑤ 《史记》卷一一〇《匈奴列传》，第 2905 页；《汉书》卷九四上《匈奴传上》，第 3765 页。

⑥ 《史记》卷一一六《西南夷列传》，第 2994 页；《汉书》卷九五《西南夷两粤朝鲜传》，第 3839 页。

⑦ 《史记》卷一二三《大宛列传》，第 3168 页。

⑧ 《汉书》卷九四下《匈奴传下》，第 3829 页。

⑨ 《史记》卷九九《刘敬列传》，第 2719 页。

⑩ 《后汉书》卷四一《宋意传》，第 1416 页。

为礼尚往来原则、对等性原则和厚往薄来原则等。

（一）礼尚往来原则

汉王朝对于四方国、族来“贡”的接待方针政策，一般来说是：“其慕义而贡献，则接之以礼让。”① 所谓“接之以礼让”，不仅在于接待礼仪方面，更主要的体现于对来“贡”者的回报方面。故曰“其来贡献则相与报。”②“赐”即为“相与报”的重要体现。认为此“盖圣王制御蛮夷之常道也。”③ 所谓“常道”即基本原则。这里贯穿的就是一种礼尚往来原则，四方国、族之遣使前来“贡”，是谓“来”，接之以礼让、相与报，是谓“往”，一“来”一“往”是谓“礼”，从而形成外交关系和礼仪。

在“赐”中贯彻礼尚往来原则，是两汉一以贯之的方针政策。惠帝、高后时，匈奴冒顿单于恃强而轻汉，遣使来书侮辱高后，从高后至群臣无不感到气愤。当时摆在汉统治集团面前有两种选择，一是采取激烈的对抗措施，斩其来使并派大军击之；一是以礼报答。经过激烈的辩论，最后以季布为代表的理性选择占据了上风，决定采取后面一种方针，即礼尚往来的方针，于是派遣大谒者张泽出使匈奴致书回报，并以“御车二乘，马二驷”为礼品。这一措施果然奏效，“冒顿得书，复使使来谢曰：‘未尝闻中国礼义，陛下幸而赦之。’因献马，遂和亲。”④ 汉方的礼品虽然不能说丰厚，但是其力道是大的，从而得到了匈奴的相应回报，献马以为答礼，双方化干戈为玉帛，实现了“和亲”。在这个事件中贯穿着礼尚往来的精神和原则。冒顿称赞之“中国礼义”，主要就是指这种礼尚往来的精神和原则。这一事件表明，中原地区源远流长的传统外交关系原则是如何通过外交实践而向四外传播、扩散，从而被接受和逐渐成为国际公认的、普遍遵循的外交关系准则。通过外交的互动过程，这些原则逐渐被双方所认同，从而成为双方交往的准则，并逐渐传播、扩散而成为通行的外交准则。

建武二十八年（52），北匈奴遣使前来“贡马及裘，更乞和亲，并请

---

① 《汉书》卷九四下《匈奴传下》，第 3834 页。

② 《汉书》卷九六下《西域传下·车师传》，第 3928 页。

③ 《汉书》卷九四下《匈奴传下》，第 3834 页。

④ 《汉书》卷九四上《匈奴传上》，第 3755 页。

音乐，又求率西域诸国胡客与俱献见。”光武帝命令“三府”议酬答之宜。司徒掾班彪奏曰：“羁縻之义，礼无不荅。谓可颇加赏赐……”① 当时北匈奴在与汉的关系中，处于弱势和被动的地位，因此基本上是北匈奴有求于汉而“来”，在这种情况下，汉方仍然坚持“礼无不荅”的方针对待之，而给予赏赐报答。这就是礼尚往来原则的体现。可知礼尚往来原则不仅是处理与汉皇朝关系亲密、友好国、族，也是处理与汉皇朝疏远、敌对或弱小国、族关系的一个基本原则。于是我们可以看到，匈奴方面对于汉方也尽其所能还以丰厚回报，东汉时期，“单于岁遣侍子来朝，谒者常送迎焉，得赂弓马毡罽他物百余万。”② 汉方所派遣护送匈奴侍子的使者——谒者，从匈奴那里得到价值百余万的“弓马毡罽他物”的赏赐。从中可以窥知礼尚往来原则被匈奴所接受并实行的情形。

（二）对等性原则

对等性是汉皇朝在实行“赐”时的又一项基本原则。

对等性原则在政治性赏赐中有明显的体现。甘露三年（前51）呼韩邪单于来朝，汉赐予其“黄金玺盭绶”，其形制与诸侯王玺相同，但是其印文曰：“匈奴单于玺”③。称“玺”而不称“章”，这是天子才能够享有的特权，“汉已来，天子独称玺，又以玉，群臣莫敢用也。”④。故史称“宣帝始赐单于印玺，与天子同。”⑤ 可知呼韩邪单于来朝时宣帝所授其印玺是与天子相同的，表明当时在政治性的赏赐上是视其为与汉皇帝对等的君主。这也是从汉初以来汉匈关系中一直奉行的传统，这在汉文帝与匈奴单于的文书往来中有明显的体现（详见下文“外交文书”一节）。而王莽篡汉之后，“狭小汉家制度，以为疏阔。”⑥ 遂遣使匈奴，“多赍金帛，重遗单于，谕晓以受命代汉状，因易单于故印。故印文曰‘匈奴单于玺’，莽更曰‘新匈奴单于章’。”此事遭到匈奴方面的抵制，曰：“汉赐

---

① 《后汉书》卷八九《南匈奴传》，第2946页。
② 《续汉书·百官志五》注引应劭《汉官》，点校本《后汉书志》第二十八，第3626页。
③ 《汉书》卷九四下《匈奴传下》，第3820页。
④ 《太平御览》卷六八二《仪式部三》引《汉旧仪》，第3045页。
⑤ 《汉书》卷二四上《食货志上》，第1143页。
⑥ 《汉书》卷二四上《食货志上》，第1143页。

单于印，言‘玺’不言‘章’，又无‘汉’字，诸王已下乃有‘汉’言‘章’。今即去‘玺’加‘新’，与臣下无别。愿得故印。”① 从这次新旧印的更换中我们可以看到，一是宣帝时赐予匈奴单于的印玺是径称“匈奴单于”，前面没有冠以“汉”字，表明汉方承认匈奴单于为匈奴之最高君主及其所具有的主权和独立性。现在王莽在“匈奴单于”前加上“新”朝的“新”字，意味着匈奴为王莽政权的附庸，丧失了其主权和独立性；二是改“玺”曰“章”，降低了单于的地位。“玺”为天子专有之称谓，“章”为诸王以下称谓。这样就视单于等同于“王”。因此遭到匈奴方面的抵制和抗议。王莽更易匈奴单于故印事件的后果是严重的，导致“二方始怨，侵犯边境。”② 汉匈关系遭到破坏，双方又进入二三十年的对立和战争状态，直至东汉建武六年（30）之后才逐渐恢复友好关系。

经济性赏赐中也贯穿这一原则。建武二十八年（52），北匈奴遣使来献，群臣在讨论如何回应的问题时，班彪建议“可颇加赏赐，略与所献相当。”③ 主张回报物资与其所贡献之物资大体相当，亦即相互对等、平衡。当时匈奴分裂为南北，北匈奴与汉的关系，与附汉的南匈奴相较有所差距，加以其时北匈奴“数连兵乱，国内虚耗，贡物裁以通礼。”其献物亦较为菲薄。于是班彪提出按照“略与所献相当”的基本原则进行赏赐。班彪具体提出的赏赐物品是“赍杂缯五百匹，弓鞬韇丸一，矢四发，遣遗单于。”以及“又赐献马左骨都侯、右谷蠡王杂缯各四百匹，斩马剑各一。”这些大概就是与北匈奴所“贡马及裘”④ 价值相当之回报。

（三）厚往薄来原则

虽然赏赐“略与所献相当”可视为汉皇朝在处理“赐”与“贡”关系方面的基本准则之一，但是厚往薄来这一古老的传统，在赏赐中亦仍然存在。

在呼韩邪单于来朝的西汉宣帝甘露三年（前 51），“郅支单于亦遣使奉献，汉遇之甚厚。”⑤ 当时匈奴在五单于争立的内乱中，逐渐形成了呼

---

① 《汉书》卷九四下《匈奴传下》，第 3820—3821 页。
② 《汉书》卷二四上《食货志上》，第 1143 页。
③ 《后汉书》卷八九《南匈奴传》，第 2946 页。
④ 《后汉书》卷八九《南匈奴传》，第 2946—2947 页。
⑤ 《汉书》卷九四下《匈奴传下》，第 3798 页。

韩邪单于及其兄郅支单于对峙的局面，呼韩邪单于为了抵御郅支单于的进逼而附汉，首开单于朝汉的先例。于是郅支单于亦大力发展与汉的关系，故在呼韩邪单于朝汉的当年亦遣使贡献。汉皇朝对于匈奴内部的斗争采取了相对超脱的态度，故对于郅支单于之来献，亦厚遇之，给予丰厚的回报。但是，也不能说汉皇朝对于来献者的亲疏、敌友没有任何区别。甘露四年（前50）呼韩邪和郅支“两单于俱遣使朝献，汉待呼韩邪使有加。”① 还是体现了两者的差别，故所谓厚往薄来还是需要考量彼此关系亲疏之别的。

在对于所献礼物菲薄者的厚赐中，更能体现厚往薄来的精神。东汉永元十六年（104），“北单于遣使诣阙贡献，愿和亲，修呼韩邪故约。和帝以其旧礼不备，未许之，而厚加赏赐，不荅其使。”这是在对方“旧礼不备”的情况下仍然给予厚赐。元兴元年（105），北匈奴又一次“遣使诣敦煌贡献，辞以国贫未能备礼，愿请大使，当遣子入侍。时邓太后临朝，亦不荅其使，但加赐而已。”② 这是在北匈奴再一次“未能备礼”的情况下，仍然“加赐”而遣之。

对于处于弱势地位或弱小国、族来献，亦同样以厚赐待之。东汉建武二十一年（45）冬，西域“车师前王、鄯善、焉耆等十八国俱遣子入侍，献其珍宝。及得见，皆流涕稽首，愿得都护。天子以中国初定，北边未服，皆还其侍子，厚赏赐之。”③ 这是西域诸小国亟需汉皇朝保护的情况下而给予厚赐。在我国东北地区的诸族中有夫余、鲜卑、高句丽等，建武二十五年（49），鲜卑“遣使奉献，愿得归化……其异种满离、高句丽之属，遂骆驿款塞，上貂裘好马，帝辄倍其赏赐。”④ 给予加倍的回报。同时，“夫余王遣使奉贡，光武厚荅报之。”此后“使命岁通”⑤。夫余在“汉魏时有户八万”⑥。

① 《汉书》卷九四下《匈奴传下》，第3798页。

② 《后汉书》卷八九《南匈奴传》，第2957页。

③ 《后汉书》卷八八《西域传》，第2924页。《后汉书》卷一下《光武帝纪下》谓“十六国”，第73页。

④ 《后汉书》卷二十《祭肜传》，第745页。

⑤ 《后汉书》卷八五《东夷列传·夫余国传》，第2812页。

⑥ （宋）郑樵撰：《通志》卷一九四《四夷一》，中华书局1987年版，第3111页。

厚往薄来的实质是“赐”超越于“贡”，是汉方在政治上凌驾于对方，外交上超越于对方在物质、经济形态上的一种体现，是汉皇朝对于四方国、族外交上处于强势地位的一种反映。在这种“贡”与“赐”的关系中，汉皇朝的付出往往大于索取，但这却是四方国、族在外交上对于汉皇朝并非处于平等地位的一种反映。

上述三项原则并非只在“赐”这一外交方式中运用，而是贯穿于整个外交关系中，行用于各种外交方式，只是其具体的表现形态有所不同而已。由于汉皇朝的经济当时是东亚地区最发达的，所以来使方诛求无厌的情况亦属常事，汉方对此亦颇感无奈，或谓“西域骆驿遣使，求索无厌，与之则费难供，不与则失其心。”[①] 这无疑更加重了汉皇朝在赏赐中的负担。

第四节　封

封，原指天子分封诸侯，“封，谓立封于疆为界。”[②] 孔颖达有一个简明的解释：“封者，聚土之名也。天子之建诸侯，必分之土地，立其疆界，聚土为封以记之，故建国谓之封国。”[③] 战国以降，“封”“拜”往往连用，泛指拜官授爵。“诛不从命，封拜有功”[④]，遂为驾驭王公百官的常制。“贰师将军李广利捐五万之师，靡亿万之费，经四年之劳，而仅获骏马三十匹，虽斩宛王毋鼓之首，犹不足以复费，其私罪恶甚多。孝武以为万里征伐，不录其过，遂封拜两侯、三卿、二千石百有余人。”[⑤] 可见“封拜”包括拜官与授爵两方面内容。“大封拜”遂与“大朝会”[⑥] 一并成为一种国家大典。“封拜”本来是属于内政，一则通过设官分职以施行政务，一则通过爵禄以调整统治集团内部关系。但在汉代亦将其广泛施行于外交关系之中，成为外交诸方式之一。将内政方式施行于对外关系

① 《后汉书》卷四七《班超附子（班）勇传》，第1588—1589页。

② 《周礼注疏》卷二九《夏官司马·大司马》郑注，第892页。

③ 《春秋左传正义》卷一二，僖公二年，第370页。

④ 《东观汉纪校注》卷二一《载记·王常》，第895页。

⑤ 《汉书》卷七〇《陈汤传》，第3017—3018页。

⑥ 《续汉书·百官志三》，点校本《后汉书志》第二十六，第3599页。

之中，是外交制度和外交关系发展中具有普遍性的现象，非独“封拜”这一方式为然。或谓将封拜作为一种重要的外交方式而实施于对外关系肇始于汉代，北宋王钦若等人在总结这一方式时写道：“中国之于夷狄，羁縻而已。若乃殊邻绝党之国，钦风慕化而至，琛赆维旅，鞮译以通，解辫而习宾仪，保塞而请内属，由是推怀柔之道，开抚纳之意，优其礼遇，厚其赐予，以笃其好而厌其心焉。汉氏之后，乃复加以侯王之号，申之封拜之宠，备物典册以极其名数，持节封建以震乎威灵。至于告终称嗣，抚封世及，必俟文告之命，乃定君臣之位，自非人君之慎德，大邦之敦信，皇明遐烛而无间，仁风溥畅而胥洎，又曷能革彼犷悍，被之声教，使其奉王略而为外臣者哉。”[①] 这里论述了封拜这一方式的产生及其作用和意义，强调从汉代开始将封拜这一方式广泛施行于与四方国、族关系之中。虽然我们不能认为这一方式完全从汉代才出现[②]，但是汉代开始将其大规模运用于外交关系中，使之成为汉皇朝处理与四方国、族关系的一个手段和政策，则是没有疑问的。兹将汉代对外封拜对象、作用及其性质诸方面问题略述于后。

一　封拜对象和类别

汉代对于四方国、族的封拜，其对象可谓多种多样，从而形成不同的类别。

（一）封拜君主

汉代对于四方国、族君主之封拜，从时间先后言之，大体自东南→南方→西南→西北→北方→东北循顺时针方向而进行，亦即大体沿着自百越而西南夷而西域而匈奴而东北诸族的顺序进行。这种顺序并非没有原因和意义，其实质是针对四方国、族的不同情况和根据汉皇朝之战略

---

① （宋）王钦若等编：《册府元龟》卷九六三《外臣部·册封序》，中华书局1960年版，第11326页。

② 《后汉书》卷八七《西羌传》曰：“戎本无君长，夏后氏末及商周之际，或从侯伯征伐有功，天子爵之，以为藩服。”（第2875页）《汉书》卷一七《景武昭宣元成功臣表》序曰：“《春秋》列潞子之爵，许其慕诸夏也。”注引应劭曰：“潞子离狄内附，《春秋》嘉之，称其爵，列诸盟会也。”（第635页）然与汉代将侯王之号广泛加以四方国、族之制相比尚不可同日而语。

需要，由弱而强、由小而大次第展开；而不同地区和国、族之被封拜，又有不同的原因和情况，因而又可以分为不同的类型。

1. 开国功臣

所谓开国功臣是指对于汉皇朝的建立作出过贡献而被封拜者，东南方的东越君主基本上属于这一类型。汉初大封开国功臣时，亦有少数边族首领被封，东越首领无诸、摇就是在这种情况下得到封拜的。在汉代最早得到封拜的边族首领是东越的无诸，汉五年（前 202），“复立无诸为闽越王，王闽中故地，都东冶。”① 这是刘邦由汉王即位为汉皇帝之后大封功臣时所封第一位边族首领，他是与韩信、彭越、韩王信、吴芮等功臣同时得立的。何以无诸能够跻身其中，得到这种殊荣？这是因为在反秦战争中，无诸“从诸侯灭秦”，在楚汉相争中，他“不附楚”，而“率越人佐汉”②。在秦汉之际诸侯逐鹿中原的错综复杂斗争中，他一直站在“正确”路线方面而不迷失，为汉皇朝的建立立下了汗马功劳。另一位东越首领摇，与无诸志同道合、并驾齐驱，惠帝三年（前 192）时，“举高帝时越功，曰闽君摇功多，其民便附，乃立摇为东海王，都东瓯，世俗号为东瓯王。”③ 摇之封虽然晚于无诸，但其被封的理由却是相同的，均因开国之功。东越之所以早得封，乃因这个族群与中原王朝的关系较其他民族要密切，他们很早就卷入中原王朝的政治、军事斗争之中，表明他们的政治文化与中原地区是比较接近和密切的。

2. 割据称王

南越的情况与东越不同，他是因割据称王而被汉封拜的。南越王赵佗原为秦末南海郡龙川县令，他与上述东越首领的政治态度是不同的，他“不助天下诛暴逆”④，不仅没有参加反秦联盟和反楚斗争，反而趁中原大乱、新建立的汉皇朝无暇顾及的机会而割据岭南，“自立为南越武王”。这对于新兴的汉皇朝来说，是仅次于北方匈奴的一个威胁。但是“高帝已定天下，为中国劳苦，故释佗弗诛。”⑤ 汉皇朝还无力解决南越问

① 《史记》卷一一四《东越列传》，第 2979 页。
② 《史记》卷一一四《东越列传》，第 2979 页。
③ 《史记》卷一一四《东越列传》，第 2979 页。
④ 《史记》卷九七《陆贾列传》，第 2697 页。
⑤ 《史记》卷一一三《南越列传》，第 2967 页。

题，于是汉十一年（前 196），高帝“遣陆贾因立佗为南越王，与剖符通使，和集百越，毋为南边患害，与长沙接境。”① 可见南越之封，是汉皇朝承认既成事实的一个妥协办法，实属不得已而为之。南越的封拜，属于汉初对于割据称王者的一种权宜之计。

3. 开边拓境

上述东越、南越一般被泛称为百越，而西南夷之封拜，与上述百越之封拜又有所不同，是汉皇朝为了开边拓境而进行的。其封拜时间已不是汉初的高帝时期，而是进入西汉中期的武帝时期了。

西南夷地区种族繁多，“君长以百数”② “南夷君长以十数，夜郎最大。其西，靡莫之属以十数，滇最大。自滇以北，君长以十数，邛都最大……自巂以东北，君长以十数，徙、莋都最大。自莋以东北，君长以十数，冉駹最大……自駹以东北，君长以十数，白马最大，皆氐类也。”③ 夜郎和滇是西南夷中最大的政治实体，此外还有邛都、徙、莋都、冉駹、白马等。西南夷问题之提上议事日程，与汉皇朝解决百越问题相关，而且与通西域问题亦有关。

首先是与解决百越问题相关。建元六年（前 135），大行王恢击东越，王恢“因兵威使番阳令唐蒙风指晓南越”。唐蒙在南越吃到蜀地特产枸酱，了解到这种特产从夜郎转贩而来，而“南越以财物役属夜郎”。唐蒙回来后将所得情报向武帝报告，上书提出通夜郎的建议：“南越王黄屋左纛，地东西万余里，名为外臣，实一州主也。今以长沙、豫章往，水道多绝，难行。窃闻夜郎所有精兵，可得十余万，浮船牂柯江，出其不意，此制越一奇也。诚以汉之强，巴蜀之饶，通夜郎道，为置吏，易甚。”④ 通夜郎的主要目的是从右侧钳制南越，企图在军事上得到夜郎的兵力相助，并利用其上游地理位置，出其不意攻击南越。解决南越问题是汉通西南夷的重要初衷。

其次，与通西域问题亦有关。张骞第一次通西域回来后，曾经向汉

---

① 《史记》卷一一三《南越列传》，第 2967—2968 页。

② 《史记》卷一一六《西南夷列传》，第 2997 页。

③ 《汉书》卷九五《西南夷两粤朝鲜传》，第 3837 页。

④ 《史记》卷一一六《西南夷列传》，第 2993—2994 页。

武帝报告在大夏看到蜀地所产之“蜀布”和“邛竹杖”，大夏是从其东南之身毒国贩运而来，身毒国则“得蜀贾人市”而来。由于直接通西域受到匈奴的阻隔，汉皇朝认为采取迂回办法，经蜀地而通身毒国、大夏国，从而可以达到通西域的目的。于是汉武帝决定遣使通西南夷。通过通西南夷而通身毒国的目的虽然没有达到，但是从中获得了对于西南夷的认识，“使者还，因盛言滇大国，足事亲附。天子注意焉。”①

元鼎六年（前111）平定南越。“夜郎侯始倚南粤，南粤已灭，还诛反者，夜郎遂入朝，上以为夜郎王。南粤破后，及汉诛且兰、邛君，并杀莋侯，冉駹皆震恐，请臣置吏。以邛都为粤巂郡，莋都为沈黎郡，冉駹为文山郡，广汉西白马为武都郡。”② 借助平定南越的兵威，封拜夜郎王的同时，设置了越巂、沈黎、文山、武都等郡，将邛都、莋都、冉駹、白马等实体纳入汉皇朝版图之中。元封二年（前109），又“使王然于以粤破及诛南夷兵威风谕滇王入朝。”滇王者，“其众数万人，其旁东北劳深、靡莫皆同姓相杖，未肯听。”于是“天子发巴蜀兵击灭劳深、靡莫，以兵临滇。滇王始首善，以故弗诛。滇王离西夷，滇举国降，请置吏入朝。于是以为益州郡，赐滇王王印，复长其民。”继夜郎之后又封拜滇王。西南夷众多君长中，“独夜郎、滇受王印。”③ 他们之被封拜，对于西南地区之纳入汉皇朝版图具有重要意义。可见汉皇朝对于西南夷的策略是以兵威为后盾，将其中有代表性者封拜为王，从而将广大地区纳入汉皇朝版图之中，为其进一步通西域和解决北方匈奴问题创造了有利条件。

开疆拓土的过程是漫长的，以南蛮、西南夷而论，其中之反复自不待言，直至东汉后期，这种过程还在继续，灵帝建宁三年（170），郁林太守谷永“以恩信招降乌浒人十余万内属，皆受冠带，开置七县。”④ 即属此类。据万震《南州异物志》：“乌浒，地名也。在广州之南，交州之北。”⑤ 所谓“皆受冠带”即对其君长加以封拜，赐以印绶，而将其地纳

① 《史记》卷一一六《西南夷列传》，第2996页。

② 《汉书》卷九五《西南夷两粤朝鲜传》，第3841—3842页。

③ 《汉书》卷九五《西南夷两粤朝鲜传》，第3842页。

④ 《后汉书》卷八六《南蛮西南夷传》，第2839页。

⑤ 《后汉书》卷八六《南蛮西南夷传》注引，第2834页。

入汉皇朝版图。

4. 战略争夺

西域地区是汉、匈争夺的战略要地，西域诸国基本上是在这种大背景下，亦即战略争夺中得到封拜的。汉通西域的主要目的是从战略上“断匈奴右臂”，以利于解决汉皇朝所面临的最大威胁——北方的匈奴问题，因此争取西域诸国对于汉皇朝来说是一个战略性问题。虽然汉对于西域诸国之封拜，其具体情况和原因不尽相同，但是从总体观之，对于西域诸国之封拜，是从属和服务于“断匈奴右臂”这一战略目标的，因此，这里是汉与匈奴进行角逐和争夺的一个广阔平台。即使在匈奴被削弱之后，西域仍然是汉匈之间争夺的对象。汉匈之间在西域的争夺可以说贯穿两汉之始终。

汉皇朝对于西域诸国的封拜，最早是在汉武帝发动远征大宛之后，太初三年（前102）大宛贵人共杀其王毋寡，与汉订立城下之盟，汉军“立宛贵人之故待遇汉使善者名昧蔡以为宛王，与盟而罢兵。终不得入中城。乃罢而引归。”① 这是汉皇朝对于西域诸国君主的第一次封拜。虽然武帝征大宛的具体原因是关于“天马”之予取问题，但是，“天子已业诛宛，宛小国而不能下，则大夏之属轻汉，而宛善马绝不来，乌孙、仑头易苦汉使矣，为外国笑。”② 表明臣服大宛对于汉皇朝通西域具有重要意义，汉皇朝对于大宛马的要求被拒绝，而第一次大规模对西域之用兵又不能取胜，将严重影响汉在西域诸国的威望，则进而通西域必将困难更大，“断匈奴右臂”之战略目标将无从实现。因此，汉皇朝不惜大举用兵，并在兵威之下扶立亲汉之大宛将军为王。

楼兰国在西域之东垂，与汉最为靠近，是汉通西域之要冲。楼兰与很多西域小国相同，经常依违于汉匈之间，“复为匈奴反间，数遮杀汉使。”昭帝元凤四年（前83）“大将军霍光白遣平乐监傅介子往刺其王”。斩楼兰王首后，傅介子“告谕以‘王负汉罪，天子遣我诛王，当更立王弟尉屠耆在汉者。汉兵方至，毋敢动，自令灭国矣！’”时楼兰尉屠耆在

---

① 《史记》卷一二三《大宛列传》，第3177页。

② 《史记》卷一二三《大宛列传》，第3176页。

汉为质子，汉王朝“乃立尉屠耆为王，更名其国为鄯善，为刻印章，赐以宫女为夫人，备车骑辎重，丞相将军率百官送至横门外，祖而遣之。”[①] 通过这些措施，亲匈奴的楼兰国变为亲汉的鄯善国，为汉皇朝打开了通向西域的门户。

车师亦为汉与匈奴争夺的战略要地。地节二年（前68）乌贵立为车师王，“与匈奴结婚姻，教匈奴遮汉道通乌孙者。”[②] 车师倒向匈奴，严重影响汉通西域。后来匈奴“单于复以车师王昆弟兜莫为车师王”[③]。元康二年（前64）“汉召故车师太子军宿在焉耆者，立以为王，尽徙车师国民令居渠犂，遂以车师故地与匈奴。车师王得近汉田官，与匈奴绝，亦安乐亲汉。”[④] 通过封拜新王，车师终于从亲匈奴之国转变为亲汉之国。

宣帝时，莎车王上书请以解忧公主小子万年为莎车王，汉许之，遣使者奚充国送万年前往莎车即位。但是“万年初立，暴恶，国人不说。”于是“莎车王弟呼屠征杀万年，并杀汉使者，自立为王，约诸国背汉。”这一封拜并不成功，恰逢“卫候冯奉世使送大宛客，即以便宜发诸国兵击杀之，更立它昆弟子为莎车王。”[⑤] 再次企图以封拜扭转局面，稳定莎车与汉的关系。

乌孙是西域的大国，是汉经略西域的重点，但是汉对于乌孙君主的封拜却并不算早，而是远在与乌孙和亲之后。宣帝甘露元年（前53）乌孙分裂，经过汉方调解，解忧公主侍者冯嫽于次年奉宣帝之命，“锦车持节，诏乌就屠诣长罗侯赤谷城，立元贵靡为大昆弥，乌就屠为小昆弥，皆赐印绶。”[⑥] 大小昆弥均得到汉的册封，乌孙亦由汉的盟国而成为附庸国[⑦]。

汉匈在西域经过长期的较量，最后以匈奴势力退出西域，汉全面控

① 《汉书》卷九六上《西域传上·鄯善国传》，第3878页。
② 《汉书》卷九六下《西域传下·车师传》，第3922页。
③ 《汉书》卷九四上《匈奴传上》，第3788页。
④ 《汉书》卷九六下《西域传下·车师传》，第3924页。
⑤ 《汉书》卷九六上《西域传上·莎车国传》，第3897—3898页。
⑥ 《汉书》卷九六下《西域传下·乌孙国传》，第3907页。
⑦ 参见余太山主编《西域通史》，中州古籍出版社1996年版，第54、57页。

制西域而告终，这一转折的标志是神爵二年（前 60）以郑吉并护车师以西北道，西域都护的正式成立，于是“汉之号令班西域矣”①。汉之号令班西域的一个重要表现就是西域诸国皆得到汉的封拜，西域“最凡国五十。自译长、城长、君、监、吏、大禄、百长、千长、都尉、且渠、当户、将、相至侯、王，皆佩汉印绶，凡三百七十六人。”只有“康居、大月氏、安息、罽宾、乌弋之属，皆以绝远不在数中，其来贡献则相与报，不督录总领也。”② 西域诸国大多数都得到了汉的封拜，被授予印绶。诸国自君主以下至百官均得到汉的封拜，《汉书·西域传》所载诸国王侯及官号，有的是在其倒向汉之后所命名，如鄯善国有“鄯善都尉”，必在改国名楼兰为鄯善之后所命官称；“却胡侯”，其“胡”指匈奴，亦必在摆脱匈奴而亲汉之后才可能有的官称。这应当是在西域都护成立之前就已有的官爵称号。但大多数官爵称号应当是在西域都护建立之后被汉封拜所得，《汉书·西域传》所概述之西域诸国佩汉印绶者为 376 人，根据《西域传》所载粗略统计，佩汉印绶之国有 33，则此 33 国君主皆当被汉授予“王”玺印。“王”之下官爵 246 人，共得 279 人，与 376 人相较，尚短 97 人。

5. 敌国臣服

由原来的“敌国”而转变为臣属国之后得到封拜，是又一个类型，对于匈奴的封拜即属于这一类型。汉代将汉匈关系视为“敌国”关系，史称匈奴“尽服从北夷，而南与中国为敌国。”③ 萧望之说：匈奴“非正朔所加，故称敌国。”④ 所谓“敌国”可以有两种理解，一是指双方势均力敌，二是指双方敌对。在汉皇朝的四方国、族之中，匈奴是最大的威胁，汉皇朝几乎是从内到外全方位、倾全力以解决匈奴的威胁问题。从以上所述我们可以看到，尽管汉皇朝对于周边国、族君主已经广泛施行封拜，但是对于匈奴单于却迟迟未能施行。汉皇朝对于匈奴单于的封拜，至宣帝甘露三年（前 51）呼韩邪单于来朝的时候方才得以进行。是年正

① 《汉书》卷七〇《郑吉传》，第 3006 页。
② 《汉书》卷九六下《西域传下》，第 3928 页。
③ 《史记》卷一一〇《匈奴列传》，第 2890 页。
④ 《汉书》卷七八《萧望之传》，第 3282 页。

月呼韩邪单于“朝天子于甘泉宫，汉宠以殊礼，位在诸侯王上，赞谒称臣而不名。赐以冠带衣裳，黄金玺盭绶。”① 汉制，诸侯王“金玺盭绶”②，即金质印玺，绿色绶带。此“黄金玺盭绶”即汉皇朝赐予匈奴单于之印玺。西汉末王莽篡位后更换匈奴单于印玺，遣使至匈奴，“多赍金帛，重遗单于，谕晓以受命代汉状，因易单于故印。故印文曰‘匈奴单于玺’，莽更曰‘新匈奴单于章’。”③ 此“故印”当即宣帝时赐予呼韩邪单于之“黄金玺盭绶”，由此可知其印文为“匈奴单于玺”五字。汉代皇帝印章曰“玺”，诸侯王印章亦曰“玺”，据卫宏《汉旧仪》“诸侯王印，黄金橐驼钮，文曰玺。”宣帝授匈奴呼韩邪单于之印章以诸侯王级别而曰“玺”。王莽将其改曰“章”，汉制：列侯、丞相、将军、中二千石，“文曰章”④。这样就将匈奴单于降了级别，故遭到匈奴的反对。

甘露三年封拜呼韩邪单于时，汉代最大的威胁匈奴问题已经得到基本上的解决，汉匈之间的关系和地位较汉初已经发生了巨大变化，由敌对关系而变为和好关系，由势均力敌变为臣属关系。无独有偶，汉对乌孙昆弥的封拜也是在乌孙臣属汉皇朝之后，时间恰巧是在封拜匈奴单于之前一年，即甘露二年授予乌孙大小昆弥以玺绶的。虽然乌孙与匈奴一样也是在此之前很早就与汉建立了和亲关系。表明对于君主的封拜，主要施行于臣属之国而非“敌国”，主要施行于弱小国、族，而非强大之国、族。东汉桓帝时，鲜卑檀石槐崛起，“南抄缘边，北拒丁零，东卻夫余，西击乌孙，尽据匈奴故地，东西万四千余里，南北七千余里，网罗山川水泽盐池。”成为汉在北方的又一最大威胁，“朝廷积患之，而不能制，遂遣使持印绶封檀石槐为王，欲与和亲。檀石槐不肯受，而寇抄滋甚。”⑤ 在檀石槐之前鲜卑已经屡受汉皇朝的封拜，但是到了檀石槐时期则拒绝汉皇朝的封拜，这从一个侧面证明封拜之能否进行，与封拜对象之大小强弱是有关系的。也就是说“敌国”在“臣服”之后方才得以封拜；反之亦然，封拜之后即意味着“臣服”。

---

① 《汉书》卷九四下《匈奴传下》，第3798页。
② 《汉书》卷一九上《百官公卿表上》，第741页。
③ 《汉书》卷九四下《匈奴传下》，第3820页。
④ 《初学记》卷二六《器物部·印》引卫宏《汉旧仪》，第624页。
⑤ 《后汉书》卷九〇《鲜卑传》，第2989页。

6. 亲善降附

还有一种类型是对汉采取亲善友好态度或降附于汉而得到封拜的，东北地区及其外不少国、族大体属于这一类型。这个地区君主之被封拜，已经是在西汉末乃至东汉时期了。上文所述五个方面的类型，大体循顺时针自东南→南方→西南→西北→北方而进行，至匈奴单于之被封拜而标志着汉初所面临的最大威胁——匈奴问题的基本解决，汉皇朝之战略目标基本上得以实现。在此之后对于东北方面的封拜，则是在匈奴问题基本上解决之后，汉皇朝的国际、族际环境得到根本改善之后，外交关系的进一步延伸和扩大。

高句丽是在汉武帝灭朝鲜后所建四郡之一的玄菟郡（郡治沃沮县在今朝鲜咸镜南道咸兴）中的部族发展起来的，于汉元帝建昭二年（前37）立国。东汉建武八年（32），“高句骊遣使朝贡，光武复其王号。”① 时为高句丽大武神王十五年②。所谓“复其王号”是针对王莽时期的改号而言，王莽“更名高句丽王为下句骊侯”③，光武帝拨乱反正，恢复对于周边国、族的封拜称号，其中包括将高句丽恢复“高句丽王”之称号。从这个记载来看，似在王莽之前的西汉后期，高句丽东明王或琉璃王曾经被汉授予“高句丽王”之称号。

日本列岛中有些国、族与汉有比较早的交往，“乐浪海中有倭人，分为百余国，以岁时来献见云。”④“倭人在带方东南大海之中，依山岛为国邑。旧百余国，汉时有朝见者，今使译所通三十国。”⑤《汉书》和《魏志》所说的倭人是指日本九州北部的居民。但是与汉有明确的封拜关系则在东汉才见于记载，建武中元二年（57），日本有“倭奴国奉贡朝贺，使人自称大夫，倭国之极南界也。光武赐以印绶。”⑥ 时在日本垂仁天皇八十六年。这是日本君主第一次得到中国的封拜。清乾隆四十九年、日

---

① 《后汉书》卷八五《东夷列传·高句骊传》，第2814页。

② ［韩］金富轼：《三国史记》卷一四《高句丽本纪第二·大武神》，韩国景仁文化社1995年版（再版），第157页。

③ 《后汉书》卷八五《东夷列传·高句骊传》，第2814页。

④ 《汉书》卷二八下《地理志下》，第1658页。

⑤ 《三国志》卷三〇《魏书·乌丸鲜卑东夷传》，第854页。

⑥ 《后汉书》卷八五《东夷列传·倭传》，第2821页。

本天明四年（1784）在日本九州筑前地方掘得“汉委奴国王”金印，出土地点与倭奴国地理位置一致，这就是光武帝授予倭奴国王的印绶[①]。

夫余在今吉林省长春以北至松花江的区域，中心可能在今农安一带[②]。《三国志·东夷传》关于夫余有这样的记载：“汉时，夫余王葬用玉匣，常豫以付玄菟郡，王死则迎取以葬。公孙渊伏诛，玄菟库犹有玉匣一具。今夫余库有玉璧、圭、瓒数代之物，传世以为宝，耆老言先代之所赐也。其印文言‘濊王之印’，国有故城名濊城，盖本濊貊之地，而夫余王其中，自谓‘亡人’，抑有以也。”[③] 表明早在汉代夫余就与中央王朝有着密切的友好关系，其中提到魏晋时期在夫余的库藏中还保存着汉所赐“濊王之印”的印绶。那么这个印绶是汉的什么时候所赐呢？王莽篡汉后遣使至四面八方改变西汉所封拜周边国、族之封号，“皆即授新室印绶，因收故汉印绶”[④]的时候，“其东出者，至玄菟、乐浪、高句丽、夫余。”[⑤] 由此可知夫余也同样被王莽改变封号。在王莽篡汉之前，汉已向夫余王赐玉匣葬具，“其王葬用玉匣，汉朝常豫以玉匣付玄菟郡，王死则迎取以葬焉。”[⑥] 那么，其时夫余王可能也已经得到汉的封拜。但经王莽改号，西汉时期所赐印绶当已被收夺，则此“濊王之印”当在东汉时期所赐。东汉建武二十五年（49），“夫余王遣使奉贡，光武厚荅报之，于是使命岁通。”安帝永宁元年（120）夫余“乃遣嗣子尉仇台诣阙贡献，天子赐尉仇台印绶金綵。”顺帝永和元年（136），夫余“其王来朝京师，帝作黄门鼓吹、角抵戏以遣之。”[⑦] 由此可见在东汉时期夫余与汉的关系仍然密切，使者、嗣子以及夫余王本人都曾经朝汉，而汉方则加以厚报或印绶之赐。在这些朝贡中都有可能得到“濊王之印”的封拜，其中似以永和元年夫余王本人入朝时得到的可能性较大。

鲜卑，“汉初，亦为冒顿所破，远窜辽东塞外，与乌桓相接，未常通中国焉。”其与汉的接触晚在东汉时期，“及南单于附汉，北虏孤弱，（建

---

① 参见［日］木宫泰彦《日中文化交流史》，胡锡年译，商务印书馆1980年版，第12页；王仪《古代中韩关系与日本》，台湾中华书局1973年版，第75页。

② 田继周：《秦汉民族史》，四川民族出版社1996年版，第215页。

③ 《三国志》卷三〇《魏书·乌丸鲜卑东夷传》，第842页。

④ 《汉书》卷九九中《王莽传中》，第4114页。

⑤ 《汉书》卷九九中《王莽传中》，第4115页。

⑥ 《后汉书》卷八五《东夷列传·夫余国传》，第2811页。

⑦ 《后汉书》卷八五《东夷列传·夫余国传》，第2812页。

武）二十五年，鲜卑始通驿使。”建武三十年（54），“鲜卑大人于仇贲、满头等率种人诣阙朝贺，慕义内属。帝封于仇贲为王，满头为侯。”[①] 这是鲜卑首领首次得到“王”封。其后，鲜卑首领继续得到汉的“王”封，“安帝永初中，鲜卑大人燕荔阳诣阙朝贺，邓太后赐燕荔阳王印绶，赤车参驾，令止乌桓校尉所居甯城下。”[②]

属于这种类型者，除了东北方面之外，在南方、西南方地区境外或西域亦有之。

叶调国。东汉顺帝永建六年（131），“日南徼外叶调王便遣使贡献，帝赐调便金印紫绶。”[③] 这是日南境外叶调国王名便者遣使来汉，得到汉“金印紫绶”之封。《东观书》曰：“建武元年，复设诸侯王金玺綟绶，公侯金印紫绶。”[④] 叶调国，“一般认为即梵文 Yava-Dvipa 译音之略，故地或谓在今印度尼西亚的爪哇岛，或谓在苏门答腊岛，或兼有此二岛。”[⑤]

掸国。东汉和帝永元九年（97），“徼外蛮及掸国王雍由调遣重译奉国珍宝，和帝赐金印紫绶，小君长皆加印绶、钱帛。”[⑥] 这是掸国国王名雍由调者遣使来献，得到“金印紫绶”之封。掸国“故地一般认为在缅甸东北部，包括今掸（Shan）邦一带。”[⑦] 安帝永宁元年（120），“掸国王雍由调复遣使者诣阙朝贺，献乐及幻人，能变化吐火，自支解，易牛马头。又善跳丸，数乃至千。自言我海西人。海西即大秦也，掸国西南通大秦。明年元会，安帝作乐于庭，封雍由调为汉大都尉，赐印绶、金银、綵缯各有差也。”[⑧] 这是掸国国王雍由调第二次得到汉的封拜。

---

① 《后汉书》卷九〇《鲜卑传》，第 2985 页。

② 《后汉书》卷九〇《鲜卑传》，第 2986 页。

③ 《后汉书》卷八六《南蛮西南夷传》，第 2837 页。《校勘记》：“帝赐调便金印紫绶”按：《刊误》谓国名叶调，其王名便，此作“调便”，衍一“调”字。（第 2863 页）

④ 《续汉书·舆服志下》注引《东观书》，点校本《后汉书志》第三十，第 3675 页。

⑤ 《古代南海地名汇释》，第 268 页。

⑥ 《后汉书》卷八六《南蛮西南夷传》，第 2851 页。

⑦ 《古代南海地名汇释》，第 690 页。

⑧ 《后汉书》卷八六《南蛮西南夷传》，第 2851 页。这段引文中有个问题略加说明：①“自言我海西人”乃掸国所献伎乐幻人自谓；②“明年元会，安帝作乐于庭，封雍由调为汉大都尉”云云，因为参加正旦朝会需头年底之前到达京都，以便次年正月与会。据《后汉书》卷五《安帝纪》永宁元年“十二月，永昌徼外掸国遣使贡献。”（第 231 页）掸国使团到达洛阳，次年即建光元年（121）举行正旦朝时方才演奏掸国乐伎并封拜雍由调。

蒙奇、兜勒。东汉和帝十二年（100）冬十一月，“西域蒙奇、兜勒二国遣使内附，赐其王金印紫绶。”① 蒙奇、兜勒被称为“远国”②，或谓“蒙奇即马其顿（Macedonia）之译音，而兜勒则吐火罗（Tuhara）之译音。”③ 这里所谓“内附”，实际上就是遣使前来表示友好。

（二）君主以下人员

上文所述为汉皇朝对于四方国、族君主之封拜，现在再来看看对于君主以下人员的封拜情况。此君主以下人员又可以分为两部分，一部分为入汉人员，一部分为未入汉人员，即仍在其本国、族之人员。

1. 入汉人员

所谓入汉人员有两种情况，大多数是在本国、族与汉皇朝较量中降附汉皇朝，以不同方式为汉皇朝作出了贡献，还有少数是直接为汉皇朝建功立业者。他们均被汉皇朝视为“功臣”，因而被列入《功臣表》之中。为了叙述的方便，我们制作了“四方国、族君主以下入汉人员封拜表”。

表 3－5　　四方国、族君主以下入汉人员封拜表

封国名，姓名	功状	始封年代	所在国、族	备注
贳，傅胡害	以越户将从破秦，入汉，定三秦，以都尉击项羽，千六百户，功比台侯	汉六年（前 201）三月庚子	东越	《史记表》作千六百户，《汉表》作六百户
海阳，摇母余	以越队将从破秦，入汉定三秦，以都尉击项羽，侯，千八百户	汉六年（前 201）三月庚子	东越	《史记表》作千八百户，《汉表》千七百户
绛阳，华毋害	以越将从起留，入汉，定三秦，击臧荼，侯，七百四十户。从攻马邑及布	汉六年（前 201）七月戊戌	东越	《史记表》作绛阳，《汉表》作终陵
煮枣，革朱	以越连敖从起薛，别以越将入汉，击诸侯，以都尉侯，九百户	汉十二年（前 195）六月壬辰	东越	《史记表》作丰，《汉表》作薛

---

① 《后汉书》卷四《和帝纪》，第 188 页。

② 《后汉书》卷八八《西域传·序》，第 2910 页。

③ 张星烺编著，朱杰勤校订：《中西交通史料汇编》第一册第一编《古代中国与欧洲之交通》，中华书局 1977 年版，第 24 页。

续表

封国名，姓名	功状	始封年代	所在国、族	备注
弓高，韩隤当	以匈奴相国降，故韩王信孽子，侯，千二百三十七户	文帝十六年（前168）六月丙子	匈奴	《史记表》作韩颓当，《汉表》作韩隤当
襄城，韩婴	以匈奴相国降，侯，故韩王信太子之子，千四百三十二户	十六年（前168）六月丙子	匈奴	《史记表》作千四百三十二户，《汉表》作二千户
安陵，于军	以匈奴王降，侯，户一千五百一十七	景帝中三年（前147）十一月庚子	匈奴	《史记表》作千五百一十七户，《汉表》作千五百五十户
桓，赐	以匈奴王降，侯	中三年（前147）十二月丁丑	匈奴	《史记表》作垣，《汉表》作桓
迺，陆强	以匈奴王降，侯，千五百七十户	中三年（前147）十二月丁丑	匈奴	《史记表》作遒，《汉表》作迺。《汉书》颜注："迺即古遒字"。
容城，徐卢	以匈奴王降，侯，七百户	中三年（前147）十二月丁丑	匈奴	
易，仆黥	以匈奴王降，侯，千一百十户	中三年（前147）十二月丁丑	匈奴	《史记表》作仆黥，《汉表》作仆黵
范阳，范代	以匈奴王降，侯，千一百九十七户	中三年（前147）十二月丁丑	匈奴	《史记表》作千一百九十七户，《汉表》作六千二百户
翕，邯郸	以匈奴王降，侯	中三年（前147）十二月丁丑	匈奴	
亚谷，卢它之	以匈奴东胡王降，侯，故燕王卢绾子，千五百户	中五年（前145）四月丁巳	匈奴	《史记表》作千五百户，《汉表》作千户
翕，赵信	以匈奴相国降，侯，元朔二年击匈奴功益封，千六百八十户	武帝元光四年（前131）十月壬午	匈奴	《史记表》作七月壬午，《汉表》作十月壬午
特辕，乐	以匈奴都尉降，侯，六百五十户	元朔元年（前128）后九月丙寅	匈奴	《史记表》作"持装"、元光六年，《汉表》作"特辕"、元朔元年
亲阳，月氏	以匈奴相降，侯，六百八十户	元朔二年（前127）十月癸巳	匈奴	

续表

封国名，姓名	功状	始封年代	所在国、族	备注
若阳，猛	以匈奴相降，侯，五百三十户	元朔二年（前127）十月癸巳	匈奴	
涉安，於单	以匈奴单于太子降，侯	元朔三年（前126）四月丙子	匈奴	
昌武，赵安稽	以匈奴王降，侯，以昌武侯从骠骑将军击左贤王功，益封	元朔四年（前125）七月庚申	匈奴	
襄城，桀龙	以匈奴相国降，侯，四百户	元朔四年（前125）七月庚申	匈奴	
潦，王援訾	以匈奴赵王降，侯，五百六十户	元狩元年（前122）七月壬午	匈奴	《史记表》作煖訾，《汉表》作王煖訾
下麾，呼毒尼	以匈奴王降，侯，七百户	元狩二年（前121）六月乙亥	匈奴	《史记表》作下麾，《汉表》作下摩
漯阴，浑邪	以匈奴昆邪王将众十万降，侯，万户	元狩三年（前120）七月壬午	匈奴	《史记表》作漯阴、浑邪、元狩二年，《汉表》作湿阴、昆邪、元狩三年
煇渠，应疕	以匈奴王降，侯	元狩三年（前120）七月壬午	匈奴	《史记表》作扁訾，《汉表》作应疕
河綦，乌黎	以匈奴右王与浑邪降，侯，六百户	元狩三年（前120）七月壬午	匈奴	《史记表》作乌犁，《汉表》作乌黎
常乐，稠雕	以匈奴大当户与浑邪降，侯，五百七十户	元狩三年（前120）七月壬午	匈奴	
杜，复陆支	以匈奴归义因淳王从骠骑将军击左王，以少破多，捕虏三千一百，侯，千三百户	元狩四年（前119）六月丁卯	匈奴	《史记表》作壮、因淳王、捕虏二千一百，《汉表》作杜、因孰王、捕虏三千一百
众利，伊即轩	以匈奴归义楼剸王从骠骑将军击左王，手剑合，侯，千一百户	元狩四年（前119）六月丁卯	匈奴	《史记表》作击右王，《汉表》作击左王
湘成，敞屠洛	以匈奴符离王降，侯，千八百户	元狩四年（前119）六月丙子	匈奴	《史记表》作六月丁卯，《汉表》作六月丙子
散，董舍吾	以匈奴都尉降，侯，千一百户	元狩四年（前119）六月丙子	匈奴	《史记表》作董荼吾、六月丁卯，《汉表》作董舍吾、六月丙子

续表

封国名，姓名	功状	始封年代	所在国、族	备注
臧马，雕延年	以匈奴王降，侯，八百七十户	元狩四年（前119）六月丙子	匈奴	《史记表》作延年、六月丁卯，《汉表》作雕延年、六月丙子
膫，次公	以匈奴归义王降，侯，七百九十户	元鼎四年（前119）六月丙午	匈奴	
术阳，建德	以南越王兄越高昌侯，三千户	元鼎四年（前113）	南越	《史记表》作四年，《汉表》作五年三月壬午
膫，毕取	以南越将军降，侯，五百一十户	元鼎六年（前111）三月乙酉	南越	
安道，定	以南越揭阳令闻汉兵至自定降，侯，六百户	元鼎六年（前111）三月乙酉	南越	
随桃，赵光	以南越苍梧王闻汉兵至降，侯，三千户	元鼎六年（前111）四月癸亥	南越	
湘成，居翁	以南越桂林监闻汉兵破番禺，谕瓯骆民四十余万降，侯，八百三十户	元鼎六年（前111）五月壬申	南越	
北石，吴阳	以故东越衍侯佐繇王斩余善功侯，千户	元封元年（前110）正月壬午	东越	《史记表》作北石，《汉表》作外石
下鄜，黄同	以故瓯骆左将斩西于王功侯，七百户	元封元年（前110）四月丁酉	南越①	《史记表》作下郦，《汉表》作下鄜
开陵，建成	以故东越建成侯与繇王斩余善侯，二千户	元封元年（前110）闰月癸卯	东越	
临蔡，孙都	以南越郎闻汉兵破番禺，为伏波得南越相吕嘉功，侯，千户	元封元年（前110）闰月癸卯	南越	
东成，居股	以故东越繇王斩东越王余善功，侯，万户	元封元年（前110）闰月癸卯	东越	《史记表》作居服，《汉表》作居股
无锡，多军	以东越将军，汉兵至，弃军降，侯，千户	元封元年（前110）	东越	
涉都，喜	以父弃故南海太守，汉兵至，以越邑降，子侯，二千四十户	元封元年（前110）	南越	《史记表》作嘉，《汉表》作喜

① 瓯骆在南越之西，南越割据时“役属焉”（《史记》卷一一三《南越列传》，第2969页），故置于此。

续表

封国名，姓名	功状	始封年代	所在国、族	备注
平州，王唊	以朝鲜将，汉兵至，降，侯，千四百八十户	元封三年（前108）四月丁卯	朝鲜	
荻苴，韩陶	以朝鲜相将，汉兵围之，降，侯，五百四十户	元封三年（前108）四月丁卯	朝鲜	《史记表》作韩阴，《汉表》作韩陶
澅清，参	以朝鲜尼豁相使人杀其王右渠，降，侯，千户	元封三年（前108）六月丙辰朝鲜		
騠兹，稽谷姑	以小月氏右苴王将众降，侯，千九百户	元封四年（前107）十一月丁未	小月氏	《史记表》作若苴王，《汉表》作右苴王
瓡讘，杆者	以小月氏王将军众千骑降，侯，七百六十户	元封四年（前107）正月乙酉	小月氏	《史记表》作杅者，《汉表》作杆者
幾，张路	以朝鲜王子汉兵围朝鲜，降，侯	元封四年（前107）三月癸未	朝鲜	《史记表》作四年三月癸未，《汉表》作三年癸未
涅阳，最	以父朝鲜相路人，汉兵至，首先降，道死，其子封	元封四年（前107）三月壬寅	朝鲜	《史记表》作四年三月壬寅，《汉表》作三月壬寅
开陵，成娩	以故匈奴介和王将兵击车师	不得封年	匈奴	《史记表》以下无，唯《汉表》
归德，先贤掸	以匈奴单于从兄日逐王率众降，侯，二千二百五十户	神爵三年（前59）四月戊戌	匈奴	
信成，王定	以匈奴乌桓屠蓦单于子左大将军率众降，侯，千六百户	五凤二年（前56）九月癸巳	匈奴	
义阳，厉温敦	以匈奴呼连累单于率众降，侯，千五百户	五凤三年（前55）二月甲子	匈奴	

说明：本表据《史记》卷一八《高祖功臣侯者年表》、卷一九《惠景间侯者年表》、卷二〇《建元以来侯者年表》，《汉书》卷一六《高惠高后文功臣表》、卷一七《景武昭宣元成功臣表》制成。

通过上表，我们可以看到西汉时期对于四方国、族君主以下入汉人员封拜之概况：依其国、族人数多少次第为，匈奴 33 人，东越 8 人，南越 8 人，朝鲜 5 人，小月氏 2 人。合计 56 人。其中匈奴占 58.9%，东越和南越分别占 14%（两越合计 16 人，占 28.57%），朝鲜占 8.9%，小月氏占 3.57%。从封拜时间观之，高帝时 4 人，文帝时 2 人，景帝时 8 人，武帝时39人，宣帝时3人。武帝时封拜人数占总数之69.6%。封拜的这种分布状况，一定意义上可以反映汉皇朝与四方国、族关系之轻重缓急，匈奴之被封拜者占总数之半强，从又一个角度说明匈奴是汉皇朝四方国、族中最为强大者，而匈奴问题是汉皇朝所面临的最重要的问题；武帝时期封拜人数几占70%，表明其时汉皇朝之国力和对外关系的发展均处于巅峰状态。下面我们进一步对于上述人员的情况作一分析。

（1）身份地位

本表所列君主以下人员，是仅次于四方国、族君主之"侯"爵级人员。"汉兴，序二等。"《集解》引韦昭曰："汉封功臣，大者王，小者侯也。"① 汉皇朝内部，是以功劳大小而以"王""侯"二等而分封功臣的，将这一处理内部关系之封爵制度施之于外，则对于四方国、族之君主给予相当于"诸侯王"的封爵，而对于君主以下之有功人员，则给予"侯"的封爵。诸侯王之印绶为金印紫绶，如上述呼韩邪单于、叶调国国王、掸国国王所受印绶均属此；侯爵之印绶为银印青绶，如武帝时赐南越国"丞相吕嘉银印"②，即属此一等级。这里所谓君主之下人员的封拜，就是对属于"侯"爵一级人员的封拜。我们在上节所述被封拜之君主，都是仍然在其国、族之中进行统治的情况下，而得到汉皇朝的封拜。这部分"侯"爵级人员，则是在投奔、降附汉皇朝之后得到封拜的，他们已经脱离原来所在国、族，而成为汉皇朝的上层统治集团中的成员，从而在汉皇朝那里得到封邑、封户。这些被封拜的"侯"爵级人员，均被汉皇朝视为"功臣"，亦即对于汉皇朝来说他们都从不同方面为汉皇朝有所贡献，故被称为功臣，而与汉皇朝内部之功臣并列。从本质上来说，他们已经转化为属于汉皇朝统治集团中的组成部分。

（2）事功

这些入汉人员的事功可谓多种多样，各不相同，大约有如下几类。

第一，开国功臣。这类人员中有少量属于开国功臣，这主要是东越方面人员，贯侯傅胡害、海阳侯摇毋余、绛阳侯华毋害、煮枣侯革朱等即属于此类。他们的功状大抵相同，如傅胡害"以越户将从破秦，入汉，

① 《史记》卷一七《汉兴以来诸侯王年表·序》，第801、802页。

② 《史记》卷一一三《南越列传》，第2972页。

定三秦，以都尉击项羽。”[①] 华毋害“以越将从起留，入汉，定三秦，击臧荼。”[②] 他们有的早在反秦斗争中即参与起事，有的在楚汉之争和汉初平定叛乱中站在汉方，对于汉皇朝的建立有所贡献，故被视为功臣。他们当是跟随东越首领无诸、摇而参与逐鹿中原之争的，“及诸侯畔秦，无诸、摇率越归鄱阳令吴芮，所谓鄱君者也，从诸侯灭秦。当是之时，项籍主命，弗王，以故不附楚。汉击项籍，无诸、摇率越人佐汉。”[③] 他们当为无诸、摇所“率越人佐汉”中的将领。无诸和摇以此功而分别被封为闽越王和东海王，其下之将领则被封为汉之功臣侯，这与汉皇朝内部之分封原则和等级基本上是一致的。

第二，起义有功。有一些人是在汉与四方国、族争战中反戈一击，站到汉方一边来，为平定这些反汉国、族而立有大功。东越之北石侯吴阳、开陵侯建成、东成侯居股等人属于此类。元鼎六年（前111）东越王余善反汉，次年汉兵入东越，时吴阳在汉，汉派遣其回去劝说余善，余善不听，于是吴阳“以其邑七百人反，攻越军于汉阳。”[④] 并与开陵侯建成、东成侯居股等商议杀余善，以其众降汉军，从而得以封侯。与此相类似者还有，临蔡侯孙都，因元鼎五年（前112）南越丞相吕嘉反，汉派遣伏波将军路博德攻之，次年击平南越，吕嘉等人逃亡入海，孙都“以故南越郎闻汉兵破番禺，为伏波得南越相吕嘉功。”[⑤] 得以封侯。下鄜侯黄同则“以故瓯骆左将斩西于王功”[⑥] 而被封侯。澅清侯参，因元狩三年（前108）汉灭朝鲜时，以朝鲜尼谿相使人杀其王右渠之功而得封[⑦]。在汉平定南越时，湘成侯居翁“以南越桂林监闻汉兵破番禺，谕瓯骆民四十余万降，侯。”[⑧] 因其对于数十万瓯骆族人倒向汉方有功而封。

第三，参战有功。有的在投奔汉皇朝之后，因参战有功而得以封侯。

---

① 《史记》卷一八《高祖功臣侯者年表》，第909页。

② 《史记》卷一八《高祖功臣侯者年表》，第922页。

③ 《史记》卷一一四《东越列传》，第2979页。

④ 《史记》卷一一四《东越列传》，第2983页。

⑤ 《史记》卷二〇《建元以来侯者年表》，第1053页。孙都，《史记》卷一一三《南越列传》作都稽（第2976页）。

⑥ 《史记》卷二〇《建元以来侯者年表》，第1052页。

⑦ 《史记》卷二〇《建元以来侯者年表》，第1056页。

⑧ 《史记》卷二〇《建元以来侯者年表》，第1051页。

元狩四年（前119）卫青、霍去病率领大军北征匈奴，杜侯复陆支“以匈奴归义因淳王从骠骑将军击左王，以少破多，捕虏二千一百人”，众利侯伊即轩“以匈奴归义楼剸王从骠骑将军四年击右王，手自剑合”① 而被封侯。开陵侯成娩“以故匈奴介和王将兵击车师”② 而被封侯。杜侯复陆支，宣帝本始元年（前73）益封公卿百官诏中，其孙屠耆堂亦在列，注引苏林曰：屠耆堂“姓复陆，其祖父复陆支本匈奴胡也，归义为属国王从骠骑有功，乃更封也。”③ 可知复陆支先入汉，后因跟随骠骑将军伐匈奴之功而更封。

第四，王室成员。此指南越王赵兴之兄、术阳侯赵建德之封。南越王婴齐死后，其与摎氏女所生太子赵兴继位为南越王，摎氏为太后。元鼎四年（前113），“汉使安国少季谕王、王太后入朝。”南越王赵兴和太后“即因使者上书，请比内诸侯，三岁壹朝，除边关。于是天子许之，赐其丞相吕嘉银印，及内史、中尉、太傅印，余得自置。”④ 这就宣告南越已经臣属于汉。与此同时，南越王婴齐与越妻所生子、赵兴之兄、南越高昌侯赵建德被汉封为术阳侯，故史称赵建德“以南越王兄、越高昌侯，侯”⑤，亦即以南越王兄以及南越高昌侯之身份而被封为术阳侯。其事虽然列入《功臣表》中，但是他的被封是比较特殊的，他之被封，并非本人有何功劳，而是因为当时南越宣告内属之后，他作为王室成员而被封。这当是武帝为争取南越内属之措施之一。

第五，投降。“汉兴，匈奴数为边害，故设金爵之赏以待降者。”⑥ 以封爵吸引来降者是这一外交方式之重要目的之一。这部分人员所占比例最大，在56位侯爵中，上述4类人员合计为15人，其余41人则均属此类，占73%。

---

① 《史记》卷二〇《建元以来侯者年表》，第1044—1045页。《索隐》：“手自剑，谓手刺其王而合战。”参见《汉书》卷五五《卫青霍去病传》，第2487页。《汉书》卷一七《景武昭宣元成功臣表》作“手剑合”，颜师古注曰：“手用剑而合战也”，第652页。

② 《汉书》卷一七《景武昭宣元成功臣表》，第662页。开陵侯事迹又见《汉书》卷九六下《西域传下》，第3913、3923页。

③ 《汉书》卷八《宣帝纪》，第240页。

④ 《汉书》卷九五《西南夷两粤朝鲜传》，第3854页。

⑤ 《汉书》卷一七《景武昭宣元成功臣表》，第653页。《表》称术阳侯之始封在元鼎五年三月壬午，“五”当为“三”之讹，但《史记表》作元鼎四年。

⑥ 《汉书》卷九四下《匈奴传下》，第3808页。

在这部分人员中，东越仅见无锡侯多军，他“以东越将军，汉兵至，弃军降，侯。”[①] 他与上述北石侯吴阳、开陵侯建成、东成侯居股相同，都是在元封元年（前110）汉灭东越时投降的，但是他与他们三人不同的是，他们三人合谋杀余善，主要以此功被封，他则主要以“弃军降”被封。南越有四位，均因元鼎六年（前111）汉平南越时降而封侯，瞭侯毕取“以南越将军降”、安道侯定“以南越揭阳令闻汉兵至自定降”、随桃侯赵光“以南越苍梧王闻汉兵至降”、涉都侯喜“以父弃故南海太守，汉兵至，以越邑降，子侯。”[②] 朝鲜四位，均因元狩三年（前108）汉灭朝鲜时而投降，平州侯王唊“以朝鲜将，汉兵至，降”、荻苴侯韩陶“以朝鲜相将，汉兵围之，降”[③]、幾侯张路“以朝鲜王子汉兵围朝鲜，降”、涅阳侯最“以父朝鲜相路人，汉兵至，首先降，道死，子侯。”[④] 小月氏二位，騠兹侯稽谷姑“以小月氏右苴王将众降”、瓡讘侯杆者“以小月氏王将军众千骑降”[⑤]。司马迁介绍月氏的情况说：“始月氏居敦煌、祁连间，及为匈奴所败，乃远去，过宛，西击大夏而臣之，遂都妫水北，为王庭。其余小众不能去者，保南山羌，号小月氏。”[⑥] 其中西迁者为大月氏，未迁者为小月氏，后进入祁连山与羌人杂处。此二位受封者即为后者之小月氏人。

以上共计11位，分别为东越、南越、朝鲜、小月氏，其余30位则均为匈奴。匈奴来降者中，有一些是汉初投降匈奴的汉异姓诸侯王后裔，如弓高侯韩隤当、襄城侯韩婴，为韩王信之子或孙，亚谷侯卢它之，为燕王卢绾之子。其他大多数为匈奴之王，还有大当户、都尉或单于太子等。此30位来降者之分布为，文帝时2例，景帝时8例，武帝时17例，宣帝时3例。可见武帝时期占大多数，为这个时期汉匈争战处于最为激烈时期的一个反映。匈奴贵族、高官之纷纷来降，对于汉皇朝与匈奴的争战无疑是有利的，如漯阴侯浑邪“以匈奴浑邪王将众十万降”[⑦]，此事

---

① 《史记》卷二〇《建元以来侯者年表》，第1054页。
② 《汉书》卷一七《景武昭宣元成功臣表》，第655、656、658—659页。
③ 《汉书》卷一七《景武昭宣元成功臣表》，第659页。颜师古注曰：“为相而将朝鲜兵”。
④ 《汉书》卷一七《景武昭宣元成功臣表》，第661页。
⑤ 《汉书》卷一七《景武昭宣元成功臣表》，第660页。
⑥ 《史记》卷一二三《大宛列传》，第3162页。
⑦ 《史记》卷二〇《建元以来侯者年表》，第1041页。

发生在元狩二年（前121）骠骑将军霍去病出陇西征匈奴之后，史称“浑邪王率其民降汉，而金城、河西西并南山至盐泽空无匈奴。匈奴时有候者到，而希矣。其后二年，汉击走单于于幕北。”[①] 浑邪王之降汉，在汉武帝对匈奴战争中起了重要作用，加速了匈奴的失败。

最后应当提出，《史》《汉》之《功臣表》所记并不完全，尚有遗漏。如南越，元鼎五年（前112）秋，汉平南越之役时，派遣“卫尉路博德为伏波将军，出桂阳，下汇水；主爵都尉杨仆为楼船将军，出豫章，下横浦；故归义越侯二人为戈船、下厉将军，出零陵，或下离水，或抵苍梧；使驰义侯因巴蜀罪人，发夜郎兵，下牂柯江：咸会番禺。”[②] 在这进攻南越的大军中就有三位先已投奔汉皇朝而被封拜者，为“故归义越侯二人”和“驰义侯”一人[③]。

匈奴之左伊秩訾亦然。左伊秩訾“为呼韩邪画计归汉，竟以安定。其后或谗伊秩訾自伐其功，常鞅鞅，呼韩邪疑之。左伊秩訾惧诛，将其众千余人降汉，汉以为关内侯，食邑三百户。”[④] 他因统治集团内部矛盾而投奔汉，得以封侯。

此外，降民亦有封侯者。宣帝神爵二年（前60）匈奴单于“将十万余骑旁塞猎，欲入边寇。未至，会其民题除渠堂亡降汉言状，汉以为言兵鹿奚卢侯，而遣后将军赵充国将兵四万余骑屯缘边九郡备虏。”[⑤] 由于匈奴民题除渠堂提供情报，汉方提前做了准备，“单于闻之，引去。”[⑥] 匈奴民题除渠堂亦因此功而获封。

还应当提出，《史》《汉》之《功臣表》所记仅限于西汉时期，事实上这种封拜在东汉时期仍然继续进行。建武二十五年（49），“辽西乌桓

---

① 《史记》卷一二三《大宛列传》，第3167页。

② 《史记》卷一一三《南越列传》，第2975页。

③ “故归义越侯二人”，《史记集解》引张晏曰：“故越人，降为侯。”《汉书》颜师古注曰：“从粤来归义，而汉封之。”（《汉书》卷九五《西南夷两粤朝鲜传》，第3857页）；“驰义侯”，《史记集解》引徐广曰：“越人也，名遗。”可知此三人均先入汉被封拜，后参与平定南越之战。

④ 《汉书》卷九四下《匈奴传下》，第3806页。左伊秩皆之附汉获封，约在宣帝黄龙元年（前49），参见林幹《匈奴历史年表》（中华书局1984年版，第55页）。

⑤ 《汉书》卷九四上《匈奴传上》，第3788—3789页。

⑥ 《汉书》卷六九《赵充国传》，第2972页。

大人郝旦等九百二十二人率众向化，诣阙朝贡。”乌桓“或愿留宿卫，于是封其渠帅为侯王君长者八十一人，皆居塞内，布于缘边诸郡，令招来种人，给其衣食，遂为汉侦候，助击匈奴、鲜卑。”① 东汉安帝永宁元年（120），“辽西鲜卑大人乌伦、其至鞬率众诣邓遵降，奉贡献。诏封乌伦为率众王，其至鞬为率众侯，赐綵缯各有差。”② 一封为王，一封为侯。和帝永元十二年（100），“旄牛徼外白狼、楼薄蛮夷王唐缯等，遂率种人十七万口，归义内属。诏赐金印紫绶，小豪钱帛各有差。”③“蛮夷王”被授予金印紫绶，“小豪”则仅赐予“钱帛”。建武十二年（36），九真“徼外蛮里张游，率种人慕化内属，封为归汉里君。”④ 这里的“里”，注谓“蛮之别号，今呼为俚人。”这是张游被封为俚人之“君”。建武十三年（37），广汉“塞外白马羌豪楼登等率种人五千余户内属，光武封楼登为归义君长。”和帝永元六年（94），蜀郡“徼外大牂夷种羌豪造头等率种人五十余万口内属，拜造头为邑君长，赐印绶。”⑤ 这些是被封为“君长”。

2. 未入汉人员

未入汉人员指仍在其本国、本族，位在君主之下而得到汉皇朝封拜者。这类人员之封拜大体可以分为三类，一类为封号之封拜，一类为官号之封拜，一类为封号官号兼拜者。

（1）封号之封拜

汉代对于四方国、族进行的封拜，其封号有比较完整、明确的制度规定：“四夷国王，率众王，归义侯，邑君，邑长，皆有丞，比郡、县。”⑥ 上文我们已经叙述了对于君主的封拜，即这里所说的“四夷国王”范畴内的人员，在其下之“率众王，归义侯，邑君，邑长”等即属于这里所要叙述的人员，所谓君主以下人员主要就是指这些人员。昭帝元凤四年（前77）诏曰：“度辽将军（范）明友前以羌骑校尉将羌王侯君长

① 《后汉书》卷九〇《乌桓传》，第2982页。
② 《后汉书》卷九〇《鲜卑传》，第2987页。
③ 《后汉书》卷八六《南蛮西南夷传》，第2857页。
④ 《后汉书》卷八六《南蛮西南夷传》，第2836页。
⑤ 《后汉书》卷八七《西羌传》，第2898页。
⑥ 《续汉书·百官志五》，点校本《后汉书志》第二十八，第3632页。

以下击益州反虏。”[①] 宣帝神爵元年（前61）诏曰：“军旅暴露，转输烦劳，其令诸侯王、列侯、蛮夷王侯君长当朝二年者，皆毋朝。”[②] 这里的“王侯君长”即上述“率众王，归义侯，邑君，邑长”之简称。

更始二年（24）冬，“汉遣中郎将归德侯（刘）飒、大司马护军陈遵使匈奴，授单于汉旧制玺绶，王侯以下印绶。”[③] 这是为了纠正王莽时期改易匈奴单于和王侯称号、印绶而出使匈奴，可知在西汉时期在授予匈奴单于玺绶的同时，亦授予匈奴王侯及其以下人员以印绶，王莽倒台以后加以恢复。

平帝元始（1—6）年间，乌孙卑爰疐“杀乌日领以自效，汉封为归义侯。”[④] 乌日领为乌孙贵人，受小昆弥末振将指使而杀害大昆弥雌栗靡，卑爰疐为小昆弥末振将之弟，他也参与了杀害大昆弥雌栗靡之事，如今他杀了乌日领，将功折罪，故被封拜。

顺帝阳嘉二年（133）春，“匈奴中郎将赵稠遣从事将南匈奴骨都侯夫沈等，出塞击鲜卑，破之，斩获甚众，诏赐夫沈金印紫绶及缣綵各有差。”[⑤] 这里所谓金印紫绶，即授予王、侯封号。安帝元初三年（116），度辽将军邓遵“率南单于及左鹿蠡王须沈万骑，击零昌于灵州，斩首八百余级，封须沈为破虏侯，金印紫绶，赐金帛各有差。”[⑥] 须沈的封号为破虏侯，亦金印紫绶。

王、侯之下则为君、长。建武二十年（44），韩人廉斯人“苏马諟等诣乐浪贡献。光武封苏马諟为汉廉斯邑君，使属乐浪郡，四时朝谒。”[⑦] 这是封为“邑君”者。

顺帝永建六年（131）冬，渔阳太守遣乌桓兵击鲜卑，斩首八百级，获牛马生口。“乌桓豪人扶漱官勇健，每与鲜卑战，辄陷敌，诏赐号‘率众君’。”[⑧] 这是被封为“君”。

---

① 《汉书》卷七《昭帝纪》，第230页。

② 《汉书》卷八《宣帝纪》，第261页。

③ 《汉书》卷九四下《匈奴传下》，第3829页。

④ 《汉书》卷九六下《西域传下·乌孙国传》，第3910页。

⑤ 《后汉书》卷九〇《鲜卑传》，第2988—2989页。

⑥ 《后汉书》卷八七《西羌传》，第2890页。

⑦ 《后汉书》卷八五《东夷列传·韩传》，第2820页。

⑧ 《后汉书》卷九〇《鲜卑传》，第2988页。

在今新疆维吾尔自治区沙雅县于什格提汉代遗址内曾发现一枚“汉归义羌长”印，篆文，铜质，卧羊钮①。这是对于西域地区羌族首领授予“长”的封号。其印为铜质，与汉制符合，汉制：千石至二百石均铜印，“长”的地位较低，故其印为铜质。

（2）官号之封拜

与上述王、侯、君、长不同，这类是被拜以具体之官号。

武帝元鼎四年（前 113），汉使安国少季“往谕”南越王、王太后“入朝，比内诸侯。”越方同意之后，于是“赐其丞相吕嘉银印，及内史、中尉、太傅印，余得自置。”②《汉书》颜师古注此曰：“丞相、内史、中尉、太傅之外，皆任其国自选置，不受汉之印绶。”③ 也就是说“丞相、内史、中尉、太傅”这几种高级官员则受汉之印绶。汉制：“中二千石，银印龟钮，文曰章。”④

太初三年（前 102）李广利第二次征大宛，还过杅弥，杅弥遣太子赖丹为质于龟兹。李广利责龟兹曰：“外国皆臣属于汉，龟兹何以得受杅弥质？”即将赖丹带回京师。“昭帝乃用桑弘羊前议，以杅弥太子赖丹为校尉，将军田轮台，轮台与渠犁地皆相连也。龟兹贵人姑翼谓其王曰：‘赖丹本臣属吾国，今佩汉印绶来，迫吾国而田，必为害。’王即杀赖丹，而上书谢汉，汉未能征。”⑤ 这里以“校尉”之官号封拜赖丹。

甘露三年（前 51）乌孙昆弥元贵靡死，其子星靡继位为大昆弥，但星靡幼弱，西域都护韩宣奏请，“乌孙大吏、大禄、大监皆可以赐金印紫绶，以尊辅大昆弥，汉许之。”⑥ 乌孙官制有“相，大禄，左右大将二人，侯三人，大将、都尉各一人，大监二人，大吏一人，舍中大吏二人，骑君一人。”⑦“大吏、大禄、大监”为乌孙高级官员，赐以金印紫绶，以提高他们的级别，以利于辅佐大昆弥。

---

① 孟池：《从新疆历史文物看汉代在西域的政治措施和经济建设》，《文物》1979 年第 7 期。

② 《史记》卷一一三《南越列传》，第 2972 页。

③ 《汉书》卷九五《西南夷两粤朝鲜传》，第 3855 页。

④ 《初学记》卷二六《器物部·印》引《汉旧仪》，第 624 页。

⑤ 《汉书》卷九六下《西域传下·渠犁传》，第 3916 页。

⑥ 《汉书》卷九六下《西域传下·乌孙国传》，第 3908 页。

⑦ 《汉书》卷九六下《西域传下·乌孙国传》，第 3901 页。

成帝元延元年（前12）乌孙翎侯难栖杀小昆弥末振将，因为末振将曾指使人杀害大昆弥雌栗靡，故汉皇朝派遣至乌孙的特使段会宗认为难栖此举“虽不指为汉，合于讨贼，奏以为坚守都尉。”①

（3）封号、官号兼拜

封号和官号之封拜并非截然分开，两者亦往往相通或兼而拜之。

东汉光武初，莎车王康率领傍国共拒匈奴，“拥卫故都护吏士妻子千余口，檄书河西，问中国动静，自陈思慕汉家。”建武五年（29），河西大将军窦融“乃承制立康为汉莎车建功怀德王、西域大都尉，五十五国皆属焉。”② 莎车王康既被授予“建功怀德王”封号，又被授予“西域大都尉”的官号。

东汉安帝时“乌桓稍复亲附，拜其大人戎朱廆为亲汉都尉。”③ “至顺帝时，戎末廆率将王侯咄归、去延等从乌丸校尉耿晔出塞击鲜卑有功，还皆拜为率众王，赐束帛。”④ 既拜“亲汉都尉”官号，又拜“率众王”封号。

明帝永平元年（58），“以谒者窦林领护羌校尉，居狄道。林为诸羌所信，而滇岸遂诣林降。林为下吏所欺，谬奏上滇岸以为大豪，承制封为归义侯，加号汉大都尉。”⑤ 护羌校尉窦林将羌豪滇岸上报为“大豪”，于是得到“归义侯”的封号和“汉大都尉”的官号，虽然滇岸实际上并非“大豪”，是窦林被下吏欺而误报，但是表明一个人是可以同时得到两种称号的封拜的。

群体性的两种称号的封拜更为多见，西域“最凡国五十。自译长、城长、君、监、吏、大禄、百长、千长、都尉、且渠、当户、将、相至侯、王，皆佩汉印绶，凡三百七十六人。”⑥ 这是汉皇朝对于西域诸国之封拜，这些封拜中，既有王、侯、君、长等封号，也有各种具体的官号，

---

① 《汉书》卷九六下《西域传下·乌孙国传》，第3909页。

② 《后汉书》卷八八《西域传·莎车国传》，第2923页。

③ 《后汉书》卷九〇《乌桓传》，第2983页。

④ 《三国志》卷三十《魏书·乌丸鲜卑东夷传》注引《魏书》，第833页。戎末廆，《后汉书》作戎朱廆。

⑤ 《后汉书》卷八七《西羌传》，第2880—2881页。

⑥ 《汉书》卷九六下《西域传下》，第3928页。

如“大禄、百长、千长、都尉、且渠、当户”等。

在今新疆沙雅县裕勒都司巴克曾先后发现三颗文字相同的铜印，龟钮，篆刻，阴文，印文为“常□之印”，据辨认“□”似为“户”，则“常□”当为“当户”。上述佩汉印绶之西域官员有“当户”。“当户”为匈奴、西域地区之官号。在今新疆民丰县尼雅遗址出土的怯卢文木牍中，有一件木牍的封泥上盖着“鄯善都尉”的印记①。《汉书·西域传》记载鄯善国有“鄯善都尉”② 一官。

二　封拜方式和程序

封拜有其一定的方式和程序。汉高帝六年（前 201）“始剖符封功臣曹参等为通侯。”颜师古注曰：“剖，破也，与其合符而分授之也。”③ 这不过是封拜的具体方式和程序之一，我们这里不拟讨论这方面问题，而是从对于四方国、族之封拜方面来看看其封拜方式和程序及其特点。

（一）封拜方式

汉代对于四方国、族的封拜方式与上述封拜对象和类型的多样性有相当关系，因而其封拜方式也呈现多样性特点。

1. 遣使封拜

汉方遣使前往封拜，是汉代比较常用的一种封拜方式。汉十一年（前 196），高帝“遣陆贾因立（赵）佗为南越王”④。这是以陆贾为使，前往南越封拜赵佗为南越王。高后时南越又称帝，于是文帝元年（前 179）再次派遣陆贾出使南越，“复故号”⑤，即恢复南越王封号。武帝建元六年（前 135），闽越王郢兴兵击南越。越人杀郢而降，于是武帝“乃使郎中将立丑为越繇王，奉闽越先祭祀。”⑥ 遣使至其地，通过封拜而立之为新君。

---

① 以上均见《从新疆历史文物看汉代在西域的政治措施和经济建设》，《文物》1979 年第 7 期。

② 《汉书》卷九六上《西域传上·鄯善国传》，第 3875 页。

③ 《汉书》卷一下《高帝纪下》，第 60、61 页。

④ 《史记》卷一一三《南越列传》，第 2967 页。

⑤ 《汉书》卷九五《西南夷两粤朝鲜传》，第 3852 页。

⑥ 《史记》卷一一三《南越列传》，第 2981 页。

甘露元年（前 53）乌孙内乱，经汉调解，乌孙各方同意分立为大、小昆弥。“宣帝徵冯夫人，自问状。遣谒者竺次、期门甘延寿为副，送冯夫人。冯夫人锦车持节，诏乌就屠诣长罗侯赤谷城，立元贵靡为大昆弥，乌就屠为小昆弥，皆赐印绶。”① 冯嫽回长安接受宣帝旨意和印绶后，作为汉皇朝特使返回乌孙，召集乌孙两派，授予印绶。

王莽当政时将匈奴单于和王侯印绶加以改变，引起匈奴不满和反抗，于是更始二年（24）冬，汉“遣中郎将归德侯飒、大司马护军陈遵使匈奴，授单于汉旧制玺绶，王侯以下印绶。”② 这是遣使前往以更换印绶。

东汉光武帝中元元年（56）南匈奴单于比死，汉派遣中郎将段郴“将兵赴吊，祭以酒米，分兵卫护之。”比弟左贤王莫立为单于，光武帝“遣使者赍玺书镇慰，拜授玺绶，遗冠帻，绛单衣三袭，童子佩刀、绲带各一，又赐缯綵四千匹，令赏赐诸王、骨都侯已下。其后单于薨，吊祭慰赐，以此为常。”③ 这是遣使吊唁去世单于的同时，又遣使授予新单于印绶。

和帝永元三年（91），“北单于复为右校尉耿夔所破，逃亡不知所在。其弟右谷蠡王于除鞬自立为单于，将右温禺鞬王、骨都侯已下众数千人，止蒲类海，遣使款塞。大将军窦宪上书，立于除鞬为北单于，朝廷从之。”永元四年（92），汉“遣耿夔即授玺绶，赐玉剑四具，羽盖一驷，使中郎将任尚持节卫护屯伊吾，如南单于故事。”④ 这是遣使前往单于所在地而进行封拜。

东汉桓帝时鲜卑檀石槐崛起，屡屡犯边，“朝廷积患之，而不能制，遂遣使持印绶封檀石槐为王，欲与和亲。檀石槐不肯受，而寇抄滋甚。乃自分其地为三部。”⑤ 檀石槐虽然没有接受汉的封拜，但是表明遣使封拜为常见方式。

这种封拜方式的共同特点是，受封者为各国、族在位之君主，故汉方遣使前往封拜之，通过封拜而确认他们的君位或其与汉的臣属关系。

---

① 《汉书》卷九六下《西域传下·乌孙国传》，第 3907 页。
② 《汉书》卷九四下《匈奴传下》，第 3829 页。
③ 《后汉书》卷八九《南匈奴传》，第 2948 页。
④ 《后汉书》卷八九《南匈奴传》，第 2954 页。
⑤ 《后汉书》卷九〇《乌桓鲜卑传》，第 2989 页。

2. 汉使便宜封拜

汉使在出使期间，遇到特殊情况时，临时起意、便宜封拜之事，亦有所见。

宣帝时，解忧公主小子万年，被立为莎车王。“万年初立，暴恶，国人不说。”莎车前王之弟呼屠征“杀万年，并杀汉使者，自立为王，约诸国背汉。”元康元年（前65）“会卫候冯奉世使送大宛客，即以便宜发诸国兵击杀之，更立它昆弟子为莎车王。还，拜奉世为光禄大夫。”① 冯奉世的使命是护送大宛使者返国，而便宜发西域诸国兵杀莎车王呼屠征而立新王，从他回国后被封拜，可见朝廷是支持和肯定他的行动的。

罽宾（在今克什米尔一带）自武帝时始通，昭、宣时期（前86—前49）“自以绝远，汉兵不能至，其王乌头劳数剽杀汉使。”元帝时（前48—前33）“乌头劳死，子代立，遣使奉献。汉使关都尉文忠送其使。王复欲害忠，忠觉之，乃与容屈王子阴末赴共合谋，攻罽宾，杀其王，立阴末赴为罽宾王，授印绶。”② 文忠的使命是护送罽宾使者返国，但是罽宾国王企图杀害文忠，于是文忠临时起意，杀罽宾王而立新王，并授予相应的印绶。

3. 战阵封拜

武帝元鼎六年（前111），汉遣伏波将军路博德、楼船将军杨仆讨南越时，“伏波乃为营，遣使招降者，赐印绶，复纵令相招。楼船力攻烧敌，反敺而入伏波营中。迟旦，城中皆降伏波。”颜师古注“伏波乃为营”曰：“设营垒以待降者。”注“复纵令相招”曰：“来降者即赐以侯印，而放令还，更相招谕之也。”③ 在军事讨伐的同时展开攻心战，遣使招降，在战阵之中即授予印绶。当然，这种封拜必定得到皇帝的批准，应当是事先做好了准备，以之作为军事行动中的一个环节。

贰师将军李广利伐大宛时，逼迫大宛订立城下之盟，“而立宛贵人之故待遇汉使善者名昧蔡以为宛王，与盟而罢兵。”④ 此亦属在战阵之中的封拜。

---

① 《汉书》卷九六上《西域传上·莎车国传》，第3897—3898页。

② 《汉书》卷九六上《西域传上·罽宾国传》，第3885—3886页。

③ 《汉书》卷九五《西南夷两粤朝鲜传》，第3858页。

④ 《史记》卷一二三《大宛列传》，第3177页。

4. 在汉封拜

有一些因各种原因而身在汉的四方国、族人员，则在汉封拜之后再返回各自国、族。

由于楼兰国经常勾结匈奴并拦截杀害通西域之汉使，昭帝元凤四年（前 77），"大将军霍光白遣平乐监傅介子往刺其王"。傅介子到楼兰"告谕以'王负汉罪，天子遣我诛王，当更立王弟尉屠耆在汉者。汉兵方至，毋敢动，自令灭国矣！'介子遂斩王尝归首，驰传诣阙，县首北阙下。封介子为义阳侯。乃立尉屠耆为王，更名其国为鄯善，为刻印章，赐以宫女为夫人，备车骑辎重，丞相将军率百官送至横门外，祖而遣之。"尉屠耆虽然为楼兰国王之弟，但是他早先已"降汉"，并且揭露了楼兰王如何勾结匈奴截害汉使的内情，可见他是在楼兰国内持不同政见并持亲汉态度的王室成员，故被汉立为新王而取代反汉的旧王。尉屠耆被封拜后，"自请天子曰：'身在汉久，今归，单弱，而前王有子在，恐为所杀。国中有伊循城，其地肥美，愿汉遣一将屯田积谷，令臣得依其威重。'于是汉遣司马一人、吏士四十人，田伊循以填抚之。其后更置都尉。伊循官置始此矣。"① 通过在汉之封拜而将反汉的楼兰国变为亲汉的鄯善国。

武帝时，贰师将军李广利击大宛后还过杅弥，将其太子赖丹带至京师。到昭帝时，"以杅弥太子赖丹为校尉，将军田轮台。"封拜他为汉官，"佩汉印绶"② 而为汉方驻轮台之屯田官。

宣帝时，解忧公主小子万年，甚得莎车王喜爱。"莎车王无子死，死时万年在汉。莎车国人计欲自托于汉，又欲得乌孙心，即上书请万年为莎车王。汉许之，遣使者奚充国送万年。"③ 万年虽然为解忧公主之子，但其时在汉，被汉封拜为莎车国王。

南匈奴兜楼储原先在汉为"守义王"④，汉安二年（143）被汉立为呼兰若尸逐就单于⑤，再遣使护送其返回单于廷。

---

① 《汉书》卷九六上《西域传上·鄯善国传》，第 3878 页。

② 《汉书》卷九六下《西域传下》，第 3916 页。

③ 《汉书》卷九六上《西域传上·莎车国传》，第 3897—3898 页。

④ 《后汉书》卷六《顺帝纪》，第 273 页。

⑤ 《后汉书》卷八九《南匈奴传》，第 2962—2963 页。

5. 来朝时封拜

四方国、族君主来朝时进行封拜，为封拜诸方式中最为隆重者，这一方式在有汉一代又以封拜匈奴呼韩邪单于最为盛大而隆重。宣帝甘露三年（前51）正月举行正旦朝，呼韩邪单于“朝天子于甘泉宫，汉宠以殊礼，位在诸侯王上，赞谒称臣而不名。赐以冠带衣裳，黄金玺盭绶，玉具剑，佩刀，弓一张，矢四发，棨戟十，安车一乘，鞍勒一具。”其中的“金玺盭绶”即诸侯王之印绶。其他为相应之舆服佩饰。此外还赐予金钱、锦绣、帛絮等大量物资。封拜仪式是在正旦朝中举行的。礼毕，“使使者道单于先行，宿长平。”次日，宣帝“登长平，诏单于毋谒。”颜师古注“毋谒”为“不令拜也”。呼韩邪单于“左右当户之群臣皆得列观，及诸蛮夷君长王侯数万，咸迎于渭桥下，夹道陈。上登渭桥，咸称万岁。”除了汉皇朝内部之公卿百官、群臣之外，还有大量四方国、族之来宾，成为具有国际性、族际性之盛大集会。礼毕，“单于就邸，留月余，遣归国。”[①] 历时一个多月之后方才遣归。汉皇朝如此隆重、盛大款待呼韩邪单于，表明匈奴问题之解决，在汉皇朝看来是其最为重大的胜利，呼韩邪单于之来朝受封无疑也是有汉一代最为隆重的封拜方式。

此外，四方国、族君主来朝时得以封拜者还有，但其规模、隆重程度均不及此。武帝元鼎六年（前111）“夜郎侯始倚南越，南越已灭，会还诛反者，夜郎遂入朝。上以为夜郎王。”[②] 宣帝元康元年（前65）龟兹王绛宾与其妻解忧公主女弟史联袂入朝，“王及夫人皆赐印绶”[③]。建武三十年（54），“鲜卑大人于仇贲、满头等率种人诣阙朝贺，慕义内属。帝封于仇贲为王，满头为侯。”[④] 安帝永初（107—114）中，“鲜卑大人燕荔阳诣阙朝贺，邓太后赐燕荔阳王印绶。”[⑤] 元初二年（115），羌族大豪号多等率众七千余人向护羌校尉庞参投降，庞参“遣诣阙，赐号多侯印绶遣之。”[⑥] 这些都是在入朝情况下进行的封拜。

---

① 《汉书》卷九四下《匈奴传下》，第3798页。
② 《史记》卷一一六《西南夷列传》，第2996页。
③ 《汉书》卷九六下《西域传下》，第3916页。
④ 《后汉书》卷九〇《鲜卑传》，第2985页。
⑤ 《后汉书》卷九〇《鲜卑传》，第2986页。
⑥ 《后汉书》卷八七《西羌传》，第2889页。

还有一些是在来朝时进行的群体性封拜。东汉建武二十五年（49），“辽西乌桓大人郝旦等九百二十二人率众向化，诣阙朝贡，献奴婢牛马及弓虎豹貂皮。”光武帝“于是封其渠帅为侯王君长者八十一人”[①]。

6. 来使时封拜

利用四方国、族遣使来朝献时进行封拜，亦常见之。东汉建武八年（32），“高句骊遣使朝贡，光武复其王号。”[②] 这是因为王莽更名高句骊王为下句骊侯，导致“貊人寇边愈甚”。故东汉建立后取消王莽时的封号而恢复原来的封号。建武中元二年（57），倭奴国“奉贡朝贺，使人自称大夫……光武赐以印绶。”[③] 这是倭奴国遣使来朝时封拜其王。安帝永宁元年（120），夫余王“遣嗣子尉仇台诣阙贡献，天子赐尉仇台印绶金綵。”[④] 同年，掸国王“雍由调复遣使者诣阙朝贺，献乐及幻人……明年元会，安帝作乐于庭，封雍由调为汉大都尉，赐印绶、金银、綵缯各有差也。”[⑤] 和帝永元九年（97），永昌“徼外蛮及掸国王雍由调遣重译奉国珍宝，和帝赐金印紫绶，小君长皆加印绶、钱帛。”[⑥] 建武十七年（41），莎车王贤“遣使奉献，请都护。天子以问大司空窦融，以为贤父子兄弟相约事汉，款诚又至，宜加号位以镇安之。帝乃因其使，赐贤西域都护印绶，及车旗黄金锦绣。”[⑦] 顺帝永建二年（127），疏勒王臣磐“遣使奉献，帝拜臣磐为汉大都尉，兄子臣勋为守国司马。”[⑧] 顺帝永建六年（131），日南徼外“叶调王便遣使贡献，帝赐调便金印紫绶。”[⑨] 这些都是利用来使朝献时进行的封拜。

7. 来侍子时封拜

亦有利用对方遣子入侍时进行封拜的。建武二十六年（50）“秋，南单于遣子入侍，奉奏诣阙。诏赐单于冠带、衣裳、黄金玺、盭緺绶，安

① 《后汉书》卷九〇《乌桓传》，第 2982 页。
② 《后汉书》卷八五《东夷列传 · 高句骊传》，第 2814 页。
③ 《后汉书》卷八五《东夷列传 · 倭传》，第 2821 页。
④ 《后汉书》卷八五《东夷传列 · 夫余国传》，第 2812 页。
⑤ 《后汉书》卷八六《南蛮西南夷传》，第 2851 页。
⑥ 《后汉书》卷八六《南蛮西南夷传》，第 2851 页。
⑦ 《后汉书》卷八八《西域传 · 莎车国传》，第 2923 页。
⑧ 《后汉书》卷八八《西域传 · 疏勒国传》，第 2927 页。
⑨ 《后汉书》卷八六《南蛮西南夷传》，第 2837 页。

车羽盖，华藻驾驷，宝剑弓箭，黑节三，驸马二，黄金、锦绣、缯布万匹，絮万斤，乐器鼓车，棨戟甲兵，饮食什器。”① 这是在南匈奴遣子入侍时，授予南匈奴单于印绶。和帝永元二年（90），大将军窦宪破北匈奴，“车师震熠，前后王各遣子奉贡入侍，并赐印绶金帛。”② 这也是利用对方遣子入侍时加以封拜。

（二）封拜程序

东汉顺帝汉安二年（143）南匈奴“守义王”③ 兜楼储被汉拜为呼兰若尸逐就单于，其封拜程序和仪式具有典型性：“天子临轩，大鸿胪持节拜授玺绶，引上殿。赐青盖驾驷、鼓车、安车、驸马骑、玉具刀剑、什物，给綵布二千匹。赐单于阏氏以下金锦错杂具，軿车马二乘。遣行中郎将持节护送单于归南庭。诏太常、大鸿胪与诸国侍子于广阳城门外祖会，飨赐作乐，角抵百戏。顺帝幸胡桃宫临观之。”④ 从呼兰若尸逐就单于兜楼储之封拜，我们可以看到，皇帝是封拜的主体，大鸿胪等官员为封拜之具体执行者，使者负责将被封拜者护送回国，太常、大鸿胪等官员以及外宾亦共襄盛典，参与有关活动。兹将封拜程序略述于后。

1. 封拜权力集中于皇帝

这是封拜程序的核心。封拜是国家政治行为，是国家将权力和荣誉授予对方，对方接受这一权力和荣誉，表示双方的相互承认。而皇帝是国家的代表，在中央集权的专制体制中，权力集中于皇帝，封拜权力亦集中于皇帝。

皇帝亲自决定和批准封拜。昭帝始元元年（前86）益州蛮夷反，及至始元五年（前82）破之，“斩首捕虏五万余级，获畜产十余万。”次年，昭帝曰：“钩町侯亡波率其邑君长人民击反者，斩首捕虏有功，其立亡波为钩町王。”⑤ 这是昭帝亲自决定封拜钩町侯为钩町王。

和帝永平元年（58），以谒者窦林领护羌校尉，羌豪滇岸投降窦林，窦林“为下吏所欺，谬奏上滇岸以为大豪，承制封为归义侯，加号汉大

① 《后汉书》卷八九《南匈奴传》，第2943页。

② 《后汉书》卷八八《西域传·车师传》，第2929页。

③ 《后汉书》卷六《顺帝纪》，第273页。

④ 《后汉书》卷八九《南匈奴传》，第2962—2963页。

⑤ 《汉书》卷九五《西南夷两粤朝鲜传》，第3843页。

都尉。”明年，羌族大豪滇吾来降，窦林“复奏其第一豪，与俱诣阙献见。帝怪一种两豪，疑其非实，以事诘林。林辞窘，乃伪对曰：‘滇岸即滇吾，陇西语不正耳。’帝穷验知之，怒而免林官。会凉州刺史又奏林臧罪，遂下狱死。”[①] 这个事件表明，皇帝在封拜中亲自审核封拜对象，检验其真伪，毫不含糊，其权力运用相当具体而深入。

桓帝建和元年（147）南匈奴伊陵尸逐就单于居车儿立。延熹元年（158），“南单于诸部并畔，遂与乌桓、鲜卑寇缘边九郡，以张奂为北中郎将讨之，单于诸部悉降。奂以单于不能统理国事，乃拘之，上立左谷蠡王。”桓帝驳斥了张奂的提议，诏曰：“春秋大居正，居车儿一心向化，何罪而黜！其遣还庭。”[②] 对于匈奴单于的废立，最后决定权在于皇帝。

灵帝光和元年（178）南单于呼征立。次年，“中郎将张修与单于不相能，修擅斩之，更立右贤王羌渠为单于。修以不先请而擅诛杀，槛车征诣廷尉抵罪。”[③] 张修因不经过皇帝批准而擅自处置封拜君主，故被查处。凡脱离皇帝权力的任何封拜行为，均属不法。

封拜权力集中于皇帝具体形式有三。

（1）临轩封授

皇帝临轩封授，亦即皇帝亲自临朝拜授是封拜的最高形式和最隆重礼仪，上述对于南匈奴呼兰若尸逐就单于兜楼储之封拜即其典型。上文所述来朝封拜这一方式中，亦多属此，如呼韩邪单于来朝时所进行的封拜即其最为盛大、隆重者。兹不赘述。

（2）诏封

对于在汉人员以及来朝者之封拜，多由皇帝临轩封拜，而对于在其本国、族之受封者，则采取“诏封”方式，亦即遣使至其国、族颁布封拜诏策。安帝永宁元年（120），辽西鲜卑大人乌伦、其至鞬率众诣度辽将军邓遵降，奉贡献。于是“诏封乌伦为率众王，其至鞬为率众侯，赐綵缯各有差。”[④] 顺帝永建六年（131）冬，渔阳太守又遣乌桓兵击鲜卑，

① 《后汉书》卷八七《西羌传》，第2880—2881页。

② 《后汉书》卷八九《南匈奴传》，第2963—2964页。

③ 《后汉书》卷八九《南匈奴传》，第2964页。

④ 《后汉书》卷九〇《鲜卑传》，第2987页。

斩首八百级，获牛马生口。“乌桓豪人扶漱官勇健，每与鲜卑战，辄陷敌，诏赐号‘率众君’。”[①] 顺帝阳嘉二年（133）春，匈奴中郎将赵稠“遣从事将南匈奴骨都侯夫沈等，出塞击鲜卑，破之，斩获甚众，诏赐夫沈金印紫绶及缣綵各有差。”[②] 这些都是通过颁发诏书而加以封拜。

光武帝建武二十年（44），“韩人廉斯人苏马諟魂等诣乐浪贡献。光武封苏马諟为汉廉斯邑君，使属乐浪郡，四时朝谒。”[③] 苏马諟至乐浪郡贡献，并未至京，故其“汉廉斯邑君”封号亦当为诏封。

建武二十七年（51），哀牢夷贤栗等“遂率种人户二千七百七十，口万七千六百五十九，诣越巂太守郑鸿降，求内属。光武封贤栗等为君长。”[④] 对于这种比较低级别的封拜，多以诏封。

安帝永初二年（108），“青衣道夷邑长令田，与徼外三种夷三十一万口，赍黄金、旄牛毦，举土内属。安帝增令田爵号为奉通邑君。”[⑤] 邑长令田亦属款附边塞，故其爵号亦当为诏封。

（3）承制封拜

承制即地方首长按照皇帝的旨意进行封拜。上述护羌校尉窦林“奏上滇岸以为大豪，承制封为归义侯，加号汉大都尉。”即属此，为护羌校尉秉承皇帝旨意而封之。光武初，莎车王康“率傍国拒匈奴，拥卫故都护吏士妻子千余口，檄书河西，问中国动静，自陈思慕汉家。建武五年，河西大将军窦融乃承制立康为汉莎车建功怀德王、西域大都尉，五十五国皆属焉。”[⑥] 这是河西大将军窦融根据皇帝指令而封拜之。献帝建安（196—220）初，“冀州牧袁绍与前将军公孙瓒相持不决，蹋顿遣使诣绍求和亲，遂遣兵助击瓒，破之。绍矫制赐蹋顿、难楼、苏仆延、乌延等，皆以单于印绶。”[⑦] 虽然是地方割据势力打着皇帝的旗号对于乌桓首领进行封拜，但仍然号称“承制”[⑧]。

---

① 《后汉书》卷九〇《鲜卑传》，第 2988 页。

② 《后汉书》卷九〇《鲜卑传》，第 2988—2989 页。

③ 《后汉书》卷八五《东夷列传·韩传》，第 2820 页。

④ 《后汉书》卷八六《南蛮西南夷传》，第 2848—2849 页。

⑤ 《后汉书》卷八六《南蛮西南夷传》，第 2857 页。

⑥ 《后汉书》卷八八《西域传·莎车国传》，第 2923 页。

⑦ 《后汉书》卷九〇《乌桓传》，第 2984 页。

⑧ 《三国志》卷三〇《魏书·乌丸鲜卑东夷传》注引《英雄记》，第 834 页。

2. 鸿胪、主客负责实施

上文所述对于南匈奴呼兰若尸逐就单于兜楼储之封拜中，我们可以看到“大鸿胪持节拜授玺绶，引上殿”以及“大鸿胪与诸国侍子于广阳城门外祖会”等记载，可知鸿胪为封拜之具体实施者、操作者。

鸿胪的前身为典客，其职“掌诸归义蛮夷”①，四方国、族之事务均在其管辖范围之内，其中包括对于他们中相关人员的封拜，“四方夷狄封者，台下鸿胪召拜之。”② 可见“四方夷狄封者”均由大鸿胪召而拜之。但是大鸿胪是根据皇帝的诏令而承办的，所谓“台下鸿胪召拜之”，这个“台”即指尚书台。尚书台中的主客曹为这一工作的具体负责者，“主客尚书，主外国四夷事。”③ 故四方国、族之封拜亦在其职责范围之内。那么，大鸿胪与尚书主客曹是如何分工合作进行封拜呢？“有关册封‘四夷’事项，是先由尚书根据皇帝指示草拟诏书以后下达大鸿胪，大鸿胪根据诏令而具体执行册封礼仪。”④

3. 边地奏报

外交封拜之对象多为境外人员，故边地奏报亦为封拜不可缺少的环节。

在边境地区如有来降附者，则边境地区长官需奏报朝廷，然后传送至京师加以封拜。

武帝元狩二年（前121）匈奴“浑邪王与休屠王等谋欲降汉，使人先要边。是时大行李息将城河上，得浑邪王使，即驰传以闻。天子闻之，于是恐其以诈降而袭边，乃令骠骑将军将兵往迎之。骠骑既渡河，与浑邪王众相望。浑邪王裨将见汉军而多欲不降者，颇遁去。骠骑乃驰入与浑邪王相见，斩其欲亡者八千人，遂独遣浑邪王乘传先诣行在所，尽将其众渡河，降者数万，号称十万。既至长安，天子所以赏赐者数十巨万。封浑邪王万户，为漯阴侯。封其裨王呼毒尼为下摩侯，鹰庇为煇渠侯，禽梨为河綦侯，大当户铜离为常乐侯。”⑤ 这个记载比较具体生动地反映

---

① 《汉书》卷一九上《百官公卿表上》，第730页。
② 《续汉书·百官志二》，点校本《后汉书志》第二十五，第3583页。
③ 《汉官仪》卷上，《汉官六种》，第141页。
④ 《汉唐外交制度史》，第77页。
⑤ 《史记》卷一一一《卫将军骠骑列传》，第2933页。

了边境降附、地方长官与朝廷沟通，以至封拜的情况。一是匈奴方面欲降者，先使人“要边”，《索隐》案：“谓先于边境要候汉人，言其欲降。”以同汉方边境地区长官取得联系。二是汉方边将得到信息后，立即“驰传以闻”，迅速上报天子。三是天子作出指示，边将具体操作迎送。四是先将来降者的首领护送至皇帝“行在所”，同时将其他来降者护送至首都长安，然后分别给予赏赐和不同级别的封拜。这个事件比较具体地说明了地方军政长官在封拜中的上报职责和制度。

亦有经边境地区长官奏报之后，经朝廷批准之后在当地封拜者。乌孙大昆弥元贵靡死后，其子星靡代为大昆弥，但是其年幼、懦弱。于是西域都护韩宣“奏，乌孙大吏、大禄、大监皆可以赐金印紫绶，以尊辅大昆弥，汉许之。后都护韩宣复奏，星靡怯弱，可免，更以季父左大将乐代为昆弥，汉不许。”① 西域都护提出封拜的建议，上报朝廷，朝廷批复同意或不同意，然后西域都护方能加以实施。西域都护韩宣关于封拜乌孙官员和昆弥的两个报告，一个获得朝廷同意，一个则遭到否决。乌孙小昆弥末振将使人刺杀了大昆弥雌栗靡，后来乌孙翎侯难栖杀末振将，为汉报了仇，汉方派往西域的特使段会宗向朝廷报告，以为难栖的行为“虽不指为汉，合于讨贼，奏以为坚守都尉。责大禄、大吏、大监以雌栗靡见杀状，夺金印紫绶，更与铜墨云。”② 建议一方面对难栖加以封拜，以酬其功，另一方面则将乌孙高级官员加以降级处分，由原来的金印紫绶改为铜印黑绶。朝廷接受了段会宗的奏请。

顺帝永建元年（126），西域长史班勇率车师后王农奇子“加特奴及八滑等，发精兵击北虏呼衍王，破之。勇于是上立加特奴为后王，八滑为后部亲汉侯。”③ 这也是经上报之后，经过朝廷批准而进行的封拜。

三　封拜作用与性质

汉代的封拜制度是在承袭古代传统基础上的一种创新。封拜制度在

① 《汉书》卷九六下《西域传下·乌孙国传》，第 3908 页。

② 《汉书》卷九六下《西域传下·乌孙国传》，第 3909 页。

③ 《后汉书》卷八八《西域传·车师传》，第 2930 页。

西周已经形成完整的体系，其核心是“封建亲戚以蕃屏周。”① 以其宗族成员和姻亲为主要封拜对象，以起到屏藩周王室的作用。汉代的创新表现之一是突破这个阃域而及于四方国、族，不仅广泛施行于周边国、族，而且施行于远方国、族。司马迁论述汉代的封拜制度时曾经说：“及孝惠讫孝景间五十载，追修高祖时遗功臣，及从代来，吴楚之劳，诸侯子弟若肺腑，外国归义，封者九十有余。”② 实际上指出了汉代封拜对象的三个主要群体，一为功臣，二为亲戚，三为外国归义者。这里的第三种即我们所论述的外交关系中的封拜。这就是汉代封拜制度的创新之处，从而将四方国、族大量“列为诸侯”③，纳入其封建体制中，使之成为不同层级和作用的屏藩。

汉代将封拜制度由内而外广泛施行于四方国、族，那么，这些封拜意味着什么呢？它具有什么作用和意义？它的性质为何呢？我们试从以下几个方面加以论述。

（一）封拜作用

上文已经提到，封拜是将封建王侯屏藩汉室的内政功能延伸、扩展于外部世界，从而将外部特别是周边国、族纳入其封建体制之中，以达到屏藩汉皇朝的作用，这种所谓屏藩作用主要体现于对汉皇朝边境的巩固和安全。封拜在构筑和巩固汉皇朝的边境安全体系方面起了积极的辅助性作用。

武帝建元三年（前 138）闽越举兵围东瓯，建元六年（前 135）又兴兵击南越，武帝“大为发兴，遣两将军将兵诛闽越。”淮南王刘安上书谏，其中有云：“若陛下……继其绝世，存其亡国，建其王侯，以为畜越，此必委质为藩臣，世共贡职。陛下以方寸之印，丈二之组，填抚方外，不劳一卒，不顿一戟，而威德并行。”④ 认为通过封拜，即授予四方国、族以“方寸之印，丈二之组”⑤，就可以不费一兵一卒，而令其为“藩臣”，达致边境稳定、安全。虽然刘安的说法有其片面性，他憧憬的

---

① 《春秋左传正义》卷一五，僖公二十四年，第 480 页。

② 《史记》卷一九《惠景间侯者年表·序》，第 977 页。

③ 《史记》卷一一三《南越列传》，第 2977 页。

④ 《汉书》卷六四上《严助传》，第 2782 页。

⑤ 颜师古注曰：“组者，印之绶。”见《汉书》卷六四上《严助传》，第 2783 页。

这种局面，没有武力作为后盾是达不到的，但是这多少还是说明了封拜在构筑边境安全体系方面所具有的积极作用。

在西汉前期，汉皇朝周边的问题，首要的是匈奴的威胁，其次的则是南越的割据。当时，西南夷问题和西域问题都还没有提上议事日程。通过上文的论述，我们可以看到这样一种现象：即这个时期的封拜主要是针对南方的百越（包括东南的东越和南方的南越）而进行的，对于北方的匈奴基本上没有采取这一套办法（除了其少数降附者之外），对于南北两方的问题，汉皇朝是采取两种不同的外交方式而进行的，对于北方的匈奴主要采取“和亲”的方式，以求边境的和平，而对于南方的百越则主要采取“封拜”的方式，以求得暂时的安宁。这两种外交方式之所以分别加以运用，原因在于南北方情况的不同所决定。北方的匈奴是当时东亚世界唯一能够与汉皇朝分庭抗礼的强大帝国，封拜方式对于这样的对手还行不通，是不适应的。南方的割据势力虽然也是汉皇朝的肘腋之患，但是其国力和威胁尚不能与匈奴相提并论，相对来说毕竟还不是迫在眉睫，故在施加压力的情况下其能够或勉强能够接受汉皇朝的封拜。因此，西汉前期在与匈奴和亲的同时，则向百越展开封拜攻势。汉五年（前 202）拜无诸为闽越王，以及惠帝三年（前 192）立摇为东海王之后，直至武帝初年，东越地区基本保持安定状态。对于割据于岭南地区的南越国，也是主要通过封拜攻势以稳定南部边境。“高帝已定天下，为中国劳苦，故释佗弗诛。汉十一年，遣陆贾因立佗为南越王，与剖符通使，和集百越，毋为南边患害，与长沙接境。”① 陆贾成功地说服赵佗放弃独立，接受南越王之封，令其“毋为南边患害”。中间虽经高后时期的反复，但基本上保持了 80 多年的南边稳定，直至元鼎五、六年（前 112—前 111）方才大举用兵平定之。汉皇朝利用这一比较长期的安定局面，壮大了国力，从而为彻底解决百越地区的割据创造了有利条件。

此外，上文所述封拜之不同类型，如在西南夷地区所表现出来的开疆拓土特点，在西域地区所表现出来的与匈奴进行的战略争夺，以及敌国臣服、边境降附等，实际上就反映了封拜对于开疆拓土、战略争夺、

① 《史记》卷一一三《南越列传》，第 2967 页。

臣服敌国、招引降附等方面的功能和作用。仅以招引降附方面的作用为例，元狩二年（前121）匈奴浑邪王将其众四万余人降汉，接受了汉的封拜。“于是汉已得浑邪王，则陇西、北地、河西益少胡寇，徙关东贫民处所夺匈奴河南、新秦中以实之，而减北地以西戍卒半。”① “金城、河西西并南山至盐泽空无匈奴。匈奴时有候者到，而希矣。其后二年，汉击走单于于幕北。”② 其效果十分明显，一是匈奴大量退出西北地区，乃至减少戍卒之半；二是将汉的疆界大幅北推，移民于河南地和新秦中；三是为两年之后驱逐匈奴于漠北创造了有利条件。

（二）封拜性质

1. 臣属关系与友好关系

首先，封拜意味着外交双方臣属关系的确立。通过上文的叙述我们可以看到，汉代的封拜有这样两个特征，一是封拜基本上施行于四方国、族与汉皇朝的臣属关系确立之后，而不是在其确立之前；二是封拜不能行之于相互敌对的、势均力敌的国、族之间。

我们先看第一个特征，即封拜基本上施行于四方国、族与汉皇朝的臣属关系确立之后，而不是在其确立之前。《后汉书·西域传》论曰：“先驯则赏籝金而赐龟绶，后服则系头颡而衅北阙。”③ 这里的“赐龟绶”即封拜，注曰：“龟谓印文也”，注引《汉旧仪》曰：“银印皆龟纽，其文刻曰‘某官之章’。”所谓“驯”，即臣服。这里说的就是封拜的前提是臣服。

以南越为例观之。赵佗乘汉初立国的机会而割据独立，“高祖时，中国初定，尉他平南越，因王之。”④ “自立为南越武王”⑤，成为独立于汉皇朝之外的、岭南地区的割据政权。这时的南越与汉皇朝并不存在封拜关系。直至高帝去世前一年方才派遣陆贾出使南越，以解决这一问题。陆贾到了南越，向赵佗软硬兼施，说：“天子闻君王王南越，不助

---

① 《史记》卷一一〇《匈奴列传》，第2909页。

② 《史记》卷一二三《大宛列传》，第3167页。

③ 《后汉书》卷八八《西域传》“论曰”，第2931页。

④ 《史记》卷九七《陆贾列传》，第2697页。尉他即赵佗，因其曾为南海尉，“他”与“佗”通。

⑤ 《史记》卷一一三《南越列传》，第2967页。

天下诛暴逆，将相欲移兵而诛王，天子怜百姓新劳苦，故且休之，遣臣授君王印，剖符通使。君王宜郊迎，北面称臣，迺欲以新造未集之越，屈强于此。汉诚闻之，掘烧王先人冢，夷灭宗族，使一偏将将十万众临越，则越杀王降汉，如反覆手耳。”① 以武力威胁告诫南越王放弃独立，臣服于汉，接受汉皇朝的封拜。经过反复辩难折衷，南越王自知无力与汉皇朝抗衡，于是屈服，答应了汉方的要求，陆贾“卒拜尉他为南越王，令称臣奉汉约。归报，高祖大悦，拜贾为太中大夫。”② 赵佗得到了汉的封拜，标志着南越已臣属于汉。这是南越与汉皇朝第一次建立臣属关系。

高后时，因她接受有司建议，“禁南越关市铁器”。赵佗以此为借口，乘机摆脱与汉皇朝的臣属关系，“自尊号为南越武帝，发兵攻长沙边邑。”汉亦派兵击之，双方兵戎相见，臣属关系于是作罢，原来所封南越王称号自然也就不复存在。不久高后崩，赵佗“因此以兵威边，财物赂遗闽越、西瓯、骆，役属焉，东西万余里。迺乘黄屋左纛，称制，与中国侔。”③ 乘汉廷政治动乱之机进一步与汉分庭抗礼。颜师古注曰：“侔，等也。”④ “与中国侔”即与汉敌对、对等。及至文帝元年（前 179），采取一些措施安抚赵佗，为其“亲冢在真定，置守邑，岁时奉祀。召其从昆弟，尊官厚赐宠之。”同时派遣陆贾再次出使南越，责备其“自立为帝”。赵佗再一次屈服，“乃顿首谢，愿长为藩臣，奉贡职……自今以后，去帝制黄屋左纛。”这是南越与汉皇朝第二次建立臣属关系。尽管南越对汉采取两面政策，一方面在其国内“窃如故号名”，另一方面，“其使天子，称王朝命如诸侯。”⑤ 但是毕竟南越表面上已经接受了汉的封号，承认了双方的臣属关系。

我们再来看看第二个特征，即封拜不能行之于相互敌对的、势均力敌的国、族之间。这里最典型者莫如匈奴了。

匈奴接受汉的封拜，晚至汉宣帝的甘露三年（前 51）才得以实现，

---

① 《史记》卷九七《陆贾列传》，第 2697 页。

② 《史记》卷九七《陆贾列传》，第 2698 页。

③ 《史记》卷一一三《南越列传》，第 2969 页。

④ 《汉书》卷九五《南粤传》，第 3849 页。

⑤ 《史记》卷一一三《南越列传》，第 2970 页。

这年呼韩邪单于来朝，汉“赐以冠带衣裳，黄金玺盭绶”①，亦即诸侯王印绶，确立了臣属关系，这时距汉皇朝建国的汉元年（前206）已155年。汉与匈奴之间虽然从汉皇朝建立伊始就已有密切的关系，或战或和，几乎无岁无之。以双方和平交往而言，早在汉七年（前200）汉匈之间就已经开始有了频繁的使节往还，这年高帝击匈奴，就已“使人使匈奴”，而且前后有“十辈”之多。这时距封拜匈奴尚有149年。早在汉九年（前198）汉匈之间就已订立了和亲条约，是年高帝“使刘敬往结和亲约”②。这时距封拜匈奴尚有147年。早在文帝（前180—前157在位）时就已与匈奴建立了“通关市”③的关系。以文帝去世之年来算，距封拜匈奴尚有106年。宣帝神爵二年（前60）匈奴首次遣使朝献，“匈奴单于遣名王奉献，贺正月，始和亲。”④这时距封拜匈奴尚有9年。宣帝五凤四年（前54），匈奴首次派遣侍子入汉⑤，这时距封拜匈奴尚有3年。也就是说，在这155年中，汉匈双方经历了通使、和亲、互市、朝献、质侍等外交方式之后，最后才实现对于匈奴的封拜，赐予匈奴单于以汉印绶。由此可见，接受汉皇朝的封拜，尤其是作为君主而接受汉皇朝的封拜是何等的漫长曲折，其与“朝”同为诸外交方式中最为难于实现的方式之一。

何以如此？主要就是因为在此之前汉匈之间是一种“敌国”关系，亦即对等的、对立的关系，双方互不臣属。即使经过汉皇朝强力打击，匈奴国力大衰，退守漠北，这种情况下汉方要求与匈奴建立“外臣”的关系，亦遭到匈奴方面的断然拒绝。直到匈奴分裂、衰败，甘露元年（前53）呼韩邪单于在内争中失败，方才接受左伊秩訾王之计，召集匈奴贵族会议，经过激烈的争论，最后决定“称臣入朝事汉”⑥。在这种情况下匈奴单于才于甘露三年（前51）朝汉并接受了汉皇朝的封拜。呼韩邪单于之接受汉皇朝的封拜，等于宣告匈奴对于汉皇朝的臣属关系正式确

① 《汉书》卷九四下《匈奴传下》，第3798页。
② 《史记》卷九九《刘敬列传》，第2719页。
③ 《汉书》卷九四下《匈奴传下》，第3831页。
④ 《汉书》卷八《宣帝纪》，第262页。
⑤ 《汉书》卷八《宣帝纪》，第268页。
⑥ 《汉书》卷九四下《匈奴传下》，第3797页。

立。在这次朝拜中，匈奴“左右当户之群臣皆得列观，及诸蛮夷君长王侯数万，咸迎于渭桥下，夹道陈。”[①] 这种朝拜仪式之所以如此隆重并非没有意义，其目的在于向国际、族际社会宣告汉匈之间臣属关系的建立。在呼韩邪单于接受汉皇朝的封拜之前，匈奴方面人员接受汉皇朝的封拜者，基本上是其投降汉方的贵族、将领等，而不是仍然在其国内掌握权力的人员。

汉对乌孙的封拜亦然。虽然早在元狩四年（前119）汉与乌孙已经建立了使节往还的关系，元封三年（前108）双方建立了和亲关系，但是，直至宣帝甘露二年（前52）乌孙分裂为大小昆弥之后，其大小昆弥方才得到汉方的封拜[②]。这也是因为在此之前乌孙一直是个独立自主的国家，直到这时乌孙才臣属于汉，也就是说大小昆弥的册封，即宣告乌孙由独立国而成为汉的臣属国。

上文所述南越的反复中，实际上也说明了这个问题，南越在承认臣属于汉之前和推翻与汉的臣属关系期间，均同时拒绝了汉皇朝的南越王封号，这时它是独立的，尽管其国力与汉不能相比。只有在他接受这种臣属关系之后方才可能接受汉的封号。

鲜卑则是另外一种典型，即经历了臣属——封拜——独立——拒绝封拜的过程。鲜卑于东汉建武（25—57）后期“慕义内属”[③]，建武三十年（54）“鲜卑大人于仇贲率种人诣阙朝贡，封于仇贲为王。”[④] 此后其大人经常得到汉的封拜。到了桓帝时，檀石槐崛起，“东西部大人皆归焉。兵马甚盛，南钞汉边，北拒丁令，东却夫余，西击乌孙，尽据匈奴故地，东西万二千余里，南北七千余里，罔罗山川、水泽、盐池甚广。”成为取代匈奴的北方大国。于是“汉患之，桓帝时使匈奴中郎将张奂征之，不克。乃更遣使者赍印绶，即封檀石槐为王，欲与和亲。檀石槐拒不肯受，寇钞滋甚。”[⑤] 檀石槐拒绝接受汉的封拜，实际上就是拒绝接受与汉的臣属关系。

① 《汉书》卷九四下《匈奴传下》，第3798页。
② 《汉书》卷九六下《西域传下·乌孙国传》，第3907页。
③ 《后汉书》卷九〇《鲜卑传》，第2985页。
④ 《三国志》卷三〇《魏书·乌丸鲜卑东夷传》注引《魏书》，第836—837页。
⑤ 《三国志》卷三〇《魏书·乌丸鲜卑东夷传》注引《魏书》，第837页。

以上是问题的一个方面，另一方面也有一些与汉没有直接利害关系、出于友好愿望的四方国、族得到汉的封拜。

和帝永元九年（95），“徼外蛮及掸国王雍由调遣重译奉国珍宝，和帝赐金印紫绶，小君长皆加印绶、钱帛。”① 这是在今缅甸境内的掸国遣使来献，其国王得到汉方“金印紫绶”之封拜，其下之大小君长也得到不同等级的印绶。安帝永宁元年（120），“掸国王雍由调复遣使者诣阙朝贺……封雍由调为汉大都尉，赐印绶、金银、綵缯各有差也。”② 这次掸国带来更加丰富的献礼，其中包括来自罗马帝国的杂技演员的表演。掸国国王再一次得到汉的封拜，不过这次是授予“汉大都尉”的官号。

东汉顺帝永建六年（131），“日南徼外叶调王便遣使贡献，帝赐调便金印紫绶。”③ 这是日南境外叶调国王名便者遣使来汉，得到汉“金印紫绶”之封。

倭奴国之封拜亦属这种性质。建武中元二年（57），日本有“倭奴国奉贡朝贺，使人自称大夫，倭国之极南界也。光武赐以印绶。”④ 这是对于倭奴国之封拜。

这些远方国、族之接受汉的封拜，从名义上来说也是一种“臣属”，即成为汉的诸侯王，但是实际上并非如此，它们都依然是各自独立自主的国、族。它们之所以接受汉的封拜，一方面是对汉皇朝的政治、经济和文化的向心力所致，另一方面它们距离汉皇朝比较远，没有直接的利害冲突，并不需要承担任何政治义务，故封拜能够施行于这样的国、族。

北宋王钦若等人在总结封拜这一方式时写道：“自汉已来，乃有乡慕风教，震惧威烈，因其衰弱相率内附，而乃招谕之以礼，申于抚纳，怀柔之以德，厚其存恤，以至张官置吏，设亭筑塞，锡之以衣冠印绶，振之以缯絮菽粟，因以弭兵息役，开疆拓土，斯皆得来远之道，达御戎之要者焉。”⑤ 这里实际上也认为接受封拜的四方国、族存在两种类型，一为“乡慕风教”者，即上文所述之后者，一为因“衰弱”而“内附”

---

① 《后汉书》卷八六《南蛮西南夷传》，第 2851 页。

② 《后汉书》卷八六《南蛮西南夷传》，第 2851 页。

③ 《后汉书》卷八六《南蛮西南夷传》，第 2837 页。

④ 《后汉书》卷八五《东夷列传·倭传》，第 2821 页。

⑤ 《册府元龟》卷九七七《外臣部·降附》，第 11472 页。

者，即上文所述之前者。这两种封拜对象之得以罗致，一因“得来远之道”，即外交方式之运用，一因“达御戎之要”，即军事之运用与配合。

2. 权利的虚与实

从上文的论述，我们还可以看到，汉代的封拜存在着虚与实的两个方面，对于一些四方远国来说，这些封拜除了当时得到一些币帛之赐或贸易之便之外，主要是政治上的意义，以及双方友好关系的象征而已。但是对于周边国、族以及那些入汉之后被封拜者，则除了具有荣誉身份象征之外，还有实际的权利。上表所载入汉之后被封拜者，除了币帛之赐以外，均还有户数若干之封，数百、数千乃至万户不等，这些户数就是其食禄之所在。汉制：“列侯金印紫绶，以赏其有功，功大者食县邑，小者食乡亭，得臣其所食吏民。”[①] 他们被汉皇朝封拜之后，享受与列侯相同的待遇。所谓“赐印绶以异其数，班币帛以将其意。”[②] 指其不仅得到不同等级的封号，而且在经济上还获得相应的利益。

受封拜者不仅在经济上有其利益，而且在政治上亦有其相应的权利。

有的降附者在封拜之后还可以领兵作战，匈奴“小王”赵信于武帝元光四年（前131）“降汉，汉封为翕侯”，元朔二年（前127）“击匈奴功益封，千六百八十户。”[③] 元朔六年（前123）为大将军卫青所指挥的六将军之一前将军，出定襄数百里击匈奴，“与右将军并军分行，独遇单于兵，故尽没。”[④] 而被匈奴俘虏。从中可见其降汉之后一再领兵出战。匈奴介和王降汉之后，被封为开陵侯。武帝天汉二年（前99），“以匈奴降者介和王为开陵侯，将楼兰国兵始击车师，匈奴遣右贤王将数万骑救之，汉兵不利，引去。”征和四年（前89），“遣重合侯马通将四万骑击匈奴，道过车师北，复遣开陵侯将楼兰、尉犁、危须凡六国兵别击车师，勿令得遮重合侯。诸国兵共围车师，车师王降服，臣属汉。”[⑤] 此匈奴王降汉被封拜之后，亦一再领兵出战。

不仅入汉受封者有其政治上、经济上的权利，有些四方国、族之受

---

① （汉）王隆撰，（汉）胡广注，（清）孙星衍辑：《汉官解诂》，《汉官六种》，第21页。

② 《册府元龟》卷九七四《外臣部·褒异》，第11437页。

③ 《汉书》卷一七《景武昭宣元成功臣表》，第642页。

④ 《史记》卷一一〇《匈奴列传》，第2907—2908页。

⑤ 《汉书》卷九六下《西域传下·车师传》，第3922页。

封者亦非完全为虚封，而是在其国、族内有相应的实际权利。甘露三年（前51），乌孙大昆弥元贵靡死，其子星靡“代为大昆弥，弱”，于是次年西域都护韩宣上奏，“乌孙大吏、大禄、大监皆可以赐金印紫绶，以尊辅大昆弥，汉许之。”① 汉制，“公侯金印紫绶”②。这在汉皇朝是在九卿之上的地位。之所以授予他们如此高规格的印绶，就是为了提高他们的权威，以利于加强对于大昆弥的辅佐。后来星靡死，其子雌栗靡继位之后，因“大昆弥雌栗靡健，翎侯皆畏服之……国中大安和翕归靡时。”成帝元延二年（前11）“小昆弥末振将恐为所并，使贵人乌日领诈降刺杀雌栗靡。汉欲以兵讨之而未能，遣中郎将段会宗持金币与都护图方略，立雌栗靡季父公主孙伊秩靡为大昆弥。”同时“责大禄、大吏、大监以雌栗靡见杀状，夺金印紫绶，更与铜墨云。”③ 汉方追究雌栗靡被刺杀一事的责任时，认为乌孙大禄、大吏、大监等高级官员负有责任，因此将原来的金印紫绶夺回，改授为“铜墨”。所谓“铜墨”即铜印墨绶，汉制，二千石以下、四百石以上为铜印墨绶，或谓铜印黑绶④。也就是说，为了惩罚乌孙上述高级官员在雌栗靡被害事件中的责任，将他们加以降级处分，由原来的金印紫绶降为铜印墨绶。这个事件反映了汉皇朝授予他们的印绶是有实际意义的，是他们的政治地位和俸禄的表征。

下面这个事件进一步证明汉皇朝授予他们的印绶是有实际意义的。两汉之际，中原变乱，匈奴趁虚而入，重新控制西域。东汉建立之后，西域诸国要求汉重新派遣都护管辖西域，建武十七年（41），莎车王贤“复遣使奉献，请都护。天子以问大司空窦融，以为贤父子兄弟相约事汉，款诚又至，宜加号位以镇安之。帝乃因其使，赐贤西域都护印绶，及车旗黄金锦绣。”敦煌太守裴遵得知这一情况后，上言：“夷狄不可假以大权，又令诸国失望。”光武帝采纳了裴遵的意见，于是“诏书收还都护印绶，更赐贤以汉大将军印绶。其使不肯易，（裴）遵迫夺之，贤由是始恨。而犹诈称大都护，移书诸国，诸国悉服属焉，号贤为单于。贤浸

---

① 《汉书》卷九六下《西域传下·乌孙国传》，第3908页。

② 《续汉书·舆服志下》注引《东观书》，点校本《后汉书志》第三十，第3675页。

③ 《汉书》卷九六下《西域传下》，第3909页。

④ 参见《续汉书·舆服志下》注引《东观书》，点校本《后汉书志》第三十，第3675页。

以骄横，重求赋税，数攻龟兹诸国，诸国愁惧。”① 这个事件表明，一则汉皇朝授予莎车王的西域都护印绶是有实际意义的，的确可以据以行使都护之权力。莎车王被夺回西域都护印绶之后，“诈称”西域都护，在一定情况下仍然可以令“诸国悉服属”，可见这一封号之实际意义；二则印绶是权力的标志。汉方为了将权力夺回，也是从夺回印绶入手，于是双方演出了争夺印绶的闹剧；三则印绶之实际意义并不完全相同，在这里，西域都护印绶较“汉大将军”印绶更具实际意义，故莎车王不满这种更换。

由于汉皇朝所授予的印绶具有实际意义，因此像上文所反映出来的印绶之予夺争斗，并非个例。桓帝永兴元年（153），车师后部王阿罗多叛汉，逃亡北匈奴中，敦煌太守宋亮上书，请“立后部故王军就质子卑君为后部王”。后阿罗多复从匈奴中还，与卑君争国，颇收其国人。戊校尉阎详“虑其招引北虏，将乱西域，乃开信告示，许复为王，阿罗多乃诣（阎）详降。于是收夺所赐卑君印绶，更立阿罗多为王。”② 由此可见，车师后部王之权力是以汉王朝所授予的印绶为根据和标志的。

① 《后汉书》卷八八《西域传·莎车国传》，第2923—2924页。

② 《后汉书》卷八八《西域传·车师传》，第2931页。

第四章　外交方式(下)

上述“朝”“贡”“赐”“封”等是汉代外交中经常性的基本的方式，四者既有区别又密切相关，虽然表面上看是四种方式，实际上可视为是一个问题的四个方面，这四种方式经常是同时发生、同步进行的，来“朝”者必携带“贡”礼，汉方对此则必以“赐”或“封”答之，前两者为“来”，后两者为“往”，一“来”一“往”从而构成外交的互动过程和外交行为的一个整体。除此之外，尚有其他一些外交方式，如“质侍”“和亲”“互市”等虽然不似上述诸方式之经常和基本，但也是重要的外交方式，为上述基本方式之必要补充或加强。

第五节　“质侍”

“质侍”为汉代外交诸方式之一，学术界于“质侍”问题虽已有所措意[①]，但一般未从其作为外交方式之一的角度观察之。

一　“质侍”概述

“质侍”为汉代外交重要方式之一。所谓“质侍”是指质子与侍子之合称[②]。“质”字的本义是以物相抵押，《说文》：“质，以物相赘”，进而

① 如，[美] 杨联陞：《中国制度史研究》中有一章《中国历史上的人质》（彭刚、程钢译，江苏人民出版社 2007 年版，第 34—45 页），为通论性质，囊括先秦至明清于不足万字之内；陈金生、王希隆：《两汉边政中的质子述评》则从边政角度对此作了论述（《中国边疆史地研究》2008 年第 2 期），等。

② 说详下文（二）汉代之由“质”而“侍”。

以人相抵押亦谓之“质”，段注：“以物相赘，如春秋交质子是也。”① 以春秋时期列国之间以太子等宗室成员或臣属作为抵押以解释“质”的涵义，而此相互交换之人员被称为“质子”。交质并非始于春秋时期，在春秋之前已经有之，早在三代时期已经见诸载籍，《史记·殷本纪》张守节《正义》引《帝王世纪》云：殷王纣“囚文王，文王之长子曰伯邑考质于殷，为纣御，纣烹为羹，赐文王，曰‘圣人当不食其子羹’。文王食之。纣曰‘谁谓西伯圣者？食其子羹尚不知也’。”② 当时周部落是商王朝西鄙的一个“诸侯”，其首领“文王”之子质于殷。孙盛曰：“质任之作，起于周微。”③ 大概就是据此而言。

（一）春秋战国时期的“交质”

到了春秋战国时期，诸侯、列国之间相互纳质的情况更为普遍，交质已经成为当时交聘关系中的一个重要方式和手段。

这个时期质子之受纳关系已呈多样化，约而言之主要有两种类型：

1. 双向性交质

双向性交质即双方对等地互派质子。周王室自平王东迁以后国势日削，郑国在协助周室东迁过程中则日益壮大，郑武公、郑庄公父子相继任周王朝卿士，执掌周政。鲁隐公三年（前720）周王朝企图通过分政于虢以削弱郑庄公的权力，引起郑庄公的不满，“郑伯怨王，王曰：‘无之。’故周、郑交质。王子狐为质于郑，郑公子忽为质于周。”④ 两国之间通过交换质子而建立互信。鲁文公十七年（前610）“晋巩朔行成于郑，赵穿、公壻池为质焉。”晋国派遣其卿赵穿和灵公女婿池为质于郑；“冬，十月，郑大子夷、石楚为质于晋。”⑤ 郑国则派遣太子夷和大夫石楚为质于晋。这是晋、郑两国通过文书交涉而消除误会后，为了巩固这一成果而互派质子。战国七雄之间亦然，秦王政四年（前243）“秦质子归自赵，赵太子出归国。”⑥ 秦国的质子自赵国归来，那么与此同时的赵国太

① 《说文解字注》六下《贝部》，第281页。

② 《史记》卷三《殷本纪》，第107页。

③ 《三国志》卷二四《魏书·高柔传》注引，第687页。

④ 《春秋左传正义》卷三，隐公三年，第85页。

⑤ 《春秋左传正义》卷二〇，文公十七年，第657、658页。

⑥ 《史记》卷六《秦始皇本纪》，第224页。

子是以何种身份、从哪里归国的呢?《史记・六国年表》载：赵悼襄王二年（前243）“太子从质秦归”[①]，可知此归国之赵国太子为出质于秦国者。是则秦国与赵国同时互派质子。

2. 单向性交质

单向性交质即一方向另一方派遣质子。这个方面大略又有三种情况，一为强者向弱者派遣，二为弱者向强者派遣，三为有求于人者向被求者派遣。

（1）强者向弱者派遣

秦惠王十年（前328），秦国使公子华与张仪围魏国的蒲阳，降之。在秦国战胜魏国的情况下，张仪一方面向秦王建议将蒲阳交还魏国，另一方面又建议“使公子繇质于魏。”秦国这样做的目的是什么呢？原来这是张仪将欲取之，必先予之的计策，他在撺掇秦国办了这两件事情之后，“因说魏王曰：‘秦王之遇魏甚厚，魏不可以无礼。’魏因入上郡、少梁，谢秦惠王。惠王乃以张仪为相，更名少梁曰夏阳。”[②] 秦国通过主动向战败国纳质而获取了更大的利益。这种单向性的纳质情况比较少见，更多的是下述情况。

（2）弱者向强者派遣

鲁宣公十二年（前597）春，楚国围攻郑国，“三月，克之。”郑襄公“肉袒牵羊以逆”，表示投降，于是楚军“退三十里，而许之平。”双方议和，“潘尪入盟，子良出质。”[③] 楚大夫潘尪入城与郑为盟，而战败国郑国以郑襄公弟子良出质于楚，郑国以纳质而换取楚国退兵。鲁宣公十四年（前595）九月楚国围宋国，直至次年五月，“宋人惧”，使执政华元夜入楚师谈判，一方面告以“敝邑易子而食，析骸以爨”的困境，另一方面则表示：“虽然，城下之盟，有以国毙，不能从也。”于是楚军“退三十里，宋及楚平。华元为质。”[④] 战败国宋国以执政华元为质于战胜国楚国，通过纳质而换取楚国之退兵。这个时期已经是春秋中期，楚国成为新兴的霸主，上述郑、宋等小国不得不屈服于晋楚等大国，通过纳质以保全自己。

---

① 《史记》卷一五《六国年表》，第751页。

② 《史记》卷七〇《张仪列传》，第2284页。

③ 《春秋左传正义》卷二三，宣公十二年，第729—730页。

④ 《春秋左传正义》卷二四，宣公十五年，第768—769页。

（3）有求者向被求方派遣

这是单向性纳质最为大量和普遍的情况。鲁定公三年（前507）蔡昭侯“为两佩与两裘，以如楚，献一佩一裘于昭王。”楚国令尹子常也想得到这些珍物，蔡昭侯不给，于是楚国扣留了蔡昭侯。蔡昭侯回国后，“如晋，以其子元与其大夫之子为质焉，而请伐楚。”蔡国通过纳质晋国以请求其讨伐楚国。于是鲁定公四年春三月，晋国“合诸侯于召陵，谋伐楚也。”不料晋荀寅向蔡昭侯“求货”而弗得，遂言于晋主卿范献子，反对为蔡国而讨楚，晋国“乃辞蔡侯”①。蔡国于是转而向吴国求助，“楚自昭王即位，无岁不有吴师，蔡侯因之，以其子乾与其大夫之子为质于吴。冬，蔡侯、吴子、唐侯伐楚。”② 蔡国通过纳质而联合吴国讨伐楚国，从而报了被扣留三年的耻辱。蔡国先后两次求助于别国以报楚国之仇，都是通过纳质以进行的。可见有求于人者通过纳质以取得别国对自己的帮助，实现本国的目标，是当时处理国际关系的一个重要手段和方式。战国时期亦然，楚怀王二十六年（前303），“齐、韩、魏为楚负其从亲而合于秦，三国共伐楚。楚使太子入质于秦而请救。秦乃遣客卿通将兵救楚，三国引兵去。”楚国通过纳质而请求秦国出兵相救，秦国果然出兵救楚，从而解除了三国联军的威胁。楚怀王二十九年（前300），“秦复攻楚，大破楚，楚军死者二万，杀我将军景缺。怀王恐，乃使太子为质于齐以求平。”③ 这时则是秦国来攻，于是楚国通过纳质于齐，以求齐国不与秦国联合而邀其后。楚国先是通过纳质于秦而解救齐国等之来攻，后是通过纳质于齐以解救秦国之来攻，纳质成为楚国联络友国、抵抗敌国来犯的重要外交手段。

《史记正义》将先秦时期的交质总结为三种类型，曰：“质，音致。国强欲待弱之来相事，故遣子及贵臣为质，如上音。国弱惧其侵伐，令子及贵臣往为质，音直实反。又二国敌亦为交质，音致。《左传》云周郑交质，王子狐为质于郑，郑公子忽为质于周是也。”④ 这里所说三种类型，实际上还是我们上述两大类型，其所述第三种敌国交质，基本上属于我们上文所

① 《春秋左传正义》卷五四，定公三、四年，第1771—1775页。

② 《春秋左传正义》卷五四，定公四年，第1787页。

③ 《史记》卷四〇《楚世家》，第1727页。

④ 《史记》卷六《秦始皇本纪》，第223页。

述双向性交质；第一、第二种基本上包括于我们上文所述单向性交质之中。

3. 交质的性质

诸侯、列国之间何以频繁运用交质这一方式？它究竟具有何等性质？其在交聘体制中处于什么地位呢？

从上文所述我们可以看到，交质是诸侯、列国之间为了实现本国的政治、军事、外交等目的的重要方式和手段，其与遣使、朝聘、贡纳等其他交聘方式和手段具有一致的性质和作用，各自从不同方面发挥其交聘功能，共同构成交聘体制中不可缺少的一个重要环节，从而成为交聘体制诸方式和手段之一。楚怀王十八年（前311）张仪劝说楚王与秦国结为兄弟之国，其所建议的方式和手段是："臣请使秦太子入质于楚，楚太子入质于秦，请以秦女为大王箕帚之妾，效万室之都以为汤沐之邑，长为昆弟之国，终身无相攻伐。"这一建议虽然遭到屈原反对，但是最后楚怀王还是"卒许张仪，与秦亲。"[①] 从张仪的建议中，一方面我们可以看到交质的性质和作用，它是实现国家政治、军事等目的，亦即国家利益的重要方式和手段，另一方面我们可以看到交质与其他交聘方式和手段之间的关系，张仪建议发展楚、秦关系的具体方式和手段，在这里有二，一为两国交质，二为两国和亲。可知交质与和亲同为维系、发展两国关系之重要纽带。赵孝成王元年（前265）秦伐赵，赵求救于齐，齐国要求以惠文王之少子长安君为质，赵太后不肯，左师触龙说赵太后，其说辞中云：太后虽然爱自己的女儿，但是为了国家利益而不惜忍痛割爱，送其嫁于燕国为燕后，此乃"计长久，子孙相继为王也哉。"如今使长安君出质于齐国，亦是"令有功于国"的大好时机。太后醒悟，于是同意长安君"质于齐"，齐"兵乃出"[②]。从这里同样可以看到，一方面纳质是实现国家政治、军事等目的的重要方式和手段，对外来说通过纳质可以达到请求别国援助、联盟的目的，对内来说，是质子为国立功，提高自己在国内政治地位的一个机会和历练过程。另一方面也反映赵国同样以纳质与和亲并用，以为其实现国家政治、军事目的之重要方式和手段，

① 《史记》卷七〇《张仪列传》，第2292页。

② 《战国纵横家书·触龙见赵太后章》，第4—76页。与今本《战国策》卷二一、《史记》卷四三《赵世家》所载同。

以和亲维系与别国的关系，以纳质求得别国出兵相助。由此可知，纳质与和亲并用乃当时各国普遍采取的方式和手段，汉代外交正是继承了这一传统。这一事实表明，交聘并非运用单一的方式和手段，而是多种多样的方式和手段同时并举，是一个系统的对外政治工程，各种方式和手段相互配合，各自发挥不同的功能，方能更好地实现国家的政治目的，维护和增加国家的利益。因此，交质的实质就是外交，乃外交体制中的必要组成部分，是诸多外交方式和手段之一。

（二）汉代之由“质”而“侍”

“质子”一词较“侍子”为早，先秦时期已经经常使用，而“侍子”一词则至汉代始见。西汉时期承袭先秦绪余，一般仍然使用“质子”为称，司马迁在其《史记》中就只以“质子”为称，而不以“侍子”为称；东汉人开始广泛使用“侍子”为称，故班固《汉书》常以“侍子”称呼“质子”，往往两者混用。《史记》记天汉元年（前100）大宛贵人“立毋寡昆弟曰蝉封为宛王，而遣其子入质于汉。”[①] 而《汉书》则记作：“立毋寡弟蝉封为王，遣子入侍，质于汉。”[②] 这里将“入质”称为“入侍”，两者的含义是相同的。班固记征和元年（前92）西域楼兰王死，“国人来请质子在汉者，欲立之。质子常坐汉法，下蚕室宫刑，故不遣。报曰：‘侍子，天子爱之，不能遣。其更立其次当立者。’”[③] 这里的“侍子”即“质子”，两者互通互用。而到了范晔《后汉书》，记东汉历史时，则基本上以“侍子”为称，少用“质子”为称了。大略而言，西汉中期开始“质子”与“侍子”并用，到了东汉则基本上以“侍子”为称，少量以“质子”为称。因此，我们将先秦、西汉时期的“质子”与两汉时期的“侍子”合称，而将两汉时期的纳质制度称之为“质侍”制度。

“质子”与“侍子”名称的变化并非没有意义。何以从先秦到两汉会发生这种变化，“质子”何以到了汉代被称为“侍子”？这是交质制度之性质和时代变化所致。首先，从交质制度之性质变化而言，交质产生之初，“以物相赘”应是双向的、对等的，及至春秋战国时期，由于诸侯、

---

① 《史记》卷一二三《大宛列传》，第3179页。

② 《汉书》卷九六上《西域传上·大宛国传》，第3895页。

③ 《汉书》卷九六上《西域传上·鄯善国传》，第3877页。

列国并存、并峙，其势力消长、强弱变化纷繁，强国对峙的同时，亦有众多小国、弱国间杂其间，形成大小、强弱交织的错综复杂局面，故交质双方一方面存在双向的、对等的情况，另一方面则单向的、不对等的情况也逐渐增加。后者交质双方地位是不平等的，受质方处于主动、强势地位，纳质方处于被动、弱势地位。纳质方遣子入质是政治上屈从、依附、有求于受质方的表现，因此，对方“入质”于己，意味着侍从、承奉于己，亦即“入侍”于己。《说文》：“侍，承也。”段注：“承者，奉也，受也。凡言侍者皆敬恭承奉之义。”[①] 故这个时期的交质已经存在一方敬恭承奉另一方之意涵。其次，从时代变化来说，从先秦到秦汉最大的一个变化就是秦汉统一皇朝的建立，打破了以往诸侯、列国长期并存、并峙的格局。这一时代巨变，导致交质双方地位之根本性变化，汉皇朝对于纳质方的四方国、族和地区来说，处于压倒性强势地位，这个时期少有双向的、对等的交质，而以单向的、非对等的纳质为其特征，占据着主导地位。对于汉皇朝来说，只有四方国、族纳质于汉，而不见汉方纳质于四方国、族。因此，将纳质称为“入侍”就是这种单向的、非对等关系的反映。此外，将“入质”称为“入侍”也是将汉皇朝内部关系运用于外部关系的一个表现。在汉皇朝内部，侯王、臣属晋谒、入事皇帝被称为“入侍”；那么，四方国、族之王子、贵臣之来质，犹如内部侯王、臣属之“入侍”，故将其称为“侍子”实属势所必然。反映纳质制度这种变化的词语，在汉代还有“宿卫”。司马迁在记载建元六年（前135）南越王遣子入质一事时，谓其“遣太子婴齐入宿卫”“婴齐其入宿卫在长安”[②]。而《汉书·严助传》记此事作：南越王“即遣太子随（严）助入侍”[③]。可知“入宿卫”与“入侍”是相同的。何以将“入质”称为“入宿卫”[④]？其意涵与将“入质”称为“入侍”是一致的，也

① 《说文解字注》八上《人部》，第373页。

② 《史记》卷一一三《南越列传》，第2971页。

③ 《汉书》卷六四上《严助传》，第2786页。

④ ［英］崔瑞德、鲁惟一编：《剑桥中国秦汉史》在述及南越王遣子入质一事时称：“该王子不是作为质子送去的，而是在宫中担任宿卫。”（杨品泉、张书生、陈高华、谢亮生、一山、索介然、胡志宏译，张书生、杨品泉校，中国社会科学出版社1992年版，第488页）将“宿卫”视为与“质子”不同，似不确。

是汉皇朝将纳质方视为自己侯王、臣属的表现，因为其时侯王、臣属及其子弟有“宿卫”宫廷和皇帝的义务。不过这个称谓使用频率不如“入侍”“侍子”等词语。从先秦至两汉这一称谓之变化，表明春秋战国时期交质制度中的双向性与单向性并存的交质至汉代已被单向性的纳质所取代，从而使质子制度发生了巨大的变化。“入侍”“入宿卫”和“侍子”这些词语之出现，乃这一时代变化导致质子制度变化的客观现实反映。

二　汉代“质侍”网络的构建

汉代外交中的质侍制度，就是在先秦质侍制度基础上，根据时代条件的变化，特别是外交体制的变化而进行和发展的。为了对于汉代质侍制度有一个比较清晰的认识和叙述的方便，试将其时的质侍情况列表如下：

表 4－1　汉代质侍表

年代	受质方	纳质方	情状	质侍身份	资料出处
秦二世元年（前 209）	月氏	匈奴	匈奴单于头曼欲废冒顿而立少子，乃使冒顿质于月氏。冒顿既质于月氏，而头曼急击月氏	太子	《史记》卷一一〇《匈奴列传》，第 2888 页；《汉书》卷九四上《匈奴传上》第 3749 页
建元六年（前 135）	西汉	南越	天子使庄助往谕意南越王，南越王胡顿首曰：“天子乃为臣兴兵讨闽越，死无以报德！”遣太子婴齐入宿卫	太子	《史记》卷一一三《南越列传》，第 2971 页
约建元六年后十余年？	西汉	南越	婴齐即位后，汉数使使者风谕婴齐入朝，婴齐固称病，遂不入见。遣子次公入宿卫	子	《史记》卷一一三《南越列传》，第 2971 页
元封四年（前 107）①	匈奴、西汉	楼兰	元封三年十二月赵破奴虏楼兰王。楼兰既降服贡献，匈奴闻，发兵击之。于是楼兰遣一子质匈奴，一子质汉	子	《汉书》卷九六上《西域传上》，第 3876—3877 页

① 《匈奴历史年表》系于前 101 年，第 34 页。

续表

年代	受质方	纳质方	情状	质侍身份	资料出处
元封四年（前107）			汉使王乌使匈奴，详许甘言，为遣其太子入汉为质，以求和亲。诸所言者，单于特空绐王乌，殊无意入汉及遣太子来质		《史记》卷一一〇《匈奴列传》，第2913—2914页
太初四年（前101）	龟兹	杅弥	贰师将军李广利击大宛，还过杅弥，杅弥遣太子赖丹为质于龟兹。广利责龟兹曰："外国皆臣属于汉，龟兹何以得受杅弥质？"即将赖丹入至京师	太子	《汉书》卷九六下《西域传下》，第3916页
太初四年（前101）	西汉	西域大宛东诸小国	贰师将军之东，诸所过小国闻大宛破，皆使其子弟从军入献，见天子，因以为质焉	子弟	《史记》卷一二三《大宛列传》，第3178页
天汉元年（前100）	西汉	大宛	大宛贵人立毋寡昆弟曰蝉封为宛王，而遣其子入质于汉	子	《史记》卷一二三《大宛列传》，第3179页
征和元年（前92）	西汉、匈奴	楼兰	楼兰王死，国人来请质子在汉者，欲立之。质子常坐汉法，下蚕室宫刑，故不遣。报曰："侍子，天子爱之，不能遣。其更立其次当立者。"楼兰更立王，汉复责其质子，亦遣一子质匈奴。后王又死，匈奴先闻之，遣质子归，得立为王	子	《汉书》卷九六上《西域传上》，第3877页
元凤四年（前77）	西汉	楼兰	傅介子出使楼兰，刺杀楼兰王，告谕以"王负汉罪，天子遣我来诛王，当更立前太子质在汉者"	太子	《汉书》卷七〇《傅介子传》，第3002页
本始三年（前71）	匈奴	车师	车师复通于汉。匈奴怒，召其太子军宿，欲以为质。军宿，焉耆外孙，不欲质匈奴，亡走焉耆。车师王更立子乌贵为太子	太子	《汉书》卷九六下《西域传下》，第3922页
元康三年（前63）	羌	羌	先零遂与诸羌种豪二百余人解仇交质盟诅		《汉书》卷六九《赵充国传》，第2972页
神爵元年（前61）	西汉	羌	旱、开豪靡当儿使弟雕库来告都尉曰先零欲反，后数日果反。雕库种人颇在先零中，都尉即留雕库为质。充国以为亡罪，乃遣归告种豪	弟	《汉书》卷六九《赵充国传》，第2977页

续表

年代	受质方	纳质方	情状	质侍身份	资料出处
五凤四年（前54）	西汉	匈奴	匈奴单于称臣，遣弟谷蠡王入侍	弟	《汉书》卷八《宣帝纪》，第268页
五凤四年（前54）	西汉	乌孙	汉使卫司马魏和意、副候任昌送侍子还乌孙		《汉书》卷九六下《西域传下》，第3906页
甘露元年（前53）	西汉	匈奴呼韩邪、郅支单于	呼韩邪引众南近塞，遣子右贤王铢娄渠堂入侍。郅支单于亦遣子右大将驹于利受入侍，汉两受之	子	《汉书》卷九四下《匈奴传下》，第3797页；《汉书》卷七〇《陈汤传》，第3008页
初元五年（前44）	西汉	匈奴郅支单于	郅支单于遣使奉献，因求侍子，愿为内附。汉议遣卫司马谷吉送之。既至，郅支单于怒，竟杀吉等		《汉书》卷七〇《陈汤传》，第3008页；《资治通鉴》卷二八　汉元帝初元五年（前44），第908—909页
永光元年（前43）	西汉	匈奴呼韩邪单于	汉遣车骑都尉韩昌、光禄大夫张猛送呼韩邪单于侍子，求问谷吉等		《汉书》卷九四下《匈奴传》下，第3801页
元帝时	西汉	莎车	莎车王于元帝时，尝为侍子，长于京师，慕乐中国，亦复参其典法。后为王，常敕诸子，当世奉汉家，不可负也	子	《后汉书》卷八八《西域传》，第2923页
建始二年（前31）	西汉	匈奴	复株絫若鞮单于立，遣子右致卢儿王醯谐屠奴侯入侍	子	《汉书》卷九四下《匈奴传下》，第3807页
建始四年（前29）	西汉	康居	陈汤上书言康居王侍子非王子也。按验，实王子也。汤下狱当死。太中大夫谷永上疏讼汤，书奏，天子出汤，夺爵为士伍	王子	《汉书》卷七〇《陈汤传》，第3008页
成帝时	西汉	康居	康居遣子侍汉，贡献，然自以绝远，独骄嫚，不肯与诸国相望	子	《汉书》卷九六上《西域传上》，第3892页
鸿嘉元年（前20）	西汉	匈奴	搜谐单于立，遣子左祝都韩王朐留斯侯入侍	子	《汉书》卷九四下《匈奴传下》，第3809页
永始元年（前16）	西汉	乌孙	乌孙小昆弥末振使贵人乌日领诈降刺杀大昆弥雌栗靡。汉没入小昆弥侍子在京师者	子	《汉书》卷九六下《西域传下》，第3909页
元延元年（前12）	西汉	匈奴	匈奴车牙单于立，遣子右于涂仇掸王乌夷当入侍	子	《汉书》卷九四下《匈奴传下》，第3809页

续表

年代	受质方	纳质方	情状	质侍身份	资料出处
绥和元年（前8）	西汉	匈奴	匈奴乌珠留单于立，遣子右股奴王乌鞮牙斯入侍	子	《汉书》卷九四下《匈奴传下》，第3810页
绥和二年（前7）	西汉	匈奴	匈奴侍子右股奴王乌鞮牙斯死，归葬。复遣子左于駼仇掸王稽留昆入侍	子	《汉书》卷九四下《匈奴传下》，第3810页
建平二年（前5）	匈奴	乌孙	乌孙与匈奴发生边境冲突。卑援疐恐，遣子趋逯为质匈奴。单于受，以状闻。汉遣中郎将丁野林、副校尉公乘音使匈奴，责让单于，告令还归卑援疐质子。单于受诏，遣归	子	《汉书》卷九四下《匈奴传下》，第3811页
元寿二年（前1）	西汉	匈奴	匈奴单于来朝，汉遣匈奴侍子稽留昆随单于去，到国，复遣稽留昱同母兄右大且方与妇入侍。还归，复遣且方同母兄左日逐王都与妇入侍	子	《汉书》卷九四下《匈奴传下》，第3818页
元始二年（2）	西汉	乌孙	送乌孙归义侯侍子	子	《敦煌悬泉汉简释粹》（I 0116S. 14），编号211，第146页
元始二年（2）	西汉	匈奴	王莽风单于令遣王昭君女须卜居次云入侍太后	女	《汉书》卷九四下《匈奴传下》，第3818页
始建国二年（10）	王莽	乌桓、丁令	王莽使东域将严尤领乌桓、丁令兵屯代郡，皆质其妻子于郡县。乌桓不便水土，惧久屯不休，数求谒去。莽不肯遣，遂自亡畔，还为抄盗，而诸郡尽杀其质，由是结怨于莽	妻、子	《后汉书》卷九〇《乌桓鲜卑列传》，第2981页
始建国三年（11）	王莽	匈奴	王莽使译出塞诱呼乌珠留单于弟右犁汗王咸、咸子登、助三人，至则胁拜咸为孝单于；拜助为顺单于；传送助、登长安。后助病死，王莽以登代助为顺单于	侄	《汉书》卷九四下《匈奴传下》，第3823、3826页
始建国四年（12）	王莽	匈奴	厌难将军陈钦言捕虏生口，虏犯边者皆孝单于咸子角所为。王莽怒，会诸蛮夷，斩咸子登于长安市	侄	《汉书》卷九九中《王莽传中》，第4128页；《汉书》卷九四下《匈奴传下》，第3826页

续表

年代	受质方	纳质方	情状	质侍身份	资料出处
天凤元年（14）	王莽	匈奴	天凤元年（14）王莽遣和亲侯王歙（王昭君兄子）、歙弟骑都尉展德侯飒使匈奴，贺单于初立，给言侍子登在，因购求陈良、终带等。单于尽收四人及手杀校尉刀护贼芝音妻子以下二十七人，皆械槛付使者，遣厨唯姑夕王富等四十人送歙、飒。使还，知子登前死，怨恨，寇虏从左地入，不绝	子	《汉书》卷九四下《匈奴传下》，第 3827 页
天凤二年（15）	王莽	匈奴	单于咸既和亲，求其子登尸，王莽欲遣使送致，恐咸怨恨害使者，乃收前言当诛侍子者故将军陈钦，以他罪系狱。莽选儒生能颛对者济南王咸为大使，五威将琅邪伏黯等为帅，使送登尸。因奉归前所斩侍子登及诸贵人从者丧，皆载以常车①	子	《汉书》卷九九中《王莽传中》，第 4139 页；《汉书》卷九四下《匈奴传下》，第 3828 页
地皇四年（23）	王莽	将军	王莽拜将军九人，皆以虎为号，号曰“九虎”，将北军精兵数万人东，内其妻子宫中以为质	妻、子	《汉书》卷九九下《王莽传下》，第 4188 页
建武五年（29）	东汉	隗嚣	光武帝遣来歙说隗嚣遣子入侍，乃遣长子恂随歙诣阙；西州大将军隗嚣子恂入侍	子	《后汉书》卷一三《隗嚣传》，第 524 页；《后汉书》卷一上《光武帝纪上》，第 40 页
建武以来	东汉	西域诸国	西域大国莎车、于阗之属，数遣使置质于汉，愿请属都护。圣上远览古今，因时之宜，羁縻不绝，辞而未许		《汉书》卷九六下《西域传》，第 3930 页
建武二十一年（45）	东汉	西域诸国	二十一年冬，车师前王、鄯善、焉耆等十八国俱遣子入侍，献其珍宝。及得见，皆流涕稽首，愿得都护。天子以中国初定，北边未服，皆还其侍子，厚赏赐之。诸国闻都护不出，而侍子皆还，大忧恐，乃与敦煌太守檄，愿留侍子以示莎车，言侍子见留，都护寻出，冀且息其兵。裴遵以状闻，天子许之；车师与鄯善、焉耆遣子入侍，光武遣还之，乃附属匈奴	子	《后汉书》卷一下《光武帝纪第一下》，第 73 页；《后汉书》卷八八《西域传》，第 2924、2929 页

① 注引刘德曰：“县易车也。旧司农出钱市车，县次易牛也。”（《汉书》卷九四下《匈奴传下》，第 3828 页）

续表

年代	受质方	纳质方	情状	质侍身份	资料出处
建武二十二年（46）	东汉	西域诸国	鄯善、焉耆诸国侍子久留敦煌，愁思，皆亡归。鄯善王上书，愿复遣子入侍，更请都护。都护不出，诚迫于匈奴。天子报曰："今使者大兵未能得出，如诸国力不从心，东西南北自在也。"于是鄯善、车师复附匈奴，而莎车王贤益横	子	《后汉书》卷八八《西域传》，第2924页
建武二十五年（49）	东汉	南匈奴	三月，南单于遣子入侍；南单于复遣使诣阙，奉藩称臣，献国珍宝，求使者监护，遣侍子，修旧约	子	《后汉书》卷一下《光武帝纪下》，第77页；《后汉书》卷八九《南匈奴传》，第2943页
建武二十五年（49）	东汉	乌桓、鲜卑	乌桓或愿留宿卫，于是封其渠帅为侯王君长者八十一人，皆居塞内，布于缘边诸郡，令招来种人，给其衣食，遂为汉侦候，助击匈奴、鲜卑……于是始复置校尉于上谷宁城，开营府，并领鲜卑，赏赐质子，岁时互市焉		《后汉书》卷九〇《乌桓鲜卑传》，第2982页
建武二十六年（50）	东汉	南匈奴	秋，南单于遣子入侍，奉奏诣阙。单于岁尽辄遣奉奏，送侍子入朝，中郎将从事一人将领诣阙。汉遣谒者送前侍子还单于庭，交会道路	子	《后汉书》卷八九《南匈奴传》，第2943、2944页
永平二年（59）	东汉	南匈奴	春正月辛未，宗祀光武皇帝于明堂，乌桓、濊貊咸来助祭，单于侍子、骨都侯亦皆陪位		《后汉书》卷二《明帝纪》，第100页
永平十六年（73）	东汉	于阗诸国	明帝乃命将帅，北征匈奴，取伊吾卢地，置宜禾都尉以屯田，遂通西域，于阗诸国皆遣子入侍。西域自绝六十五载，乃复通焉	子	《后汉书》卷八八《西域传》，第2909页
永平十六年（73）	东汉	鄯善	班超于是召鄯善王广，以北匈奴使首示之，一国震怖。超晓告抚慰，遂纳子为质	子	《后汉书》卷四七《班超传》，第1573页
永平十七年（74）	东汉	西域诸国	是岁，甘露仍降，树枝内附……西域诸国遣子入侍	子	《后汉书》卷二《明帝纪》，第121页

续表

年代	受质方	纳质方	情状	质侍身份	资料出处
永平十七年（74）	东汉	乌孙	始置西域都护、戊己校尉，乃以耿恭为戊已校尉……恭至部，移檄乌孙，示汉威德，大昆弥已下皆欢喜，遣使献名马，及奉宣帝时所赐公主博具，愿遣子入侍。恭乃发使赍金帛，迎其侍子	子	《后汉书》卷一九《耿恭传》，第720页
建初五年（80）	东汉	龟兹	班超上疏曰："今拘弥、莎车、疏勒、月氏、乌孙、康居复愿归附，欲共并力破灭龟兹，平通汉道。若得龟兹，则西域未服者百分之一耳。今宜拜龟兹侍子白霸为其国王，以步骑数百送之，与诸国连兵，岁月之间，龟兹可禽。"	子	《后汉书》卷四七《班超传》，第1575—1576页
建初八年（83）	东汉	乌孙	李邑盛毁班超，帝切责李邑，令其诣超受节度。超即遣李邑将乌孙侍子还京师。军司马徐干谓超曰："邑前亲毁君，欲败西域，今何不缘诏书留之，更遣它吏送侍子乎？"		《后汉书》卷四七《班超传》，第1577—1579页
元和三年（86）	匈奴	于阗	匈奴闻于阗王广德灭莎车，遣五将发焉耆、尉黎、龟兹十五国兵三万余人围于阗，广德乞降，以其太子为质，约岁给罽絮	太子	《后汉书》卷八八《西域传》，第2926页
元和三年（86）	匈奴	莎车	冬，匈奴复遣兵将莎车王贤质子不居征立为莎车王，广德又攻杀之，更立其弟齐黎为莎车王	子	《后汉书》卷八八《西域传》，第2926页
章和元年（87）	羌	羌	护羌校尉张纡杀迷吾，迷吾子迷唐及其种人向塞号哭，与烧何、当煎、当阗等相结，以子女及金银娉纳诸种，解仇交质，将五千人寇陇西塞		《后汉书》卷八七《西羌传》，第2882—2883页
章和二年（88）	羌	羌	公卿举邓训代张纡为校尉。诸羌激忿，遂相与解仇结婚，交质盟诅，众四万余人，期冰合度河攻训		《后汉书》卷一六《邓训传》，第609页

续表

年代	受质方	纳质方	情状	质侍身份	资料出处
永元元年（89）	东汉	羌	烧当豪帅东号稽颡归死，余皆款塞纳质		《后汉书》卷一六《邓训传》，第611页
永元元年（89）	东汉	北匈奴	窦宪遣军司马吴汜、梁讽，奉金帛遗北单于。单于喜悦，即将其众与讽俱还，到私渠海，闻汉军已入塞，乃遣弟右温禺鞮王奉贡入侍，随讽诣阙。宪以单于不自身到，奏还其侍弟	弟	《后汉书》卷二三《窦宪传》，第817页
永元二年（90）	东汉	车师前后王	大将军窦宪破北匈奴，车师震慴，前后王各遣子奉贡入侍，并赐印绶金帛	子	《后汉书》卷八八《西域传》，第2929页
永元二年（90）	东汉	西域诸国	李恂征拜谒者，使持节领西域副校尉。西域殷富，多珍宝，诸国侍子及督使贾胡数遗恂奴婢、宛马、金银、香罽之属，一无所受		《后汉书》卷五一《李恂传》，第1683页
永元三年（91）	东汉	龟兹	以班超为都护，徐干为长史。拜龟兹侍子白霸为龟兹王，遣司马姚光送之。超与光共胁龟兹废其王尤利多而立白霸，使光将尤利多还诣京师	子	《后汉书》卷四七《班超传》，第1581页
永元六年（94）	东汉	西域诸国	西域都护班超大破焉耆、尉犁，斩其王。自是西域降服，纳质者五十余国		《后汉书》卷四《和帝纪》，第179页
永元六年（94）	焉耆	匈奴	班超发龟兹、鄯善等八国兵合七万人，及吏士贾客千四百人讨焉耆。焉耆王广遣其左将北鞬支奉牛酒迎超。超诘鞬支曰："汝虽匈奴侍子，而今秉国之权。都护自来，王不以时迎，皆汝罪也。"		《后汉书》卷四七《班超传》，第1581页
永元六年（94）	东汉	焉耆	班超攻焉耆。焉耆左候元孟先尝质京师，密遣使以事告超，超即斩之，示不信用……班超用计杀焉耆王广等，更立元孟为焉耆王		《后汉书》卷四七《班超传》，第1581—1582页
永元六年（94）	东汉	西域诸国	超留焉耆半岁，慰抚之。于是西域五十余国悉皆纳质内属焉；班超击破焉耆，于是五十余国悉纳质内属		《后汉书》卷四七《班超传》，第1582页；《后汉书》卷八八《西域传》，第2910页

续表

年代	受质方	纳质方	情状	质侍身份	资料出处
元兴元年（105）	东汉	北匈奴	北匈奴重遣使诣敦煌贡献，辞以国贫未能备礼，愿请大使，当遣子入侍。时邓太后临朝，亦不荅其使，但加赐而已		《后汉书》卷八九《南匈奴列传》，第 2957 页
永初元年（107）	东汉	鲜卑	鲜卑大人燕荔阳诣阙朝贺，邓太后赐燕荔阳王印绶，赤车参驾，令止乌桓校尉所居甯城下，通胡市，因筑南北两部质馆。鲜卑邑落百二十部，各遣入质		《后汉书》卷九〇《乌桓鲜卑列传》，第 2986 页
永初四年（110）	东汉	南匈奴	去年冬，南单于与乌桓大人俱反，汉反击，南单于惶怖，遣左奥鞬日逐王诣行度辽将军梁慬乞降，慬乃大陈兵受之。单于脱帽徒跣，面缚稽颡，纳质		《后汉书》卷四七《梁慬传》，第 1592—1593 页
永建四年（129）	东汉	羌	护羌校尉马贤以烧当羌犀苦兄弟数背叛，因系质于令居		《后汉书》卷八七《西羌传》，第 2894 页
永建五年（130）	东汉	疏勒	春正月，疏勒王臣磐遣侍子与大宛、莎车使俱诣阙贡献	子	《后汉书》卷六《顺帝纪》，第 257 页；《后汉书》卷八八《西域传》，第 2927 页
永建六年（131）	东汉	于阗	十月丁酉，于阗王遣侍子贡献	子	《后汉书》卷六《顺帝纪》，第 258 页
永建六年（131）	东汉	于阗	十二月，于阗王放前遣侍子诣阙贡献	子	《后汉书》卷六《顺帝纪》，第 258 页；《后汉书》卷八八《西域传》，第 2916 页
汉安二年（143）	东汉	诸国	呼兰若尸逐就单于兜楼储先在京师，汉安二年立之。天子临轩，大鸿胪持节拜授玺绶，引上殿。遣行中郎将持节护送单于归南庭。诏太常、大鸿胪与诸国侍子于广阳城门外祖会，飨赐作乐，角抵百戏。顺帝幸胡桃宫临观之		《后汉书》卷八九《南匈奴传》，第 2962—2963 页
永兴元年（153）	东汉	车师后部	车师后部王阿罗多亡走北匈奴中，敦煌太守宋亮上立后部故王军就质子卑君为后部王	子	《后汉书》卷八八《西域传》，第 2931 页

续表

年代	受质方	纳质方	情状	质侍身份	资料出处
延熹元年（158）	东汉	羌	匈奴寇并凉二州，桓帝擢种暠为度辽将军。羌虏先时有生见获质于郡县者，悉遣还之		《后汉书》卷五六《种暠传》，第1828页
熹平四年（175）	东汉	拘弥	于阗王安国攻拘弥，大破之，杀其王，死者甚众，戊已校尉、西域长史各发兵辅立拘弥侍子定兴为王	子	《后汉书》卷八八《西域传》，第2915页
熹平六年（177）	鲜卑	辽西太守	赵苞迁辽西太守……以到官明年，遣使迎母及妻子，垂当到郡，道经柳城，值鲜卑万余人入塞寇钞，苞母及妻子遂为所劫质，载以击郡	母、妻、子	《后汉书》卷八一《独行列传·赵苞传》，第2692页
初平二年（191）	东汉	车师	赵谦为司隶校尉。车师王侍子为董卓所爱，数犯法，谦收杀之	子	《后汉书》卷二七《赵谦传》，第949页
初平二年（191）	袁术	刘虞	献帝既思东归，时刘虞子和为侍中，因此遣和潜从武关出，告虞将兵来迎。道由南阳，后将军袁术闻其状，遂质和，使报虞遣兵俱西。虞乃使数千骑就和奉迎天子，而术竟不遣之	子	《后汉书》卷七三《刘虞传》，第2355页

说明：①所标年代并非均为派遣质侍之年，其中亦包括质侍出现于史籍记载之年，或笼统而言之年代或时期。②同一年代中有若干纳质事项，则分栏以列之；同一事项中或有若干资料并举者，乃并列不同记载，并非不同事项；有的质侍事项并未实现，亦列出。

我们试以此表为基础，结合相关史料，对于汉代的质侍格局进行讨论。

汉代的“质侍”格局在先秦的基础上有了很大发展，其突出表现之一是“质侍”网络新格局的形成。虽然春秋战国时期已经形成了错综复杂的交质网络，春秋时期不仅有了诸侯之间的大国与大国、小国与大国以及小国之间的交质，亦有周王朝与诸侯之交质；战国时期不仅七雄之间相互交质，而且还与北方民族发生了交质关系，如战国后期“燕有贤将秦开，为质于胡，胡甚信之。”① 但是，汉代的“质侍”网络体制与先秦相比，有了很大的发展与不同，从上表可见，这个时期已经形成了一

① 《史记》卷一一〇《匈奴列传》，第2885页。

个崭新的“质侍”网络格局。其“质侍”网络新格局体现于如下几个方面。

（一）形成了以两汉皇朝为主体的“质侍”网络中心

春秋时期虽然已经建立了错综复杂的交质网络，但是其时并没有也不可能形成一个交质网络之中心，不仅周王朝没有条件成为交质网络之中心，即使是晋、楚、齐、秦等霸主也没有条件成为其时交质网络之中心。因为当时并没有出现一个统一的强有力的权力中心，足以对其他政权或周边民族形成压倒性态势，从而成为众星拱月之纳质中心。战国七雄虽然亦有强弱差异，但是总体上还是一种平衡体结构，也没有很快出现压倒性的强权中心，因此也没有形成一个交质关系之中心，基本上仍然是一种分散、交错的交质网络态势。汉代统一国家的建立和发展，使“质侍”中心的产生成为可能。从上表可见，其中所列质侍受纳方，西汉时期的38项中，属西汉皇朝者为31项（含王莽），占81.6%；东汉时期的41项中，属东汉皇朝者为34项，占82.9%。整个两汉时期合计，则属两汉皇朝者，共占82.3%。这个统计虽然不能说完全和十分精确，但是大体上可以反映在公元前后之近400年间，东亚外交圈中的质侍网络中心在于两汉皇朝，这是没有疑义的。

（二）出现了以匈奴为主体的次级“质侍”网络中心

公元前2世纪至公元2世纪期间，东亚外交圈中出现了以两汉皇朝为中心的质侍网络的同时，也存在着以匈奴为中心的次级质侍网络，这是这个历史时期的新情况，为此前所未曾出现。早在战国后期，北边的燕国就已经向匈奴纳质。秦汉统一政权的建立，遏止了匈奴帝国南向的锋芒，因此其外交触角主要伸向西域，秦二世元年（前209）匈奴“单于有太子名冒顿。后有所爱阏氏，生少子，而单于欲废冒顿而立少子，乃使冒顿质于月氏。冒顿既质于月氏，而头曼急击月氏。月氏欲杀冒顿，冒顿盗其善马，骑之亡归。”① 由此可知这个时期匈奴已经与西域地区有了交质关系。后冒顿自立为单于，随之匈奴帝国崛起于北方草原地区，其综合国力在东亚世界中仅次于汉皇朝，它不仅在军事上对汉皇朝构成最大的威胁，而且在外交上与汉皇朝进行角逐，其中包括“质侍”网络

① 《史记》卷一一〇《匈奴列传》，第2888页。

之构建与竞争。西域地区是汉、匈外交角逐的主要场所。原来西域“皆役属匈奴”[①]，汉武帝经营西域后，便与匈奴开展西域之争夺。元封三年（前108）十二月赵破奴虏楼兰王。“楼兰既降服贡献，匈奴闻，发兵击之。于是楼兰遣一子质匈奴，一子质汉。”[②] 征和元年（前92）“楼兰王死，国人来请质子在汉者，欲立之。”由于在汉之楼兰质子触犯了汉法而正在服刑，故没有将其送归楼兰，“楼兰更立王，汉复责其质子，亦遣一子质匈奴。后王又死，匈奴先闻之，遣质子归，得立为王。”[③] 楼兰后王死后需要再次立新王时，匈奴抢先将在匈奴的楼兰质子送归，得以立为新王，在这一轮竞争中匈奴获得胜利。由此可见汉、匈之间在西域地区进行“质侍”竞争之激烈。楼兰之双双向匈奴和汉皇朝派遣质子，是这个时期西域不少国、族两难处境之典型，诚如楼兰王所说：“小国在大国间，不两属无以自安。”[④] 不过，到了西汉后期随着匈奴势力的衰落，其在西域之质侍亦逐渐衰退，宣帝本始三年（前71）“车师复通于汉。匈奴怒，召其太子军宿，欲以为质。军宿，焉耆外孙，不欲质匈奴，亡走焉耆。”[⑤] 此次匈奴要求车师纳质没有实现，标志着匈奴在西域质侍网络之松动。哀帝建平二年（前5），乌孙卑援疐寇盗匈奴西界，匈奴击败乌孙，“卑援疐恐，遣子趋逯为质匈奴。单于受，以状闻。汉遣中郎将丁野林、副校尉公乘音使匈奴，责让单于，告令还归卑援疐质子。单于受诏，遣归。”[⑥] 这个事件表明匈奴在西域的纳质权已被汉皇朝剥夺，标志着匈奴在西域的质侍网络之崩坏。不过，到了东汉时期，匈奴在西域的质侍网络又有所恢复。元和三年（86）匈奴得知于阗王广德灭莎车，于是“遣五将发焉耆、尉黎、龟兹十五国兵三万余人围于阗，广德乞降，以其太子为质，约岁给罽絮。”[⑦] 这是于阗向匈奴纳质。是年冬，匈奴复遣兵“将（莎车王）贤质子不居征立为莎车王”[⑧]，表明莎车亦向匈奴纳质。

① 《汉书》卷九六上《西域传上·序》，第3872页。
② 《汉书》卷九六上《西域传上·鄯善国传》，第3877页。
③ 《汉书》卷九六上《西域传上·鄯善国传》，第3877页。
④ 《汉书》卷九六上《西域传上·鄯善国传》，第3877页。
⑤ 《汉书》卷九六下《西域传下·车师传》，第3922页。
⑥ 《汉书》卷九四下《匈奴传下》，第3811页。
⑦ 《后汉书》卷八八《西域传·莎车国传》，第2926页。
⑧ 《后汉书》卷八八《西域传·莎车国传》，第2926页。

这些事实表明在两汉时期与两汉政权为中心的质侍网络存在的同时，也存在着以匈奴为中心的质侍网络，两个质侍网络中心在西域地区展开激烈的争夺。不过以匈奴为中心的质侍网络不论其规模、影响与频度以及持续时间等均不能与以汉皇朝为中心的质侍网络相较，因而可视为以两汉政权为中心的质侍网络之外的一个次级质侍网络中心。

（三）存在着其他地区性的质侍网络

汉代的质侍网络除了上述两个主要的中心之外，在其他地区也有存在。

西域地区是其中之一。西域除了与两汉和匈奴建立质侍关系之外，在西域地区内部也存在质侍关系。汉代的“西域”有广义与狭义之分，狭义之西域指玉门关、阳关以西，葱岭以东之天山南北地区，为汉代都护管辖地区；广义的西域包括葱岭以西之广大地区，为汉代都护管辖之外地区。《汉书·西域传》云：“西域以孝武时始通，本三十六国，其后稍分至五十余，皆在匈奴之西，乌孙之南。”① 这里指的就是狭义的西域。“西域诸国，各有君长，兵众分弱，无所统一。”② 表明这里诸国林立，没有形成压倒性的强势政权，因此，它们之间的质侍关系也是分散而交错的，没有形成质侍关系的中心。它们一方面依违于匈奴和汉皇朝之间，分别向两者纳质，另一方面则在他们内部相互交质。太初四年（前101）贰师将军李广利击大宛，还过杅弥，“杅弥遣太子赖丹为质于龟兹”。李广利责龟兹曰：“外国皆臣属于汉，龟兹何以得受杅弥质?”于是将杅弥质子赖丹挟持至京师。③ 这个事件表明西域诸国内部存在着相互纳质的传统，不过由于汉皇朝对西域形成压倒性强势，令西域地区的质侍关系受到很大抑制。

东北地区也存在地区性质侍关系。高句丽琉璃王十四年（前6）“春正月，扶余王带素遣使来聘，请交质子。王惮扶余强大，欲以太子都切为质。都切恐不行，带素恚之。”④ 表明高句丽与夫余也曾经为建立质侍

---

① 《汉书》卷九六上《西域传上·序》，第3871页。

② 《汉书》卷九六下《西域传下》“赞曰”，第3930页。

③ 《汉书》卷九六下《西域传下》，第3916页。

④ 《三国史记》卷一三《高句丽本纪第一·琉璃》，第149页。

关系而采取过行动。

如果说西域是地区性内部交质的典型的话，那么羌族则是同一民族内部交质的另一种典型，而与上述质侍的性质均不相同。羌族主要分布于甘肃、青海等西部地区，他们“种类繁炽。不立君臣，无相长一，强则分种为酋豪，弱则为人附落，更相抄暴，以力为雄。”① 西汉宣帝元康三年（前63），“先零遂与诸羌种豪二百余人解仇交质盟诅。”颜师古注曰：“羌人无大君长，而诸种豪递相杀伐，故每有仇雠，往来相报。今解仇交质者，自相亲结，欲入汉为寇也。”② 这是先零羌与羌族诸种豪通过“交质”以解除旧仇，结盟犯汉。东汉章和元年（87）护羌校尉张纡杀烧当羌豪迷吾，“迷吾子迷唐及其种人向塞号哭，与烧何、当煎、当阗等相结，以子女及金银娉纳诸种，解仇交质，将五千人寇陇西塞。”③ 这是烧当羌与其他羌族诸豪交质结盟以抗汉。

羌族一方面在反抗汉皇朝统治者时，以交质为手段团结内部，一方面则在屈服于汉统治者时，向其纳质。

上述次级质侍网络和地区性质侍网络，在其内部交质的同时，又无不向汉皇朝纳质，从而形成以汉皇朝为核心的质侍网络中心。

三 “质侍”网络的特点

两汉时期的“质侍”网络新格局具有如下三个特点：

（一）“质侍”网络空间空前扩大

春秋战国时期交质网络空间主要局限于中原地区的诸侯、列国之间，大体以黄河流域为中心，南及长江中下游之楚国、吴国等，北边于战国后期则已开始突破华夏文化圈而达北方草原地区。到了两汉时期则在此基础上空前扩大，南部越过长江流域而达岭南地区，与南越国建立了

---

① 《后汉书》卷八七《西羌传》，第2869页。

② 《汉书》卷六九《赵充国传》，第2972、2974页。

③ 《后汉书》卷八七《西羌传》，第2882—2883页。《后汉书》卷一六《邓训传》系此事于章和二年（88），曰：“护羌校尉张纡诱诛烧当种羌迷吾等，由是诸羌大怒，谋欲报怨，朝廷忧之。公卿举邓训代张纡为校尉。诸羌激忿，遂相与解仇结婚，交质盟诅，众四万余人，期冰合度河攻训。”（第609页）邓训代张纡为护羌校尉在章和二年，但诸羌交质盟诅应在章和元年。

“质侍”关系；西部则出阳关、玉门关远及于天山南北乃至中亚地区，与西域诸国如楼兰、车师、莎车、龟兹、焉耆、于阗、乌孙等国，以及大宛（今中亚费尔干纳盆地）、康居（今锡尔河中下游及哈萨克斯坦南部地区）等国建立了“质侍”关系；北边继续在北方草原地区扩展，与匈奴建立了“质侍”关系；东北部则达于今冀、辽以北地区，先后与乌桓、鲜卑建立了“质侍”关系。其纳质顺序大体是一种由南而北、顺时针发展的态势。首先是南方的南越来质，其次为西域诸国之入质，第三是北方之匈奴纳质，最后则为东北方面乌桓、鲜卑等来质。“质侍”网络基本上覆盖了两汉时期外交关系所及地区，在古代东亚、中亚地区建立了空前广大的“质侍”网络。公元前后近 400 年间的两汉时期之所以能够建立起这样一个空前广大的“质侍”网络，乃因两汉统一政权之建立及其强大，其政治上、经济上、军事上的先进地位和综合国力之强大，无出其右者，故有可能和条件与四方国、族建立起“质侍”关系，并成为“质侍”网络之中心。汉代“质侍”网络空间的扩大，具有重要意义，一方面使中原地区与岭南、漠北和西北地区、东北地区的关系发生了变化，促进了相互文化交流，为统一多民族国家的巩固、发展起了推动作用；另一方面，更重要的是突破了华夏文化圈乃至东亚外交圈的阈域，而与西方外交圈和文化圈建立了交流、互动关系，为中西外交圈和中西文化交流的发展打开了新局面，与其他外交方式一同发生作用，起了促进作用。

（二）“质侍”以单向性为主

春秋战国时期的质侍网络是双向性与单向性并存，而到了两汉时期，则鲜见双向性交质，而以单向性纳质为主。

在当时东亚世界的质侍网络中，第一位的是以两汉皇朝为中心的单向性纳质网络。在这个质侍网络中，我们可以看到，四方之国、族均单方面向两汉皇朝纳质，而绝无汉皇朝之子弟出质于这些国、族。其次则为以匈奴为中心的单向性质侍网络。在这个质侍网络中，也是基本上其他国、族单方面向匈奴纳质，而鲜见匈奴向对方纳质。可以说两汉时期是一个以单向性纳质为主导的时代。

何以从春秋战国时期到汉代会发生如此变化，形成以单向性为主导的质侍网络？其根本原因在于力量均衡关系之被打破。春秋战国时期诸侯、列国林立，虽然它们之间的大小、强弱之差异亦不可胜言，但是并没有出现一个压倒性的强势权力中心，故在总体上还是一种均衡状态，因而有可能出现双向性的交质。而到了公元前 3 世纪，这种均衡结构被打破，在其后的约400 年间，东亚地区出现了两个强大的统一政权，一个是以江、河农业文明为基础而建立的秦汉皇朝，另一个是以草原文明为基础建立的匈奴政权。其余地区的国、族均与其不可比拟，只能向它们单方面纳质。虽然上述两强的综合国力是不平衡的，不论在政治制度的先进性上，在经济基础的雄厚上，在人口之众多上，建立在游牧经济基础上的匈奴政权与建立在农业文明基础上的秦汉皇朝均不可比拟，但是，匈奴政权当时却拥有世界上最为强大的武装力量——骑兵。这种武装力量之速度、机动性、远程奔袭能力在当时是无可匹敌的。这种武装力量与广阔的北方草原这种自然条件相结合，又将其优越性发挥到了极致。因此在公元前 3 世纪末至公元前 1 世纪的前期，直至匈奴所拥有的这一优越性被克服之前的长达一百余年间两者呈势均力敌之局面，在这种情况下，匈奴一方面不可能向汉皇朝纳质，另一方面则向西域等力量分散、薄弱地区得到纳质，从而成为以汉皇朝为中心的单向性质侍中心之外的另一个单向性质侍中心。班固论汉、匈关系时有云："当孝武时，虽征伐克获，而士马物故亦略相当；虽开河南之野，建朔方之郡，亦弃造阳之北九百余里。匈奴人民每来降汉，单于亦辄拘留汉使以相报复，其桀骜尚如斯，安肯以爱子而为质乎？"① 指出在双方势均力敌情况下，匈奴是不可能向汉皇朝纳质的。待匈奴所拥有的军事上的优势被克服，加以其内部的分裂和经济上的削弱，于是匈奴与汉皇朝的均势状态被打破，它便不得不向汉皇朝单方面纳质了。这种转变在汉宣帝时期得以实现，"至孝宣之世，承武帝奋击之威，直匈奴百年之运，因其坏乱几亡之阸，权时施宜，覆以威德，然后单于稽首臣服，遣子入侍。"② 自公元前 3 世纪末匈奴崛起，到公元前 1 世纪前期，以匈奴为中心的单向性质侍网络支撑了一百余年，此后这个次级单向性质侍网络逐渐衰败，并被逐渐纳入汉皇朝为中心的质侍网络体系之中，乃至以汉皇朝为中心的单向性质侍

① 《汉书》卷九四下《匈奴传下》，第 3831 页。

② 《汉书》卷九四下《匈奴传下》，第 3832 页。

网络成为两汉时期质侍网络之唯一中心。

在两汉时期以单向性纳质为主导的历史时期内，也还存在某些双向性交质的情况，例如羌族内部各种落之间为了反抗汉皇朝而捐弃前嫌“解仇交质”，就是一种双向性的交质关系。这是因为在羌族内部并没有一个强势的权力中心，足以迫使其他羌族种落向其实行单向性纳质，而是“种类繁炽”“无相长一”[①]。这个事实表明，质侍网络中的单向性或双向性取决于网络体系内各种力量之均衡与否。

四　“质侍”身份

以什么样的人员充当质侍？质侍的身份及其变化情况如何？

春秋战国时期质侍身份比较复杂，除了君主之子之外，还有君主之其他亲属，如，春秋时期鲁宣公十二年（前597）郑国以“子良出质”[②]于楚国，子良为郑襄公之弟。战国时期秦昭王得知齐国孟尝君贤，于是秦昭王七年（前300）“乃先使泾阳君为质于齐，以求见孟尝君。”[③]而泾阳君为“昭王同母弟”[④]。春秋时期鲁文公十七年（前610）晋国入质于郑国的人质之一池，为公婿，即晋灵公之女婿[⑤]。此外亦常见以臣属出质，有以最高长官出质者，如，宣公十五年（前594）宋国以执政华元为质于楚国[⑥]。鲁文公十七年（前610）晋国派遣其卿赵穿出质于郑国[⑦]。以大夫出质就更多了，如，鲁文公十七年（前610）冬，十月，郑国派遣其大夫石楚为质于晋[⑧]。鲁成公十七年（前574）五月，“郑大子髡顽、侯獳为质于楚。”[⑨]侯獳，郑国大夫。甚至还有以大夫之子为质，鲁定公三年（前507）蔡国“以其子元与其大夫之子为质”[⑩]于晋国。鲁定公四

① 《后汉书》卷八七《西羌传》，第2869页。
② 《春秋左传正义》卷二三，宣公十二年，第729—730页。
③ 《史记》卷七五《孟尝君列传》，第2354页。
④ 《史记》卷七九《范雎列传》，第2404页。
⑤ 《春秋左传正义》卷二〇，文公十七年，第657、658页。
⑥ 《春秋左传正义》卷二四，宣公十五年，第768—769页。
⑦ 《春秋左传正义》卷二〇，文公十七年，第657、658页。
⑧ 《春秋左传正义》卷二〇，文公十七年，第657、658页。
⑨ 《春秋左传正义》卷二八，成公十七年，第910页。
⑩ 《春秋左传正义》卷五四，定公四年，第1772页。

年（前506）蔡国又“以其子乾与其大夫之子为质于吴。”[①] 还有以将领为质者，如战国时期燕国曾以“贤将秦开，为质于胡。”[②] 可以说春秋战国时期质侍身份是君主之亲属与臣属并存的。

到了两汉时期，质侍的身份有了变化。最主要的变化是质侍均为君主之子或弟，而不见春秋战国时期以臣属充质的情况。

（一）以太子为质

在君主之子中，有以太子为质者。建元六年（前135）南越王胡遣太子婴齐入质[③]。元凤四年（前77）傅介子刺杀楼兰王后，要求其国人“当更立前太子质在汉者”[④]，可知此楼兰质子为太子。不特汉皇朝与其他国、族之质侍关系为然，其他交质双方亦然。如秦二世元年（前209）匈奴亦以太子出质于月氏[⑤]。西域城郭诸国之间亦然，太初四年（前101）贰师将军李广利击大宛，还过杅弥，“杅弥遣太子赖丹为质于龟兹”[⑥]，亦以太子为质。东汉元和三年（86）匈奴联合西域十五国打败于阗，于阗王广德乞降，“以其太子为质”于匈奴[⑦]。

以太子为质，乃质侍之最高规格，最能体现纳质方之虔敬，亦最为受质方所重视。汉、匈之间关于质子问题的一番交涉，反映了这方面的情况。汉武帝时期随着对匈奴战争的胜利，于是汉方试图迫使匈奴以太子为质，元封四年（前107）首先由汉皇朝方面采取主动，派遣王乌等人出使匈奴，以试探其意。王乌采取柔软的外交手法，“匈奴法，汉使非去节而以墨黥其面者不得入穹庐。王乌，北地人，习胡俗，去其节，黥面，得入穹庐。”尽管王乌以顺从匈奴礼俗的手法，博得了匈奴单于的欢心，但是在太子入质问题上，单于并没有丝毫松动和承诺，“单于爱之，详许甘言，为遣其太子入汉为质，以求和亲。”这不过是以口头上的应许哄骗汉使而已。接着，汉皇朝又派遣杨信出使匈奴，要求匈奴方面：“即欲和

---

① 《春秋左传正义》卷五四，定公四年，第1787页。

② 《史记》卷一一〇《匈奴列传》，第2885页。

③ 《史记》卷一一三《南越列传》，第2971页。

④ 《汉书》卷七〇《傅介子传》，第3002页。

⑤ 《史记》卷一一〇《匈奴列传》，第2888页。

⑥ 《汉书》卷九六下《西域传下》，第3916页。

⑦ 《后汉书》卷八八《西域传·莎车国传》，第2926页。

亲，以单于太子为质于汉。”汉皇朝方面的要求很明确，只有以太子为质才能够实现双方的和平友好。但是遭到匈奴单于的断然拒绝，认为以太子为质的要求违反了“故约”，曰：“今乃欲反古，令吾太子为质，无几矣。”[①] 经过几次谈判亦未能令匈奴方面答应以太子为质于汉。汉、匈双方对此都有明确的认识和坚守的底线，汉皇朝方面的要求是必须以太子为质才能够体现已方的上算和胜利，匈奴方面则反之。匈奴之所以采取这样的态度，从根本上说还是汉、匈力量对比还没有完全逆转，还没有达到匈奴臣服于汉这个地步的反映。这个时期虽然经过汉武帝的几次大规模反击，匈奴力量遭到沉重打击，退守漠北，但是其实力仍存，其对于汉皇朝还没有沦落至完全屈服的地步。直到宣帝甘露元年（前 53）匈奴内部分裂，国势日削，呼韩邪单于在匈奴内争中失败，“左伊秩訾王为呼韩邪计，劝令称臣入朝事汉……呼韩邪从其计，引众南近塞，遣子右贤王铢娄渠堂入侍。郅支单于亦遣子右大将驹于利受入侍。”[②] 自元封四年（前 107）提出这个问题，至此已历五十余年，匈奴方面才遣子来质。那么，呼韩邪和郅支单于所遣之“子”是什么人呢？匈奴“置左右贤王、左右谷蠡王、左右大将……匈奴谓贤曰‘屠耆’，故常以太子为左屠耆王。”[③] 据此，则呼韩邪单于所遣侍子右贤王并非太子，郅支单于所遣侍子右大将亦非太子。

值得注意的是，甘露元年（前 53）匈奴两单于遣子入侍之前一年，即宣帝五凤四年（前 54），匈奴曾经派遣其弟谷蠡王入侍[④]，次年才遣子入侍。也就是说，五十余年后，匈奴先以单于弟入侍，然后才以单于子入侍。而且从此之后，虽然匈奴方面基本上一直在向汉皇朝派遣质子，但是始终未见以太子入侍。由此可见以太子入侍，并非轻而易举之事。而匈奴方面对于弱小于自己的国、族，则要求对方派遣太子入质于己，宣帝本始三年（前 71）宣帝遣五将将兵击匈奴，匈奴驻扎于车师的“田者惊去，车师复通于汉。匈奴怒，召其太子军宿，欲以为质。军宿，焉耆

① 《史记》卷一一〇《匈奴列传》，第 2913 页。
② 《汉书》卷九四下《匈奴传下》，第 3797 页。
③ 《史记》卷一一〇《匈奴列传》，第 2890 页。
④ 《汉书》卷八《宣帝纪》，第 268 页。

外孙，不欲质匈奴，亡走焉耆。”[①] 匈奴欲以车师太子军宿为质，但是遭到抵制，匈奴的打算也没有实现。这个事件也反映了以太子为质之并非易事。

（二）以君主之诸子为质

在君主之子中，以太子之外诸子为质者最为多见。上文我们已经提及，匈奴为质于汉者，不见以太子为质者，基本上是以单于之诸子为质，两汉皆然。其他入质于汉者亦大同小异。如南越，虽然早在建元六年（前135）南越王已经以太子婴齐入质，但是其后南越并没有继续以太子入质，而是改为以“子”入质，建元六年后十余年，婴齐即位后，“汉数使使者风谕婴齐”入朝，婴齐“固称病，遂不入见。遣子次公入宿卫。”[②] 婴齐即位后，立子兴为嗣，是为太子。婴齐并没有派遣赵兴为质，而是派遣另一子次公为质。西域诸国的情形大体相同。虽然西域也有以太子入质者，如前述元凤四年（前77）傅介子要求楼兰国人立其国“太子质在汉者”为王一事，表明楼兰曾以太子为质于汉，此外则鲜见西域诸国以太子为质于汉的明确记载，基本上都是以“子”为质于汉。

何以当时以太子入质者少，而基本上以太子之外的诸子为质者多？这是因为太子为国之储君，身系国祚延续、政治安危，而当时出质风险较大，质子之性命安危得不到保障。如果太子遭遇不测，将影响本国政治之延续和安全。匈奴以太子冒顿出质于月氏一事就从一个侧面反映了这方面的问题。匈奴头曼单于“有太子名冒顿。后有所爱阏氏，生少子，而单于欲废冒顿而立少子，乃使冒顿质于月氏。冒顿既质于月氏，而头曼急击月氏。月氏欲杀冒顿，冒顿盗其善马，骑之亡归。”[③] 头曼单于之所以派遣太子出质于月氏，是为了不让冒顿继承君位，施用借刀杀人之计；反之，如果头曼单于希望太子继承君位，则不会轻易以太子出质。征和元年（前92）楼兰新王即位后，汉方要求其入朝，楼兰王后妻谓王曰：“先王遣两子质汉皆不还，奈何欲往朝乎？”楼兰两位质子中，有一位“质子常坐汉法，下蚕室宫刑，故不遣。”[④] 这是因为质子触犯汉方法律而

① 《汉书》卷九六下《西域传下·车师传》，第3922页。
② 《史记》卷一一三《南越列传》，第2971页。
③ 《史记》卷一一〇《匈奴列传》，第2888页。
④ 《汉书》卷九六上《西域传上·鄯善国传》，第3877—3878页。

没有及时遣返。有的质子还可能因触犯汉方法律而被杀，“车师王侍子为董卓所爱，数犯法”，初平二年（191）赵谦为司隶校尉，“收杀之”[①]。有的则在双方关系发生变化时成为牺牲品，始建国四年（12）王莽得知匈奴犯边者皆孝单于咸子角所为。王莽怒，“会诸蛮夷，斩咸子登于长安市。”[②] 咸子登当时是以“侍子”[③] 身份在长安。由此可见当时质侍的安全是没有保证的。在这种情况下，纳质方不肯轻易以太子入质，是不难理解的。此外，对于依违于两强之间的弱小国家来说，还有一个重要原因，如果以太子质侍于某一方，势必引起另一方的不满乃至遭到攻击，如果以太子以下之诸子为质侍，可以降低这方面的风险。西域诸国中的弱小国家在汉与匈奴的夹缝中图存，就往往采取这样的做法。

（三）*以君主之其他亲属为质*

除了以太子或君主之诸子为质之外，亦有以君主之其他亲属为质者。

其中以君主之弟为质的情况比较多见。太初四年（前101）贰师将军李广利破大宛之后，班师东归，“诸所过小国闻宛破，皆使其子弟从军入献，见天子，因以为质焉。”[④] 这些小国以“子弟”为质，表明其中有的以子为质，有的则以弟为质。匈奴入质于汉者，最初是以弟为质的。上文提到，元封四年（前107）汉皇朝遣使匈奴，希望其派遣太子为质于汉，遭到匈奴拒绝，此后经过53年之久始见匈奴纳质，五凤四年（前54）“匈奴单于称臣，遣弟谷蠡王入侍。”[⑤] 匈奴方面是首先以弟为质，开汉、匈质侍关系先河，从而打破双方在质侍问题上的长期僵局，而其后始见匈奴以子入质。东汉永元元年（89）窦宪大败北匈奴后，派遣军司马吴汜、梁讽出使北匈奴，劝其“宜修呼韩邪故事，保国安人之福。”北匈奴单于喜悦，“即将其众与（梁）讽俱还，到私渠海，闻汉军已入塞，乃遣弟右温禺鞮王奉贡入侍，随（梁）讽诣阙。（窦）宪以单于不自身

---

① 《后汉书》卷二七《赵谦传》，第949页。

② 《汉书》卷九四下《匈奴传下》，第3826页。

③ 见《汉书》卷九四下《匈奴传下》，第3827、3828页；《汉书》卷九九中《王莽传中》，第4138、4139页。

④ 《史记》卷一二三《大宛列传》，第3178页。

⑤ 《汉书》卷八《宣帝纪》，第268页。

到，奏还其侍弟。”① 当时北匈奴与汉的关系远不如南匈奴与汉的关系密切，北匈奴亦以弟为质以建立双方和好关系。窦宪之奏还其侍弟，当然首先是因其纳质之礼数不及单于亲身入朝，同时似亦表明以弟入侍之礼数较以子为质要轻。

此外有以侄为质者。始建国三年（11）王莽大分匈奴为十五单于，派遣中郎将蔺苞、副校尉戴级将兵万骑，多赍珍宝至云中塞下，招诱呼韩邪单于诸子，欲以次拜之。“使译出塞诱呼右犁汗王咸、咸子登、助三人，至则胁拜咸为孝单于”，同时“拜助为顺单于”。然后“传送助、登长安。”② “后助病死，（王）莽以登代助为顺单于。”始建国四年（12）王莽得知匈奴犯边者皆孝单于咸子角所为，于是“会诸蛮夷，斩咸子登于长安市。”③ 这个事件中的三人，右犁汗王咸为乌珠留单于之弟，助和登均为咸之子，那么助和登则是乌珠留单于之侄。在《汉书·匈奴传》和《汉书·王莽传》中，均将登称为匈奴“侍子”④。则登是以乌珠留单于之侄而质于王莽。

特定情况下还有以女为质侍者。汉平帝即位后，年幼，太皇太后称制，新都侯王莽秉政，王莽为了取悦于太后，表明其“威德至盛异于前”，元始二年（2）“乃风单于令遣王昭君女须卜居次云入侍太后”⑤。须卜居次云为复株絫单于与王昭君所生。

不过，上述以侄、以女为质侍的情况均为王莽的乖乱之举，并非正常制度。可以说两汉时期之质侍，主要为君主之子，其次则为君主之弟，基本上为君主之子或弟。

（四）先秦两汉“质侍”身份变化原因

何以从春秋战国时期至两汉时期质侍身份发生如此变化，即由春秋战国时期君主之亲属与臣属并存到两汉时期只以君主之亲属为质？质侍身份的这种变化，与下述两个方面原因有关。

---

① 《后汉书》卷二三《窦宪传》，第817页。

② 《汉书》卷九四下《匈奴传下》，第3823页。

③ 《汉书》卷九四下《匈奴传下》，第3826页。

④ 见《汉书》卷九四下《匈奴传下》，第3827、3828页；《汉书》卷九九中《王莽传中》，第4138、4139页。

⑤ 《汉书》卷九四下《匈奴传下》，第3818页。

首先是与这个时期的社会及其价值观念变化有关。从原始氏族社会到国家出现之后的阶级社会，社会基本单位经历了氏族——宗族——家族——家庭的由大而小的逐步发展变化，春秋战国时期虽然个体家庭已经普及，但是家庭关系仍然程度不同地笼罩于宗族、家族影响之下。而到了汉代，个体家庭成为社会基本单位之主体，“父者犹天，母者犹地，子犹万物也。”① 这种由父、母、子组成的个体家庭犹如天地万物组成的客观世界一样天经地义而成为社会的最核心单位。在这种社会体制和观念支配下，个体家庭成员的关系更被看重和提升，“人之至亲，莫亲于父子。”② 成为全社会普遍的、核心的价值观念。这种社会价值观念的变化影响了汉皇朝的治国方略，所谓以孝治天下就是在这种时代下的产物，东汉安帝时尚书陈忠上疏曰：“昔先王孝治天下，始于爱亲，终于哀戚。上自天子，至于庶人，尊卑贵贱，其义一也。”③ 这种社会价值观念也被运用于质侍关系之中，董仲舒提出的制服匈奴的诸策略之一就是“质其爱子以累其心”，如此，则“匈奴虽欲展转……奈杀爱子何！”④ 故汉皇朝向四方国、族提出纳质问题时，均要求对方遣子，尤其看重派遣太子来质。元封四年（前 107）汉武帝派遣王乌、杨信出使匈奴所提出的条件就是以太子为质。如果能够遣子，特别是遣太子来质，就被视为是最大的诚信。这与臣属来质是有很大区别的，汉代人认为父子与君臣关系有本质的不同，父子是一种“至亲”关系，君臣是一种“以义合”⑤ 的关系，一以“亲”结合，一以“义”结合。同时，在政治上君主之子，尤其是长子即为纳质方之储君，以其为质有利于在政治上加以控制和建立向心政权。故到了两汉时期以臣属为质的情况基本上被排除。正因为如此，故汉方对于质侍身份之真实性也就格外留意。汉皇朝对于四方国、族所遣质侍之身份有查验、核实之制，西汉成帝时陈汤上书“言康居王侍子非王子也”，后经“按验，实王子也。汤下狱当死。”经太中大夫谷永上

---

① 《汉书》卷六三《武五子传·戾太子（刘）据传》，第 2744 页。

② 《汉书》卷一下《高帝纪下》，第 62 页。

③ 《两汉纪》下册，《后汉纪·孝安皇帝纪下卷第十七》，第 329 页。

④ 《汉书》卷九四下《匈奴传下》，第 3831 页。

⑤ （清）陈立撰，吴则虞点校：《白虎通疏证》卷八《瑞贽》，中华书局 1994 年版，第 359 页。

疏为陈汤申诉，“书奏，天子出汤，夺爵为士伍。”[1] 陈汤虽然免于死刑，但仍然处以削爵为民之罚。由此可见，汉皇朝对于质侍身份的真实性是十分重视的，其查验制度也是相当严格的。

其次则与以汉皇朝为主体的质侍网络中心之确立有关。上述两汉时期的社会价值观念如果没有强大的统一政权为支撑，是不可能有效地推行的，尤其是对于强悍如匈奴政权，辽远如康居、大宛等国家。只是统一而不强大也是不行的，从公元前 206 年西汉建国，直至武帝建元六年（前 135）始见南越之来质，经过长达 70 余年积聚国力达于富强方才实现。西域诸国之入质更在其后，元封四年（前 107）始见，这时距离汉皇朝开国已近百年。匈奴之来质更是备尝艰难曲折，直至五凤四年（前 54）始见，这时距离汉皇朝开国已经一百五十余年。由此可见，当时东亚地区诸国、族之所以能够按照汉皇朝的价值观念要求而遣子入质，关键在于汉皇朝的国力对它们形成压倒性强势，他们在承受汉皇朝的政治、军事压力的同时接受了汉文化及其价值观念。

汉代质侍身份的这种特征，表明血缘亲族关系仍被运用和深入于外交关系之中，其与和亲关系中以君主之女出嫁对方君主的制度相配合，共同构成外交关系中利用血缘亲族关系的特征，以此维系、加强相互外交关系。质侍以对方君主之男性亲属来质于己，和亲以己方君主之女性亲属出嫁于彼，两性交叉为用，各自发挥不同功用。这种血缘亲族关系之运用，是汉代外交关系中以柔克刚策略之不同应用。和亲在表面上是一种退让，甚至被不少论者视为不得已之屈辱，这只是问题的一个方面，实际上另一方面这是以退为进、以柔克刚之术。和亲不仅得以在眼前缓和双方之冲突，而且从血缘上在对方统治集团中注入汉方因素，亦同时将汉文化输入对方，从长远上为对方政治上的向心和双方关系之维系、巩固植入友好基因和活力。质侍也是一种以柔克刚之术，它不仅具有其在原始意义上的抵押、控制对方的作用，而且质侍比较长期生活于汉方京师和宫廷之中，接触、学习汉皇朝的典章制度、礼乐文明，受到汉文化的浸润，对于质侍回国继承君位或进入统治集团之后，采取对汉方友好态度种下根源，这是以汉文化这一“软实力”去克服彼此隔膜、敌对

---

① 《汉书》卷七〇《陈汤传》，第 3020、3021 页。

关系的良方。如西汉元帝时莎车王侍子延“长于京师，慕乐中国，亦复参其典法。常敕诸子，当世奉汉家，不可负也。”① 就是生动的例证。也有的质侍在京师娶妻生子，这对于加强双方关系亦有一定意义，如南越王侍子婴齐在长安娶妻生子，后来婴齐继位后将其所取之妇立为后，并以其在长安所生之子兴立为太子。婴齐死后，其妇为太后，对汉采取比较向心之策，“欲倚汉威，数劝王及群臣求内属。”② 所以，不论质侍或和亲，均有培植对方具有政治向心统治者的作用。

五　“质侍”的派遣

（一）“质侍”派遣原因

既然质侍之身份基本上为四方国、族君主之亲子，那么，他们何以将其亲子遣送他国以为质侍呢?

质侍之派遣，一般而言是力量对比不平衡情况下，迫于强大一方之要求乃至逼迫而不得已派遣之。但是其具体情况亦错综复杂，未可一言以蔽之。

从受质方而言，往往乐于将四方国、族之来质，说成是自己德义所施，故四面八方慕义而来质。东汉明帝永平十七年（74），史称“是岁，甘露仍降，树枝内附，芝草生殿前，神雀五色翔集京师。西南夷哀牢、儋耳、僬侥、槃木、白狼、动黏诸种，前后慕义贡献；西域诸国遣子入侍。”③ 将西域诸国之入侍与国内祥瑞并臻、四方慕义贡献等联系在一起。和帝永元三年（91）诏曰：“北狄破灭，名王仍降，西域诸国，纳质内附，岂非祖宗迪哲重光之鸿烈欤?”李贤注曰：“言由祖宗蹈履明智，有重光累圣之德，成此大业也。”④ 将西域诸国之来质，说成是祖宗之德所致。当然，这种情况也并非完全不存在。如西域因王莽乱政之后而与汉遂绝，再次臣属匈奴，东汉建立后，“自建武以来，西域思汉威德，咸乐内属。唯其小邑鄯善、车师，界迫匈奴，尚为所拘。而其大国莎车、于

① 《后汉书》卷八八《西域传·莎车国传》，第 2923 页。

② 《史记》卷一一三《南越列传》，第 2972 页。

③ 《后汉书》卷二《显宗孝明帝纪》，第 121 页。

④ 《后汉书》卷四《孝和帝纪》，第 172 页。

阗之属，数遣使置质于汉”①。这是西域诸国为了反抗匈奴之奴役而自动向汉皇朝纳质，也就是说西域诸国通过对比，感到汉德优于匈奴。但是大多数情况下，质侍关系之实现，是受质方在力量对比利于己方的情况下主动要求或强迫对方而来质。建元六年（前135）南越之向汉皇朝派遣质子，是在“天子使庄助往谕意南越王”② 的情况下实现的。《汉书》记此事曰：“乃令严助谕意风指于南越。”颜师古注曰：“风读曰讽，以天子之意指讽告也。”③ 可知是汉武帝派遣使者向南越王提出这个要求的。征和元年（前92）楼兰王死，请求将在汉之质子送回以立之，汉不遣，于是楼兰更立新王，“汉复责其质子”④，责令其再次派遣新的质子来汉。汉皇朝如此，匈奴亦然，本始三年（前71）匈奴得知“车师复通于汉”，于是“匈奴怒，召其太子军宿，欲以为质。”⑤ 亦企图以强制手段令车师派遣质子。

从纳质方而言，虽然其出质一般而言是因为力量对比不利于己而为之，但是各族、各国具体原因、目的等情况亦不尽相同，而且它们在不同时期亦不尽相同，可谓多种多样。

1. 兵威之下

在受质方兵威之下而纳质，是纳质方派遣质侍的主要原因之一。但这方面的情况亦有所不同，一类是在没有受到直接攻击之下的纳质，一类是在直接攻击之下的纳质。

我们先看在没有受到直接攻击之下的纳质。汉武帝建元六年（前135）闽越王郢兴兵击南越，南越王胡使人上书求援，于是汉皇朝派遣两将军往讨闽越，闽越王弟余善杀郢以降。在这种情况下，汉武帝派遣严助出使南越“谕意”，南越王胡顿首曰：“天子乃为臣兴兵讨闽越，死无以报德！”于是遣太子婴齐入宿卫。南越之遣子入质，主要是在汉兵威之下作出的决定。汉皇朝的大军表面上是协助南越击闽越，但是实际上也是以武力威胁南越，“汉兴兵诛郢，亦行以惊动南越。”⑥ 说的就是这个意

---

① 《汉书》卷九六下《西域传下》“赞曰”，第3930页。

② 《史记》卷一一三《南越列传》，第2971页。庄助即严助。

③ 《汉书》卷六四上《严助传》，第2786页。

④ 《汉书》卷九六上《西域传上·鄯善国传》，第3877页。

⑤ 《汉书》卷九六下《西域传下·车师传》，第3922页。

⑥ 《史记》卷一一三《南越列传》，第2970—2971页。

思。武帝之遣使南越，首要目的是要求南越王入朝，但是南越王对于入朝疑虑甚大，于是以遣子入质作为缓兵之计，以推脱入朝之事。所以南越之派遣婴齐入质，一方面是为了“报答”汉皇朝出兵相助，击灭闽越，另一方面是以遣子入质代替、推脱君主入朝之要求。汉武帝太初四年（前 101）李广利攻破大宛之后，回师途中，“诸所过小国闻宛破，皆使其子弟从军入献，见天子，因以为质焉。”[①] 这些小国虽然不是这次汉兵直接的攻击目标，但是其西边大国大宛之败，对他们造成巨大的震撼，因此纷纷随军纳质。西域自王莽乱政之后与汉断绝，复为匈奴所控制。汉明帝永平十六年（73）“乃命将帅，北征匈奴，取伊吾卢地，置宜禾都尉以屯田，遂通西域，于阗诸国皆遣子入侍。”在兵威之下，西域复遣子纳质于汉，“西域自绝六十五载，乃复通焉。”[②] 东汉和帝永元二年（90）大将军窦宪破北匈奴，西域车师震慴，于是车师“前后王各遣子奉贡入侍，并赐印绶金帛。”[③] 永元六年（94）“西域都护班超大破焉耆、尉犁，斩其王。自是西域降服，纳质者五十余国。”[④] 在汉兵大破焉耆、尉犁之后，不少西域国家也是在这种兵威之下纷纷纳质。

再看看在遭到直接攻击之下的纳质。西汉武帝元封三年（前 10）赵破奴虏楼兰王后，楼兰降服贡献于汉，“匈奴闻，发兵击之。于是楼兰遣一子质匈奴，一子质汉。”[⑤] 楼兰先遭到汉的攻击，后又被匈奴攻击，一方面慑于汉之兵威，一方面慑于匈奴兵威，于是只得向两方纳质。西汉哀帝建平二年（前 5）乌孙卑援疐部属侵犯匈奴西界，遭到匈奴强力反击，“卑援疐恐，遣子趋逯为质匈奴。”[⑥] 东汉章帝元和三年（86）匈奴得知于阗王广德灭莎车，于是派遣五将发焉耆、尉犁、龟兹十五国兵三万余人围于阗，于阗王广德“乞降，以其太子为质，约岁给罽絮”。[⑦] 和帝永元元年（89）窦宪大败北匈奴，窦宪“遣军司马吴汜、梁讽，奉金

---

① 《史记》卷一二三《大宛列传》，第 3178 页。
② 《后汉书》卷八八《西域传 · 序》，第 2909 页。
③ 《后汉书》卷八八《西域传 · 序》，第 2929 页。
④ 《后汉书》卷四《和帝纪》，第 179 页。
⑤ 《汉书》卷九六上《西域传上 · 鄯善国传》，第 3877 页。
⑥ 《汉书》卷九四下《匈奴传下》，第 3811 页。
⑦ 《后汉书》卷八八《西域传 · 莎车国传》，第 2926 页。

帛遗北单于，宣明国威，而兵随其后。”汉使“因说宜修呼韩邪故事，保国安人之福。”所谓“呼韩邪故事”即入朝于汉。于是北单于随汉使前来，“到私渠海，闻汉军已入塞，乃遣弟右温禺鞮王奉贡入侍，随（梁）讽诣阙。（窦）宪以单于不自身到，奏还其侍弟。”[①] 在匈奴大败，汉皇朝大军压境情况下，北单于不得不答应汉皇朝方面的要求，但是当得知窦宪大军已经入塞之后，北匈奴改变了主意，单于不亲自入朝，而改派其弟入质。这个事件与上述南越事件有相似之处，汉皇朝的首要目的也是要求君主入朝，但是北单于同样采取了遣弟入质以推脱君主入朝之手法。由此亦可知，虽然纳质是双方关系中的重要事情，但是较之于入朝来说，则后者更重于前者。

2. 内部政治需要

也有一些纳质是因内部政治需要而使然。匈奴头曼单于之向月氏纳质，与内部的政治需要有一定关系，头曼单于欲废太子冒顿而改立所爱阏氏所生少子，于是使冒顿质于月氏，企图通过发动对月氏的攻击以达到杀害冒顿的目的。汉武帝太初四年（前101）李广利攻破大宛之后，“立昧蔡为宛王而去”“岁余，宛贵人以为昧蔡善谀，使我国遇屠，乃相与杀昧蔡，立毋寡昆弟曰蝉封为宛王，而遣其子入质于汉。”大宛在被汉打败之后不久即推翻了汉所立王而改立新王，为了稳住汉方，以使汉方接受他们所立新王，于是主动遣子来质，主要是出于国内政治之需要。大宛这样做也确实达到了预定目的，“汉因使使赂赐以镇抚之”[②]，显然汉皇朝是承认了大宛政局这种既成事实。东汉和帝元兴元年（105），北匈奴逢侯单于“重遣使诣敦煌贡献，辞以国贫未能备礼，愿请大使，当遣子入侍。”[③] 北匈奴何以主动提出遣子入侍的要求？和帝永元六年（94）新降胡拥立逢侯为单于后，不断遭到东汉和南匈奴以及乌桓、鲜卑的攻击，“部众饥穷，又为鲜卑所击，无所归，窜逃入塞者络绎不绝。”日益“转困迫”。为了摆脱困境，永元十六年（104）北单于“遣使诣阙贡献，

① 《后汉书》卷二三《窦宪传》，第817页。
② 《史记》卷一二三《大宛列传》，第3179页。
③ 《后汉书》卷八九《南匈奴传》，第2957页。

愿和亲，修呼韩邪故约。”[1] 北匈奴先是主动提出与东汉“和亲”的要求，但是没有得到东汉方面的响应。于是次年，即元兴元年（105）再次遣使至敦煌，再次提出了更为退让的条件——遣子入侍。北匈奴之所以主动表示愿意遣子入侍，主要是因为其内外交困，以此作为筹码，希望得到东汉的友善对待，以摆脱当前的困境。

3. 对外关系需要

出于对外关系需要而主动纳质者亦不时有之。西汉“宣帝时匈奴乖乱，五单于争立，呼韩邪单于与郅支单于俱遣子入侍，汉两受之。”[2] 班彪评论此事曰：“往者，匈奴数有乖乱，呼韩邪、郅支自相仇隙，并蒙孝宣皇帝垂恩救护，故各遣侍子称藩保塞。”[3] 这是在匈奴内部分裂的情况下，其中势力较大的两个单于为了在内争中取得汉皇朝的支持以压倒对方，故而争相纳质。西汉哀帝时，“乌孙两昆弥弱，卑爰疐强盛，居强煌之地，拥十万之众，东结单于，遣子往侍。”[4] 这也是在乌孙分裂的情况下，卑爰疐为了与其他乌孙昆弥竞争，主动向匈奴纳质，以取得匈奴的支持。东汉光武帝建武二十一年（45），西域“车师前王、鄯善、焉耆等十八国俱遣子入侍，献其珍宝。”[5] 何以西域诸国主动向东汉纳质呢？这是因为自西汉末年王莽乱政导致汉皇朝退出西域，匈奴势力趁虚而入，西域诸国不堪忍受匈奴的奴役，请求汉皇朝派遣都护，以抵抗匈奴，保护他们的利益。当时莎车王贤称雄于西域，建武十七年（41）他曾经主动请求汉皇朝派遣西域都护，汉皇朝先以贤为都护，旋即撤销，“贤由是始恨。而犹诈称大都护，移书诸国，诸国悉服属焉，号贤为单于。贤浸以骄横，重求赋税，数攻龟兹诸国，诸国愁惧。”[6] 西域十八国就是在这种背景下遣子入汉为质，目的就是请求汉皇朝派遣都护以对抗莎车王贤，保护他们自己的利益，故这些侍子“及得见，皆流涕稽首，愿得都护。”[7]

---

① 《后汉书》卷八九《南匈奴传》，第 2957 页。

② 《汉书》卷七〇《陈汤传》，第 3008 页。

③ 《后汉书》卷八九《南匈奴传》，第 2946 页。

④ 《汉书》卷四五《息夫躬传》，第 2182 页。

⑤ 《后汉书》卷八八《西域传·莎车国传》，第 2924 页。十八国，《后汉书》卷一下《光武帝纪下》谓十六国。（第 73 页）

⑥ 《后汉书》卷八八《西域传·莎车国传》，第 2924 页。

⑦ 《后汉书》卷八八《西域传·莎车国传》，第 2924 页。

但是当时光武帝“以中国初定，北边未服，皆还其侍子，厚赏赐之。”拒绝接受这些侍子。“诸国闻都护不出，而侍子皆还，大忧恐，乃与敦煌太守檄，愿留侍子以示莎车，言侍子见留，都护寻出，冀且息其兵。”诸国得知纳质被拒，于是通过敦煌太守裴遵请求将侍子留在敦煌，以警示莎车王贤，希望能够以此抑制莎车王贤的侵略。这个要求被光武帝接受了，于是侍子们留在了敦煌。建武二十二年（46）“鄯善、焉耆诸国侍子久留敦煌，愁思，皆亡归。”在这种情况下西域诸国再次向汉皇朝提出派遣侍子的要求，“鄯善王上书，愿复遣子入侍，更请都护。都护不出，诚迫于匈奴。”这个要求再次遭到光武帝的拒绝，“天子报曰：‘今使者大兵未能得出，如诸国力不从心，东西南北自在也。’于是鄯善、车师复附匈奴，而贤益横。”[①] 光武帝拒绝西域诸国纳质，导致这些国、族不得不归附匈奴，并继续受到莎车的侵害。这些西域诸国之所以一再主动向汉纳质，在于他们为了争取汉皇朝的保护与支持，对抗匈奴和莎车的侵害。而光武帝拒绝西域诸国纳质，则是为了集中力量巩固内部，对此班固论曰：“圣上远览古今，因时之宜，羁縻不绝，辞而未许。虽大禹之序西戎，周公之让白雉，太宗之却走马，义兼之矣，亦何以尚兹！”[②] 认为是光武帝总结历史经验而作出的英明决策，实际上这并非光武帝道德高尚的问题，主要是当时北方匈奴的侵扰还是东汉面临的首要威胁，因而无力西顾。

4. 臣服、降附

有的是在双方长期斗争中衰落、失败而臣服或降附，因而不得不向对方纳质。在这方面匈奴是一个典型。在西汉前期，汉、匈之间进行了长期的角逐，面对强悍的匈奴军事政权，汉皇朝不得不采取妥协、退让政策，积聚力量，到了汉武帝时期，以元光二年（前 133）马邑之谋为标志，开始进行反击，至元狩四年（前 119）“匈奴远遁，而幕南无王庭。”[③] 至此，汉、匈力量对比发生了重大逆转。但是，百足之虫死而不僵，即使是在这种情况下，匈奴方面仍然不肯向汉纳质，元封四年（前

① 《后汉书》卷八八《西域传·莎车国传》，第 2924 页。
② 《汉书》卷九六下《西域传下》“赞曰”，第 3930 页。
③ 《史记》卷一一〇《匈奴列传》，第 2911 页。

107）王乌、杨信使命的失败，表明距离匈奴纳质还有很长一段时间。再经过长期的较量，加以匈奴内部矛盾激化，五单于争立，汉、匈力量对比发生了根本性改变，西汉宣帝五凤四年（前54）“匈奴单于称臣，遣弟谷蠡王入侍。”① 至此匈奴称臣，开始向汉纳质。这时距元封四年（前107）王乌、杨信出使匈奴，要求匈奴遣子纳质已经53年之久。次年，即宣帝甘露元年（前53）呼韩邪单于亦“称臣”“事汉”，于是“遣子右贤王铢娄渠堂入侍”②。从此开始了两汉时期汉、匈比较长期的纳质关系与和平友好的历史阶段，史称“至孝宣之世，承武帝奋击之威，直匈奴百年之运，因其坏乱几亡之阸，权时施宜，覆以威德，然后单于稽首臣服，遣子入侍，三世称藩，宾于汉庭。是时边城晏闭。牛马布野，三世无犬吠之警，藜庶亡干戈之役。”③ 从班固这个评论中可以看到，他将“遣子入侍”视为匈奴“臣服”“称藩”的一个重要标志，认为其在缔造双方和平友好关系中起着重要作用。

两汉之际，汉、匈关系出现倒退，至东汉光武帝后期又得以恢复。光武帝建武二十四年（48），西汉时期的呼韩邪单于之孙比自立为呼韩邪单于，次年，即建武二十五年（49）“南单于复遣使诣阙，奉藩称臣，献国珍宝，求使者监护，遣侍子，修旧约。”④ 单于比“以其大父尝依汉得安，故欲袭其号”⑤，其大父即西汉时期的呼韩邪单于，从单于比袭用其祖父之称号可知其意在继承前汉以来的汉、匈和平友好关系的传统，故建武二十五年之“修旧约”使汉、匈友好关系得以恢复。这里也是以“遣侍子”作为其“奉藩称臣”之具体行动和重要标志的。

职是之故，在当时是把纳质视为政治上依附或降服的标志的。东汉和帝永元三年（91）诏称“西域诸国，纳质内附”⑥，史称永元六年（94）“西域都护班超大破焉耆、尉犁，斩其王。自是西域降服，纳质者

---

① 《汉书》卷八《宣帝纪》，第268页。
② 《汉书》卷九四下《匈奴传下》，第3797页。
③ 《汉书》卷九四下《匈奴传下》“赞曰”，第3832—3833页。
④ 《后汉书》卷八九《南匈奴传》，第2943页。
⑤ 《后汉书》卷八九《南匈奴传》，第2942页。
⑥ 《后汉书》卷四《孝和帝纪》，第172页。

五十余国。”[①] 均将纳质视为“降服”的举动和标志。反之则被视为侵犯了政治上的“主权”，西汉武帝太初四年（前101）李广利征服大宛后还过杅弥，“杅弥遣太子赖丹为质于龟兹”。李广利责让龟兹曰：“外国皆臣属于汉，龟兹何以得受杅弥质？”于是将杅弥质子赖丹挟持至京师。后来汉以赖丹为校尉“将军田轮台”，“龟兹贵人姑翼谓其王曰：‘赖丹本臣属吾国，今佩汉印绶来，迫吾国而田，必为害。’王即杀赖丹，而上书谢汉，汉未能征。”[②] 汉方认为既然外国已经臣属于汉，则龟兹不得接受这些外国的质侍；龟兹则认为赖丹既已为质于本国，则已臣属于己，今受汉印绶，实为背叛，故杀之。哀帝建平二年（前5），乌孙迫于匈奴兵势而遣子入侍于匈奴，匈奴单于在接受乌孙质侍之后，“以状闻。汉遣中郎将丁野林、副校尉公乘音使匈奴，责让单于，告令还归卑援疐质子。单于受诏，遣归。”[③] 时匈奴已经“降附”于汉，故其接纳乌孙质侍被视为“非法”，遭到汉方责让，匈奴不得不归还乌孙侍子。

5. 维系传统关系

为维系传统关系而出质在两汉时期也是一个突出的现象。匈奴呼韩邪单于（？—前31）时期是汉、匈关系的黄金时期，他曾经三次入朝，并娶王昭君为阏氏，为汉、匈友好关系作出了重要贡献，奠定了良好的基础。西汉成帝建始二年（前31）呼韩邪单于死，其子继位为复株絫若鞮单于，即位后即遣子右致卢儿王醯谐屠奴侯入侍[④]；鸿嘉元年（前20）复株絫若鞮单于死，其弟搜谐单于立，遣子左祝都韩王朐留斯侯入侍；元延元年（前12）搜谐单于死，其弟车牙单于立，遣子右於涂仇掸王乌夷当入侍[⑤]；绥和元年（前8）车牙单于死，其弟乌珠留单于立，遣子右股奴王乌鞮牙斯入侍；绥和二年（前7）侍子死，归葬。复遣子左於駼仇掸王稽留昆入侍[⑥]；元寿二年（前1）汉遣稽留昆随单于去，到国，复遣稽留昆同母兄右大且方与妇入侍；右大且方还归，复遣其同母兄左日逐

① 《后汉书》卷四《孝和帝纪》，第179页。
② 《汉书》卷九六下《西域传下》，第3916页。
③ 《汉书》卷九四下《匈奴传下》，第3811页。
④ 《汉书》卷九四下《匈奴传下》，第3807页。
⑤ 《汉书》卷九四下《匈奴传下》，第3809页。
⑥ 《汉书》卷九四下《匈奴传下》，第3810页。

王都与妇入侍[1]。自呼韩邪单于去世之后绵延30余年，经历4位单于，连续派遣7位侍子来汉，这是匈奴方面为维系传统友好关系而采取的举措，成为在汉代质侍史上十分突出的一页。

东汉时期随着汉、匈和好关系的恢复，为维系双方传统和好关系而纳质的情况也随之而得到恢复。上文已经谈到建武二十五年汉、匈“修旧约”，从而恢复了西汉时期的传统和好关系，其中的重要措施就是匈奴方面恢复向汉纳质，次年，即建武二十六年（50）秋，“南单于遣子入侍，奉奏诣阙。”[2] 此后，“单于岁尽辄遣奉奏，送侍子入朝，中郎将从事一人将领诣阙。汉遣谒者送前侍子还单于庭，交会道路。”[3] 南匈奴遣子入侍成为定制，继承前汉时期呼韩邪单于之后入侍不绝的做法。遣子入侍成为维系汉、匈传统和好关系的重要纽带。

西汉时期汉与乌孙之间不仅通过和亲以维系友好关系，同时亦通过纳质而维系这种友好关系。由于两汉之际汉与西域关系的中断，汉与乌孙的关系也因此而中断，随着东汉时期汉与西域关系的恢复，汉与乌孙的关系亦得以恢复，其中就包括质侍关系的恢复。东汉明帝永平十七年（74）始置西域都护、戊己校尉，时以耿恭为戊己校尉。耿恭“至部，移檄乌孙，示汉威德，大昆弥已下皆欢喜，遣使献名马，及奉宣帝时所赐公主博具，愿遣子入侍。恭乃发使赍金帛，迎其侍子。”[4] 乌孙不仅立即表示遣子入侍的意愿，而且很快就采取遣子入侍之行动。遣子入侍成为乌孙继承和维护与汉皇朝传统友好关系的基本措施和标志。从此以后，汉与乌孙的质侍关系得以恢复，从而双方传统友好关系亦随之得以再建。

6. 商贸需要

亦有因商贸之需要而遣子入侍者，其中以康居为典型。

西汉“成帝时，康居遣子侍汉，贡献，然自以绝远，独骄嫚，不肯与诸国相望。”[5] 康居虽然遣子入侍，但是却“独骄嫚，不肯与诸国相

---

① 《汉书》卷九四下《匈奴传下》，第3818页。
② 《后汉书》卷八九《南匈奴传》，第2943页。
③ 《后汉书》卷八九《南匈奴传》，第2944页。
④ 《后汉书》卷一九《耿恭传》，第720页。
⑤ 《汉书》卷九六上《西域传上·康居国传》，第3892页。

望。”其“独骄嫚，不肯与诸国相望”之具体表现如都护郭舜所指出的：“讫不肯拜使者。都护吏至其国，坐之乌孙诸使下，王及贵人先饮食已，乃饮啗都护吏，故为无所省以夸旁国。”[①] 郭舜所指出者有四：一是不肯拜汉使；二是置汉使之位次于乌孙等使之下；三是饮食款待上怠慢汉使；四是故意冷落而不省视汉使。也就是说康居以种种无礼之举冷落、蔑视汉使，不肯遵循当时各国与汉交往中的惯例和礼仪，并以此夸耀于邻国，显示其与当时其他国、族对待汉使是不相同的。康居的做法对其他国、族与汉交往产生了影响，如“匈奴百蛮大国，今事汉甚备，闻康居不拜，且使单于有自下之意。”颜师古注曰：“言单于见康居不事汉，以之为高，自以事汉为太卑，而欲改志也。”[②] 康居何以敢于对汉如此傲慢无礼？一是因为其距离汉遥远，二是其与汉的关系性质与许多国、族有所不同，康居在乌孙以西，史称在西域诸国中，“康居、大月氏、安息、罽宾、乌弋之属，皆以绝远不在数中，其来贡献则相与报，不督录总领也。”[③] 所谓“不督录总领”即“不属都护”[④] 之意。康居对待汉使之种种表现，表明其在外交上基本上是无求于汉皇朝的。反之，其在外交上所争取的对象是乌孙、匈奴等，“汉虽皆受其质子，然三国内相输遗，交通如故，亦相候司，见便则发。”[⑤] 既然康居在外交上乃至国内政治上均无求于汉，那么，它为什么还要遣子侍汉呢？其主要目的是与汉进行商贸。郭舜指出：康居“何故遣子入侍？其欲贾市为好辞之诈也。”[⑥] 郭舜作为西域都护，对于康居的政情、动态应当很了解，都护的重要职责之一就是“督察乌孙、康居诸外国动静。”[⑦] 因此他对于康居遣子入侍目的的揭露应当是准确的，符合历史实际的。

敦煌悬泉置出土汉简《康居王使者册》[⑧] 为康居“欲贾市”而通汉的情况提供了佐证。《康居王使者册》载：西汉元帝永光五年（前39）

---

① 《汉书》卷九六上《西域传上·康居国传》，第3892—3893页。
② 《汉书》卷九六上《西域传上·康居国传》，第3893页。
③ 《汉书》卷九六下《西域传下》，第3928页。
④ 《汉书》卷九六上《西域传上·康居国传》，第3891页。
⑤ 《汉书》卷九六上《西域传上·康居国传》，第3892页。
⑥ 《汉书》卷九六上《西域传上·康居国传》，第3893页。
⑦ 《汉书》卷九六上《西域传上·序》，第3874页。
⑧ 《敦煌悬泉汉简释粹》（Ⅱ0216②：877—883），编号155，第118—119页。

康居王使者杨伯刀、副使扁阗及苏䪥王使者姑墨、副使沙囷即、贵人为匿等“为王奉献橐佗”，他们在敦煌入关以后到了酒泉，认为酒泉太守查验他们的骆驼时存在“不实”等问题，因而上诉至朝廷，朝廷有关部门下令敦煌太守调查事件真相。这里的苏䪥王为康居所属五王之一，据《汉书·西域传》记载：“康居有小王五：一曰苏䪥王……凡五王，属康居。”[①] 这组汉简所记为康居与苏䪥联合组成的入汉使团。从这个事件可以知道：第一，康居王及苏䪥王经常向汉皇朝“奉献”骆驼。杨伯刀等人的诉状称：他们“前数为王奉献橐佗入敦煌关”，这次“复为王奉献橐佗入关”。可知他们曾经多次代表康居王等奉献，这次并非第一次。第二，境外国、族来贡献，入关时应当由边境政府负责查验所献物品之质量。诉状称康居、苏䪥使团“入敦煌关，县次赎食至酒泉昆归官”“入关，行直以次食至酒泉。”由敦煌入关后，至酒泉接受检查。第三，具体的查验工作由酒泉太守负责，主客双方参与下实施。诉状称：过去惯例是酒泉“太守与杨伯刀等杂平直肥瘦”，而这次“酒泉太守独与吏直畜，杨伯刀等不得见所献橐佗。”认为此次酒泉太守单方面查验，违反了惯例。第四，查验内容，就骆驼而言，包括其品种、数量、性别、肥瘦、花色等。诉状称：“姑墨为王献白牡橐佗一匹，牝二匹，以为黄；及杨伯刀等献橐佗皆肥，以为瘦，不如实，冤。”[②] 认为上述查验项目有所不实。而查验的目的是准确确定贡物之价值。第五，康居、苏䪥使团认为查验工作违反程序和不实，因此提出上诉。从康居、苏䪥使者之“斤斤计较”中，可知他们对于查验结果十分在意，体现了这种“奉献”所具有的商贸性质。

汉简《康居王使者册》反映的是元帝时期康居以奉献为名，商贸为实的情况，表明其在成帝时遣子入侍之前就已经为了商贸之目的而与汉通。这一事件发生之后六年（竟宁元年，前33）成帝继位后，康居之所以遣子入侍，与其为维持与汉的商贸来往不无关系。

综上所述，纳质方之所以向受质方派遣质侍，大多数是在力量对比

---

① 《汉书》卷九六上《西域传上·康居国传》，第3894页。

② 以上均引自《康居王使者册》，《敦煌悬泉汉简释粹》（Ⅱ0216②：877—883），编号155，第118—119页。

不平衡情况下，出于本国、族之政治、军事、外交、安全乃至经济上等方面利益和需要，是实现本国、族利益与需要之外交方式和手段之一。

（二）“质侍”所在

质侍所在地有二，一为受质方之都城，二为受质方之边境地区。

1. 质侍于都城

质侍一般派遣至受质方之都城，这是主要的、大量的。纳质方君主将自己的子弟或亲属派遣至受质方，是表示对于受质方臣服、友好之诚意和诚信，故质侍派遣之接受主体为对方之君主。质侍可以说是维系双方君主之媒介。对于汉皇朝来说，纳质方之派遣质侍，汉皇朝皇帝是质侍接受之主体，故四方国、族之遣子，被称为“入侍”皇帝或为皇帝“宿卫”，如同本朝之臣僚与王侯之于皇帝那样。因此，质侍所在地主要在皇帝所在之京师是必然的。史籍于侍子多明言其质侍所在为京师者，如西域莎车王延在西汉“元帝时，尝为侍子，长于京师。”① 西汉成帝永始元年（前16）“汉没入小昆弥侍子在京师者。”② 东汉章帝建初八年（83）班超“遣（李）邑将乌孙侍子还京师”③。和帝永元六年（94）班超攻焉耆时，“焉耆左候元孟先尝质京师，密遣使以事告（班）超。”④

有的虽然没有明言其在京师，但实际上也是在京师。西汉武帝建元六年（前135）严助出使南越“谕意”南越王赵胡，于是南越王赵胡“遣太子随（严）助入侍”⑤。南越王侍子婴齐是跟随汉使严助入侍皇帝的，那么其入侍所在地当然就是在京师，据《史记·南越列传》：“婴齐其入宿卫在长安时，取邯郸樛氏女，生子兴。”亦明言其“入宿卫”在京师长安。婴齐入质是在赵胡即位当年，“后十余岁，（赵）胡实病甚，太子婴齐请归。”⑥ 可知婴齐在长安为侍子达十余年。

与此相类似，质侍于京师者有的表述为“见天子”，如西汉武帝太初四

---

① 《后汉书》卷八八《西域传·莎车国传》，第2923页。
② 《汉书》卷九六下《西域传下·乌孙国传》，第3909页。
③ 《后汉书》卷四七《班超传》，第1579页。
④ 《后汉书》卷四七《班超传》，第1581页。
⑤ 《汉书》卷六四上《严助传》，第2786页。
⑥ 《史记》卷一一三《南越列传》，第2971页。

年（前 101）贰师将军李广利击大宛后回师东归，“诸所过小国闻宛破，皆使其子弟从军入献，见天子，因以为质焉”[①]；有的表述为“诣阙”来朝、来献、来奏等，如东汉光武帝建武二十六年（50）“秋，南单于遣子入侍，奉奏诣阙。”[②] 此后，“单于岁尽辄遣奉奏，送侍子入朝，中郎将从事一人将领诣阙。”[③] 和帝永元元年（89）北匈奴单于“遣弟右温禺鞮王奉贡入侍，随讽诣阙。”[④] 顺帝永建六年（131）“于阗王放前遣侍子诣阙贡献。”[⑤] 这些侍子都是派遣至汉京师而质侍于京师者。

2. 质侍于边境地区

除质侍于都城之外，尚有少数质侍于边境地区者。这种情况主要见于东汉时期。不过在王莽时期已见其端倪，“王莽篡位，欲击匈奴，兴十二部军，使东域将严尤领乌桓、丁令兵屯代郡，皆质其妻子于郡县。乌桓不便水土，惧久屯不休，数求谒去。莽不肯遣，遂自亡畔，还为抄盗，而诸郡尽杀其质，由是结怨于莽。”[⑥] 这是王莽时期将乌桓、丁令豪帅、士卒之妻、子质于边境地区之郡县。这种质子与外交关系中的质侍有所不同，并非双方君主之间的质侍关系，而是将广大将士之妻、子扣押以保证他们不至于逃亡，是王莽民族压迫政策的产物。这与传统的将领把吏兵之妻子扣为人质的做法相似，故遭到这些民族的抵制，不仅无助于民族之间的友好交往关系的发展，反而起了副作用。当然，这种做法不独王莽为然，东汉时期对于羌族也曾经运用这种方式。桓帝延熹二年（159）种暠为度辽将军，“到营所，先宣恩信，诱降诸胡，其有不服，然后加讨。羌虏先时有生见获质于郡县者，悉遣还之。诚心怀抚，信赏分明，由是羌胡、龟兹、莎车、乌孙等皆来顺服。”[⑦] 这个记载表明，在种暠到任之前的度辽将军曾经将羌族群众质于郡县之中。种暠认为这种做法不利于争取羌族人民，于是将他们全部遣返，果然收到了羌族等民族

① 《史记》卷一二三《大宛列传》，第 3178 页。
② 《后汉书》卷八九《南匈奴传》，第 2943 页。
③ 《后汉书》卷八九《南匈奴传》，第 2944 页。
④ 《后汉书》卷二三《窦宪传》，第 817 页。
⑤ 《后汉书》卷八八《西域传・于阗国传》，第 2916 页。
⑥ 《后汉书》卷九〇《乌桓列传》，第 2981 页。
⑦ 《后汉书》卷五六《种暠传》，第 1828 页。

“顺服”的效果。

置质侍于边境地区的做法始见于东汉时期。东汉初，“乌桓与匈奴连兵为寇”，光武帝建武二十二年（46）“匈奴国乱，乌桓乘弱击破之，匈奴转北徙数千里，漠南地空，帝乃以币帛赂乌桓。”在东汉恩威并施之下，乌桓遂傍塞亲汉，“是时四夷朝贺，络驿而至，天子乃命大会劳飨，赐以珍宝。乌桓或愿留宿卫，于是封其渠帅为侯王君长者八十一人，皆居塞内，布于缘边诸郡，令招来种人，给其衣食，遂为汉侦候，助击匈奴、鲜卑。”这里是将主动提出质侍于汉的乌桓渠帅加以封拜并置于汉方边郡。为了加强对于傍塞乌桓的管理，东汉政府决定恢复前汉所设护乌桓校尉（或称乌桓校尉）的建制，“于是始复置校尉于上谷甯城，开营府，并领鲜卑，赏赐质子，岁时互市焉。”① 护乌桓校尉治所在上谷甯城（今河北省万全县），这些乌桓、鲜卑质子被安置于护乌桓校尉辖区，由护乌桓校尉负责统一管理。《续汉书·百官志》记：“护乌桓校尉一人，比二千石。本注曰：主乌桓胡。”注引应劭《汉官》曰：“拥节。长史一人，司马二人，皆六百石。并领鲜卑。客赐质子，岁时胡市焉。”② 管理乌桓、鲜卑质子，负责对他们赏赐，为护乌桓校尉的法定职责之一，被载入汉官制度之中。

安帝永初（107—113）年间，鲜卑大人燕荔阳“诣阙朝贺，邓太后赐燕荔阳王印绶，赤车参驾，令止乌桓校尉所居甯城下，通胡市，因筑南北两部质馆。鲜卑邑落百二十部，各遣入质。”③ 这个记载进一步证明鲜卑事务亦由护乌桓校尉负责，其中包括质子管理。为了安置这些民族的质子，东汉政府特在护乌桓校尉所在地建造了“质馆”。

将质子安置于边境地区的情况，也存在于西域地区，但与护乌桓校尉安置质子的性质有所不同。东汉光武帝建武二十一年（45）冬，“车师前王、鄯善、焉耆等十八国俱遣子入侍，献其珍宝。及得见，皆流涕稽首，愿得都护。天子以中国初定，北边未服，皆还其侍子，厚赏赐之。”④

---

① 《后汉书》卷九〇《乌桓列传》，第 2982 页。

② 《续汉书·百官志五》，点校本《后汉书志》第二十八，第 3626 页。

③ 《后汉书》卷九〇《鲜卑列传》，第 2986 页。

④ 《后汉书》卷八八《西域传·莎车国传》，第 2924 页。

西域十八国派遣侍子入京谒见光武帝，请求东汉政府派遣西域都护出驻西域，以抵御莎车对他们的侵犯。但是光武帝出于当时的形势，拒绝接纳西域侍子。西域十八国“闻都护不出，而侍子皆还，大忧恐，乃与敦煌太守檄，愿留侍子以示莎车，言侍子见留，都护寻出，冀且息其兵。”请求将这批侍子留在东汉边境的敦煌郡，以向莎车发出警示，遏止其进犯企图。光武帝接受了这个要求，于是这批侍子便留在了敦煌。但是“鄯善、焉耆诸国侍子久留敦煌，愁思，皆亡归。”[①] 由此可见，建武年间在敦煌留住西域侍子乃一临时性措施，而且是应西域诸国之请求而为之。

后来在敦煌之西域侍子则与此又有所不同。东汉和帝永元二年（90）李恂出任使持节领西域副校尉，“西域殷富，多珍宝，诸国侍子及督使贾胡数遗（李）恂奴婢、宛马、金银、香罽之属，一无所受。”[②] 西域副校尉设置于敦煌。李恂在西域副校尉任职期间，曾经有“诸国侍子”向他馈赠财物，但是被他拒绝。这个记载表明在敦煌地区有“诸国侍子”存在。西域副校尉亦称护西域副校尉，负责管理西域事务，与护乌桓校尉管理乌桓、鲜卑事务的性质是一致的。那么，西域副校尉也应当与护乌桓校尉一样负责管理西域诸国侍子。“闭玉门以谢西域之质”[③] 的说法表明西域诸国质侍是通过敦煌而进入汉地之必经之地。敦煌为西域诸国质侍中转枢纽，故诸国质侍出于种种原因而经常留住敦煌。

六　“质侍”管理

质侍作为对方君主之至亲及己方君主之贵宾，一方面受到优礼待遇，另一方面则受到严格的管理。

质侍既然在外交关系中占有重要地位，故有相关机构需对此进行管理，其在受到优礼待遇的同时，也受到严格的管理。负责质侍管理的部门，从中央政府到地方政府均有相关部门各司其职。

（一）中央政府部门

中央政府负责质侍管理的部门，在西汉前中期为典属国，西汉后期

① 《后汉书》卷八八《西域传·莎车国传》，第 2924 页。

② 《后汉书》卷五一《李恂传》，第 1683 页。

③ 《后汉书》卷一八《吴盖陈臧传》论，第 697 页。

和东汉时期则为大鸿胪。据《续汉书·百官志》记载："承秦有典属国，别主四方夷狄朝贡侍子，成帝时省并大鸿胪。"[①] 典属国是负责民族事务为主、兼及外交事务之"九卿"官员之一，"主四方夷狄朝贡侍子"为其三项主要职掌之一[②]。典属国存在于汉初至成帝时期，故这个期间它是中央政府中负责质侍管理的最高行政部门。成帝时期典属国合并于大鸿胪，此后以至东汉时期则由大鸿胪掌管质侍事务。

在中央除了典属国、大鸿胪负责质侍管理之外，还有尚书台也是质侍管理的重要部门。东汉明帝时钟离意为尚书仆射，"时诏赐降胡子缣，尚书案事，误以十为百。帝见司农上簿，大怒，召郎将笞之。（钟离）意因入叩头曰：'过误之失，常人所容。若以懈慢为愆，则臣位大，罪重，郎位小，罪轻，咎皆在臣，臣当先坐。'乃解衣就格。帝意解，使复冠而贳郎。"[③] 其中的"降胡子"，《通典》记作"胡侍子"[④]。这个事件反映了当时质侍管理的具体过程以及尚书台等部门在其中的作用情况[⑤]：第一，明帝下诏赏赐侍子缣若干。可知质侍在汉皇朝生活期间能够得到汉皇朝方面的物资津贴。第二，事下尚书台，由尚书侍郎暨鄷负责起草诏书[⑥]，误以十为百。尚书在秦和汉初均为少府属官，东汉时期仍然文属少府，但实际上已是独立机构，而且其权力大为膨胀，"出纳王命，敷奏万机，盖政令之所由宣，选举之所由定，罪赏之所由正。"[⑦] 故质侍亦在其管理范围内。第三，然后诏书下达大司农执行。大司农据诏书赏赐完毕，将其登记在簿，上呈皇帝。大司农"掌诸钱谷金帛诸货币"[⑧]，故赏赐侍子物资由其掌管。第四，明帝发现有误，追究尚书侍郎。尚书仆射钟离

---

① 《续汉书·百官志二》，点校本《后汉书志》第二十五，第3584页。

② 关于典属国及其职掌，详参《汉唐外交制度史》之《典属国及其归并于大鸿胪》，第60—61页。

③ 《后汉书》卷四一《钟离意传》，第1409页。

④ 《通典》卷二二《职官典四·尚书上·仆射》注，第594页。

⑤ 关于尚书台管理外交、民族事务，详参《汉唐外交制度史》之《尚书主客曹及其外交职能》，第72—77页。

⑥ 《意别传》谓此为"尚书侍郎广陵暨鄷受诏"起草，王先谦：《后汉书集解》卷四一《钟离意传》（中华书局1984年版影印本，第494页）引惠栋曰。

⑦ 《通典》卷二二《职官典四·尚书上·尚书省》，第588页。

⑧ 《续汉书·百官志三》，点校本《后汉书志》第二十六，第3590页。

意作为尚书台长官承担了责任。以上就是赏赐侍子这一行政事务的基本运作过程。当时尚书台设于宫中，作为“九卿”之一的大司农和其他公卿均在宫外，尚书处于皇帝和宫外公卿之间，起着上传下达的作用，即通常所谓“枢机”“近密”“喉舌”的地位。诏旨来源于皇帝，尚书负责起草诏书并下达外朝公卿执行。起草赏赐质侍的诏书这一具体工作由尚书侍郎负责①。

（二）地方政府部门

边境地区地方政府也负有管理质侍之职责，这种边境地区地方政府，有特派驻外机构和沿边州郡政府两类，他们均负有管理质侍之职责。

汉代在边疆地区设置的西域都护、使匈奴中郎将、度辽将军、戊己校尉、护乌桓校尉、护羌校尉等，就属于前一类。

在西域地区的特派驻外机构和官员，在不同时期有西域都护、戊己校尉或西域副校尉、西域长史、军司马等，他们程度不同地承担着质侍管理的职责。东汉明帝永平十七年（74）戊己校尉耿恭“移檄乌孙”，于是乌孙遣使至戊己校尉表示“愿遣子入侍”，耿恭乃“发使赍金帛，迎其侍子。”② 东汉章帝建初八年（83）西域将兵长史班超派遣李邑“将乌孙侍子还京师”③。这是西域特派驻外机构负责迎接质侍并将其护送入京。扶立侍子为国君亦为西域特派驻外机构之重要职责之一。东汉灵帝熹平四年（175）于阗王安国攻拘弥，大破之，杀其王，死者甚众，于是“戊己校尉、西域长史各发兵辅立拘弥侍子定兴为王。”④ 定兴曾经作为拘弥国之侍子质于京师，在拘弥国遭到于阗侵犯、局势危急之时，戊己校尉、西域长史以武力扶立侍子为君，从而稳定了拘弥的局势，维护了汉在西域的利益。东汉桓帝永兴元年（153）车师后部王阿罗多叛逃北匈奴，于是汉立车师后部故王军就质子卑君为后部王。后来阿罗多从匈奴回国，“与卑君争国，颇收其国人。”戊校尉阎详担心其招引北匈奴，将扰乱西域，“乃开信告示，许复为王”，阿罗多乃至戊校尉阎详那里投降，阎详

---

① 《续汉书·百官志三》谓尚书侍郎“主作文书起草”，见点校本《后汉书志》第二十六，第3597页。

② 《后汉书》卷一九《耿恭传》，第720页。

③ 《后汉书》卷四七《班超传》，第1579页。

④ 《后汉书》卷八八《西域传·拘弥国传》，第2915页。

“于是收夺所赐卑君印绶，更立阿罗多为王，仍将卑君还敦煌，以后部人三百帐别属役之，食其税。”[①] 一方面将质子卑君之王位交还旧王阿罗多，另一方面则将交出王权的质子卑君送回敦煌安置，并迁移车师后部民三百“帐”以供卑君“食其税”[②]。由此可见戊校尉有权处理西域诸国曾经入汉为质者在内部政治纠纷中的诸问题，当质子不宜在本国时也可以将其安置于汉境。由于特派驻外机构有较大的处理西域诸国质侍的问题的权力，故他们就有可能成为西域诸国质侍贿赂之对象。东汉和帝永元中李恂为西域副校尉期间，经常收到西域诸国侍子送给他“奴婢、宛马、金银、香罽”等，但是他“一无所受”[③]。这些事实表明管理质侍是西域地区特派驻外机构之重要职责之一。

使匈奴中郎将则是负责匈奴事务之特派驻外机构。东汉时期汉皇朝派驻南匈奴的使匈奴中郎将对于质侍的管理已经制度化，成为这一机构之经常性职责之一。这是因为东汉时期南匈奴向汉派遣质侍已经制度化，即每年岁末派遣新侍子入朝，同时旧侍子被送回单于庭。南匈奴每年所遣新侍子均由使匈奴中郎将派遣其属员“从事”一人负责“将领诣阙。”[④]

护乌桓校尉为设置于汉皇朝东北地区的管理乌桓、鲜卑的特派驻外机构，明确规定其重要职责之一是“赏赐质子”[⑤]，或谓“客赐质子”[⑥]。

边郡政府亦负有质侍管理之职责。敦煌郡是通西域之门户，西域诸国质侍入汉均需通过敦煌，故管理质侍亦为其重要职责之一。东汉光武帝建武二十一年（45），西域车师前王、鄯善、焉耆等十八国为了抵抗莎车的侵扰，于是俱遣子入侍，要求汉的保护。光武帝因“中国初定，北边未服”而拒绝，“诸国闻都护不出，而侍子皆还，大忧恐，乃与敦煌太守檄，愿留侍子以示莎车，言侍子见留，都护寻出，冀且息其

① 《后汉书》卷八八《西域传·车师传》，第 2931 页。

② 《后汉书》卷八八《西域传·车师传》曰：“帐者，犹中国之户数也。”（第 2931 页）

③ 《后汉书》卷五一《李恂传》，第 1683 页。

④ 《后汉书》卷八九《南匈奴传》，第 2944 页。

⑤ 《后汉书》卷九○《乌桓鲜卑列传》，第 2982 页。

⑥ 《续汉书·百官志五》注引应劭《汉官》，点校本《后汉书志》第二十八，第 3626 页。

兵。”时裴遵为敦煌太守，他“以状闻，天子许之。”于是这批侍子便留在了敦煌。后来“诸国侍子久留敦煌，愁思，皆亡归。”[①] 从这个事件可知：第一，西域诸国有关质侍方面的问题是通过敦煌郡而上达朝廷的，朝廷的有关决定则是通过敦煌郡而与西域诸国沟通、贯彻的。敦煌是汉皇朝与西域诸国质侍关系沟通枢纽。第二，西域诸国的质侍不仅通过敦煌郡入汉，而且敦煌郡还负有收留、接纳质侍之职责。上述西域十八国侍子就是留在敦煌的。

边郡政府还负责“待诏”质子之接待和管理。南朝人康绚“其先出自康居。初，汉置都护，尽臣西域，康居亦遣侍子待诏于河西，因留为黔首，其后即以康为姓。”[②] 康绚为汉代康居国侍子之后代，其祖先在汉代作为康居国之侍子，曾经“待诏”于河西。质侍而有“待诏”之制，为汉代史籍所不载，《梁书》这一记载可补汉史之阙。“待诏”为汉代官制中在皇帝需要时听候召唤之后备人员，那么，于河西“待诏”之质侍，当为非迳进京师，而待命于边疆地区之质侍。这些“待诏”于边境地区的质侍，有的可能一直没有进入京师，也没有回国，就在当地娶妻生子，从而成为那里的居民。这种“待诏”质侍亦由边疆地区政府负责管理。河西作为地区名称，在汉唐时期指今甘肃、青海二省黄河以西，即河西走廊与湟水流域一带[③]，作为行政区划，则通常以敦煌、酒泉、武威、张掖为河西四郡，敦煌即为河西四郡之一。康绚之祖先很可能也是“待诏”于敦煌郡。可以说敦煌是西域诸国质侍中转基地。

敦煌郡不仅管理进入郡境之质侍，而且远及西域之相关事务。东汉桓帝永兴元年（153）车师后部王阿罗多亡走北匈奴中，“敦煌太守宋亮上立后部故王军就质子卑君为后部王”[④]。在车师后部发生内乱时，是敦煌太守上书朝廷建议改立已故国王派遣至汉的质子卑君为王。可见敦煌太守不仅密切注视西域动态，而且有权对其局势提出建议，他的建议也得到了朝廷的批准并得以执行。后来阿罗多复从匈奴中还，“与卑君争

① 《后汉书》卷八八《西域传·莎车国传》，第 2924 页。

② 《梁书》卷一八《康绚传》，第 290 页。

③ 复旦大学历史地理研究所《中国历史地名词典》编委会：《中国历史地名词典》“河西”条，江西教育出版社 1988 年版，第 533 页。

④ 《后汉书》卷八八《西域传·车师传》，第 2931 页。

国，颇收其国人。”于是汉皇朝“收夺所赐卑君印绶，更立阿罗多为王，仍将卑君还敦煌，以后部人三百帐别属役之，食其税。”[①] 车师后部前质子卑君交出王位之后被安置于敦煌，并将车师后部民三百户同时迁入敦煌，以供卑君之待遇。这些迁入敦煌的质侍以及随之而迁入的西域民众，均属敦煌郡负责其具体管理事宜。

王莽始建国二年（10）以“乌桓、丁令兵屯代郡，皆质其妻子于郡县。”后来这些乌桓兵亡叛，于是“诸郡尽杀其质”[②]。可知这类质子是由边郡负责管理的。

（三）以汉法治之

侍子在质侍期间，一方面作为皇帝的宾客受到优礼待遇，除了作为贵宾参加各种典礼，得到赏赐之外，还可以侍从皇帝，有的还能够得到皇帝的宠爱，如西汉武帝征和元年（前92）楼兰王死，其“国人来请质子在汉者，欲立之。”汉皇朝报之曰：“侍子，天子爱之，不能遣。其更立其次当立者。”[③] 这虽然是汉方的推脱之词，但也表明侍子是有可能得到皇帝的宠爱的。东汉献帝初平年间“车师王侍子为董卓所爱”[④]，时董卓自为太师，位在诸侯王之上，以汉献帝为傀儡，他实际上就是皇帝，故他可以溺爱这位侍子。有的还在京师娶妻生子，过着人性化的生活，如上述南越质子婴齐为然。

另一方面质侍必须遵守汉家法令，如果有违法情事，则以汉法而治之。上述征和元年（前92）楼兰国人来请质子在汉者，而汉不遣，实际上是因为这位楼兰“质子常坐汉法，下蚕室宫刑，故不遣。”[⑤] 宫刑是一种很重的刑罚，西汉景帝中元四年（前146）“赦徒作阳陵者死罪；欲腐者，许之。”[⑥] 景帝大赦修建阳陵之死罪犯，可以以“腐”刑代替之，腐刑即宫刑。可知宫刑是仅次于死刑的重刑，所谓“次死之刑”[⑦]。楼

---

① 《后汉书》卷八八《西域传·车师传》，第2931页。

② 《后汉书》卷九〇《乌桓列传》，第2981页。

③ 《汉书》卷九六上《西域传上·鄯善国传》，第3877页。

④ 《后汉书》卷二七《赵谦传》，第949页。

⑤ 《汉书》卷九六上《西域传上·鄯善国传》，第3877页。

⑥ 《汉书》卷五《景帝纪》，第147页。

⑦ 《尚书正义》卷一九《吕刑》注，第647页。

兰质子因触犯刑法而处以这种重刑，可知汉皇朝对于质侍是以汉法治之，其管理可谓严格。上述为董卓所溺爱之车师王侍子，因为“数犯法”，初平二年（191）赵谦为司隶校尉时，“收杀之”[①]。司隶校尉为监察官员，“掌察举百官以下，及京师近郡犯法者。”[②] 京师地区的公卿百官均归其监察。这个资料表明质侍与京师地区的公卿百官一样受到司隶校尉的监察。

七　“质侍”作用与性质

质侍在外交关系中处于什么样的地位？其性质如何？发挥了怎样的作用？这是我们下面要探讨的问题。

（一）“质侍”的使命和活动

质侍并非单纯的被派往对方充当抵押品，而是承担着诸多使命，这种使命从其派遣开始直到结束，可谓贯穿始终。兹分别从质侍派遣时的使命，以及他们在质侍期间之使命，亦即其在质侍所在地的活动、职责等方面加以叙述，以探讨质侍之作用和性质。

1. 质侍派遣时的使命

质侍在派遣时即肩负各种不同使命。贡献是质侍派遣时所普遍承担的使命，西汉武帝太初四年（前 101）李广利伐大宛后，大宛之东小国“皆使其子弟从军入献”[③]，因以为质。成帝时，“康居遣子侍汉，贡献。”[④] 东汉光武帝建武二十一年（45）冬，西域“车师前王、鄯善、焉耆等十八国俱遣子入侍，献其珍宝。”[⑤] 和帝永元二年（90），大将军窦宪破北匈奴，车师震慑，“前后王各遣子奉贡入侍”[⑥]。顺帝永建五年（130），疏勒王“臣磐遣侍子与大宛、莎车使俱诣阙贡献。”[⑦] 这些记载表明质侍在被派遣前往汉方时，往往同时肩负贡献的使命。

---

① 《后汉书》卷二七《赵谦传》，第 949 页。

② 《续汉书·百官志四》，点校本《后汉书志》第二十七，第 3613 页。

③ 《史记》卷一二三《大宛列传》，第 3178 页。

④ 《汉书》卷九六上《西域传上·康居国传》，第 3892 页。

⑤ 《后汉书》卷八八《西域传·莎车国传》，第 2924 页。

⑥ 《后汉书》卷八八《西域传·车师传》，第 2929 页。

⑦ 《后汉书》卷八八《西域传·疏勒国传》，第 2927 页。

与贡献的同时，质侍还肩负朝见天子之具体使命。这种朝见，有的是没有具体任务的礼仪性的，如上述大宛以东小国所派遣之子弟在“入献”的同时还“见天子”①。有的是有着具体使命的，如：东汉光武帝建武二十六年（50）秋，“南单于遣子入侍，奉奏诣阙。”② 此后南匈奴“单于岁尽辄遣奉奏，送侍子入朝。”③ 在参加正旦朝的同时肩负“奉奏”之具体使命。有的“奉奏”之使命还相当具体而重大，如上述建武二十一年西域十八国所遣侍子，在“献其珍宝”之后，“及得见，皆流涕稽首，愿得都护。”④ 他们肩负着请求汉皇朝派遣西域都护的重大使命。

由此可见质侍之使命与外交使节是非常相似的，他们除了代表本国、本族君主“侍卫”受质方君主之外，还承担向受质方贡献、朝见、奏事、求请等具体使命，从而同时具有外交使节的作用和性质。范晔在评论东汉光武帝的对外政策时，称赞其“闭玉门以谢西域之质，卑词币以礼匈奴之使”，认为“其意防盖已弘深”⑤。他在这里将“质”与“使”相提并论，表明两者作用与性质之相似以及它们均为汉代外交关系中并行、互补的重要方式。“所有外交官都是‘人质’，以保障其母国对其国内他的同道中人能采取善意行为。”⑥ 在构成外交关系的国家之间，使节固然是外交官，质侍也可以说是外交官。

2. 质侍期间之活动

质侍期间之使命，亦即其在质侍所在地期间之活动和职责。质侍是对方君主将最为亲近之人派来侍奉、宿卫己方君主之代表，因此质侍受到很高的礼遇。他在质侍期间可以参加所在国举行的各种礼仪性集会。质侍需要参加最为隆重的礼仪性集会——朝会。此外，举凡重大的礼仪性集会均邀请其参加。这些重大的礼仪性集会，分为制度性集会和临时性集会两种。

---

① 《史记》卷一二三《大宛列传》，第3178页。

② 《后汉书》卷八九《南匈奴传》，第2943页。

③ 《后汉书》卷八九《南匈奴传》，第2944页。

④ 《后汉书》卷八八《西域传·莎车国传》，第2924页。

⑤ 《后汉书》卷一八《吴盖陈臧列传》“论曰”，第697页。

⑥ ［英］杰夫·贝里奇、莫里斯·基恩斯－索珀、奥特：《外交理论——从马基雅弗利到基辛格》，陆悦璘、高飞译，北京大学出版社2006年版，第64页。

（1）制度性集会

制度性集会以朝会最为隆重和盛大，此外重要者还有上陵礼、祀三雍礼等。随着四方国、族质侍的常态化，质侍获邀参加制度性集会也已经常态化，西汉后期至东汉时期，质侍之出席各种制度性集会，已经载入汉皇朝的典章制度之中。

第一，朝会。朝会是制度性集会的代表，尤以正旦朝是最为隆重和盛大的集会，质侍是这一集会中仅次于君主的贵宾，其在朝会中的地位备受关注和瞩目。质侍之出席朝会，在汉代已经逐渐常态化、制度化。

第二，上陵礼。上陵礼是汉代一项重要的礼仪性集会，为皇帝祭祀祖先陵墓之礼仪。西汉时期已有其制，但其具体礼仪已经不详，东汉时期其礼仪则有明确的记载，规定“百官、四姓亲家妇女、公主、诸王大夫、外国朝者侍子、郡国计吏会陵。”[①] 参加者由四部分人员组成，即：朝廷百官；皇帝家人、亲戚；外国朝者和侍子；各地郡国派来的计吏。由此可见侍子是与外国来朝之君主、使节等来宾共同获邀参加这种集会的。东汉人蔡邕记上陵礼之参加者曰：“四姓小侯，诸侯家妇，凡与先后有瓜葛者，及诸侯王大夫、郡国计吏、匈奴朝者、西国侍子皆会。”[②] 这里亦将“朝者”与“侍子”并举。上陵礼的仪节规定：“昼漏上水，大鸿胪设九宾，随立寝殿前。”[③] 由“掌诸侯及四方归义蛮夷”[④] 之大鸿胪负责陈设“九宾”，所谓“九宾”，据刘昭注补引薛综曰：“九宾谓王、侯、公、卿、二千石、六百石下及郎、吏、匈奴侍子，凡九等。”[⑤] 这里将“匈奴侍子”作为“九宾”之组成部分，可知侍子已纳入东汉“九宾”礼仪制度之中。这里没有提到“来朝”者，但却有“匈奴侍子”，盖因来朝者并非经常均有，而侍子则比较经常存在。无论这些记载有何差异，但是均有“侍子”参加。可见这种经常性的礼仪性集会中，侍子是必在邀请并参与之列，表明侍子已成为常驻京师之外宾。

---

① 《续汉书・礼仪志上》，点校本《后汉书志》第四，第3103页。

② （三国吴）谢承：《后汉书》卷一《礼仪志》注引《独断》，周天游辑注：《八家后汉书辑注》，上海古籍出版社1986年版，第5页。

③ 《续汉书・礼仪志上》，点校本《后汉书志》第四，第3103页。

④ 《续汉书・百官志二》，点校本《后汉书志》第二十五，第3583页。

⑤ 《续汉书・礼仪志上》，点校本《后汉书志》第四，第3103页。

第三，祀明堂、灵台、辟雍礼。光武帝中元元年（56）建辟雍以及明堂、灵台，合称“三朝”。行“三朝之礼”为东汉时期与朝会同样重大的国家礼仪活动[①]，侍子亦被邀请参加这种礼仪性集会。东汉明帝永平二年（59）春正月，宗祀光武皇帝于明堂，礼毕，登灵台。明帝为此特颁诏书，其中提到“群僚藩辅，宗室子孙，众郡奉计，百蛮贡职，乌桓、濊貊咸来助祭，单于侍子、骨都侯亦皆陪位。”[②] 诏书所述参与其礼的人员也是四类，一为公卿百官，二为宗室子孙，三为各地计吏，四为四方国、族来宾。第四类中亦包括侍子在内。与上述上陵礼之参加人员基本一致。

（2）临时性集会

除了上述制度性的礼仪集会之外，其他临时性的礼仪性集会，侍子亦被邀请参加。东汉顺帝汉安二年（143）立南匈奴单于的盛大集会就邀请侍子参加。顺帝永和五年（140）南匈奴单于死后，南匈奴左部“句龙吾斯等立句龙王车纽为单于。东引乌桓，西收羌戎及诸胡等数万人，攻破京兆虎牙营，杀上郡都尉及军司马，遂寇掠并、凉、幽、冀四州。”[③] 汉军反击破之，车纽乞降归附，南匈奴单于虚位。时南匈奴守义王兜楼储在京师，于是汉安二年（143）汉立兜楼储为单于，是为呼兰若尸逐就单于。这个仪式十分隆重，“天子临轩，大鸿胪持节拜授玺绶，引上殿。”赏赐丰厚，“遣行中郎将持节护送单于归南庭。诏太常、大鸿胪与诸国侍子于广阳城门外祖会，飨赐作乐，角抵百戏。顺帝幸胡桃宫临观之。”[④] 在这次盛大的集会中，“诸国侍子”被邀请参加。其目的显然是向诸国宣示新单于之即位，以及他已经得到国际上的认可。

（3）协助军事行动

汉方的军事行动如果与质侍所在国、族有关时，则质侍也可能被派遣回国以负责协助汉方的军事行动。汉武帝天汉二年（前99）“以匈奴降者介和王为开陵侯，将楼兰国兵始击车师。”[⑤] 于是汉方发西域“危须、

---

① 参见《后汉书》卷二《显宗孝明帝纪》，第100—103页。

② 《后汉书》卷二《显宗孝明帝纪》，第100页。

③ 《后汉书》卷八九《南匈奴传》，第2961—2962页。

④ 《后汉书》卷八九《南匈奴传》，第2962—2963页。

⑤ 《汉书》卷九六下《西域传下·车师传》，第3922页。

尉犁、楼兰六国子弟在京师者皆先归，发畜食迎汉军。”① 当时汉方遣将率楼兰国军击车师，于是楼兰等六国质侍便被派遣先行回国，负责准备马牛等牲畜的草料以迎接汉军。侍子之先行返国筹备军资，同时也有推动该国参与军事行动的意味在其中。

（二）“质侍”性质——常驻使节

从上述质侍在派遣时所肩负之使命以及在质侍期间之使命与活动情况，我们可以看到，质侍不仅承担着使节之使命，而且实际上已是一种常驻使节。何以言之？

1. 驻扎时间长

首先，从时间上来说，质侍往往常驻于京师，如上述南越王侍子婴齐质于长安“十余岁”②，莎车王侍子延则从小“长于京师”③，楼兰王侍子自称“身在汉久”④。宣、元时期匈奴郅支单于侍子在汉生活了十年⑤，呼韩邪单于的侍子则在汉十一年⑥。有的质侍是相继派遣的，如南越之婴齐回国继位之后，接着派遣其子次公入质⑦。在这方面匈奴更为突出，不仅质侍频繁，而且持续时间长。自呼韩邪单于与汉建立了密切关系，匈奴即不断遣子入侍，而且这些侍子基本上是接替连续派遣的，中间并没有断绝。其中右致卢儿王醯谐屠奴侯侍汉 11 年，左祝都韩王朐留斯侯侍汉 8 年，右于涂仇掸王乌夷当侍汉 4 年，右股奴王乌鞮牙斯侍汉 1 年，左于駼仇掸王稽留昆侍汉 7 年⑧。到了东汉时期，匈奴质侍之方式有所变化，改为每年一轮换，“单于岁尽辄遣奉奏，送侍子入朝，中郎将从事一人将领诣阙。汉遣谒者送前侍子还单于庭，交会道路。”⑨ 这个时期侍子个体的质侍时间虽

① 《汉书》卷九六下《西域传下·渠犁传》，第 3913 页。

② 《史记》卷一一十三《南越列传》，第 2971 页。

③ 《后汉书》卷八八《西域传·莎车国传》，第 2923 页。

④ 《汉书》卷九六上《西域传上·鄯善国传》，第 3878 页。

⑤ 《汉书》卷七〇《陈汤传》，第 3008 页。

⑥ 呼韩邪单于与郅支单于均在甘露元年（前 53）遣子入侍，初元五年（前 44）送郅支单于侍子返国时谷吉上书中有“养全其子十年”（见《汉书》卷七〇《陈汤传》，第 3008 页）之语，次年（永光元年，前 43）汉遣使送呼韩邪单于侍子返国（见《汉书》卷九四下《匈奴传下》，第 3801 页），可知呼韩邪单于侍子在汉十一年。

⑦ 见《史记》卷一一三《南越列传》，第 2971 页。

⑧ 参见《汉书》卷九四下《匈奴传下》，第 3807—3810、3818 页。

⑨ 《后汉书》卷八九《南匈奴传》，第 2944 页。

然不如西汉时期长，仅为一年，但是他们是后任接替前任，连续不断派遣，而且形成一种制度性的派遣。欧洲在常驻代表制尚未确立以前，“在十三世纪时，公使任期通常都没有超过三四个月的”，常驻使节产生之后，“十五世纪时规定，公使在外国驻扎时期不得超过二年。后来一世纪又把这个时期延长到三年。”① 汉代质侍留驻时间有的长达十余年或数年，有的是每年一轮换，因此将这种质侍制度视为一种常驻代表制度应当是适宜的。

2. 君主的代表

其次，更为重要的是质侍是作为纳质方君主的代表而留驻于受质方首都。纳质方君主以太子或其他子弟质侍于受质方君主，他是作为纳质方君主之代表而被受质方君主所接受，是双方君主之间建立直接的良好关系的纽带。所谓“入侍”“宿卫”，是指其前来侍奉、宿卫于受质方之君主。征和元年（前92）楼兰王死，国人来请质子在汉者，欲立之为新王。由于质子触犯了汉法，正在服刑，故不遣。汉方报曰：“侍子，天子爱之，不能遣。其更立其次当立者。”② 这虽然是汉方的托词，但是也表明侍子是质侍于受质方君主，为受质方君主所接受的。正因为如此，质侍在京师期间，受到隆重的礼遇，得以获邀参与各种重大的礼仪性庆典与集会。这些庆典和集会除了主国之王侯和公卿百官之外，获邀之外宾包括来朝之君主、使节和质侍。例如上陵礼中规定“外国朝者侍子”③ 或“匈奴朝者、西国侍子”④ 皆获邀与会。可见质侍是与来朝君主、使节相同的贵宾。表明质侍是作为纳质方君主之代表，被视为受质方君主之贵宾，从而得到隆重的礼遇，跻身于受质方王侯公卿百官之列而参加各种庆典和集会。而且质侍之参加这些礼仪性集会和庆典已经被载于汉皇朝的典章制度之中，成为汉皇朝典章制度中之有机组成部分。由于在汉廷之质侍以匈奴和西域诸国为多，且持续时间长，故汉皇朝典章制度在提到质侍之参与这类庆典、集会时往往以“匈奴侍子”⑤ 或“西国侍子”⑥

---

① 《世界外交史》第一分册，第150页。

② 《汉书》卷九六上《西域传上·鄯善国传》，第3877页。

③ 《续汉书·礼仪志上》，点校本《后汉书志》第四，第3103页。

④ 谢承：《后汉书》卷一《礼仪志》注引《独断》，《八家后汉书辑注》，第5页。

⑤ 《续汉书·礼仪志上》，点校本《后汉书志》第四，第3103页。

⑥ 谢承：《后汉书》卷一《礼仪志》注引《独断》，《八家后汉书辑注》，第5页。

称之。“大使首先是君主的代表”[①]，大使的重要职能之一是“维护两位君主之间的良好关系”[②]。侍子作为纳质方君主的代表，显然具有大使的这种作用和性质。

质侍在京师期间，除了参加各种礼仪性集会和拜见之外，还有其私人生活。因为不少质侍在京师的时间较长，故其在质侍期间的私人生活情况亦不尽相同。有的年幼者，当在质侍期间学习汉文化，如西域莎车王延在西汉元帝时，“尝为侍子，长于京师，慕乐中国，亦复参其典法。常敕诸子，当世奉汉家，不可负也。”[③] 这是一位在长安成长起来的侍子，其所以“慕乐中国‘并敕诸子’世奉汉家”，显然是深受汉文化之熏陶；从他“亦复参其典法”观之，其在长安期间当学习了汉家典章制度。有的年轻者，则在京师成家立业，如南越王侍子婴齐在京师十余年，“其入宿卫在长安时，取邯郸樛氏女，生子兴。”[④] 他在长安质侍期间娶妻生子，后其归国继位为南越王，他死后其子兴又继其位为王。有的侍子则携带家眷前来，如元寿二年（前1）匈奴侍子稽留昆随入朝单于回国后，旋即派遣其“同母兄右大且方与妇入侍”，右大且方不久归国，“复遣且方同母兄左日逐王都与妇入侍”[⑤]，均为夫妇共同入侍。

质侍之类似常驻使节，于下述资料中亦可以得到一些佐证。西汉宣帝甘露元年（前53）为呼韩邪单于定计附汉之重要谋臣是其左伊秩訾王，后他遭到匈奴统治集团内部之谗言中伤，招致呼韩邪单于亦对其产生疑心，于是“左伊秩訾惧诛，将其众千余人降汉，汉以为关内侯，食邑三百户，令佩其王印绶。”及至竟宁元年（前33）呼韩邪来朝，与伊秩訾相见，向其赔礼道歉，说：造成这种情况“皆我过也。今欲白天子，请王归庭。”希望左伊秩訾王能够回去。左伊秩訾王拒绝回去，说：“愿为单于侍使于汉，不敢听命。”这里将“侍”与“使”联系在一起，颜师

---

① 《外交理论——从马基雅弗利到基辛格》，第99页。

② 威克福（AbrahamdeWicquefort）：《大使及其职能》，转引自《外交理论——从马基雅弗利到基辛格》，第105页。

③ 《后汉书》卷八八《西域传·莎车国传》，第2923页。

④ 《史记》卷一一三《南越列传》，第2971页。

⑤ 《汉书》卷九四下《匈奴传下》，第3818页。

古注曰："言为单于充使，留侍于汉，不能还匈奴。"[①] 伊秩訾虽然不是以侍子身份长留于汉廷，但是他的说法表明：侍子即为单于"充使"，而"充使"即为"侍"汉。这种使节是"留侍于汉"的，亦即具有某种常驻使节之意味。一般来说在古代世界的外交中只有临时使节而没有常驻使节，格劳秀斯曾言："在古代传统中，常驻使团不为人所知，其存在被认为是毫无必要的。"[②] 欧洲的常驻使节在 13 世纪意大利城邦国家中萌芽，16 世纪末叶才"相当稳固的形成了"[③]。虽然中国古代的质侍与欧洲中世纪和近代的公使、大使的性质并不完全相同，但是这种质侍具有一定的常驻使节的作用和性质是显然的，实为常驻使节制度的渊源之一。莫里斯·基恩斯一索珀（MauriceKeens-Soper）在评论从暂时或特别代表向常设代表转变的问题时写道："追溯到几千年前的古美索不达米亚地区，贯穿整个人类的早期历史，使节们并不能在持续、合法和互惠的基础上在外国统治者的宫廷中拥有一席之地。除非作为人质，否则一旦使命完成，使节们就必须回国。"[④] 指出在古代世界没有常驻使节时，唯有质子可以常驻并扮演使节的角色。

（三）"质侍"的作用

质侍在外交关系中起着怎样的作用？其在外交关系中占有何等地位？从上述诸问题之叙述中已经可以看到，质侍作为汉代外交诸方式之一，在外交关系中被广泛运用，其在发展外交关系中发挥着重要作用。其作用是多方面的，不论在各自内部政治需要，还是发展与外部关系需要中，不论在军事、外交、商贸乃至文化需求等方面，对于质侍双方来说均有着不可代替的作用和意义。在此基础上，我们再进而看看其在外交关系中的更为直接和具体的作用。

董仲舒提出处理汉匈关系的方针政策中有云："义动君子，利动贪人，如匈奴者，非可以仁义说也。独可说以厚利，结之于天耳。故与之厚利以没其意，与盟于天以坚其约，质其爱子以累其心，匈奴虽欲展转，

---

① 《汉书》卷九四下《匈奴传下》，第 3806 页。

② 转引自《外交理论——从马基雅弗利到基辛格》，第 60 页。

③ 《世界外交史》第一分册，第 150、161 页。

④ 《外交理论——从马基雅弗利到基辛格》，第 116 页。

奈失重利何，奈欺上天何，奈杀爱子何。”主张贿以厚利以软化其攻击性，盟誓于天以巩固条约关系，纳质以牵制其野心。质侍为其三项主张之一，认为纳质可以令其顾虑爱子有被杀之危险而不敢轻举妄动，从而达到牵制其心之效。班固评述道：“察仲舒之论，考诸行事，乃知其未合于当时，而有阙于后世也。”认为董仲舒的主张不合时宜，主要根据是匈奴虽经武帝强力反击之后仍然“桀骜尚如斯，安肯以爱子而为质乎？此不合当时之言也。若不置质，空约和亲，是袭孝文既往之悔，而长匈奴无已之诈也。”[①] 指出如果没有实现匈奴纳质，则是“空约和亲”，只能招致匈奴“无已之诈”。班固认为董仲舒的主张不合时宜，主要在于当时匈奴之衰弱尚不至于向汉纳质的地步，如果没有纳质这一前提，则和约乃一纸空文，而纳质之实现端赖以武备为后盾。从当时的历史实际而言，董仲舒图谋那时实现匈奴纳质还不现实，武帝元封四年（前107）汉使王乌、杨信先后出使匈奴游说其纳质均遭到单于断然拒绝就是明证。嗣后历时半个世纪，直至宣帝五凤四年（前54）匈奴衰落方才实现向汉纳质。不过，我们应当注意的是董、班两氏均主张运用纳质这一方式，都认为纳质是牵制匈奴的有效手段，在这方面他们是一致的。质侍在外交关系中的作用，主要体现在下述两端。

1. 制裁手段

纳质的原始意义是以人为抵押，尽管到了汉代质侍已经不单纯是这种原始意义上的抵押品，而是上升为维系双方外交关系之政治方式，但是，质侍之以人为抵押的意涵并没有完全消失，因此质侍往往被受质方用来作为一种制裁手段。

在双方关系发生矛盾冲突之时，惩处质侍就成为受质方可加以运用的一种制裁手段。惩处质侍的主动权操之于受质方。匈奴头曼单于“欲废冒顿而立少子，乃使冒顿质于月氏。冒顿既质，而头曼急击月氏。月氏欲杀冒顿，冒顿盗其善马，骑亡归。”[②] 月氏在遭到匈奴无端攻击时，即以杀质为其反制措施。王莽始建国二年（10）东域将严尤所率领在代

---

① 《汉书》卷九四下《匈奴传下》，第3831页。

② 《史记》卷一一〇《匈奴列传》，第2888页。

郡之乌桓、丁令兵“亡畔”，于是“诸郡尽杀其质”[1]。由于王莽倒行逆施，破坏了汉匈关系，于是“匈奴数为边寇，杀将率吏士，略人民，驱畜产去甚众。”边军“捕得虏生口验问，皆曰孝单于咸子角数为寇。”边将将这一信息上报王莽，始建国四年（12）王莽“会诸蛮夷，斩咸子登于长安市。”[2] 王莽在得知匈奴犯边将领为匈奴单于之子角时，便将当时单于在长安之侍子登杀害，亦以杀质为其反制措施。此外还有以“没官”之方式惩罚质侍，西汉宣帝甘露元年（前53）乌孙分裂为大、小昆弥，两者中以大昆弥较小昆弥为亲汉。至成帝永始元年（前16）乌孙小昆弥末振将恐为大昆弥所并，使贵人乌日领诈降刺杀大昆弥雌栗靡，“汉欲以兵讨之而未能”，于是“汉没入小昆弥侍子在京师者”[3]。在面对小昆弥对于大昆弥的攻击，汉方无法采取军事行动解决时，于是将小昆弥在长安之侍子“没入”官府，以为反制措施。

春秋战国时期杀质这一现象比较多见，降及汉代则大为减少，为了反制对方而杀质的情况基本上只见于西汉时期，而且多在王莽乱政时期。这从一个侧面反映了从先秦至两汉时期外交关系及其制度之进步，其所包含之野蛮因素在减少而文明因素在增加，这与对于外交使节的人身安全的保证有所提高不无关系。

2. 培植关系

质侍关系的一个重要特点是，质侍人员基本上是各国、族中尚未掌握权力的青少年群体，但是他们程度不同地都是该国、族的政治后备者，是有着政治前途的新生力量。因此，这对于培植双方关系来说具有重要的、特殊的作用和意义。

（1）扶立为君

将质侍扶立为该国、族之君主，是质侍关系作用最为突出和直接的体现。由于质侍往往为纳质方君主之太子或子弟，他们多为或可能为该国、族之储君，有较多机会继位为君，这对于受质方而言，可以为培植、巩固、加强与己方之关系而创造良好条件。质侍之继位为君，有的是出

---

① 《后汉书》卷九〇《乌桓列传》，第2981页。
② 《汉书》卷九四下《匈奴传下》，第3826页。
③ 《汉书》卷九六下《西域传下》，第3909页。

于对方之主动。西汉武帝征和元年（前92）“楼兰王死，国人来请质子在汉者，欲立之。”[①] 这是楼兰主动提出立质侍为君。但更多的是在受质方干预之下而立。上述征和元年楼兰请求将质子放回立为王而未果，于是楼兰不得已另外立一王。当时楼兰向汉和匈奴均派遣质子。后来“后王又死，匈奴先闻之，遣质子归，得立为王。”[②] 匈奴较汉先得知此讯息，于是捷足先登送质子回国而得以立为王。这位楼兰新王是在匈奴干预下而立的，楼兰本来就比较倾向于匈奴，这位自匈奴而归的质子回国继位，更加强了楼兰与匈奴关系，匈奴在与汉争夺楼兰中赢了一个回合。由于楼兰地处中西交通要冲，送往迎来负担沉重，故楼兰在与汉、匈关系中，往往倾向于匈奴，经常勾结匈奴杀害汉使。为了惩罚楼兰，西汉昭帝元凤四年（前77）傅介子刺杀楼兰王，告谕以“王负汉罪，天子遣我诛王，当更立王弟尉屠耆在汉者。汉兵方至，毋敢动，自令灭国矣！”侍子尉屠耆是在汉的干预下立为王。由此，汉将楼兰国名改称为鄯善，并为新王“刻印章，赐以宫女为夫人，备车骑辎重，丞相将军率百官送至横门外，祖而遣之”。[③] 可见汉对于扶立楼兰新王之重视。这位侍子遂成为鄯善国第一任君主。侍子尉屠耆之被立为君以及鄯善国之建立，不仅使汉在与匈奴争夺楼兰中扳回了一个回合，而且为汉建立通西域之康庄大道奠定了基础，创造了有利条件。此外，在弱小国家遭到侵犯，局势危急之时，汉方扶立其国之质侍为君，对于稳定该国局势亦有其积极意义。东汉灵帝熹平四年（175）于阗王安国攻拘弥，“大破之，杀其王，死者甚众。”于是戊己校尉、西域长史“各发兵辅立拘弥侍子定兴为王”[④]，稳定了拘弥的局势。

以质侍为君并非轻而易举之事，龟兹侍子之立为龟兹王就是其中的突出事例。东汉章帝建初五年（80）班超上疏认为反汉的龟兹是汉皇朝控制西域诸国的最大障碍，如果龟兹驯服，则西域诸国基本上可以被汉所控制，他说：“今拘弥、莎车、疏勒、月氏、乌孙、康居复愿归附，欲

---

① 《汉书》卷九六上《西域传上·鄯善国传》，第3877页。
② 《汉书》卷九六上《西域传上·鄯善国传》，第3877页。
③ 《汉书》卷九六上《西域传上·鄯善国传》，第3878页。
④ 《后汉书》卷八八《西域传·拘弥国传》，第2915页。

共并力破灭龟兹，平通汉道。若得龟兹，则西域未服者百分之一耳。”如何改变龟兹及其与汉关系之现状呢？班超提出的方略是：“今宜拜龟兹侍子白霸为其国王，以步骑数百送之，与诸国连兵，岁月之间，龟兹可禽。”① 以龟兹侍子立为王，是实现这一目标的关键一步。“以步骑数百送之”，表明需要以武力护送侍子返国方能成功。接获班超上书后，章帝“知其功可成，议欲给兵。”时“平陵人徐干素与（班）超同志，上疏愿奋身佐超。”汉皇朝“遂以（徐）干为假司马，将弛刑及义从千人就（班）超。”② 这一部署是为实现班超扶立龟兹侍子为王而作的准备。经过班超多年努力，以武力平定龟兹及其盟邦，至和帝永元三年（91）“龟兹、姑墨、温宿皆降，乃以（班）超为都护，徐干为长史。拜白霸为龟兹王，遣司马姚光送之。超与光共胁龟兹废其王尤利多而立白霸，使光将尤利多还诣京师。”③ 从班超提议到侍子白霸立为王，历时十一年方才实现。这个期间，汉皇朝在机构设置方面，将负责西域事务机构逐步提升，由西域假司马而西域将兵长史而西域都护，在人事方面加派徐干等得力人才充当班超助手，在兵力方面先后于建初五年（80）派遣“千人”、元和元年（84）加派“八百”④ 归班超统率。班超运用军事的、外交的手段，拆散或击败了龟兹之与国，最后在武力征讨下龟兹降汉，这才实现了侍子白霸之继位。侍子白霸之继位为龟兹王，使龟兹得以向汉，至此“西域唯焉耆、危须、尉犁以前没都护，怀二心，其余悉定。”⑤

在解决龟兹问题之后，班超进而解决焉耆问题。永元六年（94）班超“发龟兹、鄯善等八国兵合七万人，及吏士贾客千四百人讨焉耆。”斩焉耆、尉黎二王首，“更立元孟为焉耆王”⑥。元孟时为焉耆“左候”，其“先尝质京师”，也就是说元孟曾经作为侍子质于汉，后来回国担任“左

---

① 《后汉书》卷四七《班超传》，第1575—1576页。

② 《后汉书》卷四七《班超传》，第1576页。

③ 《后汉书》卷四七《班超传》，第1581页。

④ 《后汉书》卷四七《班超传》，第1576、1579页。

⑤ 《后汉书》卷四七《班超传》，第1581页。“没都护”指永平十八年（75）焉耆等与龟兹联合“攻西域都护陈睦，悉没其众。”（《后汉书》卷二《显宗孝明帝纪》，第123页）故焉耆等国仍“怀二心”。

⑥ 《后汉书》卷四七《班超传》，第1581—1582页。

候”，在攻克焉耆后被扶立为焉耆新王。也是以扶立质汉之侍子为王而改变焉耆之反汉立场。焉耆问题解决后，“于是西域五十余国悉皆纳质内属焉。”① 由龟兹、焉耆问题之次第解决，可窥知以质侍为君亦非可一蹴而就，而其在实现汉皇朝之西域战略目标方面则有着重要作用和意义。

（2）文化熏陶

汉代的质侍关系还有一个方面的重要作用，就是汉文化对于质侍之熏陶所产生的影响，这对于培植双方关系的作用是隐形的，但却是更为长远的。

质侍的第一个显著特点是他们基本上是一个以青少年为主体的群体，此外还有第二个特点就是他们在质的时间一般来说都比较长，常有多达十几年之久者。前一个特点决定学习汉文化是他们在质侍期间的必需和必然，因为他们正处于长知识的学习阶段，而且也是一个最易于接受、吸纳新知识、新文化的阶段；第二个特点决定他们有条件和可能学习到汉文化，从而得到比较全面、深刻的汉文化熏陶。他们不仅被汉方以皇帝宾客所礼遇，被邀参与各种官方隆重的节庆典礼、集会，如上述在正旦朝以及祀三雍等典礼中“奉奏诣阙”②“陪位”③，以及各种“祖会”和“飨赐作乐，角抵百戏”④ 等官场宴饮和文化娱乐活动，从而学习、接纳汉文化中的典章制度、官方的高雅文化；而且他们在质侍期间还有可能和条件过汉人的世俗生活，有的甚至娶妻生子，组织家庭，比较深入地接触和享受汉的物质和精神文明，在接受汉方宫廷文化的同时，学习、接纳汉方民间的世俗文化。

这种文化上的熏陶，一方面使他们对于汉的国情、实力有比较深刻的认识，从而在将来掌握权力之后不致盲目、鲁莽从事，另一方面则他们往往对于汉文化产生深厚的亲近感，从而培植其在政治上对于汉的向心力。

南越王赵胡之子婴齐质侍于长安十余年，他回国“嗣立”之后所做的头一件事情就是“臧其先武帝、文帝玺”⑤。即南越王赵佗、赵胡之帝

① 《后汉书》卷四七《班超传》，第1582页。

② 《后汉书》卷八九《南匈奴传》，第2943页。

③ 《后汉书》卷二《显宗孝明帝纪》，第100页。

④ 《后汉书》卷八九《南匈奴传》，第2963页。

⑤ 《汉书》卷九五《南粤传》，第3854页。

号玺印。《汉书注》引李奇曰："去其僭号"。婴齐之所以能够做出这一决定，与其长期质于长安，对于汉的制度、国情、实力有切身的体验，对汉、越力量对比有清醒的认识不无关系。

西汉元帝时莎车王子延亦曾长期质侍于长安，从小"长于京师"。莎车王延卒于天凤五年（18）①，元帝于公元前49年至公元前33年在位，如果其在元帝初元元年（前48）即质于京师，至其去世已66年，即使从元帝去世当年的公元前33年算起，已历51年，由此可推知其在质时必为少年时期。也许是因为他在少年时期成长于汉，故他对于汉文化有着特殊的感情，史称他"慕乐中国"，对于汉文化有深厚的感情和认识。后来回国继位为莎车王，他"亦复参其典法"，即吸收汉皇朝的典章制度运用于莎车。他"常敕诸子，当世奉汉家，不可负也。"② 他对汉文化的认识和感情提升为政治上的亲汉。汉末遭王莽之乱，匈奴乘虚重新控制了西域，在这种情况下，"唯莎车王延最强，不肯附属。"③ 在这种动乱局面中他仍然坚持亲汉方针，不附匈奴。这种文化上、政治上的亲和力影响深远，一直及于其后继者。莎车王延死后，其子康继位，时值东汉初年，莎车王康"率傍国拒匈奴，拥卫故都护吏士妻子千余口，檄书河西，问中国动静，自陈思慕汉家。"④ 莎车王康继续坚持其父王的拒匈亲汉路线，并采取了实际行动和措施，一是坚持保护那些沦陷于西域不得返汉之都护吏士及其家属，因"王莽之乱，西域攻没都护，其吏士、妻子皆不得还。"⑤ 二是主动遣使至河西探听中原动静，表示其思慕汉家之意。建武九年（33）康死，其弟贤继位，建武十四年（38）"贤与鄯善王安并遣使诣阙贡献，于是西域始通。"西汉末年中断的与西域的关系得以恢复。建武十七年（41），莎车王"贤复遣使奉献，请都护。"⑥ 主动请求东汉政府派遣西域都护，以亲汉抗匈。但由于光武帝在这个问题上处置有失⑦，

---

① 《后汉书》卷八八《西域传·莎车国传》，第2923页。

② 《后汉书》卷八八《西域传·莎车国传》，第2923页。

③ 《后汉书》卷八八《西域传·莎车国传》，第2923页。

④ 《后汉书》卷八八《西域传·莎车国传》，第2923页。

⑤ 《资治通鉴》卷四一，汉光武帝建武五年（29）胡注，第1340页。

⑥ 《后汉书》卷八八《西域传·莎车国传》，第2923页。

⑦ 建武十七年（41）光武帝授莎车王贤为西域都护后，又接受敦煌太守裴遵建议追还其西域都护印绶，"贤由是始恨。"（《后汉书》卷八八《西域传·莎车国传》，第2923—2924页）

双方产生芥蒂，导致矛盾激化，这是另外一个问题了。

第六节　和亲

“和亲”是婚姻外交在中国古代的一个特有名词。是为汉代外交诸方式之一，它与朝、贡、赐、封以及质侍等一起构成汉代错综复杂的外交体制，为发展这个时代的外交关系发挥了重要作用。“和亲”的原义是和好亲近，春秋时晋国之“中行氏以伐秦之役怨栾氏，而固与范氏和亲”。[①]这里的“和亲”就是这个意思。汉代继续沿用这个词义，“成帝曰：‘其治天下，孰与孝宣皇帝?’向曰：‘中宗之世，政教明，法令行，边境安，四夷亲，单于款塞，天下殷富，百姓康乐，其治过于太宗之时，亦以遭遇匈奴宾服，四夷和亲也。’”[②] 这里的“四夷和亲”是指与四夷和好相处。乌孙“小昆弥、卑爰疐和亲，共治国，大善……”[③] 是说乌孙两个政治势力之间捐弃前嫌，和睦相处。到了汉代，将联姻匈奴冒顿单于以结束战争，达致双方和好，称之为“和亲”，于是“和亲”具有了特定的意涵，成为汉代重要的外交方式之一。这种“和亲”是两国君主之间通过联姻这一手段以求建立友好互信关系的一种外交方式。我们可以把前者视为广义的“和亲”，后者为狭义的“和亲”，前者的外延大于后者，后者是包括在前者之中的。但是两者又不能截然分开，因为相互联姻的目的及其作用亦在于和平友好，故两者实际上往往是不可分割的。

和亲早在先秦时期已经广泛施行，上文已经述及。到了汉代，和亲这一外交方式是在汉初特定历史条件下提出并加以运用的。这个特定的历史条件主要是指新建立的汉皇朝面临崛起于北方的强大的匈奴政权威胁，汉匈力量对比不利于汉皇朝的情况下而提出并加以运用的。这一方式之被提出，其具体时间是在汉七年（前 200）汉、匈白登之战之后。“是时汉初定中国”，匈奴“引兵南踰句注，攻太原，至晋阳下。高帝自

① 《春秋左传正义》卷三五，襄公二十三年，第 1134 页。

② （汉）应劭撰，王利器校注：《风俗通义校注》卷二《正失》，中华书局 1981 年版，第 98 页。

③ 《敦煌汉简释文》518，第 50 页。

将兵往击之”。匈奴单于“冒顿纵精兵四十万骑围高帝于白登”[①]，高帝“七日然后得解”[②]。白登之役使汉高帝对于当时的汉匈力量对比有了直接的、深刻的认识，“当是时，冒顿为单于，兵强，控弦三十万，数苦北边。上患之，问刘敬”。于是刘敬向汉高帝提出和亲之策：“刘敬曰：‘天下初定，士卒罢于兵，未可以武服也。冒顿杀父代立，妻群母，以力为威，未可以仁义说也。独可以计久远子孙为臣耳，然恐陛下不能为。’上曰：‘诚可，何为不能！顾为奈何？’刘敬对曰：‘陛下诚能以適（嫡）长公主妻之，厚奉遗之，彼知汉適（嫡）女送厚，蛮夷必慕以为阏氏，生子必为太子，代单于。何者？贪汉重币。陛下以岁时汉所余彼所鲜数问遗，因使辩士风谕以礼节。冒顿在，固为子婿；死，则外孙为单于。岂尝闻外孙敢与大父抗礼者哉？兵可无战以渐臣也。若陛下不能遣长公主，而令宗室及后宫诈称公主，彼亦知，不肯贵近，无益也。’”这是刘敬根据当时汉匈力量对比的客观现实而提出的著名的“和亲”策。汉高帝完全接受了刘敬的建议，“欲遣长公主”出嫁匈奴，但是遭到吕后窒碍，她“日夜泣，曰：‘妾唯太子、一女，奈何弃之匈奴！’上竟不能遣长公主”。于是汉高帝不得不作了权变，“而取家人子名为长公主，妻单于”。[③] 于汉九年（前 198）“约为昆弟以和亲，冒顿乃少止”。[④]

这就是和亲这一外交方式在汉初所确立的基本模式。此后，这一和亲模式基本上为汉代所遵循，乃至为后代的皇朝所继承沿用。但是，这一和亲模式并非一成不变，而是不断有所调整而发生变化，而且汉匈和亲协议也并非在汉代一以贯之，而是有所中断、调整和变化的。

一　和亲的内涵

以往论汉代的和亲，多为狭义的和亲——联姻。联姻固然属于和亲，但是和亲不等于就指联姻，它是以联姻为中心的双边一揽子和平协议或条约。汉代的和亲模式，虽然由刘敬所首倡，但是其内涵不断丰富，从

① 《史记》卷一一〇《匈奴列传》，第 2894 页。

② 《史记》卷九九《刘敬列传》，第 2718 页。

③ 以上自《史记》卷九九《刘敬列传》，第 2719 页。

④ 《史记》卷一一〇《匈奴列传》，第 2895 页。

而逐渐形成一个比较完整的体系①。综而言之，其基本内涵有四：

（一）以汉女妻之

以汉女妻之为和亲之首要特征。此“汉女”之身份为何？在与匈奴建立和亲时，刘敬的初衷是以嫡长公主妻之，但是实际上在汉代基本上没有做到这一点。这是由于汉匈民族隔阂和文化上的巨大差异所决定的，并非完全由于吕后的阻挠。汉九年首次与匈奴和亲之汉女，上引《史记·刘敬列传》谓以“家人子名为长公主”而妻之，同书《匈奴列传》谓以“宗室女公主”② 妻之，《汉书·匈奴传》谓以“宗室女翁主”③ 妻之。综合上述说法，就是以宗室之翁主假称公主而妻之④。此后，汉代基本上以此种身份之汉女进行和亲。惠帝三年（前 192）“以宗室女为公主，嫁匈奴单于”。⑤ 文帝六年（前 174）匈奴“老上稽粥单于初立，孝文皇帝复遣宗室女公主为单于阏氏”。⑥ 景帝五年（前 154）“复与匈奴和亲，通关市，给遗单于，遣翁主如故约”。⑦ 都是以“翁主”妻之。以翁主出嫁匈奴单于被称为“故约”，表明这是汉匈和亲一贯的做法。匈奴方面也将此视为“故约”，元封四年（前 107）汉使杨信出使匈奴时，匈奴单于即对杨信强调：“故约，汉常遣翁主……以和亲。”⑧ 可见汉匈双方均认为以“翁主”出嫁单于为汉匈和亲之传统做法。后来汉又将这一做法移用于西域，以翁主与之和亲。元封六年（前 105）“遣江都王建女细君

---

① 林幹认为汉前期的和亲条款有三项：（一）以公主嫁单于并赠送金钱、物资；（二）开放“关市”；（三）相约以长城为界（《匈奴通史》，第 50—52 页）。刘敬与匈奴缔结的和亲条约中尚未见开“关市”内容，及至文帝时始见。

② 《史记》卷一一〇《匈奴列传》，第 2895 页。

③ 《汉书》卷九四上《匈奴传上》，第 3754 页。

④ 关于公主与翁主的区别，颜师古有一简明的解释：“天子不亲主婚，故谓之公主。诸王即自主婚，故其女曰翁主。翁者，父也，言父主其婚也。亦曰王主，言王自主其婚也。”（《汉书》卷一下《高帝纪下》颜注，第 78 页）故皇帝女称公主，诸侯王女称翁主或王主。

⑤ 《汉书》卷二《惠帝纪》，第 89 页。

⑥ 《史记》卷一一〇《匈奴列传》，第 2898 页。《汉书·匈奴传上》谓以“宗人女翁主为单于阏氏”（第 3759 页）。

⑦ 《汉书》卷九四上《匈奴传上》，第 3764—3765 页。《汉书》卷五《宣帝纪》记此事曰：“遣公主嫁匈奴单于”（第 144 页）。《史记》卷一一〇《匈奴列传》亦记作“公主”（第 2904 页）。这些实际上都应是“翁主”。

⑧ 《汉书》卷九四上《匈奴传上》，第 3773 页。

为公主，以妻"[①] 乌孙昆莫。太初四年（前101）细君公主死，"汉复以楚王戊之孙解忧为公主"，妻乌孙昆弥军须靡[②]。元康二年（前64）应乌孙之请求，汉又拟以"解忧弟子相夫为公主"[③] 出嫁乌孙。她们也都属于"翁主"。

史籍明确记载以翁主和亲者见于上述七例，其中匈奴四例，乌孙三例。但是史籍中有的没有明确记载是否以汉女和亲，也可能存在以汉女和亲的情况。建元元年（前140）武帝即位，"明和亲约束"；建元六年（前135）"匈奴来请和亲"，武帝从韩安国议，"许和亲"[④]。这两次都没有记载曾经以汉女出嫁。而《汉书·武帝纪》记载元光二年（前133）在讨论是否反击匈奴的御前决策会议上，武帝提到"朕饰子女以配单于"[⑤] 之事，可知武帝也曾经以汉女出嫁匈奴单于，亦即上述两次对匈奴之和亲，也曾经以汉女嫁之。这里"子女"的身份并不明确，从上述历史事实推之，亦当为"翁主"。由此可见有的没有记载以汉女和亲的，也可能存在以汉女出嫁的情况。

汉代在基本上以翁主和亲的同时，亦有以宫女和亲的事实。昭帝元凤四年（前77）汉斩楼兰王，立楼兰王弟尉屠耆质在汉者为王，改楼兰国名为鄯善，并"赐以宫女为夫人"。[⑥] 元帝竟宁元年（前33）"以后宫良家子王墙字昭君赐单于"[⑦]。这是在汉匈关系发生根本性变化，匈奴臣服于汉之后所出现的情况。上述汉以翁主和亲，基本上是在西汉前中期，以宫女和亲基本上是在西汉中后期；大体对于强势方以翁主妻之，弱势方以宫女妻之。

汉初与匈奴所确立的和亲协议，到了西汉中期实际上已经中止。自元光二年（前133）以马邑事件为标志的汉朝对匈奴进行武力反击之后，

---

① 《汉书》卷九六下《西域传下·乌孙国传》，第3903页。

② 关于解忧公主出嫁乌孙之年代，史籍记载不明确，拙文《解忧公主出塞的历史贡献》（《北京师范大学学报》1979年第4期）中考定其为太初四年（前101）。

③ 《汉书》卷九六下《西域传下·乌孙国传》，第3905页。

④ 《史记》卷一〇八《韩长孺列传》，第2861页。

⑤ 《汉书》卷六《武帝纪》，第162页。

⑥ 《汉书》卷九六上《西域传上·鄯善国传》，第3878页。

⑦ 《汉书》卷九四下《匈奴传下》，第3803页。据《后汉书》卷八九《南匈奴传》，元帝赐呼韩邪单于宫女包括王昭君在内共五人（第2941页）。

汉皇朝即不再以汉女出嫁匈奴单于，汉匈和亲协议中以翁主妻之已名存实亡。和亲协议之中止并非汉单方面毁约，史称“及王恢设谋马邑，匈奴绝和亲，侵扰北边，兵连而不解，天下苦其劳，而干戈日滋。”① 匈奴方面亦置和亲条约于不顾。其后汉主要以汉女和亲西域以配合对于匈奴的反击与钳制。随着反击匈奴战争的取胜，匈奴虽然曾经一再提出和亲的请求，汉皇朝方面不仅没有以汉女妻之，反而向其提出了入朝、入质等反制性要求，亦即从对等关系而变为依附关系、君臣关系的要求。元狩四年（前 119）匈奴“遣使好辞请和亲”，汉皇朝则要求其以“外臣”之身份“朝请于边”②。元封（110—105）年间匈奴“数使使好辞甘言求和亲”，汉则要求其遣子入质③。或仅以遣使、赐遗等以示和解意愿，拖延不决，虚与委蛇。征和四年（前 89）匈奴单于直接向武帝提出“取汉女为妻”的要求，汉方只是遣使“报送其使”④ 而已。昭帝时匈奴“欲和亲而恐汉不听”，于是“常使左右风汉使者”“欲以渐致和亲，汉亦羁縻之。”⑤ 直至匈奴成为汉皇朝之附庸，汉元帝才以宫女王昭君妻之。这一和亲事件与西汉前、中期的和亲有所不同，是汉匈力量对比关系发生变化导致两者地位和相互关系变化的反映和结果，前、中期汉匈是对等的敌国关系，后期是不对等的臣属关系；前、中期的和亲是依据刘敬和亲协议而履行条约义务，后期的和亲是汉皇朝根据变化了的实际情况而采取的措施，这种和亲是对于匈奴的恩赐；故前、中期是以翁主妻之，后期是以宫女妻之。可以说这两种和亲的性质已经有所不同。

与此相应的是，自汉武帝反击匈奴之后，汉匈之间的所谓“和亲”，已经日益不含联姻的内容，而逐渐指遣使通好、物资馈遗、边境互市乃至入朝入质等和平友好方式。因而这种“和亲”已具有广义的“和亲”之意。史称汉昭帝“始元、元凤之间，匈奴和亲，百姓充实。”⑥ 将“匈奴和亲”视为昭帝时期的突出政绩。但是考查历史事实，始元、元凤之

---

① 《史记》卷三〇《平准书》，第 1421 页。
② 《汉书》卷九四上《匈奴传上》，第 3771 页。
③ 《汉书》卷九四上《匈奴传上》，第 3772—3773 页。
④ 《汉书》卷九四上《匈奴传上》，第 3780 页。
⑤ 《汉书》卷九四上《匈奴传上》，第 3783 页。
⑥ 《汉书》卷七《昭帝纪》“赞曰”，第 233 页。

间并不见以汉女妻匈奴之事，故这里的“和亲”是和好亲近的意思。这个期间汉匈之间与和亲相关之事件有二：始元二年（前85）“单于欲求和亲，会病死。”[①] 壶衍鞮单于继位，“风谓汉使者，言欲和亲。”[②] 此事亦并无结果。元凤二年（前79）“是时，卫律已死。卫律在时，常言和亲之利，匈奴不信，及死后，兵数困，国益贫。单于弟左谷蠡王思卫律言，欲和亲而恐汉不听，故不肯先言，常使左右风汉使者。然其侵盗益希，遇汉使愈厚，欲以渐致和亲，汉亦羁縻之。”[③] 这也只是从意愿上表达了和亲的希望，并没有太多实际行动。上述情况表明，一则双方通使关系并未断绝，一直存在着使节之往还；二则匈奴方面虽有强烈的与汉和亲的愿望，但是并没有得到汉方的积极回应。如此而已，并无汉女出嫁匈奴之事实。因此，史家称赞汉昭帝时期匈奴“和亲”并非指汉匈之间有过联姻之事实，而是指匈奴对汉采取了比较友好的态度。

东汉时期继续西汉后期的政策，汉匈之间的和亲基本上不存在以汉女妻之的内容了。建武二十四年（48）匈奴分裂为南北两部，南匈奴对汉基本上是“奉藩称臣，献国珍宝，求使者监护，遣侍子，修旧约。”[④] 亦即贡献、纳质以尽臣附之礼。北匈奴虽然多次请求和亲，但是均被汉方以各种理由加以推脱。建武二十七年（51）北匈奴“遣使诣武威求和亲”，汉“告武威太守勿受其使”[⑤]。次年北匈奴“复遣使诣阙，贡马及裘，更乞和亲，并请音乐，又求率西域诸国胡客与俱献见。”[⑥] 均被汉方一一婉辞拒绝。东汉明帝永平七年（64）“北单于欲合市，遣使求和亲，显宗冀其交通，不复为寇，乃许之。”这里的“和亲”也不包含联姻在内。其时南匈奴附汉，北匈奴独立，“时北匈奴犹盛，数寇边，朝廷以为忧。”故东汉希望能够与北匈奴建立交往关系，以抑制其侵边野心，于是答应了北匈奴的要求。东汉所答应的要求只是相互开放边境以进行互市，双方遣使以建立和好关系。从后续的双方行动和反应可知这里并不存在

① 《汉书》卷九四上《匈奴传上》，第3781页。
② 《汉书》卷九四上《匈奴传上》，第3782页。
③ 《汉书》卷九四上《匈奴传上》，第3783页。
④ 《后汉书》卷八九《南匈奴传》，第2943页。
⑤ 《后汉书》卷八九《南匈奴传》，第2946页。
⑥ 《后汉书》卷八九《南匈奴传》，第2946页。

联姻关系。次年，东汉“遣越骑司马郑众北使报命”，“而南部须卜骨都侯等知汉与北虏交使，怀嫌怨欲畔，密因北使，令遣兵迎之。”南匈奴得知东汉与北匈奴通使，即“怀嫌怨欲叛”①，这里我们只见南匈奴对于东汉与北匈奴通使一事作出反应，而不见其对于双方联姻作出反应的情况。如果是东汉与北匈奴联姻，这样的大事南匈奴不会不知道而且不会没有任何反应。奉命报使的郑众回朝后评述此事曰：“北单于所以要致汉使者，欲以离南单于之众，坚三十六国之心也。又当扬汉和亲，夸示邻敌，令西域欲归化者局促狐疑，怀土之人绝望中国耳。汉使既到，便偃蹇自信。”② 郑众也只是讲北匈奴的目的在于让汉方派遣使者回报，通过这种使节往还关系以挑拨东汉与南匈奴关系，使西域三十六国决心依附北匈奴。所谓“扬汉和亲，夸示邻敌”就是意图通过与东汉建立这样的交往关系以向各国显示其与东汉的亲密关系，达到其政治目的。故郑众反对再次遣使报答北匈奴，认为“若复遣之，虏必自谓得谋。”“今幸有度辽之众扬威北垂，虽勿报荅，不敢为患。”③ 已新置度辽营屯驻于五原曼柏，即使不再报使，北匈奴亦不敢来犯。从汉方君臣对于此事的争论中可以看到他们只是讨论是否与北匈奴继续通使的问题，而丝毫没有涉及联姻的问题。总之，东汉一代，不复见汉女出嫁匈奴的情况。

综上所述，我们可以得出如下几点认识：第一，汉代和亲女之身份，基本上不曾以公主出嫁④，而是以翁主假称公主而妻之，或以宫女妻之。以汉女和亲基本上是在西汉时期，东汉一代，即不复见以汉女和亲之事。第二，汉匈和亲在西汉经历了两个发展阶段，汉初所达成的和亲协议在武

---

① 以上见《后汉书》卷八九《南匈奴传》，第2949页。

② 《后汉书》卷三六《郑兴附子（郑）众传》，第1224页。

③ 《后汉书》卷三六《郑兴附子（郑）众传》，第1224—1225页。

④ 按：王莽曾以公主妻匈奴。王莽天凤五年（18）匈奴呼都而尸单于立，贪利，遣王昭君女婿须卜当之子奢等奉献至长安。接着，王莽又将须卜当诱迫至长安，拜为单于，“欲出大兵以辅立之”。地皇二年（21）须卜当病死，王莽即“以其庶女陆逯任妻后安公奢，所以尊宠之甚厚，终为欲出兵立之者。”王莽改“公主”曰“任”，陆逯为邑名；王莽篡汉建立新朝，称帝，故其庶女之身份为公主。奢本为侯，王莽以女妻之，故进其爵为公。这是两汉时期唯一以公主出嫁匈奴之事实。王莽这样做的目的在于提高奢的声望地位，以待出兵护送回匈奴立之为单于。地皇四年（23）汉兵诛王莽，奢亦死。参见《汉书》卷九四下《匈奴传下》，第3828—3829页。汉末王莽篡汉，对匈奴实行一系列乖谬政策，此其一也。

帝反击匈奴之后实际上中止，故以翁主和亲匈奴主要在西汉前中期，时汉有求于匈奴；西汉后期则以宫女妻之，进入汉匈和亲之另一阶段，时匈奴有求于汉，这两者的性质已经有所不同。第三，汉代的和亲存在地域性差异，在与匈奴和亲方面，匈奴强盛时期以翁主妻之，匈奴衰落时期以宫女妻之；在与西域和亲中，与大国和亲以翁主，与小国和亲则以宫女。第四，所谓和亲，并非均指联姻，也往往将双方建立和平友好关系之互动视为和亲。

（二）厚奉遗之

和亲并非单纯以汉女妻之，而是包含其他相关内容，其中重要的一项就是"厚奉遗之"，这是刘敬向汉高帝建议的和亲策中明确提出来的。此为与妻以汉女并列的和亲条约内容之一。

何谓"厚奉遗之"？刘敬在规划和亲计策时所指是"以岁时汉所余彼所鲜数问遗"[①]。汉九年（前 198）刘敬与匈奴缔结"和亲约"时，将"厚奉遗之"进一步具体化为"岁奉匈奴絮缯酒米食物各有数"[②]。亦即每年向匈奴奉献汉地所产衣、食物资各有一定数量，而这些物资是匈奴地区所缺乏的。元封四年（前 107）汉使杨信于匈奴，匈奴乌维单于对杨信亦强调"汉常遣翁主，给缯絮食物有品，以和亲"乃和亲"故约"[③]中的两项重要内容。这里的"给缯絮食物有品"即刘敬与冒顿单于所订和亲条约中之"岁奉匈奴絮缯酒米食物各有数"。可见近九十年后匈奴方面仍然坚持和亲条约中存在这一项内容。这些物资的数量是多少？史籍没有明确的记载，刘敬强调的是"厚奉"，汉文帝前六年（前 174）回复冒顿单于的书信中说"所以遗单于甚厚"[④]，汉武帝即位后亦根据和亲协议而"厚遇"[⑤] 之。均强调所馈赠匈奴物资数量是相当丰厚的。

不仅如此，这些物资还有质量上的要求，中行说曾经对汉使提出"汉所输匈奴缯絮米糵，令其量中，必善美"[⑥] 的要求。即不仅数量满足，

---

① 《史记》卷九九《刘敬列传》，第 2719 页。

② 《史记》卷一一〇《匈奴列传》，第 2895 页。

③ 《史记》卷一一〇《匈奴列传》，第 2913 页。

④ 《史记》卷一一〇《匈奴列传》，第 2897 页。

⑤ 《史记》卷一一〇《匈奴列传》，第 2904 页。

⑥ 《史记》卷一一〇《匈奴列传》，第 2901 页。

质量亦需上乘。

汉匈和亲条约并非一成不变，而是不断调整的。赂遗匈奴的物资数量就曾经作过调整。刘敬与匈奴所订条约，大约实行了近20年，“孝惠、高后时遵而不违。”到了文帝时作了一些调整，“逮至孝文，与通关市，妻以汉女，增厚其赂，岁以千金。”① 将其中的奉献匈奴物资的指标加以提高，其数量约合每年“千金”。故班固在论和亲之得失时说：匈奴“侵掠所获，岁钜万计，而和亲赂遗，不过千金。”② 这个可能就是和亲支出的标准数量。“千金”是怎样的数字？孙子曰：“凡兴师十万，出兵千里，百姓之费，公家之奉，日费千金。”③《风俗通》解释道：“千金，百万钱也。”④

与妻以汉女的条款相同，武帝时期汉匈之间进入敌对、战争状态之后，赂遗匈奴物资这一条款亦随之不可能实行。这个时期及其后汉方虽然也在遣使之时赂遗以财物，但其性质与和亲期间岁致赂遗是不同的。元封四年（前107）汉使王乌等出使匈奴，“匈奴复谄以甘言，欲多得汉财物。”⑤ 就是这种情况的写照。故匈奴“数使使好辞甘言求和亲”⑥，以图恢复和亲条约中的物资赂遗，但没有达到目的。征和四年（前89）匈奴单于遣使致汉方文书提出：“今欲与汉闿大关，取汉女为妻，岁给遗我糵酒万石，稷米五千斛，杂缯万匹，它如故约，则边不相盗矣。”⑦ 这封文书表明，因双方处于敌对状况，故上述边境互市、以汉女为妻、赂遗物资各项均已中断，匈奴提出恢复上述诸项之主张，其中对于赂遗物资提出了具体的、新的要求：糵酒万石，稷米五千斛，杂缯万匹。可见匈方提出的这个物资数量是超过旧约规定的，也是超过汉文帝所调整了的指标的。当然，他的这个要求没有被汉方接受。

汉与西域的和亲与汉匈之间的和亲有很大不同，体现了汉代和亲的

---

① 《汉书》卷九四下《匈奴传下》，第3831页。

② 《汉书》卷九四下《匈奴传下》，第3833页。

③ （春秋）孙武撰，（三国）曹操等注，杨丙安校理：《十一家注孙子校理》卷下《用间篇》，中华书局1999年版，第289页。

④ 《太平御览》卷六三三《治道部》八引《风俗通义》，第2841页。

⑤ 《汉书》卷九四上《匈奴传上》，第3773页。

⑥ 《汉书》卷九四上《匈奴传上》，第3772页。

⑦ 《汉书》卷九四上《匈奴传上》，第3780页。

地区性差异，这种地区性差异是与双方关系性质及和亲国之国力不同而决定的。以汉与乌孙和亲而论，虽然汉与乌孙的和亲借鉴了汉匈和亲的实践经验，以翁主而妻之，这两者是相同的，但是在和亲之另一项内容，即“厚奉遗之”方面是有区别的。在汉匈和亲中汉方需要以丰厚的物质馈遗匈奴，这在汉与乌孙的和亲中则不然。相反，在汉与乌孙的和亲中，汉方要求乌孙须先纳聘以为先决条件。张骞通西域之后，乌孙与汉建立起联系，“乃益重汉”，而“匈奴闻其与汉通，怒欲击之。”在这种情况下“乌孙于是恐，使使献马，愿得尚汉公主，为昆弟。”可知汉与乌孙的和亲是由乌孙主动提出的，是乌孙有求于汉，与汉之有求于匈奴是不同的。在接到乌孙的请求之后，汉“天子问群臣，议许，曰：‘必先内聘，然后遣女。’”于是“乌孙以马千匹聘”①。乌孙方面以千匹马作为聘财，此为汉代急需的战略物资，非一般物资可比。乌孙奉献这些丰厚的聘财之后，汉方这才将细君出嫁乌孙。元康二年（前64）乌孙又上书请求与汉和亲，“愿以汉外孙元贵靡为嗣，得令复尚汉公主，结婚重亲，畔绝匈奴。”并且主动提出“愿聘马蠃各千匹”。其所纳聘财较细君出嫁时高出一倍，为二千匹。汉方于是“遣使者至乌孙，先迎取聘。”② 在得到聘财之后方才许婚，然后乌孙方面派遣三百余人的庞大使团入汉迎娶。

在汉与乌孙的和亲中，我们没有看到汉方向乌孙方面“厚奉遗之”的情况，反而是乌孙方面需要向汉方交纳丰厚的彩礼。细君出嫁时，虽然汉方“赐乘舆服御物，为备官属宦官侍御数百人，赠送甚盛。”但其性质与汉匈和亲时必须“厚奉遗之”是不同的，这是汉方给予细君之嫁资，故她在乌孙可以“以币帛赐王左右贵人”③。解忧、相夫出嫁时也同样没有见到汉方向乌孙方面“厚奉遗之”的情况。从这个角度来看，汉与西域的和亲并不以汉匈和亲条约为依据。汉朝的和亲政策根据不同对象而有所差异。

汉与乌孙和亲与西汉前期汉匈和亲之区别，是由于两者关系之不同而决定的。西汉前期的汉与匈奴关系，是敌对的、对立的关系；汉与乌

---

① 《汉书》卷九六下《西域传下·乌孙国传》，第3902—3903页。

② 《汉书》卷九六下《西域传下·乌孙国传》，第3905页。

③ 《汉书》卷九六下《西域传下·乌孙国传》，第3903页。

孙的关系则是友好的、联盟的关系。故汉匈和亲中，汉方处于被动的、被迫的地位，主要是汉方有求于匈奴；汉与乌孙的和亲中，双方均有主动性、自愿性，双方均有求于对方。

（三）边境协议

上述两项是和亲条约的主要内容，此外尚有其他与上述两项相关之内容，其中最重要的就是双方边境地区有关问题之一系列协议。

1. 长城为界

有关边境地区的条约，以双方确定以长城为界最为重要。汉文帝后二年（前162）遣使致匈奴单于书，其中提到："先帝制：长城以北，引弓之国，受命单于；长城以内，冠带之室，朕亦制之。"① 此"先帝"当指汉高帝。这项条约主要是指对于边境地区人民管制的问题，长城以北人民的管制权属于匈奴，长城以南人民的管制权属于汉。不过，这实际上也可视为是对于双方边界的一种认定。

西汉后期汉匈之间曾经发生过一次边界问题纠纷。汉成帝绥和元年（前8）匈奴呼韩邪单于与颛渠阏氏之子囊知牙斯立为乌珠留单于，汉遣中郎将夏侯藩、副校尉韩容出使匈奴。当时成帝舅、大司马骠骑将军王根领尚书事，有人向王根建议说："匈奴有斗入汉地，直张掖郡，生奇材木，箭竿就羽，如得之，于边甚饶，国家有广地之实，将军显功，垂于无穷。"认为插入张掖郡的这块匈奴领土，所产木材和鹫鸟羽毛为造箭难得之材料，如果并入汉地，利益甚大。王根以上述情状向成帝进言，成帝心动，想直接向乌珠留单于求之，但担心求而不得，损伤颜面威望。于是王根指示夏侯藩，以夏侯藩本人的意思而向匈奴求之。夏侯藩到匈奴后，在与单于谈话过程中提出："窃见匈奴斗入汉地，直张掖郡。汉三都尉居塞上，士卒数百人寒苦，候望久劳。单于宜上书献此地，直断阏之②，省两都尉士卒数百人，以复天子厚恩，其报必大。"单于问道："此天子诏语邪，将从使者所求也？"夏侯藩曰："诏指也，然藩亦为单于画善计耳。"单于答道："孝宣、孝元皇帝哀怜父呼韩邪单于，从长城以北

---

① 《史记》卷一一〇《匈奴列传》，第2902页。

② 《汉书补注》卷九四下《匈奴传下》注［一〇］补注："宋祁曰：'阏当作闭'。先谦曰：'《通鉴》阏作割。胡注谓从直割地，以其斗入者与汉也。'"（第5689页）

匈奴有之。此温偶駼王所居地也，未晓其形状所生，请遣使问之。”夏侯藩、韩容回汉后，再次出使匈奴，至则求地。单于答道：“父兄传五世，汉不求此地，至知[①]独求，何也？已问温偶駼王，匈奴西边诸侯作穹庐及车，皆仰此山材木，且先父地，不敢失也。”[②] 汉方求地要求最终被匈奴拒绝。从匈奴单于的答语中可以知道，在宣、元时期汉方与匈奴曾经有过一次协议，规定“长城以北匈奴有之”，这里虽然只说了前半部分，但是后半部分“长城以南汉有之”则是不言而喻的。这次协议就有了比较明确的领土分割意涵。匈奴单于在与汉使谈判领土问题时援引了这项条约，其内容与上述汉文帝后二年诏书所援引之“先帝制”基本相同，不过其主权和边界之意味更为明确。其后，汉平帝元始二年（2）汉匈之间发生过一次关于引渡车师二王问题的争执（详下文），乌珠留单于又一次援引这项条约，他对汉使说：“孝宣、孝元皇帝哀怜，为作约束，自长城以南天子有之，长城以北单于有之。”[③] 再次以这项协议为根据与汉使进行谈判。

由此可见，在汉初与匈奴订立关于边境地区问题的条约之后，到了西汉后期的宣、元时期又进行了修订。何以重订这项条约，当与这个时期汉匈地位和关系与汉初相比已经发生了巨大变化有关，汉匈之间由平等的敌国关系变为不平等的臣附关系，匈奴已经分裂，其中呼韩邪单于领导的南部匈奴已经臣服汉方，向汉方纳质、入朝，因而也是双方关系最为密切的时期。因此有必要和可能重订新约。

2. 无侵边境

汉文帝三年（前 177）夏，匈奴右贤王入侵河南（今内蒙古河套地区）地，于是文帝下诏曰：“汉与匈奴约为昆弟，无侵害边境，所以输遗匈奴甚厚。今右贤王离其国，将众居河南地，非常故。往来入塞，捕杀吏卒，敺侵上郡保塞蛮夷，令不得居其故。陵轹边吏，入盗，甚骜无道，非约也。”[④] 这个诏书表明，匈奴侵入边境乃“非约也”，亦即违反条约的行径。这个

---

① “知”，匈奴乌珠留单于自谓，其名曰“囊知牙斯”。

② 《汉书》卷九四下《匈奴传下》，第 3810 页。

③ 《汉书》卷九四下《匈奴传下》，第 3818 页。

④ 《汉书》卷九四上《匈奴传上》，第 3756 页。

“约”是怎样的“约”呢？这个诏书将匈奴“无侵害边境”与“输遗匈奴甚厚”紧密联系，“无侵害边境”是汉“所以输遗匈奴甚厚”的前提或先决条件，亦即匈奴方面必须遵守“无侵害边境”规定，汉方才向匈奴“输遗”丰厚财物。上文已谈到，“输遗”丰厚财物是和亲条约之重要内容，那么，这里关于“无侵害边境”的内容也应当是和亲条约中的内容。因此，这个诏称“汉与匈奴约为昆弟”，此亦指和亲条约。在两汉时期，无论汉匈哪方面都一再将和亲条约称之为“昆弟”之约或“兄弟”之约。汉文帝四年（前176）冒顿单于复书汉文帝亦称右贤王之举“绝二主之约，离兄弟之亲。”① 故这里所谓“约”乃指和亲条约而无疑。从中可知，和亲条约中有“无侵害边境”一项内容。从中还知道，这个规定亦为旧约所有之内容，诏书中说匈奴入侵为“非常故”，颜师古释曰：“言异于常，非旧事。”故诏称此“非约也”，为条约中所无。冒顿单于就此事致汉文帝书中亦表示“愿寝兵休士卒养马，除前事，复故约。”② 明言愿意恢复“故约”。

3. 遣返与引渡

上述汉文帝三年（前177）致匈奴文书之所以援引“无侵害边境”这项条约内容，其背景是：一方面当时“匈奴日已骄，岁入边，杀略人民畜产甚多，云中、辽东最甚，至代郡万余人。汉患之，乃使使遗匈奴书。单于亦使当户报谢，复言和亲事。”③ 匈奴掠夺汉边民甚众。另一方面边境地区人民逃亡事件及由此而引致的双方争执亦有升级之势。汉文帝的文书中称：“今闻渫恶民贪降其进取之利，倍义绝约，忘万民之命，离两主之驩。”④ 边民逃亡事件已影响“两主之驩”，导致双方关系之破坏。汉文帝为此提出的政策和建议是：“朕与单于皆捐往细故，俱蹈大道，堕坏前恶，以图长久，使两国之民若一家子。元元万民，下及鱼鳖，上及飞鸟，跂行喙息蠕动之类，莫不就安利而辟危殆。故来者不止，天之道也。俱去前事：朕释逃虏民，单于无言章尼等。”⑤ 双方均释放逃亡

---

① 《史记》卷一一〇《匈奴列传》，第2896页。

② 《史记》卷一一〇《匈奴列传》，第2896、2897页。

③ 《史记》卷一一〇《匈奴列传》，第2901页。

④ 《史记》卷一一〇《匈奴列传》，第2902页。晋灼释“渫恶民”曰“邪恶不正之民”（《汉书》卷九四上《匈奴传上》注引，第3763页）。

⑤ 《史记》卷一一〇《匈奴列传》，第2903页。

者或俘虏，并且不加以追究[①]。汉匈双方对此达成了一致，于是汉文帝通报全国："匈奴大单于遗朕书，和亲已定，亡人不足以益众广地，匈奴无入塞，汉无出塞，犯今约者杀之，可以久亲，后无咎，俱便。朕已许。其布告天下，使明知之。"[②] 指出协议的内容是，在各自遣返各种入境者的基础上，"匈奴无入塞，汉无出塞"，并且强调这项协议是"今约"，亦即"新约"。由此可见和亲条约中的"无侵害边境"规定，在汉文帝后二年又根据当时的需要而有所增益，订立了更为有针对性的、具体的各种入境者遣返问题条款。

汉平帝元始二年（2）西域车师后王句姑、去胡来王唐兜，因分别对于戊己校尉徐普和西域都护但钦不满，叛汉而亡降匈奴，单于接纳了他们，并遣使向汉上书报告此事。汉遣使责让单于，认为西域已属于汉家，匈奴不得接受西域来降者，应立即将他们遣还。乌珠留单于在援引上述宣、元时期以长城为界之协议后对汉使说，汉匈双方当时还约定："有犯塞，辄以状闻；有降者，不得受。臣知父呼韩邪单于蒙无量之恩，死遗言曰：'有从中国来降者，勿受，辄送至塞，以报天子厚恩。'此外国也，得受之。"[③] 匈奴方面认为，当时条约规定的是如果汉方有逃亡来匈奴者，匈奴不得接受，立即遣返汉方。现在匈奴接纳的是从西域车师逃亡来的"外国"人，故匈奴方面并没有违约，可以接受。汉使无法从条约规定角度以说服匈奴，只得从汉匈关系角度以情动之，说道："匈奴骨肉相攻，国几绝，蒙中国大恩，危亡复续，妻子完安，累世相继，宜有以报厚恩。"于是单于不得已"叩头谢罪，执二虏还付使者。"汉方派遣中郎将王萌在西域边界上名为恶都奴的山谷中迎而受之。匈奴方面亦遣使送二

---

① 章尼为匈奴投降汉者。对于"朕释逃虏民"一句，解释有歧义，《史记索隐》案曰："文帝云我今日并释放彼国逃亡虏，遣之归本国，汝单于无得更以言词诉于章尼等，责其逃也。"（《史记》卷一一〇《匈奴列传》，第2903页）；《汉书》颜注曰："谓汉人逃入匈奴者，令不追。"（《汉书》卷九四上《匈奴传上》，第3763页）。前者将"逃虏民"视为匈奴之逃亡者，后者将其视为汉方逃亡者。如果按照《索隐》的解释，则这两句话均针对匈奴方面而言，如果按照颜注，则是针对双方而言。其时汉匈处于平等地位，汉方不可能单方面向匈奴下令该如何如何，而应该是指双方将如何如何。此诏书针对的就是双方边境地区逃亡者的问题，故这句话是指双方均释放逃亡者，并且不加以追究之意。

② 《汉书》卷九四上《匈奴传上》，第3764页。

③ 《汉书》卷九四下《匈奴传下》，第3818页。

王入汉，"因请其罪"，请求汉方赦免他们。汉方"使者以闻，有诏不听，会西域诸国王斩以示之。"[①] 拒绝了匈奴的请求，召集西域诸国王前来观刑而将车师二王斩之。从这个事件我们可以知道，宣、元时期汉匈之间除了订有以长城为界的协议之外，还订有与此相关之引渡协议，双方不得接受对方非法入境者和投降者，如有此情发生，即刻通报并遣返对方。其次，我们还可以知道，汉方当时将这一协议的解释加以扩大化，认为匈奴方面亦无权接受西域诸国之叛逃者，亦需将其引渡汉方。

在将上述引渡协议加以扩大化，并成功引渡车师二王之后，汉方又单方面将引渡协议更进一步扩大化："乃造设四条：中国人亡入匈奴者，乌孙亡降匈奴者，西域诸国佩中国印绶降匈奴者，乌桓降匈奴者，皆不得受。"其引渡范围扩及汉之外的乌孙、西域城郭诸国、乌桓等。并派遣"中郎将王骏、王昌、副校尉甄阜、王寻使匈奴，班四条与单于，杂函封，付单于，令奉行，因收故宣帝所为约束封函还。"[②] 从这个记载我们可以知道：首先，上述宣、元时期的"约束"实际上是在宣帝时期与匈奴所订；其次，平帝元始二年又重新制订四项新约；第三，这种条约是有正式文件的，它们被"杂函封"，颜师古释曰："与玺书同一函而封之。"这种文件盖有皇帝印玺，函封交付匈奴。在将新约"函封"交付匈奴的同时，又将宣帝时期的旧约"封函"交还汉方。

这里应当指出，平帝元始二年实际上权力已经为王莽所掌握，因此上述政策实为王莽之错误政策。王莽所强加于匈奴方面的四项条约已经背离从汉初以来的汉匈和亲协议精神，以民族压迫代替了民族合作，其结果不是汉匈民族之间的和平而是对抗。

4. 互市

与边境地区问题相关者尚有互市。互市或称关市，或称合市，为开放边境地区以进行贸易之方式。刘敬与匈奴缔结的和亲条约中未见互市之内容，及至文帝时始见，史称"和亲之论，发于刘敬。是时天下初定，新遭平城之难，故从其言，约结和亲，赂遗单于，冀以救安边境。孝惠、高后时遵而不违，匈奴寇盗不为衰止，而单于反以加骄倨。逮至孝文，

---

① 《汉书》卷九四下《匈奴传下》，第3818—3819页。

② 《汉书》卷九四下《匈奴传下》，第3819页。

与通关市，妻以汉女，增厚其赂，岁以千金。”① 由此可知，通关市并非刘敬与匈奴所缔结和亲条约之内容，高帝时期的汉匈和亲条约主要内容为妻以汉女、赂遗单于、无侵边境等三项，惠帝、高后沿用而无所增益，及至文帝时期又增互市一项，合为四项。文帝时期增加互市这一内容，除了与当时汉匈关系之发展使然，亦当与汉文帝原为代王，代近胡，故其黯悉边情有关。“自是之后，孝景帝复与匈奴和亲，通关市，给遗匈奴，遣公主，如故约。”② 景帝遵循文帝时期与匈奴之和亲协议，故曰“如故约”，所谓“故约”即指文帝时期之约。武帝即位后，“明和亲约束，厚遇，通关市，饶给之。”仍然遵循文景时期所确立之诸项内容，于是“匈奴自单于以下皆亲汉，往来长城下。”③ 这种往来于长城下的热闹、亲密景象，不仅与妻汉女、厚赂遗有关，更与关市之开放有关。可以说，汉初和亲条约之缔结，逐渐促进了汉匈边界之开放，从而建立了互市这一交往方式。

互市虽然与和亲有关，但是并非密不可分。如果说妻汉女与厚赂遗两者为和亲之必要构件，两者密不可分的话，那么，互市与和亲的关系就并非与前者完全相同，互市或与和亲相连，或独立于和亲之外，因此，当和亲遭到破坏之后，有时互市仍然可以在一定情况下继续存在。马邑事件前后双方关系的变化反映了这样的问题。马邑事件之发生虽然有其复杂的原因，但是当时汉匈之间的互市乃促成这一事件之外在因素之一。武帝元光二年（前 133）“汉使马邑下人聂翁壹奸兰出物与匈奴交，详为卖马邑城以诱单于。”④ 所谓“奸兰出物与匈奴交”，意即“私出塞与匈奴交市”⑤。汉方正是利用马邑人聂翁壹扮演边境走私商人，出塞与匈奴交市，从而假称可以出卖马邑以诱匈奴入境，以歼灭之。这一伎俩之所以获得匈奴的相信，与当时边境地区贸易的频繁和走私商人之存在且并非个别有关，这种客观环境使匈奴方面放松了警惕，中了圈套。最后这一阴谋被匈奴识破，导致双方关系破裂，“匈奴绝和亲，攻当路塞，往往

① 《汉书》卷九四下《匈奴传下》，第 3830—3831 页。

② 《史记》卷一一〇《匈奴列传》，第 2904 页。

③ 《史记》卷一一〇《匈奴列传》，第 2904 页。

④ 《史记》卷一一〇《匈奴列传》，第 2905 页。

⑤ 《集解》引《汉书音义》。“奸兰”即“干兰”，《集解》：“干兰，犯禁私出物也。”见《史记》卷一一〇《匈奴列传》，第 2905 页。

入盗于汉边，不可胜数。”揭开了汉匈关系由“和亲”而进入战争阶段的序幕。“然匈奴贪，尚乐关市，嗜汉财物，汉亦尚关市不绝以中之。”① 在这种敌对情况下，尽管和亲关系已破坏，但是边境互市仍然继续存在。故“自马邑军后五年之秋，汉使四将军各万骑击胡关市下。”② 汉方再一次利用边境互市的机会反击匈奴。从此汉匈关系处于敌对状态，不仅和亲断绝，互市亦基本上停止。到了宣、元时期虽然和亲关系不同程度有所恢复，但是互市已很少被匈奴方面提出。东汉时期北匈奴曾经一再提出与汉和亲的要求，并没有得到汉方积极的回应，但是互市却在不同程度有所进行。建武二十四年（48）匈奴分裂为南北两部，南匈奴附汉，于是建武二十七年（51）北匈奴遣使至武威“求和亲”，汉方经过廷议决定“告武威太守勿受其使”③。建武二十八年（52）北匈奴又一次遣使乞和亲，在三府讨论酬答匈奴之礼时，司徒掾班彪提到：“今北匈奴见南单于来附，惧谋其国，故数乞和亲，又远驱牛马与汉合市，重遣名王，多所贡献，斯皆外示富强，以相欺诞也。”④ 可知这时北匈奴与汉的互市已经在进行，尽管这次匈奴和亲要求仍然没有得到汉方明确答复。明帝永平七年（64）“北单于欲合市，遣使求和亲，显宗冀其交通，不复为寇，乃许之。”⑤ 这次北匈奴在提出互市的同时还要求和亲，这里的“和亲”实际上主要是指互市。但是由于南匈奴不愿意看到汉与北匈奴发展关系，从中破坏，故这次北匈奴的要求并没有获得积极成果。及至章帝元和元年（84），北匈奴又通过武威太守孟云上书提出“复愿与吏人合市”的要求，得到章帝的批准，命令武威太守孟云“遣驿使迎呼慰纳之”。“北单于乃遣大且渠伊莫訾王等，驱牛马万余头来与汉贾客交易。诸王大人或前至，所在郡县为设官邸，赏赐待遇之。”⑥ 这是北匈奴与汉进行的一次大规模官方性质的边境贸易。但是汉与北匈奴并没有真正建立起和亲关系。从以上所述可见互市与和亲虽然有一定的联系，但是两者又有所区

① 《史记》卷一一〇《匈奴列传》，第 2905 页。
② 《史记》卷一一〇《匈奴列传》，第 2906 页。
③ 《后汉书》卷八九《南匈奴传》，第 2945—2946 页。
④ 《后汉书》卷八九《南匈奴传》，第 2946 页。
⑤ 《后汉书》卷八九《南匈奴传》，第 2949 页。
⑥ 《后汉书》卷八九《南匈奴传》，第 2950 页。

别，各具一定的独立性。

二　和亲的作用

和亲作为外交方式之一，与其他外交方式一起，从一个侧面为汉代外交关系的发展作出了贡献，发挥了其积极作用。

（一）有助于创造和平发展环境——从和亲匈奴观之

社会的发展，包括外交关系的发展，有赖于和平环境之获得，和亲有助于这一和平环境之出现，从而为汉代社会经济和外交关系的发展创造了有利的条件。关于和亲的作用问题，从汉代以来一直都有争议，或以为有益，或以为无益，其争论主要集中于和亲是否有助于汉匈边境和平的问题。实则两种对立观点都或多或少只强调了一个方面，而有其不同程度的片面性。汉初和亲条约的签订，总体来说还是有助于西汉前期实现汉匈边境和平的。武帝元光元年（前134）召集御前决策会议，讨论对匈奴和亲还是用兵的问题，御史大夫韩安国在总结汉初与匈奴订立和亲条约以来的成绩时说："至今为五世利"①。所谓"五世"乃指高帝、惠帝、文帝、景帝及武帝五代皇帝，亦即从汉九年（前198）和亲条约签订至元光元年（前134）御前会议的64年之间，获得了边境基本上和平的利益。《汉书·食货志》谓从汉初"至武帝之初七十年间，国家亡事，非遇水旱，则民人给家足，都鄙廪庾尽满，而府库余财。"② 韩安国所指64年即包括在这"七十年间"里面，这里的"国家亡事"即没有大的战争，基本上是在和平环境之中，故韩安国谓有"五世之利"。《汉书·食货志》这个说法可以印证韩安国的说法是符合历史实际的。然而"是后，外事四夷，内兴功利，役费并兴。"③ 从武帝即位之后不久即打破汉初以来近70年的和平局面而进入战争状态。汉初70年的状况与武帝反击匈奴战争时期的状况相对照来说是一个"亡事"的时代。所以，从总体上而言，在汉初70年间基本上处于和平发展的环境之中，从而为汉代社会发展创造了有利的客观条件，实现了经济上的繁荣并从而推动了军事上的

---

① 《汉书》卷五二《韩安国传》，第2400页。

② 《汉书》卷二四上《食货志上》，第1135页。

③ 《汉书》卷二四上《食货志上》，第1137页。

加强，和亲为“文景之治”的出现创造了有利条件，从而为武帝初年的国富兵强奠定了基础；而汉初以来 70 年间社会的发展，反过来又为进一步解决匈奴问题和发展与四方国、族外交关系创造了条件，从而将汉代的外交关系发展推向了新的阶段。这是问题的一个方面。但是汉初以来这 60 多年间匈奴经常违反条约，侵扰汉边的事实也是存在的，故王恢在与韩安国辩论时说：“汉与匈奴和亲，率不过数岁即复倍约。”① 汉文帝致匈奴文书亦指出：“背约离兄弟之亲者，常在匈奴。”② 从汉九年（前 198）至元光元年（前 134）这 64 年间，汉匈边境之间的战争或非和平事件大略如下。

高帝时期：发生了几次入侵事件，汉九年（前 198）韩王信为“匈奴将”，及赵利、王黄等数倍约，侵盗代、云中。③ 汉十一年（前 196）故韩王信复与“胡骑”入居参合，距汉。汉使柴将军击之。柴将军斩韩王信④。此外还有汉十年（前 197）赵相国陈豨反于代地，曾使王黄求救于匈奴⑤。汉十二年（前 195）燕王卢绾“将其众亡入匈奴，匈奴以为东胡卢王。”居岁余，死胡中⑥。这些事件有的为汉叛臣与匈奴勾结而犯边；有的匈奴虽然没有直接出兵，但是与其有一定关系。这个时期的特点是，匈奴多在汉叛臣勾结下骚扰边境，少有主动的、大规模的入侵，表明和亲条约缔结之后“冒顿乃少止”⑦ 的说法是符合当时历史实际的。

高后时期：匈奴犯边事件见于记载者有二，高后六年（前 182）六月，匈奴寇狄道，攻阿阳⑧。高后七年（前 181）冬十二月，匈奴寇狄道，略二千余人⑨。

文帝时期：入侵事件见于记载者有四，文帝三年（前 177）五月，匈奴入北地，居河南为寇。汉“发边吏骑八万五千诣高奴，遣丞相颍阴侯

---

① 《史记》卷一〇八《韩长孺列传》，第 2861 页。
② 《汉书》卷九四上《匈奴传上》，第 3758 页。
③ 《史记》卷一一〇《匈奴列传》，第 2895 页。
④ 《史记》卷九三《韩信列传》，第 2635 页。
⑤ 《汉书》卷三四《卢绾传》，第 1892 页。
⑥ 《汉书》卷三四《卢绾传》，第 1893 页。
⑦ 《史记》卷一一〇《匈奴列传》，第 2895 页。
⑧ 《汉书》卷三《高后纪》，第 99 页。
⑨ 《汉书》卷三《高后纪》，第 99 页。

灌婴击匈奴。”匈奴撤出塞外。[①] 文帝十一年（前 169）“匈奴寇狄道”[②]。文帝十四年（前 166）“匈奴单于十四万骑入朝那萧关，杀北地都尉卬，虏人民畜产甚多，遂至彭阳。使骑兵入烧回中宫，候骑至雍甘泉。”于是文帝“发车千乘，十万骑，军长安旁以备胡寇。”[③] 又“大发车骑往击胡。单于留塞内月余，汉逐出塞即还，不能有所杀。”“匈奴日以骄，岁入边，杀略人民甚众，云中、辽东最甚，郡万余人。汉甚患之，乃使使遗匈奴书，单于亦使当户报谢，复言和亲事。”[④] 文帝后六年（前 158）“冬，匈奴三万人入上郡，三万人入云中。”[⑤]

景帝时期：入侵事件见于记载者有三，中二年（前 148）二月，“匈奴入燕，遂不和亲。”[⑥] 中六年（前 144）六月，“匈奴入雁门，至武泉，入上郡，取苑马。吏卒战死者二千人。”[⑦] 后二年（前 142）春，“匈奴入雁门，太守冯敬与战死。发车骑材官”屯雁门[⑧]。

综观以上情况，有下述几个特点：一是在和亲条约签订之后的 60 余年中，史载匈奴犯境事件约 11 起左右，平均约 6 年一起，王恢“数岁即复倍约”之说近是。二是事件中双方兵力除了个别情况，一般均不大，匈奴方面最多者为文帝十四年之 14 万、文帝后六年之 6 万，汉方最多者为文帝三年之 8. 5 万、文帝十四年之 10 万。其余规模当小于上述。三是冲突时间不大长，一般长者一个多月。四是有的入侵事件并没有爆发剧烈的战争，如文帝三年汉发兵 8 万 5 千反击，匈奴“右贤王走出塞”[⑨]。文帝后六年匈奴 6 万入上郡、云中，“数月，汉兵至边，匈奴亦远塞，汉兵亦罢。”[⑩] 故景帝时期入侵事件见于记载者虽然有三，而史称“终孝景

① 《史记》卷一〇《孝文本纪》，第 425 页。
② 《汉书》卷四《文帝纪》，第 123 页。
③ 《汉书》卷九四上《匈奴传上》，第 3761 页。
④ 《汉书》卷九四上《匈奴传上》，第 3761—3762 页。
⑤ 《史记》卷一〇《孝文本纪》，第 431 页。
⑥ 《史记》卷一一《孝景本纪》，第 444 页。
⑦ 《汉书》卷五《景帝纪》，第 150 页。
⑧ 《汉书》卷五《景帝纪》，第 151 页。
⑨ 《史记》卷一一〇《匈奴列传》，第 2895 页。
⑩ 《汉书》卷九四上《匈奴传上》，第 3764 页。

时，时小入盗边，无大寇。”①

总之，和亲条约签订以来的60余年中，汉匈之间边境冲突并非完全停止，而是断断续续，时而有之，但是一般来说其规模不算太大，冲突时间不算太长，故总的来说这是一个“国家亡事”的和平时期，这就为汉皇朝集中精力发展经济、充实国力赢得了非常宝贵的时间，为“文景之治”的出现创造了条件，进而为汉匈力量对比的逆转奠定了基础，为汉武帝解决匈奴问题，进一步发展与匈奴、西域以及四方国、族的外交关系准备了条件。

到了西汉后期，汉匈之间又有过60余年的和平时期，“北边自宣帝以来，数世不见烟火之警，人民炽盛，牛马布野。”② 所谓“数世”乃指宣、元、成三世，史称“是时边城晏闭。牛马布野，三世无犬吠之警，黎庶亡干戈之役。”③ 这种和平环境之出现，有其复杂的原因，汉匈力量对比的变化，导致匈奴削弱并臣属汉皇朝是这一局面出现之主要原因，从外交关系的角度来说，与当时匈奴之入朝、入质等外交关系的发展有关，亦与和亲关系之重建有一定关系，元帝竟宁元年（前33）春正月，匈奴呼韩邪单于来朝。元帝诏曰：“匈奴郅支单于背叛礼义，既伏其辜，虖韩邪单于不忘恩德，乡慕礼义，复修朝贺之礼，愿保塞传之无穷，边垂长无兵革之事。其改元为竟宁，赐单于待诏掖庭王樯为阏氏。”④ 这种和亲关系的建立，为汉匈边境地区的和平起了促进作用，呼韩邪单于主动上书“愿保塞上谷以西至敦煌，传之无穷，请罢边备塞吏卒，以休天子人民。”⑤ 并号王昭君为宁胡阏氏，“言胡得之，国以安宁也。”⑥ 汉方亦以边境永久安宁之意改元为“竟宁”。1954年在包头市西郊清理的召湾汉墓所填陶片内并有“单于和亲”“千秋万岁”“长乐未央”以及“单于天降”“四夷□服”等文字瓦当残片⑦，就是王昭君和亲带来汉匈边境和

---

① 《史记》卷一一〇《匈奴列传》，第2904页。
② 《汉书》卷九四下《匈奴传下》，第3826页。
③ 《汉书》卷九四下《匈奴传下》，第3832—3833页。
④ 《汉书》卷九《元帝纪》，第297页。
⑤ 《汉书》卷九四下《匈奴传下》，第3803页。
⑥ 《汉书》卷九四下《匈奴传下》，颜师古注，第3807页。
⑦ 内蒙文物工作组：《包头市西郊汉墓清理简报》，《文物参考资料》1955年第10期。

平的一种反映。

王钦若等评论汉代和亲问题时说道："汉高始纳奉春[①]之计，建和亲之议，岁用絮缯酒食奉之，非惟解兵息民，亦欲渐而臣之，为羁縻长久之策耳。高后文帝至于宣、元皆用是道，故得呼韩朝于北阙之下。"[②] 西汉前、后期这种和平局面，乃"解兵息民"之体现，也是包括和亲在内各种措施达致"渐而臣之，为羁縻长久之策"之成果。

（二）有助于国家战略目标之实现——从和亲乌孙观之

解除匈奴在北方的威胁是汉皇朝重大的国家战略目标之一，和亲有助于这一目标之实现。西汉末年太仆王舜、中垒校尉刘歆在总结汉武帝的功业时说道："孝武皇帝愍中国罢劳无安宁之时，乃遣大将军、骠骑、伏波、楼船之属，南灭百粤，起七郡；北攘匈奴，降昆邪十万之众，置五属国，起朔方，以夺其肥饶之地；东伐朝鲜，起玄菟、乐浪，以断匈奴之左臂；西伐大宛，并三十六国，结乌孙，起敦煌、酒泉、张掖，以鬲婼羌，裂匈奴之右肩。单于孤特，远遁于幕北。四垂无事，斥地远境。"[③] 他们所论述汉武帝在东、西、南、北四方的功业，实际上均集中到一点，就是解决北方的匈奴问题，这是汉代国家的基本战略目标；解决北方匈奴问题，与解决东、西、南三方的问题都有不同程度的关联，其南灭百越，乃解除北伐匈奴的后顾之忧[④]。东部方面，"汉东拔濊貉、朝鲜以为郡。"[⑤] 此外，乌桓虽然力量不算强大，但亦与匈奴问题相关。"乌桓自为冒顿所破，众遂孤弱"，但是"常臣伏匈奴，岁输牛马羊皮，过时不具，辄没其妻子。"故武帝为了解决匈奴问题，亦相机解决乌桓问题，"及武帝遣骠骑将军霍去病击破匈奴左地，因徙乌桓于上谷、渔阳、右北平、辽西、辽东五郡塞外，为汉侦察匈奴动静。其大人岁一朝见，于是始置护乌桓校尉，秩二千石，拥节监领之，使不得与匈奴交通。"[⑥]

---

① 刘敬因建议都关中有功，高帝赐其姓刘氏，号奉春君。见《史记》卷九九《刘敬列传》，第2717页。

② 《册府元龟》卷九七八《外臣部·和亲》序，第11486页。

③ 《汉书》卷七三《韦贤传》，第3126页。

④ 这个问题请参阅本书第二章第一节"朝"：（二）汉代"朝"关系发展的特点。兹不赘。

⑤ 《汉书》卷九四上《匈奴传上》，第3773页。

⑥ 《后汉书》卷九〇《乌桓传》，第2981页。

解决东面的问题是断匈奴之左臂，而联络西域则是断匈奴之右臂，这是东、西、南三方问题中比重最大、最为重要的一方。在西方这一战略环节中，联结乌孙又是其中关键的一环。联结乌孙的重要手段就是和亲。为了解决北方匈奴问题，以和亲这一方式和手段以达到解除匈奴“右臂”的威胁是汉皇朝极其明确的战略目标。上文所述通过和亲条约有助于西汉实现汉匈之间比较长期的北方边境大体和平，即其战略目标得以实现之具体体现之一，此外，汉皇朝为了从根本上解决匈奴的威胁，还通过和亲以实施“断匈奴右臂”这一战略计划。所谓“断匈奴右臂”即将西域从匈奴的控制下解脱，以削弱匈奴右翼，为彻底解决匈奴问题创造有利条件。西域诸国“故皆役属匈奴。匈奴西边日逐王置僮仆都尉，使领西域，常居焉耆、危须、尉犁间，赋税诸国，取富给焉。”① 故西域为匈奴重要经济支柱和战略上的“右臂”。“断匈奴右臂”战略是在汉初六十余年积蓄力量基础上提上议事日程的，至武帝时“养民五世，天下殷富，财力有余，士马强盛。”② 有了实施这一战略计划的条件和可能。张骞出使西域即实施这一战略计划之开始，和亲乌孙则是这一战略目标之集中体现。

汉与乌孙的和亲，促进了“断匈奴右臂”战略目标之实现，主要体现于以下两个方面。

1. 和亲促进了汉与乌孙的关系

汉与乌孙关系的发展，是实施“断匈奴右臂”战略目标的关键步骤。这是因为乌孙在西域处于重要战略地位，“东与匈奴、西北与康居、西与大宛、南与城郭诸国相接。”而且其在西域“最为强国”③。建元三年（前138）张骞第一次通西域，目的是联络大月氏以制匈奴，但是没有达到目的。总结了第一次出使西域的教训，张骞向汉武帝建议联络乌孙，并提出以和亲为手段，打开局面，具体策略是：“汉遣公主为夫人，结昆弟，其势宜听，则是断匈奴右臂也。既连乌孙，自其西大夏之属皆可招

① 《汉书》卷九六上《西域传上·序》，第3872页。
② 《汉书》卷九六下《西域传下》“赞曰”，第3928页。
③ 《汉书》卷九六下《西域传下·乌孙国传》，第3901页。

来而为外臣。”① 联结乌孙有利于经略西域，实现断匈奴右臂战略目标。于是有了元狩四年（前 119）张骞第二次出使西域。张骞到达乌孙后，“谕指曰：‘乌孙能东居故地，则汉遣公主为夫人，结为昆弟，共距匈奴，不足破也。’”② 劝说乌孙东居故地的目的虽然没有达到，但是张骞所提出的与乌孙和亲、共拒匈奴的主张还是嵌进了乌孙统治者的脑海中，故后来“匈奴闻其与汉通，怒欲击之”，在匈奴的压力下，“乌孙于是恐，使使献马，愿得尚汉公主为昆弟。”③ 主动提出与汉结和亲。这个事件表明，“和亲——共拒匈奴”这一战略计划已被乌孙初步接受。于是元封六年（前 105）、太初四年（前 101）汉先后以细君公主、解忧公主妻乌孙君主。“以翁主妻乌孙王，以分匈奴西方之援国。”④ 是实现这一战略计划的必要前提和步骤。细君公主是第一位和亲西域的翁主，她为解忧公主的和亲开辟了道路，积累了经验，她的先驱作用应当肯定。

“和亲——共拒匈奴”这一战略计划非可一蹴而就，而是经历双方不断磨合和曲折的过程，而且汉、乌和亲也招致汉与匈奴对于乌孙的争夺，乌孙昆莫以细君公主为右夫人的同时，“匈奴亦遣女妻昆莫，昆莫以为左夫人。”⑤ 就是这一争夺之反映。尽管如此，包括和亲在内的外交关系的发展，还是促使汉、乌关系发生了巨大变化，在和亲关系和外交关系发生之前，乌孙由“服匈奴”而“羁属”匈奴⑥；汉、乌和亲之初，太初三年（前 102）李广利再伐大宛，“天子使使告乌孙大发兵击宛”。乌孙虽然“发二千骑往”，但是“持两端，不肯前”⑦；汉、乌和亲后期，先有宣帝本始年间汉、乌联军大败匈奴，后有宣帝元康二年（前 64）乌孙昆弥上书提出“复尚汉公主，结婚重亲，畔绝匈奴。”⑧ 我们可以看到，在汉、乌和亲的半个世纪中，乌孙在国际关系上发生了由“羁属”匈奴到“持两端”，再到汉乌联盟乃至“畔绝匈奴”的一个变化过程，通过和

① 《汉书》卷六一《张骞传》，第 2692 页。
② 《汉书》卷九六下《西域传下·乌孙国传》，第 3902 页。
③ 《汉书》卷九六下《西域传下·乌孙国传》，第 3903 页。
④ 《汉书》卷九四上《匈奴传上》，第 3773 页。
⑤ 《汉书》卷九六下《西域传下·乌孙国传》，第 3903 页。
⑥ 《汉书》卷九六下《西域传下·乌孙国传》，第 3901 页。
⑦ 《汉书》卷六一《李广利传》，第 2703 页。
⑧ 《汉书》卷九六下《西域传下·乌孙国传》，第 3905 页。

亲，乌孙与汉的关系逐渐发生了实质性的变化。这个变化虽然有其复杂原因，但是与汉、乌和亲也有密切关系。首先，乌孙从和亲前的“羁属”匈奴到和亲后即出兵协助汉击大宛，已经体现了双方关系之提升。在汉、乌和亲之前，张骞出使乌孙时，“乌孙王昆莫见汉使如单于礼，骞大惭。”① 而在双方和亲后，汉武帝居然可以“使使告乌孙大发兵击宛”，乌孙亦居然派出二千骑兵参与，表明双方关系已经发生了重要变化。我们再看看当时西域其他国家对于武帝伐大宛的态度，太初元年（前104）李广利第一次伐大宛时，“既西过盐水，当道小国各坚城守，不肯给食，攻之不能下。下者得食，不下者数日则去。比至郁成，士财有数千，皆饥罢。攻郁成城，郁成距之，所杀伤甚众。”贰师将军李广利与左右合计：“至郁成尚不能举，况至其王都乎？”于是“引而还。往来二岁，至敦煌，士不过什一二。”② 李广利第一次伐大宛之失败，与沿途小国纷纷抵抗不无关系。沿途小国居然均纷纷反抗，由此可见西域诸国对于汉伐大宛并不热心甚至是抵制的，当时汉在西域的军事、外交形势并不如人意。而李广利从敦煌回师伐宛，乌孙能够派出二千骑兵协助，虽然采取“持两端”的态度，仍不可不谓为汉、乌关系以及汉在当时西域军事的、外交的一个进展。

嗣后经过40年，至宣帝时，汉、乌关系又跃上一个新的台阶。汉、乌关系跃上新台阶的主要标志是本始二、三年（前72—71）乌孙主动与汉联合击败匈奴，表明在对待匈奴问题上，乌孙终于与汉有了完全一致的立场，从而结成军事同盟，并且取得了战争的重大胜利，具体完成了“断匈奴右臂”的历史任务。这个问题我们将在下文叙述，兹不赘。在此基础上，于是到了元康二年（前64）乌孙主动提出“复尚汉公主，结婚重亲，畔绝匈奴”③ 的请求。这个请求虽然由于种种原因而最后没有完全实现，但是乌孙与汉关系已经发生了不可同日而语的变化，则是可以肯定的。故汉廷在讨论究竟是否接受乌孙的请求，继续以汉女妻之的问题时，虽然大鸿胪萧望之以为“乌孙绝域，变故难保，不可许。”反对妻以汉女，但是他的意见没有被宣帝接受，“上美乌孙新立大功，又重绝故

① 《史记》卷一二三《大宛列传》，第3168页。

② 《汉书》卷六一《李广利传》，第2699页。

③ 《汉书》卷九六下《西域传下·乌孙国传》，第3905页。

业。”所谓“新立大功”即指本始年间汉、乌联军大败匈奴一事，所谓“重绝故业”，颜师古释曰：“重，难也。故业，谓先与乌孙婚亲也。”①遂批准以解忧公主侄女相夫下嫁乌孙，继续和亲。

这个时期汉、乌关系之所以能够跃上一个新的台阶，是汉、乌和亲关系发展的结果。本始年间与匈奴战争的发生，就与汉、乌和亲有一定关系。宣帝初即位，匈奴复连发大兵侵击乌孙，“使使谓乌孙趣持公主来，欲隔绝汉。”匈奴在军事进攻乌孙的同时，胁迫乌孙交出解忧公主，企图以此隔绝汉、乌关系。在这种情况下，解忧公主和乌孙昆弥双双向宣帝上书，提出“昆弥愿发国半精兵，自给人马五万骑，尽力击匈奴。唯天子出兵以救公主、昆弥。”② 乌孙是以救援公主为说辞，请求汉同意联军合击匈奴的，并且是在和亲公主的直接参与下完成这次军事同盟和军事行动的。至于神爵年间乌孙主动提出“复尚汉公主，结婚重亲，畔绝匈奴”，与和亲公主在其中的作用更是不言而喻的。这个时期汉、乌关系之所以能够跃上一个新的台阶，也与和亲公主个人的主观能动作用分不开，其中解忧公主从太初四年（前101）嫁乌孙，直至宣帝甘露三年（前51）回到长安，在乌孙生活了整整50年，发挥了突出的作用。解忧公主及其侍者冯嫽在乌孙和西域地区长期的、积极的活动对于促进汉、乌关系以及汉与西域诸国关系的发展，起了积极的作用。其具体情况在《解忧公主出塞的历史贡献》③ 中已有比较详细的论述，兹不赘。

2. 和亲促成了汉、乌军事同盟，终于打败匈奴

汉皇朝和亲乌孙的目的自始至终十分明确，那就是为了解决匈奴问题。张骞出使乌孙时就向乌孙昆莫建议双方“结为昆弟，共拒匈奴。”④细君公主和亲乌孙后，乌孙“昆莫年老，欲使其孙岑陬尚公主。公主不听，上书言状。”但是“天子报曰：‘从其国俗，欲与乌孙共灭胡。’”于是“岑陬遂妻公主。昆莫死，岑陬代立。”⑤ 汉方之所以不惜按照汉文化伦常不可接受的风俗行事，其目的就在于“欲与乌孙共灭胡”，这里的

---

① 《汉书》卷九六下《西域传下·乌孙国传》，第3905页。

② 《汉书》卷九六下《西域传下·乌孙国传》，第3905页。

③ 黎虎：《解忧公主出塞的历史贡献》，《北京师范大学学报》1979年第4期。

④ 《汉书》卷九六下《西域传下·乌孙国传》，第3902页。

⑤ 《汉书》卷九六下《西域传下·乌孙国传》，第3904页。

“胡”就是指匈奴。细君勇敢地迈出了第一步，可以说汉武帝“欲与乌孙共灭胡”的战略计划始于细君而成于解忧。

“欲与乌孙共灭胡”这个战略目标最终得以实现，当然有种种原因，并非仅靠和亲一途即可达到，但是和亲在其中起了重要的作用则是无疑的。上述通过和亲促进了汉、乌关系乃至汉与西域关系，即为共同“灭胡”奠定了基础和前提条件，那么，通过和亲关系得以建立军事上的同盟，实施共同“灭胡”的军事行动，则是这一战略目标之终极成果，使“断匈奴右臂”的战略目标成为现实。本始二、三年（前72—前71）汉、乌联军大败匈奴就是“与乌孙共灭胡”的具体实施和体现，从而实现了“断匈奴右臂”这一战略目标。

汉匈之间在北方这个正面战场经过长期较量，在汉武帝时期的有力打击下，匈奴退守漠北，“远遁，而幕南无王庭。”[①] 但是“匈奴虽病，远去，而汉马亦少，无以复往。”[②] 双方进入战略对峙时期，长期在军事上处于拉锯状态，“每汉兵入匈奴，匈奴辄报偿。”[③] 不能灭之亦不能“臣之”；外交上亦处于竞争状态，“汉留匈奴使，匈奴亦留汉使，必得当乃止。”[④] 这种长期的战略对峙态势直至本始二、三年（前72—前71）汉、乌联军大败匈奴才得以扭转。这次战争有如下三个特点。

第一，战争的起因与和亲有关。昭、宣时期汉匈之间的战场有由北方正面战场向西部侧翼战场转移之趋势，这种转移与汉、乌和亲有一定关系。昭帝时，东部之“乌桓渐强，乃发匈奴单于冢墓，以报冒顿之怨。匈奴大怒，乃东击破乌桓。”[⑤] 大将军霍光遣度辽将军范明友，“将二万骑出辽东……因乘乌桓敝，击之，斩首六千余级，获三王首。”[⑥] 匈奴在左翼失利，于是转向右翼，“匈奴繇是恐，不能出兵。即使使之乌孙，求欲得汉公主。击乌孙，取车延、恶师地。”[⑦] 由此可见，本始二、三年的战

① 《汉书》卷九四上《匈奴传上》，第3770页。
② 《汉书》卷九四上《匈奴传上》，第3771页。
③ 《汉书》卷九四上《匈奴传上》，第3773页。
④ 《汉书》卷九四上《匈奴传上》，第3773页。
⑤ 《后汉书》卷九〇《乌桓传》，第2981页。
⑥ 《汉书》卷九四上《匈奴传上》，第3784页。
⑦ 《汉书》卷九四上《匈奴传上》，第3785页。

争是匈奴挑起来的，而匈奴挑起这场战争的目的之一是劫持和亲公主，企图破坏汉、乌和亲，以隔绝汉、乌关系。从匈奴侵乌孙时，提出要乌孙交出解忧公主，以迫使乌孙“隔绝汉”来看，解忧公主在加强汉、乌关系中有着重要作用，她已成为汉、乌友好关系的象征，因而匈奴感到必须除掉她才能离间汉、乌友好关系。

第二，和亲促成了军事同盟。面对匈奴的入侵，和亲公主挺身而出，“乌孙公主上书，下公卿议救，未决。昭帝崩，宣帝即位。”[①] 乌孙方面的请求得到汉方的积极回应，于是“汉养士马，议欲击匈奴。”[②] 但因汉朝内部帝位转移而延滞。宣帝即位后，乌孙“公主及昆弥皆遣使上书，言‘匈奴复连发大兵侵击乌孙，取车延、恶师地，收人民去，使使谓乌孙趣持公主来，欲隔绝汉。昆弥愿发国半精兵，自给人马五万骑，尽力击匈奴。唯天子出兵以救公主、昆弥。’”[③] 解忧公主和乌孙昆弥分别向汉请求并提出组成联军以合击匈奴的建议，如果没有双方的和亲关系，乌孙方面未必会提出这种主张和要求。汉方接受了解忧公主和乌孙昆弥的建议，本始二年（前 72），“汉大发关东轻锐士，选郡国吏三百石伉健习骑射者，皆从军。”[④] 本始三年（前 71）汉方派遣田广明将四万骑出西河，范明友三万骑出张掖，韩增三万余骑出云中，赵充国三万余骑出酒泉，田顺三万余骑出五原，凡五将军，十五万大军，由东面夹击匈奴；另派校尉常惠为使节，护乌孙发兵。乌孙昆弥翁归靡亲自率领翕侯以下五万余骑兵，从西面进攻匈奴。汉、乌联军共二十余万。

这是一次大规模的跨境性联军，这次联军之所以能够顺利组成，乃是汉、乌和亲长期发展的一个积极成果。由于双方密切配合，东西夹击，因而这次战争大获全胜，战果辉煌。乌孙兵英勇出击，攻至匈奴右谷蠡王庭，俘虏了单于的叔父、嫂嫂、公主及名王以下三万九千人，获马牛驴骡骆驼五万余匹，羊六十余万头[⑤]。东部战线五将军各出塞二千余里，

---

① 《汉书》卷九四上《匈奴传上》，第 3785 页。

② 《汉书》卷九六下《西域传下》，第 3905 页。

③ 《汉书》卷九六下《西域传下 · 乌孙国传》，第 3905 页。

④ 《汉书》卷九四上《匈奴传上》，第 3785 页。

⑤ 《汉书》卷七〇《常惠传》，第 3004 页。

“匈奴闻汉兵大出，老弱犇走，敺畜产远遁逃，是以五将少所得。”[①] 汉方之战绩反而不及乌孙方面。这次战争给了匈奴致命一击，“匈奴民众死伤而去者，及畜产远移死亡不可数胜。于是匈奴遂衰耗，怨乌孙。”[②] 常惠因护乌孙发兵有功，封为长罗侯。汉方为表彰乌孙立大功，又派常惠“持金币还赐乌孙贵人有功者”[③]。汉、乌联军的胜利，促进了各族人民反抗匈奴的积极性，形成了各族联军四面合击匈奴的空前大好局面。匈奴单于不甘心失败，是年冬，亲自率领一万骑兵，袭击乌孙，虏掠了一些老弱人众。恰逢天降大雪，一日深丈余，“人民畜产冻死，还者不能什一。”于是“丁令乘弱攻其北，乌桓入其东，乌孙击其西。凡三国所杀数万级，马数万匹，牛羊甚众。”其后，汉方又“出三千余骑，为三道，并入匈奴，捕虏得数千人还。”[④] 这种各族联军形势可以说是汉、乌联军的延伸和扩大；这些战役可视为汉、乌联军合击匈奴之战的组成部分。

第三，实现了“与乌孙共灭胡”的初衷。本始二、三年（前 72 一前 71）汉、乌联军合击匈奴之战及其胜利，是汉匈之间进入相持阶段以来所发动的最重也是最后一击，是汉匈之间长期斗争的一个转折点，战争结局实现了“与乌孙共灭胡”的初衷，使汉武帝长期经营的“断匈奴右臂”战略得以完成，意义重大，影响深远。

首先，这次战争对匈奴内部产生了十分深刻的影响。它给了匈奴以致命的打击，从此“匈奴大虚弱”“人民死者什三，畜产什五”，一蹶不振，再也无力保持强大的军事力量，丧失了“百蛮大国”[⑤] 的地位。至此，北方的威胁基本解除，从此“匈奴不能为边寇”“兹欲乡和亲，而边境少事矣。”[⑥] 汉匈关系和地位发生了根本性变化，由西汉前期的“兄弟”关系、敌国关系转变为臣附关系。同时，它也加速了匈奴内部的矛盾和分化，此后“匈奴乖乱”[⑦]，内部斗争加剧，而要求与汉友好联合的势力

① 《汉书》卷九四上《匈奴传上》，第 3785 页。

② 《汉书》卷九四上《匈奴传上》，第 3786 页。

③ 《汉书》卷七〇《常惠传》，第 3004 页。

④ 《汉书》卷九四上《匈奴传上》，第 3787 页。

⑤ 《汉书》卷九六上《西域传上・康居国传》，第 3893 页。

⑥ 《汉书》卷九四上《匈奴传上》，第 3787 页。

⑦ 《汉书》卷七〇《郑吉传》，第 3005 页。

日益发展，“欲与汉和亲”① 的力量日益增强。这次战争之后14年，宣帝五凤元年（前57），匈奴五单于争立。结果匈奴分裂为两部分，郅支单于率众西迁，呼韩邪单于款五原塞，举族归汉，实现了汉匈民族的大联合。时为宣帝甘露二年（前52），上距汉、乌联军合击匈奴之战19年。呼韩邪单于在召集诸大臣讨论归汉问题时，考虑到“今汉方盛，乌孙城郭诸国皆为臣妾”，因而“今事汉则安存，不事则危亡。”② 这才下决心归汉。可见，乌孙与西域的向汉，对匈汉民族的联合起了重要的促进作用，这里面自然也包含着解忧公主的一份功劳，而她恰是在呼韩邪单于归汉后的第二年告老回到长安的。

其次，这次战争导致匈奴军事帝国的瓦解。战后，匈奴军事帝国对诸国族的控制分崩离析，“诸国羁属者皆瓦解，攻盗不能理。”③ 特别是加速了西域诸国、族摆脱匈奴而倾心向汉。本来匈奴在西域的统治一直就受到西域各族人民的抵制，他们“虽属匈奴，不相亲附。匈奴能得其马畜旃罽，而不能统率与之进退。”④ 因此，汉领导的抵抗匈奴的斗争，代表了西域人民的利益，因而得到他们的积极支持。这次战争胜利，更鼓舞了西域人民的斗志，在汉与西域各国、族的共同努力下，终于把匈奴势力逐出西域。这次战争之后7年，宣帝元康二年（前64）郑吉“发诸国兵攻破车师……使护鄯善以西南道。”⑤ 神爵二年（前60）遂以郑吉“并护车师以西北道，故号都护。都护之置自（郑）吉始焉。”⑥ 整个西域地区便控制在西汉统治之下。于是，汉朝便在西域的中心地点——乌垒城设立西域都护府。至此，西域便从匈奴控制下解脱出来，“僮仆都尉由此罢，匈奴益弱，不得近西域。”⑦ 从此，“汉之号令班西域矣”⑧ “单于称藩臣，西域服从，其土地山川王侯户数道里远近翔实矣。”⑨ 至此，

---

① 《汉书》卷九四上《匈奴传上》，第3787页。
② 《汉书》卷九四下《匈奴传下》，第3797页。
③ 《汉书》卷九四上《匈奴传上》，第3787页。
④ 《汉书》卷九六下《西域传下》“赞曰”，第3930页。
⑤ 《汉书》卷七〇《郑吉传》，第3005页。
⑥ 《汉书》卷七〇《郑吉传》，第3006页。
⑦ 《汉书》卷九六上《西域传上·序》，第3874页。
⑧ 《汉书》卷七〇《郑吉传》，第3006页。
⑨ 《汉书》卷九六上《西域传上·序》，第3874页。

汉武帝“欲与乌孙共灭胡”的初衷得以实现，“断匈奴右臂”的战略目标终于达到。班超追述西汉经营西域历史时说：“乌孙大国，控弦十万，故武帝妻以公主，至孝宣皇帝，卒得其用。”① 班固认为西域之从匈奴控制下转变为汉所控制，这一历史巨变乃“始自张骞而成于郑吉”②，这个时间段与汉、乌和亲的时间段是完全叠合在一起的，表明和亲对于促进这一历史巨变起了其应有的作用。

（三）和亲女的常驻使节作用

和亲之功用主要由和亲双方首脑和政府操作而发挥，但是和亲女在其中亦起到一定的重要作用。其所以能够发挥重要作用，是由于和亲女及其陪同使团实际上具有某种常驻使节的作用。和亲是一种政治性的外交手段和方式，和亲女肩负一定政治性使命，因而某种意义上发挥了一种常驻使节的功用。由于古代国家民族之间经常性事务并不繁多，故古代外交关系中主要以临时性使节联系、沟通双方关系，而没有常驻使节。一般认为常驻使节“由13世纪意大利各城邦之间相互交换代表开始，后来逐渐普及，从17世纪后半叶起，常驻使节才成为普遍的制度。”③ 受古代交通条件和发展水平限制，外交双方的联系、沟通比较困难。在这种情况下，某种替代性的常驻使节将能够在一定情况下弥补这一不足。我们在论述质侍制度时已经谈到，质侍在某种意义上起到了常驻使节的作用④，和亲亦具有这样的功能和性质。以汉皇朝而论，质侍为对方派驻己方之“常驻使节”，和亲女则为己方派驻对方之“常驻使节”。虽然无论质侍还是和亲女均没有被派遣方正式授予常驻使节的职衔，但是他们在实际上往往起到了这样的作用。和亲女之发挥了常驻使节作用，可从如下几个方面观之。

1. 和亲女及其陪同使团乃持节出使

和亲女并非一般的出嫁，而是具有持节出使的身份，这是其能够发挥常驻使节作用的前提。汉代的出使制度中有这样一种特殊情况，就是

---

① 《后汉书》卷四七《班超传》，第1577页。

② 《汉书》卷七〇《郑吉传》，第3006页。

③ 日本国际法学会编：《国际法辞典》，世界知识出版社1985年版，第790页。

④ 见本书第四章《外交方式》（下）第五节《质侍》。

在派遣护送和亲公主出嫁使团时，只配备副使而不设正使。宣帝时以乌孙主解忧弟子相夫为公主出嫁乌孙，神爵二年（前60）“使长罗侯光禄大夫惠为副，凡持节者四人，送少主至敦煌。”[①] 这个护送使团只配备了四位副使而没有正使，实际上是以和亲公主视为正使，故不再另设正使。

公主和亲时也是持节出使的，何以知之？解忧公主的官属、侍御中有侍者冯嫽，“尝持汉节为公主使，行赏赐于城郭诸国，敬信之，号曰冯夫人。”[②] 这个记载向我们透露了重要的讯息，冯嫽作为解忧公主使团中的成员，代表解忧公主巡视、访问西域城郭诸国时，是持节出使的，而其所持汉节当为解忧公主出嫁时被汉皇朝所授予。由此可知和亲女在出嫁时是被授予“节”的，因此和亲女具有持节出使的身份和权力。“节”是汉代被授予权力的凭信和标志，“将命者持之以为信”[③]。故“节”又被称为“信节”[④]。使者必被授予“节”，以为凭信和权力的根据，汉武帝派遣苏武出使匈奴时，是“以中郎将使持节送匈奴使留在汉者”[⑤]，宣帝派遣冯奉世“以卫候使持节送大宛诸国客”[⑥]，均属此类。有的大型使团还可以有多人持节，张骞出使西域时，“将三百人，马各二匹，牛羊以万数，赍金币帛直数千巨万，多持节副使，道可使，使遗之他旁国。”[⑦] 根据需要，有时副使也可以持节，有了节就有了使者的权力和身份，张骞之副使亦持节出使，他们被张骞派遣出使“他旁国”，就不仅是代表张骞，而且是代表汉皇朝，因为他们有了代表汉皇朝的正式身份。冯嫽持汉节出使西域城郭诸国，她既是代表解忧公主，同时也是代表汉皇朝出使。她的出使活动之所以获得很大成功，除了她个人的活动能力之外，更重要的就是因为她也是汉皇朝的代表，西域诸国视其为汉皇朝使节，故得到西域诸国的“敬信”，被尊称为“冯夫人”。解忧公主之派遣其助手出使西域诸国，类似张骞之派遣副使出使其他“旁国”，所不同的是，

---

① 《汉书》卷九六下《西域传下·乌孙国传》，第3905页。

② 《汉书》卷九六下《西域传下·乌孙国传》，第3907页。

③ 《汉书》卷一上《高帝纪上》，颜师古注，第23页。

④ 《史记》卷一一五《朝鲜列传》，第2987页。

⑤ 《汉书》卷五四《苏建附子（苏）武传》，第2460页。

⑥ 《汉书》卷七九《冯奉世传》，第3294页。

⑦ 《史记》卷一二三《大宛列传》，第3168页。

张骞为临时性使团团长，和亲女为常驻使团团长。

和亲女出嫁时，需要配备两种使团，一为护送和亲女之使团，一乃为和亲女备置之官属、侍御人员所组成的陪同使团。前者为临时性使团，护送任务完成即返回；后者则为常驻性和亲使团，他们将留下与和亲女一起常驻于和亲国。护送使团规格颇高，宣帝神爵二年（前60）护送相夫出嫁乌孙时，“使长罗侯光禄大夫（常）惠为副，凡持节者四人，送少主。”① 持节使者一共四人。悬泉汉简“□县（悬）泉置度侍少主长罗侯用吏”②，就是这次常惠所率和亲使团经过悬泉置时的接待记录。为和亲女配置之常驻使团规模庞大，汉武帝元封六年（前105）细君公主出嫁乌孙时，“为备官属宦官侍御数百人”③，为和亲女相夫所备置使团则为“官属侍御百余人”④。这种常驻使团规模大约在百余人至数百人之间，与汉代外交使团规模一致（详见上文第二章第四节之“使团规模”）。使团组织结构也大体相同，亦由各种官员和服务人员组成。汉文帝六年（前174）“复遣宗室女公主为单于阏氏，使宦者燕人中行说傅公主。”⑤ 中行说为宫中宦官，抽调至和亲使团中担任“傅”⑥，此为和亲使团中之“官属”。“长公主官属，傅一人，员吏五人。”⑦ 当以和亲女比长公主制，以宦者中行说为公主傅，侍从出嫁匈奴。解忧公主妻乌孙时，其侍御中有“侍者”冯嫽⑧，此属和亲使团中之“侍御”成员。这些官属、侍御由各种职务和性别成员组成，其特殊之处在于使团成员为女性或男性之阉割者。应当特别指出，汉皇帝为和亲女所备置之陪同使团成员，多有出色人才，如文帝时和亲女之“傅”中行说，因不愿意出使，“汉强使之。（中行）说曰：‘必我行也，为汉患者。’中行说既至，因降单于，单于甚

---

① 《汉书》卷九六下《西域传下·乌孙国传》，第3905页。

② 《敦煌悬泉汉简释粹》（Ⅱ0214②：298），编号196，第139页。

③ 《汉书》卷九六下《西域传下·乌孙国传》，第3903页。

④ 《汉书》卷九六下《西域传下·乌孙国传》，第3905页。

⑤ 《史记》卷一一〇《匈奴列传》，第2898页。

⑥ 《汉书》卷六五《东方朔传》“醉杀主傅”，服虔曰：“主傅，主之官也。”如淳曰：“礼有傅姆。说者又曰傅者老大夫也，汉使中行说傅翁主也。”师古曰：“傅姆是也。服说失之。”（第2851—2852页）

⑦ 《后汉书》卷一五《邓晨传》注引《汉官仪》，第584页。

⑧ 《汉书》卷九六下《西域传下·乌孙国传》，第3907页。

亲幸之。”① 他投降匈奴后，为单于出谋划策，“教单于左右疏记，以计课其人众畜物”；教单于起草与汉的外交文书；而且能言善辩，经常出面陵折汉使；不仅有文才，而且还有武才，“日夜教单于候利害处”② 以侵扰汉边。这是反面人物，正面人物亦然，如解忧公主侍者冯嫽，“能史书，习事。”③ 不仅有文化知识，而且有政治头脑，工作能力很强，是个出色的外交人才。由此可见和亲女周围有一个人员构成多样、人才济济的群体，从各个方面协助和照顾她。这样，和亲女就有条件和可能进行一些有利于汉皇朝的活动。

留侍和亲女之和亲使团成员出发之前还需要经过一定的培训，其中包括学习当地语言。相夫下嫁乌孙之前，汉方将为其所备置之官属侍御百余人“舍上林中，学乌孙言。”当年细君公主和亲乌孙时，曾因“语言不通”而“悲愁”④，这当是总结以往经验教训而加以改进，故事先进行语言等方面培训。这不仅是为了生活上的方便，亦当为开展活动所需。集训完毕，“天子自临平乐观，会匈奴使者、外国君长大角抵，设乐而遣之。”⑤ 平乐观即在集训和亲使团之上林苑中⑥。这不仅是一次隆重的欢送会，而且是一次外交盛会，这对于和亲女及其使团在和亲国展开活动无疑起了一种支持和推动的作用。

2. 和亲国与朝廷联系纽带

和亲女是和亲国与朝廷联系的纽带，这是和亲女在和亲国实际上行使和发挥常驻使节作用的表现之一。和亲女在和亲期间，与本国保持着密切的联系，遇有事关重大的问题时，均需上报朝廷并听命于朝廷。细君公主在乌孙因“昆莫年老，语言不通”而“悲愁”，“昆莫”为乌孙王号，其名曰猎骄靡。细君于是作歌慨叹，“天子闻而怜之，间岁遣使者持帷帐锦绣给遗焉。”⑦ 汉皇帝之所以能够及时了解和亲女之动态，乃因相

① 《史记》卷一一〇《匈奴列传》，第 2898 页。
② 《史记》卷一一〇《匈奴列传》，第 2898—2901 页。
③ 《汉书》卷九六下《西域传下·乌孙国传》，第 3907 页。
④ 《汉书》卷九六下《西域传下·乌孙国传》，第 3903 页。
⑤ 《汉书》卷九六下《西域传下·乌孙国传》，第 3905 页。
⑥ 陈直校证：《三辅黄图校证》，陕西人民出版社 1980 年版，第 85 页。
⑦ 《汉书》卷九六下《西域传下·乌孙国传》，第 3903 页。

互有密切的沟通渠道，为了尽可能解除和亲女之悲愁，武帝决定每隔一年即遣使运送物资至乌孙，将朝廷与和亲女的联系时间定制化。和亲女不仅得到朝廷物资上定期的供应，而且遇有重大问题时，还得上报皇帝并听命于皇帝的指示。细君公主和亲乌孙不久，乌孙“昆莫年老，欲使其孙岑陬尚公主。公主不听，上书言状，天子报曰：‘从其国俗，欲与乌孙共灭胡。’岑陬遂妻公主。”① “岑陬”为乌孙官号，其名曰军须靡。这个事件的过程表明，和亲女在遇到重大问题时，直接向皇帝报告，并按照皇帝的指示行事。细君公主遇到的这个难题，被汉武帝从“欲与乌孙共灭胡”这一战略高度出发，确定了“从其国俗”的行动准则加以解决。细君公主接到武帝的指示后，便与军须靡结婚，并生有一女。此后，汉在乌孙的和亲女便一直遵循汉武帝所确立的这一原则行事。细君公主死后，汉方又以解忧公主续配军须靡。军须靡死后，军须靡叔父之子翁归靡继位，于是解忧公主又与翁归靡结婚；翁归靡死后，军须靡与匈奴妻所生子泥靡继位为昆弥，泥靡又妻解忧公主。汉武帝所确立的这一原则亦为后代和亲所继承并遵循，元帝竟宁元年（前33）王昭君妻呼韩邪单于，仅历二年，建始二年（前31）呼韩邪单于死，其大阏氏之子雕陶莫皋继位，为复株絫若鞮单于。复株絫若鞮单于“欲妻之，昭君上书求归，成帝敕令从胡俗，遂复为后单于阏氏焉。”② 王昭君的遭遇与细君公主相似，但均依照武帝所确立的方针政策加以解决。这个事件表明王昭君亦可以直接上书皇帝，其与朝廷亦有密切联系；王昭君亦需按照皇帝的指示行事。

和亲女不仅在遇到上述切身问题时与皇帝和朝廷直接沟通，还可以就国家大事与皇帝直接沟通。虽然前者之中也在一定意义上与国家大事有关，但与后者毕竟还是有一定的区别，后者更能显示和亲女及其使团之政治作用。匈奴与汉的斗争在北方正面战场失利后，转向西线战场，于是在昭帝年间发动对于乌孙的侵略，企图通过侧翼以制汉。解忧公主遂上书昭帝，言：“匈奴发骑田车师，车师与匈奴为一，共侵乌孙，唯天子幸救之!”③ 解忧公主的请求亦必定来自乌孙统治集团之决策。面对匈

---

① 《汉书》卷九六下《西域传下·乌孙国传》，第3904页。

② 《后汉书》卷八九《南匈奴传》，第2941页。

③ 《汉书》卷九六下《西域传下·乌孙国传》，第3905页。

奴的侵略，第一次不是由乌孙昆弥向汉皇帝求援，而是由和亲女向皇帝求援，这种情况表明，在乌孙方面看来由和亲女出面比由昆弥出面的作用更大一些，更直接一些。解忧公主这一请求虽然是从乌孙本身的安危出发，但是这也与汉方“欲与乌孙共灭胡”的战略方针是一致的。故汉方接到解忧公主请求之后，即“养士马，议欲击匈奴。”此事因昭帝崩而迟滞，当宣帝继位后，“公主及昆弥皆遣使上书”[①]，解忧公主再次上书提出这一请求，与此同时乌孙昆弥亦上书提出同样的请求，建议成立汉、乌联军夹击匈奴。汉方同意了他们的建议，联军合击而大败匈奴。这里我们应当注意，解忧公主是与乌孙昆弥各自分别向宣帝上书的，也就是说和亲女具有很大的独立性，她与朝廷有着直接的沟通关系，她或独自上书，或与该国国君一起上书，但其上书并非与该国国君的上书合为一封，而是各自上书，更不是附属于该国国君而由其转交。与此类似的情况在考古资料中亦有所反映。悬泉汉简：

> 上书二封。其一封长罗㑊，一乌孙公主。甘露二年二月辛未日夕时受平望译（驿）骑当富，县（悬）泉译（驿）骑朱定付万年译（驿）骑。[②]

此简所记为当时汉方派驻乌孙都城赤谷城的长罗侯常惠以及解忧公主的上书经过悬泉置传递的情况。两封上书经过悬泉置的时间是甘露二年二月辛未。此前，因乌孙狂王“暴恶失众”“为乌孙所患苦”，于是解忧公主与汉使合谋诛杀狂王，未遂，导致乌孙政局动荡，翁归靡的匈奴妻所生子乌就屠“扬言母家匈奴兵来，故众归之。后遂袭杀狂王，自立为昆弥。”[③] 乌孙有倒向匈奴的危险。常惠和解忧公主的上书就是在这种背景下发出的。常惠与解忧公主都与乌孙这场政治局面有直接的、密切的关系，但是他们却各自上书向朝廷报告乌孙的情况，表明汉方派驻乌孙的代表也不能代替在乌孙的和亲女而上书，解忧公主仍然具有很大的独立性，在汉方派驻乌孙的代表上书的同时，她仍需直接向皇帝和朝廷

---

① 《汉书》卷九六下《西域传下・乌孙国传》，第3905页。

② 《敦煌悬泉汉简释粹》（Ⅱ0113③：65），编号193，第137页。

③ 《汉书》卷九六下《西域传下・乌孙国传》，第3907页。

报告乌孙政情或提出建议。

3. 了解国情，提供决策依据

和亲女及其使团亦通过一些日常活动开展公关或资情之搜集与掌握，了解和亲国之动态、国情，从而为朝廷提供决策情报与建议。

和亲女及其使团，往往通过行赏赐这一方式以增进与各方面的关系。细君公主“至其国，自治宫室居，岁时一再与昆莫会，置酒饮食，以币帛赐王左右贵人。”① 这是通过举行酒会而进行赏赐，以增进与乌孙上层人士的关系。解忧公主侍者冯嫽亦代表公主“行赏赐于城郭诸国”②。这是通过赏赐以发展与西域城郭诸国关系。赏赐是汉代重要的外交方式之一，是汉皇朝发展与四方国、族关系的常用手段；赏赐，实质上是输出汉地物质文明，与异地文化进行交流，从而扩大汉文化的影响，拉近双方关系。和亲女亦运用这一方式展开亲善活动。汉方对于和亲女不仅在出嫁时“赠送甚盛”，而且“间岁遣使者持帷帐锦绣给遗焉”③，这不完全是为了满足和亲女个人生活所需，同时也是为其在和亲国进行赏赐活动提供条件和支持。

遣使巡视亦为和亲女在和亲国开展活动之方式之一。解忧公主官属侍御中的侍者冯嫽，“尝持汉节为公主使，行赏赐于城郭诸国，敬信之，号曰冯夫人。”④ 这是通过遣使巡视、访问，同时进行赏赐，以增进汉与西域城郭诸国的关系。冯嫽之出使，史称乃“为公主使”，这个记载的含义有二，一是其出使乃解忧公主所派遣而非乌孙所派遣，二是其出使乃代表解忧公主而非代表乌孙。而其出使所赍持更突出了这种出使的性质，她一方面是持汉节前往，另一方面是以汉方物资进行赏赐，故其代表汉皇朝的性质十分明显，故冯嫽之出使城郭诸国，可以视为是汉方对于城郭诸国的亲善访问，从而对于增进汉与西域诸国对汉的了解和亲近感具有积极意义。这种活动对于汉方了解、掌握西域诸国动态、国情大有裨益。

和亲女及其使团常驻于所在国，通过日常活动和人际关系，自然对

---

① 《汉书》卷九六下《西域传下·乌孙国传》，第 3903 页。
② 《汉书》卷九六下《西域传下·乌孙国传》，第 3907 页。
③ 《汉书》卷九六下《西域传下·乌孙国传》，第 3903 页。
④ 《汉书》卷九六下《西域传下·乌孙国传》，第 3907 页。

于所在国之动态、国情有深入之了解，是为其他临时性使节所无法企及者。这样她们就能够更好地为汉皇朝外交、军事等急需提供咨询和建议。

神爵二年（前60）乌孙狂王继位后，“不与（公）主和，又暴恶失众。”五凤四年（前54）“汉使卫司马魏和意、副候任昌送侍子，公主言狂王为乌孙所患苦，易诛也。遂谋置酒会，罢，使士拔剑击之。”[①] 在这里先不论刺杀狂王之是非，所可注意者有二，一是汉使来到乌孙之后，与解忧公主有密切之接触，可以就乌孙政情进行密切之谘商；二是汉使通过解忧公主了解乌孙政情及其内幕，依靠解忧公主而获得乌孙政情之第一手资料之后，从而采取行动。

这次事件之后，汉在派遣中郎将张遵持医药治狂王的同时，以“车骑将军长史张翁留验公主与使者谋杀狂王状，（公）主不服，叩头谢，张翁捽主头骂詈。（公）主上书，翁还，坐死。”[②] 张翁粗暴对待解忧公主，于是公主上书报告其事，张翁被处死。表明朝廷对于和亲女的上书是十分重视和听信的。还应当指出，解忧公主与汉使密谋刺杀狂王是得到汉方同意的，徐松曰：“公主、（魏）和意谋杀狂王，固汉意也。”而张翁之获罪，乃“不知朝廷之意”[③]。表明这次行动实际上是在朝廷支持下进行的。

由于和亲女之随从熟悉所在国国情，因此当那里发生纷争等棘手问题时，就有可能奉命出使，或进行谈判，或斡旋纷争。解忧公主的侍者冯嫽就是这方面的杰出代表，史称她“习事”，胡三省对此释曰：“内习汉事，外习西域诸国事也。”[④] 可以说是一位难得的“西域通”，自然为汉方所格外倚重。狂王事件后，乌孙昆弥翁归靡与匈奴妻所生子乌就屠袭杀狂王，自立为昆弥，汉、乌关系处于危急状态，在这种情况下，一方面“汉遣破羌将军辛武贤将兵万五千人至敦煌”，准备讨之，另一方面西域都护郑吉“使冯夫人说乌就屠，以汉兵方出，必见灭，不如降。乌就屠恐，曰：‘愿得小号。’”在软硬两手并施下，冯嫽的斡旋取得了成功。都护郑吉不是从都护府官属中派遣使者去与乌就屠谈判，而是派遣解忧

---

① 《汉书》卷九六下《西域传下·乌孙国传》，第3906页。

② 《汉书》卷九六下《西域传下·乌孙国传》，第3906页。

③ 《汉书补注》卷九六下《西域传下》补注引“徐松曰”，第5852页。

④ 《资治通鉴》卷二七，汉宣帝甘露元年（前53），第883页。

公主之侍者冯嫽，表明郑吉认为冯嫽是更为合适的人选，这与冯嫽黯悉乌孙国情及其在乌孙之人脉不无关系。冯嫽的斡旋结果受到朝廷的重视，于是“宣帝征冯夫人，自问状。”① 不远万里召冯嫽进京，皇帝亲自召见以了解乌孙局势，掌握第一手动态情资。宣帝在咨询冯嫽之后作出了决策，“遣谒者竺次、期门甘延寿为副，送冯夫人。”派遣冯嫽出使乌孙解决其内争，“冯夫人锦车持节，诏乌就屠诣长罗侯赤谷城，立元贵靡为大昆弥，乌就屠为小昆弥，皆赐印绶。破羌将军不出塞还。”② 冯嫽果然不负汉宣帝之重托，圆满解决了这个棘手问题。这里值得注意者有三：一是冯嫽与乌就屠的第一次谈判事实上已经达成初步协议，双方同意将乌孙昆弥分别为大小称号；二是汉宣帝实际上认可并接受了冯嫽的斡旋结果，冯嫽被宣帝派遣返回乌孙的使命主要是正式宣布大小昆弥之封拜和授予印绶；三是宣帝之所以接受冯嫽的斡旋结果，乃因这种结果是当时乌孙国情和政局状况下唯一较好选择，表明冯嫽对乌孙政局之判断、处置是恰当的。

悬泉置出土汉简留下了关于冯嫽这次活动的记载：

> 甘露二年二月庚申朔丙戌，鱼离置啬夫禹移县（悬）泉置，遣佐光持传马十匹，为冯夫人柱，廪穬麦小卌二石七斗，又茭廿五石二钧。今写券墨移书到，受薄（簿）入，三月报，毋令缪（谬），如律令。③

这是冯嫽被宣帝召回长安之后，又“锦车持节”返回乌孙处理其内争问题，途经悬泉置时的记录。悬泉置东的鱼离置移书悬泉置，称派遣置佐名光者持传马十匹护送冯夫人西行，悬泉置据此提供穬麦及茭若干以饲其马匹。《资治通鉴》将宣帝征冯嫽回京及其返回乌孙事，系于甘露元年，据此汉简可知冯嫽自长安返回乌孙是在甘露二年④，于二月丙戌这天途经悬泉置而西行。

甘露三年（前51）元贵靡死，其子星靡继位为大昆弥，解忧公主与

---

① 《汉书》卷九六下《西域传下·乌孙国传》，第3907页。

② 《汉书》卷九六下《西域传下·乌孙国传》，第3907页。

③ 《敦煌悬泉汉简释粹》（Ⅱ0115③：96），编号200，第141页。

④ 汪桂海：《敦煌汉简所见汉朝与西域的关系》，武汉大学简帛研究中心《简帛》第一辑，上海古籍出版社2006年版。

狂王所生子鸱靡亦已死，解忧公主遂告老回到阔别半个世纪的长安，冯嫽亦随之回到长安。由于星靡幼小，治国不得力，于是“冯夫人上书，愿使乌孙镇抚星靡。汉遣之，卒百人送焉。”① 这是冯嫽第二次被宣帝委以重任，出使乌孙。这时的冯嫽也年事已高，在乌孙的统治遇到困难时又主动请缨，实属难能可贵。冯嫽之所以敢于主动提出这个请求，而且她的请求也得到皇帝的批准，表明她具备“镇抚”乌孙的能力和水平，这与她深谙乌孙政情和游刃有余的斡旋能力有密切关系，这时的冯嫽已堪称一位成熟老练的政治家了。

外交理论学者杰夫·贝里奇在介绍16世纪早期外交学先驱马基雅弗利的贡献时写道：“通读马基雅弗利的著作，可以发现他认为常驻大使应当有五项主要职责。大使必须鼓动驻在国君主采取符合本国君主利益的政策，防止敌对政策的酝酿，其中可能包括破坏外交对手活动的行为。外交官还必须向本国君主提交政策建议，并且不惜一切代价捍卫本国君主的名声。如果有必要，他还应该参与正式谈判，特别要注意努力获取情报并向国内报告。最困难的是，报告必须预测未来局势发展。”② 我们不必拘泥于马基雅弗利所说的五项职责，他是根据他作为佛罗伦萨共和国外交官员的经验而总结出来的，何况常驻大使的职责在不同时代、不同国家也是有所变化的，要之，常驻大使为代表君主常驻于所在国，他们将利用一切机会和可能为维护本国之利益，为发展双方关系而尽力，获取情报或提交政策建议向本国君主报告。解忧公主及其侍者冯嫽虽然并没有常驻使节的正式职衔，但是她们的所作所为堪称汉皇朝派驻于乌孙的常驻使节。

欧洲常驻使节在15世纪出现的时候，并非广泛派遣，马基雅弗利认为“君主应当至少在有利益涉及的相关宫廷各设一名常驻外交官”③，也就是说最初常驻使节主要派驻于与其利益攸关之部分国家。我们注意到，汉代和亲主要是与匈奴和乌孙，虽然这些和亲女并非作为常驻使节而派遣，但是，这种情况表明匈奴与乌孙是汉皇朝利益攸关方，因此向它们

---

① 《汉书》卷九六下《西域传下·乌孙国传》，第3908页。

② 《外交理论——从马基雅弗利到基辛格》，第16页。

③ Missions, Vol. 3, pp. 60, 98-99, 245, 262。转引自《外交理论——从马基雅弗利到基辛格》，第21页。

派遣了和亲女。在当时尚未有常驻使节的时代，和亲女承担一些常驻使节的职能，实在是必要的和自然而然的。

4. 发挥女性特点和优势

和亲女及其使团作为具有常驻性使节的作用方面，还具有男性使节及其他人员所不具备的特点和优势。这种特点和优势，主要体现于通过繁衍后嗣，从而将和亲效应从纵向与横向两个方面加以延伸和扩大，为发展双方关系发挥了更大的作用。纵向是指和亲女之后嗣代代相传，而将相互友好的关系继承下去；横向是指他们又通过联姻及其他关系而将这种关系向四外扩展。这种作用是与其作为女性以及伴随她的女性官属侍御所独具的，故和亲女及其使团在为发展双方关系方面能够起到一般男性之质侍或使节所不可能起到的特殊作用。

关于这方面的问题早在刘敬为汉高帝规划和亲之计时已经提出，他说："陛下诚能以適（嫡）长公主妻之，厚奉遗之，彼知汉適（嫡）女送厚，蛮夷必慕以为阏氏，生子必为太子，代单于。何者？贪汉重币。陛下以岁时汉所余彼所鲜数问遗，因使辩士风谕以礼节。冒顿在，固为子婿；死，则外孙为单于。岂尝闻外孙敢与大父抗礼者哉？兵可无战以渐臣也。"其计策之核心就在于发挥和亲女作为女性而具有的特点和优势，从血缘关系方面来改造对方统治者和统治集团，注入亲汉之基因，导致其和平演变，达到"独可以计久远子孙为臣耳"[①] 之功效。刘敬的计策有其过于理想化的成分，在国家关系中各自的国家利益是第一位的、决定性的，非血缘关系和亲情所能够决定的[②]，在双方力量对比没有发生变化之前，令对方

---

① 《史记》卷九九《刘敬列传》，第2719页。

② 于阗与莎车的和亲是这方面的一个典型。明帝永平三年（60）于阗王广德进攻莎车王贤，"贤连被兵革，乃遣使与广德和。先是广德父拘在莎车数岁，于是贤归其父，而以女妻之，结为昆弟，广德引兵去。明年，莎车相且运等患贤骄暴，密谋反城降于阗。于阗王广德乃将诸国兵三万人攻莎车。贤城守，使使谓广德曰：'我还汝父，与汝妇，汝来击我何为？'广德曰：'王，我妇父也，久不相见，愿各从两人会城外结盟。'贤以问且运，且运曰：'广德女婿至亲，宜出见之。'贤乃轻出，广德遂执贤。而且运等因内于阗兵，虏贤妻子而并其国。锁贤将归，岁余杀之。"（《后汉书》卷八八《西域传·莎车国传》，第2925—2926页）首先，莎车王贤以女妻于阗王广德，为两国君主联姻，故亦属"和亲"性质；联姻原因在于莎车欲与于阗停战、媾和，政治目的显然，完全符合"和亲"之政治性特征。其次，于阗王广德为了吞并莎车，置翁婿情亲于不顾，将岳父母全家俘虏，而且兼并其国。"至亲"关系在国家利益面前显得无能为力。

“臣服”是不可能的。但是这个计策有其一定的合理性和现实性，通过血缘亲族关系在一定历史条件下确实可以起到促进双方关系的积极作用。

从汉匈关系观之，在汉匈力量对比发生逆转之前的西汉前期，在匈奴统治者方面并没有出现“生子必为太子，代单于”，以致“外孙为单于”的状况。其时的和亲女及其子女无闻于世，即她（他）们在政治上无所作为之反映。但是到了西汉后期，汉匈力量对比发生逆转之后，虽然“外孙为单于”的状况依然没有出现，和亲女本人的直接作用亦不算太显著，但是和亲女之子女在政治上的作用却已有所体现。王昭君两度为匈奴单于妻，她与呼韩邪单于生一男，名伊屠智牙师，为右日逐王；她与复株絫若鞮单于生二女，长女云为须卜居次，小女为当于居次，分别嫁匈奴贵族须卜氏、当于氏。王昭君之子伊屠智牙师“以次当为左贤王。左贤王即是单于储副。”但是后“单于欲传其子，遂杀知牙师。”① 刘敬“外孙为单于”之计失之交臂，至此亦未能得以实现。王昭君长女之婿须卜当为“匈奴用事大臣”②，他“欲与中国和亲”③，是位亲汉的匈奴

---

① 《后汉书》卷八九《南匈奴传》，第 2941 页。

② 《汉书》卷九四下《匈奴传下》，第 3826 页。

③ 《汉书》卷九四下《匈奴传下》，第 3827 页。笔者按：这段文字在中华书局标点本《汉书·匈奴传下》作如下之标点：“乌珠留单于立二十一岁，建国五年死。匈奴用事大臣右骨都侯须卜当，即王昭君女伊墨居次云之壻也。云常欲与中国和亲，又素与咸厚善，见咸前后为莽所拜，故遂越舆而立咸为乌累若鞮单于。”［《资治通鉴》记此事基本上引用《汉书》这段文字，其标点本之标点亦同《汉书》标点本，见《资治通鉴》卷三七王莽始建国五年（13），第 1200 页］其中的“云常欲与中国和亲”一句似有些问题需提出讨论。在“云”字旁加了人名符号，这样就使读者以为这句话的意思是说伊墨居次云“常欲与中国和亲”，而且她“又素与咸厚善，见咸前后为莽所拜，故遂越舆而立咸为乌累若鞮单于。”这似乎并不符合原意。这句话的主语是须卜当，叙述他作为王昭君女婿，有与汉和亲的愿望，而且是匈奴用事大臣，故有意欲及能力在新旧单于更替时扶立他认为亲汉的匈奴王咸为新单于；此非伊墨居次云一人可以为之的。窃意“云”字下面的“常”字殆“当”字之讹，指须卜当，“云”指伊墨居次云。这句话的意思是说伊墨居次云和须卜当“欲与中国和亲”云云，而且夫妇二人均与咸善，故共同努力扶立咸为单于。这样不仅文意顺畅，而且与其后经常“云、当”连用之史文相符，如：“乌累单于咸立……云、当遂劝咸和亲。”“天凤元年，云、当遣人之西河虎猛制虏塞下，告塞吏曰欲见和亲侯。”天凤二年王莽遣使“至塞下，单于遣云、当子男大且渠奢等至塞迎。”王莽使者到匈奴后，“又以陈良等购金付云、当，令自差与之。”天凤五年王莽“遣和亲侯歙与奢等俱至制虏塞下，与云、当会，因以兵迫胁，将至长安。云、当小男从塞下得脱，归匈奴。”（《汉书》卷九四下《匈奴传下》，第 3827—3828 页）这些“云、当”均指伊墨居次云和须卜当，“云、当”连用为《汉书》惯例。故“云”“当”两字之间可加顿号，“当”字旁也应加人名符号。

当权者。汉、新之际王莽乱政导致汉匈关系破坏时，王昭君女及女婿尽力所能及为维护汉匈关系起了积极作用。始建国五年（13）匈奴乌珠留单于死，在确定单于继承人时，须卜当运用其权力“遂越舆而立咸为乌累若鞮单于”[①]，越过另一继承人舆而选择他认为亲汉的右犁汗王咸继位。乌累若鞮单于咸继位后，须卜居次云及其夫婿须卜当均“劝咸和亲”[②]，于是乌累若鞮单于咸“复与（王）莽和亲”[③]，乌累若鞮单于咸之和亲与他们夫妇的影响有关。须卜当在匈奴右部时，“兵不侵边，单于动静辄语中国”，成为汉方在匈奴之代理人，被汉方誉为“此方面之大助也”[④]。在王莽乖戾政策导致汉匈关系日益恶化的情况下，王昭君在汉、匈双方的亲属经常担任使节，频繁往返于双方之间，不遗余力为维护双方关系竭尽所能。本来双方这种带着亲戚关系的使节往还应当是有利于友好关系发展的，但不幸的是时值王莽乱政，结果却是双方关系不仅没有向好的方向发展，反而日益走向反面。天凤元年（14），须卜居次云、须卜当“遣人之西河虎猛制虏塞下，告塞吏曰欲见和亲侯。和亲侯王歙者，王昭君兄子也。”[⑤] 经过王昭君女儿及女婿二人的主动沟通，王莽倒是派遣了王昭君之侄王歙、王飒兄弟出使匈奴，“贺单于初立”的同时欺骗匈奴，假称已被王莽杀害的匈奴侍子还在，以换回杀害西域戊己校尉刀护而投降匈奴的陈良、终带等人。匈奴单于将陈良、终带等人交出后，王莽“皆烧杀之”[⑥]。天凤二年（15）王莽派遣王歙等人护送被害匈奴侍子尸骨还匈奴，匈奴则派遣王昭君外孙（须卜居次云与须卜当之子）大且渠奢等“至塞迎”[⑦]。天凤五年（18）乌累若鞮单于咸死，呼都而尸道皋若鞮单于继位，匈奴又派遣大且渠奢和王昭君另一外孙（王昭君小女儿当于居次之子）醯椟王“俱奉献至长安”。而王莽却诱骗须卜居次云和须卜当，派遣和亲侯王歙及大且渠奢等“俱至制虏塞下”，与二人相会，“因

---

① 《汉书》卷九四下《匈奴传下》，第3827页。

② 《汉书》卷九四下《匈奴传下》，第3827页。

③ 《汉书》卷九六下《西域传下》，第3927页。

④ 《资治通鉴》卷三八，王莽天凤六年（19），第1219页。

⑤ 《汉书》卷九四下《匈奴传下》，第3827页。

⑥ 《汉书》卷九六下《西域传下·车师传》，第3927页。

⑦ 《汉书》卷九四下《匈奴传下》，第3828页。

以兵迫胁，将至长安。”唯随同前来的二人之“小男从塞下得脱，归匈奴。”① 王莽拜须卜当为单于，不久须卜当病死，王莽又以庶女妻大且渠奢，“欲出兵立之”。由于王莽一再欺诈并干涉匈奴内政，“匈奴愈怒，并入北边，北边由是坏败。”“会汉兵诛莽，云、奢亦死。”② 最后的结果是，王昭君之长女、长女婿及外孙均死于汉地，这样一个坚持和亲并身体力行的家族就这样成为王莽错误政策的牺牲品，他们的悲剧不是由于彼方而是由于己方而导致，这不能不令人深省。王昭君后嗣为维护汉匈关系已尽人事，可圈可点，奈天时如斯何！

在发挥女性特点和优势上，以汉与乌孙和亲中显得更为突出和成功。解忧公主本人及其侍者冯嫽对于促进汉、乌关系方面起了诸多重要作用已见上述种种，为和亲匈奴之王昭君所不能比拟。王昭君与解忧公主相比较之所以存在差异，与她们所处时代不同，因而肩负之使命亦有所差别而决定的。（这方面的问题下文还有进一步的论述，兹不赘。）两者之差异不完全决定于和亲女个人的能力，而决定于她们所处时代以及时代使命之不同。但是，和亲女个人之素质、能力也有一定关系，在这方面解忧公主，尤其是其侍者冯嫽，纵横捭阖于汉、乌之间与西域诸国之间，其政治能力和水平不下于汉廷中的一些高级官员，实际上已经不是一般的和亲女，而是具有相当政治素养和能力的政治家、外交家。

在这样的背景下，解忧公主之子女、亲属、后嗣在政治上亦有诸多突出表现。细君公主与军须靡生有一女，名少夫，事迹无闻。解忧公主与翁归靡生有三男两女，其中多位在政治上有所表现或作为。长男元贵靡为乌孙第一任大昆弥，其后祖孙三代相继为大昆弥，刘敬所谓“外孙为单于”之设想至此在乌孙得以实现。甘露元年（前53）乌孙分裂，经汉方调解，“立元贵靡为大昆弥，乌就屠为小昆弥，皆赐印绶。”③ 大昆弥户六万余，小昆弥户四万余。元贵靡死后，其子星靡“代为大昆弥”，星靡死后，其“子雌栗靡代”④。雌栗靡被小昆弥末振将使人刺杀后，汉

---

① 《汉书》卷九四下《匈奴传下》，第3829页。
② 《汉书》卷九四下《匈奴传下》，第3829页。
③ 《汉书》卷九六下《西域传下·乌孙国传》，第3907页。
④ 《汉书》卷九六下《西域传下·乌孙国传》，第3908页。

“立雌栗靡季父公主孙伊秩靡为大昆弥”[①]。小昆弥乌就屠为翁归靡与匈奴妻所生，乌就屠死后，其子“拊离代立”，拊离被其弟日贰杀害后，“汉遣使者立拊离子安日为小昆弥”[②]“后安日为降民所杀，汉立其弟末振将代。”末振将被大昆弥翎侯难栖杀后，“末振将兄安日子安犁靡代为小昆弥”[③]。也就是说，汉和亲女与匈奴和亲女之后嗣分别相继为乌孙之大、小昆弥，分裂后的乌孙，主要部分——大昆弥一直掌控于汉和亲女之子孙手中，其次之部分——小昆弥一直掌控于匈奴和亲女之子孙手中。为简明起见，兹制下表以示之。

表 4－2　　乌孙大、小昆弥世系表

与和亲女关系	子	孙	曾孙	玄孙
大昆弥（汉和亲女后嗣）	①元贵靡	②星靡	③雌栗靡	
		④伊秩靡		
小昆弥（匈奴和亲女后嗣）	①乌就屠	②拊离	③安日	⑤安犁靡
			④末振将	

注：圆圈内之序号为传承次第。

从以上所述可见，自甘露元年（前53）乌孙分立两昆弥之后，大昆弥一直为汉和亲女后嗣所任，小昆弥则一直为匈奴和亲女后嗣所任。两昆弥中之大昆弥亲汉，小昆弥虽然亲匈奴，但与汉亦保持关系，因为这个时期匈奴已经臣服于汉。

虽然甘露三年（前51）解忧公主携三孙告老返回长安，但这时她的后嗣仍然在乌孙继续执掌权力。黄龙元年（前49）解忧公主辞世后的第47年——哀帝元寿二年（前1），其孙大昆弥伊秩靡来到长安入朝，与匈奴单于同时来朝，“汉以为荣”[④]，成为汉皇朝一桩外交盛事，汉与乌孙的友好关系进入了又一个高潮。和亲效应在时间上之延伸性于此可见。此和亲效应不仅在西汉后期保持达半个世纪以上，甚而延伸至东汉时期，明帝永平十七年（74）耿恭为戊己校尉，屯车师后王部金蒲城，“移檄乌

① 《汉书》卷九六下《西域传下・乌孙国传》，第3909页。
② 《汉书》卷九六下《西域传下・乌孙国传》，第3908页。
③ 《汉书》卷九六下《西域传下・乌孙国传》，第3909页。
④ 《汉书》卷九六下《西域传下・乌孙国传》，第3910页。

孙，示汉威德，大昆弥已下皆欢喜，遣使献名马，及奉宣帝时所赐公主博具，愿遣子入侍。恭乃发使赍金帛，迎其侍子。”① 两汉之际遭王莽乱政，汉与西域关系断绝，在得到汉使传递的音讯后，乌孙大昆弥作出了积极的回应，其报使特意携带汉宣帝时赐予和亲公主之博具来见，可见和亲效应在解忧公主辞世的 123 年之后仍然在发生作用。关于“公主博具”，李贤注曰：“武帝元封中，遣江都王建女细君为公主，嫁与乌孙昆莫，赐乘舆服御，官属侍御数百人，赠送甚盛，盖后宣帝赐以博具也。”② 乌孙使者所奉博具为西汉宣帝时赐予和亲公主的玩具。“博具”即“博戏之具”③。

和亲女在乌孙之后嗣以及他们的亲族，除了上述为大昆弥者之外，还有不少跻身于乌孙统治集团中，这对于维护汉乌关系亦有积极意义。解忧公主三子名大乐，为乌孙左大将。乌孙昆弥之下的高层统治者有“相，大禄，左右大将二人。”④ 星靡继位为大昆弥后，因其幼弱，西域都护韩宣遂奏请免去星靡，“更以季父左大将乐代为昆弥”⑤，这里的乐即解忧公主之三子大乐，为星靡叔父。此议虽然被朝廷否决，但从中可知他在乌孙政治舞台上也是一位重要人物。解忧公主小女素光为若呼翖侯妻，“翖侯，乌孙大臣官号，其数非一，亦犹汉之将军耳。”⑥ 亦属高级官员。

解忧公主之侍者冯嫽嫁乌孙右大将，与左大将大乐为同一级别之高层官员。甘露年间冯嫽调解乌孙统治者纷争之获得成功，与其姻亲有一定关系。在乌就屠杀狂王、自立为昆弥时，西域都护郑吉之所以派遣她去劝说乌就屠，就因为冯嫽的丈夫“右大将与乌就屠相爱”⑦，冯嫽利用这一关系而与乌就屠谈判并说服了他。冯嫽与乌就屠谈判之获得成功，其夫右大将亦当有所助益。

和亲女后嗣影响所及不仅在于乌孙，甚至及于西域其他国家或地区。

---

① 《后汉书》卷一九《耿恭传》，第 720 页。《资治通鉴》卷四五，汉明帝永平十七年（74）谓耿恭为戊校尉，第 1466 页。

② 《后汉书》卷一九《耿恭传》，第 720 页。

③ 《汉书》卷二七下之上《五行志七下之上》颜注，第 1477 页。

④ 《汉书》卷九六下《西域传下·乌孙国传》，第 3901 页。

⑤ 《汉书》卷九六下《西域传下·乌孙国传》，第 3908 页。

⑥ 《汉书》卷六一《张骞传》，颜师古注，第 2692 页。

⑦ 《汉书》卷九六下《西域传下·乌孙国传》，第 3907 页。

解忧公主长女弟史嫁龟兹国王绛宾，将汉与乌孙的和亲扩展至与龟兹的和亲，并将这种亲密关系延伸至汉末，“绛宾死，其子丞德自谓汉外孙，成、哀帝时往来尤数，汉遇之亦甚亲密。”① 汉与龟兹的友好关系亦延续半个世纪以上。解忧公主的次子万年，“莎车王爱之。莎车王无子死，死时万年在汉。莎车国人计欲自托于汉，又欲得乌孙心，即上书请万年为莎车王。汉许之，遣使者奚充国送万年。”② 从莎车王“爱之”可见解忧公主与莎车原有十分密切的友好往来。解忧公主之子万年被视为莎车与汉、乌孙建立友好关系的媒介，可惜的是“万年初立，暴恶，国人不说。莎车王弟呼屠徵杀万年，并杀汉使者，自立为王，约诸国背汉。”③ 经过一段波折，亲汉的力量在莎车还是占了主导地位，西汉末莎车王延“长于京师，慕乐中国”“常敕诸子，当世奉汉家，不可负也。”后来“匈奴单于因王莽之乱，略有西域，唯莎车王延最强，不肯附属。”④ 和亲女所具有的女性特点和优势，将和亲效应充分延伸和扩展，从而最大限度地发挥常驻使节的作用。

5. 解忧公主与王昭君比较

解忧公主与王昭君是汉代和亲女中最为著名的两位，但是她们二人的作为和历史贡献是有差异的，虽然王昭君出塞对于巩固、维护汉匈友好关系产生了积极的效果，但是她本人在出塞之后基本上不见其作为，而解忧公主则在政治乃至军事等方面均有较大作为和行动，从而为实现汉武帝“欲与乌孙共灭胡”的战略计划、促成“断匈奴右臂”战略目标之完成做出了积极贡献。她们二人的这种差异，主要是时代赋予她们的历史使命不同决定的，其次也与她们的出身、素质之差异有一定关系。

（1）解忧公主与王昭君事迹比较

评价和亲女的历史贡献和作用，同评价其他历史人物一样，首先应当看看她们实际上做了哪些事情？有什么具体的贡献？而回答这些问题又应当根据当时的第一手资料，而不能依据一些后世的诗词歌赋之类的

---

① 《汉书》卷九六下《西域传下》，第 3917 页。

② 《汉书》卷九六上《西域传上 · 莎车国传》，第 3897 页。

③ 《汉书》卷九六上《西域传上 · 莎车国传》，第 3897 页。

④ 《后汉书》卷八八《西域传 · 莎车国传》，第 2923 页。

文字来进行。现在我们就将这两位和亲女的有关事迹进行对照。

表 4－3　解忧公主、王昭君事迹对照表

事迹	解忧公主	王昭君	资料出处
出嫁表现	（细君）公主死，汉复以楚王戊之孙解忧为公主，妻岑陬	昭君入宫数岁，不得见御，积悲怨，乃请掖庭令求行	①《汉书》卷九六下《西域传下》，第 3904 页；②《后汉书》卷八九《南匈奴传》，第 2941 页
再嫁表现	翁归靡既立，号肥王，复尚楚主解忧；狂王复尚楚主解忧	及呼韩邪死，其前阏氏子代立，欲妻之，昭君上书求归，成帝敕令从胡俗，遂复为后单于阏氏焉	①《汉书》卷九六下《西域传下》，第 3904 页；②《后汉书》卷八九《南匈奴传》，第 2941 页
军事活动	昭帝时，公主上书，言"匈奴侵乌孙，幸救之"；宣帝初即位，公主及昆弥复遣使上书，愿发国半精兵，自给人马五万骑，尽力击匈奴	无	①《汉书》卷九六下《西域传下》，第 3905 页
政治活动	狂王不与主和，又暴恶失众。汉使卫司马魏和意、副候任昌送侍子，公主言狂王为乌孙所患苦，易诛也。遂谋刺狂王，狂王伤，上马驰去。其子细沈瘦会兵围和意、昌及公主于赤谷城。数月，都护郑吉发诸国兵救之，乃解去；车骑将军长史张翁留验公主与使者谋杀狂王状，主不服，叩头谢，张翁捽主头骂詈。主上书，翁还，坐死；"上书二封。其一封长罗侯，一乌孙公主。甘露二年二月"	无	①《汉书》卷九六下《西域传下》，第 3906 页；《敦煌悬泉汉简释粹》（Ⅱ0113③：65），编号 193，第 137 页
友好活动	楚主侍者冯嫽能史书，习事，尝持汉节为公主使，行赏赐于城郭诸国，敬信之，号曰冯夫人	无	①《汉书》卷九六下《西域传下》，第 3907 页
对子女活动的干预	遣女来至京师学鼓琴；龟兹王遣人至乌孙求公主女，主许之。后解忧公主上书，愿令女比宗室入朝	无	①《汉书》卷九六下《西域传下》，第 3916 页

续表

事迹	解忧公主	王昭君	资料出处
归宿	元贵靡、鸱靡皆病死，公主上书言年老思土，愿得归骸骨，葬汉地。天子闵而迎之，公主与乌孙男女三人俱来至京师。时年且七十，赐以公主田宅奴婢，奉养甚厚，朝见仪比公主。后二岁卒，三孙因留守坟墓云		①《汉书》卷九六下《西域传下》，第3908页
子女活动	长男曰元贵靡，为乌孙大昆弥；次曰万年，为莎车王；次曰大乐，为左大将；长女弟史为龟兹王绛宾妻；小女素光为若呼翎侯妻	生一男伊屠智牙师，为右日逐王，长女云为须卜居次，小女为当于居次。王莽风单于令遣王昭君女须卜居次云入侍太后；匈奴用事大臣右骨都侯须卜当，即王昭君女伊墨居次云之婿也。云、当欲与中国和亲，又素与咸厚善，见咸前后为莽所拜，故遂越舆而立咸为乌累若鞮单于。乌累单于咸立，云、当遂劝咸和亲；天凤元年，云、当遣人之西河虎猛制虏塞下，告塞吏曰欲见和亲侯	①《汉书》卷九六下《西域传下》，第3904页；②《汉书》卷九四下《匈奴传下》第3806、3807、3808、3818、3826、3827页

说明：资料出处栏中序号，①为解忧公主，②为王昭君；所引文字有所删节。

通过上表我们可以看到，首先，在出嫁和改嫁方面，王昭君的事迹详于解忧公主。王昭君于出嫁和改嫁时的表现有较为具体的记载，虽然其中有一些个人的恩怨和伦理观念在内，但是她积极主动要求出塞，并接受朝廷的旨意，顺利改嫁，还是应当肯定的。这方面解忧公主没有多少具体的资料留下，但是从她后来的一再顺利改嫁，没有怨言观之，虽然她不一定有主动要求出塞的行动，但是一直能够服从朝廷的旨意，顺利履行和亲使命是没有问题的。在这方面解忧公主所处具体环境与王昭君有所不同，解忧公主是接替细君公主而与乌孙昆弥军须靡结婚的，而细君公主改嫁时已经得到汉武帝的指示："从其国俗，欲与乌孙共灭胡。"① 这是从战略高度来处理伦常问题，细君公主已经勇敢地迈出了第一步，解忧公主自然遵循不违。但是王昭君在细君公主和解忧公主已经

① 《汉书》卷九六下《西域传下·乌孙国传》，第3904页。

走过这一步之后数十年，在改嫁问题上仍然有所顾虑，“及呼韩邪死，其前阏氏子代立，欲妻之，昭君上书求归，成帝敕令从胡俗，遂复为后单于阏氏焉。”① 表明其对自己承担的政治使命的认识有所不足。不过，毕竟当时汉匈之间文化差异还比较大，这个问题我们也不能苛求于王昭君。

其次，解忧公主和王昭君的子女都不同程度有比较出色的表现，都为发展或维护与汉的友好关系做出了积极的贡献，在这方面她们二人可以说难分伯仲。她们的一些差异，与她们所处时代不同，客观环境不同有关。因此，在这方面对于她们都是应当加以肯定的。

但是，评价和亲女的作用时，除了这两个方面之外，还要看她们本人在和亲国的具体活动情况，特别是有无开展政治、军事等方面的活动，以促进双方的关系与和亲使命的实现。在这方面王昭君几乎没有什么具体的事迹，而解忧公主的事迹却是比较丰富而具体的。

第一，在军事上有所作为和贡献。她对于促进宣帝本始二、三年（前72—前71）汉、乌联军合击匈奴之战及其胜利起了积极作用，做出了贡献（详见上文“2. 和亲促成了汉、乌军事同盟，终于打败匈奴”）。

第二，在政治上有所行动。在争夺乌孙控制权方面进行了积极的活动，在神爵二年（前60）解忧公主第二任丈夫、乌孙昆弥翁归靡死后，翁归靡匈奴妻所生子狂王继位为昆弥，解忧公主之子元贵靡不得立，而且狂王又“暴恶失众”，不论从汉乌关系和乌孙内部来说都是极其不利的。在这种情况下解忧公主秉承汉方旨意与汉使合谋刺杀狂王。这一行动的实质是汉、匈争夺对于乌孙控制权之争。虽然事件导致乌孙政局动荡，但是经过这一番波折，元贵靡得以立为大昆弥，而以亲匈奴势力为小昆弥，汉方在控制权方面取得优势。从悬泉置发现的汉简可知，在乌孙政局混乱期间解忧公主积极与汉皇朝取得联系，上书报告乌孙动态，这也于汉皇朝最后解决乌孙问题有所助益。

第三，促进汉与乌孙和西域诸国的友好关系。一方面她派遣她的侍者冯嫽巡行西域诸国，开展亲善友好活动；另一方面她还经常派遣她的子女入汉，为汉乌友好关系和文化交流作出积极贡献；经她同意，其长女弟史与龟兹王联姻，对于促进乌孙、龟兹与汉的友好关系亦具有积极

① 《后汉书》卷八九《南匈奴传》，第2941页。

意义；其小子万年之所以为莎车王所爱，以致将王位传给他，表明解忧公主与莎车曾经有过密切的交往。

与解忧公主相比较，王昭君在出塞之后的活动，除了“及呼韩邪死，其前阏氏子代立，欲妻之，昭君上书求归，成帝敕令从胡俗，遂复为后单于阏氏焉。”① 这是她在和亲期间唯一可知的活动事迹，此外，就没有别的事迹了。至于汉元帝为王昭君出塞而改元为“竟宁”，匈奴方面号其为“宁胡阏氏”，以及汉墓中发现“单于和亲”瓦当等，均不属于她本人的活动事迹。这些基本上属于其出塞所带来的客观效果。王昭君出塞本身就是促进汉匈和平友好的行动，她这一行动的历史功绩是应当肯定的，同时表明她也没有做过任何不利于汉匈关系的事情。但是，从另一方面来看，则她没有主动积极为汉匈关系采取有意义的行动，也是不容否认的。

（2）解忧公主与王昭君存在差异的原因

解忧公主本人及其侍者冯嫽对于促进汉、乌关系方面起了诸多重要作用已见上述种种，为和亲匈奴之王昭君所不能比拟。可以说解忧公主在和亲期间是有所作为，而王昭君在和亲期间则基本上不见有所作为。王昭君与解忧公主相比较之所以存在差异，其原因主要有二，一是与她们所处时代不同，因而肩负之使命亦有所差别而决定的。二是与她们个人出身、素质之不同也有一定关系，因而她们所能够发挥的主观能动作用亦有所差异。

她们所处时代的差别。解忧公主和亲是在西汉的前中期，王昭君和亲则是在西汉的后期。解忧公主和亲乌孙时，匈奴问题尚未得到解决，匈奴对汉的威胁还是汉皇朝所面临的严峻问题，西域与汉的关系也还未完全打开，还存在许多未知数，故其和亲乌孙时所面临的时代使命还非常艰巨，她及其前之细君公主一样，均肩负着“欲与乌孙共灭胡”② 的使命，是为实现“断匈奴右臂”③ 战略计划之一环。这不仅是和亲女个人的使命，也是汉皇朝所面临的重大历史使命。因此，解忧公主出塞，不论

---

① 《后汉书》卷八九《南匈奴传》，第2941页。

② 《汉书》卷九六下《西域传下·乌孙国传》，第3904页。

③ 《史记》卷一二三《大宛列传》，第3168页。

对于汉还是和亲女来说均可谓任重而道远。故解忧公主和亲乌孙之后，不仅需尽一般和亲女所应尽之维护和发展双方友好关系之责任，而且还肩负加强汉与西域诸国的友好关系，乃至进而在政治上、军事上与汉皇朝联盟，以从右翼钳制匈奴等重任。王昭君和亲的西汉后期，汉皇朝所面临的重大问题——北方匈奴问题已经基本解决，匈奴统一军事帝国已经瓦解，实际上已经分裂为两个部分——呼韩邪单于和郅支单于，不待东汉时期南北匈奴之分裂。呼韩邪单于一支已经臣服于汉皇朝，故王昭君和亲呼韩邪单于，其肩负之任务与解忧公主时代已不可同日而语，基本上是保持、维护汉匈之间已经建成、存在之臣服关系和友好关系而已。两者之差异不完全决定于和亲女个人的能力，而决定于她们所处时代以及时代赋予她们的历史使命之不同。

但是，和亲女个人之素质、能力也有一定关系。在这方面，解忧公主及其侍者冯嫽，纵横捭阖于汉、乌之间与西域诸国之间，其政治能力和水平不仅在和亲女中属于佼佼者，而且可以说不下于汉廷中的一些干练高级官员，实际上已经不是一般的和亲女，而是堪称具有相当政治素养和能力的政治家、外交家。而王昭君在这方面则没有可供评述之历史事实存留。那么，她们二人何以有这样的差异呢？这除了她们所处时代条件不同等客观原因之外，与她们的主观条件之不同亦有一定关系。解忧公主为楚王刘戊之孙，属于汉代诸侯王家庭出身，诸侯王为汉代最高封爵称号。楚王这一支又受到格外尊宠。楚王始封于汉六年（前201），始祖刘交为刘邦“同父少弟”，其人“好书，多才艺。”① 文帝时其孙刘戊嗣，即解忧公主之祖父。文帝“尊宠元王，子生，爵比皇子。”意即其“封爵皆与皇子同”。景帝即位，“以亲亲封元王宠子五人”②。后来刘戊参与“吴楚七国之乱”，兵败自杀。解忧公主出生在这样一个高级贵族家庭，一方面可以得到优越的培养教育，另一方面则对于汉皇朝统治集团内部错综复杂的关系和矛盾斗争，耳濡目染，其政治识见比一般人自然要高也更为丰富和深入。故其和亲乌孙之后，不仅能够很好地适应和融入乌孙统治集团之中，而且对于汉皇朝宫廷内部关系亦较常人更有深切

---

① 《汉书》卷三六《楚元王传》，第1921页。

② 《汉书》卷三六《楚元王传》，第1923页。

的了解，对于其沟通汉乌双方统治者关系可谓得天独厚。

同样出身于诸侯王的细君公主没有解忧公主突出，表明个体素质差异也是有关系的。细君公主“至其国，自治宫室居，岁时一再与昆莫会，置酒饮食，以币帛赐王左右贵人。昆莫年老，语言不通，公主悲愁，自为作歌曰：‘吾家嫁我兮天一方，远托异国兮乌孙王。穹庐为室兮旃为墙，以肉为食兮酪为浆。居常土思兮心内伤，愿为黄鹄兮归故乡。’”[①] 这个记载表明，从性格方面来说，细君公主比较内向、柔弱，不如解忧公主之泼辣、刚强；从对肩负使命的认识来说，与解忧公主也存在差距。其乡愁哀怨，溢于言表，多少也反映了这方面的问题；从身体素质方面来说，细君公主下嫁乌孙之后不过四五年即死去，而解忧公主则在乌孙生活了半个世纪，年过七十方才辞世。

王昭君则与解忧公主有较大差别。关于王昭君的情况，据《后汉书·南匈奴传》记载：“昭君字嫱，南郡人也。初，元帝时，以良家子选入掖庭。”[②]《汉书·元帝纪》记王昭君事曰：“赐单于待诏掖庭王檣为阏氏”，注引应劭曰：“郡国献女未御见，须命于掖庭，故曰待诏。”[③] 由此可知，王昭君出身寒素，为南郡秭归之“良家子”，自民间征召入宫。何谓“良家子”？如淳云“非医、巫、商贾、百工也。”[④] 汉代后宫之制，在皇后、夫人之下，还有各种称号、等级，“元帝加昭仪之号，凡十四等云。”在这十四等中，“昭仪位视丞相，爵比诸侯王。”为第一等，最后一等即第十四等为“上家人子、中家人子，视有秩斗食云。”颜师古注曰：“家人子者，言采择良家子以入宫，未有职号，但称家人子也。斗食谓佐史也。谓之斗食者，言一岁不满百石，日食一斗二升。”[⑤] 可见“良家子”多为吏民中的中、上户人家，她们在入宫之后，为后宫最末之第十四等“家人子”，相当于官吏系统中最末一等之“有秩斗食”。自第十二等“五官以下，葬司马门外。”注引服虔曰：“陵上司马门之外。”[⑥] 故“家

① 《汉书》卷九六下《西域传下·乌孙国传》，第3903页。
② 《后汉书》卷八九《南匈奴传》，第2941页。
③ 《汉书》卷九《元帝纪》，第297页。
④ 《史记》卷一〇九《李将军列传》，司马贞“索隐”案引“如淳云”，第2867页。
⑤ 《汉书》卷九七上《外戚传上·序》，第3935页。
⑥ 《汉书》卷九七上《外戚传上·序》，第3935页。

人子”死后不能葬在陵园之内，而葬于陵园之司马门之外，其地位之低下可想而知。王昭君即属于这一等级之宫人。

这种出身及其在宫中的低下等级，决定了她所受教育，她的见识、能力和水平的局限性，与出身豪门贵族的解忧公主不可比拟，如果说解忧公主是大家闺秀的话，那么王昭君则是小家碧玉。这种出身和素养的差异，决定了她们的眼界、能力、水平的差异，王昭君在这方面不仅不能与解忧公主相比，甚至与解忧公主的侍者冯嫽也不能相比。这样我们就可以理解，何以解忧公主在乌孙期间能够在政治乃至军事等方面有所作为，甚至堪称是大手笔的作为。而王昭君则基本上不见有所作为。这除了时代条件的制约之外，与她们个人的见识、素质、能力、水平也有一定关系。

这里还有一个问题，西汉早期和亲匈奴的汉女，她们所处时代条件、时代使命与细君、解忧公主和亲乌孙有不少相似之处，也是使命艰巨的历史时代，她们的身份、出身与细君、解忧公主也完全相同，都是翁主。那么为什么西汉前期这些和亲匈奴的和亲女均寂寂无闻、无所作为呢？这又与和亲女所在之国情不同也有相当关系。西汉前期的匈奴与汉皇朝处于敌对的状态，这种激烈的斗争和竞逐导致匈奴方面不可能信任汉女，刘敬说：“若陛下不能遣长公主，而令宗室及后宫诈称公主，彼亦知，不肯贵近，无益也。”① 而汉方恰恰是以“宗室”女作为公主而并非以真公主或长公主妻匈奴，故匈奴方面“不肯贵近”实属必然；而且以当时汉匈之间的敌对关系，即使汉方以真公主乃至长公主妻之亦无济于事，更不必说以翁主妻之。加以匈奴对于汉方的敌对态度，则她们在匈奴的待遇，与解忧公主及王昭君均不能比拟。乌孙与匈奴不同，它与汉皇朝没有根本利益的矛盾冲突，基本上长期保持亲近、友好的关系。因此，汉女在乌孙所受到的待遇优于匈奴，她们有条件和可能发挥与其身份相符的相关活动，从而有可能履行她们肩负的历史使命。故西汉前期和亲女在匈奴期间默默无闻是可以理解的。

三　和亲的性质

我们在本节开始已经提出了“和亲”的定义，认为“和亲”是两国

---

① 《史记》卷九九《刘敬列传》，第2719页。

君主之间通过联姻这一手段以求建立友好互信关系的政治行为。根据这一定义，我们可以看到“和亲”的一些基本属性和特征。

（一）“和亲”是两国君主之间的联姻

汉与匈奴的和亲，是汉皇帝与匈奴单于之间的联姻，汉与乌孙的和亲，是汉皇帝与乌孙昆弥之间的联姻，这是和亲的基本属性之一，如果有违于这一基本属性，则不属于我们所说的和亲。因此，和亲并不取决于是以公主、翁主还是宫女以妻之，因为不论她们身份为何，只要她们是以双方君主的名义联姻的，就是一种和亲性质的行为。高帝“乃使刘敬奉宗室女公主为单于阏氏”[①]，这里是将“宗室女”作为皇帝的“公主”而与匈奴和亲。汉武帝说：“朕饰子女以配单于”[②]，表明和亲匈奴是以汉皇帝以其“子女”的名义而妻之的。神爵二年（前60）汉宣帝以相夫妻乌孙元贵靡亦属于和亲性质，一方面，翁主相夫是以汉宣帝女的名义出嫁的，“上乃以乌孙主解忧弟子相夫为公主”以嫁之，就清楚地表明了这一点；相夫出发之前，“天子自临平乐观……设乐而遣之。”[③] 进一步强调了这一点。另一方面，嫁女之对方亦应为君主。但是当时元贵靡并非昆弥，何以亦属和亲？这是因为乌孙昆弥翁归靡在求婚上书中明确提出：“愿以汉外孙元贵靡为嗣，得令复尚汉公主，结婚重亲。”元贵靡被明确指定为乌孙昆弥的继承人，因此汉方是将元贵靡视为乌孙储君而妻之的。然而当相夫一行行至敦煌，乌孙政情生变，“乌孙昆弥翁归靡死，乌孙贵人共从本约，立岑陬子泥靡代为昆弥，号狂王。”元贵靡不得继承为昆弥，于是汉方因“少主以元贵靡不立而还”[④]，召回相夫，这次和亲遂夭折。

根据上述定义和标准，则龟兹王绛宾与解忧公主之女弟史的婚姻，既属于龟兹与乌孙的和亲，又属于龟兹与汉的和亲，具有双重和亲的特性。绛宾为龟兹君主，弟史为解忧公主与乌孙昆弥翁归靡所生长女，因此她是乌孙的公主；绛宾的求婚得到解忧公主的同意，也应当是得到了

---

① 《史记》卷一一〇《匈奴列传》，第2895页。

② 《汉书》卷六《武帝纪》，第162页；《汉书》卷五二《韩安国传》，第2399页。

③ 《汉书》卷九六下《西域传下·乌孙国传》，第3905页。

④ 《汉书》卷九六下《西域传下·乌孙国传》，第3905—3906页。

乌孙昆弥翁归靡的同意。因此，龟兹王向解忧公主求婚，也是向乌孙昆弥求婚；绛宾与弟史的联姻，实际上是龟兹王与乌孙昆弥之间的联姻，故属于龟兹与乌孙的和亲。绛宾与弟史的联姻同时又属于汉与龟兹之和亲。在绛宾与弟史成婚之后，解忧公主“上书，愿令女比宗室入朝，而龟兹王绛宾亦爱其夫人，上书言得尚汉外孙为昆弟，愿与公主女俱入朝。”解忧公主的上书是要求将弟史作为汉宗室女身份入朝——亦即将其视为“汉公主”；绛宾的上书是要求汉宣帝承认他与“汉外孙”的婚姻关系而与汉结为“和亲”关系。两人的上书均达到了目的，得到了满足。元康元年（前65）绛宾与弟史联袂入朝，在长安，龟兹王及其夫人“皆赐印绶。夫人号称公主，赐以车骑旗鼓，歌吹数十人，绮绣杂缯琦珍凡数千万。”一方面汉宣帝同意了解忧公主的请求，将弟史视为“宗室”，正式封其为汉公主，弟史遂由乌孙“公主”和“汉外孙”同时兼具汉家“公主”的身份；另一方面，他们的婚姻也得到了汉宣帝的承认，绛宾接受了汉的印绶和赏赐，从而使他们的婚姻又成为汉皇帝与龟兹王之间的联姻。因此，绛宾与弟史的联姻具有双重和亲关系的特征，即既是龟兹与乌孙的和亲，也是汉与龟兹的和亲。龟兹的和亲可以说是汉、乌和亲的延伸或连锁反应。

上述基本属性表明，和亲并非两个国、族之间一般的联姻关系。有的和亲史著作将婴齐取樛氏女亦视为和亲，似可商榷。南越王赵胡之子“婴齐其入宿卫在长安时，取邯郸樛氏女，生子兴。”[①] 这种婚姻行为并不属于和亲，因为这并非汉皇帝与南越王之间的联姻，其性质与战国末期秦异人“为秦质子于赵，见吕不韦姬，悦而取之，生始皇”[②] 相似，因其并非赵王与秦王之间的联姻。婴齐与异人均在充当质子期间成婚，虽然两人后来均成为君主，但是他们并非与入质所在国君主联姻，故不属于我们所谓之和亲。

何以和亲具有两个国、族君主之间联姻的特征？这是因为古代国家乃由氏族、部落、部落联盟脱胎、转化而来，其政治体制具有浓厚的血缘宗族性特征，君主既是家族、宗族长，也是国家首脑，具有家、国一

---

① 《史记》卷一一三《南越列传》，第2971页。按，“樛”或作“摎”。

② 《史记》卷六《秦始皇本纪》，第223页。

体之特征。君主是双方外交之主体，外交实质上是双方君主之间的交往，因此在古代国家不仅政治制度，而且外交制度中，均具有浓厚的血缘、亲族成份，血缘、亲族成份往往被运用于外交关系之中，其中以质侍、和亲两者最为突出，质侍是以君主之子弟出质于外交关系国，和亲则以君主之女出嫁于外交关系国。前者为男性成员，后者为女性成员。故质侍为双方君主之间子弟之授受，和亲为双方君主之间公主之嫁娶，必以双方君主之间的授受嫁娶为其基本特征。在古代外交关系中，往往掺杂着血缘的、亲族的成份，以利于从一个具有血缘性和人性化的独特角度促进外交关系的发展。汉代去古未甚远，其影响仍然存在，故亦基本如此。上古埃及的阿玛尔纳文书中保存了一些当时外交婚姻的资料，十八王朝时期的埃王阿美诺非斯第三要求娶巴比伦皇帝之女为妻，巴比伦皇帝回信同意并道："我对女儿所嫁之人的唯一要求就是他必须是国王或者拥有王族血统。这是我唯一的要求。没有国王会把自己的女儿嫁给非王族血统的人。"① 表明上古近东地区的外交婚姻也是以两国君主之间的联姻为其特征的。

由于和亲是双方君主之间的联姻，因此这种和亲中的双方处于对等地位。在"和亲"中，将双方关系说成是"兄弟"关系，是这种对等关系的一种反映。汉代将和亲关系视为"兄弟"或"昆弟"关系，高帝遣刘敬使匈奴，"约为昆弟以和亲"②，汉文帝谓汉匈和亲为"汉与匈奴约为兄弟"③，张骞建议与乌孙和亲为"与汉结昆弟"④，乌孙遣使来汉求婚，乃"使使献马，愿得尚汉公主，为昆弟。"⑤ 尽管龟兹的国力大小与汉无法比拟，但绛宾在请求与汉和亲时仍然提出"得尚汉外孙为昆弟"⑥，亦将双方和亲视为"兄弟"关系。本来联姻双方是一种翁婿关系，何以称为"兄弟"关系？郑玄注"兄弟"曰："兄弟，谓同姓若婚姻甥舅有

---

① William L. Moran, *The Amama Letters*, Baltimore, 1992, EA2。上古埃及的阿玛尔纳文书中保存有当时外交婚姻的资料，承蒙北京师范大学历史系教授、埃及史专家周启迪、王海利先生热情帮助，提供了文书的英译资料，谨致谢忱。

② 《史记》卷一一〇《匈奴列传》，第 2895 页。

③ 《史记》卷一一〇《匈奴列传》，第 2897 页。

④ 《史记》卷一二三《大宛列传》，第 3168 页。

⑤ 《汉书》卷九六下《西域传下·乌孙国传》，第 3903 页。

⑥ 《汉书》卷九六下《西域传下》，第 3916 页。

亲者。”[①] 可知“兄弟”亦包含联姻关系之双方在内。故和亲双方称为“兄弟”，其涵义有二，一为双方乃姻亲关系，二为双方平等、对等之意。他们之间以“兄弟”视之，表明这种姻亲关系实质上是视双方为平等、对等之关系，而非一般的姻亲关系。所谓对等关系即“双方从对方得到的待遇处于平衡状态。”“和亲”就是嫁娶双方之间建立起一种平衡状态关系。而“国家关系中的对等原则不是自然而然地产生出来的，通常是由条约创造出来的。”[②] 和亲双方的“兄弟”关系也是通过“和亲约”[③]而实现的。不独中国的汉朝为然，上古埃及的外交婚姻国之间也是以“兄弟”相称的，十八王朝时期，埃王阿美诺非斯第三要求娶巴比伦皇帝之女为妻，巴比伦皇帝答应的同时也要求娶埃王之女为妻，却遭到拒绝，巴比伦皇帝在致埃王的信中写道：“难道不是你自己寻求兄弟般的友谊与和睦，而且写信给我，提起使我们可以彼此越来越亲密的婚事的吗？难道我不是本着与你相同的理由，为着建立兄弟般的友谊与和睦而向你提出婚事的吗？既然如此，那么，为什么你，我的兄弟，一个女人也没有送给我？既然你没有送给我女人，那么，也许，我也应该像你做的那样，拒绝你的婚事要求，不把女人送给你？但是，我仍然将把我的女儿送给你，我不会拒绝你的要求。”[④] 可见在古代世界中都把两国之间的联姻称之为结“兄弟之国”的。

“和亲”作为外交方式之一，是两个国家君主之间以对等性关系通过条约或协议而规定双方权利义务的政治性联姻。

（二）“和亲”是双方寻求建立友好互信关系的政治行为

和亲的另一属性是双方寻求建立友好互信关系的政治行为。和亲是一种政治性行为，不是一般的婚姻行为。所谓政治性行为，是指这种联姻具有明显的政治、军事等方面的目的。汉匈和亲乃“冀以救安边境”[⑤]。汉与乌孙和亲，则一方面为了“断匈奴右臂”战略目的，另一方面则为

---

① 《仪礼注疏》卷二四《聘礼》，第538页。

② 《国际法辞典》，第231页。

③ 《史记》卷九九《刘敬列传》，第2719页。

④ William L. Moran, *The Amarmna Letters*, Baltimore, 1992, EA4.

⑤ 《汉书》卷九四下《匈奴传下》，第3830—3831页。

了“既连乌孙，自其西大夏之属皆可招来而为外臣。”[①] 均包含着明确的政治的、军事的目的。

不独大国和亲为然，小国和亲亦然。上述龟兹与乌孙、龟兹与汉之和亲即为小国和亲之典型。龟兹王绛宾之向解忧公主之女求婚，有着深谋远虑的政治目的。原来在其先王时期，龟兹与汉长期处于紧张关系状态，汉武帝时李广利伐大宛回师途经杅弥，“杅弥遣太子赖丹为质于龟兹。广利责龟兹曰：‘外国皆臣属于汉，龟兹何以得受杅弥质?’即将赖丹入至京师。”在纳质问题上龟兹与汉产生了矛盾。及至昭帝时，“乃用桑弘羊前议，以杅弥太子赖丹为校尉，将军田轮台，轮台与渠犁地皆相连也。龟兹贵人姑翼谓其王曰：‘赖丹本臣属吾国，今佩汉印绶来，迫吾国而田，必为害。’王即杀赖丹，而上书谢汉，汉未能征。”如今龟兹又将已被汉拜为校尉并派遣至轮台负责垦田的赖丹杀掉，汉与龟兹的矛盾进一步升级。到了宣帝时，绛宾继位为龟兹王，时“长罗侯常惠使乌孙还，便宜发诸国兵，合五万人攻龟兹，责以前杀校尉赖丹。龟兹王谢曰：‘乃我先王时为贵人姑翼所误，我无罪。’执姑翼诣（常）惠，惠斩之。”[②] 汉的进攻虽然通过交出杀害赖丹的主谋而暂时解脱，但是双方紧张关系并未完全消弭，绛宾为了改善与汉的关系，于是先后两次遣使向解忧公主提出求婚，希望通过这种比较迂回的途径而达到改善与汉关系的目的。这就是绛宾求婚弟史的背景，表明龟兹向解忧公主之女求婚可谓醉翁之意不在酒，主要不是为了与乌孙和亲，而是通过与乌孙和亲以达到与汉和亲的最终目的，从而改善与汉的关系，从根本上维护其本国的安全和利益。

绛宾这个政治目的后来果真达到了，绛宾与弟史结婚后，元康元年（前65）又通过弟史而与汉皇朝建立了和亲关系，他们在长安“留且一年”，回国时又“厚赠送之”[③]。通过这次朝贺，龟兹王绛宾收获颇丰，弟史获得了“公主”的身份，龟兹王亦被赐与印绶。这样一来，龟兹与汉的关系不仅得到缓和，而且建立起友好的和亲关系，将龟兹与汉的关系大大推进到一个新的阶段。绛宾与弟史的婚姻，可谓一石二鸟，一方面

① 《史记》卷一二三《大宛列传》，第3168页。
② 《汉书》卷九六下《西域传下》，第3916页。
③ 《汉书》卷九六下《西域传下》，第3916页。

与乌孙建立了和亲关系，另一方面又与汉结成和亲关系，使龟兹悠游于两强之间，处境大为改善。绛宾堪称深具眼光的君主，他与弟史联姻是龟兹历史上和龟兹与汉关系史上的重要事件，它扭转了龟兹与汉关系史的发展方向，由对抗而和睦，由疏远而亲密；它改变了龟兹的外部环境和自身的命运，不仅解除了强大的汉皇朝对其带来的威胁，而且与汉建立起友好、互信关系，保证了自身的安全和发展。此后，他们夫妇又"数来朝贺"，通过密切的来往，绛宾对于汉的典章制度、礼乐文化产生了深厚的仰慕之情，他"乐汉衣服制度，归其国，治宫室，作徼道周卫，出入传呼，撞钟鼓，如汉家仪。外国胡人皆曰：'驴非驴，马非马，若龟兹王，所谓赢也。'"① 他吸收汉文化进行内部的改革。不仅绛宾在位期间龟兹与汉保持着友好、密切的关系，而且影响及于后代，"绛宾死，其子丞德自谓汉外孙，成、哀帝时往来尤数，汉遇之亦甚亲密。"② 因此，无论从龟兹与乌孙关系，还是从龟兹与汉关系来说，绛宾与弟史的联姻都是属于和亲性质的，而且是汉代和亲史上一桩达到"双赢"的和亲典范。

第七节　互市

互市与古代外交有密切之关系，其在汉代亦为外交体制之重要组成之一，故被认为"斯亦和戎之一术也"③，强调其对于促进与四方国、族之和平友好关系具有积极意义。我们这里所谓互市，主要是指以贸易为手段，以达到国家政治、经济目的的政治性行为，而与民间自发的商贾贸贩行为有所区别。但是两者亦不可能截然分离，而是紧密联系，相辅相成，民间商贸往往为四方国、族之间的交往乃至外交开辟道路，四方国、族之间外交关系之发展，又为民间商贸起了保障和推动作用。

关于互市的兴起，或谓"爰自汉初，始建斯议，繇是择走集之地，行关市之法，通彼货贿，敦其信义。"④ 认为作为边境贸易性质的互市是

① 《汉书》卷九六下《西域传下》，第3916—3917页。
② 《汉书》卷九六下《西域传下》，第3917页。
③ 《册府元龟》卷九九九《外臣部·互市序》，第11725页。
④ 《册府元龟》卷九九九《外臣部·互市序》，第11725页。

在汉初出现的。实际上在汉代之前已经有之，春秋初期的齐国，“通齐国之鱼盐于东莱，使关市几而不征，以为诸侯利，诸侯称广焉。”[①] 韦昭注：“东莱，齐东莱夷也。”表明齐国曾经开放边境，与其东方之莱夷进行互市，“取鱼盐者不征税，所以利诸侯，致远物也。”[②] 当然，这种情况在先秦时期还并不普遍，及至汉代始比较大规模实施，而成为其时外交之重要辅助方式。

一　互市类别

汉代的互市，大略可分为两大类别，即狭义的边境贸易，以及广义的对外贸易。

（一）边境贸易

边境贸易指汉皇朝与周边国、族之贸易，基本上分布于汉皇朝之四方边境地区，这是汉代互市的重要类别之一。

1. 南方

岭南地区，“秦时已并天下，略定杨越，置桂林、南海、象郡，以谪徙民，与越杂处”[③]，这里是百越之地，古属杨州，故曰“杨越”。早在秦代这里就已经开置郡县，随着大量中原地区徙民的迁入，其与中原地区的民间商贸已经有所发展，“处近海，多犀、象、毒冒、珠玑、银、铜、果、布之凑，中国往商贾者多取富焉。番禺，其一都会也。”[④] 可见岭南地区与中原地区的民间商贸在秦代已有相当基础。秦汉之际，赵佗在这里割据称帝，汉皇朝为了羁縻之，于汉十一年（前 196）派遣陆贾出使南越，立其为南越王，并约定双方“通使、物”[⑤]，亦即建立“通使”和“通物”关系。所谓“通物”，即开放边关，进行物资交流，亦即互市。南越自中原地区输入者，主要为“金铁田器，马牛羊”[⑥] 等物资，南越输入中原地区者，当仍然是传统的“犀、象、毒冒、珠玑、银、铜、果、

---

① 《国语集解》卷六《齐语》，第 240 页。

② 《国语集解》卷六《齐语》，韦昭注，第 240 页。

③ 《史记》卷一一三《南越列传》，第 2967 页。

④ 《汉书》卷二八下《地理志下》，第 1670 页。

⑤ 《史记》卷一一三《南越列传》，第 2969 页。

⑥ 《汉书》卷九五《南粤传》，第 3851 页。

布”等岭南地区特产。合浦地区“郡不产谷实，而海出珠宝，与交趾比境，常通商贩，贸籴粮食……商货流通。”① 合浦则以其特产珍珠等与交趾交换粮食。

2. 东北

东北方面，燕地自“上谷至辽东……有鱼盐枣栗之饶。北邻乌桓、夫余，东绾秽貉、朝鲜、真番之利。”② 这里很早就与乌桓、夫余、秽貉、朝鲜、真番等国、族有民间贸易，但是官方互市较晚，东汉设护乌桓校尉，负责“岁时胡市”③。东汉末刘虞为幽州牧，“开上谷胡市之利，通渔阳盐铁之饶。”④ 这是一种定期开放的边境贸易，面向东北诸族进行互市。

3. 西北

西北方面的互市，有其特点，即与关中以及首都长安密切相关，“天水、陇西、北地、上郡与关中同俗，然西有羌中之利，北有戎翟之畜，畜牧为天下饶。然地亦穷险，唯京师要其道。故关中之地，于天下三分之一，而人众不过什三；然量其富，什居其六。”⑤ 也就是说天水、陇西、北地、上郡等地区以关中以及首都长安为依托，发展与羌族和戎狄之族的贸易，以畜牧产品为其大宗。西汉宣帝时人王褒作《僮约》，其中有“武都买茶”⑥ 句，武都是当时与羌族互市的一个地点⑦。东汉时期在姑臧设置有“通货羌胡”⑧ 的互市场所。

4. 西南

西南夷地区的边境贸易又有其特点，“巴、蜀、广汉本南夷，秦并以为郡，土地肥美，有江水沃野，山林竹木疏食果实之饶。南贾滇、僰僮，西近邛、莋马旄牛。”⑨ 巴、蜀、广汉地区商人以当地物产与其南境之滇、僰交换僮隶，亦即进行奴隶买卖，与邛、莋交换马匹和牦牛等特产。“巴

① 《后汉书》卷七六《循吏传·孟尝传》，第2473页。

② 《史记》卷一二九《货殖列传》，第3265页。

③ 《续汉书·百官志五》注引应劭《汉官》，点校本《后汉书志》第二十八，第3626页。

④ 《后汉书》卷七三《刘虞传》，第2354页。

⑤ 《史记》卷一二九《货殖列传》，第3262页。

⑥ 《太平御览》卷五九八《文部一四·契券》引，第2693页。

⑦ 吴慧：《中国古代商业史》第二册，中国商业出版社1982年版，第99页。

⑧ 《后汉书》卷三一《孔奋传》，第1098页。

⑨ 《汉书》卷二八下《地理志下》，第1645页。

蜀民或窃出商贾，取其筰马、僰僮、髦牛，以此巴蜀殷富。”[①] 可见这种边境贸易是民间私自越境进行的，但其规模亦相当可观，以致“巴蜀殷富”。西南夷地区的特点明显，一方面是这个地区种类繁多，没有形成强大的足以抗衡汉皇朝的地区性政治中心和实体；职是之故，另一方面这里遂陆续被汉皇朝收编为郡县，纳入版图，因此不像那些与汉皇朝对峙地区需要严设边关，无需设置官方互市，故其与中原地区的商贸多属于版图内的民间贸易。

5. 北方

在北方的汉匈边境是农业经济区与畜牧业经济区的分界线，因此双方经济上的互补性和相需性十分必要和迫切，但是由于秦汉之际匈奴军事帝国的崛起，其与秦汉皇朝长期处于敌对关系，从而严重影响了互市的进行。直到汉文帝时期才正式开放关市[②]，其后景帝、武帝初期继续与匈奴进行互市[③]。这种互市设置于汉匈交界的长城关塞处[④]。与匈奴的互市，是汉代最为重要的，也是官方控制最为严格的互市。元朔二年（前127）“汉遂取河南地，筑朔方，复缮故秦时蒙恬所为塞，因河为固。汉亦弃上谷之什辟县造阳地以予胡。”[⑤] 汉皇朝开始大规模反击匈奴，边境地区成为争战之所，互市自然无法进行，此后遂告长期废止。

（二）对外贸易

对外贸易是指汉皇朝与远方国、族之商贸往来。汉代的对外贸易除了民间商贾往来之外，还有是通过使节往还而进行的。因此，这个时期的对外贸易可以分为两个类别，一为民间商贾往来之对外贸易，此可谓民间对外贸易；一为与通使相结合的对外贸易，此可谓官方对外贸易。

1. 民间对外贸易

在古代世界，由于交通、通讯联系之局限，对于远方国、族之联系亦颇受限制，加以各地区经济互补性及互依性水平还不高，故相互之间的利益相需及冲突亦均有限。双方之相互了解、联系、沟通，往往是通

---

① 《史记》卷一一六《西南夷列传》，第 2993 页。
② 《汉书》卷九四下《匈奴传下》，第 3830—3831 页。
③ 《史记》卷一一〇《匈奴列传》，第 2904 页。
④ 《史记》卷一一〇《匈奴列传》，第 2904 页。
⑤ 《史记》卷一一〇《匈奴列传》，第 2906 页。

过民间商贾而开辟、先行。一般来说是先有民间商贾往来，再有官方之对外贸易。

汉代对外贸易主要为对西域之贸易。狭义的西域指葱岭以东地区，广义的西域指葱岭东西广大地区，包括中近东、欧洲以及南亚次大陆地区。汉武帝开通西域以后，汉与西域的对外贸易进入较大发展阶段。张骞通西域回来向汉武帝的报告中提到“臣在大夏时，见邛竹杖、蜀布。问曰：‘安得此？’大夏国人曰：‘吾贾人往市之身毒。身毒在大夏东南可数千里。以骞度之，大夏去汉万二千里，居汉西南。今身毒国又居大夏东南数千里，有蜀物，此其去蜀不远矣。”① 大夏即古希腊人所称巴克特里亚，亦即吐火罗，在今阿富汗北部、兴都库什山与阿姆河上游一带，那里有汉皇朝西南地区所产的“邛竹杖、蜀布”，而这些汉物又来自身毒，即印度。大夏人“善贾市……民多，可百余万。其都曰蓝市城，有市贩贾诸物。其东南有身毒国。”② 大夏处于东西方交通要冲，为东西方商贸之中介。那么，印度又如何得到这些汉物的呢？印度则“得蜀贾人市”③，从蜀人商贾而得到这些物资，也就是说，蜀地的民间商贾将“邛竹杖、蜀布”运至身毒进行贩卖，然后大夏商贾又从身毒贩运此汉物至大夏。中国之丝绸亦有民间商贾贩运经大夏而销往西域更远之处，记载公元 80 年间红海、波斯湾、印度半岛之间航行的《爱利脱利亚海周航记》有云：“过克利斯国（Chryse），抵秦国（Thinae）后，海乃止。有大城曰秦尼（Thinae）在其国内部，远处北方，由此城生丝、丝线及丝所织成之绸缎经陆道过拔克脱利亚，而至巴利格柴（Barygaza）。”④ 这里的秦国即中国，时西人以“秦”称呼中国。这个记载表明，当时商贾将汉地所产之丝绸通过陆路输往拔克脱利亚——大夏，再由大夏转运南亚次大陆。不仅如此，民间商贾甚至将丝绸直接贩运至罗马，罗马博物学者白

① 《史记》卷一二三《大宛列传》，第 3166 页。

② 《史记》卷一二三《大宛列传》，第 3164 页。

③ 《汉书》卷九五《西南夷两粤朝鲜传》，第 3841 页。

④ 亨利·玉尔：《古代中国闻见录》第一卷，第 183—185 页，载张星烺编注，朱杰勤校订《中西交通史料汇编》第一册第一编《古代中国与欧洲之交通》，中华书局 2003 年版，第 124 页。克利斯国（Chryse），注引玉尔注在今缅甸白古（Pegu）地方；拔克脱利亚，中译一般作巴克特里亚，即大夏；巴利格柴（Barygaza），注谓今印度孟买附近之巴罗赫港（Baroch）。

里内（Gaius Pliny the Elder，公元23—79年）《博物志》曰：赛里斯（指中国）人“其林中产丝，驰名宇内……后织成锦绣文绮，贩运至罗马……由地球东端运至西端，故极其辛苦。赛里斯人举止温厚，然少与人接触，贸易皆待他人之来，而绝不求售也。”[①] 这个记载表明输入罗马之中国丝绸主要通过中间商人转手贸易。另一位罗马著作家梅拉（Pomponius Mela）谓赛里斯“其人诚实，世界无比。善于经商，可以不面对面贸易，遗货于沙碛中。”[②] 此殆指中国丝绸等物产多通过中东地区以骆驼度碛而货卖于西方，非中国商人直接与西方人进行贸易。史称“自大宛以西至安息，国虽颇异言，然大同俗，相知言。其人皆深眼，多须髯，善市贾，争分铢。”[③] 正是通过这些“善市贾”的中东地区商人而沟通中国与欧洲的贸易。汉史又谓：大秦（罗马帝国）“以金银为钱，银钱十当金钱一。与安息、天竺交市于海中，利有十倍。”[④] 可见安息、天竺为中国商品与罗马帝国之中介。由于他们垄断这种中西商贸，可获厚利，故他们对于汉皇朝与罗马帝国的直接交往采取排斥态度，东汉和帝永元九年（97），西域都护班超“遣甘英使大秦，抵条支。临大海欲度，而安息西界船人谓英曰：‘海水广大，往来者逢善风三月乃得度，若遇迟风，亦有二岁者，故入海人皆赍三岁粮。海中善使人思土恋慕，数有死亡者。’英闻之乃止。”[⑤] 安息人何以对于汉与大秦的交往采取这种消极态度？原来大秦王亦“常欲通使于汉，而安息欲以汉缯綵与之交市，故遮阂不得自达。”[⑥] 安息为了垄断丝绸贸易，故阻拦大秦与汉皇朝的直接交往。这样我们就可以理解，何以在汉通西域以后，西域商胡大量涌入汉地的原因。史称“商胡贩客，日款于塞下。”[⑦] 就是这种实际情况的反映。由于西域胡商很多，以致以“西域贾胡，到一处辄止”来比喻一个人不常驻

---

① 《古代中国闻见录》第一卷，第196—200页，载《中西交通史料汇编》第一册第一编《古代中国与欧洲之交通》，第122页。

② 《古代中国闻见录》第一卷，第196页，载《中西交通史料汇编》第一册第一编《古代中国与欧洲之交通》，第122页。

③ 《史记》卷一二三《大宛列传》，第3174页。

④ 《后汉书》卷八八《西域传·大秦国传》，第2919页。

⑤ 《后汉书》卷八八《西域传·大秦国传》，第2918页。

⑥ 《后汉书》卷八八《西域传·大秦国传》，第2919—2920页。

⑦ 《后汉书》卷八八《西域传》“论曰”，第2931页。

于一地，“言似商胡，所至之处辄停留。”① 这些所谓“商胡贩客”主要是中东地区的商贾，正是他们扮演了中西商贸的中间商角色。

2. 官方对外贸易

汉代由于对外关系的空前发展，因而与通使相结合的对外贸易，亦即官方贸易亦随之有所发展。这方面亦以对西域地区为最。

汉通西域的首要目的是外交，但是由于使团携带大量物资，因而也具有一定的对外贸易作用和性质。张骞第二次出使西域时，“将三百人，马各二匹，牛羊以万数，赍金币帛直数千巨万，多持节副使，道可使，使遗之他旁国。”② 其外交手法就是以丰厚的币帛在西域诸国广泛散发。此后“诸使外国一辈大者数百，少者百余人，人所赍操大放博望侯时。”基本上按照张骞出使时的规格装备使团，而且出使极其频繁，“汉率一岁中使多者十余，少者五六辈，远者八九岁，近者数岁而反。”③ 以致“使者既多，而外国益厌汉币，不贵其物。”④ 通过使者而输送西域的物资之数量达到何等惊人的程度！故在汉代就有人认为“张骞通殊远，纳无用，府库之藏，流于外国”⑤。在这个过程中，有的使者亦借机牟利，一方面是“侵盗币物”，直接贪污出使物资，另一方面则“私县官赍物，欲贱市以私其利外国。”⑥ 以出使物资与外国进行贸易，经商牟利。汉皇朝之通使西域，一定意义上可以说是对外贸易的展示和推介，从而刺激了西域诸国对汉的贸易欲望和需求。

职是之故，西域诸国更是纷纷借机利用通使之名而行贸易之实。

安息，“初，汉使至安息，安息王令将二万骑迎于东界。东界去王都数千里。行比至，过数十城，人民相属甚多。汉使还，而后发使随汉使来观汉广大，以大鸟卵及黎轩善眩人献于汉。”⑦ 安息与汉距离遥远，并无直接的政治利益交集与依存关系，那么安息王何以如此隆重迎接汉使？

① 《后汉书》卷二四《马援传》，第844页。
② 《史记》卷一二三《大宛列传》，第3168页。
③ 《史记》卷一二三《大宛列传》，第3170页。
④ 《史记》卷一二三《大宛列传》，第3171页。
⑤ 《盐铁论校注》卷四《地广》，第209页。
⑥ 《史记》卷一二三《大宛列传》，第3171页。
⑦ 《史记》卷一二三《大宛列传》，第3172—3173页。

前揭大秦王亦“常欲通使于汉，而安息欲以汉缯綵与之交市，故遮阂不得自达。”① 可知安息一向垄断中西方贸易，因此其热情欢迎汉使是有其经济目的的；故当汉使返国时其又遣使随汉使前来奉献，并“观汉广大”，其经济目的是显然的。“自乌孙以西至安息，以近匈奴，匈奴困月氏也，匈奴使持单于一信，则国国传送食，不敢留苦；及至汉使，非出币帛不得食，不市畜不得骑用。所以然者，远汉，而汉多财物，故必市乃得所欲，然以畏匈奴于汉使焉。”② 何以匈奴使者在乌孙以西至安息的广大中东地区可以免费得到接待，而汉使则“必市乃得所欲”，任何物资都必须以汉物进行交换才能够得到呢？这一方面固然与匈奴奴役那些地方已有岁月，汉方在那里则尚未有军事、政治基础，另一方面则是这些中东国家基本上将汉视为贸易伙伴，希望通过汉使往还而达到贸易的目的。

罽宾（今克什米尔）“遣使奉献”于汉，其目的就是借此以为贸易，“奉献者皆行贾贱人，欲通货市买，以献为名。”其使节多为商贾，他们以通使之名义而行对外贸易之实。而“罽宾实利赏赐贾市，其使数年而壹至云。”③ 由于对外贸易之需要，故其使者频繁前来汉地。康居（今锡尔河中下游及哈萨克斯坦南部地区）亦然，西域都护郭舜说：康居“何故遣子入侍？其欲贾市为好辞之诈也。”④ 其遣子入侍之真正目的在于“贾市”。敦煌悬泉置出土汉简《康居王使者册》⑤ 为康居“欲贾市”而通汉的情况提供了佐证。西汉元帝永光五年（前 39）康居王使者杨伯刀、副使扁阗及苏䪥王使者姑墨、副使沙囷即、贵人为匿等“为王奉献橐佗”，入关之后由中方官员查验其“肥瘦”，以确定其价值。康居使者认为汉方查验不实，提起诉讼。可见这种“奉献”包含着浓厚的商品贸易成分。

陆路方面对西域的贸易是汉代对外贸易之主要者，其次还有海路方面的对外贸易，此以对南海贸易为主。所谓南海，指东南亚至印度洋这一广大海域所及之国、族。《汉书·地理志》记载了这个方面的对外贸易

---

① 《后汉书》卷八八《西域传·大秦国传》，第 2919—2920 页。

② 《史记》卷一二三《大宛列传》，第 3173 页。

③ 《汉书》卷九六上《西域传上·罽宾国传》，第 3886—3887 页。

④ 《汉书》卷九六上《西域传上·康居国传》，第 3893 页。

⑤ 《敦煌悬泉汉简释粹》（Ⅱ0216②：877—883），编号 155，第 118—119 页。

情况，曰："自日南障塞、徐闻、合浦船行可五月，有都元国；又船行可四月，有邑卢没国；又船行可二十余日，有谌离国；步行可十余日，有夫甘都卢国。自夫甘都卢国船行可二月余，有黄支国，民俗略与珠厓相类。其州广大，户口多，多异物，自武帝以来皆献见。"这是一条从汉皇朝南部边境启程，经过海路到达黄支国和已程不国为终点的航海路线。黄支国所在为何，争议颇多，一般认为在今印度南部的康契普腊姆（Conjevaram），已程不国多谓在今斯里兰卡[①]。沿着这条航道，汉与南海诸国亦在通使的同时开展商贸活动。汉方"有译长，属黄门，与应募者俱入海市明珠、璧流离、奇石异物，赍黄金杂缯而往。所至国皆禀食为耦，蛮夷贾船，转送致之。亦利交易，剽杀人。又苦逢风波溺死，不者数年来还。大珠至围二寸以下……自黄支船行可八月，到皮宗；船行可二月，到日南、象林界云。黄支之南，有已程不国，汉之译使自此还矣。"[②] 这个记载表明，汉方派遣黄门之属官"译长"为使，率领使团成员携带"黄金杂缯"前往南海诸国采购"明珠、璧流离、奇石异物"等，与此同时，这些国家的"贾船"亦参与交易以获利。

桓帝延熹九年（166），"大秦王安敦遣使自日南徼外献象牙、犀角、瑇瑁，始乃一通焉。"这是罗马帝国通过南海而遣使来汉，由于"其所表贡，并无珍异，疑传者过焉。"[③] 这是东西两极最大文明古国为包括外贸在内的双方关系而做出的努力。

随着对外贸易的发展，四方远国之珍异均荟萃于汉地，皇家园林中"乃有九真之麟，大宛之马，黄支之犀，条枝之鸟，踰昆仑，越巨海，殊方异类，至三万里。"[④] 官方对外贸易之盛可见一斑。

二　互市管理

（一）最高权力掌握于皇帝之手

互市作为国家发展外交关系的方式之一，其权力掌握于国家手中，

---

① 《古代南海地名汇释》，第694、158页。

② 《汉书》卷二八下《地理志下》，第1671页。

③ 《后汉书》卷八八《西域传·大秦国传》，第2920页。

④ 《后汉书》卷四〇上《班彪列传附子（班）固传上》，第1338页。

其最高权力则掌握于皇帝之手。汉高帝时派遣陆贾出使南越，与其签订了臣属条约，其中包括开放边境互市。高帝死后，南越王赵佗借机摆脱汉的羁绊，利用互市问题发难，曰："高帝立我，通使物，今高后听谗臣，别异蛮夷，隔绝器物。"① 汉与南越的互市是由高帝批准设立的，后又由高后决定关闭的。由此可见，互市之是否开放，是由最高统治者皇帝决定的。汉与匈奴的互市是汉匈和亲关系的组成部分，而其和亲条约是经由皇帝批准的。东汉章帝元和元年（84），武威太守孟云"上言北单于复愿与吏人合市，诏书听（孟）云遣驿使迎呼慰纳之。"② 匈奴方面是由其最高领袖——单于提出并由其派遣使者来谈判的；汉方也是由皇帝批准，从而在武威郡开放与匈奴的互市。可见互市是由双方君主协商所决定的，是双方首脑之间的一种互动。故互市并非纯粹的经济活动，而是以经济为手段的政治性行为。不仅如此，甚至互市中的一些具体问题的处理也往往由皇帝决定，汉武帝元狩二年（前121）匈奴浑邪王率众来降，及其至长安，"贾人与市者，坐当死者五百余人。"汲黯向汉武帝进谏曰："愚民安知市买长安中物而文吏绳以为阑出财物于边关乎？陛下纵不能得匈奴之资以谢天下，又以微文杀无知者五百余人，是所谓'庇其叶而伤其枝'者也，臣窃为陛下不取也。"汉律规定，在长安与在边关互市是同样的，均不得违反相关规定，这次长安市民有五百余人因在与匈奴人交市中有违反互市法律之处而当斩，汲黯提出反对意见，但是汉武帝"默然，不许。"③ 可见违反互市法律的惩处也是由皇帝裁决的。

（二）边境政府负责具体管理

《唐六典》"诸互市监"条注曰："汉、魏已降，缘边郡国皆有互市，与夷狄交易，致其物产也。并郡县主之，而不别置官吏。"④ 因为互市多在边境地区，故互市亦由边境地区政府——郡县负责管理。上述东汉章帝元和元年（84）武威太守孟云上书报告匈奴方面希望与汉互市一事，反映了开放互市的程序：匈奴方面的要求通过边郡长官上报朝廷，经皇

① 《史记》卷一一三《南越列传》，第2969页。
② 《后汉书》卷八九《南匈奴传》，第2950页。
③ 《史记》卷一二〇《汲黯列传》，第3109—3110页。
④ 《唐六典》卷二二《少府军器监·诸互市监》注，第580页。

帝批准方才可以进行，然后由边郡太守具体操作，他遣使与匈奴联络，“迎呼慰纳之”，于是互市得以正式开始，“北单于乃遣大且渠伊莫訾王等，驱牛马万余头来与汉贾客交易。诸王大人或前至，所在郡县为设官邸，赏赐待遇之。”① 与汉方经由皇帝批准而责成地方长官具体负责一样，匈奴方面亦由其最高领导——单于指定其高级官员——大沮渠负责进行互市，由其率领互市使团，并有其他高级官员和贵族随同前来。汉方所在地方政府为之设置官邸接待并进行赏赐，使团其他成员也受到不同程度的款待。由此可见，这种互市之方式方法与一般的外交活动基本上是一致的，因此我们可以说这实际上就是一种外交活动。

边郡长官之贪廉，对于互市之盛衰亦有直接关系。东汉时孟尝为合浦太守，其地所产珍珠为互市重要特产，但是“先时宰守并多贪秽，诡人采求，不知纪极，珠遂渐徙于交趾郡界。于是行旅不至，人物无资，贫者饿死于道。（孟）尝到官，革易前敝，求民病利。曾未踰岁，去珠复还，百姓皆反其业，商货流通，称为神明。”② 从先后郡守贪廉不同、政策有别，导致贸易盛衰有别，可知边郡长官为互市贸易之负责者及其影响作用之直接。

边郡之下的行政单位——县亦负有互市之责。东汉光武帝建武年间，孔奋守姑臧长，“通货羌胡，市日四合”，注曰：“古者为市，一日三合。《周礼》曰：‘大市日侧而市，百族为主。朝市朝时而市，商贾为主。夕市夕时而市，贩夫贩妇为主。’今既人货殷繁，故一日四合也。”③ 表明这种与羌胡互市的市场的开闭是由县长负责管理的。

边境镇抚机构亦负有互市之责。护乌桓校尉职责“主乌桓胡”④，其中包括“岁时胡市焉”⑤。鲜卑亦属其兼管，因此，与鲜卑的互市也是由其负责。东汉安帝永初（107—113）年间，鲜卑大人燕荔阳诣阙朝贺，邓太后赐燕荔阳王印绶的同时，令其“止乌桓校尉所居甯城下，通胡市。”⑥ 表

① 《后汉书》卷八九《南匈奴传》，第2950页。

② 《后汉书》卷七六《循吏传·孟尝传》，第2473页。

③ 《后汉书》卷三一《孔奋传》，第1098页。

④ 《续汉书·百官志五》，点校本《后汉书志》第二十八，第3626页。

⑤ 《续汉书·百官志五》注引应劭《汉官》，见点校本《后汉书志》第二十八，第3626页。

⑥ 《后汉书》卷九〇《鲜卑传》，第2986页。

明乌桓校尉兼管鲜卑互市，其所在地宁城中即开设有“胡市”，与乌桓、鲜卑等民族进行贸易。考古发掘证实了文献的记载，1972 年在内蒙古和林格尔东南发掘了一座东汉后期墓葬，其年代在公元 145—200，墓主曾经担任护乌桓校尉，墓中壁画有护乌桓校尉所在地宁城图，在宁城东门下部绘有一个方形城垣建筑，榜题“宁市中”三字，此即为宁城府所开设而与乌桓、鲜卑等民族进行互市的“胡市”场所。市场西南和东北各有一人，此当为负责市场管理的官吏。[①] 西域地区的互市则由西域都护、校尉等官员负责。东汉和帝永元二年（90）李恂出任使持节领西域副校尉，“西域殷富，多珍宝，诸国侍子及督使贾胡数遗（李）恂奴婢、宛马、金银、香罽之属，一无所受。”[②] “贾胡”即胡人商贾。西域“贾胡”之所以向西域副校尉馈赠财物，表明这里的互市是由西域地区长官负责的。

关于边塞之关市管理，贾谊曾有具体之规划，他建议对匈奴开设“大市”进行贸易，“因于要险之所多为凿开，众而延之，关吏卒使足以自守。大每一关，屠沽者、卖饭食者、羹臛膹炙者，每物各一二百人，则胡人著于长城下矣。”[③] 这里提出将互市场所设置于长城险要之处，派遣关吏卒进行把守、保卫，安排屠沽者、卖饭食者、羹臛炙膹者等饮食供应，每类人数为一二百人左右。亦即政府负责互市安全以及生活服务，以保证互市之顺利进行。

由于互市均在边境地区进行，而且集中了大量物资，因此其安全保卫是一个重要任务。匈奴在与汉进行正常互市的同时，还可能袭击互市，“潜进市侧，以袭无备。”[④] 就反映了这方面的情况。上引贾谊的建议中就有派遣“关吏卒”进行“自守”的内容。在出土的东汉护乌桓校尉所在地宁城府图中，在“宁市中”城垣附近就可见骑兵。这种袭击不仅直接针对市场，而且针对路途中的商贾。东汉章帝元和元年（84），在武威举行的与北匈奴的互市就遭到南匈奴的袭击，“南单于闻，乃遣轻骑出上

---

① 内蒙古文物工作队、内蒙古博物馆：《和林格尔发现一座重要的东汉壁画墓》，《文物》1974 年第 1 期。

② 《后汉书》卷五一《李恂传》，第 1683 页。

③ 《新书校注》卷四《匈奴》，第 138 页。

④ 《盐铁论校注》卷八《世务》，第 508 页。

郡，遮略生口，钞掠牛马，驱还入塞。”① 这是南匈奴对于北匈奴与汉的互市进行袭击。顺帝阳嘉四年（135）冬，“乌桓寇云中，遮截道上商贾车牛千余两”，为此，“度辽将军耿晔率二千余人追击，不利，又战于沙南，斩首五百级。乌桓遂围晔于兰池城，于是发积射士二千人，度辽营千人，配上郡屯，以讨乌桓，乌桓乃退。”② 经过多次激战才将袭击者赶走。

（三）关禁

互市为设置于关塞的对外开放孔道，故其受到严格的关禁约束。

上述汉武帝元狩二年（前121）匈奴浑邪王来降至长安后，有五百余人在与匈奴人的交易中被认为触犯了关禁法律而被处死，其罪名为“阑出财物如边关”，注引应劭曰：“阑，妄也。律，胡市，吏民不得持兵器及铁出关。虽于京师市买，其法一也。”③ 也就是说，根据汉律规定，兵器和铁器之类战略物资是禁止进行互市的，这在长安与在边关互市是同样的。马匹作为战略物资，其出口亦有一定限制，景帝中元四年（前146）御史大夫卫绾奏“禁马高五尺九寸以上，齿未平，不得出关。”注引服虔曰：“马十岁，齿下平。”④ 成年堪用之马匹禁止出关。昭帝始元五年（前82）夏，诏令罢天下“马弩关”，注引孟康曰：“旧马高五尺六寸齿未平，弩十石以上，皆不得出关，今不禁也。”⑤ 则不仅马匹，武器如弩亦根据其射程和力度大小强弱规定其出关之限制。不仅出口物资有所限制，从关外购买物资亦有禁约，汉景帝中二年（前148），宋子侯许九“坐买塞外禁物罪，国除。”⑥ 其具体罪行是“坐寄使匈奴买塞外禁物”⑦，通过使者在匈奴买禁物，从而受到罢除封国的严厉惩处。可见进口物品也是有限制的。

但是，由于商品交换为人们所必需，故关禁经常被破坏，私自进行

① 《后汉书》卷八九《南匈奴传》，第2950页。
② 《后汉书》卷九〇《乌桓传》，第2983页。
③ 《汉书》卷五〇《汲黯传》，第2320—2321页。
④ 《汉书》卷五《景帝纪》，第147页。
⑤ 《汉书》卷七《昭帝纪》，第222页。
⑥ 《史记》卷一八《高祖功臣侯者年表》，第940页。
⑦ 《汉书》卷一六《高惠高后文功臣表》，第588页。

边塞贸易的现象时有发生。汉武帝时的马邑事件中，就是派遣马邑人聂壹冒充“奸兰出物与匈奴交”①，即私自出塞与匈奴交市。何以这种伎俩能够使匈奴方面相信并中计呢？就是利用私自出塞与匈奴交市在边境地区并非个别情况而得逞的。东汉时期鲜卑代替匈奴成为北方强大对手，由于双方“关塞不严，禁网多漏，精金良铁，皆为贼有。”② 表明铁器等禁市物资流出关外者甚多。但是，高官、贵戚于境外购买似不受限制，班固给他在西域担任都护的弟弟班超的书信中，反映了在京权贵通过班固托付班超购买异域珍异的情况，信中曰：“窦侍中令载杂綵七百匹，市月氏、苏合香。”③ 另处征引此信内容则曰：“今赍白素三匹，欲以市月氏马、苏合香、阘登。”④ 这里的窦侍中即窦宪，为汉章帝窦皇后之兄。有的高官、贵戚破坏关禁，甚至直接派人出境采购，东汉权臣、外戚梁冀“遣客出塞，交通外国，广求异物。”⑤ “多遣宾客、车骑出塞，交通外国，致汗血马、奇珍异物。”⑥

三　互市在外交中的作用和地位

互市是一种经济上的交往，但是其包含着浓厚的政治性目的，从而成为外交关系中的一种方式和手段。

上文我们谈到汉代之通使往往具有经济上的意义，通过广为散发财物或贸易以达到其政治上的目的。我们这里需要指出的是，使者主要是肩负政治使命，而非商业使命。汉通西域的首要目的是外交，亦即联络西域以“断匈奴右臂”，以及“广地万里，重九译，致殊俗，威德遍于四海。”⑦ 扩大汉皇朝在国际舞台上的声威。为达此目的而采用经济作为手段，以开辟道路。经济是其政治目的的辅助手段。故利用对方在经济上的欲望和需求以促成其政治目的便成为汉代外交的一个特色。张骞第一

---

① 《史记》卷一一〇《匈奴列传》，第2905页。

② 《后汉书》卷九〇《鲜卑传》，第2986页。

③ 《太平御览》卷九八二《香部二》，第4347页。

④ 《艺文类聚》卷八五《布帛部》，第1456页。

⑤ 《后汉书》卷三四《梁冀传》，第1181页。

⑥ 《两汉纪》下册，《后汉纪·孝质皇帝纪卷第二十》，第390页。

⑦ 《史记》卷一二三《大宛列传》，第3166页。

次出使到达大宛时，为了说服大宛协助其前往大月氏，对宛王曰："唯王使人导送我。诚得至，反汉，汉之赂遗王财物不可胜言。"张骞这一说辞果然有效，"大宛以为然，遣骞，为发导绎，抵康居，康居传致大月氏。"大宛何以然？原来"大宛闻汉之饶财，欲通不得，见骞，喜，问曰：'若欲何之？'"云云[①]。可见大宛对于汉的财富早有耳闻，并有强烈的欲望和需求，亦希望通过外交而得到经济上的好处。对于汉方来说，除了政治上的目的和需求之外，亦有经济上的目的和需求，在掌握了张骞对于西域国情了解的基础上，汉武帝对于汉皇朝外交的思路有所调整："天子既闻大宛及大夏、安息之属皆大国，多奇物，土著，颇与中国同业，而兵弱，贵汉财物；其北有大月氏、康居之属，兵强，可以赂遗设利朝也。"[②] 西域的"奇物"也刺激、调动了汉武帝的欲望和积极性，从而更加自觉利用西域国家"贵汉财物"的欲望，动用汉皇朝雄厚的国力与产出而"赂遗"之，因此，汉通西域之使团均携带丰厚的物资前往，以此遂行其外交使命与目的。可以说，汉与西域外交关系的发展，是双方主要在政治上具有相需性的结果；汉与西域的互市发展，是双方主要在经济上具有相需性的结果。不仅与西域关系为然，与四方国、族之关系亦然，这种相需性决定了经济可以被用来为政治目的服务，其中的互市可以被用来为外交关系而服务。

（一）羁縻手段

古人对于互市的作用有这样的论述："夫王者之牧四夷也，有怀柔之道焉，有羁縻之义焉，盖所以底宁边鄙，休息中夏者也。则互市之设，其怀柔、羁縻之旨与。"[③] 认为互市是一种对于四方国、族进行怀柔、羁縻的手段。贾谊将互市视为以德胜敌的手段，他说："夫关市者，固匈奴所犯滑而深求也，愿上遣使厚与之和，以不得已许之大市……则胡人著于长城下矣。是王将强北之，必攻其王矣。以匈奴之饥，饭羹啖膹炙，喗濌多饭酒，此则亡竭可立待也。赐大而愈饥，财尽而愈困，汉者所希心而慕也。匈奴贵人以其千人至者，显其二三，以其万人至者，显其十余人。夫显荣者，招民之机也。故远期五岁，近期三年之内，匈奴亡矣。

① 《史记》卷一二三《大宛列传》，第 3158 页。

② 《史记》卷一二三《大宛列传》，第 3166 页。

③ 《册府元龟》卷九九九《外臣部·互市序》，第 11725 页。

此谓德胜。”① 由此观之，互市并非简单的进行物资贸易，利用互市场所进行一系列交往，以饮食招待以感化之，以丰富的物资软化之，进而推动外交关系的发展，加强对方对于汉的仰慕，促进人员交往，而对于前来者还可加以爵赏，随着双方关系之发展，可以加速匈奴的灭亡，故互市为“德胜”之手段。质言之，互市是以物质财富而达致政治目的的一种手段。

互市为外交关系服务的首要体现是可以将其作为怀柔、羁縻手段而加以利用。汉初为了使割据岭南的赵佗就范，与汉建立臣属关系，于是高帝派遣陆贾出使南越，与其订立臣属关系条约，其中包括开放边关，进行互市。这是新建立的汉皇朝利用互市羁縻桀骜不驯的周边国、族的一次成功尝试。汉与匈奴虽然早在高帝九年（前198）已经订立和亲条约，但是匈奴还是经常违反条约而进犯汉边，于是汉文帝在原有和亲条约的基础上增加了与匈奴互市的约定，其后景帝、武帝继续践行与匈奴互市的政策，汉匈关系一度出现了相对和缓乃至亲近的局面，“孝景帝复与匈奴和亲，通关市，给遗匈奴，遣公主，如故约。终孝景时，时小入盗边，无大寇。”武帝继位后，仍然“明和亲约束，厚遇，通关市，饶给之。匈奴自单于以下皆亲汉，往来长城下。”② 长城一线正是畜牧经济区与农业经济区的南北分界，因此匈奴方面对于汉地之农产品有着迫切的需求，互市大大缓解了这种矛盾，故其入侵相对减少，甚至出现“亲汉”和“往来长城下”的亲密景象，而长城关塞正是汉匈互市场所。

在其他外交方式中断之后，互市仍然可以作为一种替代性手段而继续发挥其一定的羁縻作用。马邑事件之后，汉匈关系破裂，和亲条约被撕毁，“自是之后，匈奴绝和亲，攻当路塞，往往入盗于汉边，不可胜数。”③ 在这种情况下，汉方继续以互市一法以尽可能缓和与匈奴关系，“然匈奴贪，尚乐关市，耆汉财物，汉亦通关市不绝以中之。”④ 利用匈奴

---

① 《新书校注》卷四《匈奴》，第138页。

② 《史记》卷一一〇《匈奴列传》，第2904页。

③ 《史记》卷一一〇《匈奴列传》，第2905页。

④ 《汉书》卷九四上《匈奴传上》，第3765页。

对汉地农产品的依赖性，继续开放互市，“以关市中其意”①。在其他方面关系断绝的时候，互市还可以起到一定的代替作用。

对于康居遣子来侍及贡献之实际目的，西域都护郭舜揭露认为在于“其欲贾市为好辞之诈也”，亦即以遣使为名，而以对外贸易为其真实目的，因此建议“归其侍子，绝勿复使。”但是汉方“为其新通，重致远人，终羁縻而未绝。”② 考虑到其新来通使，为了更好地招致远方来附，故对其采取羁縻不绝之策略。

东汉时期匈奴分裂为南北两部分，南匈奴附汉，北匈奴独立，汉方则在南北匈奴之间尽可能维持平衡。“时北匈奴犹盛，数寇边，朝廷以为忧。”③ 北匈奴的侵边，仍然是当时汉方的心腹之患。明帝永平七年（64）“北单于欲合市，遣使求和亲，显宗冀其交通，不复为寇，乃许之。”④ 汉方之所以答应北匈奴方面关于互市的请求，就是希望通过互市，以建立双方的交往关系，以缓和、抑制其侵边野心，于是答应了北匈奴的要求，开放互市。互市成为汉方羁縻北匈奴的一个手段。

为什么互市能够发挥羁縻作用？主要就在于汉皇朝作为东亚世界的头号大国和强国，其国力雄厚、物产丰富，为四方国、族所必需而有求于汉，应劭在论与鲜卑的互市时有言：“鲜卑隔在漠北，犬羊为群，无君长之帅，庐落之居，而天性贪暴，不拘信义，故数犯障塞，且无宁岁。唯至互市，乃来靡服。苟欲中国珍货，非为畏威怀德。计获事足，旋踵为害。是以朝家外而不内，盖为此也。”⑤ 虽然其中流露着对于边族之轻蔑情绪，但是他正确地表述了边族对于汉地物产之需求以及互市对于他们的吸引力，从而使得汉方得以利用互市作为其政治上的羁縻手段。

在发挥互市的政治功能这一首要目的的同时，其在经济上的作用也是不可忽视的。汉武帝时期主管对外贸易的桑弘羊认为，“汝、汉之金，纤微之贡，所以诱外国而钓胡、羌之宝也。夫中国一端之缦，得匈奴累

① 《汉书》卷九四上《匈奴传上》，颜师古注，第3766页。

② 《汉书》卷九六上《西域传上·康居国传》，第3893页。师古曰：“以此声名为重也。”

③ 《后汉书》卷八九《南匈奴传》，第2949页。

④ 《后汉书》卷八九《南匈奴传》，第2949页。

⑤ 《后汉书》卷四八《应奉附子（应）劭传》，第1608页。

金之物，而损敌国之用。是以赢驴馲驼，衔尾入塞，驒騱騵马，尽为我畜，鼲貂狐貉，采旃文罽，充于内府，而璧玉珊瑚琉璃，咸为国之宝。是则外国之物内流，而利不外泄也。异物内流则国用饶，利不外泄则民用给矣。”① 认为通过互市可以在经济上损敌益已。无独有偶，罗马人也认为他们通过与汉的贸易而受到伤害，“据最低之计算，吾国之金钱，每年流入印度、赛里斯及阿拉伯半岛三地者，不下一万万赛斯透斯（Sesterces）。此即吾国男子及妇女奢侈之酬价也。”② 不过，中国实际上并没有从对西方的贸易中赚到多少货币，主要是印度、阿拉伯商人赚到了钱，因为中国的对外贸易主要是通过这些“胡商”而进行的，而限制本国民间商人进行对外贸易，这与重商主义的西方国情是有所不同的。

（二）制裁手段

互市既然可以起到羁縻作用，那么它同样也可用以制裁对方，成为汉皇朝在外交关系中的一种制裁手段。汉皇朝在互市中实行苛严的关禁政策，禁止战略物资和事关国计民生的重要物资出口，这在一定意义上就是一种制裁作用。在这方面，汉方是处于主动地位的，这些关禁物资是否开放，也并非绝对的，史称高后时，“有司请禁南越关市铁器”③，引起南越的不满。汉文帝时陆贾再次出使南越时，南越王赵佗致汉文帝书信中表示了对于高后的互市政策之不满，说：“高后自临用事，近细士，信谗臣，别异蛮夷，出令曰：‘毋予蛮夷外粤金铁田器；马牛羊即予，予牡，毋与牝。’”④ 高后禁止与南越互市的物资，除了传统的铁器之外，还包括马牛羊中的雌性，以免其自行繁殖这些牲畜。不仅铁器是战略物资，马匹也是战略物资。这自然是高后对于南越的一种制裁。但是这个事件也透露了这样一个事实，即在高后之前汉对南越的互市，并不禁止铁器和马匹之贸易。也就是说高后之前汉对于南越的互市还是比较宽松的，因为当时南越已经与汉建立了臣属关系。禁止铁器之贸易，主要是针对

---

① 《盐铁论校注》卷一《力耕》，第 28 页。

② 白里内（GaiusPlinytheElder）《博物志》记中国事情，见《古代中国闻见录》第一卷，第 196—200 页，载《中西交通史料汇编》第一册第一编《古代中国与欧洲之交通》，第 122 页。

③ 《史记》卷一一三《南越列传》，第 2969 页。

④ 《汉书》卷九五《西南夷两粤朝鲜传》，第 3851 页。

北方和西北地区的民族，“律，胡市，吏民不得持兵器及铁出关。”[①] 所谓“胡市”，主要就是指对于北方和西北地区民族的互市。北方的匈奴和西域地区是汉皇朝用兵之重点所在，铁器作为铸造兵器的材料，自然受到严格的限制。

第八节　外交方式之普世性

上述朝、贡、赐、封、质侍、和亲、互市等为汉代主要的外交方式，是为具有中国古代特色的外交之重要组成部分。但是，它们并非仅仅为中国古代外交所行用，同时也为古代世界各国外交所行用，是为普世性的外交方式，也就是说它们不仅通行于东亚外交圈，同时亦通行于西方（西域）外交圈，可谓举世皆然。

一　“朝贡”为古代世界通行外交方式

上文已经述及，在汉代“朝”是指四方国、族遣使或君主本人前来拜见汉皇帝，或前来参加汉皇朝所举行的“朝礼”等礼仪性大典，其动机和原因包括友好、有求或臣服等。“朝”是具有中国古代特色的外交诸方式中最为重要的一种，被视为外交方式之最高形态。但是，这一方式并非仅为中国古代王朝在外交中使用，同时也是古代世界各国通行的外交方式。“朝”与“贡”“赐”“封”紧密相连，不可分割，因此，与“朝”相关的“贡”“赐”“封”等也是古代世界各国通行的外交方式。

对于中国来说，“朝”渊源于西周王朝并为其后的中原王朝所继承、发展而运用于外交，及至汉代，由于汉皇朝处于东亚外交圈之核心地位，故这一方式亦随着汉代外交之在东亚地区的扩展而为东亚各国所接受并采用，从而成为通行于东亚外交圈中的一种基本外交方式。

被中国古代王朝视为“朝贡”国的日本，不仅自己将遣使中国视为“朝贡”，同时又将日本列岛中的弱小国、族以及朝鲜半岛诸国视为日本的“朝贡”国，据《日本书纪》记载，崇神天皇六十五年（前33，西汉

① 《汉书》卷五〇《汲黯传》注引应劭日，第2321页。

元帝竟宁元年）“任那国遣苏那曷叱知令朝贡”[①]，其使在日本滞留五年，至垂仁天皇二年（前28，西汉成帝河平元年）“任那人苏那曷叱智请之，欲归于国。盖先皇之世来朝未还欤。故赏苏那曷叱智，仍赍赤绢一百匹，赐任那王。”[②] 任那在朝鲜半岛南部，相当于三韩中的弁辰、弁韩地域。仲哀天皇九年（200，东汉献帝建安五年）日本出兵攻新罗，新罗降，于是新罗“赍金银彩色及绫罗缣绢载于八十艘船，令从官军。是以新罗王常以八十船之调，贡于日本，其是之缘也。于是高丽、百济二国王闻新罗收图籍降于日本，密令伺其军势，则知不可胜，自来于营外叩头而欵曰：‘从今以后，永称西蕃，不绝朝贡。’”[③] 三韩同时朝贡于日本。其后朝鲜半岛诸国前来日本“朝贡”的记载在日本史籍中史不绝书。神功皇后四十六年（246，曹魏正始七年）“百济人久氐、弥州留、莫古三人到于我土，曰：‘百济王闻东方有日本贵国，而遣臣等令朝其贵国。”[④] 同时新罗亦来朝。来朝即意味着来“贡”。次年日方“检校二国之贡物”，发现“新罗贡物者珍异甚多，百济贡物者少贱不良……”[⑤] 经了解乃新罗夺了百济之贡物，于是日方遣使新罗问罪，俨然以宗主国自居。不宁唯是，后来日本不仅将朝鲜半岛诸国之来使视为来“朝”，进而将中国皇朝之遣使亦视为来“朝”。仁明天皇承和十二年（845，唐武宗会昌五年）式部大辅滋野朝臣贞主的上表中有云：“夫大宰府者，西极之大壤……自古于今，以为重镇。夫谋事必就祖，发政占古语，因检旧记：大唐、高丽、新罗、百济、任那等，悉托此境，乃得入朝，或缘贡献之事，或怀归化之心，可谓诸藩之辐辏，中外之关门者也。”[⑥] 大宰府在日本九州西北之福冈，除了管理九州地区政务之外，同时负责国防、外交等事务，为古代中国及朝鲜半岛诸国来使必经之关口。由此可见古代日本同样把外国使者之来访称之为“朝贡”。

---

① ［日］舍人亲王：《日本书纪》卷五，［日］黑板胜美编：《国史大系》第1卷，吉川弘文馆1971年版，第171页。

② 《日本书纪·前编》卷六，第176页。

③ 《日本书纪·前编》卷九，第248页。

④ 《日本书纪·前编》卷九，第257页。

⑤ 《日本书纪·前编》卷九，第259页。

⑥ ［日］藤原朝臣基经等：《日本文德天皇实录》卷一，吉川弘文馆1934年版，第36页。

而被日本视为“朝贡”国的朝鲜半岛一些国家则又把半岛或周边其他国、族的使者来访视为“朝贡”。中国东晋时期高句丽第19代王谈德（374—413）的记功碑——《广开土王碑》铭有云：“百残、新罗，旧是属民，由来朝贡。”① “百残”即百济。碑文声称百济、新罗向来为高句丽之朝贡国。而新罗又把其他弱小国、族之来使视为“朝贡”，新罗智证王十三年（512，梁天监十一年）“夏六月，于山国归服，岁以土宜为贡。于山国在溟州正东海岛，或名鬱陵岛，地方一百里，恃险不服。”②

在西方（西域）外交圈，由于语言和文化的不同，并没有“朝贡”一词，但是，虽无其名而有其实。公元前后的四百年间，汉与罗马分别称雄于东西方世界，同时也分别是东西方两个外交圈的中心。汉皇朝在东亚外交圈行用“朝”这一外交方式的同时，罗马亦在西方（西域）外交圈中行用“朝”这一外交方式。奥古斯都和提比略时期“是罗马外交在东方问题上获得最高成就的时期。罗马皇帝的威名，远播于整个东方。奥古斯特③在他的‘政治遗言’中，说到帕提亚④、印度和斯基洛斯等国遣使罗马的事实。”⑤ 东方诸大国之遣使前来拜见罗马皇帝，这在汉皇朝来说就是其“威德”所致远国“来朝”之盛事。罗马史家佛罗鲁斯（Florus）在盛赞奥古斯都的彪炳功业时，其中有云：“其余世界，不属罗马帝政所治者，亦皆知罗马国之光荣强盛，见罗马人而生敬心，以其征服众邦，故西提亚人（Scythae）及撒儿马梯人（Sar-matae）皆遣使结好。不独此也，远如赛里斯人及居太阳直垂之下之印度人，亦皆遣使奉献珍珠宝石及象，求与吾人订交好之约。据其人自云，居地远离罗马，须行四年之久，方能达也。视其人之貌，亦知为另一世界之人。”⑥ 亦盛赞东方远国纷纷遣使罗马之外交盛况，其中还包括中国⑦使节，这以中国古代

① ［日］历史学研究会编：《日本史史料（1）古代》，岩波书店2005年版，第26页。

② 《三国史记》卷四《新罗本纪第四·智证》，第38页。

③ 今译为奥古斯都。

④ 即中国古籍中的安息帝国。

⑤ 《世界外交史》第一分册，第66页。

⑥ ［罗马］佛罗鲁斯（Florus）：《史记》，见《古代中国闻见录》第一卷，第18页，载《中西交通史料汇编》第一册第一编《古代中国与欧洲之交通》，第121页。

⑦ 赛里斯是古代希腊、罗马人对中国和中国人的称谓，但中国古籍无汉使罗马之记载，故学术界多疑实为中国非官方人士之到达罗马者。

史文之书法即可表述为“西向而朝天子”“慕义朝贡”云云。

在古代罗马外交中，“新到任的公使也有在向罗马国家献赠各种金银礼物的惯例。最著名的有迦太基的一份‘薄礼’——二十五磅重的一隻金花冠，和叙利亚皇帝恩蒂俄（Antiochus）的‘薄礼’——五百磅重的一对金瓶。”此即来“朝”者之“贡”，而“罗马还有对公使赠送礼物的习惯。”① 此即对于来“朝”者之“赐”。尼禄（54—68）时期的一桩外交更具体地表明了这样的“来朝”内涵和性质。当时罗马帝国的东向发展遇到了一个劲敌——安息帝国。双方在各个领域均展开激烈的斗争，包括外交上的竞争。阿美尼亚是两国之间的缓冲国，因而成为双方争夺的焦点。“两国曾就阿美尼亚问题，成立一个双方都能接受的协定。问题是在妥协之下和解了：阿美尼亚皇位让给帕提亚皇帝伏洛格斯（Vologez）之弟蒂里大特，而这让与的裁可权，即向未来阿美尼亚皇帝头上加冕之权，是属于罗马皇帝的。”在这场外交博弈中，罗马皇帝维持了“霸主”之名，而帕提亚则得到了控制阿美尼亚之实。这位阿美尼亚新君在拜谒帕提亚皇帝之后，即前往罗马晋谒罗马皇帝，沿途“有帕提亚和罗马军队护送。沿路对于一行阿美尼亚贵宾都有各种敬仰的表示。各省省长开庆祝会，并和他们交互接吻，以示欢迎。”当阿美尼亚新君“一到意大利北部，就受皇帝使节的欢迎，他在使节伴送之下，乘坐皇帝的马车到那不勒斯（Naples），那时尼禄也在那里。在那不勒斯逗留几天后，尼禄和蒂里大特同到罗马，以完成加冕的典礼。”到了罗马之后的“第三天早晨，正式典礼开始了。尼禄在近卫兵团护送下，穿了一身光泽的礼服，踏上讲台，坐到讲桌旁的特制的安乐椅上。蒂里大特通过军队的队伍走近讲台，向尼禄作服从的表示，称他为宇宙支配者和米特里神（Mitry）的后裔。之后尼禄就称他为阿美尼亚皇帝，并将王冠加于他的头上。然后蒂里大特到卡比托林山，向朱匹忒神祭坛上献呈桂冠。加冕礼就这样结束了。”在阿美尼亚皇帝离开罗马时，罗马方面“向蒂里大特和他的随从馈送许多贵重礼物，此外又派遣大批熟练的工匠到阿美尼亚，以改建阿美尼亚首都阿尔泰克塞特（Artaksat），这城后来就改称为‘尼禄城’（Neronea）。”② 阿美尼

① 《世界外交史》第一分册，第 49—50 页。

② 《世界外交史》第一分册，第 66—69 页。

亚君主之“晋谒”罗马皇帝，其实就是中国古代语汇中的“朝”，两者的内涵和性质基本上是一致的，其具体表现有如下数端：一是阿美尼亚君主前往罗马帝国首都“晋谒”，亦即“朝”见罗马皇帝；二是阿美尼亚新君承诺“服从”罗马帝国，这在中国古代语汇中即为“臣属”；三是阿美尼亚皇帝须待罗马皇帝的“加冕”，这在中国古代语汇中即为“册封”；四是典礼之后阿美尼亚得到罗马方面“馈送许多贵重礼物”和派遣工匠帮助建设首都，这在中国古代语汇中即“赏赐”。由此可见，罗马帝国与阿美尼亚这一外交具有“朝”的基本属性和特征。与此同时，其中的各项接待礼仪，如沿途有军队护送，地方官员的热情接待，罗马方面遣使至边境迎接，阿美尼亚来朝者至罗马皇帝“行在所”——那不勒斯拜见尼禄，至首都罗马举行加冕典礼……诸如此类，与中国古代外交的接待礼仪亦大同而小异。

二　“质侍”为古代世界通行外交方式

“质侍”亦并非中国古代特有，而是古代世界通行制度，为普世性之外交方式[①]。从上述“质侍”网络格局中可见，“质侍”在两汉时期实为国际上的通行制度，并非仅仅存在于汉皇朝或华夏文化圈内，而且通行于整个东亚外交圈，乃至东亚外交圈之外的广阔地区。

首先，质侍关系通行于不同文化圈之间。在春秋战国时期，质侍关系基本上是在华夏文化圈内通行，尽管战国后期已有些许突破。但是到了汉代则完全突破了这一阃域，而通行于诸多文化圈之间。汉、匈之间，以及汉与西域如乌孙、康居、大宛等“行国”之间质侍关系的确立，表明以农业文明为主要特征的华夏文化圈和以畜牧业为主要特征的草原文化圈对这一外交方式之普遍认同和通行。

其次，质侍关系亦通行于东西方外交圈。

在东亚外交圈中，除了中国皇朝行用质侍这一外交方式之外，东北亚之日本、朝鲜半岛诸国亦普遍行用这一外交方式。高句丽琉璃王十四年（前6，西汉建平元年）“春正月，扶余王带素遣使来聘，请交质子。

---

① 《剑桥中国秦汉史》谓“人质制度起源于中国”（第441页），不妥，实为古代东西方同步产生的，说详下文。

王惮扶余强大，欲以太子都切为质。都切恐不行。带素恚之，冬十一月，带素以兵五万来侵。大雪，人多冻死，乃去。”① 虽然质子未能成行，但是表明这一方式在朝鲜半岛并不陌生。新罗奈解王十七年（212，东汉建安十七年）“春三月，加耶送王子为质。”② 加耶在朝鲜半岛南部洛东江流域。新罗奈勿王三十七年（392，东晋太元十七年）“春正月，高句丽遣使，王以高句丽强盛，送伊湌大西知子实圣为质。”四十六年（401，东晋隆安五年）“秋七月，高句丽质子实圣还。”③ 次年，奈勿王薨，实圣继位为王。实圣王元年（402，东晋元兴元年）“与倭国通好，以奈勿王子未斯欣为质。”④ 朝鲜半岛与日本亦有质侍关系。

朝鲜半岛与日本的质侍关系并非到了东晋时期才发生，早在东汉末年已有相关记载。日本仲哀天皇九年（200，东汉献帝建安五年）击败新罗，“新罗王波沙寐锦即以微叱己知波珍干岐为质。”⑤ 神功皇后五年（205，东汉献帝建安十年）“新罗王遣汗礼斯伐、毛麻利叱智、富罗母智等朝贡，仍有返先质微叱许智伐旱之情。是以誂许智伐旱而绐之曰，使者汗礼斯伐、毛麻利叱智等告臣曰‘我王以坐臣久不还而悉没妻子为孥，冀蹔还本土，知虚实’而请焉。皇太后则听之，因以副葛城袭津彦而遣之。共到对马宿于鉏海水门时，新罗使者毛麻利叱智等窃分船及水手，载微叱旱岐令逃于新罗。”日本使者于是“捉新罗使者三人纳槛中以火焚而杀。乃诣新罗，次于蹈鞴津，拔草罗城还之。”⑥ 是新罗与日本有质侍关系。

质侍关系亦通行于东西方不同外交圈之间。汉皇朝与西域大宛、康居等国，以及匈奴与大月氏等国的质侍关系的建立，表明东亚外交圈与西方（西域）外交圈对于这一外交方式之普遍认同和通行。上述大月氏“土地风气，物类所有，民俗钱货，与安息同。”⑦ 安息为“伊朗帕提亚

---

① 《三国史记》卷一三《高句丽本纪第一·琉璃》，第149页。

② 《三国史记》卷二《新罗本纪第二·奈解》，第18页。

③ 《三国史记》卷三《新罗本纪第三·奈勿》，第28—29页。据《高句丽本纪》实圣为奈勿王之侄（《三国史记》卷一八《高句丽本纪第六·故国壤》，第186页）。

④ 《三国史记》卷三《新罗本纪第三·奈勿》，第29页。

⑤ 《日本书纪·前编》卷九，第248页。

⑥ 《日本书纪·前编》卷九，第255—256页。

⑦ 《汉书》卷九六上《西域传上·大月氏国传》，第3890页。

（Parthia）的阿尔撒西斯（Arsaces）的省译”①。而康居则“与大月氏同俗”②。大宛“北与康居、南与大月氏接，土地风气物类民俗与大月氏、安息同。”③ 由此可见大月氏、大宛、康居等与安息为同一文化圈。而作为外交圈，它们同属于西方（西域）外交圈，同时处于东亚外交圈与西方（西域）外交圈的中间地带。范晔在评论两汉与西域关系时说：“自兵威之所肃服，财赂之所怀诱，莫不献方奇，纳爱质，露顶肘行，东向而朝天子。”④ 将西域“纳爱质”作为两汉外交功业的重要方面。汉皇朝和匈奴、西域地区建立质侍关系，表明这一外交方式在东西方两个外交圈之间的认同和通行，从而表明在这个历史时期，“质侍”制度实为一种国际通行制度。

《大唐西域记》多处记载东汉时期与贵霜帝国有过质侍关系。贵霜帝国即汉文史籍中的月氏，他们原来游牧于今河西走廊一带，后西迁伊犁河、楚河流域，而阿姆河流域，进而据大夏，在从游牧转向农耕的同时，于公元 1 世纪初建立了贵霜帝国⑤，成为与罗马帝国、安息帝国和东汉帝国并列的四大帝国。贵霜帝国盛时据有中、南亚广大地区。《西域记》的《质子伽蓝》中有云：“昔健驮逻国迦腻色迦王威被邻国，化洽远方，治兵广地，至葱岭东，河西蕃维，畏威送质。迦腻色迦王既得质子，特加礼命，寒暑改馆，冬居印度诸国，夏还迦毕试国，春秋止健驮逻国。故质子三时住处，各建伽蓝。”据此记载，在迦腻色迦王时曾经有葱岭以东的“河西蕃维”纳质于其。在迦毕试国（今阿富汗境内之 Begram）附近之“质子伽蓝”即为质子夏居之所。据玄奘所见，此伽蓝中“诸屋壁图画质子，容貌服饰，颇同中夏。”⑥ 贵霜王迦腻色迦的年代众说纷纭，

---

① 黄时鉴主编：《插图解说中西关系史年表》，浙江人民出版社 1994 年版，第 44 页。

② 《汉书》卷九六上《西域传上 · 康居国传》，第 3892 页。

③ 《汉书》卷九十六上《西域传上 · 大宛国传》，第 3894 页。

④ 《后汉书》卷八八《西域传》“论曰”，第 2931 页。

⑤ 《后汉书 · 班超传》所记月氏，实即贵霜帝国，阎膏珍继位为贵霜王后，“月氏自此之后，最为富盛，诸国称之皆曰贵霜王。汉本其故号，言大月氏云。”（《后汉书》卷八八《西域传》，第 2921 页）

⑥ （唐）玄奘、辩机原著，季羡林等校注：《大唐西域记校注》卷一《三十四国 · 迦毕试国》，中华书局 2000 年版，第 138—139 页。

在公元78年之后的说法为较多人所接受[①]，相当于东汉章帝及其后。此外还有质子冬居之所——至那仆底，《西域记》卷四有云："此国则[②]冬所居也，故日至那仆底。（唐言汉封。）质子所居，因为国号。此境以往，洎诸印度，土无梨、桃，质子所植，因谓桃曰至那你，（唐言汉持来。）梨曰至那罗阇弗呾逻。（唐言汉王子。）故此国人深敬东土，更相指语：'是我先王本国人也。'"[③] 这里所出现的"至那"一词，与"脂那""支那"同为梵文 Cina 一词音译，意即中国[④]。据此记载，则此质子还将中土之梨、桃引进其地。但是，在汉文载籍中并没有汉皇朝向月氏即贵霜帝国纳质之记载，颇疑这里的质子，殆为葱岭以东、河西走廊以西国、族所遣质子。无论如何，这也表明质侍在汉代已为东西方外交圈通行制度。

不仅如此，早在两汉以前的公元前二千年代后期，上古埃及的新王国时期与西亚之间就已经存在纳质关系了。《图特摩斯三世年代记》记载了叙利亚向埃及第十八王朝图特摩斯三世（前1504—前1450）纳质的事实，其中记载"列腾努国家的贡物"，写道："由于陛下的威力，这一年列腾努国家的王公们送来的贡物列举如次。王公们及其兄弟的儿童被运走，以便送往埃及，作为人质。如果这些王公中有人死去，陛下就派他的儿子来接替他的位置。这一年送走的王公儿童的数目：三十六人。"[⑤] 列腾努即叙利亚，是年其送给图特摩斯三世的贡物有王公们的儿童36人，他们是作为人质送往埃及的。其时代相当于中国的商王朝中期。由此可见，不论东西方，质子制度的产生都是很早的，而且东西方几乎是同步产生和存在的。

英国莱斯特大学外交研究中心的贝里奇等学者说："奥斯曼土耳其帝

---

① 参见《大唐西域记校注》，第140页。

② 《大唐西域记校注》卷四《十五国·至那仆底国·国号由来》校勘：《崇本》《宋本》《资福本》《明南本》《明北本》《径山本》"则"下并有"质子"二字。（第367页）

③ 《大唐西域记校注》卷第四《十五国·至那仆底国·国号由来》，第367页。

④ 参见《大唐西域记校注》，第366页。

⑤ 吉林师范大学、北京师范大学历史系世界古代及中世纪史教研组编：《世界古代史史料选集》（上），日知译，北京师范大学（内部发行），1959年版，第55—56页。编者谓此资料"译自《古代世界史资料》第1卷第71—77页；参照《埃及古代文献》第2卷第163页以下有关各节。"（第50页）

国有个很悠久的传统，即大使是作为其派遣国友善行为的人质。”[①] 认为以人质为大使是奥斯曼土耳其帝国的悠久传统。奥斯曼土耳其帝国存在于公元 13 世纪末至 19 世纪前期，以亚洲的小亚细亚半岛为中心建国，逐步扩展至欧洲巴尔干半岛，十六世纪全盛时期横跨亚、欧、非三洲。从我们以上的叙述可以知道，在中国早在公元前 11 世纪的殷代末年就已经有了关于质子的记载，到了公元前 3 世纪至公元 3 世纪初的秦汉时期，质侍制度已经发展到了相当兴盛的时代。这比奥斯曼土耳其帝国之诞生尚早一千多年。更不必说早在公元前二千年代西亚已经与古埃及建立了纳质关系了。奥斯曼土耳其人是突厥人的一支，原住在里海东南岸的呼罗珊一带。13 世纪初，受蒙古西征的逼迫，迁移到小亚细亚[②]。呼罗珊在今伊朗东北部[③]。早在汉代，东亚地区的汉皇朝、匈奴帝国就已经与西域之乌孙、康居、大宛、大月氏等建立了质侍关系，这些西域国家与伊朗不仅地理相邻，而且文化习俗相似，它们之间的交往可谓源远流长。因此，从伊朗呼罗珊地区西迁的奥斯曼土耳其人传承着汉代已通行于世的质子制度是有可能的，奥斯曼土耳其帝国所实行的人质制度与东亚以及西亚、埃及古老的质侍制度当有一定的渊源关系。

古代东方国家与罗马帝国的外交中也有过质侍关系。“罗马在东方的外交上的胜利，还不止这一点。帕尔提皇帝感觉自已的皇位不够牢固，乃向罗马皇帝觅取同盟。他害怕发生宫廷政变，先把自己的几个孩子送到罗马，记罗马皇帝代为保护。这成了罗马外交光辉胜利的新证据。”[④] 表明帕尔提与罗马帝国存在质侍关系。西方（西域）外交圈中心的罗马帝国和东亚外交圈中心的汉皇朝均以质侍制度施行于外交关系中，表明这一外交方式在古代世界外交中的普遍性。

三　“和亲”为古代世界通行外交方式

“和亲”作为一种婚姻外交并非中国古代特有的现象，也是古代世界

---

① 《外交理论——从马基雅弗利到基辛格》，第 63 页。

② 参见朱寰主编《世界中古史》，吉林文史出版社 1986 年版，第 319 页。

③ 冯承钧原编，陆峻岭增订：《西域地名》（增订本），中华书局 1982 年版，第 50 页。

④ 《世界外交史》第一分册，第 65 页。

通行的一种现象，是普世性的外交方式之一。在东亚外交圈中，除了我们所谈到的汉与匈奴、乌孙以及龟兹的婚姻外交之外，还有其他国、族之间的“和亲”。朝鲜半岛诸国和日本等国就普遍以“和亲”作为外交方式。新罗讫解王三年（312，西晋永嘉六年）“春三月，倭国王遣使为子求婚，以阿飡急利女送之。”[①] 三十五年（344，东晋建元二年）“春二月，倭国遣使请婚，辞以女既出嫁。”求婚不成则以兵戎相见，三十七年（346，东晋永和二年）“倭兵猝至风岛，抄掠边户；又进围金城急攻。”[②] 新罗炤知王十五年（493，北魏太和十七年）“春三月，百济王牟大遣使请婚，王以伊伐飡比智女送之。”[③] 新罗真兴王十四年（553，梁承圣二年）“冬十月，娶百济王女为小妃。”[④] 从这些记载观之，不仅朝鲜半岛诸国、族之间，而且朝鲜半岛诸国、族与日本之间均存在“和亲”关系。虽然这些记载为汉代之后，但是这与汉代外交文化的传承和影响不无渊源关系。

两汉时期东亚外交圈大为扩展，而与西方（西域）外交圈发生了接触、碰撞。这种接触、碰撞有利于东西方外交文化的交流和传播。宣帝时匈奴郅支单于“西奔康居。康居王以女妻郅支，郅支亦以女予康居王。康居甚尊敬郅支，欲倚其威以胁诸国。郅支数借兵击乌孙。”[⑤] 匈奴郅支单于与康居王因各自的政治需要而“和亲”。东汉章帝元和元年（84）班超攻疏勒王忠，“积半岁，而康居遣精兵救之，超不能下。是时月氏新与康居婚，相亲，超乃使使多赍锦帛遗月氏王，令晓示康居王，康居王乃罢兵，执忠以归其国。”[⑥] 康居又与月氏有联姻关系。而月氏又曾要求与汉和亲，“初，月氏尝助汉击车师有功”，章和元年（87）“贡奉珍宝、符拔、师子，因求汉公主。超拒还其使，由是怨恨。”[⑦] 这次“和亲”虽然没有成功，但是表明“和亲”这种外交方式在东亚外交圈之西也是通行的。

---

① 《三国史记》卷二《新罗本纪第二·讫解》，第 24 页。
② 《三国史记》卷二《新罗本纪第二·讫解》，第 25 页。
③ 《三国史记》卷三《新罗本纪第三·炤知》，第 35 页。
④ 《三国史记》卷四《新罗本纪第四·真兴》，第 41 页。
⑤ 《汉书》卷七〇《陈汤传》，第 3009 页。
⑥ 《后汉书》卷四七《班超传》，第 1579 页。
⑦ 《后汉书》卷四七《班超传》，第1580 页。

上述匈奴、乌孙、康居、月氏等都是或曾经是游牧民族，即《汉书》所谓“行国”。这种民族的活动半径依靠其机动灵活的交通手段——马匹而十分广远，他们又多立国于古代横贯欧亚大陆的交通要道左右，他们从汉皇朝那里接受来的外交文化，自亦随之而远播。姑不论匈奴之西迁，就月氏来说，他们原来游牧于今河西走廊一带，后西迁建立贵霜帝国，盛时西起伊朗东部，北自咸海、锡尔河、葱岭，南达纳巴达河的广大中、南亚地区。由此可见，贵霜帝国之前身原先就与汉文化有所接触，西迁之后建立贵霜帝国之后又与汉皇朝有过外交和军事上的往还，它之向班超提出与汉“和亲”，表明它对于这一外交方式是了解的。我们虽然不能断定贵霜帝国开展婚姻外交完全是渊源于汉，但是至少他们对于汉皇朝所实行的“和亲”政策是熟悉的，汉皇朝外交文化对他们的影响也是不言而喻的。

不过，我们还应当看到，早在公元前6—4世纪的南亚次大陆就已经有了类似于婚姻外交的形态了，那时的次大陆处于列国时代，出现了以君主制为主的十六国城邦国家和许多共和制小邦[①]。十六国中的拘萨罗国与迦毗罗卫国之间就曾经有过“和亲”事件，据《增壹阿含经》记载，拘萨罗国国王波斯匿“新绍王位。是时，波斯匿王便作是念：我今新绍王位，先应取释家女。设与我者，乃适我心；若不见与，我今当以力往逼之。尔时，波斯匿王即告一臣曰：‘往至迦毗罗卫至释种家，持我名字，告彼释种云：波斯匿王问讯起居轻利，致问无量。又语彼释：吾欲取释种女，设与我者，抱德永已；若见违者，当以力相逼。’”波斯匿王使臣到达迦毗罗国致意后，“诸释种闻此语已，极怀瞋恚，吾等大姓，何缘当与婢子结亲！其众中或言当与，或言不可与。尔时，有释集彼众中，名摩呵男，语众人言：‘诸贤勿共瞋恚，所以然者，波斯匿王为人暴恶，设当波斯匿王来者，坏我国界。我今躬自当往与波斯匿王相见，说此事情。’时，摩呵男家中婢生一女，面貌端正，世之希有。时，摩呵男沐浴此女，与著好衣，载宝羽车，送与波斯匿王。又白王言：‘此是我女，可共成亲。’时，波斯匿王得此女极怀欢喜，即立此女为第一

① 参见培伦主编，董本建副主编《印度通史》，黑龙江人民出版社1990年版，第61—62页。

夫人。"[①] 后此女生一男孩，是为流离太子。波斯匿王与迦毗罗卫国之间的联姻，所以具有婚姻外交的性质，有两个要素，一是这是两个国家之间的联姻，虽然所娶迦毗罗卫国之女并非真正的公主，而是"婢子"，但这是两个国家之间的嫁娶关系，而非个人之间的嫁娶关系；二是这种联姻具有政治的、军事的目的，从拘萨罗国来说，是以强凌弱的占有欲和霸权心态，而借机依强侵弱，从迦毗罗卫国来说，是为了维护本国的安全，防止大国的侵略，以免"坏我国界"。其时代相当于中国的春秋时期。

那么，作为其后将版图伸入次大陆的贵霜帝国来说，相互受到对方婚姻外交文化的影响不是不可能的。

古代婚姻外交并非源自某一个地方，而是在许多文明古国都存在过的，早期国家多有此经历，具有普世性特征。不仅以中国为中心的东亚外交圈中自古以来就存在婚姻外交，远在近东的埃及也在古代就存在婚姻外交。在埃及阿玛尔纳遗址中发现的公元前 15—前 14 世纪的推尔·阿玛尔纳文书中，有十八王朝时代国王阿美诺非斯第三（前 1417—前 1379）、阿美诺非斯第四（前 1379—前 1362）的外交文书，在其依附国叙利亚及巴勒斯坦公爵致埃王的书信中，"都是些互致敬仰和爱慕，关于通婚的谈判，和请求埃王赐予作战时的援助，赐予金子和礼物。"[②] 其中即有关于"婚姻谈判"方面的内容。赫梯的崛起，促使埃王在美索不达米亚寻求同盟国——巴比伦。推尔·阿玛尔纳文书中有许多巴比伦皇帝和阿美诺非斯第三、阿美诺非斯第四之间的通信，反映了这两个国家君主之间通婚的情况。埃王阿美诺非斯第三致巴比伦皇帝的信中写道："你写信给我说：'你要求娶我的女儿，但是我的姐姐已经由我父亲做主嫁给了你'。"[③] 表明埃及与巴比伦之间已经有了联姻关系，现在埃王要求继续这种关系。巴比伦皇帝回信说："我的女儿当然是可以做你妻子的"，但是他同时向埃王提出要求："你的女儿也可以嫁给我的，你为什么不把你的一个女儿

---

① 《增壹阿含经》卷二十六《等见品》（下册），中国宗教文化研究所点校，宗教文化出版社 1993 年版，第 432—433 页。

② 《世界外交史》第一分册，第 5 页。

③ William L. Moran, *The Amarna Letters*, Baltimore, 1992, EA1.

嫁给我呢?”① 巴比伦皇帝的要求被埃王拒绝，巴比伦皇帝在信中抱怨说：“当我写信给你说想要迎娶你的一个女儿，你就像你实际所做的那样，回信告诉我说：‘从远古以来，就没有埃及王把女儿外嫁给任何人。’为什么不？你是一位国王，你可以做任何你愿意的事。你外嫁一个女儿，谁敢说三道四？自从我得到这个信息，我就写信给你，我的兄弟，说：‘在你那里，已经成年的女孩子，漂亮的女人，一定是有的，给我一个漂亮的女人，就把她当作是你的女儿一样。’谁会说：‘他不是国王的女儿?’”② 巴比伦皇帝退而求其次，表示不能将公主下嫁，也可以将其他女人当作公主下嫁。这类似于汉代以翁主或宫女假称公主进行和亲。有的学者将埃及这种联姻政策谓之“‘只娶不嫁’的外交婚姻”③。表明早在公元前 14、15 世纪在近东地区已经广泛存在婚姻外交了。在埃及和赫梯长期争霸后，到公元前 13 世纪时第十九王朝的埃王拉美西斯二世与赫梯皇帝赫吐希尔第三议和，他们的外交文书中表明，“埃及皇后死后，赫泰和埃及间的政治同盟，就由皇族通婚——拉姆塞斯娶赫吐希尔之女为妻——来维系。”④ 其时代相当于中国的商王朝时期。

东哥特王国于公元 5 世纪崛起于意大利，开国君主为狄奥多里克（489—526），他“要在西方野蛮人各国间进行复杂的外交投机。在这里，镇抚危险的邻邦的方法之一，是通婚政策。狄奥多里克把一个女儿嫁给布根第国王，另一个女儿嫁给西哥特国王，把妹妹嫁给凡达尔国王，狄奥多里克自己则娶法兰克国王之妹为妻。”⑤ 其时代相当于中国的南北朝时期。东哥特人曾经与西迁的匈奴人联盟侵掠西欧，而匈奴人对于婚姻外交早已有过丰富的经验。我们不能说东哥特人的婚姻外交来自匈奴人的经验，因为这是在古代世界中通行的外交方式，只能说作为外交文化之一的“和亲”在古代世界东西方外交圈之间一直在相互影

---

① William L. Moran, *The Amarna Letters*, Baltimore, 1992, EA2.

② William L. Moran, *The Amama Letters*, Baltimore, 1992, EA4.

③ 王海利：《古埃及“只娶不嫁”的外交婚姻》，《历史研究》2002 年第 6 期。

④ 《世界外交史》第一分册，第 8 页。“赫泰”，中译通常为“赫梯”；“拉姆塞斯”，中译通常为“拉美西斯”。

⑤ 《世界外交史》第一分册，第 85 页。“布根第”，中译通常为“勃艮第”；“凡达尔”，中译通常为“汪达尔”。

响和通行之中。

四　外交方式的普世性与外交的普世性

从上所述可见，中国古代外交诸方式，如朝、贡、赐、封、质侍、和亲等莫不为普世性之外交方式，至于互市这一方式之运用于外交，对于西方（西域）外交圈来说更有过之而无不及，其普世性更毋庸赘述。也就是说，古代外交中的各种主要方式，不论东西方基本上是一致的，因此我们可以认为古代外交方式具有普世性之特征。那么，为什么古代世界外交方式具有这样的特征呢？这一特征的出现是由于古代外交的普世性所决定的，也就是说，外交方式之普世性既是古代外交普世性的反映和表现，同时也是由于古代世界外交的普世性所决定的。

我们曾经指出，中国古代外交是古代世界中独具中国特色、东方特征的一种古典外交[①]，同时我们也要指出，中国古代外交也是具有普世性特征的外交，它的基本内涵和特征与古代世界各国的外交也基本上是一致的，中国古代外交既非独一无二的，更不是另类的。

古代外交的普世性除了体现于上述外交诸方式之一致性之外，还体现于外交的形成及外交体制其他构成诸方面的一致性。如果说古代希腊、罗马的外交是在城邦之间的交往中逐渐形成发展起来的，那么中国古代外交则是从周代诸侯之间的交聘中逐渐形成发展起来的，两者的生成路径大体是相同的。这种古典外交形成之后，尽管有这样那样的地域性特征，但是其基本体制是大同小异的。外交作为古代国家的对外职能，其决策与管理的权力掌握于谁人手中，是首先遇到的一个根本性问题。由于古代世界的政治体制主要有君主体制与共和民主体制两种类型，因此外交权力体制也主要有这两种类型，前者之外交权力掌握于君主手中，而后者则掌握于公民或贵族议事会议之手。但是，由于古代世界国家的政治体制多为君主体制，而共和民主体制国家是少数，故大多数国家的外交权力都是掌握在皇帝或国王等君主之手。实行共和民主制度的国家实际上只有少数，如古代希腊与共和时期的罗马为然。罗马虽然在共和时期外交权力掌握于贵族议事机构——元老院之手，但是此前的王政时

---

① 详见《汉唐外交制度史·前言》，第7—18页。

代及后来的帝国时期，外交权力亦集中于君主手中，而与古代东方国家同为君权外交体制。综而言之，就全世界来说，古代外交权力掌握于君主之手较为普遍，也就是说君主集权的外交权力体制本身就是一种普世性的现象。因此，中国古代外交权力之掌握于皇帝手中，实为普世性外交权力体制之一形态而已。

以使节为国与国之间交往的媒介，举世皆然。不宁唯是，使节制度之具体构成及其发展过程亦大体相同。使节之任命权力集中于君主之手，使节是代表君主出使，使节需持君主颁发之凭证，使节应当受到礼遇、尊重和保护。以使节派遣制度而言，先有临时性使节及其派遣为古代世界各国外交之共同特征，而常驻使节制度则有待于中世纪与近代之际外交事务频繁情况下提出新的需求而逐渐普及……凡此种种，举世皆然。

不仅使节制度发生发展之大方面、大路径举世皆然，甚至许多细节亦有惊人的相似，例如使节所持之权力凭证，古代东西方是大同而小异的，古代希腊公使出使时所持乃由君主所授予的折叠式证书——diploma，是为日后英语“外交”（diplomacy）一词之语源①。古代罗马公使则以金指环为凭证，据此而“给他免费旅行和在路上取得一切必需品的权利”②。前者由君主所授予，后者由元老院所授予。而在中国古代的出使凭证，周代以圭，其后以节，均由君主授予。故外交使者被称为“使节”，外交使者执行使命被称为“持节出使”。由此可见，古代东西方外交使者出使凭证制度基本上是一致的：外交使者出使必须持有凭证，凭证之颁发及其作用、性质完全相同，此凭证均由外交权力的最高掌握者——君主或元老院授予，使者执此而作为出使权力的凭证，两者的差异仅仅在于所持凭证之具体物质形态而已。

外交礼仪是外交体制的软性构成要件，贯穿于外交的全过程，如影随形。外交礼仪的具体表现形态虽然多种多样、错综复杂，约而言之其基本精神就是礼尚往来，而礼尚往来又主要体现于迎来送往之中。外交礼仪在古代世界也是相通相同的。尊敬来使，热情迎接不独中国古代和

---

① 参见［英］戈尔－布思主编《萨道义外交实践指南》，杨立义等译，上海译文出版社1984年版，第8—9页。

② 《世界外交史》第一分册，第49页。

东亚外交圈为然，西方（西域）外交圈亦然。古罗马亦建有良好的邮驿设施以迎接外交使节，其“邮驿亭置如中国。从安息绕海北陆到其国，人民相属，十里一亭，三十里一置。”[①] “邻国使到其界首者，乘驿诣王都。”[②] 他们也实行隆重的迎使礼仪，阿美尼亚新君前往罗马晋谒皇帝尼禄（54—68），“一到意大利北部，就受皇帝使节的欢迎，他在使节伴送之下，乘坐皇帝的马车到那不勒斯（Naples），那时尼禄也在那里。”[③] 然后再从那不勒斯前往罗马城。安息帝国亦然，“汉使至安息，安息王令将二万骑迎于东界。东界去王都数千里。”[④] 这些迎使礼仪与汉皇朝的迎使礼仪，特别是遣使迎接匈奴呼韩邪单于来朝的礼仪如出一辙。外国使节到达后，同样给以热情周到的款待，在古罗马，外交使节“至则给以金钱。”[⑤] 在古希腊，“照例，对待外国公使须特别尊敬，保证他们得到良好的招待，馈赠他们礼物，邀请他们观剧，行乐和出席各种庆祝会。”[⑥] 这与古代中国按照“礼者，敬也”和“宾至如归”的精神款待外交使节没有区别。来使完成使命之后加以热情欢送，这在东西方外交圈也是相同的。张骞出使乌孙回国时，“乌孙发导译送（张）骞还，骞与乌孙遣使数十人，马数十匹报谢。”张骞“分遣副使使大宛、康居、大月氏、大夏、安息、身毒、于阗、扜罙及诸旁国。”之后汉使还，这些国家也发使“随汉使献见天子。”[⑦] 这种回报礼就是“礼尚往来”精神的体现，故“礼尚往来”并非中国古代独有，举世皆然。

论者往往强调古代中国为“礼仪之邦”，似乎“礼尚往来”为中国古代所独有，事实上讲求礼仪，礼尚往来举世皆然。虽然东西方文化存在地区性差异，例如西方世界强调“法”，东方世界强调“礼”，但是彼“法”中有“礼”，同样在此“礼”中亦有“法”，不过其角度和侧重点有所不同而已。也就是说西方世界的“法”中不仅包含着国际法，同时

---

① 《史记》卷一二三《大宛列传》张守节“正义”引《魏略》，第3163页。
② 《后汉书》卷八八《西域传·大秦国传》，第2919页。
③ 《世界外交史》第一分册，第68页。
④ 《史记》卷一二三《大宛列传》，第3172页。
⑤ 《后汉书》卷八八《西域传·大秦国传》，第2919页。
⑥ 《世界外交史》第一分册，第25页。
⑦ 《史记》卷一二三《大宛列传》，第3169、3173页。

也包含着外交礼仪，东方世界的“礼”中不仅包含着外交礼仪，同时也包含着国际法的内容。例如古罗马的“万民法认为，即使是敌国派遣的使节，也是神圣的和自由的，对使节施加暴行是违法行为。”[①] 这与东方外交礼仪中的“兵交，使在其间可也。”[②] 可谓不谋而合。这是古代国际法中关于外交使节人身不可侵犯特权的一条重要原则。但是这个问题在中国古代不是从“法”的角度而是从“礼”的角度提出和阐述的，《左传》在记载鲁成公九年（前582）晋、郑之间的一桩冲突时就是这样提出并阐述这一问题的，是年晋“栾书伐郑，郑人使伯蠲行成，晋人杀之，非礼也。兵交，使在其间可也。”[③] 郑国在遭到晋国进攻时，派遣伯蠲为使者赴晋谈和，但被晋国所杀，这被认为是“非礼”的行为，认为即使双方处于交战状态下，使节的人身安全也应当有所保障，这才符合“礼”。由此可见，尽管古代东西方在这一国际法原则精神基本上是一致的，但是双方观察问题的视角有所区别，古代西方是从“法”的角度切入，古代东方是从“礼”的角度切入，这种文化形态上的差异并不能遮蔽他们在内涵和精神实质上的一致性。根据这一原则，《春秋》不仅对于杀害外交使节的行为均认为是“非礼”而加以谴责，同时对于拘留外交使节的行为也同样认为是“非礼”而加以谴责，从而形成一种独特的“春秋笔法”，以之表达其对于这种侵犯使节外交特权的态度。鲁昭公时与邾国发生边境冲突，“鲁取邾师”，于是邾人向当时的盟主晋国提出申诉，昭公二十三年（前519）晋军伐鲁，鲁派遣“叔孙婼如晋”进行交涉，而“晋人执我行人叔孙婼。”将鲁国所派遣使者加以拘留，《春秋》在记载此事时将鲁国的使者称为“行人”，杜预注曰：“称行人，讥晋执使人。”讥，即贬斥、谴责之意。孔颖达疏曰：“《传》说‘鲁取邾师’，则是鲁有罪矣。而讥晋执者，凡诸侯有罪，盟主当以师讨之，不宜执其使人，故讥之。”[④] 认为在这一事件中，鲁君有罪，应当讨伐鲁国，而不应当拘留它派遣的使者。故在这个问题上，罪责不在鲁国使者而在于晋

① 参见《国际法辞典》，第147页。
② 《春秋左传正义》卷二六，成公九年，第847页。
③ 《春秋左传正义》卷二六，成公九年，第847页。
④ 《春秋左传正义》卷五〇，昭公二十三年，第1645页。按，整理本句读似不确，今径改。

国方面。《春秋》是通过将使者的身份记载为“行人”而表示对于晋国侵犯外交使者人身权利行为的“讥”，而加以谴责。鲁襄公十一年（前562）晋、鲁等十余国联合攻郑，郑国遣使至楚国谈判，《左传》记载此事曰：“郑人使良霄、大宰石㚖如楚，告将服于晋”，而“楚人执之”。《春秋》记此事曰“楚人执郑行人良霄”，《左传》对此解释道：“书曰‘行人’，言使人也。”杜预进一步解释道：“书行人，言非使人之罪。古者兵交，使在其间，所以通命示整。或执、杀之，皆以为讥也。”通过将使者记为“行人”表示罪责不在使者而在加害者方面。反之，如果罪责在于使者本身，则不称为“行人”。故“称行人者，皆无罪也。”是为“春秋笔法”。杜预《释例》对此有一个阐释：“使以行言，言以接事。信令之要，于是乎在。举不以怒，则刑不滥，刑不滥，则两国之情得通。兵有不交而解者，皆行人之勋也。是以虽飞矢在上，走驿在下。及其末节，不统大理，迁怒肆忿，快意于行人，譬诸豺狼求食而已。”[①] 认为使者沟通“两国之情”，传达双方之间的“信令”，有可能化解战争，达到“不交而解”之效，此为使者之功勋，故在双方交战状态下，即使头顶上箭镞飞射，使者仍然可以在其下通行无阻。而无视使者人身不可侵犯权利，迁怒而加害于使者，是不识大体的“豺狼”行径。《春秋》将这一国际法原则置于中国古代的“礼”制体系中加以阐述，而古代西方则将其置于“法”的体系中加以论述，可谓殊途而同归。

凡此种种均表明古代外交不论东西方，其体制与制度之基本形式和内涵大体是一致的。中国古代外交就是这种普世性外交中的一种具有古代东方特色的古典外交。

何以古代世界外交及其方式方法能够基本一致？如所周知，古代由于交通、通讯发展水平所制约，各国之间的人员交流和信息沟通是十分困难的，尤其是遥远国度之间的这种交流更是不可想象；虽然邻近国家之间相互影响和借鉴的可能性是存在的，但是对于一些远国来说，彼此之间一直没有任何直接交往的可能性也是存在的、不足为奇的。那么，在这种情况下古代世界各国的外交以及外交方式为什么能够大体相同呢？用相互影响和效法并不能完全解释这种情况的发生。可以说，古代东西

① 《春秋左传正义》卷三一，襄公十一年，第1032—1033页。

方的外交基本上是不约而同在各自的国际环境中独自孕育形成起来的，究其原因，除了相互影响、借鉴之外，最主要和根本的原因在于人类本性的相同、相通。人类产生之后，作为个体的人的需求均在与他人的关系和互动中方才能够得到满足，人际关系是人类得以生存发展的根本所赖，故社会性是人类的共同共通本性之一，因而人与人之间的交往自人类产生之后即已存在并须臾不可或缺，到了国家产生之后，这种交往本能便转化为国家的交往职能——外交。因此，古代世界不论东西方，早期国家均不约而同有了外交。在人与人的交往中，在人际关系中，希望得到对方的善待、尊重，也是人类的共通本性，因而逐渐产生、积累了人际关系的种种惯例、规则，“礼”“法”即从中萌芽发展起来。因此在人与人之间的交往中和国家的外交中，礼尚往来和对等性精神就不约而同成为人际关系之“礼”与“法”乃至国家之间外交中的普遍惯例和规则，是为外交之“礼”与“法”。由于人类认识世界的共同的时代及思维局限，把自己所处地区或国家视为世界中心，把君主视为“天子”“天皇”“宇宙之主”“宇宙支配者”① 等，在古代世界也是具有普遍性的现象，于是将来使视为“朝贡”，或将国与国之间的外交打上“朝贡”之类自大的印记也是很自然的。历史是人类的历史，因此，外交的普世性归根结底是由人性的相同相通所决定的。

① 亚述帝国的皇帝自称为“宇宙之主”或“宇宙支配者”，罗马帝国皇帝亦被称为“宇宙支配者”（《世界外交史》第一分册，第 9、14、69 页）。